Thierry de Navacelle führte nach einem erfolgreich abgeschlossenen Film-Studium an der University of California in Los Angeles bei etlichen Kurzfilmen Regie und schrieb zahlreiche Drehbücher. Für das französische Fernsehen produzierte er einen Dokumentarfilm. 1974 erhielt er ein Fulbright-Stipendium. Thierry de Navacelle hat bereits mehrere Bücher zum Thema Film veröffentlicht.

W0078109

Deutsche Erstausgabe 1987
© Droemersche Verlagsanstalt Th. Knaur Nachf., München 1987
Das Werk einschließlich aller seiner Teile ist urheberrechtlich geschützt.
Jede Verwertung außerhalb der engen Grenzen des Urheberrechts-
gesetzes ist ohne Zustimmung des Verlages unzulässig und strafbar.
Das gilt insbesondere für Vervielfältigungen, Übersetzungen,
Mikroverfilmungen und die Einspeicherung und Verarbeitung
in elektronischen Systemen.
Titel der Originalausgabe »Woody Allen on Location«
© 1987 by Thierry de Navacelle
Umschlaggestaltung Mike Stromberg
Umschlagfoto Brian Hamill
Satz IBV Satz- und Datentechnik GmbH, Berlin
Druck und Bindung Ebner Ulm
Printed in Germany   5   4   3   2   1
ISBN 3-426-01598-6

Thierry de Navacelle:

WOODY ALLEN
Radio Days – am Drehort

Mit zahlreichen Abbildungen

Aus dem Amerikanischen von Kollektiv Druck-Reif

FRANÇOIS TRUFFAUT gewidmet

INHALT

DANK

Zuallererst möchte ich Woody Allen danken. Da ich gar nicht erst zu erwähnen brauche, daß dieses Buch ohne ihn überhaupt nicht hätte gedruckt werden können, ist es selbstverständlich, alle möglichen positiven Kritiken (auch über dieses Buch) allein ihm zuzuschreiben. Alle Schwächen des Buches hingegen gehen auf mein Konto. Vor allem der wachsende Respekt vor seiner Persönlichkeit – die Achtung vor seinem Werk hatte ich ohnehin schon – ließen mich die neun Monate, die ich an diesem Buch arbeitete, durchhalten.

Eine andere Persönlichkeit, ohne die die Arbeit an diesem Buch schlechterdings nicht möglich gewesen wäre, ist Carter Crokker. Er hat nicht nur meine unbeholfene Ausdrucksweise bereinigt und aufgepäppelt, er hat sich auch dermaßen mit diesem Projekt identifiziert, daß er mir die nötige geistige Unterstützung gewähren konnte.

Mein besonderer Dank geht an den Fotografen Brian Hamill. Seine Bilder illustrieren das gesamte Buch und zieren Titel wie Rückseite. Eine besondere Unterstützung für dieses Projekt ging auch von Laure und Guy Gramont aus. Besonders Laure, die als eine der ersten an dieses Vorhaben glaubte, gebührt Dank. Ähnliches gilt für Amy Vardala.

Besonders dankbar bin ich darüber hinaus den Schauspielern und dem Produktionsstab von *Radio Days*, die mir das Gefühl gaben, während der Dreharbeiten zu ihnen und zu ihrer Arbeit zu gehören. Eine besondere Anerkennung gebührt Jane Read Martin, die als Vertrauensperson alle Situationen, selbst die kniffligsten, in den Griff bekam.

Die Ermutigung durch Lisa Drew, die Herausgeberin, und meinen Agenten, Ken Sherman, waren ebenfalls besonders wichtig.

EINFÜHRUNG

Dies ist die Geschichte der Dreharbeiten zu Woody Allens *Radio Days*. Es ist zugleich die Geschichte eines einzigartigen und überwältigenden Experiments, über eine Zeitspanne von vier Monaten die Arbeit eines der eigensinnigsten und talentiertesten Regisseure zu beobachten.

Nach den ersten Drehtagen war ich überwältigt. Wie sollte ich vorgehen? Womit sollte ich beginnen? Was will man darüber erfahren? Was ist wichtig? Ich lebte immer mit der Angst, der Situation und einem Mann, der, wie Opa sagte, »immer am Grübeln ist«*, nicht gerecht werden zu können. Warum hatte ich mir denn nicht Sylvester Stallone ausgesucht?

Kurzentschlossen machte ich mir, ohne viel zu überlegen, geradezu mechanisch, von allem, selbst vom kleinsten Detail Notizen. Roger pflegte in solchen Situationen zu sagen: »Kein Grund zur Panik.«** Tag für Tag nahm das Buch in demselben Maße, wie mich die ganze Atmosphäre, die Filmstory und Woody Allens Genie mehr und mehr einfingen, klarere Konturen an, schrieb sich sozusagen aus sich selbst heraus. Ich war ebenso hingerissen vom Witz und der reichhaltigen Dichte der Story wie von der Begeisterung und Herzlichkeit der Darsteller. Ich war von der ganzen Sache schließlich so gefesselt, daß ich zunehmend Schwierigkeiten hatte, noch zwischen Film und Wirklichkeit, zwischen Filmstory und dem wirklichen Leben drumherum unterscheiden zu können. Meine Phantasie ging mit mir durch. Ich träumte von Miss Gordon, ich war über die Respektlosigkeit des Kommunisten schockiert und eifersüchtig auf Beas Rendezvous, ich verzehrte mich vor Sehnsucht nach Sally. Um die Wirklichkeit nicht gänzlich aus dem Blick zu verlieren, machte ich mir täglich Notizen aus den Zeitungen über

---

* Siehe Seite 371, 4.15 Uhr nachmittags.
** Siehe Seite 344, 7.30 Uhr abends, Aufnahme 68 A.

9

das, was in Manhattan und in der Welt geschah. Dieses Buch ist das Ergebnis meiner Reise.

Woody Allen geht bei jedem seiner Filme immer gleich vor: Zuerst werden im Zeitraum von zwei bis vier Monaten die ersten Aufnahmen eingefahren. Dann begibt er sich für sechs Wochen in den Schneideraum, um den Rohschnitt des Films anzufertigen. Je nach Ergebnis macht er dann drei bis vier Wochen lang Nachaufnahmen. Nach weiteren vier Wochen hat er dann schließlich die fertige Endfassung.

Dieses Buch ist ein erzählender Bericht. Es erzählt die Entstehungsgeschichte von Woody Allens Film, berichtet, wie er durch seine spezifische Art zu filmen aus der Drehbuchfassung der Story schließlich den fertigen Film gemacht hat. Darüber hinaus enthält es akribische Tagebuchaufzeichnungen über die zwei Aufnahmeperioden, der ersten vom 5. November 1985 bis zum 19. Februar 1986 und der zweiten vom 25. April bis zum 9. Mai 1986.

Zu guter Letzt ist es mir ein Vergnügen, etwas zu verkünden, was alle Woody-Allen-Fans erfreuen wird: Woody Allen wird unsterblich sein! Ich spreche von einem Erlebnis, das sich eines Abends im »Michael's Pub«, wo Woody Allen jeden Montag Klarinette spielt, ereignete. Ein Biologe aus Massachusetts unterbreitete ihm einen einfachen Vorschlag. Er könne Woody Allen, so der Biologe, dank der Wunder der modernen Wissenschaft die Unsterblichkeit garantieren. Alles, was Woody zu tun hätte, wäre, ihm ein Stück von seiner Haut zu schicken.

Woody ging auf Nummer Sicher: Er ließ sich die Adresse des Biologen geben.

Los Angeles, Juli 1986

»Wenigstens hundertmal wurde ich während der Dreharbeiten gefragt: ›Haben Sie denn überhaupt keine Angst, daß Sie die Leidenschaft, der Sie sich so sehr verschrieben haben, »entmystifizieren« könnten (müßte es nicht heißen: entmythifizieren)?‹ Ich pflege jedesmal mit einer Gegenfrage zu antworten: Für einen Piloten ist es ein leichtes, die Geheimnisse der Fliegerei zu enthüllen. Kann er aber auch den Höhenrausch des Fliegens ›entmystifizieren‹? Das Filmemachen ist ein herrliches Geschäft, eine wunderbare Passion. Wenn sich jemand davon überzeugen will, dann soll er sich all jene anschauen, die das Glück haben, beim Film zu sein. Keiner von ihnen möchte irgend etwas anderes machen! Sie kennen vielleicht die Geschichte des großen Zirkusdirektors, der sich, nachdem er Bankrott gemacht hatte, nur noch einen Zirkuselefanten hielt, der ihm fortwährend in den Hintern trat und täglich ins Gesicht pißte. Einer der alten Freunde des Direktors war schokkiert, als er sah, wie tief dieser gefallen war, und beschimpfte ihn: ›Du hast einen Universitätsabschluß, und es gibt nichts, was du nicht über Buchführung wüßtest! Warum bemühst du dich nicht um eine hervorragende Stellung in einer Geschäftsleitung?‹ Darauf antwortete der Direktor: ›Und dafür soll ich das Show-Business aufgeben?‹«

FRANÇOIS TRUFFAUT in *Day for Night*
The Complete Script of the Film
by François Truffaut
New York: Grove Press, Inc., 1975
Paris: Editions Seghers, 1974

LISTE DER HAUPTBETEILIGTEN
(in alphabetischer Reihenfolge)

Darsteller

Nachfolgend sind die wesentlichen Rollen der Geschichte aufgelistet. Eine vollständige Liste der Personen, die am Film mitgearbeitet haben, befindet sich im Anhang.

ABE (Josh Mostel): Little Joes Onkel, Ceils Ehemann und Ruthies Vater. Seine Lieblings-Radioshow ist *Bill Kerns Highlights aus der Welt des Sports (Bill Kern's Favorite Sports Legends)* (Sequenz 84). Josh ist der Sohn von Zero Mostel.

ABERCROMBIE, THOMAS (Martin Sherman): Berühmte Persönlichkeit aus dem Rundfunk, Gastgeber der Sendung *Sprechstunde der menschlichen Gefühle (The Court of Human Emotions)* (Sequenz 97), der Lieblingsshow von Ma und Pa.

ANDREW (Fletcher Previn): Einer von Little Joes Bande. Fletcher ist der Sohn von Mia Farrow und André Previn.

BAXTER, BIFF (Jeff Daniels): Berühmte Persönlichkeit aus dem Rundfunk, Star der Serie *Geheimagent Biff Baxter (Biff Baxter, G-Man)* (Sequenz 121) und einer der Vorbilder von Little Joe.

BEA (Dianne Wiest): Little Joes Tante, Mas Schwester.

BIG MAN (Dennis Vestunis): Nick Norris riesiger, »orientalischer« Helfer (Sequenz 42).

BROADWAY STAR: siehe DIE ZWEITE SÄNGERIN.

MR. BROOKS (Mark Hammond): Ein Mann, der nach der Kriegserklärung auf der Straße interviewt wird (Sequenz 111).

DIE BURGLARS (die Einbrecher; Mike Starr und Paul Herman): Die zwei Einbrecher, die in der Sendung *Raten Sie die Melodie (Guess that Tune)* gewinnen, während sie das Haus der Needlemans ausrauben (Sequenz 74).

BURT (Sal Tuminello): Einer von Little Joes Bande.

CEIL (Renee Lippin): Little Joes Tante, Mas Schwester, Abes Frau, Ruthies Mutter. Ihre Lieblings-Radioshow ist *Der famose Bauchredner (The Famous Ventriloquist)* (Sequenz 96).

CHARLES, MONICA (Diane Keaton): Singt »You'd Be So Nice to Come Home to« an Silvester im Saal des »King Cole« (Sequenz 175).

CHESTER (Jimmy Sabat): Beas Rendezvous, derjenige, der sie und Little Joe zur Radio City Music Hall mitnimmt (Sequenz F 102). Sabat ist auch Soundmixer des Films.

DIE FAMILIE COOPER: Mrs. Cooper (Alice Beardsley), Mr. Cooper und Eunice (Joanne Dillon) haben ihre eigene Amateur-Radioshow (Sequenz 41).

DAVE (Maurice Toueg): Ein Mitglied von Little Joes Bande.

MR. DAVIS (Peter Castellotti): Der Besitzer des »El Morocco«, wird von Rocco umgebracht.

DIREKTOR PETERS (Henry Cowen): Er stellt die Ersatzlehrerin, Miss Gordon, der Klasse vor (Sequenz 134).

DORIS (Rebecca Schaeffer): Die Tochter des Kommunisten, glaubt an die freie Liebe. Sie ist verantwortlich für Mrs. Silvermans Ohnmachtsanfall und für Abes Interesse für den Marxismus.

DORIS, DIE FRAU DES SPONSORS (Hannah Rabinowitz): Die Ehefrau des Sponsors der »Get Regular with Re-Lax«-Werbesendung (Sequenz 142). Sie mag Sally nicht.

DRAGONETTE, JESSICA (Molly Regan): Berühmte Persönlichkeit aus dem Rundfunk. Sie singt den »Italian Street Song« (Sequenz 43).

DIE BURGLARS (die Einbrecher; Mike Starr und Paul Herman): Die zwei Einbrecher, die in der Sendung *Raten Sie die Melodie (Guess That Tune)* gewinnen, während sie das Haus der Needlemans ausrauben (Sequenz 74).

EUNICE: siehe DIE FAMILIE COOPER.

DER FANATIKER (George Hamlin): Einer der nach der Kriegserklärung auf der Straße interviewten Leute (Sequenz 111).

FEUERWEHRMANN REILLY (Frank O'Brien): Der Feuerwehrmann, der Polly Phelbs zu retten versucht (Sequenz 163).

FOXX, CARLETON (Michael Murray): Der Nachrichtenmoderator, der über die Tonino-Episode berichtet.

FRED (Robert Joy): Einer von Beas Rendezvous, der »weibische« Typ, für den Bea schwärmt (Sequenz 113).

GAIL (Victoria Kennedy): Eine Freundin von Roger und Irene, die zu ihrem Tisch im Saal des »King Cole« kommt (Sequenz 60).

DER GERÄUSCHEMACHER (TECHNIKER) (Max Alexander): Der Techniker, der die Geräusche für *Die Show der Tonstudio-Geräusche (The Sound Effects Studio Show)* machte (Sequenz 45). Die Sequenz wurde geschnitten.

DER GERÄUSCHEMACHER (AKTEUR) (John Rothman): Der Akteur in der *Show der Tonstudio-Geräusche* (Sequenz 45). Bei den Nachaufnahmen wurde Rothman durch Steve Mittelman (Herbie Hanson) ersetzt. Er spielte weiter als einer der Akteure der Tschechow-Radio-Show.

DIE GERÄUSCHEMACHERIN (AKTRICE) (Wendy Coates): Die Aktrice in der *Show der Tonstudio-Geräusche* (Sequenz 45). Sie machte zwar auch bei den Nachaufnahmen mit, aber am Schluß wurde die ganze Sequenz geschnitten.

MR. GLOBUS (Martin Chatinover): Einer der Männer, die nach der Kriegserklärung auf der Straße interviewt werden (Sequenz 111).

MRS. GLOBUS (Armellia McQueen): Die Frau von Mr. Queen, die ebenfalls auf der Straße interviewt wird.

MISS GORDON (Sydney A. Blake): Die Frau, die Little Joe und seine Kumpels durch das Fenster nackt sehen (Sequenz 124). Sie ist auch ihre Ersatzlehrerin (Sequenz 134).

HANSON, HERBIE (Steve Mittelman): Berühmte Persönlichkeit aus dem Rundfunk, der Star der *Herbie Hanson Show* (Sequenz 106), eine Sequenz, die geschnitten wurde. Bei den Nachaufnahmen spielte Mittelman den neuen Geräuschemacher, aber diese Sequenz wurde ebenfalls geschnitten.

HARRIS, MAX (Marc Goodson): Kommt in dem Traum der Jackhammers vor; sie treffen ihn auf der Schickeria-Party (Sequenz 19).

IRENE (Julie Kurnitz): Rogers Frau, Mitgastgeberin der Sendung *Frühstück mit Irene und Roger (Breakfast with Irene and Roger)*.

MR. AND MRS. JACKHAMMER (Irving Selbst und Hope Sacharoff): Sie hören während ihres Morgenmahls die Sendung *Frühstück mit Irene und Roger* (Sequenz 18).

JESSICA (Janet Frank): Toms Frau. Sie sitzt an Rogers und Irenes Tisch im Saal des »King Cole« (Sequenz 63).

KERN, BILL (Guy Le Bow): Berühmte Persönlichkeit aus dem Rundfunk, Gastgeber der Sendung *Bill Kerns Highlights aus der Welt des Sports* (Sequenz 84), Abes Lieblingsshow.

KITTY (Kitty Carlisle Hart): Nachdem er es bereits mit zwei anderen Sängerinnen versucht hatte, fiel Woodys Wahl schließlich auf sie. Sie singt »I'll Be Seeing You« und »They're Either Too Young or Too Old«. Als zeitgenössische Schauspielerin und Sängerin dürfte sie ihre Sache recht gut gemacht haben.

DER KOMMUNIST UND NACHBAR (Larry David): Wohnt in dem Haus neben Little Joe, Doris' Vater. Er verursacht einen Aufruhr, da er sein Radio an Jom Kippur spielt (Sequenz 76).

DIE TOCHTER DES KOMMUNISTEN: siehe DORIS

DER SOHN DES KOMMUNISTEN (Louis T. Granirer): Zeitweilig ein Mitglied von Little Joes Bande.

KYLE, KIRBY (Brian Mannain): Der Baseballspieler, der gehört hat, daß seine Geschichte in der Sendung *Bill Kerns Highlights aus der Welt des Sports* gebracht wird (Sequenz 86). Mannain ist gleichzeitig Produktions-Assistent des Films.

LITTLE ARNOLD (David Mosberg): Er führt das Verhütungsmittel, das er im elterlichen Schlafzimmer gefunden hat, in dem »Zeig her und erzähl«-Spiel vor (Sequenz 35).

LITTLE EVELYN (Rebecca Nickels): Das Mädchen, in das Little Joe verliebt ist; sie aber nicht in ihn (Sequenz B 102).

LITTLE JOE (Seth Green).

LITTLE LINDA (Natane Adcock): Das »schöne Mädchen«, das in Little Joe verliebt ist; er aber nicht in sie (Sequenz B 102).

LITTLE PHIL (Josh Saviano): Little Joe steckt sein Hemd in der Hebräisch-Klasse in Brand (Sequenz 22).

LITTLE ROSS (Ross Morgenstern): Zeigt seiner Klasse beim

»Zeig her und erzähl«-Spiel einen Geheimgesellschaftsring des »Maskierten Rächers« (Sequenz 35).

MA (Julie Kavner): Little Joes Mutter.

MAMA (Gina DeAngelis): Roccos Mutter.

MANULIS, SIDNEY (Andrew Clark): Einer von Beas Rendezvous (Sequenz 50).

MARTIN: Pas Vorname.

DER MASKIERTE RÄCHER (Wallace Shawn): Berühmte Persönlichkeit aus dem Rundfunk, einer von Little Joes Vorbildern.

MAX (Tony Roberts): Berühmte Persönlichkeit aus dem Rundfunk, Showmaster der Sendung *Der Silberdollar-Hauptgewinn (The Silver Dollar Jackpot)* (Sequenz 160). Seit Tony Roberts und Woody Allen im Film *Der Stadtneurotiker* zusammengearbeitet haben, nennen sie sich gegenseitig »Max«.

NATHAN: Opas Vorname.

MR. UND MRS. NEEDLEMAN (Martin Rosenblatt und Helen Miller): Ihr Haus wird ausgeraubt, während sie im Kino sind. Sie bekommen aber bergeweise Geschenke, die die Einbrecher für sie in der Sendung *Raten Sie die Melodie* gewonnen haben (Sequenz 70).

NICK (Oliver Block): Einer von Little Joes Bande.

NORRIS, NICK (Ronald Leir): Berühmte Persönlichkeit aus dem Rundfunk, der Star der Serie *Privatdetektiv Nick Norris (Nick Norris, Private Detective)* (Sequenz 42). Zudem spielte Nick Norris bei den Nachaufnahmen den neuen Reba-Mann (Sequenz 48), aber beide Szenen wurden geschnitten. Er wird auch »Tiny Man« oder »Little fellow« genannt.

OMA (Leah Carrey): Little Joes Großmutter, die Mutter der drei Schwestern Ma, Ceil und Bea.

ONKEL WALT (Richard Shull): Berühmte Persönlichkeit aus dem Rundfunk (Sequenz 69).

OPA (William Magerman): Little Joes Großvater, der Vater der drei Schwestern Ma, Ceil und Bea.

PA (Michael Tucker): Little Joes Vater.

DER MANN AUS DER POLLY-PHELBS-GESCHICHTE (John Doumanian): Er wird vom Nachrichtenmoderator zu der Frage, ob der Brunnen nicht hätte abgedeckt sein müssen, interviewt (Sequenz 164).

DER NACHRICHTEN-MODERATOR AUS DER POLLY-PHELBS-GE-SCHICHTE (Ivan Kronenfeld): Macht Rundfunksendungen im Raum Pennsylvania (Sequenz 163).

PORFIRIO (Dimitri Vassilopoulos): Der Playboy der westlichen Welt. Er geleitet Irene auf das Dach des »King Cole«, »um sie etwas erleben zu lassen« (Sequenz 68).

RABBI BAUMEL (Kenneth Mars): Little Joes Hebräisch-Lehrer (Sequenzen 22 und 38).

REBA-MANN (Reba-Man) (Jerry Sroka): Berühmte Persönlichkeit aus dem Rundfunk, der Star der Serie *Das Dienstmädchen Reba (Reba, the Maid)*. Ronald Leir (Nick Norris) übernahm die Rolle bei den Nachaufnahmen, aber die gesamte Sequenz wurde schließlich geschnitten.

MR. RIENZI (Alfred De La Fuente): Er ist ein Erfinder ganz besonderer Art. Er erfand zum Beispiel den elektrischen Rasierapparat für Pferde und das Unterwasser-Feuerzeug – das aber leider bislang noch nicht funktioniert – (Sequenz 133). Die Kids glauben, daß er ein Nazi-Spion ist. Alle Szenen, in denen er mitspielte, wurden geschnitten.

ROCCO (Danny Aiello): Der Gangster, der Mr. Davis tötet und plant, auch Sally um die Ecke zu bringen; eine Sequenz, die bei den Nachaufnahmen hinzugefügt wird (106).

ROGER (David Warrilow): Berühmte Persönlichkeit aus dem Rundfunk, Irenes Gatte (*Frühstück mit Irene und Roger*). Jedesmal wenn er Sally sieht, vergeht er schier vor Sehnsucht (Sequenz 64).

RUTHIE (Joy Newman): Little Joes Cousine, die Tochter von Abe und Ceil. Ihre Lieblingsbeschäftigung ist das Abhören der Telefonsammelstelle der Waldbaums und ihre Familie darüber auf dem laufenden zu halten.

MR. RYDELL (Everett Quinton): Promoter des Auftritts von Tonino. Quinton spielte auch den Produktions-Assistenten, aber beide Sequenzen wurden schließlich fallengelassen.

SALLY (Mia Farrow): Das Zigarettenmädchen, das ein Radio-Star wurde.

SANFORD (Marc Colner): Berühmte Persönlichkeit aus dem Rundfunk, einer der »Whiz Kids«.

MRS. SILVERMAN (Belle Berger): Little Joes Nachbarin, die einen Ohnmachtsanfall bekam, nachdem sie mit ansehen mußte, wie Doris, die Tochter des Kommunisten, einen Schwarzen küßte. Mumifiziert wurde sie ins Krankenhaus gebracht (Sequenz 82).

ERSTE SÄNGERIN (Catherine Hayes): Sie sollte »I'll Be Seeing You« und »They're Either Too Young or Too Old« singen, aber wenn sie auch eine gute Figur machte, so konnte sie dennoch nicht singen.

ZWEITE SÄNGERIN (Maureen Sadusk): Sie sang zwar die zwei Lieder sehr gut und war auch eine sehr gute Schauspielerin, aber Woody kam schließlich zu dem Schluß, daß sie letztlich nicht entsprechend rüberkam. Bei den Nachaufnahmen spielte sie den Broadway-Star mit dem Lampenfieber (Sequenz X 104), aber diese Szene wurde schließlich geschnitten. An Silvester ist sie auf dem Dachgarten des »King Cole« (Sequenz 180).

DRITTE SÄNGERIN (Kitty Carlisle Hart): siehe KITTY.

DER SCHNULZENSÄNGER (Todd Field): Wenn er »All or Nothing At All« singt, fällt Ruthie fast in Ohnmacht (Sequenz 12).

DAS SCHÖNE MÄDCHEN (Shelly Delaney): Sie ersucht den Privatdetektiv in der *Nick Norris* Show um Hilfe (Sequenz 42). Bei den Nachaufnahmen taucht sie wieder als Olga von der Tschechow-Radioshow auf.

SPINNENFRAU (Denise Dummont): Die lateinamerikanische Sängerin, die das Lied »Tico Tico« im Saal des »King Cole« singt (Sequenz 62). Sie war auch die Sängerin im Film *Der Kuß der Spinnenfrau.*

SY (Richard Portnow): Einer von Beas Rendezvous, er ist verheiratet und hat Kinder. Er macht mit ihr und Little Joe in seinem neuen Wagen eine Spritztour durch Manhattan, nachdem Ma ihr Baby bekommen hat (Sequenz 156).

TESS: Mas Vorname.

TINY MAN: siehe NORRIS, NICK.

TOM (Ed Silk): Jessicas Gatte, Autor von *Weihnachten im*

Kongo (The Christmas in the Congo). Als Freund von Roger und Irene sitzt er an ihrem Tisch im Saal des »King Cole« (Sequenz 63).

TONINO, DER ERSTAUNLICHE (Verne G. Williams): Der größte Entfesselungskünstler der Welt.

TONINO, CARMELLA (Camille Saviola): Toninos Ehefrau.

MR. UND MRS. WALDBAUM (Hy Anzell und Judith Malina): Little Joes Nachbarn, die sich immer über Ruthie beschweren, weil sie ihre Telefon-Sammelstelle abhört.

MR. ZYPSKY (Joel Eidelsberg): Hat einen Nervenzusammenbruch und läuft in Unterwäsche die Straße runter, wobei er mit einem Fleischermesser wild um sich fuchtelt (Sequenz E 102).

Crew

Es folgt eine Liste der Mitglieder des Produktionsstabs und weiterer Namen, die auch im Tagebuch genannt werden. Eine vollständige Liste befindet sich im Anhang des Buches.

ADRIANA: Carlo Di Palmas Ehefrau.

ANGELA: siehe SALGADO, ANGELA.

BABY DYLAN: siehe FARROW, DYLAN.

BARATTA, RICHIE: Außenaufnahmestab.

BARBARA: siehe GREEN, BARBARA.

BARBARA: siehe HELLER, BARBARA.

BERNSTEIN, NICK: Außenaufnahmestab. Er ist der Sohn des Autors von *Der Strohmann*. Seit er 15 Jahre alt ist, arbeitet er bei Woodys Filmen mit.

BILL: siehe CHRISTIANS, BILL

BOURNE, TIM: Aufnahmeleiter. Er ist der Sohn von Mel Bourne, der als Production Designer mit Woody arbeitete. Mit 17 ging er nach Lyon, wo er als Koch arbeitete (er liebt Frankreich, mag aber die Franzosen nicht). Danach arbeitete er vier Jahre als Koch bei Jack Nicholson.

BRIAN: siehe HAMILL, Brian.

BURKE, RON: Kamerafahrer. Wegen der Farbe seiner Haare wird er auch »Red« genannt.

CARLO: siehe DI PALMA, CARLO.

CHAPIN, KAY: Verantwortliche für das Script. Mit dem Film *Der Stadtneurotiker* (1977) begann ihre Zusammenarbeit mit Woody; seitdem fehlte sie bei keinem seiner Filme.

CHRISTIANS, BILL: Verantwortlich für die Männergarderobe.

CLIFF: siehe SCHORR, CLIFF.

DAISY: siehe FARROW, DAISY.

DANNY: Lastwagenfahrer.

DAVIS, JIM: Außenaufnahmestab.

DENNIS: siehe KEAR, DENNIS.

DICKIE: siehe MINGALONE, DICK.

DI PALMA, CARLO: Chefkameramann, begann als zweiter Kamera-Assistent für *Ossessione* (1942), Luchino Viscontis Filmbearbeitung von James M. Caines Erzählung *The Postman Always Rings Twice*, danach arbeitete er für Roberto Rossellinis Film *Rom, offene Stadt* (1945) und Vittorio De Sicas *Fahrraddiebe* (1948).
Zu den Filmen, bei denen er Chefkameramann war, gehören *Rote Wüste* (1964) und *Blow Up* (1966) von Michelangelo Antonioni, Sidney Lumets *The Appointment* (1969), Bernardo Bertoluccis *Tragödie eines lächerlichen Mannes* (1981), Antonionis *Identifikation einer Frau* (1982), Woody Allens *Hannah und ihre Schwestern* (1986) und schließlich Michael Dinners *Offbeat* (1986).

DOUG: siehe ORNSTEIN, DOUG.

DREW: siehe ROSENBERG, DREW.

DUBELMAN, LIZ: Kamera-Praktikantin.

DYNAMITE KID: siehe TYSON, MIKE.

EIBEN, PATRICIA: Verantwortlich für die Frauengarderobe.

EZRA: siehe SWERDLOW, EZRA.

FARROW, DYLAN: Mia Farrows Tochter. Sie verkörpert Little Joes Schwester in der Silvester-Szene (182).

FARROW, MOSES: Mia Farrows Sohn.

FERN: siehe SALAD SISTERS.

FORD ROMANIA: Maskenbildnerin.

FRANKIE: siehe GRAZIADEI, FRANK.

FRANKIE: Jimmy Mazzolas Freund, beobachtet die Dreharbeiten in Rockaway während der ersten drei Monate.

FREDERICK, JIMMY: Requisite.

GESAMTLEITUNG: siehe ROLLINS, JACK und JOFFE, CHARLES.

GIL: siehe WILLIAMS, GIL

GRADISCA: Eine Frau, die für einige Tage die Dreharbeiten in Rockaway besuchte. Sie sieht der Darstellerin (Magali Noel) der Gradisca in Fellinis Film *Armacord* (1973) sehr ähnlich.

GRAZIADEI, FRANK: Tonmeister.

GREEN, BARBARA: Die Mutter von Seth Green (Little Joe).

GREEN, MICHAEL: Erster Kamera-Assistent.

GREEN, ROMAINE: siehe DIE SALAD SISTERS.

GREENHUT, BOB: Der Produzent. Mit dem Film *Mach's noch einmal, Sam* (1972) begann er die Zusammenarbeit mit Woody. Seit *Der Stadtneurotiker* hat er alle Filme Woodys produziert.

HAMILL, BRIAN: Standfotograf, kennt Mike Tyson schon, seit dieser 13 Jahre alt war.

HAMMER: siehe MANZIONE, JIM.

DER HEBRÄISCH-PRIVATLEHRER: Unterrichtet Seth Green (Little Joe) während der Drehtage. In der Polly-Phelbs-Geschichte taucht er als einer der Fotografen auf.

HELLER, BARBARA: Außenaufnahmestab.

HYMAN, DICK: Verantwortlich für die Musik. Für *Zelig* komponierte und textete er »Leonard The Lizard«, »Doin' the Chameleon«, »Reptile Eyes«, »You May Be Six People, But I Love You« und »Chameleon Days«. Bei diesem Film hatte er die musikalische Leitung inne. Unter anderem komponierte er »Get Regular with Re-Lax«, »Uncle Walt Squirrel Ranger's Club Song« sowie die meisten Werbesongs für die Radioshows. Mit »*Was Sie schon immer über Sex wissen wollten…*« (1972) begann seine Zusammenarbeit mit Woody.

JANE: siehe MARTIN, JANE.

JAY: siehe LEVY, JAY.

JEFFREY: siehe KURLAND, JEFFREY.

JIMMY: siehe DAVIS, JIM.

JIMMY: siehe FREDERICK, JIMMY.

JIMMY: siehe MAZZOLA, JIMMY.

JIMMY: siehe SABAT, JIMMY.

JOFFE, CAROL: Bühnenbildnerin, begann die Zusammenarbeit mit Woody mit dem Film *Stardust Memories*, ist die Ex-Ehefrau von Charles Joffe, dem Manager und Produzenten von Woody.

JUDY: siehe MAKOVSKY, JUDIANA.

KAY: siehe CHAPIN, KAY.

KEAR, DENNIS: Double. Seit beinah zehn Jahren ist er nun schon Woodys Double in den Filmen.

KEN: siehe ORNSTEIN, KEN.

KURLAND, JEFFREY: Costume Designer, war früher der Assistent von Santo Loquasto.

LARK: siehe PREVIN, LARK.

LEVY, JAY: Zweiter Kamera-Assistent.

LIZ: siehe DUBELMAN, LIZ.

LOQUASTO, SANTO: Production Designer, entwirft Kleider für Twyla Tharp, hatte zwei Oscar-Nominierungen für *Zelig* (Costume Design) und für *Susan, verzweifelt gesucht* (Production Design). Mit *Stardust Memories* (1980) begann seine Zusammenarbeit mit Woody.

LOUIS: siehe SABAT, LOUIS.

MAKOVSKY, JUDIANA: Assistentin des Costume-Designers.

MANZIONE, JIM (HAMMER): Elektriker. Gewerkschaftsvertreter. Wegen seiner untersetzten Figur bekam er den Spitznamen »Hammer«.

MARTIN, JANE: Woodys Assistentin. Sie arbeitet mit Woody seit den Nachaufnahmen von *Broadway Danny Rose* (1984) zusammen.

MAZZOLA, JEFFREY: Requisite, Jimmys jüngerer Bruder.

MAZZOLA, JIMMY: Requisitenmeister, begann mit *Innenleben* (1978) die Zusammenarbeit mit Woody.

MICKEY: siehe GREEN, MICHAEL.

MINGALONE, DICK: Kamera-Assistent.

MORSE, SUSAN (SANDY): Cutterin.

MOSES: siehe FARROW, MOSES.

MYLA: siehe PITT, MYLA.

NICK: siehe BERNSTEIN, NICK.

NICOLE: siehe STERN, NICOLE.

ORNSTEIN, DOUG: Produktions-Assistent, der jüngere Bruder von Ken.

ORNSTEIN, KEN: Zweiter Regie-Assistent.

PATRICK, RICHIE: Produktions-Assistent.

PATTI: siehe EIBEN, PATRICIA.

PETE: siehe TAVIS, PETE.

DER FOTOGRAF: Der junge Mann, der die ersten drei Wochen bei den Aufnahmen in Rockaway mit dabei ist.

PITT, MYLA: Double, sie spielt die Zimmergenossin von Ma in der Krankenhaus-Szene und eine Passantin in der Schneemann-Szene.

POPEYE: Klavierstimmer, er sieht der gleichnamigen Comic-Figur ähnlich.

PREVIN, DAISY: Mia Farrows Tochter.

PREVIN, LARK: Mia Farrows Tochter.

PRODUZENTEN: siehe GREENHUT, BOB und SWERDLOW, EZRA.

QUINLAN, RAY: Chefbeleuchter.

RAY: siehe QUINLAN, RAY.

REBECCA: Das junge Mädchen, das auf das Baby Dylan aufpaßt, während Mia Farrow dreht. Sie ist die Tochter von Arthur Miller.

RED: siehe BURKE, RON.

REILLY, TOM: Erster Regie-Assistent. Ein gestandener irischer Typ, vergleichbar mit John Wayne in John Fords Film *The Quiet Man* (deutsch: Die Katze mit dem roten Haar; auch: Die Katze mit den roten Haaren; sowie: Der Sieger). Mit seiner lauten Stimme beherrscht er die Szene: »Nicht nachlassen!« »Leute, machen wir, so schnell wir können!« »Wenn du nicht im Bild bist, dann stehst du nur im Weg!«

RICHIE: siehe PATRICK, RICHIE.

ROLLINS, JACK: Woodys Manager und Produzent.

ROMAINE: siehe DIE SALAD SISTERS.

ROMANIA: siehe FORD, ROMANIA.

ROSENBERG, DREW: Produktions-Assistent.

SABAT, JIMMY: Soundmixer. Er arbeitet am längsten mit Woody zusammen; schon seit *Bananas* (1971). Er spielt auch die Rolle des Chester, Beas Rendezvous in der Radio City Music Hall (Sequenz F 102).

SABAT, LOUIS: Ton-Assistent, der jüngere Bruder von Jimmy.

DIE SALAD SISTERS: FERN BUCHNER (Maske) und ROMAINE GREEN (Frisuren). Sie arbeiten bereits seit 15 Jahren zusammen und sind mittlerweile eine Institution im Film geworden. Der Legende nach titulierte sie Joanne Woodward wegen ihrer Vornamen »Salad Sisters«. Mit Woody arbeiten sie seit *Der Stadtneurotiker* (1977) zusammen.

SALGADO, ANGELA: Produktions-Assistentin.

SANDY: siehe MORSE, SUSAN.

SANTO: siehe LOQUASTO, SANTO.

SCHERER, WERNER: Hairdresser.

SCHORR, CLIFF: Bühnenbildner.

STERN, NICOLE: Double, Halbfranzösin (die Mutter kommt aus der Bretagne). Sie taucht zweimal in der King-Cole-Ballsaal-Sequenz auf: am Nebentisch von Roger und Irene (Sequenz 63) und bei der Silvester-Feier (Sequenz 181).

SWERDLOW, EZRA: Co-Produzent.

DER TANGO-LEHRER: Der Tanzlehrer von Dianne Wiest (Bea), Richard Portnow (Sy), Julie Kurnitz (Irene) und Dimitri Vassilopoulos (Porfirio) – vergleiche die Szenen im Tango-Palast und im Saal des »King Cole«.

TAVIS, PETE: Chef der Lastwagenfahrer.

TAYLOR, JULIET: Verantwortlich für die Komparserie.

TIM: siehe BOURNE, TIM.

TOM: siehe REILLY, TOM.

TYSON, MIKE (DYNAMITE KID): Schwergewichtsboxer, Brians Freund.

DIE UNTERHALTUNGS-CREW: Die Tontechnik-Abteilung: Jimmy und Louis Sabat sowie Frankie Graziadei. Sie organisieren die Wetten, die Kartenspiele und das Super-Bowlpool.

DER VOGUE-AUTOR: Santos Fahrer. Er schreibt für das Feuilleton der Zeitschrift *Vogue*.

WARD, BOBBY: Bühnenmeister. Mit *Der Strohmann* (1976) begann seine Zusammenarbeit mit Woody. 22 Jahre ist er
schon im Geschäft. Sein Vater war Requisiteur, und sein
Bruder ist Chefbeleuchter.

WERNER: siehe SCHERER, WERNER.

WILLIAMS, GIL: Außenaufnahmestab.

RADIO DAYS

Kaum haben Mr. und Mrs. Needleman, zwei Nachbarn von Little Joe, ihr Haus verlassen, um ins Kino zu gehen, brechen zwei Diebe ein. Sie sind gerade dabei, das Haus auszurauben, als der Moderator der Sendung *Guess that Tune (Raten Sie die Melodie)* anruft. Die Einbrecher wissen alle Titel der Melodien und gewinnen den Hauptpreis. Mr. und Mrs. Needleman kehren in dieser Nacht in ein völlig ausgeplündertes Haus zurück. Es bleibt ihnen nichts anderes übrig, als am nächsten Morgen nach dem Aufwachen eine Wagenladung von Gewinnen in Empfang zu nehmen.

In einer anderen beliebten Radio-Show singt ein jugendlicher »Stern am Schlagerhimmel« ihre Interpretation von »Let's All Sing Like the Birdies Sing«. Und Little Joes Ma putzt die Küche, während sie die beliebte Sendung *Breakfast with Irene and Roger (Frühstück mit Irene und Roger)* hört. Little Joe hört am liebsten die Serie *The Masked Avenger (Der Maskierte Rächer)*.

Little Joe steht vor dem Rockaway-Badehaus, und bei ihm zu Hause diskutieren die Eltern darüber, welches »der größere Ozean« ist, der Atlantik oder der Pazifik. Onkel Abe bringt frischen Fisch von seinem Kumpel in der Sheepshead Bay mit nach Hause, während Opa oben versucht, Oma in ihr Korsett einzuschnüren. Cousine Ruthie hört die Telefonsammelstelle bei den Waldbaums ab. Mr. Waldbaum regt sich sehr darüber auf und brüllt vom Nachbarhaus herüber. Little Joe möchte fünfzehn Cent, damit er sich einen Ring des Maskierten Rächers kaufen kann.
Little Joe und seine Kumpels gehen in die Schule. Beim »Zeig her und erzähl«-Spiel führt Little Ross seinen neuen Ring der Geheimgesellschaft Maskierter Rächer vor. Später, im Hebrä-

isch-Unterricht, belehrt Rabbi Baumel die Kids, wie notwendig ein neuer Staat in Palästina ist und wie sie durch Geldsammeln dabei werden helfen müssen.

Die Jungens betteln auf der Straße um Spenden. Dann nehmen sie das Geld, das sie kassiert haben, mit zum Strand, um es zu zählen; sie möchten wissen, ob sie genug zusammenbekommen haben, um den neuesten Ring des Maskierten Rächers zu kaufen.

Aber die Sache fliegt auf. Little Joe und seine Eltern werden ins Büro von Rabbi Baumel zitiert, wo Little Joe wegen der unrechtmäßigen Aneignung des Geldes ins Gebet genommen wird. Little Joe versucht, die Situation in den Griff zu bekommen, aber der Rabbi ohrfeigt ihn. Dann schlägt ihn Ma. Dann schlägt ihn Pa.

Bea hat ein Rendezvous mit dem stattlichen Sidney Manulis. Auf ihrem Nachhauseweg hat der Wagen im nebligen Breezy Point »keinen Sprit mehr«. Die romantische Radiomusik wird von einer Sondermeldung unterbrochen: In New Jersey sind Marsmenschen gelandet. Der gute Mr. Manulis gerät in Panik und läßt Bea allein in der Nacht zurück.

Eine weitere Geschichte wird aufgerollt. Einige der Rundfunkstars der Stadt sind im Nachtclub King Cole Room versammelt. Roger von der *Frühstück mit Irene und Roger*-Show ist scharf auf das Zigarettenmädchen Sally, mit dem er eine Affaire hat. Sie lotst ihn auf das Dach des Clubs. Doch nachdem Rogers Bedürfnisse befriedigt sind, entdecken sie, daß sie ausgesperrt sind. Ein Gewittersturm kündigt sich an, und es gibt keinen Weg zurück ins Gebäude. Sie geraten bereits in Panik, als Porfirio, der Playboy der Westlichen Welt, zu einem kurzen Stelldichein mit Rogers Frau Irene heraufkommt.

Wieder in Rockaway. Es ist Jom Kippur. Little Joes kommunistische Nachbarn drehen das Radio laut auf, und das an einem Tag, an dem sie nichts anderes tun sollten, als für ihre Sünden zu büßen. Abe kann es schließlich nicht mehr ertragen und geht nach nebenan, um ein Wörtchen mit ihnen zu reden. Zwei Stunden später ist er immer noch nicht zurück, und immer noch plärrt das Radio. Während sie auf Abe warten, erzählt Ma den anderen, was mit Mrs. Silverman passiert ist, als sie gesehen hat, daß die Kommunistentochter einen Schwarzen küßt: Sie hat einen Ohnmachtsanfall bekommen. Schließlich kommt Abe zurück. Er ist betrunken.

Die Welt des Rundfunks. Abes Lieblingssendung ist *Bill Kern's Favorite Sports Legends (Bill Kerns Highlights aus der Welt des Sports)*. Abe hört gebannt der Geschichte des Baseballspielers Kirby Kyle zu. Ceil hört gerne die Sendung *The Famous Ventriloquist (Der Famose Bauchredner)*, und Ruthie und ihre Freundinnen sitzen in der Milchbar und fallen beim Hören eines Schnulzensängers in Ohnmacht. Thomas Abercrombie schickt seinen *Court of Human Emotions* (seine *Sprechstunde der menschlichen Gefühle*) über den Äther, die Lieblingssendung von Ma und Pa; Little Joe stellt sich seine Eltern in der Sendung vor. Und an einem Tag im Zoo treffen Little Joe und seine Eltern Sanford, das »Whiz Kid« eine berühmte Persönlichkeit aus dem Rundfunk.
Little Joe verbindet an diesem Tag bestimmte Songs mit bestimmten Ereignissen, beispielsweise die Lektion über Beziehungen, die ihm Little Evelyn erteilt, oder Mas und Pas Hochzeitstag und den Pelzmantel, den Ma kriegte; das war das einzige Mal, daß er zu sehen bekam, wie seine Eltern sich küßten. Andere denkwürdige Ereignisse waren der Tag, an dem die Kids dem Schneemann einen Penis verpaßten, die Art, wie Ruthie Songs aus dem Radio imitierte, der Tag, an dem Mr. Zipsky einen Nervenzusammenbruch bekam und in Unterwäsche die Straße hinunterrannte, und das eine Mal, als Bea und ihr Rendezvous Chester Little Joe zur Radio City Music Hall mitnahmen.

Nachdem sie auf dem Dach mit Roger festgesessen hat, findet Sally einen neuen Job in Mr. Davis' Nachtclub. Unglücklicherweise ist sie Zeugin, wie Mr. Davis von Rocco, dem Gangster, umgebracht wird. Rocco beschließt, sie ebenfalls zu beseitigen. Aber vor dem Haus seiner Mutter, wo er wegen Patronen und einer neuen Pistole haltmacht, entschließt er sich doch, sie zu verschonen, und hilft ihr sogar, den Traum ihres Lebens zu erfüllen, beim Rundfunk zu sein.

Sie bekommt eine Rolle in der Rundfunkbearbeitung eines Tschechow-Stückes. Aber just in dem Moment, wo sie sich anschickt, ihr Radiodebut zu geben, wird das Programm durch die Meldung unterbrochen, daß Pearl Harbor bombardiert wird.

So endet Sally damit, daß sie bei der USO* singt. Little Joe und seine Kameraden tragen ihren Teil zum Gelingen des Krieges bei, indem sie Alteisen sammeln. Die Bedienung in der Milchbar führt ihre neue WAC-Uniform vor. Mrs. Riley zieht Gemüse in ihrem Sieges-Garten. »Biff-Baxter, G-Man« (Geheimagent Biff Baxter) vom Rundfunk mischt ebenfalls mit, obwohl er wegen seiner Plattfüße zum F4** erklärt worden ist, indem er Nazis und Japsen in einem Rundfunkstudio beschießt. Little Joe und seine Gang gehen auf die Dachterrasse, um nach feindlichen Flugzeugen Ausschau zu halten. Was sie jedoch durch ihren Feldstecher sehen, ist eine Nachbarin, Miss Gordon, die sich gerade zum Duschen auszieht. Die Kids gehen zum Strand, um über das andere Geschlecht zu debattieren. Später, als er allein ist, träumt Joe von Miss Gordon, während ein Nazi-U-Boot durch die Wellen bricht.

Kitty Carlisle singt »They're Either Too Young or Too Old«, und Ma und Bea diskutieren über Männer, Liebe, Heirat und die Notwendigkeit, Kompromisse einzugehen. Bea glaubt, ihre neueste Errungenschaft Fred könnte der Mann für sie sein.

Pa ist inzwischen auf einen leider ziemlich gedankenlosen Einfall gekommen, Geld zu machen. Aber Ma möchte lieber den Namen ihres erwarteten Kindes besprechen. Von seinem Bett

* United Services Organization: Truppenbetreuung. (Anm. d. Übers.)
** Tauglichkeitsgrad 4.

aus hört Little Joe die schlechten Nachrichten vom Krieg, die aus dem Radio unten kommen. Der örtliche Luftschutzwart ordnet Verdunkelung an. Ma und Pa gehen hinaus, um die schönen Suchscheinwerfer anzuschauen.

Bea bringt ihr Rendezvous Fred mit. Er ist deprimiert, weil er vor kurzem seine Verlobte bei einem Autounfall verloren hat – seine Verlobte Leonard. Fred ist scheinbar doch nicht der Mann für Bea.

In der Schule erfahren Little Joe und seine Kumpels, daß sie eine Ersatzlehrerin bekommen sollen – Miss Gordon.

Sally kämpft weiterhin um ihre Karriere. Sie singt Werbereime (»Get Regular with Re-Lax«*). Sie nimmt Sprechunterricht (»Hark! I hear the cannon roar«**). Und schließlich bekommt sie ihre eigene Show, *The Gay White Way (Der goldene Mittelweg)*. Ceil hört gerne Sallys Programm, aber da der Sender immer wieder verschwindet, schlägt Abe so fest auf das Radio, daß es kaputtgeht.

Little Joe geht zur Radio-Reparatur, um das Familienradio wieder in Ordnung zu bringen. Als er ein Taxi heranwinkt, erfährt er endlich, auf welche Weise sein Vater Geld verdient – er ist Taxifahrer.

Die Familie nimmt an einem Werbetextwettbewerb teil, und als sie sich gerade darüber die Köpfe heiß reden, bekommt Ma die Wehen. Nachdem sie sie alle im Krankenhaus besucht haben, nehmen Bea und ihr momentanes Rendezvous Sy Little Joe auf eine Rundfahrt durch Manhattan mit – Times Square, Horn and Hardart Automat, Exhibition Hall. Bea nimmt an der Radioshow *The Silver Dollar Jackpot (Der Silber-Dollar-Hauptgewinn)* teil – und gewinnt! Von dem Geld kauft sie Little Joe einen Chemiekasten, anschließend gehen sie zum Tango-Palast.

---

* »Regelmäßige Verdauung durch Re-Lax.« (Anm. d. Übers.)
** »Horch! Ich höre die Kanone donnern.« (Anm. d. Übers.)

Wieder zu Hause. Bea tanzt zu Conga-Musik, Abe bringt lebende Aale mit, und Little Joe hat Mas Pelzmantel mit dem Chemiesatz verbrannt. Pa jagt hinter Little Joe her, fängt ihn und beginnt, ihn zu verprügeln. Aber das ganze Chaos findet schnell ein Ende, als die Radiomusik von einer Meldung über ein kleines Mädchen unterbrochen wird: Polly Phelps, die auf einem Feld in Pennsylvania in einen Brunnen gefallen ist. Die Familie hört zu, ergriffen wie alle Leute, egal welchen Alters, welcher Klasse, die ganze Stadt. Viele Stunden später wird die kleine Polly aus dem Brunnen heraufgebracht, aber sie ist tot.

Es ist Silvester 1943. Sally und ihr Rendezvous, der Maskierte Rächer, schließen sich anderen Rundfunkstars im King Cole Room an. Little Joes Familie verbringt den Abend zu Hause und hört eine Sendung aus dem Club.
Auf Sallys Vorschlag gehen die Rundfunkstars auf das Dach des Gebäudes, um das neue Jahr zu begrüßen. Es wird Mitternacht. Auf dem Dach des King Cole Room und bei Little Joe zu Hause stoßen alle auf 1944 an. Schnee beginnt auf das Dach des Clubs zu fallen, und die Rundfunkstars gehen wieder hinunter.

VORWORT FÜR DEN LESER

Im folgenden Tagebuch werden die Schauspieler mit ihren Filmnamen genannt. Alle Personen, die im Tagebuch erwähnt werden, sind in alphabetischer Reihenfolge ab Seite 13 aufgeführt. Die Nummern der Filmsequenzen entsprechen denen der Szenen-Abfolge im Anhang (siehe Seite 527). Mehrere von ihnen kommen in der Endfassung des Films nicht vor. Diejenigen, die geschnitten wurden, kann man der Szenen-Abfolge im Anhang entnehmen (siehe Seite 527).

TAGEBUCH: ERSTAUFNAHMEN

Donnerstag, 5. November 1985   Erste Woche

8 Uhr morgens, Chinatown. Vor dem Nom Wah Tea Parlor in der Doyers Street. Es wird Frühstück serviert: Kaffee und Doughnuts. Während das Team die Ausrüstung hineinträgt, plaudert Woody an der Tür. Als er sieht, daß ich unschlüssig herumstehe, kommt er auf mich zu. Ich stelle mich vor. Wir geben uns die Hand. »Willkommen«, sagt er, »haben Sie Jane gesehen? Wenn Sie irgendwas brauchen, wenden Sie sich an sie.« Ich danke ihm, und er widmet sich wieder seinem Gespräch.

So – unrasiert, mit braunen Lederschuhen, Kordhosen, einer grünen Jagdjacke und dem unvermeidlichen Hut – sieht Woody entspannt aus.

9.30 Uhr morgens, Nom Wah Tea Parlor. Innen. Wir schreiben das Jahr 1943. Das Licht wird von Carlo Di Palma, dem Chefkameramann, und seinem Team (den Beleuchtern und Bühnenarbeitern) eingerichtet. Das unvermeidliche Durcheinander bei einer Filmszene. Und wenn dann der Raum so klein ist, stehst du im Weg, egal, was du machst. Das Team scheint trotzdem ganz gelassen und bewegt sich geschickt zwischen dem Equipment und den Leuten hin und her. Folgende Szene soll gefilmt werden: Die Gäste im Tea Parlor hören Radio: die Geschichte von Polly Phelps, dem acht Jahre alten Mädchen aus Pennsylvania, das in einen Brunnen gefallen ist (Sequenzen 168 und 172).

Ein altes Chinesenpaar (sie müssen um die siebzig sein) und ein junger Matrose mit seiner Freundin werden hereingebracht. Woody prüft sorgfältig ihre Kostüme und läßt andere Jacken holen. Die Schauspieler werden an zwei Tische gesetzt. Nachdem Woody die Szene durch die Kamera überprüft hat, spricht er mit Tom Reilly, dem ersten Regieassistenten, der dann die Anweisungen an die Schauspieler weitergibt. Am Ende ist die ältere chinesische Frau nicht im Bildausschnitt. Einmal stimmen die Bewegungsabläufe nicht. Deshalb spricht Woody mit allen Schauspielern einzeln und sagt ihnen, sie sollten nur auf das Radio achten – auf die Geschichte von dem kleinen Mädchen –, wobei der Matrose essen und der Chinese seine Zigarette paffen soll.

9.45 morgens, Aufnahme 168: Halbtotale mit dem alten Chinesen, dem Matrosen und seinem Mädchen, die dem Drama um Polly Phelps im Radio zuhören. (5 Sekunden)
(3 gefilmt und 3 kopiert)
Die Statisten stehen auf ihrem Platz, und wir gehen direkt zur nächsten Aufnahme über.
Aufnahme 172: Der Matrose und sein Mädchen haben aufgehört zu essen, und der alte Chinese raucht nicht mehr. Alle sind entsetzt. Sie haben gerade erfahren, daß Polly tot ist. (5 Sekunden)
(4 gefilmt und 2 kopiert) Fertig um 10.15 Uhr morgens.

11 Uhr vormittags. Das Feuerwehrhaus der Mannschaft Nr. 18 in der 10th Street in Greenwich Village. Wir befinden uns jetzt im Jahre 1926. Autos aus dieser Zeit stehen vor dem Gebäude. Die Szene, die gefilmt werden soll: Feuerwehrleute hören Radio. Live vom Jersey-Ufer erzählt ihnen Carlton Foxx von einem Kunststück des Mannes, den man »Die Katze mit den neun Leben« nennt. Es ist der »Größte Entfesselungskünstler der Welt«, der »Erstaunliche Tonino« (Sequenzen 2, 4, 6 und 8).
Die Produktions-Assistenten (PAs) versuchen, die Straße zu sperren, aber sie haben es schwer. Immer wieder müssen sie die Schaulustigen bitten zurückzutreten, sich außerhalb des Kameraausschnittes zu stellen oder sich vom Team zu entfernen. Einige Leute schaffen es trotzdem, an den PAs vorbeizukommen. Ein Mann kommt bis zu Woody durch und bittet ihn um ein Autogramm. Woody sagt höflich, aber bestimmt nein.

Tom, der immer noch an Woodys Seite ist, schiebt den Mann vorsichtig weg. Ein anderer möchte Woody und die Szene mit seiner Videokamera aufnehmen. Ein PA bittet ihn, wegzugehen. »Laß mich in Ruhe!« Der Mann schreit fast. »Die Straße gehört allen. Wir sind hier in Amerika!«

Jane Martin, Woodys Assistentin, stellt mich Bob Greenhut, dem Produzenten, vor, der mit Woody seit *Play It Again, Sam* (Mach's noch einmal, Sam) (1972) zusammenarbeitet. »Wir sind ans Zusammenarbeiten gewöhnt«, sagt er über das Team. »Wir kennen uns. Und wir hassen uns!« Sie macht mich auch mit Brian Hamill bekannt, dem Standfotografen, der aus Brooklyn kommt; er scheint sehr eng mit Woody befreundet zu sein. Und ich beginne mit Jimmy Sabat, dem Tontechniker, Freundschaft zu schließen, der seit *Bananas* (1971) mit Woody arbeitet. Da es bei den Aufnahmen heute morgen keine Tonaufnahmen gibt, hat Jimmy nichts zu tun.

Jimmy Mazzola, der Chefrequisiteur, bringt einen Dalmatiner zu den Feuerwehrleuten (Statisten), die sich unter der Veranda aufgestellt haben. Die echten Feuerwehrleute schauen sich mit uns die Szene an. Die Passanten (Statisten, alle in zeitgenössischer Kleidung) stehen auf ihrem Platz und warten. Alles ist startbereit.

12 Uhr mittags, Aufnahme 2: eine Halbtotale mit den Feuerwehrleuten und einem anderen Mann, die gemeinsam der Geschichte Toninos lauschen. Autos und Fußgänger durchqueren das Bild. (*10 Sekunden*)
(*3 gefilmt und 3 kopiert*)
Wir gehen direkt zur nächsten Aufnahme über.
Aufnahme 2 A: Die gleiche Einstellung wie bei 2, bloß aus der Nähe. Bei den Aufnahme 2 und 4 läßt Woody nur den Mann zuhören. Die Feuerwehrleute sind nicht mehr da.
(*4 gefilmt und 4 kopiert*) Fertig um 12.30 mittags.
Die echten Feuerwehrmänner wollen mit Woody fotografiert werden. Er ist einverstanden. Mitten unter all diesen riesigen, lachenden Männern steht Woody da mit seinem Zelig-Gesicht
– ernst, aber mit einem Blick, als würde er sich am liebsten ver-

kriechen. Dann stürzt er in den Kombiwagen, um zum nächsten Drehort zu kommen, bevor es regnet. Die Wolken hängen sehr tief.

1.15 Uhr nachmittags. Hier in der 50th Street, zwischen der 5th und der 6th Avenue, direkt vor dem RCA-Gebäude, nieselt es. Woody ist bei Andrew (Fletcher Previn, dem Sohn von Mia Farrow). Sie stehen unter einer Plane und warten, daß das Team die Ausrüstung bringt und die Aufnahme macht. Wir »befinden« uns wieder in den vierziger Jahren: Wir wollen einen »Establishing Shot«* von dem Studio machen, in dem Sally (Mia Farrow) »Get Regular with Re-Lax« singt, den Werbesong für das Abführmittel (Sequenz 141).
Autos der dreißiger und vierziger Jahre sind auf beiden Straßenseiten in der Nähe des Eingangs geparkt. Plakate mit der Aufschrift WAR BONDS: TO HAVE AND TO HOLD (ZEICHNET KRIEGSANLEIHEN) hängen an beiden Seiten der Tür. Ein paar Statisten verteilen sich auf der Straße und im Inneren des Gebäudes.

2.15 Uhr nachmittags, Aufnahme 141: Die Kamera neigt sich vom RCA-Hochhaus hinunter zum Eingang, wo Leute ein und aus gehen. (*6 Sekunden*)
Die Straße ist gesperrt. Für ein paar Sekunden erleben wir die 50th Street vor einem halben Jahrhundert, und das vor dem geräuschvollen Hintergrund des Manhattan von 1985.
(*2 gefilmt und 2 kopiert*) Fertig um 2.45 Uhr nachmittags. Wir machen Mittagspause.

4.30 Uhr nachmittags, im »Marlboro Cleaners« in der 1st Avenue, 13th Street. Noch einmal sollen Leute aufgenommen werden, die sich das Abenteuer des Großen Tonino anhören. Die Hinterzimmer dieser Firma haben sich seit den zwanziger Jahren nicht verändert. Der Standort ist winzig, und wie schon am

---

* Als »Establishing Shot« bezeichnet man filmdramaturgisch eine Einstellung zu Beginn einer Sequenz, die einen allgemeinen Überblick über Lokalität, Personal und Situationen gibt. (Anm. d. Übers.)

Morgen ist es bei so vielen Leuten und bei einem so umfangreichen Ausrüstungszubehör schwierig, einen Platz neben dem Regisseur zu finden. Carlo kümmert sich um die Lichtführung, während Woody mit Jeffrey Kurland, dem Costume Designer, die Wäschereirequisiten aufhängt. Woody überprüft das Bild immer wieder durch den Kamerasucher.

Es handelt sich um eine sehr einfache Aufnahme. Der Raum ist klein und überfüllt, und jeder ist an diesem ersten Tag nach der Hetze durch Manhattan ein wenig gereizt. Deshalb beschließe ich, mich zurückzuziehen. Ich bin ohnehin schon zu weit gegangen, als ich Jane am Morgen um das Drehbuch gebeten habe. Ihre Antwort am Nachmittag: »Woody will darüber nachdenken.« (!) Sie bittet mich außerdem, ihr am Abend vorher Bescheid zu geben, wenn ich bei den Aufnahmen dabeisein will. Zwei Aufnahmen sollen gemacht werden.

Aufnahme 2 B: Eine Großaufnahme von einem Chinesenpaar: Sie bügeln, während sie der Geschichte von Tonino im Radio zuhören. Der Mann stellt das Radio lauter. (*10 Sekunden*)
(*3 gefilmt und 3 kopiert*)

Aufnahme 8: Der Chinese am Radio, als es zu rauschen anfängt. (*5 Sekunden*)
(*3 gefilmt und 3 kopiert*)

Mittwoch, 6. November 1985

Gestern gewann Ed Koch im dritten Durchlauf die Bürgermeisterwahl mit drei Stimmen gegen eine. Er verspricht, gegen Ungerechtigkeiten zu kämpfen und sich »für alle Menschen in dieser Stadt, unabhängig von Rasse, Religion, nationaler Herkunft oder Sexualität, einzusetzen.« (New York Times)

Ich fahre im Bus mit den Komparsen zum Baseballplatz in New Jersey, wo Kirby Kyle spielen wird: der dürre Linkshänder aus Tennessee, der ein Bein und einen Arm verloren hat und blind wurde, sich aber Mut und Kraft erhalten hat.

8.45 Uhr morgens. Der Baseballplatz. Wir befinden uns in den späten dreißiger Jahren. Riesige Plakate (BUY CHESTERFIELD) sind an der rückwärtigen Bande angebracht. Kirby Kyle (Brian Mannain) ist bereits kostümiert. Er steht zum Abschlag bereit. Mannain arbeitet eigentlich im Produktionsbüro von Rollins und Joffe und spielt im selben Team Baseball wie Ezra Swerdlow, der Co-Produzent. Woody frühstückt gerade Weißbrot wie in *Hannah*, (Hannah und ihre Schwestern), aber getoastet und mit braunem Zucker; dazu trinkt er eine Tasse »farblose Flüssigkeit« (heißes Wasser) wie in *Manhattan*. Ich mache Bekanntschaft mit Kay Chapin, dem Verantwortlichen für das Drehbuch, der seit *Annie Hall* (Der Stadtneurotiker) (1977) bei allen Filmen von Woody dabei war.

9 Uhr morgens. Tonaufnahmen müssen nicht gemacht werden: Ein Kommentar von Bill Kern soll eingeblendet werden.
Aufnahme 86: Kirby steht im Schlagmal und schlägt den Ball in Richtung Kamera ab. (*5 Sekunden*)
(*3 gefilmt und 3 kopiert*)
Die Kamera wird zurückgefahren, damit der Aufnahmewinkel größer ist.
Aufnahme 86 A: Kirby schlägt ab. Der Schläger schwingt nach. (*3 Sekunden*)
(*2 gefilmt und 2 kopiert*)
Wir gehen in die Ausgangsposition zurück.
Aufnahme 88: Kirby steht im Schlagmal und schlägt ab. Er hat nur noch ein Bein. (*5 Sekunden*)
(*4 gefilmt und 4 kopiert*)
Aufnahme 90: Kirby steht im Schlagmal und schlägt ab. Er hat nur noch ein Bein und einen Arm. (*5 Sekunden*)
(*5 gefilmt und 5 kopiert*)
Und schließlich:
Aufnahme 92: Kirby steht im Schlagmal und schlägt ab. Er hat nur noch ein Bein, einen Arm und ist blind. (*5 Sekunden*)
(*6 gefilmt und 5 kopiert*)
Obwohl Kirby seine ganze Energie zusammennimmt, wird es für ihn immer schwieriger, den Ball so abzuschlagen, daß er

mit sich zufrieden ist. Mit seinem auf dem Rücken festgebundenen Arm und später mit seinem nach hinten abgewinkelten Bein muß Kirby von Jimmy Mazzola und seinen Helfern zum Schlagmal getragen werden. Aber Kirby ist eben Kirby: er ist ausdauernd. Da er im Unterschied zu Woody mit seiner Darbietung nicht zufrieden ist, bittet er ihn, es noch einmal versuchen zu dürfen. Der Regisseur gibt ihm noch eine Chance. In der letzten Aufnahme soll Kirby – er ist inzwischen blind – den Ball, der ihm zugeworfen wird, verfehlen. Er macht seine Sache gut. Die Szene ist lustig, und alle lachen ohne Mitleid mit dem Invaliden.

11.15 Uhr vormittags. Die Sequenz ist fertig. Woody und Carlo gehen irgendwo in Jersey City zum Essen, während das Team und die Schauspieler – einschließlich der Statisten, die für die Szene am Nachmittag gebraucht werden – in einem Flur des Stadiongebäudes versorgt werden. Die Komparsen sind inzwischen alle kostümiert und geschminkt. Die Verpflegung ist sehr gut: Die Mütter der jungen Statisten scheinen jedenfalls begeistert zu sein.

12.15 Uhr mittags. Wieder im Bus, zusammen mit den Statisten, auf dem Weg zum nächsten Drehort. Im Moment sitzen wir vor dem Baseballstadion fest, weil wir während der Mittagspause nicht fahren dürfen – die Macht der Gewerkschaft!

1.30 Uhr nachmittags. Brummers Konditorei auf der Grand Street in Jersey City. Das ist eine Eisdiele, die auch alle möglichen Süßigkeiten und Schokolade verkauft. Ein Familienbetrieb, gegründet von Fred Brummer um die Jahrhundertwende. Die Oma wohnt noch oben. Sie haben ihre eigene Fabrik im Erdgeschoß, wo Schokolade in allen möglichen Formen und Größen hergestellt wird – sogar in Form von nackten Frauen. Der Ort ist ideal – eine Milchbartheke, ein Hinterzimmer, und alles unverändert, seit Opa es gebaut hat. Santo Loquasto, Production-Designer, hat ihn bei seiner Suche nach einem anderen Drehort zufällig entdeckt.

Woody hat die Kameraeinstellung schon festgelegt, Carlo und das Team sind mit der langwierigen Vorbereitung der Ausleuchtung beschäftigt. Der Raum ist voll von hübschen alten Schaukästen, die Wände sind mit Spiegeln bedeckt. Es wird mindestens eineinhalb Stunden dauern.

3.20 Uhr nachmittags. Während an der Ausleuchtung noch letzte Korrekturen vorgenommen werden, stellen sich Cousine Ruthie (Joy Newman) und ihre Freundinnen vor Woody auf. Als Tom die Mädchen mit ein paar Witzen zum Lachen bringt, mustert Woody sie mit prüfendem Blick. Er ist dabei sehr ernst. Jeffrey muß einige neue Jacken besorgen, bevor die erste Probe beginnt.

Aufnahme 13: Der Schnulzensänger singt »All or Nothing At All« im Radio. Die Bedienung stellt das Radio lauter. Dann nimmt sie Bestellungen auf. Cousine Ruthie sitzt bei ihren Freundinnen. Sie nippen an riesigen Eiscremesodas und quieken vor Entzücken, während sie den Schlager hören. (*32 Sekunden*)

Am Anfang geht es zäh voran: Die Szene ist schwierig. Die Kamerabewegung muß mit den Statisten abgestimmt werden – mit der Bedienung, dem Mann hinter der Theke und den Kunden. Der Dreh- und Angelpunkt dieser Szene ist, daß fast alle bei der Stimme des Schlagersängers nahezu dahinschmelzen. Woody verändert die Stellung des Kamerawagens mehrere Male und korrigiert einiges. Dennoch ist er immer noch nicht zufrieden. Völlige Stille. Woody scheint sich nicht sicher zu sein. Man versucht es mit mehr Kamerabewegung und verschiedenen Positionen der Statisten. Die Atmosphäre ist gespannt, der Geräuschpegel steigt. Woody beschwert sich leise bei Tom, der schreit: »Bitte Leute, wir können nichts verstehen!« Schließlich sagt Woody: »Ich hab's. Ich glaube, ich hab's.« Die erste Aufnahme wird gemacht.

(*16 gefilmt und 10 kopiert*)

Woody ist zufrieden – »Vielen Dank, Kids«, sagt er zu den Mädchen. Dann trifft er Entscheidungen über die letzte Aufnahme für diesen Tag: eine Szene, die nach der Kriegserklärung spielt. Der Raum wird ein wenig umgestaltet, und die Kostüme müssen gewechselt werden: Wir befinden uns im Jahre 1942. Nachdem Woody die richtige Kameraeinstellung gefunden hat, geht er hinaus und läßt Carlo und sein Team mit ihrer Arbeit allein.

6.30 Uhr abends. Carlo ist fertig, aber es gibt Probleme mit der WAC-Uniform der ehemaligen Bedienung. Alle warten. Woody sitzt mit gesenktem Kopf auf einem der Hocker an der Limo-Bar; er sieht müde und nachdenklich aus. Plötzlich sieht er mich und kommt zu mir. »Alles O. K.? Langweilen Sie sich auch nicht?« Dann, als die Uniform der Bedienung fertig ist, geht er wieder an die Arbeit.
Aufnahme 108: Cousine Ruthie und ihre Freundinnen bewundern die Bedienung in ihrer WAC-Uniform. (5 Sekunden)
Es ist eine sehr kurze Aufnahme. Sie soll zu dem Song »I'll Be Seeing You« geschnitten werden.
(2 gefilmt und 2 kopiert)
Um 7.30 Uhr abends wird zusammengepackt.
Zurück nach Manhattan im Teamwagen. Es war ein langer Tag – das Team hat um 7.30 Uhr morgens angefangen. Im Holland Tunnel ist viel Verkehr; Danny, unser Fahrer, wird nervös.

Donnerstag, 7. November 1985

In Kolumbien haben fünfundzwanzig linksextremistische Guerillas den Justizpalast besetzt und halten Richter und Beamte als Geiseln fest. Es gibt bereits zwölf Tote. (New York Times)
Kean möchte einen Ballsportverein für Jersey. (Daily News)
Shultz und McFarlane sind aus der Sowjetunion zurück. Sie sehen eine tiefe Kluft zwischen den beiden Ländern und zweifeln am Erfolg von Rons und Gorbis* Treffen in Genf, das in zwei Wochen stattfinden soll. (New York Times)

---

* Gemeint sind Reagan und Gorbatschow. (Anm. d. Übers.)

Und Edgar Bronfman, der Präsident des Jüdischen Weltkongresses, hat einen dringenden Appell an Kardinal John O'Connor gerichtet: Er fordert ihn auf, den Vatikan zu bewegen, Israel diplomatisch anzuerkennen. (New York Times)

Wir sind im Teamwagen unterwegs nach Rockaway. Danny liebt klassische Musik. Er war früher Musiker (Klarinette und Saxophon) und hat in verschiedenen Gruppen sowohl Jazz als auch klassische Musik gespielt. Zu den Klängen von Vivaldis *Vier Jahreszeiten* fahren wir über die Brooklyn Bridge. Hinter uns ein schöner Blick auf Manhattan.

7.45 Uhr morgens. Rockaway. Vor der Villa der Brignati in der Beach 97th Street. Auf einem verlassenen Platz, wo wir unsere LKWs parken, wird Frühstück serviert. Mit Red, dem Kamerawagenfahrer, und ein paar anderen trinke ich Kaffee. Wir kommen ins Gespräch und unterhalten uns über Woody. »Er wird zu ernst«, sagt einer. »Seine Filme sind nicht mehr so lustig wie früher. Und die Leute schauen sie sich nicht mehr so oft an. Aber ich bin sicher, daß man seine Filme später einmal für Klassiker halten und ihn als Genie bezeichnen wird...«

8.15 Uhr morgens. Wir befinden uns im Jahre 1943. Das Erdgeschoß eines verlassenen Hauses ist als Reparaturgeschäft für Radios hergerichtet worden. Sämtliche Graffiti wurden übermalt, die Hinweisschilder sind entfernt worden. Es gibt trotzdem noch ein kleines Problem: das Wetter. Die Sonne scheint, und Woody hätte gerne bedeckten Himmel.
Woody, der denselben Hut, dieselben Schuhe, dieselbe grüne Jacke, aber neue Kordhosen trägt, sieht sich zuerst im Reparaturladen und danach auf der Straße um. Dann bespricht er die Szene mit Carlo. Tom folgt ihnen.
Die Sequenz im Radio-Reparaturladen wird fallengelassen. Man entscheidet sich für eine Aufnahme von Little Joe, wie er mit einem riesigen Radiogerät in den Armen aus dem Laden herauskommt. Woody nimmt Little Joe (Seth Green) an die Hand und zeigt ihm, was er tun soll. Er geht wie ein Kind, wo-

Von links nach rechts: Carlo di Palma, Woody Allen, Tom Reilly

bei er seine Schultern vorbeugt. Dann wartet Little Joe draußen vor dem Reparaturladen, während Woody zur Kamera zurückläuft.

9.35 Uhr morgens. Aufnahme 146: Totale von Little Joe, wie er mit seinem überdimensionalen Radio aus dem Reparaturladen kommt und sich auf der Straße zwischen den Fußgängern und schnell fahrenden Autos durchkämpft. Little Joe will sich das Taxigeld sparen. (*25 Sekunden*)

Das Bild von diesem kleinen Jungen, der sich mit dem großen Radio abrackert, dabei kaum seinen Weg sieht und die vorüberrasenden Autos fast streift, ist schon spaßig. Nach jeder Aufnahme hilft Jimmy Frederick, der Assistent von Jimmy Mazzola, Little Joe beim Tragen des Radios, und alle Autos kehren zu ihrem Ausgangspunkt zurück.

Die erste Aufnahme ist gut. Die zweite wird von einer Con-

46

corde unterbrochen, die am Kennedy-Flughafen startet. Woody steckt sich die Finger in die Ohren.
(*5 gefilmt und 4 kopiert*) Fertig um 10 Uhr morgens.
Wir fahren zum nächsten Drehort.

10.30 Uhr vormittags. Der Rockaway Freeway zwischen Beach 96th Street und Beach 98th Street. Der Freeway verläuft unter der auf Pfeilern gestützten oberirdischen U-Bahn-Trasse. In der Mitte wird die Straße durch die Pfeiler geteilt. Es wird kalt. Hier soll die Anschlußszene aufgenommen werden: eine Sequenz mit einem gelben Taxi, das bei Little Joe und seinem großen Radio hält. Es ist der Augenblick, da Little Joe endlich erfährt, womit sein Vater sein Geld verdient.
Während Carlo die Kamera einrichtet, pfeift Woody vor sich hin. Er hat die Hände in den Hosentaschen, dabei streckt er oft den kleinen Finger raus.

11 Uhr vormittags. Aufnahme 146 A: Totale von Little Joe, wie er mit seinem Radio in den Armen die Straße entlanggeht. Das gelbe Taxi kommt in den Bildausschnitt und hält bei Little Joe. Als er einsteigt, schiebt er das Radio zuerst in den Wagen und erkennt daher seinen Vater nicht sofort. (*15 Sekunden*)
Wieder einmal unterbrechen Flugzeuge mehrere Aufnahmen. Und es ist schwierig, das Taxi am richtigen Punkt zum Halten zu bringen.
(*10 gefilmt und 7 kopiert*) Fertig um 11.30 Uhr vormittags.
Bei der folgenden Aufnahme wird der Abstand verkürzt. Carlo braucht noch Zeit für die Beleuchtung; die beiden vorigen Szenen sind bei Tageslicht aufgenommen worden. Little Joe geht weg und spielt mit seinem Double, einem Jungen in seinem Alter, der genauso wie er gekleidet ist.

12 Uhr mittags. Woody prüft den Bildausschnitt: »Gut.«
Carlo: »Ja?«
Woody: »Überrascht dich das?«
Aufnahme 147: Das Taxi wird angehalten. Wir schauen über Pas Schultern auf Little Joe, der damit kämpft, sein Radio in

den Wagen zu kriegen. Dann sehen wir das verblüffte Gesicht des Jungen, als er seinen Vater erkennt. (*6 Sekunden*) (*3 gefilmt und 3 kopiert*) Fertig um 12.15 Uhr mittags. Wir gehen über zu einem Gegenschuß auf Pa.

12.45 Uhr mittags. Aufnahme 147 A: Pa ist verlegen und erklärt, daß er einem Freund aushilft. (*6 Sekunden*) (*2 gefilmt und 2 kopiert*) Fertig um 1 Uhr nachmittags.

1.30 Uhr nachmittags. Die letzte Aufnahme für diese Sequenz ist zugleich unsere letzte an diesem Vormittag. Aufnahme 148: Das Heck des Taxis. Der Wagen fährt weg und verschwindet in einer Totalen. (*10 Sekunden*) (*4 gefilmt und 3 kopiert*) Um 2 Uhr nachmittags machen wir Mittagspause. Das Essen wird in Murphys Bar an der Beach 97th Street, Ecke Rockaway Beach Boulevard serviert.

3.15 Uhr nachmittags. Alle sind zur Beach 115th Street gekommen. Der Drehort ist Little Joes Haus. Woody redet mit Tom und Carlo. Das Tageslicht nimmt um diese Jahreszeit schnell ab. Eine alte Dame, die die PAs überrumpelt hat, kommt zitternd auf Woody zu, um sich ein Autogramm zu holen. Er lehnt ab. Tom schiebt sie sanft zurück. Zwei ältere kostümierte Frauen werden zu Woody gebracht. Er prüft ihre Aufmachung bis ins kleinste Detail und scheint zufrieden. Sie werden in der nächsten Sequenz, einer weiteren Aufnahme zu dem Song »I'll Be Seeing You«, vorbeigehen.

3.30 Uhr nachmittags. Aufnahme 109: Unmittelbar nach der Kriegserklärung. Mrs. Riley deutet auf das Gemüse, das in ihren Blumentöpfen wächst, und macht das Siegeszeichen, als die älteren Damen an ihr vorübergehen. (*6 Sekunden*) (*3 gefilmt und 2 kopiert*)

Um 4 Uhr nachmittags wird »eingepackt«. Wieder in Manhattan. In einem der Kombiwagen, zusammen mit Pa (Michael Tucker), Little Joe, seinem Privatlehrer und Barbara Green (Little Joes richtiger Mutter). Tucker hatte nur eine Nebenrolle in *The Purple Rose of Cairo*, die er jedoch sehr gut spielte: Er war Jeff Daniels Agent. Im wirklichen Leben ist er mit Jill Eikenberry verheiratet.

Die Verrazano-Brücke im Sonnenuntergang ist sehr schön.

Freitag, 8. November 1985

In Kolumbien haben Regierungstruppen den Jusitzpalast zu-
rückerobert. Die fünfundzwanzig Rebellen sind getötet wor-
den. Die Bilanz der Toten wird mit einhundert angegeben.
(New York Times)

Gorbi will nicht, daß Ron im sowjetischen Fernsehen gebracht
wird. Deshalb wird Ron am Samstag über den Kurzwellensen-
der zum sowjetischen Volk sprechen. (New York Times)

In New Jersey bringt eine Leihmutter, die mit dem Sperma ih-
res Schwagers befruchtet wurde, ein Mädchen für ihre un-
fruchtbare Schwester zur Welt. (Daily News)

Nach Ansicht der Forscher soll sich AIDS durch normalen se-
xuellen Kontakt zwischen Heterosexuellen in Afrika ausbrei-
ten. Frauen sind fast ebenso häufig wie Männer betroffen.
(New York Times)

Spießer drängen auf Schließung der Schwulenbäder. (Daily
News)

Im Wagen nach Rockaway, zusammen mit den Salad Sisters (Fern Buchner und Romaine Green), einer ihrer Assistentinnen (Romania Ford) und Kay. Wir hören Mozarts Flötenkonzert in G-Dur. Fern, die seit *Annie Hall* (1977) bei Woody ist, erzählt uns, wie sie Dustin Hoffmans Gebiß für die Szene mit Laurence Olivier in *Marathon Man* (Der Marathon Mann) bearbeitete. Ein berühmter Zahnarzt hatte das Gebiß gemacht (es war aus Plastik) und achttausend Dollar dafür verlangt. Er hat auch Marlon Brandos Zähne für *The Godfather* (Der Pate) ge-

49

macht. »Ich würde nie zu diesem Zahnarzt gehen«, schlußfolgert Kay.

Wir haben heute einen späten Termin für Nachtaufnahmen.

2 Uhr nachmittags. Beach 115th Street, wo Little Joe wohnt. Rockaway ist im Winter nicht gerade aufregend. Es liegt auf einer Insel und ist kalt, naß und windig. Die meisten Häuser sind aus der Zeit der Jahrhundertwende, die meisten Einwohner ebenfalls. Nichts scheint sich in all den Jahren verbessert zu haben. Für den Film ist fast ein ganzer Häuserblock gesäubert und verkleidet worden; Straßenbeleuchtung und Hinweisschilder wurden entfernt, und die neueren Fassaden sind mit historischen verkleidet worden.

Little Joe wohnt in der Mitte der 115th Street in einem netten zweistöckigen Haus mit einer kleinen Veranda. Rechts davon wohnt der kommunistische Nachbar und links die Waldbaums. Auf der anderen Straßenseite wohnen Mr. und Mrs. Silverman. Mr. Zipsky wohnt drei Häuser weiter unten. Miss Gordon hat ein Appartement über dem Eisenwarenladen (siehe Karte).

Die meisten nachgebauten Fassaden sind auf dem Rockaway Boulevard am Ende der Beach 115th Street. Aus dem ›Nussbaum Chiropraxis Center‹ ist der Lebensmittelmarkt ›Dubbins‹ geworden. Die Fahrschule ist jetzt ein Gemischtwarenladen; wo sonst ein Maklergeschäft ist, befindet sich ›Neptune Bagel‹. In dem Schuhmacherladen, dem Friseursalon und dem Laden für koscheres Fleisch mußten nur ein paar Kleinigkeiten verändert werden, damit sie so aussahen wie in den vierziger Jahren. Der Eisenwarenladen auf der anderen Straßenseite ist immer noch ein Eisenwarenladen, nur mit anderen Schaufenstern. ›Coughlin's Liquor‹ ist jetzt auf der einen Seite ein China-Restaurant, auf der anderen ein Fabriklager: – IDEA COTTON: GOWN TO ORDER AND READY TO WEAR (Kleidung auf Bestellung und von der Stange) –. Woolworth bleibt Woolworth. Auf einem riesigen Plakat auf der Seite des Spirituosenladens verkündet Walter Winchell: »LUCKIES ARE KIND TO YOUR THROAT... I KNOWN... I'VE SMOKED THEM FOR ELEVEN YEARS

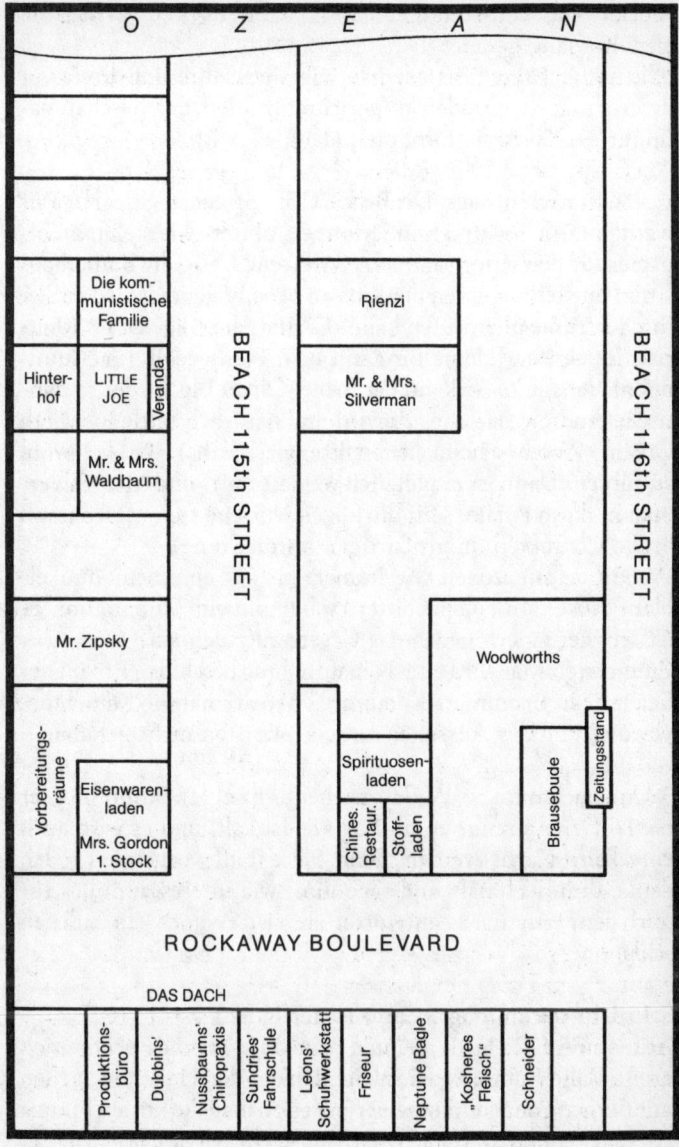

(Luckies sind nett zu Ihrem Hals ... ich weiß es ... ich habe sie elf Jahre lang geraucht).«
Alle nachgebauten Fassaden der vierziger Jahre sind direkt vor den richtigen Gebäuden aufgerichtet worden, das Geschäft dahinter geht seinen gewohnten Gang.

2.30 Uhr nachmittags. Die Beach 115th Street ist gesperrt. Wir werden Little Joe und seine Kumpels filmen, wie sie Stanniolpapier für den Krieg sammeln. Während Carlo die Kameraposition einstellt, werden die Kids zu Woody gebracht, so daß er ihre Kostüme überprüfen kann. Es sind: der träge Dave (Maurice Toueg), der kleine Burt mit dem Pferdegebiß (Sal Tuminello), der starke Nick mit der Brille (Oliver Block), der romantische Andrew (Fletcher Previn) und natürlich Little Joe (Seth Green). Woody scheint sich in ihrer Gesellschaft wirklich wohl zu fühlen. Dann ist er plötzlich weg, um Mr. und Mrs. Silverman in ihren Pyjamas für die folgende Szene zu mustern (zwei große Charaktere in großartiger Aufmachung).
Woody ist angezogen wie immer, bis auf eine neue dunkelblaue Hose. Ein Polizist bittet Woody um ein Autogramm. Es ist schwierig, sich gegen das Gesetz aufzulehnen!
Zum ersten Mal wird eine Neuaufnahme beschlossen: von der Sequenz in Brummers Konditorei. Woody hat die Kamerabewegung und das Aussehen einiger Statisten nicht gefallen.

3 Uhr nachmittags. Woody ist heute in guter Stimmung, er pfeift. Dann kommt er zu mir. »Es ist kalt, und es wird auch eine kalte Nacht werden. Sind Sie darauf vorbereitet?« Ich danke ihm nochmals und sage ihm, wie interessant alles für mich ist. »Für uns«, antwortet er, »ist es noch ein bißchen schlapp.«

3.15 Uhr nachmittags. Carlo ist fertig.
Aufnahme 112: Little Joe und seine vier Freunde bekommen große Bälle Stanniolpapier. Sie danken der Hausfrau, gehen mit Bergen von Stanniolpapier in den Armen die Stufen hinunter und rennen zum nächsten Haus. *(15 Sekunden)*

(3 gefilmt und 3 kopiert) Fertig um 3.30 Uhr nachmittags.
Wir gehen auf die andere Straßenseite, um Mrs. Silverman
aufzunehmen, wie sie die Tür aufmacht, um zu gucken, was
passiert. »Du kennst doch Mrs. Silverman. Sie möchte über alles Bescheid wissen« (Sequenz 79).
Es wird immer kälter. Woody und Carlo beschließen, die Kamera mitten auf die Eingangstreppe der Silvermans zu stellen.
Bobby Ward, der Bühnenmeister, und seine Leute treten in
Aktion. (Bobby fing bei Woody mit *The Front* [Der Stroh-
mann] an [1976]).
Der Job eines Bühnenarbeiters ist oftmals eine Herausforde-
rung; alles muß stets zehn Minuten vor Drehbeginn fertig
sein. Hammer hängen an ihren Gürteln, sie haben Nägel in den
Taschen, Bänder sind an ihren Hosen befestigt, überall haben
sie Wäscheklammern. Sie rufen sich gegenseitig »Moe« zu,
wenn irgendwas schneller gehen muß, sie müssen in der Lage
sein, sich jeder möglichen Situation anzupassen – eine Kamera
in eine unmögliche Position bringen oder die Schienen des Kamerawagens so über einen holperigen Boden legen, daß er ruhig fahren kann. Es ist faszinierend, wie sie eine Lösung für jedes neue Problem finden, wie schnell und effizient sie arbeiten:
mit einer Mischung aus logischem Denken und Intuition.

4.30 Uhr nachmittags. Jimmy Sabat erzählt mir von einem
jungen Mann, der einen Dokumentarfilm über die Entstehung
von Francis Ford Coppolas viertem Film, *The Rain People*
(1969), machte, bei dem Jimmy mitarbeitete. Der junge Mann
drehte ein Tagebuch von dem Film. Sein Name war George
Lucas.

5.15 Uhr nachmittags. Inzwischen ist es dunkel geworden, und
wir sind fertig für die Aufnahmen.
Aufnahme 79: Hinter der Tür der Silvermans wird das Licht
eingeschaltet. Die Silhouette von Mrs. Silverman erscheint in
der Glastür. Sie macht auf, schaut hinaus und nippt an ihrer
Cola. *(10 Sekunden)*
Es gibt ein paar kleine Probleme, weil Mrs. Silverman (Belle

Berger) heute gestreßt und genervt ist. Der Zeitplan muß eingehalten werden.
(10 gefilmt und 7 kopiert) Fertig um 6 Uhr abends.

6.45 Uhr abends. Inzwischen ist es vollkommen dunkel. Und da es so kalt ist, hat man das Gefühl, es sei schon Mitternacht. Aber Woody ist immer noch guter Laune und bereit, die Regie für die Kußszene zu machen.
Aufnahme 80: Aus dem Blickwinkel von Mrs. Silverman: Doris, die Tochter des Kommunisten, die an die freie Liebe glaubt, steigt mit einem Schwarzen aus dem Auto. Sie gehen zur Eingangstür. Und dann gibt Doris »dem Shvartza« einen »langen, heißen Kuß«! *(15 Sekunden)*
Zuerst geht der schwarze Musiker mit der Gitarre in der Hand zu Doris' Tür und öffnet sie. Er führt Doris (Rebecca Schaeffer) zur Haustür, stellt seine Gitarre ab. Dann küßt er sie. Es ist ein heißer Kuß, lang und intensiv genug, um Mrs. Silverman in Ohnmacht fallen zu lassen. Doris, die einen schönen Busen hat (Woody ließ ihr extra eine kleinere Weste geben), reagiert leidenschaftlich auf den Kuß. Aber das Tempo ist zu langsam. Woody läßt die beiden gleichzeitig aus dem Auto steigen, aber es sieht immer noch nicht realistisch aus. Sie fangen direkt im Auto an, sich zu küssen. Woody strafft die Aufnahme noch stärker, bis das Tempo stimmt.
(3 gefilmt und 2 kopiert) Fertig um 7.30 Uhr abends.
Wir gehen wieder zu Mrs. Silverman, die gerade ihren Ohnmachtsanfall bekommen hat. Jimmy Mazzola fährt den Krankenwagen heran (ein schöner weißer Cadillac aus den Vierzigern) und parkt ihn mit offenen Türen und Blaulicht vor Mrs. Silvermans Haus. Woody und Carlo bestimmen die Kamerastellung. Dann fangen die Jungs vom Team mit der Arbeit an.

Um 8 Uhr abends machen wir Pause, um Abend zu essen. Woody sieht mich, zögert und bittet dann Jane, mir zu sagen, daß ich mit dem Team zusammen essen kann.

9.45 Uhr abends. Wir sind wieder am Schauplatz. Die ganze

Straße ist erleuchtet und abgesperrt. An beiden Enden haben die PAs Barrikaden aufgestellt. Die Zahl der Zuschauer wächst. Es ist Freitag abend, und die Lokalzeitung hat gemeldet, daß Woody in der Stadt ist. Ein Mann fragt nach Jimmy Mazzola. Da er ein guter Freund von Jimmy ist, darf er zu uns.

10 Uhr abends. Aufnahme 82: Nachdem sie den Kuß gesehen hat, ist Mrs. Silverman in Ohnmacht gefallen. Sie liegt auf der Bahre und hat immer noch das Colaglas mit dem Strohhalm in der Hand. Sie ist wie erstarrt. Die Sanitäter tragen die Bahre zum Cadillac, unter den Augen eines sehr verdutzten Mr. Silverman. *(15 Sekunden)*
Ein lustiges Bild. Man macht ein paar Proben für die Kamera, und Mrs. Silverman bewegt sich nicht einen Millimeter. Tom muß ihr sagen, daß sie sich nach jeder Probe oder Aufnahme entspannen soll: Er erzählt ihr immer wieder, daß es dieses Mal die letzte gewesen ist.
(4 gefilmt und 4 kopiert)
Die letzte Aufnahme dieses Abends gilt dem Krankenwagen, der vor dem Haus vorfährt, um Mrs. Silverman abzuholen.

11 Uhr abends. Während die Crew die Aufnahme zu Ende bringt, gelingt es einem sechzehnjährigen Mädchen, das zum Ausgehen gekleidet und geschminkt ist, hinter den PAs vorbeizukriechen. Plötzlich steht sie direkt neben Woody und starrt ihn an. Woody wird verlegen und beugt sich vor, um das Gesicht hinter seiner Mütze zu verbergen. Aber sie beugt sich ebenfalls vor, um sein Gesicht sehen zu können. Ich mache Jimmy auf die Situation aufmerksam. »Das ist normal«, sagt er. »Sie ist aus Brooklyn.«*
Aufnahme 81: Der Krankenwagen biegt mit voller Geschwindigkeit um die Ecke in die Beach 115th Street. Die Sirene heult. *(6 Sekunden)*

---

* Woody ist in Brooklyn aufgewachsen, und zwar in Flatbush, einem Stadtteil, der große Ähnlichkeit mit Rockaway hat. (Anm. d. Übers.)

Die Aufnahme ist imposant, und die Zuschauer sind glücklich. Probleme gibt es dabei nicht.
(3 gefilmt und 3 kopiert)

Um 11.20 Uhr abends packen wir ein.

Montag, 11. November 1985   Zweite Woche

Zwei Flugzeuge stoßen über New Jersey zusammen: drei Tote. (New York Times)
Es gibt ein paar Störungen bei Rons Ansprache über Kurzwelle, aber auf einigen Kanälen ist er deutlich zu verstehen. Man weiß nicht, ob dies Gorbis Entscheidung zu verdanken ist, die Störsender, wie Ron gefordert hat, abzuschaffen, oder ob eine technische Panne im Störsystem daran schuld ist. (New York Times)

Im Wagen nach Rockaway. Wir hören Sergio Mendez' »Bossa Nova«, während Drew Rosenberg (eine der Produktionsassistentinnen), die verschlafen hat, sich fertig schminkt. Sie braucht nicht viel Make-up. Sie hat ein sehr hübsches Gesicht, besonders wenn sie das Haar so hochgesteckt hat wie heute.
An der Peripherie von Brooklyn um 7.15 Uhr morgens: die Bäume in verschiedenen Gelbtönen, das Wasser, der Nebel, die Flugzeuge von Kennedy Airport auf der linken Seite. Es ist Veteran's Day. Ein älterer Herr kommt aus seinem Haus und zieht die amerikanische Flagge auf.

8 Uhr morgens. Beach 115th Street. Da das Wetter unbeständig war, ist der Kostümwagen zum überdachten Drehplatz gefahren (eine überdachte Aufnahmebühne soll im Notfall dafür sorgen, daß man laut Drehplan weiterarbeiten kann). Schließlich kommt er zurück. Heute werden wir die Dachsequenz aufnehmen: Little Joe und seine Bande sind oben, um mit einem Fernglas nach Nazi-Flugzeugen Ausschau zu halten (Sequenz 124).

8.15 Uhr. Woody und Carlo treffen ein und gehen sofort auf das Dach. Es befindet sich über Dubbins', und die Crew braucht einen Personenlift, um die Ausrüstung nach oben zu schaffen. Unten haben sich schon einige Schaulustige versammelt. Jimmy Mazzolas Freund ist bei uns.

Vom Dach aus hat man einen hübschen Blick über die ganze Beach 115th Street bis zum Meer. Auf der anderen Seite des Daches ist Wäsche aufgehängt worden, damit die Nachbarstraßen nicht einzusehen sind. Nachdem Woody die Kameraeinstellung mit Santo und Carlo besprochen hat, setzt er sich hin und liest noch einmal seine Drehbuchaufzeichnungen durch.

9.30 Uhr morgens. Die Kinder werden zum Dach hinaufgebracht. Sie sind ein netter kleiner Haufen und kommen gut miteinander aus. Außerdem haben sie Spaß an den Dreharbeiten. Bis auf Little Joe, der professioneller Schauspieler ist, und Andrew, der einen kleinen Part bei der Thanksgiving Party in *Hannah* hatte, hat man alle während der Mittagspause in verschiedenen Schulen »entdeckt«. Sobald sie eintreffen, geht Woody zu ihnen und läßt sie ihren Text aufsagen.

10 Uhr vormittags. Bob Greenhut und Ezra Swerdlow werden unruhig. Bis jetzt ist noch keine einzige Aufnahme gemacht worden. Die Sonne scheint (Woody will bedeckten Himmel). Wir können die Maschinen von Kennedy Airport zwar nicht sehen, aber wir hören den Fluglärm. Die Kinder sind zu ihrem Privatlehrer zurückgeschickt worden, und auf dem Dach fängt es an, kalt zu werden. Noch zwei Wochen in Rockaway; niemand ist von dieser Vorstellung so richtig begeistert.

10.30 Uhr vormittags. Wir sind bereit für die Aufnahme. Woody macht noch eine letzte Probe mit den Kindern. Er spricht niemals von oben herab mit ihnen. Er erklärt ihnen, wo die Kamera steht, in welche Richtung sie sich bewegt und wann sie im Bild sein werden. Er hört sich ihre Fragen an und antwortet ihnen gewissenhaft. Sobald sie anfangen, unaufmerksam zu werden – sie sind inzwischen ganz unbefangen –, pfeift

Woody durch die Finger und sagt: »Hört zu, Leute!« Das macht die Atmosphäre auf diesem unglaublich kalten Dach ein wenig behaglicher.

Aufnahme 124: Die fünf Kinder von hinten, während sie durch den Feldstecher in den Himmel schauen. Sie sehen nicht gerade viel! Obwohl es der Maskierte Rächer persönlich behauptet hat, bezweifelt Dave, daß die Deutschen so schnell herüberkommen können. *(15 Sekunden)*

Schon wieder verderben die »richtigen« Flugzeuge mehrere Aufnahmen.

(9 gefilmt und 4 kopiert)

Die zweite Aufnahme ist ein Gegenschuß: Die Kamera wird auf den hochgezogenen Personenlift montiert. Der Personenlift ist nicht besonders stabil und muß am Dach befestigt werden. Woody muß den Bildausschnitt vom Lift überprüfen. »Schau ihn dir an!« sagt Liz Dubelman, die Kameravolontärin, zu mir. »Er hat Höhenangst.« Woody zieht seinen Hut tiefer in die Stirn. Er macht ein Gesicht, als müsse er auf den elektrischen Stuhl, und steigt hinaus.

Aufnahme 124 A: Frontalaufnahme von den fünf Kindern am Rand des Daches. Sie schauen weiter in den Himmel und erstatten einander Lagebericht. Aber weit und breit keine Nazi-Flugzeuge. *(20 Sekunden)*
(3 gefilmt und 2 kopiert)

12 Uhr mittags. Woody ißt ein paar Kräcker und zieht noch eine ärmellose Daunenweste unter seine grüne Jacke an. Wir werden eine Großaufnahme von den Kindern machen, wenn sie Miss Gordon unter ihrer Dusche entdecken. Woody sagt ihnen, in welche Richtung sie schauen sollen, und erklärt, was sie gerade sehen. »Kommt sie gleich ans Fenster?« fragt Burt.

Aufnahme 124 B: Die Kamera startet bei Nick und fährt dann zu Little Joe, der jetzt etwas sichtet: Es ist Miss Gordon, die sich gerade auszieht. *(10 Sekunden)*
Es gibt Probleme mit dem Licht, das von Nicks Brille reflektiert. Und es ist schwierig, eine ruhige Aufnahme hinzukriegen, weil der Personenlift wackelt.
(11 gefilmt und 5 kopiert)

1 Uhr mittags. Aufnahme 126: Die fünf Kids streiten sich um den Feldstecher. Jeder möchte Miss Gordon sehen. Schließlich ist sie verschwunden, und sie halten weiter nach Nazi-Flugzeugen Ausschau. *(20 Sekunden)*
Die Kids schauen Woody etwas ängstlich an. Sind sie gut gewesen? Sie haben Schwierigkeiten, die Szene zu Ende zu bringen. Woody muß den Text kürzen.
(14 gefilmt und 5 kopiert) Fertig um 1.30 Uhr nachmittags.

2 Uhr nachmittags. Woody ist unten, um noch einmal den Text mit den Kindern zu proben. Wir frieren weiter. Es gibt keine Mittagspause, weil es jede Minute anfangen könnte zu regnen und wir immer weniger Licht haben. Der Himmel wird dunkler und dunkler.

3 Uhr nachmittags. Man bringt uns heiße Suppe.
Aufnahme 128: Die fünf Kids entdecken durch den Feldstecher den Erfinder Rienzi, der an seinem Radio hantiert. »Er ist sicher ein Nazi-Spion.« – »Mit so einem Namen arbeitet er bestimmt für Mussolini!« *(33 Sekunden)*
(3 gefilmt und 3 kopiert) Fertig um 3.20 Uhr nachmittags.
Die Kinder sind für heute fertig. Sie werden wieder nach unten gebracht. Wir bereiten die nächste Aufnahme vor: Miss Gordon aus der Sicht der Kinder, wie sie sich zum Duschen fertig macht.

3.30 Uhr nachmittags. Die Aufnahme fällt aus; wir haben nicht genügend Licht. Es war ein anstrengender Tag. Woody ist erschöpft, und die Produzenten sind zum Schluß doch etwas nervös geworden.
»Einpacken«, es ist 3.45 Uhr nachmittags.

Dienstag, 12. November 1985

Das Flugzeugunglück über New Jersey wird als »ungewöhnlich« bezeichnet. (New York Times)

Im LKW nach Rockaway. Heute morgen hören wir Charlie »Bird« Parker und Richard Strauss. Danny wird ganz nervös in diesem Verkehr. Alle zehn Sekunden schaltet er von Strauss zu Parker und zurück.

8.15 Uhr morgens. Rockaway. Die Wolken hängen tief, und es nieselt. Zwei »Establishing Shots« sind geplant: Little Joes Haus und Rockaway.
Woody hat heute eine neue schwarze Wollmütze auf.
Jane kommt zu mir herüber. Bedeutet das das Ende? Habe ich etwas falsch gemacht? Aber sie lädt mich zu einer Vorführung von *Hannah and Her Sisters* (Hannah und ihre Schwestern) ein. Ich hatte darum gebeten!

Ein Artikel in der heutigen Ausgabe der Lokalzeitung von Rockaway stellt fest, daß der Film die Stadt 5 Millionen Dollar für Reinigung und Ausrüstung gekostet hat (?!).

9 Uhr morgens. Aufnahme 23: Die Kamera neigt sich von einer Straßenlaterne hinunter zum Haus und zur Straße, wo ein alter Mann, eine alte Frau und eine Mutter mit zwei Kindern entlanggehen. *(13 Sekunden)*
(6 gefilmt und 3 kopiert)
Wir sind bereit für die nächste Aufnahme – aber es muß noch eine längere Kameraschiene gelegt werden.

10 Uhr morgens. Aufnahme A 10: Die Kamera fährt die Straße ab, an verschiedenen Häusern vorbei und nimmt auf, was davor passiert: Zwei kleine Mädchen springen mit dem Seil; ein Junge wirft seinen Ball gegen eine Wand, während ein Mann von seinem Diener nach Hause gebracht wird; eine Hausfrau kommt heraus, um den kleinen Jungen ins Haus zu holen. Sie schlägt ihn dabei auf den Hintern. Die Aufnahme endet in einer Weitwinkelaufnahme von der Straße. Pas gelbes Taxi fährt vorbei. *(55 Sekunden)*
Woody erklärt jedem Statisten einzeln, was er bzw. sie tun soll. Dem kleinen Jungen zeigt er, wie er den Ball werfen soll. Er hätte gern mehr Tempo in der Szene, aber Carlo glaubt, daß das mit der Kamera nicht klappt. Woody will eine längere Passage für die Kommentarstimme schreiben, um den von ihm gewünschten Effekt zu erzielen.
(4 gefilmt und 3 kopiert) Fertig um 10.30 Uhr morgens.

11 Uhr vormittags. Wir sind bei Little Joe im Garten. Folgende Szene soll gedreht werden: Onkel Abe (Josh Mostel) kommt von der Sheepshead Bay zurück. Er hat den Fisch dabei, den ihm sein Kumpel an Oscars Deck gegeben hat. Carlo und seine Jungs gehen an die Arbeit.
Josh ist der Sohn von Zero Mostel. Renee Lippin, die seine Frau Ceil spielt, war in *Stardust Memories* Woodys Agentin. Sie trug dort eine Halskrause und rauchte wie ein Schlot.

Von links nach rechts: Jimmy Mazzola, Woody Allen, Carlo di Palma, Dickie Mingalone; Tom Reilly

11.45 Uhr vormittags. Aufnahme 28: Abe betritt den Garten. »Ceil, Ceil, ich bin wieder da! Ich habe Fisch mitgebracht!« Er wirft die lebenden Fische auf den Boden. *(14 Sekunden)*
Eine Frau schreit »Woody!« vom Nachbargarten herüber. Woody dreht sich zu ihr um und bedeutet ihr mit dem Finger auf dem Mund, daß sie ruhig sein soll.
Ein PA geht zu ihr hinüber und erklärt ihr, daß wir Tonaufnahmen machen.
Abe sieht lustig aus, wenn er den Sack mit den Fischen auf den Boden fallen läßt.
Nach jeder Aufnahme sammelt Jimmy Mazzola die Fische wieder ein und gibt sie in ein Aquarium, damit sie »frisch« bleiben.
(4 gefilmt und 3 kopiert) Fertig um 12 Uhr mittags.

12.15 Uhr mittags. Es nieselt, aber man wird im Film nichts davon sehen. Der Himmel ist bedeckt – genau so, wie Woody es sich vorstellt.

Aufnahme 28 A: Ceil tritt aus dem Haus, geht vor Abe vorbei und schimpft, daß sie den Fisch saubermachen muß. Dann fängt sie an, ihn sauberzumachen. *(20 Sekunden)*

Die Aufnahme erfordert ein wenig mehr Regieanweisungen, damit die Bewegungen genau aufeinander abgestimmt sind. Wenn Ceil vor Abe vorbeigeht, stoppt die Kamera. Ceil geht links aus dem Bild hinaus, um Papier und ein Messer zu besorgen, während Abe rechts hinausgeht, um einen Stuhl zu holen. Der Schauplatz ist jetzt leer. Nacheinander kommen sie dann in den Bildausschnitt zurück.

(12 gefilmt und 3 kopiert) Fertig um 1 Uhr mittags.

1.30 Uhr nachmittags. Der Himmel ist jetzt ganz schwarz. Carlo möchte einen Moment warten, bevor wir die nächste Aufnahme machen: die Szene, in der die Waldbaums über Cousine Ruthie schimpfen, weil sie ihre Telefonsammelstelle abhört. Carlo hofft, daß die Wolken verschwinden. Alles wird für die Aufnahme vorbereitet, und alle stehen dicht beieinander für den Fall, daß es einen Wolkenbruch gibt.

Dianne Wiest (Bea) kommt zu Besuch. In *The Purple Rose of Cairo* war sie das »Mädchen, das anschafft« und Jeff Daniels ins Bordell abschleppte. Sie ist das erste Mal bei diesen Aufnahmen dabei. Woodys Verhalten ändert sich völlig. Er legt seine Reserviertheit ab, umarmt sie, nimmt sie an der Hand und redet ununterbrochen auf sie ein.

3.15 Uhr nachmittags. Es besteht keine Hoffnung mehr auf besseres Licht. Trotzdem, alles ist für die Aufnahme vorbereitet. Sie soll morgen früh als erste gemacht werden. »Einpacken!«

Heute abend sehe ich *Hannah and Her Sisters* zusammen mit zwanzig Leuten in einem kleinen luxuriösen Vorführraum am Broadway. Die meisten Gäste sind Journalisten von Monatszeitschriften.

Es ist seltsam, Woody auf der Leinwand zu sehen, wenn man den ganzen Tag mit ihm verbracht hat. Durch den Film wird mir Woodys Verhalten gegenüber Dianne Wiest klar. Sie ist die Holly in *Hannah*. Auf der Leinwand hat man den Eindruck, daß es ihm großen Spaß macht, mit ihr zusammen zu spielen. Immer sieht er sie auf eine liebevolle Art an, nachsichtig und zugleich ein bißchen ironisch. Genauso hat er sie heute nachmittag angeschaut.

Mittwoch, 13. November 1985

»Nachbar hielt Mörder von Queens auf. Verdächtiger nach Begräbnis verhaftet. Er nannte seine Opfer Ma und Pa.« (Daily News)

Ist Solschenizyn Antisemit? Die Neufassung seines Romans August 1914 löst einen Streit aus. »Ja«, meint Professor Richard Pipes von der Harvard-Universität. »Nein«, meint Professor Adam Ulam von der Harvard-Universität. (New York Times)

Aus Rockaway wird ein zweites Hollywood. Morton Nussbaum und seine Frau Ruth sind ein wenig verstimmt. Ihre Kunden können die Praxis nicht mehr erkennen. »Wo sind Sie? Ich kann Ihre Praxis nicht finden«, hat eine alte Dame zu ihm gesagt. Doch die Nussbaums sind nicht ernsthaft besorgt. »Schließlich geht es um einen Film«, sagen sie. »Es ist aufregend!«

Joel Gestel, ein Restaurantbesitzer, meint, das sei das Beste, was Rockaway in den letzten Jahren passiert wäre. »Das macht uns berühmt!« Leo Ingber, der Inhaber von Cohens Laden für koscheres Fleisch, ist »ganz stolz«, daß Tausende von Kinogängern Rockaway sehen werden. Und Leon Grapolsky, ein russischer Immigrant und Inhaber von Leons Schuhreparatur, sagt, er habe noch nie von Woody Allen gehört. Er sei aber glücklich, ihm bei seinem Film behilflich sein zu können. »Warum auch nicht?« meint er. (Daily News)

Im Wagen nach Rockaway. Das Radio verkündet, daß Jerry Felwell Ferdinand Marcos einen großen Mann genannt hat.

8 Uhr morgens. Rockaway. Ich erzähle Kay von meinem Filmbesuch gestern abend und wie ich über die Szene gelacht habe, in der Woody zum Katholizismus konvertiert. Sie erzählt mir von einer anderen Szene, in der Woody Priester wurde. Es habe bei der Aufnahme sehr lustig ausgesehen, aber Woody habe sie geschnitten. Bei jedem Film schneidet er wegen der Länge eine Menge Szenen weg. Er benutzt die Gags in späteren Filmen.

Man sagt, daß sie auf den sogenannten »Black reels«* aufbewahrt werden!
Die Fische waren die Nacht über im Aquarium im rückwärtigen Garten von Little Joes Haus. Jimmy Mazzola erzählt mir, wie er einmal für einen Film einen Haifisch von Florida nach New York bringen mußte. Der Fisch hatte 500 $ gekostet und der Transport 1300 $, und der Regisseur fand das ziemlich teuer! Am Ende hätten sie den Haifisch verspeist.

8.35 Uhr vormittags. Aufgenommen werden soll die Szene, in der die Waldbaums über Ruthie schimpfen, weil sie ihre Telefonsammelstelle abhört.
Hy Anzell (Mr. Waldbaum) war Joey Nichols in *Annie Hall* (1977), der Freund von Woodys Vater, der immer irgendwelche Zaubertricks mit Münzen vorführte. Außerdem spielte er einen Patienten in *Bananas* (1971). Judith Malina (Mrs. Waldbaum) kommt vom Theater. Und Julie Kavner (Ma) war Gail, Woodys rechte Hand in *Hannah* (1986).
Während Carlo die Ausleuchtung festlegt, sitzt Woody nachdenklich in seinem Regiesessel. Jimmy Mazzolas Freund ist wieder bei uns, aber er ist nicht besonders glücklich; der Garten ist so klein, daß er bei den anderen Schaulustigen auf der Straße stehen muß. Die Atmosphäre bei der Aufnahme ist heute entspannt; sogar die Produzenten albern herum.

9.05 Uhr morgens. Aufnahme 30: Die Waldbaums schimpfen vom Nachbarhof herüber über Ruthie, die ihre Telefonsammelstelle abhört (Ruthie hat der Familie gerade verkündet, daß Mrs. Waldbaum Ärger mit den Eierstöcken hat). »Hör auf, unsere Telefonleitung abzuhören! Hör auf, bei uns herumzuschnüffeln!« brüllt Waldbaum. Mrs. Waldbaum sagt, sie könne Ruthies Atem hören, und führt es vor. Ma und Pa meinen zu Ruthie: »Laß sie doch ihre Eierstöcke rausnehmen.« »Das ist doch nicht unser Bier!« Ma keift. Ceil versucht, die

---

* »Black reels« sind ›schwarze Filmrollen‹, ein Ausdruck, der andeutet, daß ihre Verwendung noch im Dunkeln liegt. (Anm. d. Übers.)

Waldbaums zu besänftigen und bietet ihnen ein paar von Abes Fischen an. *(35 Sekunden)*

Es gibt keine Probleme beim Handlungsablauf. Wieder einmal kann man sich auf den Text und die Schauspieler verlassen, und die Szene läuft. Woody bittet Waldbaum, lauter zu schreien – »Hör auf, unsere Telefonleitung abzuhören! Hör auf, bei uns herumzuschnüffeln!« –, und meint, die Frau solle auch lauter ein- und ausatmen. Aber die Kamerabewegung – das Hin und Her zwischen den Eltern und den Waldbaums, und dann auch noch der Schwenk zu Ceil – ist nicht leicht zu bewerkstelligen. Dickie Mingalone, der Kameratechniker, muß sich dem Tempo anpassen, in dem die Schauspieler ihren Text sprechen, und das ist von Aufnahme zu Aufnahme verschieden.

Außerdem sind die Busse auf dem Rockaway Boulevard sehr laut, und alle zwei Minuten starten Flugzeuge, manchmal sogar fünf hintereinander.

(20 gefilmt und 6 kopiert)

10.30 Uhr vormittags. Aufnahme 31: Während Abe den Waldbaums einen »frischen Bluefish« anbietet, stürzt der kommunistische Nachbar aus seinem Haus und jagt hinter seinem Sohn her, der der Katze einen Chinakracher an den Schwanz gebunden hat. »Ich bring dich um.« Die schöne Doris, die an die freie Liebe glaubt, kommt hinterher. »Dad, wir waren doch dabei, über Trotzki zu diskutieren.« *(12 Sekunden)*

Die meisten Schwierigkeiten hängen wieder mit den Außenbedingungen zusammen. Die Flugzeuge, immer wieder die Flugzeuge. Dann ist es wieder das Radio eines Nachbarn, das Jimmy Sabat mit aufgenommen hat; es muß ausgeschaltet werden. Woody versucht, die Szene zu straffen. Der Kommunist soll Abe ins Wort fallen, bevor dieser noch seinen Satz zu Ende sprechen kann. Als die Aufnahme dann endlich gut aussieht, sagt Abe »flesh bluefish«. Nur Kay hat es bemerkt. Abe leugnet, daß er sich versprochen hat, aber Kay besteht darauf, es gehört zu haben. Wir hören uns die Tonaufnahme an; Kay hat recht.

(8 gefilmt und 6 kopiert) Fertig um 11 Uhr vormittags.

11.30 Uhr vormittags. Es hat angefangen zu regnen. Es entsteht Hektik: Die Vorbereitungen für die nächste Szene müssen schnell über die Bühne gehen, damit sie überhaupt noch gefilmt werden kann. Es geht um die Szene, in der Bea der Familie ihren neuen Hut vorführt (Sequenz 29). Die Szene besteht aus zwei Aufnahmen: einer Innenaufnahme, die später im Studio gefilmt werden soll, und einer Außenaufnahme, in der Bea am Fenster erscheint, um ihren Hut Abe und Ceil zu zeigen, die sich über den Fisch streiten (Sequenz 28, gestern gedreht), unmittelbar bevor Waldbaum zu brüllen anfängt (Sequenz 30, heute morgen aufgenommen).

Aufnahme 29 A: Bea erscheint am Fenster. Abe und Ceil sind im Garten mit dem Fisch zugange. Ceil mokiert sich über den Fisch. Abe antwortet: »Wenn du unglücklich bist, dreh den Gashahn auf!« Dann hört man Waldbaum, der nicht im Bild ist, schreien: »Hör auf...!« *(15 Sekunden)*

Keine Probleme mit den Schauspielern. Bea ist sehr gut, und außerdem ist die Szene unkompliziert. Ein größeres Problem sind die Flugzeuge.

(10 gefilmt und 4 kopiert) Fertig um 12.30 Uhr mittags.

Es wird eine Roh-Tonaufnahme von Waldbaum als »Backup« gemacht. Dabei gibt es Schwierigkeiten, weil der Schauspieler ein bißchen schlecht hört und das »Cut« verpaßt. »Hör auf, unsere Telefonleitung abzuhören... Hör auf, unsere Telefonleitung abzuhören... Hör auf...«

Aufgenommen werden soll Sequenz 76: Jom Kippur. Abe sagt: »Du darfst nicht einmal das Licht einschalten... nichts... Du sollst nur sitzen, fasten, beten und für deine Sünden büßen.« Der kommunistische Nachbar, der auch Jude ist, aber vor niemandem Achtung hat und an nichts glaubt außer an Stalin, hat sein Radio an; er ißt, und seine Frau arbeitet. Little Joes Familie ist außer sich. Die Szene innen, die die Reaktion der Familie zeigt, wird im Studio aufgenommen. Heute wollen wir nur die Aufnahmen vom Garten des Kommunisten aus machen.

Woody bespricht die Einrichtung der Kamera mit Carlo. Sie beschließen, aus zwei Blickwinkeln den Garten des Kommunisten aufzunehmen: einmal von Little Joes Haus aus, dann mit der Kamera im Garten.

Wenn Woody die Kameraposition mit Carlo bespricht, redet er sehr leise. Es ist unmöglich, irgend etwas zu verstehen, besonders bei Außenaufnahmen, wenn man nicht unmittelbar in seiner Nähe steht. Selbst wenn er sich stark auf seine Arbeit konzentriert, behält Woody alles im Auge.

1.30 Uhr nachmittags. Aufnahme 76 A: Totale von dem Kommunisten im Unterhemd, wie er mit einem Hammer arbeitet, während seine Frau Wäsche aufhängt und sein Kind (Louis T. Granirer) mit einem Ball spielt. Und das alles, während das Radio plärrt. Ausgerechnet an Jom Kippur! *(5 Sekunden)* *(3 gefilmt und 2 kopiert)*

Wir wechseln zu dem anderen Standpunkt. Während die Jungs vom Team die Schienen für den Kamerawagen in den Garten des Kommunisten legen, tritt Woody beinahe in einen Haufen..., aber Carlo rettet ihn. Der Hof ist voll davon. (Abe hat recht. Sie haben vor nichts Achtung. Sie sind nicht einmal sauber!) Carlo schreit lachend: »Jimmy Mazzola!« Aber Jimmy überhört es.

2.15 Uhr nachmittags. Aufnahme 76 B: Das Kind spielt Ball. Die Kamera fährt nach rechts. Doris bringt ihrem Vater ein Sandwich, er fängt an zu essen. Die Frau hängt weiter Wäsche auf. *(10 Sekunden)*

Woody wirft von außerhalb dem Kind den Ball zu. Die Kamera befindet sich zwischen Kind und Wand. Beim dritten Mal wirft Woody den Ball absichtlich nicht so gut zurück, so daß der Junge ihn verfehlt und ihn holen muß. Die Kamera kann losfahren.

(3 gefilmt und 3 kopiert) Fertig um 2.40 Uhr nachmittags.

Wir gehen wieder nach nebenan zu Little Joes Garten, um Abe aufzunehmen, der mit seinen Nerven am Ende ist, weil er nichts gegessen hat. Er entschließt sich zu handeln und ein Wörtchen mit diesem ignoranten Menschen von nebenan, »dem Kommunisten!«, zu reden.

3 Uhr nachmittags. Carlo und sein Team arbeiten im Wettlauf mit dem schwächer werdenden Licht, sie »kämpfen« um das Licht. Da der Regen immer wieder einsetzt, haben sie keine Chance. Man beschließt, die Szene am nächsten Morgen zu drehen.
Wir machen Mittagspause.

4 Uhr nachmittags. Wir sind wieder bei den Aufnahmen. Auf dem Drehplan steht die kommunistische Familie, die die Geschichte von Polly Phelps im Radio hört. Wir drehen die Szene in Little Joes Haus. Woody und Carlo besprechen die Kamerastellung. Ebenfalls im Raum sind Tom, Jimmy Mazzola, der die Möbel verrücken muß, Ray Quinlain, der Chefbeleuchter, »Hammer« (Jim Manzione), sein Helfer und auch noch Bobby Ward, der Bühnenmeister. Es ist schon festgelegt, wie die Aufnahme gemacht werden soll. Woody geht zu seinem Wohnwagen zurück, da Carlo mindestens eine Stunde für die Ausleuchtung brauchen wird. Die Jungs vom Team machen sich an die Arbeit.

5 Uhr nachmittags. Carlo ist fertig. »Bringt die Kommunisten her!« schreit Tom.
Aufnahme 166: Die Eltern sitzen am Tisch, während die schöne Doris am Klavier sitzt, neben ihr ihr Bruder. Ergriffen hören sie die Geschichte von Polly Phelps. *(10 Sekunden)*
Doris' Sweater gefällt Woody nicht. Jeffrey wird nervös. Man bringt andere. Doris steht vor einem sehr ernsten Woody, der sie prüfend mustert, und probiert die Sweater.
(5 gefilmt und 2 kopiert)
Wir gehen zur nächsten Aufnahme über, in der die Familie von Pollys Tod erfährt. Carlo muß die Beleuchtung korrigieren.

6.15 Uhr abends. Aufnahme 172 A: Die Kamera schwenkt von Doris und ihrem Bruder zu den Eltern. Sie sind entsetzt. *(5 Sekunden)*
(5 gefilmt und 2 kopiert)
Um 6.45 Uhr abends packen wir ein.

Donnerstag, 14. November 1985

Ohne Bleibe in der Stadt: Ed verkündet, daß jede Nacht ein Psychiater losgeschickt wird, der die Obdachlosen, die sich an den Verkehrsknotenpunkten sammeln, beobachten soll. Diejenigen, die nicht in der Lage sind, für sich selbst zu sorgen, soll er in ein Krankenhaus einweisen lassen. (New York Times)

Ein klarer, schöner Morgen in Manhattan. Die Gebäude heben sich scharf vom Himmel ab. Kein Nebel, keine Wolken – Pech für Woody!

8.15 Uhr morgens. Frühstück mit Dickie Mingalone. Beim Essen reden wir übers Essen. Er fragt mich, ob ich die guten französischen Restaurants in der Stadt kenne. Er empfiehlt mir zwei: *Pierre au Tunnel* auf der West Side (»Geh am Mittwoch hin. Mittwochs gibt es Crêpes«) und *Brittany du Soir* in der 53rd Street (»Frag nach Louis, dem Barkeeper«). »Und wenn du gut italienisch essen willst«, rät er mir, »geh nach Brooklyn. 4th Street. Dort ist was los!«

9 Uhr morgens. Wir sind wieder im Garten bei Little Joe, um noch einmal die Szene aufzunehmen, in der Abe Fisch nach Hause bringt. Woody hat die Kameraeinstellung festgelegt, und Carlo macht sich an die Arbeit.
Das Wetter paßt inzwischen hundertprozentig: Die Wolken sind wieder da. Woody sieht elegant aus mit seinem Filzhut. Jimmy Sabat liest sein Turfblättchen. »Das ist besser«, sagt er, »als die Nachrichten über all das Schlimme zu lesen, was in der Welt passiert.« Wir erfahren, daß Alberto Sordi, der große Komiker aus Italien, heute zu einem kurzen Abstecher herkommen wird.

9.30 Uhr nachmittags. Aufnahme 126 X: Wir haben jetzt das Jahr 1943. Abe hat dieses Mal Aal mitgebracht. Ceil kann es nicht fassen! Abe sagt ihr, falls sie nicht glücklich sei, solle sie »den Gashahn aufdrehen«. Waldbaum erscheint an seinem

Fenster, immer bereit zu seinem Leitmotiv: »Hör auf...!« *(40 Sekunden)*

Jimmy Mazzola bringt die Aale an, aber es gibt ein Problem. Die Aale winden sich heute sehr stark und wickeln sich um Abes Handgelenke und Arme. Abe ist nicht gerade begeistert, obwohl er Fisch ganz gerne hat. Woody sieht bei diesem Anblick ziemlich angeekelt aus. Woody haßt Tiere überhaupt; »Tauben sind Ratten mit Flügeln«, sagt er in *Stardust Memories*. Dickie kommt Abe zu Hilfe. Als Kind pflegte er in Washington Heights Aale im Hudson River zu fangen. Er zeigt Abe, wie er sie halten soll und wie er sie bändigen kann.

Es ist wieder ein bißchen schwierig, die Kamerabewegung exakt mit den Schauspielern in Übereinstimmung zu bringen. Die Aale sind ebenfalls nicht besonders kooperativ. Bei einer Aufnahme sehen sie aus wie tot; in der nächsten sind sie überaktiv. Und schließlich kommt Waldbaums Refrain: »Hör auf...« zu früh, obwohl er sein Stichwort noch gar nicht bekommen hat. *(10 gefilmt und 5 kopiert)*

Für die nächste Aufnahme bleiben wir noch im Garten, allerdings befinden wir uns wieder in den dreißiger Jahren. Es ist wieder Jom Kippur, und Abe hat sich auf den Weg gemacht, um ein ernstes Wort mit diesem kommunistischen Nachbarn zu reden. Die Kamera steht auf dem Dach nebenan, um eine Totale von oben zu machen. Dickie wird kreativ; er hat einen Ast von einem Baum abgebrochen, ihn an einen Ständer gebunden und ihn so aufgestellt, daß die Blätter im Bildausschnitt sind.

10.45 Uhr vormittags. Alles ist eingerichtet, aber es gibt Probleme mit dem Licht; dieses Mal ist es zu hell. Gestern war der Himmel bedeckt, und heute müßte er genauso aussehen.
Also warten wir auf Wolken.
Jeffrey umarmt gern die Schauspielerinnen. Neulich war Ma dran, heute ist es Ceil.

11.15 Uhr vormittags. Woody hat Kopfhörer auf und darüber den Hut. Er will sich die Aufnahme des Dialogs anhören. Aufnahme 77: Abe tritt aus der Tür und geht die Treppe hin-

unter. Er ist wütend. Er überquert den Garten und bricht durch den Zaun zum Garten des Kommunisten.

Abe: »Kannst du dein Radio nicht abstellen?! Wir sind beim Beten!«

Der Kommunist: »Beim Beten! Wozu soll das gut sein? Du solltest arbeiten, dich einsetzen für deine Genossen!«

Abe: »Es ist eine Sünde, heute zu arbeiten.«

Der Kommunist: »Es ist eine Sünde, nicht zu arbeiten. Isaac, komm rein und iß etwas.«

Abe: »Ich darf nicht essen!«

Der Kommunist: »O je! Wer sagt denn das?«

Und so geht es weiter, bis Abe sich schließlich überzeugen läßt und hineingeht. *(40 Sekunden)*

Vor jeder Aufnahme können wir Abe im Flur hören, wie er sich selbst in Rage bringt: »Der Hurensohn!« Bei ein oder zwei Aufnahmen überspringt Abe die letzten drei Stufen der

Treppe. Woody bittet ihn, die Stufen genauso schnell hinunterzugehen, sogar noch schneller, er soll dabei aber jede Stufe einzeln nehmen; es ist sichtlich besser so. Nach jeder Aufnahme repariert Jimmy Mazzola schnell den Zaun, so daß Abe ihn aufs neue niederreißen kann.

Die Action ist gut. Woody bittet die Schauspieler, das Tempo zu steigern und zu übertreiben: »Ihr müßt richtig wütend sein.« Er bittet den Kommunisten, zuerst zornig zu reagieren und sich dann plötzlich zu beruhigen. Nachdem sie ein paar Varianten durchprobiert haben und Woody schließlich genau das bekommt, was er sich vorgestellt hat, bittet er die Schauspieler, ihren Text am Ende der Szene, bevor sie ins Haus gehen, zu improvisieren. »Komm rein«, sagt der Kommunist zu Abe, »ich habe was Interessantes zum Lesen.«
(12 gefilmt und 6 kopiert) Fertig um 12 Uhr mittags.

12.30 Uhr mittags. Wieder auf dem Dach, wo wir eine Aufnahme von Miss Gordons »Striptease« aus dem Blickwinkel der Kinder machen wollen (Sequenz 125). Sydney A. Blake (Miss Gordon) war in *Purple Rose* die Reporterin von *Variety*. Eigentlich lebt sie in Kalifornien und arbeitet bei HBO als Rezensentin. Sie hatte die Schauspielerei aufgegeben, aber als Woody sie angerufen und ihr von dem Film erzählt hat, konnte sie nicht widerstehen: das heißt, sie konnte Woody nicht widerstehen.

Carlo arbeitet gern mit Woody zusammen und findet, daß sie sich gut verstehen. Allerdings macht er hier ganz andere Erfahrungen als bei Bertolucci und Antonioni. Es geht viel ruhiger zu, und das mag er. Ich erwähne die schöne Nebelszene, die er für Antonioni in *Identificazione di una Donna* (Identifikation einer Frau, 1982) aufgenommen hat. Es ist wirklich eine wundervolle Szene. Ein Paar verliert sich im Nebel und wird so auseinandergerissen. Woody gefiel diese Szene auch, und er möchte, daß Carlo genau so eine Aufnahme für ihn macht, wenn Bea und ihr Rendezvous Sidney Manulis sich nach der Invasion der Marsmenschen am Breezy Point im Nebel aus den Augen verlieren (Sequenz 56).

12.35 Uhr mittags. Alles ist für die Aufnahme bereit. Die PAs haben den unteren Teil der Straße abgesperrt. Woody bereitet sich darauf vor, über Walkie-Talkie die Regieanweisungen für die Szene zu geben, in der Miss Gordon sich auszieht. Aber in letzter Minute gibt es ein Problem. Miss Gordon möchte allein im Zimmer sein; sie will nicht, daß ihr Männer dabei zusehen. Ein PA erklärt ihr, daß ja jemand die Anweisungen, die über Walkie-Talkie kommen, weitergeben muß. Sie beharrt auf ihrem Standpunkt. Kinder, ja, die machen ihr nichts aus, aber keine Männer. Die Salad Sisters lösen das Problem: Fern eröffnet Miss Gordon, daß Richie Patrick und Jimmy Frederick schwul seien. Die Gesichter! Miss Gordon gibt sich geschlagen.

Aufnahme 125: Miss Gordon am Fenster, sie zieht sich aus. Sie verschwindet und kommt in ein Handtuch gewickelt zurück, dann läßt sie das Handtuch fallen. *(20 Sekunden)*

Vom Dach aus können wir nicht viel von der Handlung sehen, aber die Kamera hat ein Zoomobjektiv, so daß man im Film den Eindruck hat, man würde durch den Feldstecher der Kinder schauen. Woody flüstert seine Anweisungen in das Walkie-Talkie. *(4 gefilmt und 2 kopiert)*

Aufnahme 124 A: Nahaufnahme. Miss Gordon erscheint wieder mit dem Handtuch.
(2 gefilmt und 2 kopiert)

Um 1.15 Uhr nachmittags ist der Striptease vorbei. Die fünf Kids werden wieder auf das Dach gebracht, um ein paar zusätzliche Gegenschußaufnahmen zu machen. Die jungen Schauspieler werden immer ausgelassener, beinahe wild, aber Toms polternde Stimme bringt sie wieder zur Ruhe. Fern ist mit Little Joes Zähnen beschäftigt; Little Joe hat – wirklich! – einen Schneidezahn verloren.

1.45 Uhr nachmittags. Die Kamera ist bereit. Ein Teppich ist unter den Kindern ausgebreitet worden, so daß die Vibrationen, die die Schritte der Kinder auf dem alten Dach verursachen, sich nicht auf die Kamera übertragen. Woody arbeitet

Von links nach rechts: Andrew (Fletcher Previn), Burt (Sal Tunninells), Nick (Oliver Block), Little Joe (Seth Green), Dave (Maurice Toueg)

mit jedem der Kinder die Reaktion für die Großaufnahmen heraus. Sie sollen sich vorstellen, wie Miss Gordons Handtuch runterfällt.

Aufnahme 125 B: Daves Reaktion auf Miss Gordon: »Ah ma, ah ma, ah ma...« Sogar Woody muß lachen.
(2 gefilmt und 2 kopiert)

Aufnahme 125 C: Burt (mit melancholischem Blick): »Ich liebe dich.« Und er spitzt die Lippen zu einem schmatzenden Kuß.
Die Kinder haben genausoviel Spaß wie wir. Woody bittet Burt um eine Variante: »Ah bala bala bala...« Jedesmal macht Woody die Reaktion vor, bevor gefilmt wird. Er ist fast genauso lustig wie die Kinder.
(2 gefilmt und 2 kopiert)

Aufnahme 125 D: Andrew schließt die Serie der Reaktionen ab und schickt Miss Gordon einen dicken Kuß hinüber, wobei er vor Entzücken die Augen schließt.
(2 gefilmt und 2 kopiert.)

Um 2 Uhr nachmittags werden die Kinder zu ihrem Privatlehrer zurückgebracht.

Letzte Aufnahme vor dem Mittagessen: Rienzi, der Erfinder, aus dem Blickwinkel der Kinder, die durch den Feldstecher schauen. Er stellt sein Radio ein (Sequenz 128). Rienzi wohnt gegenüber Joes Haus, in der Mitte der Beach 115th Street, direkt neben Mr. und Mrs. Silverman.

Aufnahme 128 A: Rienzi hinter seinem Fenster, wie er sein Kurzwellenradio bearbeitet. *(2 gefilmt und 2 kopiert)*

Wir machen Mittagspause um 2.30 Uhr nachmittags.

3.30 Uhr nachmittags. Wir sind wieder im Haus des Kommunisten, um die Szene aufzunehmen, in der Little Joe und seine Freunde eine Horror Show im Radio hören *(Sequenz 10)*.

Die Kinder werden hereingebracht, und Woody kann die Aufnahme inszenieren. Er setzt sie in verschiedene Positionen und läßt sie dann ihre Stellung noch ein wenig verändern. Er nimmt seine Hände als Bildbegrenzung, schwenkt so von einem der Jungs zum nächsten und probiert verschiedene Aufnahmewinkel aus. Carlo folgt ihm. Es ist vollkommen still. Nach ein paar Minuten schlägt Carlo eine Kameraeinstellung aus einem anderen Aufnahmewinkel vor, aber mit der gleichen Bewegung, wie Woody sie sich vorgestellt hat. Woody ist sofort einverstanden.

Carlo braucht fast zwei Stunden, um den Raum auszuleuchten. Es ist eng hier, und alles steht voller Möbel. Im Film wird es eine Nachtaufnahme sein.

4.40 Uhr nachmittags. Alberto Sordi ist da. Keiner aus der ganzen Truppe außer Woody und Carlo kennt ihn. Und das, obwohl er seine Karriere schon mit 13 Jahren begonnen hat, als er einen von der MGM gesponserten Wettbewerb gewann. Er imitierte damals Oliver Hardy. Außerdem hat er in zwei Fellini-Filmen Hauptrollen gespielt, in *The White Sheik* (1952) und in *I Vitelloni* (Die Müßiggänger, 1953). Alberto Sordi ist ein großer Schauspieler.

Für Carlo ist dieses Wiedersehen ein Fest. Carlo war Chefkameramann des 2. Teams bei Mario Monicellis *La Grande Guerra* (1959), der für den Oscar nominiert wurde. Alberto Sordi spielte darin eine Hauptrolle. Sie küssen sich, sie streicheln sich gegenseitig die Wangen, sie umarmen sich – eine Begrüßung auf italienisch eben. Bei Woody läuft es förmlicher ab. Er zieht sich zurück und hört aufmerksam zu; Sordi spricht englisch. Die Begegnung ist kurz, aber herzlich. Eine nette Szene – zwei große Komiker mitten in dem ganzen Arrangement für eine Aufnahme. Die Hälfte der Scheinwerfer leuchtet die Szene aus.

5.15 Uhr nachmittags. Carlo ist noch mit der Ausleuchtung beschäftigt. Brian massiert Liz' schmerzenden Rücken. Woody sitzt in einem Sessel zwischen den Kindern, die ein wenig laut geworden sind. Er hat den Hut über die Augen gezogen. Woody sieht nachdenklich, aber glücklich aus. Burt verkündet, daß er mehrere Freundinnen in der Schule hat. Andrew scheint das anzuzweifeln. Burt fragt mich, ob ich eine Freundin habe. Andrew wartet auf meine Antwort.

5.40 Uhr nachmittags. Carlo ist fertig. Woody wird gerufen. Er hatte sich in seinen Wohnwagen zurückgezogen. Die Proben beginnen.
Aufnahme 10: Die Kinder hören sich entsetzt das Radioprogramm an. Die Kamera setzt beim Radio an und macht dann einen Schwenk auf Burt und Andrew, die auf dem Boden liegen. Es folgt eine Profilaufnahme von Nick, dann schwenkt die Kamera zu dem Sohn des Kommunisten. Sie bleibt bei Little Joe und Dave stehen, die auf dem Klavierhocker sitzen. Dann, als das Programm in einem spannenden Moment unterbrochen wird, nimmt Dave einen Eiswürfel aus seinem Glas und steckt ihn in Little Joes Nacken. Little Joe schreit wie verrückt. *(42 Sekunden)*
Aber das Kamerastativ muß ausgewechselt werden. Dickie ist unzufrieden, weil es beim Schwenk gewackelt hat.

6 Uhr abends. Das Haus ist voll, und die Kinder sind jetzt außer

78

Rand und Band. Carlo schimpft. Toms Stimme dröhnt: »Leute, wir können nichts verstehen!« Woody wartet. Er nimmt seinen Hut ab und pfeift. Er bewegt dabei den Kopf in seinem eigenen Rhythmus hin und her. Dann hält er plötzlich inne und setzt nachdenklich den Hut wieder auf.

6.15 Uhr abends. Woody möchte nicht länger mit den Kindern proben. Die erste Aufnahme wird gemacht. Die Kinder hören das Playback der Horror-Show. Dann, am Ende der Szene, wird das Playback gestoppt, so daß Little Joes Schrei deutlich auf die Tonaufnahme kommt. Der Schrei ist das größte Problem. Ursprünglich war es Little Joe, der den Eiswürfel in Nicks Nacken werfen sollte. Aber Nick schreit nicht gut genug. Man versucht es mit Dave, aber er kann es auch nicht besser. Man kommt zu dem Ergebnis, daß Little Joes Schrei der beste ist. Woody probt den Schrei mit ihm, und wir machen weiter, obwohl es schon die zwölfte Aufnahme ist.

7.20 Uhr abends. Alle sind müde. Es herrscht eine seltsame Atmosphäre – dieser überfüllte, schön erleuchtete Raum und dazu die hallende Stimme des Erzählers aus der Horror-Show. Nach jeder Aufnahme wendet sich Woody zu Dickie hin und fragt: »O. K.?« Er will wissen, ob die Kameraführung gut war. Kay hat mir erzählt, daß er es genauso macht, wenn er selbst spielt. Wenn er mit seinem Part fertig ist, wendet er sich sofort mit einem besorgten »O. K.?« an den Kameramann. *(16 gefilmt und 7 kopiert)*

Um 7.25 Uhr abends »Einpacken«.
Im Transporter zurück nach Manhattan. Barbara ist unzufrieden. Sie mag den Transportwagen nicht, aber der Kombiwagen, mit dem sie sonst fährt, ist schon weg. Der Transportwagen mache sie gemütskrank, erklärt sie. Kay und Fern, die erschöpft sind, behandeln sie nicht gerade nett. Aber ein paar Minuten später lacht Barbara wieder und amüsiert sich. Sie unterhält uns alle. Litte Joe gefällt die Fahrt ebenfalls; wenn der Wagen durch Schlaglöcher fährt, fliegt er bis unters Dach. Das

dauert so lange, bis Fern unbedingt eine Zigarette rauchen muß. Die Fenster werden aufgemacht. Ferns Zigarette wird der Hauptstreitpunkt. Barbara macht ein Gesicht, als würde sie im Sterben liegen.

Trotzdem überleben wir alle die Fahrt nach Manhattan.

Freitag, 15. November 1985

Fünfzehntausend in Kolumbien vom Tode bedroht: Ströme von Lava bei einem Vulkanausbruch. Man fand bisher viertausend Leichen. (New York Times)
UND DIE GANZE WELT WAR ERSCHÜTTERT (Daily News)
Ron sagt, daß sein Treffen mit Gorbi »eine historische Chance sein kann, einen beständigen und konstruktiven Kurs für das 21ste Jahrhundert einzuschlagen«. Aber Gorbi glaubt immer noch, daß die Vereinigten Staaten ein unerbittlicher Feind seien. (New York Times)
In den High Schools im Staate New York sind sportliche Freundschaftsspiele zwischen Jungen und Mädchen erlaubt. (New York Times)

Wir fangen heute spät an, da wir noch zwei Nachtaufnahmen machen wollen: einmal eine Neuaufnahme von Doris' Kuß; in der Dunkelheit war nicht deutlich genug zu erkennen, daß sie einen Schwarzen küßt. Und dann noch die Szene, wo Ma und Pa die Suchscheinwerfer anschauen (Sequenz 117).

9.15 Uhr morgens. Rockaway. Ein Vergnügungspark zwischen der Beach 97th und der Beach 98th Street. Herrlichster Sonnenschein, also ist es unmöglich, Aufnahmen zu machen. Wir fahren wieder zur 115th Street, dort wollen wir ein paar Sommer- und Innenaufnahmen machen und auf Wolken warten.

10 Uhr morgens. Auf dem Rockaway Boulevard. Die Kamera wird vor Woolworth aufgestellt, so daß sie quer über die Straße

aufnimmt. Vor »Cohens Kosher Meat« und dem »Neptune Bagel« wird ein Tisch aufgestellt. Autos aus dieser Zeit werden auf der Straße geparkt. Jimmy Mazzola steht am Ende des Häuserblocks bereit, um den Autos, die in dieser Aufnahme durch das Bild fahren sollen, Signale zu geben. Die Sonne scheint, aber es ist kalt. Statisten in Sommerkleidern stellen sich in Position.

Barbara ist heute PA. Sie hat ein Walkie-Talkie bei sich und hilft bei der Regelung des Verkehrs. »Es ist nett, daß sie mich doch für ein menschliches Wesen halten und nicht nur für Seths Mutter!« sagt sie zu mir.

Aufnahme 15: Vier Männer spielen an einem Tisch auf dem Gehweg Karten und hören im Radio eine Sendung über das Yankee-Tiger-Spiel. Ein Gewehrschuß geht los. Die Männer schauen zu einem Fenster im ersten Stock. *(38 Sekunden)*

Alle sind fertig. Woody hat den vier Kartenspielern und den wenigen Statisten seine Anweisungen gegeben. Aber wir müssen noch warten, bis Cliff Schorr, der Bühnenbildner, die gelbe Linie in der Mitte des Boulevards übermalt hat, so daß die Straße zeitgemäß aussieht. Er wird sie sofort nach der Aufnahme wieder hinmalen müssen.

10.30 Uhr vormittags. Woody steht da, Jane an seiner Seite. Eine ältere, übergewichtige, kleine Frau bleibt vor ihm stehen und fängt an, ihm von ihren Problemen zu erzählen – mit ihrem Mann, mit ihren Kindern, mit ihrem Leben. Woody hört verlegen, aber aufmerksam zu. Er weiß nicht, wie er dieses Gespräch beenden soll – wer wüßte das schon?

10.45 Uhr vormittags. Bereit für die Aufnahme: Ein PA, der sich in einem der Läden versteckt hat und per Walkie-Talkie Anweisungen von Woody bekommt, sagt den Männern, wann sie auf den Gewehrschuß reagieren sollen. Das Geräusch wird bei der Nachproduktion unterlegt. Zwischen den Aufnahmen fahren Jimmy Mazzolas Autos zur Ausgangsposition zurück. Der normale Verkehr beherrscht wieder die Szenerie. *(2 gefilmt und 2 kopiert)* Fertig um 11 Uhr vormittags.

Die Kamera wird über die Straße gefahren, direkt vor den Laden des Schneiders. Der Schneider ist nicht begeistert. Er findet Filme nicht »aufregend« wie Morton Nussbaum; er ist nicht »stolz« wie Leo Ingber. »Sie blockieren mein Geschäft!« schimpft er. »Ich werde Klage einreichen!« Nachdem er seinen Rechtsanwalt konsultiert hat, fängt er an, Fotos zu machen. »Ich wohne hier seit fünfzig Jahren. Ich habe immer meine Steuern bezahlt.« Tim Bourne, der Aufnahmeleiter, verhandelt mit ihm, während wir weiterarbeiten. Nach ungefähr zehn Minuten hat sich die Aufregung wieder gelegt, und der Schneider reißt Witze mit Tim.

11.20 Uhr vormittags. Aufnahme 15 A: Eine Aufnahme aus größerer Nähe von den Spielern. Dieselbe Handlung.
(3 gefilmt und 2 kopiert) Fertig um 11.30 Uhr vormittags.

12.30 Uhr mittags. Pa, Ma und Bea sind gekommen. Woody ruht sich in seinem Wohnwagen aus. Und Ken Ornstein, der zweite Regieassistent, eilt vorbei, gefolgt von seiner neuen Hilfe Barbara!

1 Uhr mittags. Die Villa der Waldbaums. Sie werden gleich das Drama um Polly Phelps im Radio hören. Der Raum ist einfach zu klein. Richie bewacht den Eingang. Wir sitzen draußen auf einer kleinen dreckigen Treppe (Jane, Andrew, die beiden Doubles und die Salad Sisters, die ein und aus gehen) und hören über Richies Walkie-Talkie, was drinnen geschieht. Woody stürzt herbei. Nächste Woche, informiert mich Jane, will er sich von mir über meine Pläne für das Buch berichten lassen.
Aufnahme 166 A: Mrs. Waldbaum geht durch den Raum, und Mr. Waldbaum dreht das Radio an. Er ist dabei sehr konzentriert. *(10 Sekunden)*
(6 gefilmt und 2 kopiert)
Aufnahme 172 B: Die beiden sind entsetzt über Pollys Tod.
(2 gefilmt und 2 kopiert) Fertig um 1.15 Uhr nachmittags.

1.30 Uhr nachmittags. Sommer in Little Joes Garten. Eine Hängematte und ein Hocker. Das Gras ist schön grün; einige Extrarollen Grasboden sind an der Seite aufgestapelt. Überall Blumen. Santos Team hat den Sommer in den Garten gebracht. Jetzt kann Bea sich die schönen Lieder im Radio anhören (Sequenz A 102).

Wegen dem unbeständigen Wetter ändert sich der Drehplan von einer Stunde auf die andere. Jimmy Mazzola bittet darum, früher informiert zu werden, damit er seine Planung darauf einstellen kann. »Kümmere dich nicht um den Drehplan, Jim. Sei einfach bereit!« sagt Tom zu ihm.

Mario Mazzola, Jimmys Vater (*Hannah* war sein letzter Film, dann zog er sich nach siebenunddreißig Jahren aus dem Show-Business zurück) kommt vorbei, um nachzuschauen, wie die Jungs vom Team vorankommen. Er hat denselben untersetzten Körperbau, dasselbe Lächeln wie Jimmy. Ferns Eltern besuchen uns ebenfalls. Carlo umarmt Drew und küßt Bea die Hand.

Ich bin etwas verwirrt, als jemand mich bittet, »eine Karte abzuheben«. Ich erfahre, daß es hinter der Szene Glücksspiele gibt. Sie werden von der Tonabteilung betrieben: organisiert von Louis Sabat (Tonassistent, der das Mikro hält), überwacht von Jimmy Sabat (Louis' älterem Bruder) und nachgeprüft von Frankie Graziadei (Tontechniker, Originalton). Das hier funktioniert folgendermaßen: Ein Stapel Karten wird zu 10 $ pro Karte verkauft. Wenn das erledigt ist, zieht einer, der nicht am Spiel beteiligt ist, drei Karten aus einem anderen Stapel. Wer die erste von den drei gezogenen Karten gekauft hat, gewinnt 300 $; für die zweite gibt es 150 $ und für die dritte 70 $. Heute gewinnt Jimmy Mazzola den ersten Preis. Der zweite und dritte Preis gehen an zwei Fahrer.

1.45 Uhr nachmittags. Die Sonne verschwindet allmählich hinter Wolken. Woody ist nicht zufrieden mit dem Aufbau der Szene. Wir machen Mittagspause.

4 Uhr nachmittags. Es wird dunkel, kalt und langweilig. Wir

warten, daß es Nacht wird, um die letzten zwei Aufnahmen zu machen: Doris' Kuß und die Suchscheinwerfer (Sequenz 117). Ein Flugblatt ist in der Nachbarschaft verteilt worden: HEUTE ABEND LUFTANGRIFF-SZENE. BITTE SCHALTEN SIE ALLE LICHTER UM 6 UHR ABENDS AUS. ODER RUFEN SIE UNS AN, WIR WERDEN DANN IHRE FENSTER MIT SCHWARZEN PLASTIKPLANEN VERDUNKELN. Das ist ja schlimmer als an Jom Kippur!

5 Uhr nachmittags. Die Jungs vom Team haben begonnen, die Straße auszuleuchten, damit man dieses Mal den schwarzen Schauspieler erkennen kann. Wie üblich stehen eine Menge Leute herum. Jimmy Mazzolas Freund war heute den ganzen Tag über da. Und seit zwei Tagen treibt sich ein Typ bei uns herum und macht ständig Aufnahmen von Woody. Gestern war er sogar neben uns auf dem Dach, und Tom mußte ihn bitten, aus dem Bild zu gehen. Aber er ist immer noch da und hat sogar angefangen, mit einigen vom Filmstab Freundschaft zu schließen.
Ein zehn Jahre alter blonder Junge fährt mit seinem Skateboard auf mich zu. »Ist Woody Allen berühmt?« fragt er mich. Ich bejahe. Der Junge geht zu Richie und bittet ihn um ein Stück Papier, anschließend leiht er sich von einem Polizisten einen Stift. Schließlich geht er zu Woody, bekommt ein Autogramm und fährt mit seinem Skateboard weg. Das ist wieder einmal Brooklyn!

5.30 Uhr nachmittags. Wir sind bereit, den Kuß zu filmen. Doris ist jetzt anders gekleidet und mit einem anderen Schwarzen zusammen.
Aufnahme R 80: Dieselbe Handlung wie beim ersten Mal, aber jetzt gehen die beiden unter eine Straßenlaterne, so daß Mrs. Silverman alles deutlich sehen und ihren Ohnmachtsanfall bekommen kann.
(6 gefilmt und 2 kopiert)
Dann fahren wir zu Little Joes Haus, um die Szene mit den Suchscheinwerfern aufzunehmen.

6.30 Uhr abends. Es ist inzwischen ziemlich kalt. Die Straße ist dunkel, die Suchscheinwerfer befinden sich einen Block weiter. Carlo will die Aufnahme nicht machen. Er sagt, der Himmel sei nicht dunkel genug. Aber Woody will es probieren.

7.30 Uhr abends. Es friert. Wir mußten warten, bis ein Licht drei Blöcke weiter ausgelöscht wurde; es warf Schatten auf eines der Häuser. Die Schaulustigen warten ebenfalls. Sie wollen wissen, was passiert. Nichts passiert.
Endlich sind wir bereit, einen Versuch zu machen.
Aufnahme 117 A: Aus dem Blickwinkel von Ma und Pa auf die Suchscheinwerfer. Tom gibt einem PA, der drüben bei den Suchscheinwerfern in der Beach 117th Street postiert ist, über ein Walkie-Talkie Anweisungen. Zufällig fliegt ein echtes Flugzeug vorbei.
(1 lange Aufnahme)
Aufnahme 117 B: Die Suchscheinwerfer über Mas und Pas Schultern hinweg. Und umgekehrt.
(Nochmals 1 lange Aufnahme)
Aufnahme 117: Ma und Pa treten aus dem Haus und entdecken die Suchscheinwerfer. Sie sind wunderschön. Ma will Little Joe aufwecken, damit er sie auch sehen kann. *(27 Sekunden)*
Zwei Projektorlampen scheinen über ein weißes Brett, das ein bewegliches Licht auf das Paar wirft und so die Reflexion der Lichtstrahlen simuliert.
(3 gefilmt und 2 kopiert)

Um 7.40 Uhr abends packen wir ein.

Montag, 18. November 1985   Dritte Woche

Man befürchtet, daß die Bilanz der Toten in Kolumbien fünf-undzwanzigtausend beträgt. (New York Times)
»Verdammt!« rutscht es Ron heraus. »Cap (Caspar Weinber-ger) wird nicht gehen wollen.« Weinberger hatte ihm in einem Brief mitgeteilt, daß er sich durch das Scheitern der Genfer

Verhandlungen in seiner Haltung bestätigt fühle. Dies ent-
hüllt die Presse. (Daily News)
Lon Nol, ehemaliger Präsident von Kambodscha, starb gestern
in Kalifornien im Alter von 72 Jahren.
Und zwei bekannte Brooklyner starben an diesem Wochen-
ende.
Am Samstag starb Louis Fleischer – einer der berühmten Flei-
scher-Brüder – an der Westküste im Alter von 94 Jahren. Er
war Walt Disneys einziger Rivale in den 30er Jahren und der
Onkel von Regisseur Richard Fleischer. Er und seine Brüder
hatten als Zeichner von Comic strips beim Brooklyner Daily
Eagle angefangen und schufen Betty Boop, Popeye the Sailor
und den Zeichentrickfilm Gullivers Reisen. *Bevor er mit seinen*
Brüdern zusammenarbeitete, spielte er Klavier bei Stumm-
filmen.
Am Sonntag starb Jimmy Ritz, einer der berühmten Ritz-Brü-
der, im Alter von 82 Jahren. Geboren in New Jersey und aufge-
wachsen in Brooklyn, gaben die Gebrüder – Al, Jim und Harry
– ihre ersten Vorstellungen in Coney Island. Ihr erster gemein-
samer Film war Hotel Anchovy *(1934), aber Al war vorher*
schon als Statist in The Anenging Trail *(1918) aufgetreten.*
Harry hatte seine letzte Filmrolle in Mel Brooks Silent Movie
(1976). Jetzt leben nur noch Harry und seine Schwester Ger-
trude.

8 Uhr morgens. Rockaway. Wieder einmal herrlichster Sonnenschein! Und laut Wettervorhersage soll es morgen genauso
sein. Wir werden also morgen vormittag in der Stadt bleiben
und Innenaufnahmen machen. Für heute sind Sommeraufnah-
men und ein paar Innenaufnahmen geplant.
Frühstück mit Bobby Ward und Dickie im Produktionsbüro.
Dickie erzählt uns von einer netten kleinen Kneipe, in der er
letzten Freitag war. Das Essen und die Musik sollen sehr gut
gewesen sein. Er fragt mich, ob ich bei »Pierre au Tunnel« gewesen bin.

8.45 Uhr morgens. Auf dem Drehplan steht eine Innenaufnahme mit der »Schlampigen Hausfrau«, die die »Phyliss und Paul« Soap Opera hört, während sie ihre Küche saubermacht (Sequenz 11). Es ist ein winziger Raum. Woody, Carlo, Tom und die Hausfrau arbeiten an der Aufnahme. Woody bestimmt mit seinen Händen ungefähr die Größe des Kameraausschnitts und probiert einige Kamerabewegungen aus. Er experimentiert ein wenig mit der Abstimmung der Bewegungen in der Szene. Er hängt Tücher auf, bringt die Babys ins Bett, nimmt eins wieder auf den Arm; er geht also selbst die ganze Handlung durch.

Carlo schaut und hört zu. Man hat das Gefühl, daß Woody einerseits ganz präzise arbeitet, wenn es um Effekte geht, andererseits ist er bereit, sich von der Atmosphäre des Raumes zu diesem Effekt inspirieren zu lassen. Er braucht nicht lange, bis er seine Idee hat. Er hat sich bald für den Aufnahmewinkel und für die ungefähre Kamerabewegung entschieden; jetzt läßt er Carlo die Lichtführung und die Kameraeinstellung genauer ausarbeiten. Das ist das erste Mal, daß ich so vollständig Zeuge des Abstimmungsprozesses bin. Die Atmosphäre ist ruhig und gleichzeitig sehr angespannt.

10 Uhr vormittags. Carlo ist fertig. Es ist wieder einmal nicht möglich, daß alle bei der Aufnahme im Raum sind. Woody kauert unter der Kamera, und Tom versteckt sich hinter der aufgehängten Wäsche. Im letzten Moment werden die Babys von ihren Müttern hereingebracht. Die Soap Opera läuft im Playback.

Aufnahme 11: Die Hausfrau setzt eines der Babys in den Laufstall, stellt schmutziges Geschirr in die Spüle, prüft die Babyflaschen, hängt Wäsche auf. Im Radio fleht Paul Phyliss an, um ihrer Liebe willen mit ihm zu kommen und ihren Mann und Little Tom zu verlassen... *(52 Sekunden)*

Die Babys fangen an zu schreien (perfektes Timing!). Woody bittet die Hausfrau, auf die Worte im Radio zu reagieren. Bei »Sommer an der französischen Riviera« soll sie Geschirr spülen...

(7 gefilmt und 4 kopiert) Fertig um 10.45 Uhr vormittags.

11.15 Uhr vormittags. Die Kids sind wieder da, auch Ma und Bea, für die Aufnahme, die wir gestern nicht machen konnten: Bea sitzt auf der Veranda und hört Lieder im Radio. Carlo braucht Tageslicht und einen auf Bea gerichteten Reflektor. Aber er möchte warten, bis die Sonne mehr herauskommt, damit das Haus besser aussieht.
Woody plaudert ein bißchen mit Bea. Barbara kommt zu mir und beklagt sich, daß die Aufnahme so langsam vorangeht. Bei »Dubbins« stellen Leute von der Requisite Obst- und Gemüsekisten für die Nachmittagsszene auf. Die Statisten ruhen sich auf der Veranda des Hauses am unteren Ende des Häuserblocks aus, das als Warteraum benutzt wird. Sie sonnen sich in ihren Filmklamotten.

12.05 Uhr mittags. Die Sonne »macht Pause«, wir auch. Woody geht mit Andrew, Bea, Ma und Carlo weg. Der Fotograf – der Typ, der neulich bei uns herumhing – hält Woody an, stellt sich vor und schüttelt ihm die Hand. Woody macht sich schnell aus dem Staub.

1 Uhr mittags. Ein älterer Mann fragt mich nach dem Titel des Films und fängt dann an, über die alten Autos zu reden und wie ihn das alles an die gute alte Zeit erinnere, als Amerika in der Welt noch die führende Rolle spielte, als sie im II. Weltkrieg den Deutschen und den Japsen die »Hosen strammzogen«. Er hält einen langen Monolog. Dann bringt er plötzlich das Gespräch auf Woody und erzählt mir, wie gut ihm *Annie Hall* gefallen habe.
Ein anderer Typ kommt auf mich zu – ich bin wohl der einzige in der ganzen Runde, der nicht den Eindruck macht, als hätte er etwas Wichtiges zu tun. Er fragt mich, ob wir noch Statisten anheuern.

1.20 Uhr nachmittags. Aufnahme A 102: Bea sitzt in einem Schaukelstuhl auf der Veranda. Sie liest und hört dabei Radio. Die Kids rennen ins Haus. Dabei sausen sie an ihr vorbei. Dann kommen sie mit Kuchen und Milch wieder heraus und gehen die Stufen hinunter, bis sie aus dem Bild verschwinden. *(25 Se-kunden)*

Ein paar Varianten werden noch gedreht. Bea wiegt sich im Rhythmus der Musik. Carlo bittet sie, stärker zu schaukeln, so daß sie abwechselnd im Licht und im Schatten ist. Woody bittet die Kids, näher beieinander zu bleiben und beim Hinauslaufen mit dem Essen anzufangen. Bei den letzten drei Aufnahmen stürzt Ma aus der Tür und schleudert eine Flasche »Jack Daniels« weg, die Burt gestohlen hat; eine Idee, die Woody während der Aufnahmen gekommen ist. Die Kinder haben wie immer ihren Spaß bei der Szene.

(10 gefilmt und 7 kopiert) Fertig um 2 Uhr nachmittags.

2.30 Uhr nachmittags. Wir sind bereit, Mr. Zipsky aufzunehmen, wie er in Unterwäsche die Straße hinunterrennt und dabei wild mit einem Fleischermesser fuchtelt. Es ist der Tag seines Nervenzusammenbruchs.

Aufnahme F 102: Mr. Zipsky erscheint in Unterwäsche an seiner Tür, schwingt sein Fleischermesser und läuft den Gehsteig hinunter, wo er eine Frau und ihre Tochter bedroht. Dann betritt er »Dubbins«, kommt hinter einer Dame herrennend wieder raus, verschwindet auf der linken Seite aus dem Bild und kommt dann, von einem Polizisten durch den Verkehr gejagt, wieder in den Ausschnitt. (Woody hatte zuerst daran gedacht, ihn noch in Unterwäsche in einer Synagoge aufkreuzen zu lassen.) *(45 Sekunden)*

Zunächst spielt Woody die Handlung selbst durch. Ganz langsam, so daß Carlo die Kamerafahrt und die Schwenks durchtesten kann. Dann spielt der zweite Kameramann Jay Levy die Szene, so daß Woody sie sich durch die Kamera anschauen kann. Schließlich ist Mr. Zipsky dran. (Er wirkt sehr überzeugend mit seinen Schuhen, seinen Socken, seinen Unterhosen und seinem Unterhemd.)

Joel Eidelsberg (Mr. Zipsky) ist kein Berufsschauspieler, aber er spielt so natürlich (oder die Szene ist so komisch), daß alle in Gelächter ausbrechen. »Sehr gut – perfekt«, lobt ihn Woody. Aber der arme Mr. Zipsky ist außer Atem. Vor der ersten Auf-

nahme sagt Woody, er solle nicht bei der Dame und dem kleinen Mädchen stehenbleiben, da das den Fluß der Kamerabewegung störe.

Erste Aufnahme: Zipsky ist zwar immer noch komisch, aber nicht mehr so überzeugend. Woody sagt ihm, er solle die Dame und das kleine Mädchen ganz ignorieren, und gibt der Frau, die verfolgt werden soll, die Anweisung, einen Augenblick später aus »Dubbins« herauszukommen. Zipsky geht erschöpft zu seinem Haus zurück. Dickie weist Woody darauf hin, daß Zipsky mit dem Fleischermesser nicht zu sehr herumfuchteln soll, da es blendet. Woody rennt zu Zipsky hinüber und sagt es ihm.

3.30 Uhr nachmittags. Zweite Aufnahme. »Gut, Wood«, schreit Dickie. Zipsky ist großartig, genauso komisch wie vorher. Woody möchte einen weiteren Versuch machen, aber Carlo ist nicht einverstanden. Das Licht reicht nicht mehr aus.

Vorher war es genau richtig; jetzt ist es zu spät. Dickie meint, wir haben zumindest eine gute Aufnahme. Woody ist da nicht so sicher, Kay auch nicht.

»Er wird sich morgen mit Ihnen unterhalten«, sagt Jane zu mir, bevor sie geht.

Wir packen ein.

Dienstag, 19. November 1985

Nachdem die Regierung in Kolumbien am Sonntag alle An-strengungen unternommen hat, die Überlebenden zu finden, sind noch fünf Menschen, darunter ein achtzehn Monate alter Junge, von Rettungsmannschaften geborgen worden (New York Times)

Der Immobilienmakler Donald Trump will auf der West Side von Manhattan einen 150stöckigen Wolkenkratzer errichten lassen. Er soll nicht nur die Größe New Yorks, sondern auch seine eigene symbolisieren. (New York Times)

In Genf beteiligt sich Gorbi am Gipfel. (Daily News)

Im Oman findet auch ein Treffen statt. Sultan Qabus bin Said empfängt Repräsentanten aus mehr als sechzig Ländern, dar-unter ein halbes Dutzend Staatsoberhäupter, zum National-feiertag, der eigentlich kein besonderes Ereignis ist, aber zufäl-lig mit dem Geburtstag des Sultans zusammenfällt.

Die Beduinen werden Kamelrennen veranstalten, und es wird ein Millionen-Dollar-Feuerwerk stattfinden, das aus Holly-wood kommt. Die Beduinen sind schon aus der Wüste zu den Feierlichkeiten angereist.

1970 stürzte Sultan Qabus bin Said mit Hilfe der Briten und ein paar Beduinen seinen Vater, Sultan Said bin Taimur – den menschenscheuen und geizigen Alleinherrscher des Oman. Der alte Sultan verbot das Rauchen, das Radiohören, das laute Trommelspiel und das Tragen von Brillen und europäischen Schuhen. Er bestimmte auch, wer ein Auto fahren durfte, und erlaubte es nur wenigen. Genauso entschied er darüber, wer

heiraten, wer eine Schule besuchen und wer das Land verlas-
sen durfte. Er selbst vermied den Gebrauch von Benzin und zog
es vor, sein Auto von Sklaven schieben zu lassen.
Am Tage des Putsches schoß der alte Sultan sich ins Knie, als er
seine Pistole ziehen wollte. Er war das einzige Opfer des Put-
sches. Er ging nach England, wo er zwei Jahre später in seiner
Suite im Dorchester Hotel starb. (New York Times)

8 Uhr morgens. Das Bordell aus *Purple Rose* ist in der West
71st Street und gehört der Grace and St. Paul's Lutheran
Church, die es den Winter über als Obdachlosenasyl benutzt.
Es steht für 1,2 Millionen $ zum Verkauf. Wir sind heute dort,
um die Leute zu filmen, die sich die Episode von dem Großen
Tonino anhören.

8.20 Uhr morgens. Wir sind im Haus im Erdgeschoß. Woody
schenkt mir ein freundliches, aber distanziertes Guten-Mor-
gen-Lächeln. Er legt die Kamerabewegung fest – eine kurze
Fahrt –, dann geht er zu seinem Wohnwagen zurück.
Ein altes Paar wird hereingebracht und in Sessel neben das Radio gesetzt. Sie müssen fast so alt sein wie dieses Haus hier, das
aus der Zeit der Jahrhundertwende stammt. Das Filmen macht
ihnen anscheinend genausoviel Spaß wie den Kids. Sie haben
eine Kamera mitgebracht und bitten einen der Jungs vom
Team, ein Erinnerungsfoto von ihnen zu machen.
Carlo macht sich an die Arbeit. Er wird mindestens eine Stunde
brauchen, wenn nicht eineinhalb. Er trägt heute einen neuen
malvenfarbenen Filzhut, nicht wie sonst seinen tibetanischen.
Seine Haare sind schon ziemlich lang. Er läßt sie sich nie während der Dreharbeiten schneiden. Und wir haben noch dreieinhalb Monate vor uns!
Das Chaos beginnt. Lampen werden an der Decke aufgehängt,
die Schienen für den Kamerawagen gelegt, und überall liegen
Kabel herum. Carlo, begleitet von Ray und »Hammer«, geht
und schaut drein, als wäre er auf einem fremden Planeten. Da
sein Englisch nicht gerade das beste ist, nimmt er seine schönen
schlanken Hände zu Hilfe, um sich verständlich zu machen –

obwohl Ray schon verstanden zu haben scheint, bevor Carlo auch nur drei Worte herausgebracht hat. Und langsam, aber sicher nimmt die Szene Gestalt an.

9.20 Uhr morgens. Carlo ist fast fertig. Jeffrey prüft noch einmal die Kostüme des alten Paares. Jeffrey selbst ist immer elegant und ausgefallen gekleidet. Heute trägt er ein Palästinensertuch.

9.30 Uhr morgens. Aufnahme 2 C: Die beiden Alten hören über Kopfhörer die Tonino-Geschichte. *(10 Sekunden)*
Es gibt keine größeren Probleme, außer daß der alte Mann unbedingt schauspielern will. Er verzieht sein Gesicht, während er zuhört. Woody will, daß er regungslos dasitzt.
(2 gefilmt und 2 kopiert)
Aufnahme 8 A: Die alte Frau und der alte Mann reagieren auf die Störgeräusche im Radio. *(5 Sekunden)*
(2 gefilmt und 2 kopiert)
Wir gehen zur anderen Seite des Raums, um ein junges reiches Pärchen aufzunehmen, das ebenfalls die Tonino-Saga hört. Die Kamerabewegung – nochmals eine kurze Fahrt – ist nach zwei Minuten festgelegt. Carlo bittet um fünfundvierzig Minuten für die Beleuchtung. Woody stürzt hinaus.

10.50 Uhr vormittags. Aufnahme 2 D: Ein junges reiches Pärchen, das sehr elegant aussieht, hat soeben Tee getrunken und hört Radio. Ein Dienstmädchen kommt mit dem Tablett. Sie geht raus. Zoom und Großaufnahme vom Radio. *(5 Sekunden)*
Jimmy Mazzola führt seine neue chemische Flüssigkeit für die Teetassen vor, die eine Art Dampf erzeugt. Aber sie riecht scheußlich, und niemand ist von seinem Experiment so richtig überzeugt. Wir kommen auf echten heißen Tee zurück.
(2 gefilmt und 2 kopiert)
Bei der zweiten Aufnahme – im Radio des jungen Paares gibt es Störgeräusche – möchte Woody einen Schwenk auf den jungen Mann, der zum Radio hingeht, daran rüttelt und es dann aus-

schaltet. Carlo und Woody schauen sich den Schwenk durch den Sucher an und entscheiden sich schließlich für eine einfache Weitwinkelaufnahme.

Aufnahme 8 B: Störgeräusche. Der reiche Mann hämmert auf dem Radio herum und dreht es dann aus. *(5 Sekunden)*
(3 gefilmt und 3 kopiert)

Wir gehen runter in die Küche. Dort verfolgt eine Familie das Tonino-Wunder im Radio.

Jane nimmt mich auf die Seite und bittet mich, ihr noch einmal genau zu sagen, was ich will. Sie möchte sichergehen, daß sie es Woody korrekt weitergibt. Als Woody sein O. K. für dieses Buch gab, war das noch sehr vage. Ich erfuhr damals nicht, wie lange ich dabeibleiben könnte, und bekam auch keinerlei Richtlinien von ihm.

So ist das also! Er will nicht mit mir sprechen. Vielleicht gibt es irgend etwas, das ihn stört. Hat er schon genug von mir? Sucht er eine Ausrede, um die ganze Sache zu beenden?

1 Uhr mittags. Aufnahme 2 E: Eine Familie – Großeltern, Eltern, zwei Kinder – sitzt um einen Tisch. Sie essen schweigend und hören Radio. Der kleine Junge steht auf, geht zum Radio und stellt es lauter. *(5 Sekunden)*
(3 gefilmt und 3 kopiert)

Wir machen um 1.15 Uhr Mittagspause.

Das ist das schlimmste Mittagessen meines Lebens. Alle versuchen mich aufzumuntern: Ich solle mir keine Sorgen machen, das bedeute gar nichts. »Ich sehe ihn öfter als meine eigene Frau, und wir reden nie ein Wort miteinander!« sagt einer. Und Bobby Ward konnte in den ganzen zehn Jahren, die sie nun schon zusammenarbeiten, kein einziges Mal mit ihm sprechen. Jeff Daniels hat, als er Tom Baxter in *Purple Rose* spielte, außer Regieanweisungen kein Wort von ihm gehört. Und dann ist da noch die Geschichte mit Marshall McLuhan. Als McLuhan zu einer Nachaufnahme für *Annie Hall* kam, wollte Woody überhaupt nicht mehr mit ihm reden. Es war sehr irritierend.

2.15 Uhr nachmittags. Wir sind wieder am Aufnahmeort. Auf der Straße. Woody geht an mir vorbei, gefolgt von Jane. Ich bilde mir ein, daß so etwas wie Anerkennung in seinem Gesicht liegt, aber Jane ist ein wenig kühl.

Sally (Mia Farrow) ist das erste Mal da, mit ihrem sechs Monate alten Baby. Es ist ein Mädchen. Sally ist schön, sie sieht sehr frisch und natürlich aus mit ihren hohen Wangenknochen. Woody nimmt das Baby auf den Arm und spielt mit ihm. Er zieht Grimassen und setzt ihm seinen Hut auf den Kopf. Dem Baby gefällt das.

Carlo stellt mich seiner Frau Adriana vor, die zu Besuch gekommen ist. Sie ist Italienerin, spricht aber auch Französisch.

Dann gehen wir wieder in die Küche.

Aufnahme 8 C: Störgeräusche im Radio der Familie. Der kleine Junge hämmert auf das Radio ein. Das kleine Mädchen macht es ihm nach. *(5 Sekunden)*

»Fester!« schreit Woody.

(3 gefilmt und 2 kopiert)

Wir gehen in den ersten Stock, um das Victrola-Experiment aufzunehmen (Sequenz 40).

3 Uhr nachmittags. Die Szene soll zwei Aufnahmen haben. Die Jungs vom Team stellen die Kamera auf die Treppe. Der Victrola-Mann wartet fertig gekleidet und geschminkt im Nachbarzimmer und unterhält sich mit der Crew. Er ist kein Schauspieler, sondern Produzent von Jazz- und Klassikplatten bei RCA. Dies hier ist sein erster Film.

Carlo setzt sich neben mich. Wir reden über Adriana. Sie ist Produzentin und hat einen Filmverleih; ihre Gesellschaft hat *Amadeus* und *Ran* in Italien verliehen. Sie ist geschäftlich hier, um Filme zu kaufen und zu verkaufen und natürlich auch, um Carlo zu sehen. Sie wird zu Weihnachten wiederkommen.

Über die Ferien will Carlo das Drehbuch für seinen Film *Teresa the Thief* schreiben, zusammen mit Monica Vitti. Liz hat ihm gesagt, daß ich es gern einmal sehen würde.

Alle sind so freundlich zu mir. Ist das der Schwanengesang?

3.30 Uhr nachmittags. Aufnahme 40: Großaufnahme von dem Victrola-Mann in seiner Sendestation. *(15 Sekunden)*
Größere Probleme gibt es nicht. Eine besondere Regie ist nicht nötig. Nur als der Victrola-Mann etwas zu enthusiastisch wird, muß Woody ihn bitten, sich zu bremsen.
(5 gefilmt und 2 kopiert)
Wir gehen ins Zimmer, um die nächste Aufnahme zu machen. Eine kurze Kameraschiene wird gelegt.

4 Uhr nachmittags. Jane führt mich in eine Zimmerecke, überreicht mir das Drehbuch: »Das ist für Sie. Sie müssen es morgen früh zurückbringen.« Er ist einverstanden, daß ich bis zum Ende der Dreharbeiten bleibe. Er wird mich hin und wieder zu den Vorführungen der Muster* mitnehmen. Ich werde eine Woche mit ihm zusammen im Schneideraum sein können und beim Roh- und Feinschnitt zusehen. Und schließlich will er unbedingt vor der Veröffentlichung mein Manuskript sehen. Das hatte ich ihm auch schon vorgeschlagen.

4.30 Uhr nachmittags. Carlo macht die letzten Korrekturen. Woody albert mit Jeffrey herum. Als er Romaine auf dem Bett sitzen sieht – die Schlafzimmertür ist halb offen, im Vordergrund eine Treppe –, sagt Woody: »Das erinnert mich an eine Hitchcock-Szene...« Und er fängt an, eine Einstellung in *Psycho* zu beschreiben. Dann erzählt ihm Liz von einem Dokumentarfilm mit dem Titel *Huey Long* von Ken Burns, der beim New-York-Film-Festival gelaufen ist. Woody hatte um eine Kopie gebeten, weil Diane Keaton ihn sehen wollte; sie will einen Dokumentarfilm machen. Liz ist eine Freundin von Burns.
Und da sagen sie alle, er redet mit niemandem!
Woody geht nahe an mir vorbei. Ich halte das Drehbuch hoch und bedanke mich bei ihm.
»Hüten Sie es wie Ihren Augapfel!« sagt er.

---

* Muster (engl.: dailies bzw. rushes) sind die ersten Abzüge vom Bild- und Tonoriginal, mit denen das Drehergebnis besichtigt werden kann. (Anm. d. Übers.)

5 Uhr nachmittags. Aufnahme 40 A: Der Plattenproduzent legt eine Platte auf das Victrola, prüft die Lautstärke, geht dann um den Apparat herum und stellt den Lautsprecher ein. *(20 Sekunden)*
Woody muß den Mann noch einmal bitten, natürlicher aufzutreten. Der Plattenproduzent will die Szene ausschmücken und spielt, als ob ihn die Sache brennend interessiere. Woody ist mehr für das Einfache.
(6 gefilmt und 3 kopiert)
»Gestorben« um 5.25 Uhr nachmittags.

Mittwoch, 20. November 1985

Israelis schießen zwei MiG-23 im Luftraum über Syrien ab.
(New York Times)
Bei einer Sitzung, die kurzfristig anberaumt wurde, übt Jesse Jackson Druck auf Gorbi wegen der sowjetischen Juden aus.
(New York Times)
Und DIE REDS FEIERN. (Daily News)
In jeder Zeitung auf der Titelseite ein Foto von Ron und Gorbi, wie sie in Gelächter ausbrechen.
Eine der großen Fragen, die alle beschäftigt, ist die, was Gromyko wohl gemeint hat, als er über Gorbatschow sagte: »Er hat ein angenehmes Lachen, aber eiserne Zähne.« Gorbi antwortet: »Bis jetzt trage ich immer noch meine eigenen Zähne.«
Bei der anderen wichtigen Frage: »Trägt der Präsident lange Kennedy-Unterwäsche?« gibt Larry Speakes zur Antwort: »Ich denke, der Präsident trägt ganz normale Unterwäsche.«
Der Sohn des Präsidenten, Ronald junior, der für Playboy über den Gipfel berichten sollte, hat angeblich seinen Vater gefragt: »Bist du bereit, Dad?« Der Präsident erwiderte: »Absolut.«
Während ihre Männer sich treffen, trinken Raissa und Nancy zusammen Tee. Nancy bittet Raissa, Amerika zu besuchen, und Raissa lädt Nancy nach Moskau ein. Es gibt Mandeltee und frisch gebackene Plätzchen. »Ich mag Mandeltee sehr

gern«, sagt Nancy. Aber sie unterrichtet Raissa, daß sie auch
Kaffee bekommen kann, wenn sie den Tee nicht mag. Raissa
schmeckt der Tee.
Es gibt da noch zwei Briefe, die sowjetische Bürger an Gorbi ge-
schickt haben und die zu friedlichen Lösungen beim Gipfeltref-
fen aufrufen. Der erste stammt von sowjetischen Juden, die
Gorbi bitten, »dem Zionisten Reagan mitzuteilen, daß es den*
Juden noch nie so gut gegangen sei. Wir tanzen, wir singen,
wir essen koscheres Ragout.« Der zweite Brief stammt von In-
sassen eines Arbeitslagers, die gegen Reagans Star-Wars-
Pläne protestieren, weil sie »ein Anschlag auf unsere Freiheit*
sind«.
Beide Briefe sind natürlich fingiert. (New York Times)

8 Uhr morgens. Wir sind wieder am Ufer von Rockaway. Vor
dem Spielsalon. Wir wollen die Kids filmen, wie sie zur Schule
gehen.
Der Himmel ist wunderbar bewölkt. Woody trifft ein. Er und
Carlo fangen an, die Szene einzurichten. Jane kommt direkt auf
mich zu und bittet mich, ihr das Drehbuch zurückzugeben. Die
erste Einstellung ist rasch festgelegt. Die Bühnenarbeiter beginnen, die Schienen für den Kamerawagen zu legen.

8.30 morgens. Das Glücksspiel ist im Gange. Woody schickt
Jane. Sie soll eine Karte für ihn kaufen. Carlo kauft zwei, ich
kaufe eine. Der Stapel ist schnell weg. Die Fahrer, die Bühnenarbeiter, die ganze Crew, alle spielen. Jimmy Sabat verkauft
dazu noch McDonalds-Schokolade für eine Spendensammlung
an der Katholischen Schule seines Sohnes. »Meine Frau hat
mich darum gebeten!«
Dickie ist empört, daß ich nicht bei »Pierre au Tunnel« gewesen
bin. Er versucht mich mit der Tochter des Besitzers zu locken:
»Sie heißt Jacqueline. Ein schönes Mädchen!« Brian verrät mir
seine Lebensphilosophie, sein Geheimnis, wie man gesund
bleibt: »Iß gut, und vögle viel. Aber nicht rauchen, keinen Alkohol, keine Drogen und keine Männer.«
Inzwischen haben wir schon zahlreiche Zuschauer. Die Mütter

der jungen Schauspieler, die in dieser Szene auftreten werden, sind da, der Freund von Jimmy Mazzola und der Fotograf, der sich jetzt schon ganz schön lange bei uns rumtreibt. Er hat bereits Unmengen von Aufnahmen gemacht. Es muß inzwischen Tausende von Amateurfotos von Woody geben. Unter den Zuschauern sind fünf niedliche schwarze Kinder, ungefähr zehn Jahre alt, in Begleitung von zwei Weißen, einem dicken ungefähr dreißig Jahre alten Mann mit Babygesicht und einer etwa fünfzigjährigen weißhaarigen Frau mit einem warmherzigen Blick. Sie beobachten Woody. »Wärt ihr auch gern Filmstars?« fragt die Frau. »Ja«, antworten die Kinder wie aus einem Munde. »Es dauert aber lange, bis so ein Film fertig ist«, fährt die Frau fort, »manchmal ein Jahr!«

9 Uhr vormittags. Die Autos sind in Startposition. Jimmy Mazzolas Freund sitzt mit Hut und heraushängendem Arm im Auto und ist bereit, loszufahren.
Aufnahme 20: Die Kids gehen in die Schule. Dazu wird man die Stimme des Maskierten Rächers hören, wie er seinen »Geheimgesellschaftsring« anpreist. *(20 Sekunden)*
(2 gefilmt und 2 kopiert)
Aufnahme 34: Sie konzentriert sich mehr auf Little Joe. Die Kamera neigt sich die Achterbahn runter und folgt ihm dann, bis er um die Ecke verschwindet. *(8 Sekunden)*
(3 gefilmt und 3 kopiert)
Aufnahme 34 A: Genauso wie oben, nur aus größerer Nähe. *(3 gefilmt und 2 kopiert)* Fertig um 9.30 Uhr vormittags. Wir fahren zum nächsten Drehort.

10.20 Uhr vormittags. Vor der Villa der Needlemans in der Beach 96th Street in der Nähe des Radio-Reparaturgeschäfts. Wir filmen den Lastwagen mit den Preisen, die die Einbrecher bei *Raten Sie die Melodie* gewonnen haben (Sequenz 75).
Woody und Carlo arbeiten an der Bildgestaltung, zunächst am Gesamtbild. Dann legen sie fest, wo die einzelnen Gewinne plaziert werden sollen – die Sessel, die Sektkisten, die Kücheneinrichtung, der Kühlschrank. Woody geht zwischen der Ka-

mera und den Requisiten hin und her. Man berät, was der Mann, der die Sachen liefert, tun soll. Wir haben keine Eile, da die Sonne wieder scheint und wir Wolken brauchen. »Es wird nicht mehr lange dauern«, verkündet Ezra. »Die Wettervorhersage hat Bewölkung angekündigt.«

11 Uhr vormittags. Die Wolken lassen sich Zeit. Ich schließe Freundschaft mit Frankie, Jimmy Mazzolas Freund. Er wohnt in Rockaway, arbeitet aber in einem Krankenhaus in Brooklyn. Er hat gleitende Arbeitszeit und kam heute morgen zufällig vorbei, nachdem er seinen Sohn zur Schule gebracht hatte. Jimmy hat ihn gebeten, in dieser Szene ein Auto zu fahren. Er mußte dazu seine langen Haare verstecken. Er fragt mich, ob ich glaube, daß er im Bild ist. Dann erzählt er mir, daß das hier nicht der einzige Film ist, der in letzter Zeit in Rockaway gedreht wurde. Für *Sophie's Choice* haben sie ein Haus am Strand gebraucht, und Teile von *The Flamingo Kid* sind hier in einem Restaurant gedreht worden, das »Sea Gull« heißt.
Jimmy Sabat deutet auf eine Frau, die seit heute morgen bei uns ist. Er meint wohl, sie könnte mich interessieren: Ich sei schließlich ein Franzose! »Sie sieht gut aus, aber ich bin verheiratet«, meint Jimmy zu mir. Die Frau hat eine tolle Figur, ist stark geschminkt und sieht aus wie Gradisca in Fillinis *Amarcord*.
Ich gewinne beim Kartenspiel den dritten Preis, siebzig Dollar. Alle gratulieren mir.

11.30 Uhr vormittags. Die Sonne kommt immer mehr heraus. Woody sitzt im Regiesessel. Der Amateurfotograf zeigt ihm ein Album mit Fotos von den Dreharbeiten der letzten Tage. Woody schaut sie sich an. Der Mann bittet ihn, eins zu signieren, und Woody unterschreibt. Ausdauer macht sich anscheinend bezahlt.

11.45 Uhr vormittags. Wir lassen die Aufnahme und gehen zu einer Szene im geschlossenen Raum über: die Diebe im Haus der Needlemans, wie sie bei *Raten Sie die Melodie* per Telefon mitspielen. Der Raum befindet sich in der Beach 114th Street. Wir bringen die Ausrüstung hin und machen Mittagspause. So haben die Burglars Zeit, von Manhattan hereinzufahren.

2 Uhr nachmittags. Wir sind wieder am Aufnahmeort und warten auf die Burglars. Jimmy Mazzola schläft sofort auf der Veranda ein, mit dem Gesicht zum Meer. Luis ist drinnen und schläft neben der Ausrüstung. Angela, eine der PAs, gratuliert Santo zu seiner Arbeit für *Singing in the Rain*, das am Broadway gespielt wird. Der Besitzer des Hauses schaut vorbei: Beim Anblick dieses ganzen Chaos ist er entsetzt.
Sämtliche Arbeit vom Montag muß noch einmal gemacht werden. In der Szene mit Mr. Zipsky schien die Sonne zu stark, außerdem paßte das Tempo nicht. Und aus der Szene mit der »Schlampigen Hausfrau« ist auch noch nicht alles herausgeholt worden.

3 Uhr nachmittags. Alle sind wieder anwesend. Die Kamera ist bereit, und wir warten, daß die beiden schweren Jungs kostümiert werden.
Ezra schlägt Woody vor, daß sie die Szenen im Zoo morgen aufnehmen sollten, falls wieder die Sonne herauskommt. »Das geht nicht«, stöhnt Woody. Tom sieht, daß ich diese Bemerkung notiere. Er weist mich darauf hin, daß die Dreharbeiten wirklich schleppend vorangehen. »Das ist ungewöhnlich für einen amerikanischen Film«, meint er.
Tom ist deprimiert. Er ist glücklich, wenn alles gut läuft, wenn wir vorankommen. Aber dieses Warten auf die Wolken wird ihm zuviel. Zugleich respektiert er aber, wie übrigens die ganze Mannschaft, Woodys Perfektionismus. Sie sehen alle ein, daß die Verzögerungen nicht sinnlos sind, daß gerade diese Detailgenauigkeit die Qualität seiner Filme ausmacht. Aber trotzdem...

3.30 Uhr nachmittags. Die Burglars (Mike Starr und Paul Herman) sind im Haus. Der größere von beiden hat unmittelbar vor diesem Film in *Offbeat* mitgespielt. Carlo war der Kameramann.

Aufnahme 72: Die Burglars packen ein. Sie sind ein bißchen nervös, und dann klingelt auch noch das Telefon (mit Hilfe von Jimmy Mazzola und einer kleinen Batterie). Die schweren Jungs lassen es eine Weile klingeln, dann nimmt der größere von beiden ab. »Sind Sie es, Mr. Marty Needleman...?« (Kay ist hierbei die Showmasterin.) Sie hören sich die Melodie an, beantworten die Fragen richtig und gewinnen! *(27 Sekunden)* Es wird kaum Licht gebraucht, die Taschenlampen der Einbrecher reichen aus. »Nur eine kurze Probe mit den Taschenlampen«, bittet Woody. Als sie damit fertig sind, sagt er: »Ich stelle mir vor, daß ihr euch am Ende gegenseitig gratuliert.« Sie spielen gut. Die wenigen Worte, die Woody als Anweisung gegeben hat, haben sich mal wieder als ausreichend erwiesen. Jetzt machen wir einen Durchlauf ohne Licht. Carlo bittet die Burglars, sich gegenseitig mit den Taschenlampen anzuleuchten, ebenso das Telefon und das Radio. Woody macht sich noch Gedanken über Details zur Abstimmung der Bewegungen: Er überlegt, wo die Einbrecher am besten ihren Text sprechen, in der Nähe des Radios oder in der Nähe des Telefons. *(6 gefilmt und 4 kopiert)* Als nächstes werden wir aufnehmen, wie die Needlemans vom Kino zurückkommen und ihre Wohnung ausgeraubt vorfinden. Woody und Jimmy Mazzola schaffen die entsprechende Unordnung, und Carlo beleuchtet sie.

4.30 Uhr nachmittags. Die Needlemans warten draußen auf der Veranda. Martin Rosenblatt (Mr. Needleman) war Woodys Onkel in *Annie Hall*. Helen Miller (Mrs. Needleman) hat in *Purple Rose* mitgespielt, und sie war Woodys Mutter in *Hannah*, allerdings war sie nicht zu sehen: Nachdem Woody beschlossen hatte, zum Katholizismus überzutreten, schloß sie sich im Badezimmer ein. Es wird dunkel, und die Needlemans werden langsam müde vom Warten. Sie haben den ganzen Tag kein bißchen gearbeitet.

»Schau sie dir an!« Fern stößt mich an. »Sie schleicht schon wieder bei den Bonbons herum. Sie kann es nicht lassen!« Romaine hat ein Auge auf die Süßigkeiten geworfen. (Nach dem

Mittagessen hat Jimmy Mazzola eine Dose Bonbons für die Crew mitgebracht.) Jetzt nimmt sich Andrew gerade eine Handvoll raus und verteilt sie unter den Kindern in der Menge, die natürlich begeistert sind. Er merkt, daß ich ihn dabei beobachtet habe, und wird verlegen.

Frankie und Gradisca haben Freundschaft geschlossen. Sie plaudern mit jedem ein bißchen. »Ich habe dich schon in einigen Woody-Allen-Filmen gesehen«, sagt Frankie zu mir. Gradisca hat mich ebenfalls auserkoren. Sie fragen mich, was mein Job bei diesem Film sei. Ich sage es ihnen: »Oh, Schriftsteller. Ich wollte immer schon Schriftsteller sein, einsam und allein in meinem Zimmer...«

5 Uhr nachmittags. Die Szene wird nicht aufgenommen. Es gibt Probleme mit den Leitungen in dem alten Haus. Es würde zu lange dauern, sie in Ordnung zu bringen. Rundherum ein schlechter Tag für die Needlemans: Zuerst wird ihr Haus ausgeraubt, und jetzt werden sie auch noch der Chance beraubt zu spielen.

Wir packen ein.

Donnerstag, 21. November 1985

Die Atmosphäre bei den Gipfeltreffen ist gut: Nancy und Raissa trinken wieder zusammen Mandeltee, und Ron und Gorbi haben fast fünf Stunden miteinander verbracht. In sämtlichen Zeitungen, selbst in der Prawda, sieht man ihre lachenden Gesichter. »Unsere Nachrichten sind so gut, daß wir sie für morgen aufheben«, sagt Ron.

Befragt, ob sie beim Reden Aufnahmemikrophone benutzt haben, sagt ein Sprecher über Ron: »Wenn er jemals an irgendwelchen Drähten hängt, dann ist es sein Walkman.« (New York Times)

Es besteht Einigkeit in europäischen und amerikanischen Medizinerkreisen hinsichtlich der Theorie, daß Aids aus Afrika kommt. Die Afrikaner widersprechen heftig. (New York Times)

Und: »Ich übernehme schlichtweg die Verantwortung«, sagt Jesse (Jackson) in Genf über seinen Besuch bei Jerry Falwell. Und er fügt hinzu, die Frage, wer ihm die Autorität dazu verleihe, wer ihm den Befehl dazu gebe, sei dieselbe, die man den biblischen Propheten entgegengeschleudert habe. Danach gefragt, ob er nicht fürchte, »benutzt« zu werden, lacht er und erwidert: »Das passiert schon, seitdem ich angefangen habe, das ABC zu lernen.« (New York Times)

Im Transporter zusammen mit Mrs. Needleman, Mr. Zipsky und Kay. Mrs. Needleman beschwert sich, daß Woody nicht einen schöneren Ehemann für sie aufgegabelt hat: Mr. Needleman hat Gewichtsprobleme. Und Zipsky ist ein bißchen besorgt; er hofft, daß gleich die erste Neuaufnahme seiner Szene gut wird, weil er schon seit zwanzig Jahren nicht mehr soviel gelaufen ist!

8.15 Uhr vormittags. Rockaway, Beach 115th Street. Frühstück im Produzentenbüro. Carlo findet Gefallen an Drew. Jeden Morgen gibt sie ihm einen dicken Kuß. Mr. Needleman trinkt Kaffee und ißt Doughnuts dazu. Seine Gattin hat recht: Er sollte aufpassen, was er ißt. Jeffrey trägt heute morgen eine neue Tweedjacke. Woody hat immer noch dieselben Schuhe an.

8.45 Uhr morgens. Wir sind fast fertig für die Neuaufnahme mit Zipsky. Cliff ist erneut damit beschäftigt, die gelbe Linie in der Mitte der Straße zu entfernen.
Aufnahme RE 102: Zipsky trägt dieses Mal nicht seine Brille. Er macht jetzt großzügigere, ausladendere Bewegungen. Er geht auch nicht ins »Dubbins«, sondern bleibt in der Mitte des Rockaway Boulevard stehen und schwingt sein Fleischermesser.
Zweite Einstellung: Jetzt wieder mit Brille. Dieselbe Handlung. Dieses Mal taucht aber wieder der Polizist am Ende der

Szene – links im Bild – auf, um sich Zipsky zu schnappen. *(3 gefilmt und 2 kopiert)* Fertig um 9 Uhr morgens.
Als nächste wird eine Aufnahme von den Kids in Pfadfinder-uniformen gemacht, die Alteisen für den Krieg sammeln (Sequenz 110).

9.15 Uhr morgens. Wir sind auf dem Boulevard. Jimmy Mazzola hat einiges Metall in einen V (für Victory)-Container geworfen, der vor Woolworth steht. Die Kamera wird eingerichtet. Cliff ist wieder einmal damit beschäftigt, diese gelbe Linie zu entfernen, Jimmy Mazzola macht die Autos fertig, und die Statisten werden zu ihrer Ausgangsposition gebracht.

10 Uhr vormittags. Aufnahme 110: Die Kids gehen zum Container. Sie lassen das Alteisen hineinfallen; Autos und Fußgänger durchqueren das Bild. *(25 Sekunden)*
(2 gefilmt und 2 kopiert)
Wir fahren zur Beach 96th Street, um die Szene mit dem Berg von Gewinnen aufzunehmen, die wir gestern nicht machen konnten.

11 Uhr vormittags. Tom und Carlo trinken etwas in »Murphys Bar«. Die Ladung auf dem LKW wird wieder so arrangiert, wie sie gestern war. Ein Polaroid-Foto ermöglicht es der Crew, die Plazierung ganz genau zu rekonstruieren. Mr. und Mrs. Needleman sind wieder da. Sie stehen im Nachtgewand auf dem Balkon. Auch Frankie und Gradisca sowie der Amateurfotograf, der Schnappschüsse macht, sind wieder da – und die Sonne, die unablässig scheint.

11.30 Uhr vormittags. Die Sonne hat noch nicht nachgelassen, aber wir können sehen, daß Wolken im Anzug sind. Brian macht ein Bild vom Kamerateam: Carlo sitzt gerade in einem der Sessel, die die Needelmans »gewonnen« haben. Ray plaudert mit Gradisca. Sie hat jetzt endgültig das Interesse der Jungs vom Team auf sich gezogen. Die schwarzen Kinder mit ihren zwei Begleitern sind auch wieder da. Woody spielt mit

Andrew Ball. Er spielt ganz ernst und bewegt sich wie ein Pro-
fispieler.

11.40 Uhr vormittags. Wolken. Die Proben können beginnen.

12 Uhr mittags. Die Wolken sind weg. Woody wirft wieder den
Ball, jetzt aber gegen eine Wand.

12.05 Uhr mittags. Wieder Wolken.
Aufnahme 75: Die Needlemans schauen entsetzt auf den Lieferanten und die Gewinne. Zwei Zuschauer stehen im Vordergrund. *(15 Sekunden)*
(5 gefilmt und 2 kopiert)
Wir fahren wieder zur 115th Street, um die Kinder aufzunehmen, wie sie Geld für die Jüdische Nationalstiftung zur Errich-
tung einer Heimstätte in Palästina sammeln.

12.45 Uhr mittags. Wir befinden uns in dem Abschnitt zwischen dem Rockaway Boulevard und Beach 116th Street vor dem Drugstore. Der Laden ist zu einer Imbißstube umfunktioniert worden. Daneben hat man einen Zeitungsstand aufgebaut. Die Kamera ist ein bißchen weiter oben auf der Straße aufgestellt worden. Die Bedingungen für die Aufnahme sind nicht gerade ideal, da der Verkehr aus allen vier Richtungen kommt. Alte Autos aus der Zeit sind vor dem Laden geparkt, ein paar stehen bereit und können in die Aufnahme gefahren werden. Auch kostümierte Statisten stehen herum, um bei Bedarf ins Bild zu gehen. Die PAs haben zwei Barrikaden aufgestellt, um die Leute aus dem Bildausschnitt herauszuhalten, aber es ist schwierig, in einem ganzen Straßenabschnitt den Verkehr zu stoppen. Fiktive Vergangenheit und Gegenwart sind für einen Augenblick durcheinandergeraten.

Die PAs bitten ständig Leute, aus der Aufnahme rauszugehen oder sich von der Ausrüstung fernzuhalten. In dem ganzen Wirrwarr werden Frankie und Gradisca von Tom hinter die Absperrung geschoben. Ein streunender Hund, den die Crew aufgenommen hat, macht das Chaos komplett. Ray bemerkt Gradisca. Er rettet sie und bringt sie zur »Unterhaltungscrew«. Frankie bleibt, sterbend vor Eifersucht, zurück. Ray stellt Gradisca Jimmy Sabat vor und versucht, ihn zu umarmen. Es gelingt ihm; Jimmy murmelt ein paar Worte vor sich hin und macht sich verlegen aus dem Staub. Louis und Frankie Graziadei gehen zu Gradisca, die von Woody aus dem Augenwinkel beobachtet wird.

1.15 Uhr nachmittags. Die Aufnahme ist fast fertig. Woody gelingt es, mitten in diesem Tohuwabohu abzuschalten. Er pfeift vor sich hin, die Hände in den Taschen. Dann wird er nachdenklich. Er wartet, Tom ist bei ihm. Frankie hat es geschafft, wieder zu uns zu kommen. Er steht bei Jimmy Mazzola. Gradisca spielt direkt hinter Woody mit dem streunenden Hund, wobei sie Woody nicht aus den Augen läßt.
Aufnahme 36: Little Joe und Nick hauen die Leute mit ihren Sammelbüchsen an. Dann geht Little Joe um die Ecke zu Burt

und Andrew, die von anderen Fußgängern Spenden bekommen haben. *(25 Sekunden)*

Am Schluß der zweiten Einstellung hört Little Joe das »Cut« nicht, oder er will es nicht hören: Er bittet weiter um Geld »für einen neuen Staat in Palästina«. Eine ältere Dame, die in dem Film nicht mitspielt, öffnet ihr Portemonnaie und gibt ihm etwas Kleingeld. Auf der anderen Straßenseite brechen die Leute in Gelächter aus. Einen historischen Film an einem Ort zu drehen, wo so viele Menschen sind, und dann auch noch für einen reibungslosen Ablauf zu sorgen grenzt fast an ein Wunder. Die alte Dame, die hervorragend in die Besetzung gepaßt hätte, wird dann auch tatsächlich in die Besetzung aufgenommen. *(3 gefilmt und 2 kopiert)* Fertig um 2.15 Uhr nachmittags.

Wir kehren in die Ruhe von Little Joes Haus in der Beach 115th Street zurück. Wir wollen die Szene, in der Bea auf der Veranda Radio hört, noch einmal aufnehmen. Woody gefiel die Lichtführung und auch die Komposition nicht. Bevor wir aufbrechen, geht Gradisca auf Woody zu. Sie wird ganz rot. Sie wechseln ein oder zwei Worte miteinander, aber offensichtlich ist sie nicht Woodys Typ: Es ist nur eine kurze Begegnung...

2.45 Uhr nachmittags. Vor Little Joes Haus. Bea steht auf der Treppe und plaudert mit Woody. Zwei Häuser weiter unten schläft Mr. Needleman auf der Veranda des Aufenthaltsraumes. Er wird von dem Schreien einiger junger Statisten aufgeweckt und ist nicht gerade glücklich. Dann erscheint Gradisca und geht sofort zur Crew. Sie ignoriert mich – jetzt, wo sie bedeutendere Leute kennt!

3.30 Uhr nachmittags. Aufnahme RA 102: Bea sitzt auf den Stufen, neben sich das Radio. Die Kids rennen ins Haus, dann wieder hinaus, aber dieses Mal nicht auf die Straße. Statt dessen gehen sie in den Garten. Sie essen immer noch Kuchen und trinken Milch. Aber bei dieser Aufnahme kommt Ma nicht raus, um die »Jack-Daniels«-Flasche wegzuschleudern, weil Burt sie nicht mehr stiehlt.

(5 gefilmt und 5 kopiert) Wir machen Mittagspause.

5 Uhr nachmittags. Es ist dunkel und kalt. Heute war ein langer Tag. Dennoch ist vieles vervollständigt worden, einiges davon sogar ziemlich rasch. Wir können die Rockaway-Szenen in dieser Woche abschließen. Niemand wird es allzusehr bedauern, diesen Ort verlassen zu müssen. Wir warten auf die Dunkelheit, damit wir die Suchscheinwerfer noch einmal aufnehmen können.

Andrew ist heute auffällig viel mit Drew zusammen.

Zwei Teenager fragen mich über Woody aus: »Stimmt es, daß er zwei Leibwächter hat? Er soll mit dem Hubschrauber kommen. Wo ist seine Limousine? Stimmt es, daß alle aufstehen müssen, wenn er kommt?«

5.45 Uhr nachmittags. Fertig für die Aufnahme. Dieses Mal sind es drei Suchscheinwerfer. Die Lampen und Reflektoren werden näher herangefahren.

Aufnahme R 117 B: Ein Blick auf die Suchscheinwerfer über Mas und Pas Schultern.

(3 gefilmt und 1 kopiert)

Aufnahme R 117 A: Aus dem Blickwinkel von Ma und Pa.

(4 gefilmt und 2 kopiert)

Um 6 Uhr abends: »Gestorben.«

Im Transporter zurück nach Manhattan. Mit Ma, Pa, den Burglars, Kay und Fern. Wir reden über Woody. Sie sind glücklich, mit ihm zusammenzuarbeiten, es macht ihnen Spaß. Der größere von den beiden Burglars ist während der Aufnahme sehr nervös gewesen, weil Woody ihm nur ganz wenige Anweisungen gegeben hat. Er hat ihn lediglich aufgefordert, es besser zu machen. Und dann hat er ihm nicht einmal gesagt, ob ihm sein Auftritt gefallen hat oder nicht.

Freitag, 22. November 1985

Der Genfer Gipfel ist vorüber. »Sie lachten und tauschten Höf-
lichkeiten aus, während ihre Sprecher ihnen über die Schultern
schauten. Beide gaben ein kurzes Statement und applaudierten
sich gegenseitig. Kurz bevor sie das riesige Konferenzgebäude
verließen, zogen sie sich in ein Zimmer zurück, tranken ein
Abschiedsglas Champagner und schüttelten sich herzlich die
Hände.« (1979 haben sich Leonid und Jimmy geküßt.)
Obwohl Ron keine genaueren Informationen gab, war die
»gute« Nachricht, die er zurückhielt, wohl die, daß es noch
weitere Treffen geben wird: 1986 in New York und 1987 in
Moskau. (New York Times)
Im schwarzen Stadtteil von Mamelodi, Südafrika, hat die Poli-
zei mindestens 6 Leute erschossen. Hundert weitere sind ver-
letzt worden. Damit ist in dieser Woche die Zahl der von der
Polizei Getöteten auf 23 gestiegen. Seit September vorigen
Jahres sind es mehr als 865, die meisten von ihnen Schwarze.
(New York Times)

7.45 Uhr morgens. Breezy Point. Der Name sagt schon alles.
Es liegt am Ende der Rockaway-Insel und ist seit der Jahrhundertwende ein Badeort, der im Winter völlig verlassen ist. Wir
frühstücken im Surfclub. Keiner ist scharf darauf, hinauszugehen. Es ist sehr kalt, und es regnet; der Himmel ist so bewölkt,
wie Woody es sich nur erträumen kann. Der leere Swimming-
pool und die zusammengefallenen Strandhütten geben um
7 Uhr in der Frühe nicht gerade die lieblichste Atmosphäre ab.

8.10 Uhr morgens. Woody und Carlo kommen. Sofort gehen
wir hinaus. Alle sind auf das Wetter eingestellt, nur ich nicht.
»Geh zu Jimmy Mazzola«, sagt man mir. Er gibt mir einen
schönen gelben Regenanzug.

8.40 Uhr morgens. Aufnahme B 102: Ein Lied im Radio erinnert Little Joe an Little Evelyn (Rebecca Nickels), das Mädchen,
in das er verliebt war, sie aber nicht in ihn, und an Little Linda

(Natane Adcock), das »hübsche Mädchen«, das in ihn verliebt war, er aber nicht in sie. Es inspiriert ihn dazu, über den Sinn des Lebens nachzugrübeln.

Die Strandhütten bilden einen Laufsteg über den Sand. Wir wollen zwei Aufnahmen machen.

9.40 Uhr morgens. Es regnet immer noch und es ist kalt. Die Ausrüstung ist mit einem kleinen Lader mit Vierradantrieb über den Strand transportiert worden. Die Jungs vom Team hatten schon vorher die Schienen für den Kamerawagen gelegt, aber sie waren weder lang noch stabil genug. Man braucht einen breiteren Steg.

Alle tragen die gleichen gelben Regenanzüge mit Kapuze. Andrews Anzug ist zwei Nummern zu groß, und mit seinen Moon-Boots sieht er aus wie von einem anderen Planeten. Woody hat schließlich nachgegeben und die Regenhose angezogen, aber er trägt immer noch seine geliebten Lederschuhe! Carlo kann die Hose ebenfalls nicht ausstehen – es ist so schwierig, sich darin zu bewegen –, aber er mußte schließlich auch klein beigeben.

Riesige Schirme werden über der Ausrüstung aufgebaut. Ein merkwürdiger Anblick, all diese gelben Geschöpfe, die bei Regen in einem verlassenen Erholungsort aus der Jahrhundertwende herumstapfen wie Astronauten!

Little Joe, Little Evelyn und Little Linda halten sich im Lastwagen warm, aber die Jungs vom Team arbeiten noch draußen, wo die Elemente wüten.

10.30 Uhr vormittags. Woodys Lederschuhe müssen inzwischen vollgesogen sein; meine fühlen sich an wie Schwämme. Aber es scheint ihm nichts auszumachen; dieses Wetter ist einfach ideal! Der Amateurfotograf erscheint, wird aber eiligst von Tom weggeführt. Die neue Kamerawagenspur ist inzwischen fertig. Little Joe wird zu seinem Ausgangspunkt gebracht, ein PA schützt ihn mit einem Schirm vor dem Regen. Die beiden Mädchen werden unter den Pier geführt. Ihre blassen nackten Beine lassen uns alle schaudern.

Links: Woody Allen; *rechts:* Carlo di Palma

Aufnahme B 102: Little Joe läuft über den Laufsteg, dann die Treppe hinunter und unter die Pierpfeiler zu Little Evelyn und Little Linda. Unter den Augen von Linda, die ihn anschmachtet, versucht er Evelyn zu küssen. Die stößt ihn barsch beiseite.
(20 Sekunden)
Little Joe rennt ziemlich schnell, und Red und Bobby Ward müssen die Kamera wie die Verrückten herumreißen. Aber das Schwierigste ist der Kamerastopp, wenn Little Joe die Stufen hinunterläuft. Bobby Ward legt sich auf den Rücken, die Beine in der Luft.
(4 gefilmt und 2 kopiert)
Die Kids werden zum Lastwagen zurückgebracht, während die nächste Szene eingerichtet wird. Die Kamera wird unter den Pier gestellt, und zwei Bogenlampen werden eingeschaltet.

11 Uhr vormittags. Das Wetter ist noch schlimmer geworden.

Der Regen scheint inzwischen kälter geworden zu sein. Er dringt unter unsere Regenjacken und in unsere Kleidung ein, egal, was wir machen. Unter dem Pier sind wir zwar geschützt, aber da ist ein eisiger Luftzug. Wir haben einfach keine Chance. Aber die Jungs arbeiten sich durch, und wir sind bald fertig.

Aufnahme B 102 A: Joe küßt Evelyn. Sie stößt ihn zurück. Linda tritt zurück. Dann läßt Evelyn sich doch von Joe küssen. *(10 Sekunden)*

Es gibt ein kleines Problem. Da wir in einer Nahaufnahme sind, müssen Handlung und Reaktion hundertprozentig stimmen: Evelyns angewiderter Blick, wenn Joe sie das erste Mal küßt, ihr Lächeln, als sie ihn dann doch läßt, Lindas trauriges Gesicht, als sie merkt, daß Joe kein Interesse an ihr hat, und natürlich die Art, wie Little Joe Little Evelyn küßt: ein süßer, zärtlicher, flüchtiger Kuß auf die Wange: Joe ist kein Kommunist! Woody spricht alles mit den Kids durch.

Little Evelyn ist ein kleines, schelmisches Mädchen mit roten Haaren und Sommersprossen wie Little Joe, während Linda mehr die romantische Schönheit ist. Eine perfekte Besetzung. *(12 gefilmt und 2 kopiert)*

Wir verlassen Breezy Point ohne Bedauern um 11.30 Uhr vormittags.

12 Uhr mittags. Wieder in Rockaway. Es ist wahrscheinlich unser letzter Tag hier. Da das Wetter so »schön« ist – es regnet, aber es ist nicht mehr so kalt –, sind wir wieder auf dem Dach, um noch einmal einen »Establishing Shot« von Rockaway zu machen. Die Beleuchter (wir nehmen mit Tageslicht auf) und die Unterhaltungsabteilung (es gibt keine Tonaufnahmen) haben Schutz gesucht, aber das Kamerateam, Tom, Carlo und Woody stehen draußen im Regen. Sogar Andrew und Jane sind verschwunden.

Aufnahme RA 10: Sie beginnt mit dem nebligen Meer, fährt dann zurück zu einer Totalen von oben auf die verlassene Straße, wo ein paar Autos parken und ein Statisten-Paar im Regen daherläuft. Das Bild ist ziemlich deprimierend.

114

Die PAs halten den gesamten Verkehr auf der Beach 115th Street an, wenn wir eine Aufnahme machen, auch den Verkehr auf dem Rockaway Boulevard. Es ist schwierig, vor allem bei diesem Regen, den Leuten klarzumachen, daß sie nicht nach Hause können. Die Handlung der Statisten muß zeitlich genau abgestimmt werden, so daß sie an dem gekennzeichneten Punkt sind, wenn die Kamera zurückfährt.
(8 gefilmt und 3 kopiert)

2.50 Uhr nachmittags. Der Aufenthaltsraum ist voll: die Needlemans, ihre Burglars, Little Evelyn und Little Linda, die Mütter der Mädchen und ein Dutzend Statisten.
Draußen arbeiten wir weiter, um das schöne Wetter auszunutzen. Es geht das Gerücht, daß Woody, wenn der Wetterbericht noch mehr Regen ankündigt, am Samstag Aufnahmen machen will...
Die Kamera ist zur Beach 115th Street gebracht worden, nahe ans Ufer. Sie wird auf den Rockaway Boulevard gerichtet.
Aufnahme RA 10 A: Gegenschuß zu RA 10. Die Kamera beginnt mit einer Weitwinkeleinstellung auf die Straßenseite, wo Little Joes Haus steht. Dann Zoom auf »Dubbins« und den Rockaway Boulevard.
Woody ist in Bombenstimmung. Er pfeift und albert mit Jeffrey und Santo herum. Er spricht sogar mit Drew: »Einen schönen Tag noch!« sagt er zu ihr. Wenn Woody so drauf ist, geht er gern unter seine Leute, schleicht um sie herum, als ob er sein Revier abstecken und ihnen zeigen wollte, daß sie ein Teil davon sind. Gerade hat er mich mit einem Lächeln angeschaut, als wollte er sagen: »Na, noch immer dabei?!«
(5 gefilmt und 2 kopiert)
Wir gehen vor zum Strand.

3.30 Uhr nachmittags. Der Himmel ist auf seine Art sehr schön: Die Wolken hängen tief, es ist neblig, und am Horizont zeigt sich ein zarter Lichtstreifen. Woody redet gerade mit Drew, als Barbara dazukommt, sie will sich mit ihm unterhalten. Zuerst hört er sich höflich ihren Monolog an, dann zieht er sich plötzlich zurück und macht dicht. Jeffrey rettet ihn. Er hat eine Frage zu Little Joes Kostüm.

Es ist inzwischen ein bißchen wärmer geworden, und der Regen hat nachgelassen. Außerdem hat sich die Atmosphäre gelockert. Unter den schwierigen Bedingungen auf dem Dach ist die Situation ein wenig gespannt gewesen.

Aufnahme RA 10 B: Little Joe, mit Helm und Brille, betrachtet das Meer.

Man bringt eine Kiste, auf die er sich stellen soll: Er ist nicht gerade der Größte.

(4 gefilmt und 2 kopiert)

Wir machen Mittagspause um 3.35 Uhr.

4.30 Uhr nachmittags. Beach 114th Street, wieder vor Ort. Drinnen bei den Needlemans. Sie entdecken, daß sie ausgeraubt worden sind. Die Aufnahme, die wir am Mittwoch abend nicht machen konnten.

Carlo reißt italienische Witze. Obwohl niemand etwas versteht, lachen alle. Woody und Jimmy Mazzola gehen das ganze Bild durch. »Du bist ganz schön zäh! Du bist ja noch verrückter als wir«, bemerkt Ray zu mir. Alle sind müde und frustriert, aber trotzdem ganz bei der Sache. Die Aussicht, daß wir Rockaway bald verlassen, ist sehr tröstlich.

Die Doubles der Needlemans beschweren sich, daß sie unter der Veranda in der Kälte warten müssen. Sie werden zum Wohnwagen der Needlemans gebracht.

Aufnahme 74: Es ist dunkel. Dann geht das Licht an. Die Needlemans sehen, in welchem Zustand sich der Raum befindet.

(10 Sekunden)

Jimmy Mazzola steht draußen im Regen und wedelt mit einem Karton, so daß die Vorhänge durch das offene Fenster hineingeweht werden. »Das geht einfacher und schneller, als erst einen Ventilator aufzustellen«, hat er erklärt.

Erste Einstellung. Der Vorhang hat sich nicht bewegt, als das Licht anging.

Zweite Einstellung. Wieder keine Bewegung im Vorhang. »Jimmy Mazzola!«

Dritte Einstellung. Wunderbar.
(4 gefilmt und 2 kopiert)
Aber Jimmy Mazzola wedelt weiter. »Los, Jimmy, stärker!«
brüllt Ray. »Carlo will es deutlich sehen.« Alle, sogar Woody,
lachen, während Jimmy wie ein Wahnsinniger wedelt. Ein paar
Minuten später kommt er verärgert herein. Er ist sauer, daß
man ihn auf die Schippe genommen hat. »Ich hoffe, ihr habt
euch gut amüsiert«, brummt er. Die Jungs sind sofort wieder
ruhig. Woody liest das Script noch einmal mit Kay zusammen
durch.

6 Uhr abends. Man ist immer noch mit der Einrichtung der
nächsten Aufnahme beschäftigt: Die Needlemans hören das
Drama um Polly Phelps im Radio. Danach müssen wir wieder
zur Beach 96th Street. Wir wollen dort die n von den Needlemans machen, die das Haus verlassen, um ins Kino zu gehen.
Wir werden heute mindestens bis 9 oder 10 Uhr abends weitermachen. Ich aber habe um 8 Uhr eine Verabredung in der
Stadt. Ich nehme die U-Bahn zurück nach Manhattan.
Es ist 6.30 Uhr abends.

Montag, 25. November 1985   Vierte Woche

*Auf Malta stürmen ägyptische Spezialeinheiten eine entführte
ägyptische Maschine: fünfzig Tote.* (New York Times)
*»Big Joe« Turner starb am Samstag im Alter von vierundsieb-
zig Jahren. Seine Karriere begann mit einem Konzert, das er
1938 in der Carnegie Hall gab: »From Spirituals to Swing.«
Seine Aufnahmen von »Roll 'Em Pete«, »Wooee Baby« und
»Hollywood and Vine« machten ihn zu einem Jazzsänger der
Spitzenklasse.*

8.30 Uhr morgens. Madison Avenue Ecke 24th Street. Wir befinden uns vor dem Fidelity-Broadcasting-Gebäude – jetzt Me-
tropolitan-Life-Gebäude. Wir wollen einen »Establishing

Shot« von dem Studio machen, in dem Biff Baxter (Jeff Daniels), der tapfere Geheimagent, der F 4* ist, sich der Japsen und Nazis »annimmt«. *(7 Sekunden)*

Aufnahme 120: Genauso wie beim RCA-Gebäude am ersten Tag, nur in umgekehrter Richtung. Hier beginnt die Kamerabewegung am Eingang und fährt dann das ganze Haus bis oben ab. *(7 Sekunden)*

Für diese Art von »Establishing Shot« ist das Team fast wichtiger als der Regisseur. Tom gibt alle Anweisungen. Woody steht nur still neben ihm. Die PAs halten die Fußgänger an und geben das Startzeichen für die Statisten. Jimmy Mazzola führt Regie beim Autoballett. Es ist nicht ganz einfach, um 8.30 Uhr morgens zwei Straßen und den Eingang eines riesigen Gebäudes mitten in Manhattan abzusperren. Alles geschieht wie beiläufig, in letzter Minute, genauso wie neulich auf dem Rockaway Boulevard. Die Leute auf der Straße, die noch schläfrig zur Arbeit eilen, nehmen davon kaum Notiz.

(5 gefilmt und 3 kopiert) Fertig um 9.30 Uhr morgens.

Für die nächste Aufnahme gehen wir hinein.

10 Uhr morgens. Wir sind im Gebäude, auf der linken Seite des Erdgeschosses, in einem großen Art-deco-Konferenzsaal, um *Die Sprechstunde der menschlichen Gefühle* aufzunehmen und den weltberühmten Spezialisten in Angelegenheiten des menschlichen Herzens, Thomas Abercrombie (Sequenz 97).

Jane erzählt mir, daß die Dreharbeiten letzten Freitag bis 9.10 Uhr abends gedauert haben. Es gab keine Probleme bei der Aufnahme, in der die Needlemans das Drama um Polly Phelps verfolgten. Dagegen war es ziemlich kompliziert, die Ankunft der Burglars hinzukriegen. Die Scheinwerfer vom Oldtimer der Einbrecher waren zu schwach und warfen nicht so deutliche Schatten auf das Haus, wie Woody und Carlo es sich vorgestellt hatten. Ich erwähne, daß ich letzten Freitag nicht dabei war. »Ich weiß«, sagt Jane. »Woody hat es bemerkt.«(!)

---

* F4 = Tauglichkeitsgrad 4. (Anm. d. Übers.)

Der Raum ist groß, sauber und warm. Es ist geradezu ein Luxus, unter solchen Bedingungen zu arbeiten. Woody zieht seine grüne Jacke aus, behält aber seine Mütze auf und geht zwischen den Jungs vom Team hin und her, die die Kamera und die Beleuchtung einrichten. Dann, dreißig Sekunden später, hat er die Jacke wieder an.

10.45 Uhr vormittags. Die Kamera ist fertig. Thomas Abercrombie (Martin Sherman) und das Paar, das er beraten wird, sind in Stellung, Abercrombie sitzt hinter seinem Mikrophon. Dies ist der erste Woody-Allen-Film für Thomas; dieser Mann mit dem süßen und geduldigen Lächeln ist wieder einmal eine optimale Besetzung. Das Paar hat früher schon einmal mit Woody gearbeitet. Maurice Shrog, der Ehemann, der möchte, daß seine Mutter bei ihnen wohnt, war einer von Woodys Fans in *Stardust* und der Hypnotiseur in *Zelig.* Crystal Field, seine schreckliche Frau, die die Schwiegermutter nicht mehr ertragen kann, war eine von den Filmbesuchern in *Purple Rose.*
Erste Probe. Woody steht an der Kamera. Die Schauspieler spielen ihre Rollen durch. Die Kamera startet beim Ansager (Peter Lombard), der die Show einleitet, schwenkt dann zu Abercrombie und zu dem Paar, das darauf mit dem Dialog beginnt. Woody ist unzufrieden. Zuviel Bewegung. Der Ansager soll näher bei Abercrombies Tisch stehen. Woody geht das Script noch einmal durch und überprüft zusammen mit den Schauspielern die einzelnen Textstellen.

11 Uhr vormittags. Woody überprüft die Kamerabewegung, während die Schauspieler noch einmal ihre Rollen durchspielen. Er ist immer noch nicht zufrieden. Wir kommen auf die ursprüngliche Einstellung zurück, und Woody widmet sich noch einmal dem Drehbuch. Er bittet das Paar, ihren Text am Schluß zu improvisieren.

11.20 Uhr vormittags. Noch eine Probe. Dieses Mal bedient Dickie die Kamera, aber es stimmt immer noch nicht. Woody paßt das Tempo der Szene nicht.

11.30 Uhr vormittags. Wieder am Sucher. Woody und Carlo besprechen die Lage. Sie kommen zu dem Schluß, die Sequenz in zwei Aufnahmen zu teilen – erst der Ansager, dann die Show selbst.

12 Uhr mittags. Aufnahme 97: Der Ansager führt in die Show ein. *(15 Sekunden)*
»O. K.?« fragt Woody, indem er sich zu Dickie hinwendet. »Jawohl, Sir!« Woody: »Gehen wir zur nächsten Aufnahme.«
(2 gefilmt und 2 kopiert)
Nach eineinhalb Stunden Zögern, Warten, Verändern und wieder Verändern ist die Fünfzehn-Sekunden-Aufnahme endlich im Kasten. Und doch haben wir während all der Verzögerungen nicht eine Sekunde den Eindruck gehabt, Woody sei hilflos oder wüßte nicht, was er tut. Er konnte sich nur nicht in die Szenerie »einfühlen«. Das Bild, die Bewegung, das Tempo stimmten nicht.

12.15 Uhr mittags. Die Kamera ist bereit. Woody überprüft den Kameraschwenk von Abercrombie zum Paar. Er findet seinen Gefallen. Er stellt sich abseits, während Carlo die Beleuchtung korrigiert. Woody schaut auf den Boden. Er sieht besorgt und nachdenklich aus. Dann geht er zu den Schauspielern, stellt sich vor sie hin, als ob er ihnen etwas Wichtiges mitzuteilen hätte, sagt aber nichts: Er schaut sie nur an. Dann fängt er an zu pfeifen und geht weg.

Nach diesen ersten drei Wochen sieht Woody unbefangener, entspannter aus, so, als ob für ihn die Sache jetzt erst richtig laufen würde. Carlo ist etwas muffig heute. Der Morgen ist seine schlimmste Zeit.

12.40 Uhr mittags. Aufnahme 97 A: Abercrombie fordert das Paar mit einem süßlichen Lächeln auf, ihm alles zu erzählen. Das Paar fängt an, sich über die Schwiegermutter zu streiten. Die Gattin hat sie satt. »Wie kann ich meine eigene Mutter hinauswerfen?« meint der Gatte. »Pack sie am Kragen, und wirf sie auf die Straße«, erwidert sie. *(25 Sekunden)*

Einstellung 1: Kurz bevor Tom »Action« schreit, macht Woody Abercrombie darauf aufmerksam, daß er sein schäbiges Grinsen beibehalten soll.

Einstellung 2: Woody hat die Gattin gebeten, wütender zu werden. Sie schimpft jetzt wie ein Rohrspatz. Nach dem »Cut« lachen alle. Sie ist ganz gut.

Jetzt, wo er hat, was er wollte, bittet Woody die Schauspieler nicht nur, noch mehr zu übertreiben, sondern auch weiter zu improvisieren. Die Gattin soll sagen, wenn alles so weiterginge wie bisher, würde sie ein Messer nehmen und es ihrer Schwiegermutter in den Rücken stoßen. »Richtig wütend, nach Luft schnappend«, insistiert Woody. Die Gattin lacht. Und zu Abercrombie: »Immer nur lächeln...«

Einstellung 3: Es läuft wunderbar. Die Gattin hat am Anfang ihren Ärger noch unter Kontrolle, wird aber immer heftiger. Woody ist ausgesprochen glücklich; er hüpft fast vor Aufregung.

Einstellung 4: Woody ist kurz vor der Aufnahme zu den Schauspielern hingegangen. Er will sie aber nur ermutigen, in dieser Richtung weiterzumachen. Am Ende der Szene ist die Frau den Tränen nahe.

(Einstellungen 2, 3 und 4 werden kopiert)

Bei der letzten Version hatte man wirklich den Eindruck, sie sei bereit, ihre Schwiegermutter aus dem Weg zu räumen.

1 Uhr mittags. Dieselbe Einstellung und genau die gleiche Kamerabewegung, aber dieses Mal ein Schwenk von Abercrombie auf Ma und Pa, die sich streiten: Little Joe stellt sich seine Eltern in der *Sprechstunde der menschlichen Gefühle* vor. Aber zunächst eine »Jacken-Krise«. Woody gefällt die, die Pa trägt, nicht. Man versucht es mit einer Lederjacke. Schließlich entscheidet er sich für eine Wolljacke.

Aufnahme 98: Die Aufnahme beginnt mit dem nickenden und lächelnden Abercrombie. Little Joes Erzählung wird diesem Teil der Szene unterlegt werden. Dann fährt die Kamera auf

Ma und Pa. Ma beklagt sich, er sei eine »geschäftliche Null«. Pa schimpft, daß Mas ganze Familie bei ihnen lebt. Abercrombie folgert, daß sie sich beide gegenseitig verdient haben. Also wenden sie sich gemeinsam gegen ihn: »Wir sind nicht hierhergekommen, um uns beleidigen zu lassen!« sagt Pa. »Ich liebe ihn. Aber womit habe ich ihn verdient?« fragt Ma. *(38 Sekunden)*

Woody schreit Abercrombie zu: »Noch süffisanter!«

Nach der zweiten Aufnahme bittet Woody nur um mehr Intensität.

Bei der vierten Aufnahme steigert er das Tempo.

Ma und Pa sind gut. Sie scheinen es aus dem Effeff zu können. Woody geht mit dem Script zu ihnen, um ein paar Partien durchzusprechen.

Während der fünften Aufnahme hätte Woody fast abgebrochen, als Pa sich verhaspelte, dann läßt er sie aber doch bis zum Ende durchlaufen.

In der sechsten Aufnahme verfehlt Ma ihren Einsatz. »Das tut mir furchtbar leid«, sagt sie, als wäre es eine Katastrophe. Woody lacht. Ma ist richtig süß, wenn sie so reumütig ist wie gerade eben.

Und schon geht es weiter. Ma ist wieder ganz vergnügt, als sie zum letzten Mal ihren Text spricht.

(17 gefilmt und 6 kopiert)

Um 2 Uhr nachmittags machen wir Mittagspause.

3 Uhr nachmittags. Wir sind wieder im Konferenzsaal, dieses Mal aber auf der anderen Seite. Wir wollen die Sendung mit den »Whiz Kids« aufnehmen (Sequenz 46). Man hat einen langen Tisch mit Namensschildchen für jedes der Kinder aufgestellt: JAY, 11; ROMAINE, 10; FERN, 12 (eine kleine Verbeugung vor den Salad Sisters); GLENN, 10; SANFORD, 11.

3.15 Uhr nachmittags. Die Kids werden hereingebracht. Es sind vier, nur ein Mädchen. Die endgültige Reihenfolge ist: Jay, Romaine, Glenn und Sanford. Fern ist schon vor der ersten Aufnahme ausgeschieden!

Diese Kids haben nichts mit Little Joes schmuddeliger Bande gemein. Sie tragen schwarze Hüte und Kleider. Sie sind gerade wegen ihres Aussehens ausgesucht worden, weil sie mehr normalen Kindern ähneln.

3.45 Uhr nachmittags. Aufnahme 46: Die Kids, während der Quizmeister die Show vorstellt.
(4 gefilmt und 3 kopiert)
Nächste Aufnahme: Den Kids werden Quizfragen gestellt.
Carlo nimmt ein paar Veränderungen an der Lichtführung vor. Tom berührt Liz' rotes Haar; ihr Haar ist so leuchtend rot, daß man es unbedingt anfassen möchte, um zu sehen, ob es echt ist. Doug massiert Drews Rücken; vorhin hat sie Dickie und Louis massiert. Woody redet mit Jeffrey, der einen Trick mit einer Dollarnote vormacht. Heute war ein lockerer Tag.

4.15 Uhr nachmittags. Die Aufnahme beginnt mit dem Quizmaster, der den Kids Fragen stellt. Dann schwenkt die Kamera auf die Kids. »Wie heißen die Monde des Saturn?« »Wer hat gesagt ›Wer gegen die Gerechtigkeit ist...‹?« Und für Sanford: »Sag mir die Quadratwurzel aus 1,963.« *(26 Sekunden)*
Sanford (Marc Colner) beantwortet die Frage mit dunkler Stimme: »Nun, es geht nicht ganz auf, aber...« »Wenn er mein Kind wäre, würde ich ihm die Nase einschlagen«, sagt Carlo. Woody bittet Sanford, die affektierte Tonlage ein bißchen mehr herauszubringen.
(6 gefilmt und 2 kopiert)
Zum Schluß möchte Woody eine kürzere Version, nur mit den beiden letzten Fragen.
Aufnahme 46 B: Die Kamera fährt an den Kindern vorbei und bleibt bei Sanford stehen.
(7 gefilmt und 3 kopiert)

Um 5 Uhr: »Gestorben.«
Woody setzt seine Mütze wieder auf. Er schaut drein wie ein Lausebengel. Jane lächelt. Sie findet es ein bißchen daneben.

Dienstag, 26. November 1985

Inzwischen sind bei der Entführung 60 Menschen umgekommen. Die Taktik der ägyptischen Truppen bei dem Angriff wird in Frage gestellt. (New York Times)
Der Rundfunkdarstellerpionier Ransom Sherman ist im Alter von siebenundachtzig Jahren gestorben. Zu seinen Shows gehörten Club Matinee, Grapewine Rancho, Hap Hazard, Smile Parade, Mirth and Madness *und* Fiber McGee and Molly, *in der er Onkel Dennis spielte. Er trat in den Filmen* Swing Your Partner, The Bachelor and the Bobby-Soxer *und* Always Leave Them Laughing *auf.*

8.15 Uhr morgens. Ein Tag im Prospect Park Zoo in Brooklyn mit Ma, Pa, Little Joe, Sanford (dem »Whiz Kid«), seinen Eltern und ein paar Statisten. Wir haben die Szene, in der die beiden Familien sich treffen und kurz miteinander reden, vor uns.
Es nieselt und ist kalt. Die Karussellszene in *Purple Rose* ist im Prospect Park im Januar aufgenommen worden. Es wurde aber zu kalt und regnerisch, so daß das Karussell im Studio aufgebaut werden mußte. Brian ist hier in der Nachbarschaft geboren; es soll eine rauhe Gegend sein. Woody ist nicht weit von hier in Flatbush aufgewachsen, das etwa südöstlich liegt.
Der Frühstückstisch für die Mannschaft ist im Rhinozeroshaus des Zoos aufgebaut worden. Der Geruch schmeißt einen um. Woody trägt einen neuen, riesigen, grauen Parka mit Pelzfutter, Wollhandschuhe und wieder diese Schuhe. Er hat die Kapuze auf. Man sieht nur seine Brille. Er hüpft von einem Fuß auf den anderen und versucht, sich damit warm zu halten.

10 Uhr morgens. Aufnahme 99: Ein »Establishing Shot« von Little Joe und seiner Familie im Zoo. Die Kamera fängt beim Elefanten an und fährt zu Ma, Pa und Little Joe, die sich das Tier anschauen. Sanford und seine Eltern treten vor sie. Pa erkennt Sanford und nähert sich ihnen. Sie fangen an, miteinander zu reden. *(28 Sekunden)*

Zunächst müssen wir jedoch den Elefanten hinaus in den Hof kriegen, und er mag die Kälte genausowenig wie den Regen. Schließlich stoßen die Wärter ihn hinaus und schließen hinter ihm die Tür. Und im Hintergrund, in dem andere Zoobesucher (Eltern und ihre Kinder) zu sehen sind, ist zu wenig Action. »Denkt daran, daß das hier ein Zoo ist. Ihr müßt lachen!« brüllt Tom zu den Statisten hinüber, die, wie der Elefant, nur widerwillig draußen im Regen stehen.

Nach ein paar Aufnahmen fängt der Elefant an zu improvisieren; er gabelt etwas Stroh mit seinem Rüssel auf und legt es sich auf den Kopf. Die Wirkung ist gut, und Woody gibt sein O. K. dazu, aber Dickie muß warten, daß der Elefant sein Kunststück wiederholt, bevor er einen Schwenk auf die Familie macht. Glücklicherweise hat der Elefant Talent.

(10 gefilmt und 2 kopiert)

10.45 Uhr vormittags. Aufnahme 101: Frontalaufnahme über die Schultern von Sanfords Familie hinweg auf Ma, Pa und Little Joe, während sie mit Sanford reden. Little Joe schüttelt Sanford die Hand. Dieser wischt sie sich sofort danach ab. Pa macht wie gewöhnlich seine Witze. »Schnell, wieviel ist eintausendachthundertundsechsundsechzig geteilt durch...« fragt er Sanford. Die Sanford-Familie fertigt sie kurz ab und geht weiter. Little Joes Familie geht dann auch weiter. Pa knufft Little Joe, weil er soviel Zeit vor dem Radio verbringt, anstatt zu lernen. *(42 Sekunden)*

Kein Problem für Ma, Pa und Little Joe, nur Sanford tut sich schwer, seinen Text durchzustehen.

(9 gefilmt und 3 kopiert) Alle stehen bereit.

Aufnahme 101 A: Ein »pick-up«* von Little Joes Familie, die weggeht. Pa knufft Little Joe.

Bei der zweiten Aufnahme bittet Woody Pa, Little Joe wirklich zu schlagen. Das gibt der Szene einen Grand-Guignol-Effekt, und Little Joe steckt den Schlag routiniert weg.

(2 gefilmt und 2 kopiert)

---

* Ein Pick-up ist eine Teilaufnahme. (Anm. d. Übers.)

11 Uhr vormittags. Aufnahme 101 B: Die andere Familie, über die Schultern von Ma, Pa und Little Joe hinweg aufgenommen. Derselbe Dialog.

Der Hintergrund paßt jetzt hundertprozentig; das Rhinozeros wird durch das Nilpferd in Aufregung versetzt! Aber dann beginnen die Probleme. Das »Whiz Kid« mit dem I. Q. von 160 schafft seinen Sprechpart nicht bis zum Schluß! »Und nun muß ich Sie bitten, uns zu entschuldigen. Ich bin sicher, daß Sie mit einer anderen Absicht hierhergekommen sind, als einer berühmten Persönlichkeit die Zeit zu stehlen.«

Der Regen fällt immer noch, wenn auch nur leicht, genauso wie die Temperatur. Nach drei Stunden in diesem Wetter sind alle halb erfroren. Aber Woody macht weiter. Zunächst versucht er, Sanford den Text kurz vor der Aufnahme vorzusprechen. Dann kürzt er ihn. Aber das arme »Whiz Kid« kommt nicht bis zum Ende. Schließlich muß Woody ihm Satz für Satz vorsprechen.

(6 gefilmt und 2 kopiert)

Aufnahme 101 C: Ein »pick-up« von Sanford und seiner Familie, die weggehen.

Am Schluß der letzten Aufnahme kann Sanford seinen Text perfekt auswendig. Das Rhinozeros lacht – wirklich! –, und alle lachen mit.

Wir machen Mittagspause um 12.15 Uhr.

Ein exzellenter Lieferant versorgt uns im Picknick-Haus des Prospect Park. Etwa vierzig Statisten sind da, dazu die Mütter, die ihre Kinder begleiten. Barbara kümmert sich um sie. Ken ist ein wenig unglücklich, weil einige Mütter die ganze Familie – Opa, Oma, Onkels und so weiter – angeschleppt haben.

Woody möchte nächsten Freitag die Szene am Breezy Point noch einmal aufnehmen. Nächsten Montag werden wir die Anfangssequenz, die Szene mit dem Erstaunlichen Tonino, drehen. Das Drehbuch verlangt strömenden Regen!

Wir fahren schnell mit dem Lastwagen durch Brooklyn zum nächsten Drehort. Vorbei am Triumphbogen auf der Grand Army Plaza, biegen dann ab auf die Bedford Avenue und fahren durch verschiedene Viertel – Bedford Stuyvesant, Wil-

liamsburg und Greenpoint, wo Henry Miller aufgewachsen ist.
Wir fahren an der Brooklyner Church of Christ vorbei, an der
Church of God in Christ Jesus Fair Deal Inc., der Church of God
in Christ on the Hill, der Church of the Open Door, der Church
of God and Christ International; die ganze Bedford Avenue ist
okkupiert. »Das einundzwanzigste Jahrhundert wird entweder
religiös sein oder überhaupt nicht sein«, hat André Malraux
gesagt. In Brooklyn ist man wie immer der Zeit weit voraus.

2.15 Uhr nachmittags. Kent Street, am Ufer des East River.
Wir wollen Sequenz A 42 aufnehmen: eine Sende-Antenne für
die Sequenz über die Anfänge des Radios. Es regnet stark. Alle
tragen wieder die gelben Anzüge. Jay trägt die Kamera unter
dem Arm wie ein Baby, Liz schützt ihn mit einem Schirm.
Aufnahme A 42: Die Kamera schwenkt nach oben zum Dach
des Turms, bei jeder Aufnahme mit einer anderen Geschwindigkeit. Der Regen, von dem es mehr als genug gibt, wird im
Film nicht sichtbar sein.
(3 gefilmt und 3 kopiert)
Und um 3.30 Uhr nachmittags packen wir ein.

Mittwoch, 27. November 1985

Die Space Shuttle Atlantis startet zu einer Mission von sieben
Tagen. (New York Times)
Die amerikanische Modestiftung in Brooklyn hat soeben die
vierundvierzigste Liste der bestgekleideten Männer des Jahres
veröffentlicht: Ron, Prince Charles und, was allerdings uner-
klärlich ist, Anthony R. Cucci, den Bürgermeister von Jersey
City. Der Bürgermeister trug eine Trainingshose mit Gummi-
zug und Polyester-Bündchen, als er von seiner Wahl erfuhr.
Mr. Cucci sagte, er wäre erstaunt und völlig überrascht. Er
hätte keinerlei Pläne für eine Cucci-Kollektion. (New York
Times)
Rajneeshpuram, Oregon. Guru Bhagwan Shree Rajneesh ist

wieder in Indien. Die fünfundachtzig Rolls-Royces, mit denen er so gern seine täglichen Fahrten über die abgelegenen Straßen Oregons machte, stehen zum Verkauf.

Alles hat damit angefangen, daß Ma Anand Sheela, die rechte Hand des Gurus, »eine Menge schlechter Dinge getan hat: Sie hat einen Mord geplant, Telefone angezapt und nach der Macht gegriffen«, verteidigte sich der Guru. Dann gab es eine Anklage wegen illegaler Einwanderung. Am Ende wurde den Anhängern des Gurus (3500 Leute) mitgeteilt, daß ihre Konten gesperrt worden seien, da die Kommune laufende Schulden von etwa 1,5 Millionen $ und langfristige Darlehen von 35 Millionen $ habe.

Guru Bhagwan Shree Rajneesh ist am 14. November nach Indien gefahren und hat gesagt, er hoffe, nie mehr nach Amerika zurückzukehren. Das Wirtschaftsbüro der Kommune riet seinen Anhängern, sie sollten nicht nach Indien gehen. »Er möchte allein gelassen werden. Bitte respektiert seinen Wunsch«, sagte ein Sprecher. Es wird berichtet, daß Guru Bhagwan Shree Rajneesh »in der Stille« ist. (New York Times)

8.30 Uhr morgens. Wir sind an der Lower East Side, im Keller der Congregation-Mogen-Abraham-Synagoge, um Little Joe aufzunehmen, wie er Hebräisch lernt (Sequenz 22) und wie er von Rabbi Baumel verprügelt wird (Sequenz 38).

Der Keller ist wunderbar – ein bißchen dreckig, aber wieder einmal wie unberührt seit der Jahrhundertwende: Es gibt Säulen, riesige Balken und einen kleinen Altar in der Mitte. An den Wänden befinden sich Inschriften. Alte Schulbänke sind in Reihen aufgestellt worden, und die Jungs vom Team haben schon angefangen, die Ausrüstung hereinzubringen.

Wir werden die »Whiz Kids« noch einmal aufnehmen müssen. Woody war nicht zufrieden mit dem Bildaufbau. Aber der weltberühmte Spezialist in menschlichen Herzensangelegenheiten, Thomas Abercrombie, war sehr gut.

9.30 Uhr morgens. Carlo bekommt seinen Morgenkuß von Drew und fühlt sich gleich viel besser. Ich kriege auch einen

und fühle mich auch besser. Cliff nimmt einige Verschöne-
rungsarbeiten an der Decke vor. Währenddessen redet Barbara
ununterbrochen auf ihn ein. Jimmy Mazzola nimmt die beiden
Fenster aus der Rückwand heraus und ersetzt sie durch welche
mit Holzrahmen. Sie waren zu modern. Die elektrischen Kabel
werden ausgebessert. Und der echte Rabbi beobachtet das alles
mit stillem Erstaunen.
Woody hebt einen Lupenring des Maskierten Rächers für die
Szene auf, während Jimmy Mazzola ihm seinen Rauch aus der
Spezialeffektenküche vorführt. Er wird ein Loch in Little Joes
Hemd schneiden und einen kleinen Plastikbehälter einsetzen,
der an die Rauchmaschine angeschlossen wird.

10.30 Uhr morgens. Die Kinder werden hereingebracht und an
die Bänke gesetzt, Little Joe direkt hinter Little Phil (Josh Saviano). Woody mustert die Kinder genau. Er versetzt einige
von ihnen. Dabei nennt er sie »Gentlemen«. Dann bittet er sie

alle, ihre Yarmulken aufzusetzen. Er hat an die meisten von ihnen Brillen verteilt, und Stück für Stück nehmen die Kinder, die ohnehin schon eine großartige Besetzung sind, immer mehr das charakteristische Woody-Allen-Aussehen an. Wenn Woody an solchen Details arbeitet, ist sein Gesicht ausdruckslos; er zeigt äußerlich keinerlei Reaktion. Er schaut sich jetzt die Kinder an, dann dreht er sich zu Carlo um. »O. K.«
Rabbi Baumel (Kenneth Mars) kommt. Er ist riesengroß, mindestens ein Meter neunzig, und ziemlich breit; unter den Kindern wirkt er geradezu einschüchternd. Da er ein wenig schwerhörig ist, muß er sich runterbeugen, wenn er mit Woody spricht. Sein Kopf ist ganz nah neben Woodys Gesicht, und der versucht mit allen Mitteln, sich unter seinem Tweedhut zu verstecken. Plötzlich legt Rabbi Baumel seine Riesenhände auf Woodys Arme.

11.05 Uhr vormittags. Aufnahme 22: Rabbi Baumel fängt mit seinem Unterricht an. Die Kinder werden für die Schaffung eines zionistischen Staates in Palästina Spenden sammeln müssen. Die Juden brauchen eine Heimat. Denn selbst hier können sie verfolgt werden.
Rabbi Baumel ist herrlich. Seine theatralischen Verbiegungen sind perfekt, Woody hat Spaß an der Szene. »Seid nicht so steif, Kids«, sagt er. Dann gratuliert er dem Rabbi und ermutigt ihn, so weiterzumachen. Baumels volle Stimme und die Art, wie er sich über den Bart streicht, passen ideal zu dieser Rolle.
(4 gefilmt und 2 kopiert)
Aufnahme 22 A: Rabbi Baumel steht auf, als er auf sein Thema zu sprechen kommt. »Genauso wie die deutschen Juden damals gesagt haben: ›Ich bin Deutscher, ich bin Bürger‹, so werden die amerikanischen Juden eines Tages auch sagen müssen: ›Aber ich bin Amerikaner‹. Doch das wird ihnen nichs nutzen...« *(1 Minute und 5 Sekunden)*
Rabbi Baumel macht großartige Theaterarbeit. Bei der Nahaufnahme, die den zweiten Teil seines Vortrags beinhaltet, fragt er Woody, ob er seine Rede von Anfang an halten könne. Woody gibt sein O. K.

Auch dieses Mal ist Rabbi Baumel wunderbar. An einer Stelle unterbricht er seinen Vortrag, um sich zu schneuzen, dann putzt er seine Brille mit dem Taschentuch. Woody fängt an zu lachen. Er hat sich auf eine Bank hinter den Kindern gesetzt und verbirgt sein Lachen hinter dem Hut. Woody sieht vollkommen locker aus, natürlich, spontan, fast kindlich. Ohne genau zu wissen, warum – sind es die Worte, die Stimme, das Gesicht des Rabbis, Woodys Lachen? –, fange ich selbst auch an zu lachen.

(2 gefilmt und 2 kopiert) Fertig um 11.45 Uhr vormittags.

12.15 Uhr mittags. Die Lichtführung wird für den neuen Aufnahmewinkel korrigiert. Rabbi Baumel entspannt sich, sein Double nimmt seinen Platz ein. Woody geht zu Ma, die gerade gekommen ist, und teilt ihr mit, daß ihre Szene mit Thomas Abercrombie gut geworden ist.

Aufnahme 22 B: Die Kamera ist im Gang hinter den Kindern sehr weit unten aufgestellt worden. Rabbi Baumel geht jetzt aufs Ganze und erklärt den Kids, was die Gois ihnen antun werden. »Sie werden euch verprügeln... sie werden euch verschleppen... verbannen... erniedrigen...« Aber plötzlich: »Was ist das für ein Qualm?« Phil steht in Flammen! Rabbi Baumel schnappt sich Little Joe. *(1 Minute und 2 Sekunden)* Rabbi Baumel ist wahnsinnig gut, und Woody muß wieder kichern. Er versteckt sich hinten im Klassenzimmer wie ein unartiges Kind. Nach der zweiten Aufnahme bittet Carlo den Rabbi, ein bißchen hin und her zugehen, so daß er abwechselnd in den Schatten tritt. Der Rabbi wird immer besser, und Woody kann sich vor Lachen kaum halten.

(5 gefilmt und 3 kopiert)

1 Uhr mittags. Aufnahme 22 C: Eine Halbtotale von den Kindern, wie sie dem Rabbi zuhören. Little Joe sitzt in der Mitte. Woody stellt sich auf Rabbi Baumels Platz. Er schaut die Kinder an und gibt ihnen verbal Anweisungen, während die Kamera läuft: »Ihr reißt die Augen auf«, »Ein bißchen den Mund öffnen«, und so weiter.

(1 gefilmt und 1 kopiert)
Aufnahme 22 D: Eine Totale mit der ganzen Klasse, die entsetzt dem Rabbi zuhört.
Dasselbe Vorgehen. Woody ist neben der Kamera und gibt den Kids Anweisungen: »Ich erzähle euch nicht gerade schöne Dinge«, »Schaut mir in die Augen!«, »Bewegt eure Augen«, »Alle schauen auf mich... Ich bin der Rabbi!«
(1 gefilmt und 1 kopiert)
Aufnahme 22 E: Eine Nahaufnahme von Little Joe und Little Phil, während Little Joe das Wunderglas auf Phils Hemd fokussiert.
(1 gefilmt und 1 kopiert)

1.30 Uhr nachmittags. Wir gehen zur letzten Aufnahme dieser Sequenz, in der Little Phil Feuer fängt. Endlich darf Jimmy Mazzola seinen Qualm erzeugen. Schon bei einer der früheren Aufnahmen konnte er sich nicht beherrschen, und er erzeugte ganz grundlos ein bißchen Rauch.
Aufnahme 22 F: Little Phil schreit: »Ich brenne!« Rabbi Baumel läuft zu ihm hinüber, sieht, was passiert ist, packt Little Joe am Kragen und hebt ihn in die Luft. *(11 Sekunden)*
Rabbi Baumel ist ziemlich stark, und Little Joe macht es Spaß, so hochgehoben zu werden.
(5 gefilmt und 2 kopiert)
Wir machen Mittagspause um 2 Uhr nachmittags.

3.30 Uhr nachmittags. Wieder vor Ort. In der nächsten Sequenz ist Little Joe mit seinen Eltern in Rabbi Baumels Büro, nachdem er von dem Geld für eine jüdische Heimstätte einen Ring des Maskierten Rächers gekauft hat. Die Szene wird im selben Keller aufgenommen werden, nur in einer anderen Ecke des Raumes. Die Schulbänke werden an die Seite gestellt, und Carlo arbeitet an der Lichtführung.
Mas Double ist heute Nicole Stern. Sie war für fast zwei Monate Barbara Hersheys Double in *Hannah*. Sie kennt deshalb die ganze Mannschaft. Ihre Mutter ist Französin. Sie kommt aus einem kleinen Dorf in der Bretagne in der Nähe der Stadt

Quimper. Nicole fährt im Sommer immer hin, um ihre Großmutter zu besuchen, die dort noch allein auf einem Bauernhof lebt.

Tom erklärt Woody, was ein Louma ist, und fragt ihn, ob er einen für die Tonino-Sequenz nächsten Montag haben will. Der Louma ist ein großer beweglicher Kran, an dem die Kamera befestigt wird, und erlaubt auch sehr spektakuläre Kamerabewegungen. Er wurde von zwei Franzosen erfunden und erstmals in Amerika von Steven Spielberg bei *1941* benutzt.

4.20 Uhr nachmittags. Aufnahme 38: Rabbi Baumels Herz ist voll Kummer, »es schwillt an vor Gram«. »Das Geld, das für eine jüdische Heimat gedacht war, für einen Ring des Maskierten Rächers ausgegeben?« Ma weiß nicht, was sie mit Little Joe machen soll. Er höre jeden Abend Radio. Das Radio ist schlecht, stellt der Rabbi fest, es impft »schlechte Werte, falsche Träume und Bequemlichkeit« ein. »Sie sagen die Wahrheit, mein getreuer Indianerfreund«, sagt Little Joe zum Rabbi. Rabbi Baumel ist schockiert und gibt ihm eine Ohrfeige. Pa meint zum Rabbi, er solle Little Joe nicht schlagen, er selbst wolle ihn schlagen, was er dann auch gleich tut. Aber Ma sagt zu Pa, er solle Little Joe nicht schlagen, er schone ihn zu sehr; sie würde ihn schlagen. Und der Rabbi verpaßt ihm noch eine Ohrfeige, dann Pa, dann Ma, bis der Rabbi plötzlich gnädig wird: »Genug, genug! Ihr werdet den Jungen noch verletzen.« *(1 Minute und 10 Sekunden)*

Während der Proben sagt der Rabbi »Masked Adventure« anstatt »Masked Avenger«, aber sonst ist er perfekt. Das Ohrfeigen funktioniert auch gut. Alle haben ihren Spaß dabei – die Mannschaft, weil die Szene sehr lustig ist, die Schauspieler, weil es ihnen einmal erlaubt, sich körperlich auszudrücken, und Little Joe, weil er es anscheinend gerne hat, wenn er herumgeschleudert wird wie neulich im Transporter. Bei den letzten Ohrfeigen zitiert Woody die Worte des Rabbis: »Genug, genug…«

Nach drei Einstellungen, in denen Rabbi Baumel mit ruhiger gedämpfter Stimme spricht, bittet ihn Woody, es ärgerlich und heftiger zu versuchen. Nach jeder Aufnahme lachen alle über die Szene. Woody sagt zu den Eltern: »Ihr seid zu zaghaft.« »Zu zaghaft!« jammert Little Joe. »Ihr seid ja verrückt. Ihr würdet bei so einem Schlag umfallen. Ich kenne euch!« Little Joe scheint es ein bißchen leid zu sein, aber er bleibt der Profi und nimmt weiter die Ohrfeige in Empfang.

Einstellung 7 ist phantastisch. »Ihr könnt ihn schlagen und rumwirbeln«, sagt Woody und macht es auch noch vor. Wir machen weiter.

Aber nach Einstellung 9 wird es zuviel für Little Joe. Er ist erschöpft und bricht in Tränen aus. Die Erwachsenen sind wirklich ins Prügeln gekommen, und Rabbi Baumel hat so riesige Hände. Zuerst begreift niemand, was passiert ist. Alle sind zu stark von der Szene eingenommen, die Schauspieler von ihren Rollen, das Team von der Arbeit, Woody von seiner Regie, und der Rest von uns ist einfach fasziniert. Pa ist der erste, der es merkt. Er umarmt Little Joe; Pa ist ein warmherziger Mensch. Woody spricht mit Little Joe: »Möchtest du aufhören?« Little Joe bittet nur um eine Pause von fünf Minuten. Rabbi Baumel macht sich jetzt Sorgen, daß er »den Jungen verletzt« hat.

Einstellung 10. Als es ans Ohrfeigen geht, sind die Schauspieler haargenau wie vorher. Sie gehen völlig in ihren Rollen auf. Little Joe ist wieder verdroschen worden. Erneut bricht er in Tränen aus. Woody stoppt die Szene. Eine peinliche Atmosphäre. Rabbi Baumel ist ernstlich betroffen. Er ist ein freundlicher Mann, aber seine Hände sind so riesig, und Little Joe ist so klein. Es ist sehr schwierig für einen Schauspieler, die Kontrolle zu behalten, wenn er so in seiner Rolle aufgeht. Pa nimmt Little Joe in die Arme und geht mit ihm in eine Ecke. Little Joe erholt sich. Woody geht zu ihm hin, albert ein bißchen mit ihm, aber er behandelt ihn wie einen Erwachsenen. Die Prügelszene wird nicht wiederholt, aber die Show muß weitergehen.

(10 gefilmt und 5 kopiert)

5.30 Uhr nachmittags. Aufnahme 38 A: Eine Großaufnahme vom Rabbi. Er beginnt mit seinem Vortrag.

Woody möchte zwei Versionen von ihm, eine sanfte und eine wütende.
(3 gefilmt und 3 kopiert)
Woody schüttelt Rabbi Baumel die Hand und gratuliert ihm.
»Gestorben« um 5.40 Uhr nachmittags.

Freitag, 29. November 1985

»Ein Gipfelgespräch ist immer ein Augenblick der Wahrheit in den Beziehungen zwischen den Staaten«, sagt Gorbi in Moskau. Er betont, daß auf beiden Seiten mit den Vorbereitungen für das Treffen 1986 begonnen werden soll. (New York Times)
In Rom rufen die Erzbischöfe dazu auf, antijüdischen Tendenzen innerhalb der Kirche entgegenzutreten. (New York Times)
Georgia Burke starb gestern im Alter von 107 Jahren in einer Privatklinik in Manhattan. Entdeckt wurde sie, als sie bei den Blackbirds, einem Chor von Schwarzen, vorgesungen hatte. Als sie den »St. Louis Blues« vortrug, wurde sie vom Fleck weg engagiert. In Musicals wie Mamba's Daughters, They Shall Not Die, Porgy and Bess *und* Cabin in the Sky *trat sie am Broadway auf. Für* Decision *erhielt sie 1944 den Donaldson-Preis. Zwischen 1934 und 1945 spielte sie in der Rundfunksendung* When a Girl Marries *das Kindermädchen. Hinterbliebene sind nicht bekannt.*
Dale Winter starb gestern im Alter von 92 Jahren an Herzversagen. 1924 hatte sie gemeinsam mit ihrem Mann, Henry Duffy, in San Franciscos Alcazar-Theater die Duffy-Players gegründet. Dieser Truppe gehörten Schauspieler wie Billie Burke, Otto Kruger und Edward Everett Horton an. 1920 spielte sie die Titelrolle in dem Broadway-Musical Irene.

Mit dem Transporter nach Coney Island, zusammen mit Kay, Little Linda und deren Mutter. Wegen des Regens war Superman gestern bei der Thanksgiving-Day-Parade nicht dabei. Aber alle sind glücklich, weil es in New York schon seit langem nicht mehr geregnet hat.

7.45 Uhr morgens. Wir sind am Pier von Coney Island, zwischen der 21st Street und dem Steg. Die Jungs vom Team sägen am Aufgang das Treppengeländer aus Aluminium ab. »Keine Sorge, wir haben die Erlaubnis dafür eingeholt«, erklärt mir Santo. Die Produzenten sind heute mit dabei. Zusammen mit ihnen kam Sandy Morse, Woodys Cutterin seit *Annie Hall*.

8.30 Uhr morgens. Am Ufer neben dem Pier, direkt am Wasser, warten wir darauf, daß die Geräte heruntergelassen werden. Cliff, der mit bloßen Füßen im eiskalten Wasser steht, entfernt die Grafitti an den Pfeilern des Piers. Oben auf dem Pier fangen die Arbeiter an zu hämmern und zu sägen. Richie bittet sie höflich, damit aufzuhören, weil wir jetzt filmen wollen. Sie schenken ihm keine Beachtung. Tim geht zu ihnen hin und spricht mit ihnen, und bald darauf beschließen sie, Kaffee zu trinken.

9.25 Uhr vormittags. Aufnahme 137: Nach dem überraschenden Auftauchen von Miss Gordon im Klassenzimmer gehen Little Joe und seine Bande an den Strand, um über die Frauenwelt zu palavern. Andrew ist vernarrt in Rita Hayworth, Joe liebt Betty Grable, und Nick steht auf Dana Andrews. Er ist ein wenig enttäuscht, als er erfährt, daß Dana Andrews ein Mann ist – »Und so einer heißt Dana?« Schließlich gehen Andrew, Nick, Dave und Burt nach Hause und lassen Little Joe allein zurück. Little Joe träumt von Miss Gordon. *(38 Sekunden)*
Totale mit den Kids, die am Wasser entlangspazieren. Woody setzt sich Kopfhörer auf, um den Dialog verfolgen zu können. Er läuft immer wieder zu ihnen hin, um ihnen Anweisungen zu geben.
Eine Rohfassung der Tonaufnahme vom Gespräch der Kids wird erstellt.
(4 gefilmt und 4 kopiert) Fertig um 10.10 Uhr vormittags.

Aufnahme 137 A: Little Joe ist jetzt allein und träumt von Miss Gordon. Er beginnt Selbstgespräche zu führen: Natürlich sei sie viel älter als er, aber... *(23 Sekunden)*
Jimmy Mazzola beseitigt mit dem Rechen unsere Fußspuren im Sand. Little Joe spaziert am Ufer entlang. Er ist jetzt in Großaufnahme zu sehen. In zwei Varianten der Einstellung führt Little Joe keine Selbstgespräche.
(8 gefilmt und 4 kopiert)
Aufnahme 137 B: Nahaufnahme von Little Joe, als er, mit Blick auf den Horizont und in Gedanken bei Miss Gordon, vor sich im Meer ein deutsches U-Boot auftauchen sieht! Er wird ohnmächtig.
Kein Problem für Little Joe: Mit weit aufgerissenen Augen fällt er in den Sand.
(3 gefilmt und 2 kopiert)

11 Uhr vormittags. Wir sind auf der anderen Seite des Piers, um den Hintergrund für das U-Boot aufzunehmen. Das U-Boot, ein Modell, wird man später aufnehmen und in das Bild einmontieren. Diese Aufgabe übernimmt Greenberg Associates, die Firma, die schon alle Trickaufnahmen bei *Zelig* machte. Sandy erklärt Carlo genau, was sie braucht. Woody läßt die beiden arbeiten.

12 Uhr mittags. Aufnahme 37: Little Joes Bande läuft am Ufer entlang. Unter dem Pier machen sie halt. Sie haben gerade ihre Sammlung für die Heimstätte in Palästina abgeschlossen und wollen nun Kassensturz machen. Haben sie genug Geld zusammen, um die Ringe des Maskierten Rächers kaufen zu können? Vielleicht sollten sie einen kleinen Betrag für Palästina übriglassen, überlegt Little Joe. Andrew grübelt darüber nach, ob sie jetzt eine Sünde begehen. Das Geld ist schnell gezählt – für die Heimat der Juden haben die Leute nur ein paar Pennies übrig gehabt! Andrew entdeckt in der Ferne Epstein, einen Jungen aus der Hebräisch-Klasse. Er fürchtet, daß der dem Rabbi alles erzählen wird. Little Joe ist sich aber ziemlich sicher, daß Epstein sie nicht gesehen hat. *(22 Sekunden)*

Zuerst versucht es Woody mit allen sechs Kids gleichzeitig, doch dann nimmt er nur diejenigen mit den Sprechrollen: Andrew, Nick und Little Joe. Die Szene ist einfach, und die Dialoge sind nicht schwierig, aber mit dem Bewegungsablauf gibt es Probleme. Die Kids müssen an einer ganz bestimmten Stelle stehenbleiben und dürfen einander nicht verdecken; nur so kann der Bildaufbau, den Woody haben will, beibehalten werden. Anfangs hört Woody den Dialog über Kopfhörer mit, dann aber entschließt er sich, die Kids hinter der Kamera zu begleiten.

(11 gefilmt und 5 kopiert) Fertig um 12.50 Uhr mittags.

1.30 Uhr nachmittags. Wir stehen jetzt auf dem Steg, direkt vor einer riesigen Hausfassade mit Marmorsäulen und einer Tafel: Rockaway Bath. Hier wollen wir die Nachaufnahme der Szene drehen, in der Little Joe Little Evelyn einen Kuß gibt und Little Linda sie dabei beobachtet (die Aufnahme im eisigen Regen von Breezy Point). Für die Szene muß fast nichts verändert werden. Lediglich die Tafel kommt hinzu, und eine der Marmorsäulen muß neu angestrichen werden.

Aufnahme RB 102: In einer langen Totalen spazieren die drei Jungs den Steg entlang. Little Joe albert herum, um die Mädchen auf sich aufmerksam zu machen. Plötzlich versucht er, Little Evelyn zu küssen. Sie aber stößt ihn weg.

(2 gefilmt und 2 kopiert)

2 Uhr nachmittags. Es wird allmählich kalt. Bei »Nathan's – seit 1916 in Coney Island« – werden kartonweise Hot dogs und Pommes frites geholt. Die Kamera wird näher herangefahren, um eine Nahaufnahme von der Kußszene zu drehen.

Aufnahme RB 102 B: Little Joe küßt Little Evelyn auf die Wange, und sie stößt ihn weg. Er versucht es aber noch einmal, sie ist jetzt schon zugänglicher und lächelt dümmlich.

Beim zweiten Kuß zoomt die Kamera auf das Lächeln von Little Evelyn. Es ist schwierig, das richtige Tempo einzuhalten und die Kamerabewegung mit dem Handlungsablauf zu koordinieren.

(12 gefilmt und 2 kopiert)
Als nächstes möchte Woody nochmals einen »Establishing-Shot« von Rockaway haben.
Aufnahme RA 10: Halbtotale mit Little Joe in Lederjacke und mit Fliegerbrille. Er steht vor dem Badehaus und winkt in die Kamera.
(1 gefilmt und 1 kopiert)

2.30 Uhr nachmittags. Wieder vor dem Rockaway-Bad, für eine Aufnahme, die mit dem Song »They're Either Too Young or Too Old« unterlegt werden soll.
Aufnahme 151: Cousine Ruthie starrt wie ein Mondkalb einen Marinesoldaten an, der gerade seine Freundin küßt. *(11 Sekunden)*
Der Marinesoldat und seine Freundin haben im Transporter auf ihren Auftritt gewartet. Sie machen sich bereit. Woody erklärt ihnen kurz, wie sie sich küssen sollen. Die beiden scheinen damit keine Probleme zu haben. Sie üben erst mal ein wenig. Ruthie steht in Position und probt ihren Mondkalb-Blick. Woody findet alles in Ordnung. Achtung! »Kamera läuft!« schreit Tom. Sofort fängt das Pärchen an, sich zu küssen. »Ich habe noch nicht ›Action‹ gesagt«, protestiert Woody.
(2 gefilmt und 2 kopiert)
Um 3 Uhr machen wir Mittagspause.

Im Transporter nach Rockaway für die Nachaufnahme mit den Needlemans, wie sie ihre Wohnung verlassen, um ins Kino zu gehen. Mit uns fahren die Salad Sisters, Mrs. Needleman und Drew. Mrs. Needleman klärt mich darüber auf, daß sie in *Hannah* Woodys Mutter spielt. (Sie hat den Film noch nicht gesehen, deshalb weiß sie nicht, daß man nur ihre Stimme aus dem verschlossenen Badezimmer hört.) Fern erzählt uns, wie ihre Arbeit bei *Broadway Danny Rose* begann. Woody ließ sie fast eine geschlagene Woche warten, immer in vollem Kostüm und Make-up. Sie mußte sogar zu den Nachaufnahmen kommen. Und dann hat Woody ihre Szene geschnitten. Das gleiche bei *Purple Rose*, wo sie eine Kinobesucherin spielte. Mrs. Needleman bemerkt an dieser Stelle, daß sie ebenfalls im Kinopublikum saß und ihr das gleiche Schicksal widerfahren ist. Wir unterhalten uns weiter über Woody. Drew fragt Fern, ob Woody wohl für das Drehen bezahlt wird. Wir antworten, das sei anzunehmen. Drew schläft ein. Sie ist erschöpft, weil ihr Dienst immer schon eine oder zwei Stunden vor dem unseren beginnt. Ihr Kopf sinkt auf Mrs. Needlemans Schulter, und Mrs. Needleman legt mütterlich den Arm um sie. Kurz darauf wacht Drew wieder auf und versucht sich aufzurichten, aber Mrs. Needleman läßt es nicht zu, und so muß sie weiter an Mrs. Needlemans mütterlichem Busen liegen bleiben, bis wir Rockaway erreichen.

5.30 Uhr nachmittags. Wieder in Rockaway, in der 96th Street am Strand, vor dem Haus der Needlemans. Dies soll nun doch unser letzter Tag in Rockaway sein. Wir erfahren, daß die Suchscheinwerfer neu aufgenommen werden müssen.
Aufnahme R 70: Frontalaufnahme des Hauses. Die Tür geht auf, und Mr. Needleman erscheint. Er jammert, daß sie zu spät dran seien. Mrs. Needleman kommt heraus. Sie jammert, weil sie schon wieder in einen Western gehen; sie würde sich lieber eine Love Story ansehen. Sie steigen die Stufen herunter und gehen links aus dem Bild. Sobald sie verschwunden sind, richtet sich ein Scheinwerferlicht auf das Haus. Es kommt vom Auto der Burglars. Das Auto erscheint rechts im Bild, dann werden die Scheinwerfer ausgeschaltet.
Jimmy Mazzola steuert das Auto. Aber die Burglars lassen sich nicht blicken. Ein paar Einstellungen gehen daneben, weil Jimmy die alte Karre nicht zum Laufen bringt. Woody versucht, zumindest den Dialog der Needlemans und die Lichtabstimmung perfekt zu machen.
(10 gefilmt und 5 kopiert)

»Gestorben« um 6.15 abends.
Wir wissen noch nicht, ob der Erstaunliche Tonino am Montag seinen Stunt durchführen kann. Alles hängt vom Wetter ab. Wir müssen am Sonntag abend das Wetteramt anrufen.

Montag, 2. Dezember 1985   Fünfte Woche

Drei hochrangige US-Offiziere halfen bei der Planung des Angriffs auf die entführte Maschine in Ägypten. (New York Times)
Bei Eheschließungen zwischen Angehörigen jüdischen Glaubens müssen die Kinder oft um ihren Seelenfrieden bangen. (New York Times)
Und gestern hatte Woody Geburtstag: seinen fünfzigsten.

Heute ist ein großer Tag. Die Leute von der Ausstattung und die PAs müssen schon um 5.15 morgens am Drehort, beim Rye Playland, sein. Die Salad Sisters und Jeffrey kommen um 5.30 Uhr. Die übrigen – der Bürgermeister und seine Frau, City Councilman Arthur O'Donnell, die siebenköpfige Kapelle, fünfzehn Polizisten, vier Fernsehkameraleute, zwei Leibwächter, der Wissenschaftler, die Rundfunk-Crew und einige Zuschauer – sind mit dem 5.30-Uhr-Bus von Manhattan gekommen. Mrs. Tonino (Camille Saviola), die Presseleute und weitere Schaulustige haben den 6-Uhr-Bus genommen. Zu guter Letzt treffen der Erstaunliche Tonino (Verne G. Williams), Carleton Foxx, Mr. Rydell (Everett Quinton), der Italiener (Peter Lopicollo), der Priester, Dr. Max Kachaturian (der führende Knochenspezialist aus Zagreb) und ein paar VIPs mit dem 6.30-Uhr-Bus ein.
Jimmy Mazzola muß noch ein paar Kleinigkeiten besorgen: zwanzig Blitzlichtgeräte, Musikinstrumente, drei kleine Boote, Mikrofone und die restliche Rundfunkausstattung, Movietone-News-Kameras, den Sanitätswagen, das Polizeiauto, den Rundfunkübertragungswagen, den Bus für die Zeitungsfritzen, Kaffee und Becher, heiße Suppe, ein Korsett, ein Stethoskop, eine Zwangsjacke, Stühle, Verschlüsse für die Milchkannen und Regenschirme.
Für den Bürgermeister, dessen Frau und den City Councilman muß Garderobe bereitgehalten werden, damit man ihnen etwas Suppe überschütten kann. Auch das grüne Portemonnaie, der schwarze Schal und die Spangen dürfen nicht fehlen.

Und schließlich, weil es ja »regnen« soll, muß auch der Kran, der die Regenmaschinen hochhievt, bereitstehen.
Der große Tag ist da. Der Erstaunliche Tonino will es versuchen.

8 Uhr morgens, Rye Playland. Wir befinden uns in den zwanziger Jahren. Vor uns liegt eine Bucht mit einem weit ausgedehnten Strand. Am Ufer entlang erstreckt sich ein Gebäude mit einem kleinen Restaurant in der Mitte und Umkleidekabinen auf beiden Seiten. Weiter landeinwärts steht das Hauptgebäude mit einer großen Schlittschuhlaufbahn, dessen Eingang von zwei Kabinen flankiert wird. Der Strand selbst endet in einem langen Pier, auf dessen vorderem Teil ein wunderschöner hölzerner Pavillon steht. Dahinter liegt ein riesiger Vergnügungspark. Es ist ein Sommerferienparadies. Auch jetzt, im Winter, wirkt es nicht so trübselig wie Breezy Point.

9 Uhr vormittags. Wir arbeiten an der ersten Szene, einem »Establishing Shot« von dem Ort, an dem das außerordentliche Ereignis stattfinden soll. Eine Kamera steht am Ende des Piers, um die Totale aufzunehmen, eine zweite steht in der Nähe des Hauptgebäudes, beide mit Blickrichtung auf den Strand. Die Komparsen und die VIPs werden an den Strand gebracht, Tom weist ihnen ihre Plätze zu, während Woody und Carlo an der Bildgestaltung arbeiten. Jimmy Mazzola fährt den Sanitätswagen und den Radioübertragungswagen heran, aber sie bleiben im Sand stecken, so daß die Jungs vom Team schieben müssen.

10 Uhr vormittags. Woody ist von der Aussicht nicht angetan und will, daß die Szene ans Ende des Piers verlegt wird (wie es auch im Drehbuch stand). Der Strand ist zu flach und zu breit. Carlo ist einverstanden.
Es ist kalt und windig. Es kann jede Minute zu regnen anfangen – also ist das Wetter jetzt genau richtig. Aber Woody will den WPGT-Rundfunkübertragungswagen am Ende des Piers haben. Dieser ist allerdings zu breit, um zwischen den Pfeilern durchzukommen, und zu hoch, um unter den Pavillon zu pas-

sen. Zuerst muß Tim (wie immer) die Erlaubnis einholen, daß Jimmy Mazzola zwei oder drei Pfeiler abschrauben darf, die vermutlich schon vor hundert Jahren montiert wurden. Wenn er das nicht schafft, muß man Kettensägen holen und das Dach des Rundfunkwagens abschneiden. Man muß es dann eben für die Aufnahme wieder draufsetzen.

Die Gesichter der Produzenten werden immer länger.

10.30 Uhr vormittags. Während Jimmy mit den Jungs vom Team arbeitet, macht Woody eine Roh-Tonaufnahme von der Kapelle am Strand. Die Jungs sind großartig. Die jüngsten unter ihnen müssen so um die Siebzig sein. Die Musiker sind wunderschön gekleidet, mit langen Überziehern und Melonen. Sie nehmen die Instrumente, legen sich die Notenblätter auf die Pulte. Harry, ihr Chef, dirigiert. Mitten auf dem Strand legen sie los: »Limehouse Blues«, »I Know that You Know«, »The World Is Waiting for the Sunrise«, »I'm Just Wild About Harry«, »Stout-Hearted Men«, »A Kiss in the Dark« und »Liebestraum«. Sie spielen ziemlich schräg (mit Absicht?).

Wolken verdüstern den Himmel, aber die Kapelle spielt tapfer weiter. »Ist es für dich jetzt bedeckt genug?« fragt Bob Greenhut Woody. Außerdem kommt Wind auf. Notenblätter werden davongeweht. Ab und zu unterbricht ein Musiker sein Spiel und rennt seinem Notenblatt hinterher. Die Szene wirkt jetzt grotesk und komisch. Sogar Woody, der heute nicht in bester Stimmung ist, muß lachen. Jetzt regnet es, aber die Kapelle spielt ihr Stück bis zur letzten Note. Als es aus allen Kübeln gießt, laufen wir ins Gebäude.

»Wir haben's geschafft«, sagt Harry. Sandy dankt ihnen; es war perfekt. »Wir hätten's noch besser machen können«, sagt einer. »Ich war gehandikapt«, klagt ein anderer und zeigt auf seinen weiten Überrock. Aber dann sind sie doch froh, daß sie es geschafft haben. Wir machen eine Kaffeepause. Aus der Nähe sehen sie aus, als ob sie alle schon die Achtzig überschritten hätten!

11.30 Uhr vormittags. Es hat aufgehört zu regnen. Vier der

Pfeiler sind sauber herausgetrennt worden, so daß der Wagen jetzt durch kann. Aber das Führerhaus ist immer noch um etwa zwei Zentimeter zu hoch, um unter dem ersten Balken durchzukommen. Die Assistenten setzen sich alle auf den Laster, um ihn herunterzudrücken. Bobby Greenhut überwacht die Aktion. Immer noch einen Zentimeter zu hoch. Der Produzent und ich schreiten zur Tat, jeder setzt sich auf einen Kotflügel. Der Wagen kommt durch. Bob Greenhut sagt zu mir: »Der helle Wahnsinn, oder?« Aber man hat das Gefühl, daß es ihm Spaß macht, daß er Herausforderungen liebt.

12 Uhr mittags. Die 120 Komparsen werden ans Ende des Piers in der Nähe des Rundfunkwagens gebracht. Es soll eine sehr lange Einstellung in der Totalen werden. Carlo arbeitet an der Bildgestaltung, und Woody läuft hin und her, um für jeden der Komparsen die exakte Plazierung zu finden. Ich werfe einen Blick durch die Kamera. Eine wunderschöne Szene: der Pavillon im Vordergrund, der auslaufende Pier und die Menschenmenge um den Rundfunkwagen herum im Hintergrund. Aber das Wetter ist unbeständig. Der Himmel ist dunkel, doch am Horizont lichtet er sich bereits. Woody will nur Wolken haben.
Am Ende des Piers ist es windig und kalt. Die Produzenten beobachten aufmerksam die Wolken. Es ist gut möglich, daß wir gar nicht filmen können.

12.30 Uhr mittags. Jetzt ist herrlicher Sonnenschein. Wir drehen nicht. Die Produzenten machen ein Gesicht, als ob ihnen alle Felle davonschwimmen würden. Die 120 Komparsen werden wieder zurückbeordert (und das Bild war schon perfekt ausgestaltet!). Einer der Jungs aus der Kapelle kommt zu mir her. »Sie sehen aus, als ob sie hier was zu sagen hätten. Können Sie mir sagen, ob wir am Samstag drehen? Ich habe nämlich einen Job in Joes Restaurant.«

Mittagspause um 1 Uhr.
Im ersten Stock des Hauptgebäudes wird für die Crew und die

120 Komparsen ein sehr gutes Essen aufgetragen. An meinem Tisch sitzen Louis und Patti Eiben, die Verantwortlichen für die Damengarderobe. Am anderen Ende des Tisches unterhält der Priester ein paar seiner Freunde.

Heute nachmittag wird Biff Baxter (Jeff Daniels) zu uns kommen. Er war zwar für heute nicht eingeteilt, aber als man am Morgen sah, daß es Schwierigkeiten mit der Aufnahme geben würde, hat man ihn gedrängt zu kommen.

2.15 Uhr nachmittags. Wir sind im Strandgebäude, in einem Raum mit Spinden, um den Geheimagenten Biff Baxter zu filmen, wie er für die Armee gemustert wird, damit er ein guter Soldat werden und sich um diese Japsen und Nazis »kümmern« kann (Sequenz 122).

Für diese alten Räume braucht man kaum Requisiten: Ein paar Lampen baumeln von der Decke, drei Tische, noch ein paar Stühle, das wär's. Carlo arbeitet am Bild und hängt die Lampen in verschiedene Höhen, um so die Perspektive zu manipulieren. Woody diskutiert mit Tom über den Drehplan für morgen. Weil es zumindest zeitweise sonnig werden soll, wollen wir im Central Park die Mantelszene von Kirby Kiles Jagd drehen und die Nachaufnahmen von Brummers Konditorei in Jersey schießen.

3 Uhr nachmittags. Woody und Jeffrey mustern die siebzehn Statisten, dann zeigt ihnen Tom ihren Platz im Szenenbild. Der Sergeant, der eigentlich Lastwagenfahrer ist und Woodys Chauffeur während der Produktion eines früheren Films war, sitzt hinter seinem Schreibtisch. Dahinter sitzt, an einem weiteren Schreibtisch, der Arzt, der Woody in *Zelig* untersucht hat.

Dann erscheint Biff Baxter. Er trägt ähnliche Unterwäsche wie Zipsky. Woody checkt die Kamera. »Gut, gut – aber noch zu viele Leute.«

3.40 Uhr nachmittags. Aufnahme 122: Biff Baxter kommt zur Musterung. Der Sergeant macht es ihm verdammt schwer. Biff gerät in Panik: Er habe Asthma, Rückgratverkrümmung, überhaupt alles. Er fängt an zu keuchen. Die anderen Männer in der Schlange murren schon. Biff geht zum Arzt, fleht ihn an. Aber der Arzt hat sein Untersuchungsergebnis schon fertig. Biff Baxter bekommt »F 4« (Tauglichkeitsgrad 4), Plattfüße! *(45 Sekunden)*

Erste Probe. Biff Baxter jauchzt vor Freude, als er hört, er sei »4 F«. Nach diesem Ausbruch wird er wieder so besonnen wie immer und sieht Woody fragend an. Woody lacht, ihm gefällt sein Auftritt sehr gut. Aber er macht dem Sergeanten und dem Arzt noch ein paar Verbesserungsvorschläge.

In der ersten Variante der Einstellung fällt Biff Baxter dem Arzt um den Hals und küßt ihn. Er spielt gut, aber im Hintergrund ist es so laut, daß man die Stimmen des Sergeanten und des Arztes nicht hört.

Woody und Carlo beschließen, den Kamerawagen einzusetzen. So kann die Kamera Biff Baxter folgen, wenn er nach hinten zum Arzt rennt.

Beim vierten Versuch signalisiert Woody Tom, daß er mit den Komparsen nicht zufrieden ist. Tief beeindruckt von Biff Baxters Gekreische, haben sie aufgehört zu spielen und ihm nur noch zugeschaut.

Bei den folgenden Aufnahmen werden zwei verschiedene Fassungen gedreht, eine, in der die Leute im Hintergrund Lärm machen, und eine, in der sie nur flüstern.

(7 gefilmt und 6 kopiert)

»Gestorben!« um 4.30 Uhr nachmittags.

Dienstag, 3. Dezember 1985

Auf den Philippinen spricht der Gerichtshof das Militär und Marcos Cousin, den General Fabian Ver, von der Anklage frei, Benigno Aquino getötet zu haben. Marcos setzt seinen Cousin wieder ins Amt ein. (New York Times)

Die drei US-amerikanischen Offiziere trugen zwar ihre

Kampfanzüge, nahmen aber an der Erstürmung der entführ-
ten Maschine nicht teil. (New York Times)
Und Rocky IV *spielte allein am Wochenende 20 Millionen*
Dollar ein, 32 Millionen Dollar während der fünftägigen
Thanksgiving-Ferien. Es ist lange her, daß Sylvester Stallone
in der Rolle des Sly in Take the Money and Run (Woody, der
Unglücksrabe) *alte Damen in der U-Bahn ausgeraubt hat.*

8 Uhr morgens, Central Park Ecke 105th Street, ein eiskalter,
aber strahlend schöner Tag. Der Central Park ist pittoresk, und
der Drehort mit all den Bäumen sieht aus wie ein x-beliebiger
Wald irgendwo auf der Welt, zumindest dann, wenn man sich
die Gebäude im Hintergrund wegdenkt. Wir wollen hier Kirby
Kyles ersten Unfall drehen. Bei einer Kaninchenjagd verliert er
ein Bein, aber nicht seinen Mut.
Woody und Carlo suchen, gefolgt von Tom, bei einem felsigen
Abhang nach dem besten Standplatz und Blickwinkel für die
Kamera.

8.30 Uhr morgens. Woody und Carlo sind immer noch im
Wald unterwegs. Sie stehen jetzt wieder bei diesem Abhang.
Sie laufen hin und her, und wir beschließen, auf einem kleinen
Hügel zu warten, bis sie eine Entscheidung getroffen haben.

8.50 Uhr morgens. Kirby stößt zu uns. Er trägt eine recht aus-
gefallene Jägerkluft. Jimmy Mazzola gibt ihm ein Gewehr. Die
Besitzerin der beiden Setter führt ihm erst den einen und dann
den anderen vor, damit er sich für den besseren entscheiden
kann. Während er die Hunde testet, tauchen Woody und Carlo
auf, verschwinden aber gleich wieder und kommen fünf Minuten später erneut zurück.

9.15 Uhr morgens. Sie laufen immer noch im Wald umher.
Woody ist wie ein Tier (»wie ein Hund«, sagt Dickie), das in-
stinktiv etwas wittert, aber nicht weiß, wie man es kriegen
kann. Jane setzt sich in den Wohnwagen, um vor der Kälte
Schutz zu suchen. In den Autos und LKWs sitzen die Jungs

vom Team und lesen Zeitung. Kirby hat sich mit den Hunden vertraut gemacht und wartet nun mit schußbereitem Gewehr. Jimmy Mazzola unterhält sich angeregt mit der Hundebesitzerin. Jimmy hat einen Dressurplatz und weiß natürlich über dieses Thema bestens Bescheid.

9.25 Uhr morgens. Wir drehen nicht und packen zusammen. Woody gefällt dieser Platz nicht. Wir machen uns fertig für den nächsten Drehort.

9.30 Uhr morgens. Wir beginnen zu drehen. Jimmy Mazzola muß zusammen mit den Hunden hinter dem Auto herjagen, wenn es losfährt. Bob Greenhut ist gerade zu uns gekommen, und jeder glaubt, daß er verantwortlich ist für die Entscheidung, jetzt doch zu drehen.
Während die Assistenten die Kameraschienen um den Hügel herum verlegen, geht Woody zu seinem Wohnwagen. Als er an Carlo vorbeigeht, wirft er ihm einen resignierten Blick zu und zuckt mit den Achseln.

10 Uhr vormittags. Aufnahme 87: Kirby erscheint im Bild, das Gewehr schußbereit, und rennt seinem Hund hinterher, der die Witterung eines Kaninchens aufgenommen hat. Die Kamera folgt ihm eine Weile, dann läßt sie ihn aus dem Bild. *(10 Sekunden)*
Woody, der immer niedergeschlagener wirkt, überprüft die Kameraeinstellung und gibt seine Zustimmung. Er ist offensichtlich völlig am Boden, und Bob Greenhut versucht ihn aufzumuntern.
(4 gefilmt und 2 kopiert)

Um 10.15 vormittags gehen wir zum nächsten Drehort.
Im Transporter nach Jersey City, zusammen mit Bill Christians (verantwortlich für die Herrengarderobe), Cliff und Kay. Aus dem Kassettenrecorder ertönt Dvořáks Symphonie »Aus der Neuen Welt«. Wir fahren durch den Central Park, der heute in ein blendendes Licht getaucht ist. Wenn man vom

Norden kommt, scheinen die Gebäude im Südteil des Central Park aus dem Boden zu wachsen wie der Monolith im Film *2001* (2001-Odyssee im Weltraum).

Cliff erzählt uns von den Problemen, die sie bei *A Midsummer Night's Sex Comedy* (Eine Mittsommernachts-Sex-Komödie) hatten. Zum Ende der Dreharbeiten wurden die Bäume braun und gelb, also hat man die Blätter mit grüner Farbe angestrichen. Als aber die Filmgesellschaft abgezogen war, beschwerte sich der Grundstücksbesitzer, die Rockefeller-Immobilien, weil sie im Winter keine grünen Bäume haben wollten. Also ließ die Filmgesellschaft die Bäume braun streichen. Die grüne Farbe war sehr haltbar und schwer abzuwaschen. Dann spülte der Regen die braune Farbe weg, und die Bäume waren wieder grün – und das mitten im Januar!

11.30 Uhr vormittags. Wieder in Brummers Konditorei, um die Soda-Shop-Sequenz neu aufzunehmen, in der Ruthie und ihre Freundinnen nahezu dahinschmelzen, sobald der Schnulzensänger sein »All or Nothing At All« schmachtet. Anschließend wollen wir die schwarze Familie filmen, die oben, in Oma Brummers Wohnung, der Geschichte von Tonino lauscht. (Oma ist nicht zu Hause.)

Carlo braucht eineinhalb Stunden zur Vorbereitung. Das Chaos hat Methode. Bobby Ward und Ray rufen, während sie oben auf einer Leiter herumturnen, ständig nach »Mickey, Dickie, Eddie und Jimmy«, öfter aber noch brüllen sie »Moe«. Sie brauchen eine kleine Lampe, einen Reflektor oder ein Stück Holz. Egal, wer verlangt wird, jedesmal ruft die ganze Crew wie aus einem Munde: »Ich hab's schon, Moe!«

Brummer junior und sein achtzigjähriger Angestellter, der schon bei Opa gearbeitet hat, beobachten das Treiben mit sorgenvoller Miene. Zum Glück machen sie wenigstens ein Geschäft. Sie verkaufen den Jungs vom Team Süßigkeiten und Schokolade.

1 Uhr mittags. Aufnahme R 13: Die gleiche Handlung: Die Kellnerin stellt das Radio an und geht ins Hinterzimmer. Man

sieht die verzückten Gesichter der fünf Mädchen. Der Blickwinkel der Kamera wechselt.
Die Mädchen werden herbeigebracht, und Woody nimmt sie in
Augenschein. Es sind andere als das erste Mal. Im Hintergrund
sitzen nicht mehr so viele Erwachsene, sondern hauptsächlich
junge Burschen und ein paar Mädchen. Man bringt sie ins Hinterzimmer. Außerdem ist da noch die Kellnerin, die mir zu-
winkt, und der Kassierer.
Jimmy Mazzola spendiert Eisbecher mit Schlagsahne, Sirup
und einer Kirsche oben drauf (er ist verrückt danach).
(3 gefilmt und 3 kopiert)
Bevor wir die nächste Einstellung drehen, machen wir Mittagspause.

3 Uhr nachmittags. Wir sind wieder bei unserem Szenenbild.
Jimmy Mazzola weist den Kassierer ein und verteilt unter den
Mädchen Eiscreme. Die Kellnerin winkt jetzt Dickie zu.
Woody kommt herein und geht zu den jungen Burschen ins
Hinterzimmer, um ihnen einige Anweisungen zu geben. Die
Mädchen kichern, weil die Jungs nicht kapieren, was Woody
will.

3.25 Uhr nachmittags. Aufnahme R 13 A: Die Kamera erfaßt
zuerst die Jungs, schwenkt dann auf die Beine und knackigen
Hintern der Mädchen.
»Ihr seid durch und durch angewidert! Ihr könnt das nicht ausstehen!« ruft Woody den Jungs zu, die mit ansehen müssen,
wie die Mädchen in Verzückung geraten.
(5 gefilmt und 4 kopiert) Fertig um 4.15 nachmittags.

4.30 Uhr nachmittags. Wir sind in Oma Brummers Wohnung,
um das schwarze Pärchen zu filmen, das in der Küche der Geschichte von Tonino lauscht. Oma Brummer lebt sehr beengt,
und darum gibt es ein Gedrängel. Ich ziehe mich ins Badezimmer zurück und setze mich auf das WC, um an meinen Notizen
zu arbeiten. Allerdings lasse ich die Tür offen, für den Fall, daß
jemand ein dringendes Bedürfnis hat. Woody läuft vorüber. Er

begrüßt mich kurz, heute zum ersten Mal. Ich schreibe weiter an meinen Notizen. Woody kommt ein zweites Mal vorbei. Er scheint etwas zu suchen. Plötzlich versteh' ich. Ich stehe auf und gehe zu ihm hin. »Tut mir leid, wollten Sie hier rein?« Er lacht. »Nein, nein, ich suche Jane.«

5 Uhr nachmittags. Woody pfeift wieder vor sich hin und spielt dabei mit einer Schachtel Marlboro. Die Stimmung ist jetzt besser als heute morgen.

Aufnahme 2 F: Das schwarze Pärchen hört in der Küche die Radiosendung über Tonino. Die Frau macht ihrem Mann das Frühstück. *(10 Sekunden)*
(4 gefilmt und 3 kopiert)
Aufnahme 8 D: Der Mann geht aus dem Zimmer. Die Frau hält sich wegen des Pfeiftons im Radio die Ohren zu. *(5 Sekunden)*
(3 gefilmt und 2 kopiert)
Endlich im Kasten um 5.20 Uhr nachmittags.

Wieder im Transporter mit Kay, den Salad Sisters und dem schwarzen Pärchen. Die Lichter von Manhattan sind sehr schön, fast schon unwirklich. Wir unterhalten uns über Kinder, über Weihnachtseinkäufe. Das Gespräch kommt auf Sally (Mia Farrow) und ihre acht Kinder, den Hund, die Katze und den Papagei. Sie sucht nach einem alten Checker-Bus, damit sie an den Wochenenden alle mitnehmen kann. Manchmal fährt Woody sie in seiner Limousine. Aber nimmt er auch den Hund, die Katze und den Papagei mit?

Mittwoch, 4. Dezember 1985

»*Aufgebrachte Reaktionen wegen der 1-$-Winterhilfe. Ed Koch sagt dem Frost den Kampf an.*« (Daily News)

8 Uhr morgens, McManus-Bar, Ecke 7th Avenue und 19th Street. Die Familie McManus ließ sich vor fünfundvierzig Jahren in Chelsea nieder. Ihr Geschäft haben sie schon seit der

Jahrhundertwende, nachdem sie aus Irland herübergekommen waren. Damals befand sich ihr Geschäft an der East Side, und sie wohnten in Rockaway.

Es ist alles aus Holz, mit schönen alten Fenstern und Spitzenvorhängen. Die Ausstattung stimmt, aber der Raum ist klein, und es ist nicht einfach, ihn auszuleuchten. Wir wollen die Leute filmen, die dem Drama um Polly Phelps lauschen.

9 Uhr vormittags. Die Komparsen werden hereingebracht. Woody sucht gemeinsam mit Jeffrey diejenigen aus, die er haben will, überprüft ihre Kostüme und zeigt ihnen ihren Platz im Szenenbild. Jeffrey trägt heute einen Pelzmantel und Jeans. Er hat ein Palästinenser-Tuch um die Schultern geschwungen. Außerdem hat er ein Sweatshirt mit dem Aufdruck »Paris Sorbonne« an.

Jane sagt zu Kay, daß der Vorname von Mr. Needleman von Sol in Marty geändert wurde. Jimmy Mazzola kümmert sich schon vorsorglich um den künstlichen Nebel.

9.30 Uhr vormittags. Aufnahme 168 A: Eine Halbtotale mit den Gästen an der Bar und an den hinteren Tischen, die das Drama um Polly Phelps im Radio verfolgen. *(5 Sekunden) (2 gefilmt und 2 kopiert)* Fertig um 9.40 Uhr vormittags.

10 Uhr vormittags. Draußen vor dem Lokal in der 7th Avenue hat man ein Frühstücksbuffet aufgebaut. Eine Prostituierte und ein junger Bengel lungern herum. »Ist das umsonst?« fragt der Junge. Die Lastwagenfahrer sagen ihnen, daß sie sich selbst bedienen müssen. Die beiden Gäste holen sich ein paar Servietten, wickeln zwei oder drei Doughnuts darin ein, stürzen eine Tasse Kaffee hinunter und verschwinden wieder.

10.15 Uhr vormittags. Aufnahme 172 C: Die Gäste hören, daß Polly tot ist. Erschüttert stehen sie um das Radiogerät herum. *(5 Sekunden)*
Mitten unter der Aufnahme will der Koch von McManus in seine Küche gehen und das Mittagessen vorbereiten. (Wir ha-

ben den Raum nur bis Mittag gemietet.) Die PAs versuchen ihm klarzumachen, daß wir fast fertig sind und nur noch zwei Minuten brauchen, um die Aufnahme abzuschließen. Aber der Koch ist nicht in der richtigen Stimmung. »Ich habe zu arbeiten!« schreit er und läuft, ohne sich etwas darum zu scheren, quer durch das Szenenbild.

(1 gefilmt und 1 kopiert)

Wir brechen zum nächsten Drehort auf.

Im Bus mit der Darstellerin in der Geräusche-Show (Wendy Coates) und einigen Statisten. Die Geräusche-Show-Akteurin ist wirklich sehr klein, ein sehr lebendiges Persönchen mit einem Puppengesicht. Sie erzählt mit ihrer hohen Stimme einer Freundin von einer Hörprobe, zu der sie gegangen war (sie ist auch Sängerin und Schauspielerin). Dann läßt sie sich über die Probleme mit ihrer Katze aus. Die Freundin hört schon gar nicht mehr zu.

Auf den Vordersitzen reden zwei ältere Statisten über die alten Zeiten, über Schauspieler und Agenten. Sie erzählen, wie schön es war, immer unterwegs zu sein, und wie das lokale Publikum sich um einen riß und einen auf Parties einlud, wenn die Tourneetruppe in einer neuen Stadt angekommen war. Jetzt zahle sich das Herumreisen nicht mehr aus, ausgenommen für jemanden wie Zsa Zsa Gabor, die dank ihrer Fernsehauftritte immer noch populär sei.

11.10 Uhr vormittags, an der Rückfront der Good Shepherd – Faith Presbyterian Church in der West 66th Street. Im Keller gibt es einen großen Raum mit einem Tonstudio und auch ein paar alte Mikrofone und Verstärker, die man bei Konferenzen benützt. Hier findet man das ganze Zubehör, das man im Rundfunk zur Geräuscherzeugung braucht – eine Haustür, eine Autotür, ein Telefon, einige Strohbündel und technische Vorrichtungen für Zuggeräusche, Hufgeklapper und so weiter. Einige der Requisiten sind numeriert; sie stammen aus dem Museum. Der echte Geräuschemacher, ein über siebzigjähriger Herr mit Bart und weißem Haar, erklärt Santo die verschiedenen Geräuscheffekte.

12 Uhr mittags. Carlo ist mit der Ausleuchtung beschäftigt. Die kleine Darstellerin der Geräusche-Show blättert in der Zeitschrift *People*. Ihr Partner (John Rothman) lungert auch nur herum. Er war tatsächlich einmal Meryl Streeps Zimmergenosse in Yale. Dies ist sein vierter Film mit Woody. In *Stardust Memories* spielte er Jessica Harpers Freund, den Lehrer von der Columbia-Universität, der für das Fernsehen schrieb und überzeugt war, daß Komödien nichts anderes seien als Kriegserklärungen. Überdies behauptete er, Komödianten wie Laurel und Hardy, Bob Hope oder Woody müßten entweder rasende Bestien oder heimliche Homosexuelle sein. In *Zelig* war er Mia Farrows Cousin und der Amateurfilmer, der das bekannte Experiment mit dem weißen Zimmer aufgenommen hat. Und in *Purple Rose* war er der Anwalt des Produzenten. Jane gibt Kay zehn blaue Seiten; die Seiten, die Woody umgeschrieben hat.

12.30 Uhr mittags. Carlo ist soweit. Der echte Geräuschemacher führt die verschiedenen Geräusche vor. Woody hört interessiert zu. Dann wirft er einen kurzen Blick auf die Geräte und notiert etwas auf ein gelbes Stück Papier. Tom bittet um Ruhe.

12.40 Uhr mittags. Jetzt sitzt Woody im rückwärtigen Teil des Raums und studiert Kays Script. Jane bringt ihm heißes Wasser und Toast. Er läßt sich in seiner Arbeit nicht stören.

1 Uhr mittags. Woody ist noch nicht soweit, deshalb machen wir Mittagspause.

2.15 Uhr nachmittags, Woody ist gleich fertig. Er tippt auf einer alten Reiseschreibmaschine (Jimmy Mazzola hat sie irgendwo aufgetrieben) seine Notizen ab, die er auf den gelben Zettel gekritzelt hat. Er trägt seine grüne Jacke und hat den Tweedhut auf. Er schreibt mit zehn Fingern, ist aber nicht besonders schnell.

2.30 Uhr nachmittags. Woody ist fertig. Tom bittet alle anderen hinauszugehen, solange die Schauspieler mit Woody und Carlo proben. Die Schauspieler erhalten Fotokopien der neuen Script-Seiten.

Der neue Teil ist länger und unterscheidet sich wesentlich von dem, was im Drehbuch stand. Ursprünglich stand ein Haus in Flammen, mußten der Junge und das Mädchen in einem Tornado um ihr Leben kämpfen, versuchte Johnny, der Bösewicht, den Helden zu erschießen. Schließlich rettete sie die Kavallerie. »O Tom, ich liebe dich«, säuselte das Mädchen am Schluß der Show.

Jetzt ist es weitaus komplizierter. Sie sind zu Hause und machen sich fertig, um aufs Land zu fahren. Sie gehen hinaus (eine Haustür fällt ins Schloß), steigen ins Auto (Öffnen und Schließen einer Autotür) und kommen am Bahnhof an. Der Held telefoniert mit jemandem (ein Nickel fällt in den Apparat). Sie steigen in den Zug (ein Pfiff). Sie kommen auf dem Land an (Stroh raschelt), sie reiten aus (Hufgeklapper) und entdecken, daß ihr Haus in Flammen steht. Es endet damit, daß der Geräuschemacher das falsche Geräusch erzeugt.

In einer Ecke sitzt der echte Geräuschemacher und schaut mißbilligend drein, während alle anderen über die neue Szene lachen.

Woody beschließt, die Szene in einer Totalen aufzunehmen, und Carlo trifft dafür die Vorbereitungen. Woody läuft eine Zeitlang hin und her und pfeift vor sich hin, dann stürzt er plötzlich hinaus zu seinem Wohnwagen.

3.30 Uhr nachmittags. Andrew ist nach einigen Tagen Abwesenheit wieder bei uns (er muß ja noch zur Schule gehen!). Er geht zu allen Leuten hin und begrüßt sie. Jimmy Mazzola überprüft ein Bündel von Hundert-Dollar-Scheinen. Sie sind für Porfirio, den Playboy der westlichen Welt, der damit Irenes Zigarette anzünden wird (Sequenz 65). Die Scheine sehen echt aus.

Andrew und ich fragen ihn, wo man solche Scheine kriegen kann. Aber Jimmy Mazzola gibt eine ausweichende Antwort: »Irgendwo in Brooklyn...«

3.45 Uhr nachmittags. Aufnahme 45: Gleicher Durchlauf wie bei der Probe. Das Pärchen fährt mit dem Zug aufs Land und findet sein Haus in Flammen. Der Geräuschemacher erzeugt mit einer wahren Leidenschaft ein Geräusch nach dem anderen. *(1 Minute und 29 Sekunden)*
Woody möchte die Aufnahme so haben, wie die Probe war. Nach drei verschiedenen Einstellungen – darunter eine brauchbare – versucht Carlo etwas Neues: Statt eines Schwenks vom Darsteller auf den Geräuschemacher probiert er eine Kamerafahrt. Die Schienen werden verlegt. Woody überprüft die Kameraeinstellung, aber sie gefällt ihm nicht. Deshalb richten wir noch einmal das ursprüngliche Szenenbild ein.
Beim neuen Durchgang strafft Woody wieder einmal das Ganze. Er verkürzt das Autotür-Geräusch, bittet die Schauspieler um mehr Tempo und kürzt das Hufgeklapper.
(10 gefilmt und 4 kopiert)

4.30 Uhr nachmittags. Woody setzt sich in eine Ecke und schreibt noch einmal um. Zwei Minuten später gibt er den Darstellern den neuen Text. Während sie die neue Version einstudieren, wendet Woody sich Andrew zu. Er unterhält sich gerne mit dem Jungen, und das Gespräch scheint ihn zu entspannen.
Aufnahme 45 A: Diesmal viel kürzer. Hufgeklapper einer Armee-Patrouille. »Kompanie, halt!« schreit Tom, er soll versetzt werden. Das Mädchen tritt auf: »Tom...« Er haucht: »Claire, daß du gekommen bist!« Dann fährt der Zug los. »Ich liebe dich, Tom.« – »Ich liebe dich auch.« Der Pfiff einer Lokomotive, und alles ist vorbei.
(6 gefilmt und 2 kopiert)
»Das reicht«, sagt Woody.

»Gestorben« um 5 Uhr nachmittags.

Donnerstag, 5. Dezember 1985

8239 Menschen (7298 Männer und 941 Frauen) suchten gestern Schutz in den städtischen Wärmestuben. Die Temperatur fiel auf minus 25 Grad F. (New York Times)
Grigori Zolotukhin, 73, Minister für Getreideanbau, wird eine einfachere Aufgabe übernehmen, meldet die Prawda. Er wird Minister für Getreideprodukte. (New York Times)
Anne Baxter brach gestern morgen auf der Madison Avenue zusammen. Nach Mitteilung der Ärzte ist ihr Zustand noch kritisch. (New York Times)
In Israel hat ein Programmierer Computer-Figuren geschaffen. Es handelt sich dabei um eine jüdische Mutter und um einen jüdischen Onkel, die auf den Namen »Mom« und »Murray« hören. Murray, die Karikatur eines Computer-Freundes, ist auf dem Bildschirm in Hausschlappen zu sehen. Er reißt ständig Witze und plaudert stundenlang mit jedem, der sich an die Tastatur setzt. Mom hockt in einem Sessel, verteilt Ratschläge und vermittelt jedermann ein schlechtes Gewissen. (New York Times)
Und Babi Burke, eine vierundvierzigjährige Krankenschwester aus Fort Lauderdale, Florida, wurde von vatikanischen Sicherheitskräften abgeführt, nachdem sie eine Hostie gesegnet, verzehrt und anschließend einen Abendmahlskelch mit Wein emporgehoben und daraus getrunken hatte. Schützenhilfe erhält sie von Marie-Therese, einer ehemaligen Nonne aus Belgien. »Sexismus«, erklärt sie, »ist eine Entweihung der Lehre Christi.« (New York Times)

Im Transporter mit Kay und Angela. Wir fahren wieder einmal nach Rye, um Toninos Szene zu drehen. Heute sind nur siebzig Komparsen dabei, gerade genug, um den Pier überfüllt erscheinen zu lassen. Die Wolken hängen tief, und der Himmel ist düster, die Morgensonne schimmert nur matt durch.
Angela liest uns aus der *Daily News* das Horoskop vor. Sie weiß von allen das Sternzeichen: Jane ist natürlich Jungfrau. Sally und Andrew sind Wassermann. Woody ist Schütze...

8 Uhr morgens. Über Rye Playland scheint herrliche Sonne, ein warmes Lüftchen weht, und die See liegt träge vor uns. Trotz dieses Wetters werden die Kameras aufgebaut. Die Wettervorhersage hat gemeldet, daß es ab 10 Uhr bewölkt sein wird. Carlo meint, daß sich dies wohl bis Mittag verzögern kann.

Gute und unerwartete Neuigkeiten: Woody hat die Aufnahme von Kirby im Wald doch gefallen (die eine, die er nicht drehen wollte).

8.45 Uhr vormittags. Woody ist in seinem Wohnwagen. Bobby Greenhut und Ezra beobachten, was sich am Himmel tut. Die Wolken verdunkeln allmählich die Sonne. Und die Jungs vom Team, Mickey Green, der erste Kamera-Assistent, Pete Tavis, der Chef der LKW-Fahrer, »Hammer«, der Fahrer von Woody und zwei weitere Lastwagenfahrer, spielen Eishockkey auf der schmalen Bahn.

Das einzige, was ihn an Italien denken lasse, sei sein kleines Haus in Sardinien, erzählt mir Carlo. Er will hierbleiben. Er liebt New York. Nach diesem Film kann er vielleicht für die neue Produktion von Antonioni arbeiten. Es sei für ihn wirklich eine optimale Kombination, pro Jahr einen Film mit Woody und einen mit Antonioni zu drehen. Aber Kommerz-Filme wolle er nicht machen. Jedesmal, wenn er sich, rein aus Geldgründen, doch dazu breitschlagen ließ, habe er doch wieder in letzter Minute die Sache abgeblasen.

9.45 Uhr vormittags. Die Wettervorhersage hatte recht. Wolken haben die Sonne verdeckt. Die siebzig Komparsen werden ans Ende des Piers gebracht. Ihnen folgen die VIPs: der Bürgermeister und seine vornehme Gattin, City Councilman Arthur O'Donnell, Carmella Tonino und Dr. Max Kachaturian, Mr. Rydell, Foxx, der Italiener und der Priester, der ein wenig »tuntenhaft« wirkt, wie Pa zu sagen pflegt.

Das szenische Arrangement ist schnell geregelt, da wir es am Montag bereits durchgesprochen haben. Es wird die Eröffnungssequenz des Films sein: Aufnahme Nummer 1.

10.30 Uhr vormittags. Woody ist auf naßkaltes Wetter eingestellt. Zum erstenmal trägt er statt der Lederschuhe Moon-
Boots. Über die Cordhose hat er eine Lifthose, wie man sie
beim Skifahren trägt, gezogen, und außerdem trägt er seinen
riesigen grauen Parka. Unter der Kapuze hat er eine Wollmütze an, und an seinem Gürtel baumelt ein Paar Fäustlinge.
Die Bänder der Kapuze sind direkt unter seiner Nase fest ver-
knotet, und das einzige, woran man ihn trotz der Vermum-
mung erkennen kann, ist seine Brille. Woody überprüft jetzt
die Einstellung der beiden Kameras.

11.10 Uhr vormittags. Wie schon letzten Montag zeigt sich
jetzt ein Lichtstreifen am Horizont zwischen Himmel und
Meer. Also drehen wir nicht, sondern machen statt dessen Mittagspause, in der Hoffnung, daß es in einer Stunde besser sein
wird. Die siebzig Komparsen werden wieder zurückbeordert.
Die Jungs vom Team erinnern sich an *Stardust Memories*. Fast
eine geschlagene Woche lang fuhren sie um 8 Uhr morgens
zum Drehort und zogen um 11.30 Uhr wieder ab, weil es
Woody und Gordon Willis, dem Chefkameramann, zu sonnig
war. In den Wartezeiten spielten die Leute Karten oder Ball.
Manchmal spielte Woody mit. Ein anderes Mal sollte ein Bal-
lon rechts aus dem Bild hinausschweben, aber der Wind blies
ausgerechnet in die andere Richtung. Zu allem Überfluß wollte
Woody auch noch Halbdunkel und bedeckten Himmel haben;
das dauerte fast noch eine Woche.
»Und ich hab' schon geglaubt, diese Zeiten wären vorbei«, sagt
Ezra und wirft einen mißtrauischen Blick Richtung Horizont.

11.50 Uhr vormittags, wieder beim Aufbau der Szene. Die
Komparsen werden zum Pier gebracht. Zwei Lokalreporter
sind hier, aber sie durchblicken nicht ganz, was hier abläuft.

12.10 Uhr mittags. Die Entscheidung ist gefallen. Wir drehen
nicht. Der Himmel ist zwar düster genug, aber man sieht immer noch dieses Licht am Horizont – ein schönes, rötliches
Licht, aber Woody will es nicht drauf haben. Die siebzig Kom-

parsen werden wieder zurückgepfiffen und ziehen in kleinen Gruppen an uns vorüber, heute schon zum vierten Mal.
Bob Greenhut erträgt es mit stoischer Ruhe, aber Ezra ist völlig niedergeschlagen. »Ich gehe jetzt, ich kann das nicht mehr mit ansehen!« Die Jungs vom Team lassen Steine auf der Wasseroberfläche hüpfen. Tom hat sich in seine Ecke verkrochen, auch er ist deprimiert. Brian fotografiert uns alle. »Wir fühlen uns doch alle wohl hier, Jungs«, witzelt Bob Greenhut. Es geht das Gerücht, daß die Produzenten Woody aufgefordert haben, eine andere Szene zu drehen, Woody aber abgelehnt hat.

12.40 Uhr mittags. Ezra fährt, und Bob Greenhut geht zögernd zu Woodys Wohnwagen hinüber.

1.30 Uhr nachmittags. Wir warten immer noch. Die siebzig Komparsen haben sich jetzt in die Snackbar direkt vor der Eisbahn verzogen, in der viele Billardtische und Videospiele herumstehen. Es ist fast ein surrealistisches Bild. Alle sind gekleidet wie in den zwanziger Jahren. Einige schlafen, ein paar essen, und die Polizisten plaudern mit dem Priester. Der Erstaunliche Tonino unterhält sich im Badeanzug mit einer jungen Frau aus der Truppe. Ältere Damen versuchen sich an den Video-Spielen, und einer der Jungs aus Harrys Kapelle erklärt einem Polizisten, wie die Apparate funktionieren. Die Leibwächter reden über Bodybuilding. Einige der Komparsen haben sich Schlittschuhe ausgeliehen und wollen sich auf dem Eis vergnügen, obwohl sie nicht laufen können. Oben, auf der großen Eisbahn, trainieren die New York Rangers, und die Jungs vom Team gehen rauf, um ihnen zuzusehen.

2 Uhr nachmittags. Am Ende des Piers. Wir drehen jetzt doch das Eintreffen des Erstaunlichen Tonino (Sequenz 5). Wir filmen jetzt in die entgegengesetzte Richtung, den rötlichen Horizont im Rücken.
Wir arbeiten mit beiden Kameras. Die Komparsen, die offiziellen Vertreter, Foxx, Carmella Tonino und ein paar Leute aus der Menge werden um den Rundfunkwagen herum gruppiert.

Die Kameraleute vom Nachrichtendienst stehen vor uns und halten sich bereit, diesen Tag zu verewigen.

2.50 Uhr nachmittags. Aufnahme 5: Alle warten. Carleton Foxx beschreibt seinen Zuhörern die Szene. Plötzlich wird der Erstaunliche Tonino angekündigt. Unruhe in der Menge. Und Tonino tritt auf: im Badeanzug, von zwei Leibwächtern flankiert. Die Zeitungsleute stürzen sich auf ihn und schießen Fotos. Schließlich erreicht er den Rundfunkwagen, wo Jeffrey ihm einen Mantel um die Schultern legt (es ist wirklich kalt).
(10 Sekunden)
Das alles sieht sehr komisch, wenn nicht gar erstaunlich aus.
(4 gefilmt und 3 kopiert)
Woody scheint nicht so resigniert und niedergeschlagen zu sein wie am Dienstag morgen im Central Park, aber man spürt nachhaltig, daß die Entscheidung, jetzt doch zu drehen, eher auf Bob Greenhut als auf Woody zurückzuführen ist. Woody und Bobby scheinen ein gutes, wenn auch etwas distanziertes Verhältnis zueinander zu haben. Sie respektieren sich.

Um 3.15 nachmittags packen wir zusammen.

Im Transporter nach Manhattan, zusammen mit dem Erstaunlichen Tonino, seiner Frau, Carleton Foxx, Mr. Rydell und zwei Friseuren, die den Salad Sisters geholfen haben. Die Toninos sind offensichtlich alles in allem sehr zufrieden. Nur eins hat Tonino auszusetzen: Es sei nicht sehr aufregend gewesen, in einem Badeanzug in der Kälte herumzulaufen, begleitet von zwei »Fleischbergen« (den Leibwächtern).
Auf dem Rücksitz unterhalten sich die beiden Friseure über die Schauspielerinnen, mit denen sie schon gearbeitet haben: Rosanne Arquette (»Sie ist ein wenig überkandidelt, aber ansonsten ganz in Ordnung«), Madonna (»Die ist nett. Sie nennt mich: mein Held«) und Rebecca De Mornay (»Ein boshaftes Weib!«).

Freitag, 6. Dezember 1985

Trump bleibt Sieger: Er erhält die Genehmigung, einen 286 Millionen Dollar teuren Sportpalast zu bauen. (Daily News) *Und die zwanzig Rabbiner, die vor der sowjetischen Botschaft festgenommen worden waren, weil sie gegen die Behandlung der Juden in der UdSSR protestiert hatten, wurden gerichtlich verurteilt. Jeder der Verurteilten erhielt eine zweiwöchige Gefängnisstrafe, mit sechs Monaten Bewährung ohne Auflagen, und eine Geldstrafe von 50 Dollar. Bei ähnlichen Demonstrationen wurden bereits über 50 Rabbiner festgenommen. Ein weiteres Gerichtsverfahren gegen 25 Rabbiner, die am 1. Mai festgenommen worden sind, ist für den 11. Dezember anberaumt.* (New York Times)

Im Transporter nach Rye, zusammen mit Kay und Joanne Dillon (Eunice Cooper). Es ist Dillons erster Film, ihr erster Auftritt als Schauspielerin. Sie hat eben erst ihre SAG-Karte* erhalten. Heute morgen ist sie schon sehr früh aufgestanden, um ja nicht die Abfahrt zu verpassen. Sie sieht ein bißchen aus wie Diane Keaton, groß und schlank, aber vielleicht nicht ganz so hübsch.
Heute ist ein weiterer Versuch mit der Tonino-Szene geplant, obwohl es in Manhattan schneit.

8.15 Uhr morgens. Eine Schneedecke liegt über Rye Playland. Es sieht schön aus, aber die Tonino-Szene ist damit endgültig gestorben. Das ist schade, weil heute der Himmel wunderbar dunkel ist. Wir werden zwei Mantelszenen drehen: zuerst die Amateur-Radio-Show der Familie Cooper, bei der Eunice singt, und dann Kirby Kyles dritten Jagdunfall, bei dem er sein Augenlicht verliert, aber nicht den Mut.
Frühstück mit Bobby Ward und Jimmy Sabat. Zwei ganz nette Typen, ruhig, höflich und Könner auf ihrem Gebiet; vielleicht die beiden sympathischsten Jungs im ganzen Team.

---

* Die SAG ist eine Sozialversicherung für Schauspieler. (Anm. d. Übers.)

9 Uhr morgens. Die Wohnung der Familie Cooper – »genauer gesagt unsere Abstellkammer«, würde Mrs. Cooper sagen – befindet sich im ersten Stock des Häuschens, das dem Eingang zum Hauptgebäude von Rye Playland vorgelagert ist. Es war ein unbewohnter Raum, den Santo mit einigen Möbelstücken und etwas Stoff in ein »Amateur-Studio« verwandelt hat.

Der Klavierstimmer beschäftigt sich mit dem Piano. Er ist ein echtes Original: über siebzig, glatzköpfig und mit einem kleinen Buckel. Er sieht Popeye ähnlich. Statt der unvermeidlichen Pfeife hat er ein anderes Markenzeichen: ihm läuft ständig die Nase. Ken und ich sind besorgt, daß es ins Piano tröpfeln könnte. Er hat sein Werkzeug vor sich ausgebreitet. Während er das Instrument stimmt, läßt er sich durch nichts stören, auch nicht von Carlo und den Jungs vom Team, die das Licht einrichten.

9.45 Uhr morgens. Zwei Komparsen übernehmen die Rolle der Coopers. Jimmy Sabat flüstert mir zu, daß die Frau genauso aussehe wie Jack Lemmon in *Some like it hot* (Manche mögen's heiß) (»Nun, niemand ist vollkommen!«). Woody kommt herein, um die Kamerabewegung und den Bildausschnitt zu überprüfen, dann läuft er wieder hinaus, damit Carlo seine Arbeit zu Ende führen kann. Der Raum ist eng, und es ist schwierig, darin zu arbeiten. Ken beschäftigt sich mit der Besetzungsliste für nächsten Montag. Bis auf weiteres werden wir die Tonino-Szene zurückstellen.

Jeffrey trägt heute Überschuhe gegen den Regen, graue Cordhosen, eine ärmellose Lederjacke über einem pelzbesetzten Parka, ein weißes Hemd, eine gepunktete Krawatte, einen roten, schwarz-weiß gemusterten Pullover und eine Pelzmütze.

11 Uhr vormittags. Carlo ist soweit. Woody ist zurück, und die Familie Cooper trifft ein. Mr. Cooper, ein scheuer Mann, setzt sich hinter sein Übertragungsgerät. Mrs. Cooper (Alice Beardsley) übt auf dem Piano »Roses of Picardy«, und Eunice wartet hinter ihrem Mikrofon auf ihren Einsatz. Jeffrey und die Salad Sisters haben an Eunice gute Arbeit geleistet, was al-

lerdings nicht gerade zu ihrem Vorteil ausgefallen ist. Sie sieht jetzt aus wie eine Mischung aus Diane Keaton und Shelley Duvall.

11.15 Uhr vormittags. Aufnahme 41: Die Amateur-Show der Coopers, in der Hauptrolle Eunice mit ihrer Interpretation von »Roses of Picardy«. Mrs. Cooper eröffnet die Show und beginnt dann zu spielen. Aber Eunice ist genauso schüchtern wie ihr Vater. »Fang schon an, verflucht noch mal!« zischt Mrs. Cooper. Und Eunice überwindet sich. *(1 Minute und 36 Sekunden)*
Mr. Cooper muß sein weißes Hemd wechseln, weil es zu hell ist und blendet. Woody redet auf Eunice ein, die ihm aufmerksam zuhört. Dann zieht er sich in eine Ecke zurück und beginnt hingebungsvoll »Roses of Picardy« zu pfeifen.
Erste Probe: Woody würde gerne sofort mit der Aufnahme beginnen, aber Dickie braucht eine Probe für die Kamera. Eunice ist großartig, ebenso Mrs. Cooper. Nur mit dem alten Mikrofon gibt es Probleme. Der Raum ist zu klein und das Piano zu laut. Es übertönt die Stimme von Eunice. Jimmy Sabat muß ein modernes, empfindlicheres Mikrofon versteckt anbringen.
11.45 Uhr mittags. Fertig zur Aufnahme. Immer wenn Mickey zoomen soll, tippt Carlo ihm an die Schulter. »Wunderbar«, ruft Dickie nach der ersten Einstellung. Er meint damit die Kamerabewegung, nicht Eunice. Die zweite Einstellung gerät weniger gut; die dritte Einstellung wird etwas kürzer als die beiden anderen. »Noch eine, und wir haben's«, sagt Woody.
(5 gefilmt und 3 kopiert)

Mittagspause um 12 Uhr. Das Mittagessen im Hauptgebäude stammt von demselben Lieferanten wie beim letzten Mal. Tim ist nicht gerade begeistert. Toninos Statisten schlingen wie verrückt das Essen in sich hinein, und es bleibt kaum etwas für die Crew übrig.
Nach dem Essen tragen die Jungs vom Team auf dem Eishockeyplatz ein kurzes Match aus. Tom und Ken spielen nicht so gut wie Mickey, Pete und Jimmy Sabats vierzehnjähriger

Sohn, der mitgekommen ist, um zu sehen, ob die Jungs auch was taugen. Tim, cool und lässig wie immer, hütet ohne jeden Torwartschutz das Gehäuse.

Unten im Foyer gibt die Besitzerin von Kirby Kyles Setter ihrem Baby die Brust.

1.30 Uhr nachmittags. Wieder im Wald. Kirbys dritter Unfall steht bevor, bei dem er sein Augenlicht verlieren wird. Wir befinden uns hinter dem Parkplatz von Rye Playland, am Ufer eines Sees mit einem Wäldchen. Es hat aufgehört zu schneien, dafür nieselt es jetzt.

Woody trägt ein grünes Cape mit Kapuze und sieht ein wenig aus wie Little Red Riding Hood. Es geht das Gerücht um, daß die Eröffnungssequenz mit dem Großen Tonino erst einmal abgeblasen ist und während der Nachaufnahmen im April gedreht werden soll.

Brian erinnert mich daran, daß Mike Tyson, der Boxer, heute abend einen Kampf austrägt. Er zeigt mir den Artikel in den *Daily News:* »Er wird der Champion werden.« Brian und Tyson stammen aus demselben Viertel in Brooklyn.

2 Uhr nachmittags. Kirby kommt. Er hat nur noch ein Bein und einen Arm. Ken und Jimmy Frederick helfen ihm. Sie setzen ihn hinter einen Busch am Ufer des Sees und geben ihm den Hund und sein Gewehr. Im Drehbuch steht, daß Kirby Rotwild jagt, aber jetzt sind es Enten.

Aufnahme 91: Kirby sitzt am Ufer des Sees, halb verdeckt durch einen Busch, und wartet mit schußbereitem Gewehr darauf, daß Enten auftauchen. *(5 Sekunden)*

Jimmy Mazzola wirft Brotkrumen ins Wasser, damit auch Enten mit aufs Bild kommen. Das klappt so gut, daß er nach kurzer Zeit nicht nur von einer Entenschar, sondern auch von Möwen verfolgt wird. »Laß doch die Möwen, Jimmy, nur die Enten!« schreit Tom. Aber die Zusammenarbeit mit den Vögeln läßt zu wünschen übrig, und Jimmy Mazzola hat bald kein Brot mehr. Die Enten kommen und verschwinden wieder, so daß Dickie ständig bereit sein muß zu filmen. »Achtung, die Enten,

Achtung, die Enten...«, ruft Woody, der die Sache ebenso lustig findet wie wir.
(5 gefilmt und 5 kopiert)
Und »gestorben« um 2.30 Uhr nachmittags.

Montag, 9. Dezember 1985   *Sechste Woche*

In Jugoslawien wurde Menschenhandel mit Kindern aufgedeckt, und in Rußland sind erste Fälle von AIDS aufgetreten.
(Radio Report)
»Ganz Moskau sehnt sich nach Stallone« – Videokassetten von Rambo *verkaufen sich gut auf dem schwarzen Markt.* (New York Times)
Ed läßt im Kampf gegen AIDS das zweite Schwulen-Bad schließen. (Daily News)
Der Dichter Robert Graves, Autor von I, Claudius, *starb gestern in Mallorca.*
Und Jack Skirball, ein ehemaliger Rabbiner, der als Filmproduzent den Oscar gewann, starb am Sonntag. Während der zwanziger Jahre war er Vorsitzender einer Erneuerungsbewegung in Evansville, Indiana. In den dreißiger Jahren gab er sein Rabbineramt auf, um pädagogische Filme zu drehen. 1942 produzierte er Alfred Hitchcocks Saboteur *und* Shadow of a Doubt *(Im Schatten des Zweifels). Auch im Immobilienhandel hatte er eine glückliche Hand. 1976 war er Co-Produzent bei* A Matter of Time, *dem letzten Film von Vincente Minnelli.*

8 Uhr morgens. Das John Jay College für Kriminaljustiz an der West 56th Street. Erbaut 1964, war es ursprünglich das Hauptquartier der Twentieth Century-Fox. Die Szene im Konferenzraum, die in *Zelig* zu sehen ist, wurde oben in Spyros Skouras altem Büro gedreht. Wir arbeiten im Büro von Darryl Zanucks Sekretär, um den Reba-Mann zu drehen (Sequenz 48). Aus Darryl Zanucks nebenan gelegenem Büro mit seinem riesigen »mittelalterlichen« Kamin, den Buntglasfenstern und der ge-

schnitzten Holzverkleidung ist nun ein Konferenzraum geworden.

8.45 Uhr morgens. Heute ist Woody in guter, fast sanftmütiger Stimmung. Er spielt mit ein paar Dollar-Scheinen und albert mit Bob Greenhut herum. Sie sprechen den Drehplan für die Aufnahmen durch. Es steht jetzt fest, daß wir die Tonino-Szenen im April drehen. Die eine, die wir gedreht haben – Toninos Eintreffen in Begleitung der beiden »Fleischberge« –, hat sich als brauchbar erwiesen, aber die Wetterverhältnisse sind zu unsicher, um jetzt noch den Rest zu filmen. Woody legt einen kurzen Steptanz ein.

9.45 Uhr vormittags. Molly Regan (Jessica Dragonette) stößt Arm in Arm mit Jeffrey zu uns und steuert auf die Maskenbildner zu. Sie besuchte zusammen mit Jeffrey die Schule für Schauspielerei und Sprechausbildung. Jeffrey war es, der Woody von ihr erzählt hatte. Während die Jungs vom Team letzte Vorbereitungen treffen, beginnt Woody mit dem Reba-Mann zu proben.
Wenn Woody mit Carlo spricht, geschieht das immer in abgehackten Sätzen, mehr in Äußerungen des Gefühls als in durchdachten Formulierungen: »Wir könnten...« – »Sie wissen doch...« Das Gespräch, das für jeden Außenstehenden unverständlich ist, endet stets auf die gleiche Weise:
Woody: »Sie wissen, was ich meine?«
Carlo: »Ja natürlich!«

10.15 Uhr vormittags. Aufnahme 48: Der Ansager: »Und nun, unser aller Liebling – Reba!« Die Kamera schwenkt auf einen Mann (Jerry Sroka), der bei einem Dialog beide Stimmen spricht. Zuerst den Playboy: »Reba! Ist mein Frühstück fertig?« Dann Reba, das schwarze Dienstmädchen: »Komm schon, Mista Bill... Ich muß wirklich sagen... Sie waren lang aus letzte Nacht.« Der Playboy: »Das geht dich nichts an, Reba. Ich habe einen Kater.« Reba: »Jasör... jasör!« Dann spricht der Mann mit unverstellter Stimme in die Kamera:

170

»Wir waren nur Stimmen... Sie konnten uns nicht sehen...«
(33 Sekunden)
Im Raum ist es sehr eng. Während der ersten Einstellung steht
Woody rechts neben mir, so daß sich unsere Ellbogen fast be-
rühren. Aber wir haben uns heute morgen noch nicht begrüßt.
Während einer Pause zwischen der ersten und der zweiten Einstellung kommt ein Statist in den Raum und blickt suchend
umher. Woody faßt ihn scharf ins Auge. »Wer sind Sie?« –
»Ich warte darauf, daß man mich schminkt«, antwortet der Statist mit ängstlicher Stimme. »Hinaus!« befiehlt Woody und
wendet sich wieder seiner Arbeit zu, nicht ohne Stolz auf seine
Nummer als Tyrann. Für uns ist das sehr lustig, aber der arme
Statist...
Keine Probleme mit dem Reba-Mann. Er ist als Playboy ebenso
gut wie als Reba, das Dienstmädchen.
(4 gefilmt und 2 kopiert) Fertig um 10.30 Uhr vormittags.

11.15 Uhr vormittags. Das Hauptfoyer von John Jay, eine far-
benprächtige, fast schon barocke Halle. Gedreht werden soll
eine Szene, in der Jessica Dragonette den »Italian Street Song«
singt (Sequenz 43). Trotz der Probleme in der letzten Woche
liegen wir noch gut im Drehplan. Wenn Woody zufrieden ist,
geht alles sehr flott, und es gelingt ihm sogar, verlorene Zeit
wettzumachen. Sandy ist hier, ebenso Bea, die heute leger gekleidet ist. Sie trägt ein Herrenjackett in Übergröße, einen
Schottenrock, Wollstrümpfe und Hush Puppies. Sie gibt
Woody ein Küßchen und verschwindet dann, um sich schminken zu lassen.

12 Uhr mittags. Jessica Dragonette ist im Bild. Ihre Musiker
machen sich an den Instrumenten zu schaffen. Jessicas Kleid ist
raffiniert geschnitten, an ihrem Ausschnitt sind Blumen angesteckt. Jeffrey hat es entworfen und im »Costume Shop«
schneidern lassen, einer Abteilung, die extra für diesen Film
geschaffen wurde. Zum Beispiel wurden alle Kleider von Sally
und Bea in dem »Shop« gemacht, ebenso die Abendgarderobe
für die männlichen Hauptdarsteller in der Sequenz im King-

Cole-Saal. Die Leute vom »Shop« haben schon lange vor Drehbeginn mit ihrer Arbeit angefangen, aber sie haben immer noch etwas zu tun, weil ständig Kleider umgeändert werden müssen. Auch wenn für die Massenszenen Kostüme für Hunderte von Statisten ausgeliehen werden, sind immer irgendwelche Änderungen nötig.

12.20 Uhr mittags. Aufnahme 43. Die Kamera beginnt mit einer Großaufnahme von Jessica, die den »Italian Street Song« singt, und schließt mit einer Totalen vom Orchester. *(1 Minute und 25 Sekunden)*
Jessicas Stimme wird auf Playback aufgenommen. Eigentlich wäre Woody eine Originalton-Aufnahme lieber, aber die akustischen Verhältnisse hier lassen das nicht zu. Jessica spielt gut, und alle applaudieren ihr zu ihrem Auftritt.
(3 gefilmt und 2 kopiert)
Aufnahme 43 A: Eine Großaufnahme von Jessicas Gesicht, während sie singt.
Es gibt keine Probleme.
(2 gefilmt und 2 kopiert) Fertig um 1 Uhr mittags.
Zwei Musiker möchten zusammen mit Woody fotografiert werden. Brian macht das Bild mit ihrem Apparat. Woody, der ein grünes Jackett und eine Tweedkappe trägt, blickt wie immer verdrossen drein. Die beiden Musiker, sie tragen schwarze Krawatten, lächeln in einem fort.
Brian erzählt mir, daß uns heute nachmittag wahrscheinlich Mike Tyson bei den Dreharbeiten besuchen wird.
Wir machen Mittagspause.

2.30 Uhr nachmittags. Wir sind im Horn and Handart-Automatenrestaurant (»Ein weltberühmtes Lokal!«) an der Ecke zwischen 42nd Street und 3rd Avenue. Es wurde 1938 erbaut und ist eines der letzten alten Automatenrestaurants. Zu jener Zeit waren diese Lokale einzigartig in New York, eine der größten Touristenattraktionen der Stadt. Heute nachmittag haben wir das ganze Restaurant für uns allein, und draußen auf dem Gehsteig hat sich eine Menschenmenge angesammelt, die uns durch die Fenster beobachtet. Wir befinden uns in den vierziger Jahren, Ma hat gerade ihr Baby bekommen. Bea und ihr neuer Freund Sy (der Verheiratete) nehmen Little Joe auf eine Spritztour nach Manhattan mit (Sequenz 157). Die Szene soll neben dem Buffet gedreht werden: ein einfaches »Pick-up« von Bea, Sy und Little Joe, die sich zwischen den anderen Gästen hindurchdrängen, um ihr Essen auszusuchen. Carlo macht sich an die Arbeit.

3.15 Uhr nachmittags. »Schön, Sie zu sehen«, sagt der Hebräisch-Lehrer zu mir. Er ist ein großgewachsener, stattlicher junger Mann und sieht aus wie Mandy Patinkin in *Yentl*. Er lehrt Hebräisch und Jiddisch in drei Synagogen. Heute sieht er etwas unrasiert aus. Er trägt eine Tweedkappe wie Woody und liest in *High Spirits* von Robertson Davies. Barbara kommt ebenfalls her, um mich zu begrüßen. Die letzten Tage haben ihr nicht gutgetan. Sie und ihr Sohn waren die ganze Woche über eingespannt. Little Joe hatte Unterricht im Hotel, und sie mußte irgendwie die Zeit herumbringen. Letztes Wochenende fuhren sie heim nach Philadelphia, aber zwei Tage Erholung waren zu wenig. Ihre Tochter, die zu Hause bleiben muß, beschwert sich schon. Zum Glück hat sie einen Termin mit Leuten vom Whitney-Museum, die Interesse an ihren Werken zeigen (Barbara malt nämlich). Das gibt ihren Lebensgeistern etwas Auftrieb.
Andrew ist wieder da und treibt sich bei den Frauen herum, immer in der Nähe von Drew. Jimmy Sabat studiert sein Turf-Blättchen, Brian flirtet mit Jane. Carlo und die Jungs vom Team arbeiten.

4 Uhr nachmittags. Carlo braucht noch zehn Minuten. Woody und die drei Schauspieler sind wieder da. Bea ignoriert wie gewöhnlich Sy (Richard Portnow). Little Joe unterhält ihn. Andrew redet gerade mit dem Lastwagenfahrer. Er hält gern zu allen Kontakt, und er macht es auf eine elegante Weise, es wirkt immer etwas reserviert, aber zugleich ungezwungen.

4.10 Uhr nachmittags. Erste Probe. Woody sitzt auf dem Kamerawagen. Die Aufnahme ist etwas schwierig, aber es ist ein schönes Bild. Es soll ein Spiel mit den Spiegeln entstehen, die die riesigen Pfeiler vor dem Buffet bedecken. Anfangs sieht man Sy und Little Joe. Sie gehen links im Bild auf die Kamera zu und blicken zum Buffet, während man rechts in einem Spiegel sieht, wie Bea auf sie zukommt. Sobald alle drei nahe genug beisammen sind, fährt die Kamera zurück, folgt den Schauspielern und fängt das gleiche Bild mit vertauschten Rollen ein: halb Realität, halb Spiegelbild. Aber es klappt nicht so richtig: mit all den übrigen Gästen im Lokal wird die Aufnahme zu fahrig.

4.30 Uhr nachmittags. Woody und Carlo haben noch eine andere Kameraeinstellung ausprobiert, entscheiden sich aber schließlich für die ursprüngliche in einer vereinfachten Form.
Aufnahme 157: Die Kamera fährt am Buffet entlang, vorbei an einigen Gästen, und entdeckt schließlich das Spiegelbild von Bea, Sy und Little Joe, die auf das Buffet starren. *(20 Sekunden)*
(6 gefilmt und 4 kopiert)

Um 5 Uhr nachmittags packen wir zusammen.
Mike Tyson ist zusammen mit einem Kumpel gekommen. Er ist nicht groß, aber man würde ihm nicht in einer dunklen Straße begegnen wollen. Brian stellt ihn Woody vor. Sie schütteln sich die Hände, wechseln ein paar Worte, dann verschwindet Woody rasch.

Dienstag, 10. Dezember 1985

Ein finanziell ruinierter Farmer aus Iowa tötet Bankier. (New York Times)
Mord auf japanisch – Tod aus dem Getränkeautomaten. Haruo Otsu ging kürzlich eines Morgens zum Fischen und hielt

unterwegs an, um sich an einem Automaten mit Getränken zu versorgen. Nach der Hälfte der zweiten Flasche wurde Mr. Otsu übel. Einige Stunden später mußte er ins Krankenhaus gebracht werden. In der folgenden Nacht versagten seine Lungen. Das Gift Paraquat, ein tödliches Herbizid, war vorsätzlich in den Automaten eingefüllt oder daneben verstreut worden. In den letzten Monaten sind durch Getränkeautomaten zehn Menschen getötet worden, 35 sind ernsthaft erkrankt. »Die Mörder genießen auf zynische Weise ein Gefühl der Überlegenheit, wenn sie sich vorstellen, wie die Opfer leiden. Sie empfinden nicht eine Spur von Reue«, erklärt Professor Susumu Oda, Spezialist für Geisteskrankheiten. Die Getränkehersteller machen die Opfer dafür verantwortlich: Sie seien zu unvorsichtig gewesen. »Wenn die Konsumenten etwas aufmerksamer gewesen wären, hätten sie bemerkt, daß an den Automaten etwas nicht stimmt«, sagte Takeo Mizuuchi, der Sprecher der japanischen Vereinigung der Hersteller für nicht alkoholische Getränke. (New York Times)

8 Uhr morgens, im Savoy-Palast an der 149th Street in der Bronx. BALLROOM, MARRIAGES, PARTIES, 4 CHURCH CEREMONIES* steht auf einem Schild. Im Hintergrund haben sich etwa 150 Komparsen in der Mitte des weiten Raums auf Stühlen niedergelassen. An der einen Seite »dirigiert« Romaine ein Dutzend Friseure. An der anderen Seite wird ein weiteres Dutzend Maskenbildner von Fern »angeleitet«. Dies ist das Reich der Salad Sisters.
Es herrscht eine unglaubliche Atmosphäre. Man sieht die verschiedensten Militäruniformen, und überall sind hübsche Mädchen. Die einen müssen geschminkt und frisiert werden, brauchen aber keine Kostüme, bei den anderen ist es umgekehrt. Richie läuft an mir vorüber, ruft der Reihe nach Nummern auf und hakt die Namen ab; die Komparsen müssen die Reihenfolge einhalten. Ein Seemann versucht sich an ein hübsches Mädchen heranzumachen, während sie nur auf ihre

---

* Ballsaal, Hochzeiten, Feiern, 4 kirchliche Zeremonien. (Anm. d. Übers.)

Strümpfe starrt. Die Röcke aus jener Zeit, die die Frauen anhaben, sind sexy, und alle amüsieren sich.

Das Szenenbild ist der große Ballsaal des Savoy-Palastes, der rechts, direkt neben dem Foyer liegt. Am gegenüberliegenden Ende ist eine Bühne, auf der ein Klavier und ein Schlagzeug stehen. An der rückwärtigen Wand hängt eine riesige USO-Fahne. Seitlich sind Plakate mit der Aufschrift LOOSE LIPS SINK SHIPS und WHEN YOU TALK TOO MUCH, YOU GET INTO TROUBLE* angebracht. In der Mitte des Ballsaals stehen Tische und Stühle. Wir befinden uns in den vierziger Jahren und wollen jetzt Sally aufnehmen, die »I Don't Want to Walk Without You« für die USO singt (Sequenz 143). »Popeye«, der Klavierstimmer, ist wieder da und macht sich an die Arbeit.

8.20 Uhr morgens. Sally kommt herein; sie hält Baby Dylan im Arm. Woody sagt dem Baby guten Morgen und nimmt es in seine Arme. Dann läuft Sally hinaus, um sich zurechtzumachen.

8.35 Uhr morgens. Die Ausleuchtung des Saales wird noch einige Zeit dauern. Die Jungs vom Team schleppen den Rest des Equipments herein. Unerschütterlich arbeitet »Popeye« weiterhin an seinem Klavier.

Im Hinterzimmer hat sich die Atmosphäre beruhigt. Die meisten der Komparsen sind soweit. Ein paar der Mädchen lesen, andere plaudern, wieder andere flirten mit den Soldaten. Auch die Leute von der Maske und die Friseure entspannen sich. Sie sind schon seit sechs Uhr morgens hier und haben seither pausenlos gearbeitet. Jeffrey und Bill kommen herein, verteilen Hüte und überprüfen die Kostüme.

9.30 Uhr morgens. »Popeye« ist fertig und probiert das Klavier aus (Chopins Walzer in C-Dur). Ich gehe zu ihm hin und sage, daß mir das Stück gefällt. »Wissen Sie, dieser Mann war sein

---

* Unbedachtes Reden läßt Schiffe untergehen. / Wer zuviel schwätzt, gerät in Schwierigkeiten. (Anm. d. Übers.)

Leben lang unglücklich. Diese eine Frau ging ihm nicht mehr aus dem Kopf. Wie hieß sie doch gleich...?«

Sally kommt herein, sie sieht schön aus in ihrem roten Rock. Woody mustert sie und nimmt sie bei der Hand. Manchmal verhalten sie sich zueinander, als ob sie einander fremd wären, sie schenken sich gegenseitig aber große Aufmerksamkeit. Man hat das Gefühl, daß Woody stolz auf sie ist und auch beeindruckt von ihr. Sally möchte das Lied proben und steigt auf die Bühne, wo die beiden Musiker warten. Alles wird live aufgenommen. Woody überprüft die Kamerabewegung. Es ist ein schöner Anblick, als Sally mit klarer Stimme vor einem leeren Ballsaal »I Don't Want to Walk Without You« singt. Nur die Jungs vom Team sind hier noch zugange – und Woody, der einen andern Kamerablickwinkel ausprobiert.

Das Lied ist zu Ende. Woody geht zu Sally, nimmt sie bei der Hand und geleitet sie in eine Ecke. Sie friert, und Woody gibt ihr seine Jacke.

10.45 Uhr vormittags. Carlo wird in zehn Minuten fertig sein. Jimmy Mazzola und seine Leute füllen die Gläser und legen auf jeden Tisch Lucky Strike und Camel ohne Filter. Brian garantiert mir, daß Tyson (der 19 Jahre alt ist) nächstes Jahr Weltmeister im Schwergewicht sein wird. Dick Hyman ist zusammen mit Sandy gekommen.

Die Komparsen werden hereingebracht. Die meisten von ihnen sind Pärchen, Soldaten mit ihren Freundinnen. Während Woody an der Kamera beschäftigt ist, weist Tom ihnen ihre Plätze zu. Sally steht wieder auf der Bühne. Tom erklärt den Komparsen die Szene. Sie müssen nur lebhaft sein und Sally zuhören. Sie sollen trinken, rauchen und sich amüsieren.

11 Uhr vormittags. Erste Probe. Woody bedient die Kamera, als Sally ihr Lied singt. Am Schluß applaudieren alle so heftig, daß Tommy sie bremsen muß.

Woody arbeitet mit Carlo an der Bildgestaltung für den Schlußteil der Szene. Einige Komparsen werden umgruppiert. Jetzt ist die letzte Gelegenheit für Korrekturen am Haar, an der

Garderobe, an der Maske, denn gleich wird es »Aufnahme«
heißen.

Aufnahme 143: Die Kamera, die hinter dem Publikum plaziert
ist, beginnt mit einer Weitwinkelaufnahme des ganzes Saales
und zieht dann näher an Sally heran, die »I Don't Want to
Walk Without You« singt. *(1 Minute und 35 Sekunden)*
(3 gefilmt und 2 kopiert)

12.05 Uhr mittags, im Hinterzimmer. Die Aufregung hat sich
gelegt. Die Leute sind jetzt schon seit sechs Stunden hier und
fangen an, müde zu werden. Den Mädchen macht es schon
Mühe, ihre Strümpfe auszuziehen. Sally ist wieder in ihren
Wohnwagen gegangen. Kay stellt mir den Interviewer (Ken
Chapin) für die Szene heute nachmittag vor. Woher sie ihn
kennt? Er ist ihr Ehemann.

12.50 Uhr mittags. Aufnahme 143 A: Sally singt das Lied und

wird diesmal aus einem anderen Blickwinkel gefilmt. Nur noch die Hälfte des Publikums sitzt da. Die Musiker hören sich einen Teil des Playbacks an, um den Rhythmus zu finden. Sally legt wieder los. Sie ist wirklich bezaubernd, und sie hat wunderschöne Wangenknochen.

(3 gefilmt und 2 kopiert)

Es gibt keine besonderen Regieanweisungen für diese Szene – die Kamerabewegung ist ausschlaggebend. Es ist schon seltsam, wie schnell Woody die Szene abbrechen läßt, nachdem das Lied zu Ende ist – als ob er sich vollkommen sicher sei, daß er am Schneidetisch die Szene um kein Stück länger braucht. Er macht es immer so: Sobald die Handlung beendet oder der Text gesprochen ist, macht er Schluß.

Die Kamera schießt noch eine Nahaufnahme von Sally.

Das Publikum ist schon draußen. Sally bleibt noch im Bild, bis Baby Dylan hereingebracht wird. Woody spielt mit dem Baby. Er schneidet Grimassen, und das sechs Monate alte Baby Dylan, ein sonniges Wesen, biegt sich vor Lachen. Dann nimmt er das Kind in seine Arme und läßt es über den Tisch tapsen. Sally scheint sehr stolz auf ihr Baby zu sein.

1.45 Uhr mittags. Aufnahme 143 B: Die Kamera fährt an der Bühne entlang. Zuerst werden die Musiker aufgenommen, dann zieht die Kamera an der singenden Sally vorbei und kommt schließlich ans rechte Ende der Bühne, zu einem Matrosen, der sich neben einem Kriegsplakat an die Wand gelehnt hat.

(3 gefilmt und 1 kopiert)

Um 2 Uhr nachmittags machen wir Mittagspause

Im Transporter nach Manhattan, zusammen mit Kay, ihrem Mann, dem Interviewer, Mr. und Mrs. Globus, Mr. Brooks und dem »Fanatiker«. Danny spielt uns die Ouvertüre von Mozarts *Cosi fan tutte* vor.

Kays Mann war Woodys Vater in *Stardust Memories* und spielte in *Zelig* einen Interviewer. Mark Hammond (Mr. Brooks) stellte in *Purple Rose* einen Kunden in der Cafeteria

179

dar, in der Sally arbeitete. Martin Chatinover (Mr. Globus) war in *Zelig* der Endokrinologe und George Hamlin (der »Fanatiker«) der Chemotherapeut. Für Armellia McQueen (Mrs. Globus) ist es der erste Woody-Allen-Film. Sie ist Broadway-Schauspielerin und lebte neun Monate in Paris, als sie mit *Harlem Swing* im Le Théâtre de la Porte St. Martin auf Tournee war.

Das Gespräch dreht sich um Religion. Niemand außer Mrs. Globus weiß, wer der »Göttliche Vater« war. Sie hat in der nächsten Szene einen Text darüber zu sprechen. Der »Göttliche Vater« war ein Prediger, der in den vierziger Jahren eine Menge Anhänger hatte, erzählt sie uns. Als nächstes sprechen wir über den Guru Bhagwan Shree Rajneesh und seine fünfundachtzig Rolls-Royces.

3.30 Uhr nachmittags. Ecke Columbus Circle und Central Park West, neben dem Eingang zum Park. Ein Aufnahmewagen steht bereits da, aber er gehört zur Fernsehserie *Mike Hammer* mit Stacy Keach. Ihr zweites Kamerateam arbeitet gerade an der vierten Einstellung von Szene 155: Stacy Keach fährt mit dem Taxi vor, steigt aus, um sich einen Hot dog zu kaufen, wechselt ein paar Worte mit dem Verkäufer und fährt dann mit dem Taxi weiter. Der Regisseur ist groß gewachsen, braun gebrannt und trägt einen Bart. Ein Haufen Fotografen steht herum, und die Schaulustigen sind weitaus mehr an Stacy Keach interessiert als an Woody, der eben gekommen ist und einige Meter entfernt mit Carlos über das Szenenbild debattiert. Lauren Hutton ist ebenfalls hier (gehört sie zur Fernsehserie?). Sie fährt in einer Limousine weg.

Manhattan ist fast schon Hollywood.

4.30 Uhr nachmittags. Es wird langsam dunkel. Die Fernseh-Crew ist jetzt abgezogen, und die Schaulustigen drängeln sich hinter unseren Absperrungen. Stacy Keach steht noch herum und plaudert gerade mit Brian. Andrew kommt vorbei, direkt aus der Schule. Und auch Barbara ist vom Hotel herübergekommen, um uns zu helfen.

Ein Kiosk wird mit Zeitschrifen und Zeitungen aus jener Zeit drapiert, und der Eingang zur U-Bahn wird versperrt. Ein Passant möchte eine Zeitung kaufen, und Richie hat Mühe, ihm klarzumachen, daß sie nicht die neueste ist. »Wir drehen hier einen Film.«

5 Uhr nachmittags. In zehn Minuten können wir drehen. Um diese Zeit ist in Manhattan Büroschluß, und die Zahl der Neugierigen hat dramatisch zugenommen. Wieder sind die Produzenten dabei: Jack Rollins, Bob Greenhut und Ezra. Sie sind vom Büro in der 57th Street herübergekommen. Es herrscht eine Atmosphäre wie im Theater, mit den Scheinwerfern (einer ist oben auf einem Lastwagen befestigt), den Kostümen aus vergangenen Zeiten und den Zuschauern. Mr. und Mrs. Globus, Mr. Brooks, der »Fanatiker« und ein paar Statisten werden auf ihre Plätze dirigiert. Sie sollen eine Gruppe bilden, vor die sich der Interviewer stellt.

5.15 Uhr nachmittags. Aufnahme 111: Ein Interview auf der Straße, kurz nach der Kriegserklärung. Mr. Globus meint, sie würden »diesen Japsen und Deutschen das Kreuz brechen«. Mr. Brooks fragt sich, ob Amerika denn »das Richtige« tue und warum »Europa nicht den Krieg allein austragen kann«. Der Fanatiker stimmt zu und sagt, daß Roosevelt sie in diesen Krieg geführt habe, er und die Finanzhaie, »und diese Leute wissen, wen ich meine!« Schließlich gesteht Mrs. Globus, daß sie die Deutschen noch nie gemocht habe. »Sie haben ihren Hitler«, sagt sie, »doch wir haben unseren Joe Louis. Und die Japsen haben den Kaiser, aber wir haben den ›Göttlichen Vater‹.« *(35 Sekunden)*
Woody setzt sich die Kopfhörer auf. Wegen des Verkehrslärms kann man überhaupt nichts verstehen. Es muß schwierig sein für die Schauspieler, sich zu konzentrieren.
(10 gefilmt und 3 kopiert)
Wir filmen jetzt den Zeitungsverkäufer in seinem Kiosk, der das Drama um Polly Phelps verfolgt (Aufnahme 168 B).
(1 gefilmt und 1 kopiert)

Jane geht zu Woody und fragt ihn etwas. Er gibt ihr seine Zustimmung. Sie kommt zurück mit den beiden allerliebsten blondhaarigen kleinen Zwillingen (Hannahs Zwillingen in *Hannah*). »Hallo Leute!« ruft Woody.
Um 6.05 Uhr abends packen wir zusammen.

Mittwoch, 11. Dezember 1985

»*Industriekapitän (Mr. Delacorte, 92) und Ehefrau im Central Park überfallen: Bargeld geraubt, Nerz gestohlen.*« (Daily News)
Die Sowjets begehen den Tag der Menschenrechte: Ein ganzes Kontingent an uniformierten und Zivil-Polizisten steht in Wartestellung. Sobald sich ein möglicher Demonstrant nähert, wird er oder sie sofort in einen wartenden Bus gezerrt. Nachdem bereits elf Personen abgeführt wurden, erklärt ein Mann mittleren Alters, er werde Gedichte rezitieren, was auf dem Platz beim Puschkin-Denkmal nicht ungewöhnlich ist. Aber bevor er noch etwas unternehmen kann, stoßen ihn zwei Zivilgekleidete zu Boden, ein dritter schlägt auf ihn ein, und zu dritt schleifen sie ihn schließlich weg.
Die Prawda *berichtet:* »*Die Unterdrückung von ›Dissidenten‹ in den USA und anderen westlichen Ländern nimmt zu, Angriffe der Polizei auf friedliche Demonstrationen der Friedensbewegung häufen sich, auf die Rechte der Gewerkschaften ist ein Anschlag geplant, und gegen Mitglieder fortschrittlicher sozialer Bewegungen werden Terrorakte verübt.*«
Die sowjetische Gesetzgebung erfährt höchste Billigung bei der Pressekonferenz eines Ausschusses, dem der Metropolit der Russisch-Orthodoxen Kirche, Filaret, Samuel Zivs vom Antizionistischen Komitee, ein Arbeiter aus der Automobilindustrie und eine Frau von einer Kolchose angehören.

8.15 Uhr morgens. Manhattan Center an der West 34th Street. Die Kamera wird im Foyer des Kinos aufgebaut. Zuerst machen wir einen »Establishing-Shot«, in dem Sally erzählt, wie sie ein berühmter Rundfunkstar wurde (Sequenz 139)

Angela trägt heute morgen eine weiße Baskenmütze. Jimmy Mazzola wird von einer der beiden Lebensmittellieferantinnen massiert, die wirklich ihr Handwerk versteht. Seit seinem Motorradunfall leidet Jimmy an einer Verkrümmung der Wirbelsäule; außerdem hat er sich dabei zwei Rückenwirbel gebrochen. Ich mache mit Frankie schnell ein Kartenspiel. Dickie jammert, er habe in den letzten zehn Jahren beim Kartenspiel nicht einmal annähernd ein gutes Blatt in der Hand gehalten. Andrew ist auch schon da – vielleicht hat er heute keine Schule. Und Jane wurde gestern beraubt. Die Diebe kamen durch das Fenster herein und nahmen den Fernseher und den Videorecorder mit.

9.10 Uhr vormittags. Die Komparsen werden hereingebracht. Sie spielen die Besucher, die darauf warten, ins Kino eingelassen zu werden. Sally trifft ein. Woody nimmt sie bei der Hand und führt sie zu einer Ecke des Szenenbildes, um ihr den Ablauf zu erklären. Woody ist sehr aufmerksam gegenüber Sally, in einer ganz anderen Weise aufmerksam als gegenüber Bea, mit der ihn ein eher spielerisches, kumpelhaftes Verhältnis verbindet. Er blickt Sally an, sieht ihr in die Augen, berührt sie, als wäre sie es nicht wirklich. In seinem Verhalten liegt Respekt und Bewunderung – so wirkt es zumindest.

9.20 Uhr vormittags. Aufnahme 139: Sally als Platzanweiserin. Sie reißt die Eintrittskarten ab und läßt die Leute ins Kino. Dann schließt sie die Tür hinter dem letzten Besucher, geht auf die Kamera zu und beginnt zu sprechen: »Als ich nach New York kam, wollte ich unbedingt zum Rundfunk...« Aber sie habe es nicht geschafft, fährt sie fort. Sie mußte für ihren Lebensunterhalt sorgen, arbeitete als Zigarettenmädchen und als bezahlte Claqueurin, nebenbei nahm sie Schauspielunterricht. Sie besuchte auch die Rundfunkschule, um ihre Aussprache zu verbessern. *(33 Sekunden)*

Erste Probe: Es klappt nicht. Das Tempo ist zu langsam. Während Woody überlegt, herrscht vollkommene Stille. Nur zwei Leute von der Kostümausstattung gehen im Hintergrund vorbei.

Zweite Probe: Woody bittet Sally, mit ihrer Erzählung zu beginnen, sobald die Tür zu ist. Es hat keinen Zweck. Die Statisten werden weggebracht. Sally setzt sich auf einen Stuhl. Sie mag die hohen Absätze nicht, die sie tragen muß. Während Carlo nach einem anderen Standplatz für die Kamera sucht, spricht Woody mit Sally.

9.50 Uhr morgens. Anstatt daß Sally auf die Kamera zugeht, wird die Kamera sich zu Sally hinbewegen. Die Schienen werden verlegt. Sally sitzt im Regiesessel und singt leise vor sich hin. Brian übergibt Woody eine Videokassette von Tysons Kampf am letzten Freitag; es ist ein Geschenk von Tyson. Sally grüßt kurz zu Andrew herüber, aber er bleibt bei uns stehen.

10 Uhr vormittags. »Wir drehen wieder!« Diesmal gibt es keine Schlange vor dem Eingang mehr. Sally läßt nur die beiden letzten Besucher herein und schließt dann die Tür ab. Woody möchte, daß sie sofort zu sprechen beginnt, wenn sie die Tür schließt. Es beginnt mit einer Großaufnahme von Sally, als sie die Tür zumacht. Dann fährt die Kamera auf sie zu, während sie ihren Text spricht.

Einstellung 1: Unterbrochen durch laute Busgeräusche von draußen.

Einstellung 2 und 3: Gut. Woody verändert ein wenig den Text. »Nimm die zweite als Sprechprobe, nur die dritte ist gut geworden«, sagt er zu Kay.

Einstellung 4: Schneller und mit mehr Schwung.

Einstellung 5: Sally hält nicht durch. Woody geht zu ihr hin. Sie proben. Er legt ihr die Hand auf die Schulter, so, wie er es auch bei Andrew macht.

Einstellung 6: Sie spricht jetzt in hoher Tonlage, ihre Stimme ist zerbrechlicher, naiver.

Einstellung 7 und 8: Immer mehr Gefühl. Fast schon verzweifelt, nicht mehr zu überbieten.

Da dies die erste Sprechszene ist, die wir von Sally drehen, will Woody ihre Stimme so hinkriegen, wie er sie auch für den übrigen Film braucht. Wenn ihm ein guter Schauspieler zur Verfügung steht, nimmt er sich das Recht und fordert ihn auf, auch noch die letzte kleine Nuance herauszuholen. Er spielt die Szene vor, er spricht den Text, er schlüpft selbst in die Rolle und zeigt, welche Tonlage er haben will. Oft kann es passieren (wie auch bei Renoir oder Truffaut), daß die Schauspieler zwar ihre individuelle Art beibehalten, aber alle eine ähnliche Tonlage entwickeln: den Woody-Klang.

Einstellung 14: Wieder sehr emotionsgeladen, aber noch energischer.

Einstellung 16: Sally spricht wieder mit normaler Stimme, viel sanfter. Vor jedem neuen Versuch liest Woody in den *Daily News*. Tom schreit »Läuft!«, aber Woody liest immer noch. »Action!« Und erst im letzten Moment blickt Woody von der Zeitung hoch. Es ist, als wolle er, je mehr er sich mit den Details einer Szene beschäftigen muß, sich bis zur letzten Sekunde davon fernhalten, um so die Sache aus einer gewissen Distanz beurteilen zu können. »Mach dir keine Sorgen wegen der Versprecher«, sagt er zu Sally, die Schwierigkeiten mit ihrem Text hat. Und wir machen weiter, drehen alle möglichen Variationen: von einer sanften bis zu einer schrillen Tonlage, von der Naiven bis zur Femme fatale.

Einstellung 22: Wieder die verzweifelte, gebrochene Stimme. »Ich versprech' euch, dies ist die letzte«, sagt Woody zu Tom.

Einstellung 23: »Das ist sie, das muß sie sein!« meint Woody mit lauter Stimme. Dann, als Tommy »Action!« ruft, murmelt Woody vor sich hin: »Das ist sie, das ist sie.«

Wir probieren noch drei weitere Einstellungen.

(26 gefilmt und 19 kopiert)

Um 11 Uhr vormittags fahren wir zum nächsten Drehort.

12 Uhr mittags. Die Casa Galicia an der East 11th Street ist eines der Häuser aus den zwanziger Jahren, die bis heute baulich unverändert geblieben sind. Bilder von Tänzern hängen im Foyer, darunter welche von Astaire und Rogers. Wir filmen in

einem kleinen Tanzsaal mit einer Bühne. Santo hat eine Wand, in einem Meter Abstand zur echten, mit einem riesigen Fenster aufgebaut, hinter dem grüne und rote Neonleuchten flackern, damit der Eindruck einer belebten Straße entsteht. Auf einem Schild liest man: PARADISE DANCE PALACE. Wir wollen hier weitere Ausschnitte von dem Tag filmen, an dem Bea und Sy Little Joe in der ganzen Stadt herumschleppen (Sequenz 158).

Während des Szenenaufbaus diskutieren Woody und Carlo über den Blickwinkel der Kamera. Woody geht dann zusammen mit Ezra weg, um den Drehplan für den nächsten Tag zu besprechen.

Um 1 Uhr machen wir Mittagspause.

2.30 Uhr nachmittags. Wieder im Tango-Palast. Dick Hyman ist gemeinsam mit Sandy gekommen. Heute wird eine Live-Aufnahme von einer dreiköpfigen Frauenkapelle gemacht. »War zu jener Zeit nichts Ungewöhnliches«, sagt Dick. Auch der Tango-Lehrer ist hier. Er trägt einen marineblauen Samtanzug mit einem Taschentuch in der Brusttasche, ein graues Polohemd und schwarze italienische Mokassins. In dieser Kleidung und mit seinem weißen Haar sieht er aus wie der italienische Regisseur Vittorio de Sica. Little Joe massiert unserer Lebensmittellieferantin/Masseuse das Genick. Dann ist er dran, er setzt sich auf ihren Schoß, damit sie sein Genick massieren kann. Aus der Entfernung erinnert es mich an die Szene in *Little Big Man*, in der Faye Dunaway Dustin Hoffman badet.

3 Uhr nachmittags. Obwohl er heute nicht spielen muß, kommt Pa auf einen Sprung vorbei. Woody plaudert mit ihm, während die Statisten (noch mehr Mädchen und Soldaten) für die erste Probe hereingebracht werden. Bea schmollt und sieht (natürlich) demonstrativ über ihr Rendezvous Sy hinweg, der für Little Joe Bogart imitiert. Die drei Musikerinnen (Barbara Gallo, Jane Jarvis und Liz Vochecowizc) betreten die Bühne. Sie sehen sehr beeindruckend aus. Woody ist heute wieder guter Laune. Er spricht mit den Tänzern. Dann der Jux mit Little Joe:

Er schüttelt ihm die Hand und wischt sie sich dann, scheinbar angewidert, am Sweater ab.

3.40 Uhr nachmittags. Aufnahme 158. Zuerst ist die Kamera auf die Kapelle gerichtet, dann schwenkt sie auf die Tänzer. *(1 Minute und 20 Sekunden)*
Woody möchte, daß die Frau am Schlagzeug raucht. Dann zeigt er einem tanzenden Paar, wo genau sie tanzen sollen. Tom schiebt exakt im richtigen Augenblick ein anderes Tanzpaar ins Bild. Der Tango-Lehrer möchte noch ein wenig mit Bea üben, aber dafür ist jetzt keine Zeit mehr.
(4 gefilmt und 4 kopiert)
Wir gehen zur nächsten Aufnahme.

4.20 Uhr nachmittags. Der Tango-Lehrer gratuliert der Kapelle: »Ich mag die Art, wie Sie spielen.« Unterdessen spielt Woody mit Little Joe Ball, und Carlo tanzt mit Bea, um Dickie zu zeigen, wie es aussieht. In einer Ecke, neben Jimmy Sabat, sitzt Andrew. Er hat Kopfhörer auf und hört sich die Tonaufnahme der vorherigen Szene an.
Aufnahme 158 A: Die Kamera schwenkt von einem Matrosen an einem Tisch über Little Joe, der alleine sitzt, zu Sy und Bea, die tanzen. Dann fährt die Kamera zurück, folgt den Bewegungen von Sy und Bea in Nahaufnahme zwischen den übrigen Tanzpaaren hindurch, schwenkt von beiden ab und nimmt zum Schluß wieder Little Joe ins Bild. *(1 Minute)*
Das einzige Problem ist die Koordination von Scharfeinstellung und Kamerabewegung. Nach der ersten Einstellung bittet Dickie darum, was er häufiger tut, daß alle in ihrer jeweiligen Position innehalten sollen, damit Woody die Bildgestaltung überprüfen kann.
(4 gefilmt und 2 kopiert)
»Gestorben« um 5.15 Uhr nachmittags.

Donnerstag, 12. Dezember 1985

In Jersey kam es zu einem Unfall in einem Atomkraftwerk. Der Schaden wird jedoch als »unbedeutend« bezeichnet. (New York Times)
New York City kann für AIDS keine Kosten übernehmen – die Krankenkassen erklären sich für zahlungsunfähig. Aus Untersuchungen geht hervor, daß AIDS auch das Gehirn infizieren kann. (New York Times)
Ausschuß in Jersey fordert Verbot des Box-Sports. (Daily News)
Für ihren Auftritt im »Second Stage« erhalten Jeff Daniels (Biff Baxter) und Jill Eikenberry (Pas Ehefrau) ausgezeichnete Kritiken in Lanford Wilsons »Lemon Sky«. (New York Times)
Diplomatischer Zwischenfall zwischen den USA und China: Das Außenministerium heute China gegenüber sein Bedauern über die Festnahme eines chinesischen Studenten durch die Campus-Polizei von Berkeley, Kalifornien. In einer ungewöhnlich harschen Protestnote aus Peking beschuldigt China die Polizei, den Studenten geschlagen zu haben, und fordert eine offizielle Entschuldigung. Der Student, Li Hizhi, wurde von einem Campus-Polizisten festgenommen, weil er ihn verdächtigte, in voyeuristischer Absicht durch das Fenster eines Frauenschlafsaals gespäht zu haben. Später stellte sich jedoch heraus, daß er unschuldig war. (New York Times)

10 Uhr vormittags. Die »Paradise Garage« an der King Street, die älteste und bekannteste Schwulen-Disco von Manhattan. Wir wollen hier die *Frühstück-mit-Irene-* (Julie Kurnitz) *und Roger* (David Warrilow)-*Show* (Breakfast with Irene and Roger) drehen (Sequenz 58). Aus dem Bar-Raum der Disco ist Rogers und Irenes Wohnung geworden, von wo aus die Show gesendet wird. Santo hat die sehr kühl wirkende Disco in ein elegantes Szenenbild verwandelt. Von der Disco-Einrichtung hat er nur die Wände aus Glasziegelsteinen, den Tresen und einen neuen Teppich belassen, während er die ersten Stufen einer

Treppe und einige schöne Art-deco-Möbel hinzugefügt hat. Er erzählt mir, sein Vorbild sei die Pariser Wohnung des französischen Architekten Pierre Chareau gewesen.

Die Art und Weise, wie Santo aus einer bestehenden Einrichtung (einer Bar z. B.) mit Hilfe einiger Accessoires etwas ganz Neues (z. B. eine Wohnung mit allen Finessen) werden läßt, ist weitaus faszinierender als der vollständige Neubau eines Szenenbildes. Carol Joffe, die frühere Frau von Woodys Manager, die seit *Stardust Memories* mit Woody zusammenarbeitet, hat bei der Gestaltung des Szenenbildes mitgeholfen. Sie ist die Bühnenbildnerin und arbeitet direkt mit Santo zusammen.

Die Aussicht auf New York durch das Fenster – es ist die Eingangstür zur Bar – wird durch ein riesiges Leuchtbild simuliert (man hat ein altes Schwarzweißfoto vergrößert und koloriert). Auf der Rückseite sind Hunderte von Glühlampen angebracht; sie sind verschiebbar, so daß man verschiedene Lichteffekte erzielen kann. Das ist billiger als der vollständige Nachbau der Stadtsilhouette, aber es kostet immerhin noch ungefähr zwanzigtausend Dollar.

12 Uhr mittags. Carlo arbeitet noch an der (allgemeinen) Beleuchtung. Die Wände aus Glas werden von außen mit Projektoren angestrahlt. Die Arbeit wird sich noch etwas hinziehen.

Es geht das Gerücht, daß wir die USO-Szene neu aufnehmen werden. Woody hat das Aussehen von Sally nicht gefallen. Sie hatte zuviel Make-up aufgelegt. »Er mag es lieber, wenn sie ungeschminkt ist und so aussieht, als käme sie gerade aus der Dusche«, meint Fern. Es stimmt, Woody mag Sally, wie sie in Wirklichkeit ist, wenn sie Mia ist, ihre weiten Kleider trägt, kein Make-up aufgelegt hat und mit ungekämmten Haaren herumläuft. Die Maskenbildner haben sich redlich Mühe gegeben, aber Woody hat eine bestimmte Vorstellung von Mia und ebenso von Sally – und es ist immer schwierig, beide Vorstellungen auf einen Nenner zu bringen. Fern und Jeffrey sind mit ihrer Kunst am Ende!

Ezra und Tim besprechen den Drehplan für die nächsten Tage. Das Wetter und die Nachaufnahmen bereiten Kopfzerbrechen.

Wegen der ständigen Veränderungen im Drehplan ist die Arbeit für alle Abteilungen schwierig, und manch einer bekommt Alpträume, wenn er daran denkt, daß er den Komparsen wieder absagen muß, dafür zu sorgen hat, daß mehr Leute als geplant für die Maske und für die Frisuren bereitstehen, daß alle möglichen Kostüme ständig griffbereit sein müssen usw.

2 Uhr nachmittags. Aufnahme 58: Die Kamera wird einen 360-Grad-Schwenk machen. Zuerst auf ein Gemälde von Roger und Irene. Irene sagt (aus dem Off): »Ich werde mir jetzt einen Kaffee gönnen, mein Schatz.« Roger antwortet (ebenfalls aus dem Off): »Mach das, mein süßer Engel...« Die Kamera nimmt dann den Reklamemann (Alan Altshuld) und den Inspizienten (Steve Kronovet) ins Bild. Woody möchte, daß der Reklamemann auf den Inspizienten zugeht, damit die Bewegung des Schwenks betont wird. Man hört immer noch die Stimmen von Roger und Irene: Roger hat gestern abend Walter Winchell getroffen, der ihm erzählt hat, er werde heute abend wahrscheinlich im Stork Club sein. Irene meint, sie liebe den Stork Club. Die Kamera schwenkt dann auf den Techniker und anschließend auf das schwarze Dienstmädchen, das nach Woodys Anweisung (ebenfalls, um die Kamerabewegung zu unterstreichen) am Tresen vorbeigeht. Morgen vormittag, sagt Roger, informieren sie uns ausführlich über das neue Stück von Moss Hart, das »wirklich göttlich« sein soll. Die Kamera ist nun auf die beiden gerichtet. Irene: »Ich bin Irene Draper...« Roger: »...und ich bin Roger Daily...« Ende der Show. Jetzt kommt der Ansager (Ken Roberts) ins Bild: »Swansons Zahnpulver, das Zahnpulver mit dem unvorstellbar strahlenden Lächeln, hat Ihnen das faszinierendste Paar des ganzen Broadway vorgestellt...« *(34 Sekunden)*
Woody liegt hinter einem Sofa zu Füßen von Roger und Irene, damit er alles sehen kann, ohne selber im Bild zu sein. Ich kauere zusammen mit Ezra unter dem Klavier: Bei einem 360-Grad-Schwenk hat man keine andere Wahl, als sich zu verstecken.
Die Probe verläuft gut, aber Woody gefällt das rote Hemd vom Reklamemann nicht.

2.20 Uhr nachmittags. Zweite Probe. Jetzt gibt es ein Problem mit dem Ton. Jimmy Sabat hält den Stromgenerator von der Straße für zu laut. Das macht aber nichts, weil Woody auch das blaue Hemd des Reklamemannes nicht gefällt.
Um 2.30 Uhr machen wir Mittagspause.

4 Uhr nachmittags. Alle Vorbereitungen für die Aufnahme sind getroffen. Auch die Schauspieler haben ihre Plätze eingenommen. Der Reklamemann trägt jetzt ein graues Hemd, und Woody liegt wieder hinter der Couch.
Es gibt keine größeren Probleme, außer bei der Kamerabewegung und der Abstimmung der Bewegungen. Nach der zweiten Einstellung geht Woody hinter die Kamera und dreht sich mit ihr mit, um so die Bewegung der Schauspieler zu kontrollieren. Woody will noch ein paar Aufnahmen in schnellerem Tempo.
(8 gefilmt und 4 kopiert)

4.45 Uhr nachmittags. Der Ansager ist Tony Roberts Vater. Woody unterhält sich mit ihm, und Brian fotografiert die beiden. Angela und Patti lesen in der *World Tribune*, einer buddhistischen Zeitung. Obwohl beide katholisch erzogen wurden, sind sie zum buddhistischen Glauben übergetreten. Ungläubigen gegenüber zeigen sie sich aber sehr tolerant und laden mich zu einem ihrer Seminare ein.

5 Uhr nachmittags. Fertig zur Probe.
Aufnahme 58 A: Jetzt sind sie nicht mehr »auf Sendung«. Der Reklamemann will dem Paar gratulieren, aber die Stimmung ist umgeschlagen. »Du Wanze! Nenn mich nie wieder ›süßer Engel‹, du heruntergekommener Penner!« brüllt Irene Roger an. »Nenn mich nicht Penner, du drittklassiges Lügenmaul!« gibt Roger zurück. Sie gehen zum Nahkampf über. Der Inspizient und der Reklamemann sind ganz verstört. Roger und Irene werfen sich gegenseitig die Reste des Frühstücks ins Gesicht. Dann treten der Inspizient und der Reklamemann dazwischen. Irene verschwindet schließlich nach oben. Roger beruhigt sich wieder. »Sie haben heute morgen schon damit ange-

fangen«, bemerkt der Inspizient. »Letzte Nacht muß im Nachtclub etwas vorgefallen sein...«

Woody erklärt, wann und wie er das Handgemenge haben will: zwei Schläge, nachdem der Ansager aufgehört hat zu reden. Der Werbesong kann dann später eingefügt werden. Danach »könnte« Irene schließlich nach oben flüchten. Woody beschreibt, was die Kamera macht – aber sonst bleibt er sehr vage. »Wir spielen einfach ein bißchen damit rum«, meint er. Zu Carlo sagt er: »Wir sollten proben, damit jeder sich zurechtfinden kann.«

Erste Probe: Alle sind soweit. Bevor die Kamera »läuft«, muntert Woody die Leute auf: »Vielleicht klappt es nicht auf Anhieb, oder es wird etwas unbeholfen, aber das kriegen wir schon hin.«

Am Ende der Probe meint Woody zu Carlo: »Das war doch gut.« Der erste Versuch klappt meistens. Deshalb möchte Woody auch immer wieder, daß gleich die Probe aufgenommen wird. Aber in diesem Fall wußte er nicht, wie das Gerangel zwischen Roger und Irene verlaufen würde. Also will er lieber die ganze Sache von Anfang an kontrollieren, damit die Szene nicht im Chaos untergeht. Woody schlägt vor, daß Roger und Irene sich gegenseitig mit Tellern und anderen Gegenständen bewerfen. Außerdem soll sich am Schluß des Gefechts das schwarze Dienstmädchen einmischen. Während die letzten Vorbereitungen getroffen werden, um die erste Einstellung zu drehen, kann Woody sich ein Gähnen nicht verkneifen. Er lächelt mir komplizenhaft zu und marschiert pfeifend in dem ganzen Gerangel hin und her.

5.45 Uhr nachmittags. Fertig zur Aufnahme. Alle hocken auf dem neuen Teppich. In einer Ecke sitzen Andrew, Jane, Liz, Patti, Jeffrey und ich. Die Schauspieler verstehen ihr Handwerk. Die Szene ist komisch und spektakulär. Woody freut sich. Es herrscht eine freundliche, familiäre Atmosphäre.

Einstellung 1: Gut. Aber Dickie erklärt, daß das Dienstmädchen ein wenig zu sehr die Sicht auf das Gerangel verdecke.

Einstellung 3: Jimmy Mazzola macht darauf aufmerksam, daß

die Teller langsam zur Neige gehen. Und Roger hat sich am Fuß verletzt. »War ich das?« fragt ihn Irene.

Einstellung 5: Sie sind sehr gewalttätig: »Das war seltsam«, meint Irene zum Schluß. Jetzt ist sie es, die sich am Fuß verletzt hat, als Roger sie gepackt hat.

Einstellung 6: Woody schlägt vor, daß Roger die Schaufel vom offenen Kamin nehmen und Irene damit bedrohen soll. »Das wird die letzte«, meint Woody, bevor es losgeht.

Einstellung 7: Wieder geht es ziemlich heftig zu. Als der Reklamemann Roger packt, um die Auseinandersetzung zu beenden, verletzt Roger sich an einem Stuhl. Roger beschwert sich bei dem Schauspieler, er betreibe die ganze Sache zu ernst. Die Spannung nimmt zu – ähnlich wie bei der Ohrfeigen-Szene in Rabbi Baumels Büro. Woody schenkt dieser Entwicklung keine große Aufmerksamkeit, aber er bittet den Reklamemann, Roger nicht zu fest zu packen.

Einstellung 8: »Das war in Ordnung«, sagt Roger zum Reklamemann.

(11 gefilmt und 8 kopiert)

Um 6.30 Uhr abends hören wir auf.

Zu Nicks Geburtstag wird ein Kuchen gebracht. Alle singen »Happy Birthday«, außer Woody. Aber als die Leute klatschen, pfeift er zwei- oder dreimal anerkennend und läuft dann hinaus.

Freitag, 13. Dezember 1985

»258 US-amerikanische Soldaten starben inmitten eines Trümmerfeldes aus Waffen und Spielsachen.« (Daily News) Sie waren auf der Heimreise in den Weihnachtsurlaub. Sie kamen aus dem Sinai, wo sie bei den internationalen Friedenstruppen Dienst leisteten. Ihr Flugzeug zerschellte beim Start in Gander, Kanada. Ihr Truppenstandort war Fort Campbell, Kentucky. (New York Times)

Anne Baxter erlag gestern im Alter von 62 Jahren den Folgen ihres Schlaganfalls vom letzten Mittwoch.

Zur Zeit wird in Paris Max, Mon Amour *gedreht. Es handelt sich um eine leidenschaftliche Liebesgeschichte, die sich sowohl auf sexueller als auch auf emotionaler Ebene zwischen Margaret (Charlotte Rampling), der Frau eines englischen Diplomaten, und Max, einem Affen, entwickelt. Es werden auch Liebesszenen zwischen Margaret und Max gezeigt, bei denen es zu einigen sehr intimen Liebkosungen kommt. Diese Szenen sind sehr anrührend und bewegend, versicherte ein Journalist, der bereits Muster gesehen hat.*

»Der Film handelt von den Schwierigkeiten der Individuen, wenn sie versuchen, einander zu verstehen, sich gegenseitig zu akzeptieren und Gemeinsamkeiten zu entwickeln, auch wenn sie offensichtlich sehr verschieden sind«, erklärt Regisseur Oshima (In the Realm of the Senses [Im Reich der Sinne]; Merry Christmas, Mr. Lawrence).

»Wenn Millionen von Menschen fähig sind, sich in E.T. zu verlieben, warum sollten sie sich dann nicht auch in Max verlieben, der schließlich auf der Erde lebt?« Diese Frage stellte der Produzent, Serge (Ran) *Silberman.* (Le Monde)

Im Bus unterwegs zum Rye Playland, gemeinsam mit den fünfundsiebzig Komparsen, um die Rollschuh-Szene (Sequenz 51) zu drehen. Ein Bus mit den fünfundvierzig Komparsen für die Szene in der Muschel-Bar (gleiche Sequenz) ist schon vor einer halben Stunde losgefahren. Ein Statist liest in einem Theaterstück, ein anderer hat eine Partitur vor sich liegen und lauscht seinem Kassettenrecorder, Angela hat sich den Walkman aufgesetzt. Ein Lastwagen fährt an uns vorbei. Er trägt die Aufschrift: WALDBAUMS FRISCHWAREN.

11 Uhr vormittags. In Rye frühstücke ich zusammen mit Kay, Tom, Ken und Ezra. Wir sitzen bei Cooper, wo Eunice »Roses of Picardy« gesungen hat. Im Untergeschoß wollen wir die Muschel-Bar filmen. Kay fragt, ob die Muster gestern gut geworden seien. »Ich hab' mich nicht darum gekümmert«, ant-

wortet Ezra. »Das halte ich nicht mehr aus. Die ständige An-spannung, wenn man darauf wartet zu erfahren, ob es gut ge-worden ist, ohne selbst etwas machen zu können. Ich warte lie-ber darauf, daß Bob mir Bescheid gibt, und wenn er mich mit ›Hallo‹ begrüßt, weiß ich, was los ist.«

11.20 Uhr vormittags, in der Muschel-Bar. Wieder einmal ha-ben Santo und sein Team gute Arbeit geleistet und einen ganz gewöhnlichen Raum mit ein paar Accessoires in ein wunder-schönes Szenenbild verwandelt: mit Bildern auf den Fliesen hinter dem Tresen, Kerzenleuchtern, tulpenförmigen Gläsern und Blumen. »Giovannis Muschel-Bar« scheint genau der richtige Ort für das romantische Rendezvous von Bea und Syd-ney Manulis zu sein.
Woody schaut herein, um das Szenenbild zu begutachten, aber er bleibt nicht lange. »Verändere nichts in der Casa Galicia!« sagt Santo zu seinem Assistenten. »Er will sich noch einmal die Muster ansehen.«
Draußen am Strand ist ein schöner wolkenverhangener und nebliger Tag. Genau so einen Tag hätte Tonino gebraucht.

12 Uhr mittags. Es gibt eine zeitliche Verzögerung, weil der Lastwagen mit der technischen Ausstattung eine Panne hatte und die ganze Ausrüstung auf einen anderen LKW umgeladen werden muß. »Das mit dem Laster ist eine gute Nachricht«, meint Ezra. »Da muß die Versicherung zahlen.« Eine andere Nachricht verheißt allerdings weniger Gutes: Woody hält die Rollschuhbahn für zu klein. Wir filmen sie also nicht; sie muß statt dessen im Studio nachgebaut werden. Die Rollschuhbahn liegt im Zentrum des Vergnügungsparks und sieht sehr schön aus mit der Bemalung und den Farben (grau und weiß) und der Beleuchtung. Aber es stimmt, daß sie ziemlich klein wirkt.
In Giovannis Muschel-Bar probiert Jimmy Mazzola den künst-lichen Nebel aus. Die Terrasse ist voller Rauch. Jimmy fragt Carlo, ob das reiche. Es riecht wie Pfefferminz. »Das gibt es mit Pfefferminz-, Vanille- und Erdbeergeruch«, erzählt er mir. »Ich habe es mit dem Schiff von Kalifornien herüberbringen lassen.«

1 Uhr mittags. Wir warten immer noch. Im Hauptgebäude trainieren die New York Rangers auf der Eislaufbahn. Ein Teil der Statisten aus der Muschel-Bar sieht ihnen zu, ein anderer Teil widmet sich den Video-Spielen. Die Statisten für die Roll-schuh-Szene sind nach Hause geschickt worden. Im Gebäude nebenan, wo Jeffrey und die Salad Sisters ihr Hauptquartier aufgeschlagen haben, warten auch alle. Es ist schon beeindruk-kend, die Schuhe, die Kleider und all die anderen Accessoires hier aufgereiht zu sehen – der ganze Aufwand für eine Szene, die auf der Leinwand vielleicht zehn Sekunden dauern wird, und für Statisten, die man nur undeutlich im Bildhintergrund wahrnimmt. Und doch ist es die charakteristische Beschaffen-heit jedes einzelnen dieser Details – sei es nun der Haarschnitt oder das Make-up –, die zusammengenommen den Bildern ih-ren Reichtum und ihre innere Struktur verleihen und die dem ganzen Film seine unverwechselbare Eigenart geben.

1.30 Uhr nachmittags. Jetzt regnet es. Der LKW mit den tech-nischen Geräten wird so schnell nicht eintreffen. Die Produ-zenten wollten eine Mittagspause einlegen, aber die Lieferung von Lebensmitteln war erst für den Abend vorgesehen, und jetzt ist natürlich noch nichts fertig. »Heute ist halt Freitag, der 13.«, meint Tom. Man könnte auch sagen: »Das ist halt Rye Playland!«
Um 2 Uhr machen wir Mittagspause.

3.15 Uhr nachmittags. Der LKW ist gerade angekommen. Carlo sagt, er benötige eine halbe Stunde. Jimmy Mazzola und die Jungs vom Team richten die Teller mit den Shrimps und den Austern her. Für die Crew gibt es auch eine große Platte.

3.40 Uhr nachmittags. Überall riecht es nach Erdbeeren, ob-wohl Carlo Jimmy gebeten hatte, mit dem künstlichen Nebel für eine Weile aufzuhören. Gemeinsam mit Woody treffen Bea und Manulis (Andrew Clark) ein. Bea ist sehr freundlich zu Manulis, und man muß zugeben, daß Manulis schon etwas hermacht. Er ist etwa einsachtundachtzig groß, wirkt etwas massig (es sind aber alles Muskeln), trägt einen stattlichen, an den Enden hochgezwirbelten Schnurrbart, hat ein ansteckendes Lachen und läßt sich in keiner Situation aus der Ruhe bringen.

Tom plaziert die Statisten im Hintergrund um einen Tisch herum. Woody mag die hochgezwirbelten Enden von Manulis' Schnurrbart nicht und bittet deshalb, sie abzuschneiden. Manulis ist enttäuscht. Er habe sie extra für den Film wachsen lassen, erzählt er mir später. Sicherlich wollte er auch Bea damit beeindrucken. Bea möchte einen Blick durch die Kamera werfen. Und draußen übertreibt es Jimmy Mazzola: Der Nebel sickert jetzt schon in den Raum hinein.

3.50 Uhr nachmittags. Aufnahme 51: Die Kamera nimmt zuerst einen Kellner ins Bild, folgt ihm, bis das Restaurant in der Totalen zu sehen ist, und geht dann zur Nahaufnahme von Bea und Manulis über, die essen, trinken und plaudern. *(15 Sekunden)*

Erste Probe: Beide spielen ausgezeichnet, aber Woody ist mit Beas Frisur bzw. mit ihrem Hut nicht zufrieden. Jeffrey und Romaine nehmen sich der Sache an. Diese Szene ist sehr wichtig, weil sie am Anfang einer langen Sequenz (Aufnahmen 51 und 57) steht, in der Bea und Manulis ihr »aufregendes« Rendezvous haben.

4.15 Uhr nachmittags. Zweite Probe: Bea hat jetzt eine etwas modernere Frisur und Blumen am Hut. Sie ist hinreißend in dem Teil der Szene, als sie zu verbergen versucht, daß sie eine Brille braucht. Carlo ist etwas nervös. »Madonna! Sie nix versteht mein Englisch.« Die Bedienung versteht den Hinweis nicht und läuft aus dem Lichtpegel. Carlo wendet sich an uns: »Mein Englisch is nix gut?« Der arme Kellner kennt Carlos Humor nicht und ist ein wenig überfordert. Und der Erdbeer-Geruch beginnt uns alle einzuhüllen. »Bloß keinen künstlichen Nebel mehr!« schreit Ray nach draußen.

4.30 Uhr nachmittags. Fertig zur Aufnahme. »Trinken Sie das

Bier!« ruft Woody Manulis zu. Dann muß er alle Gläser am
Tisch leeren, inklusive Beas. Aber Woody läßt die beiden auch
aus dem Stegreif spielen, er ermutigt sie, Spaß an der Sache zu
finden. Und es funktioniert.
(10 gefilmt und 4 kopiert)
»Gestorben« um 4.50 Uhr nachmittags.
Tim macht Woody mit dem Generalmanager von Rye Playland
bekannt, der sich ebenfalls mit Woody zusammen fotografieren lassen möchte. Woody setzt wieder sein Zelig-Gesicht
auf.

Montag, 16. Dezember 1985   Siebente Woche

Zwei Schriftsteller veranstalten für den PEN eine Lesung. Ge-
stern abend lasen auf Einladung von Norman Mailer, der für
den einwöchigen 48. Internationalen PEN-Kongreß im näch-
sten Januar Geld sammelt, John Updike und Woody Allen aus
eigenen Texten. Norman Mailer eröffnete als Gastgeber den
Abend mit der Lesung des Gedichtes »Ian Fleming Revisited«.
Woody las zwei noch unveröffentlichte Geschichten vor.
Die erste handelte von dem dreiundfünfzigjährigen Sid Ka-
plan, einem Rechtsanwalt, »der von den Frauen bereits so viele
Körbe erhalten hat, daß sie ihm von den Santini Brothers zu-
gestellt werden mußten.«* Mr. Kaplans Fantasien hatten sich
beim Anblick einer schönen jungen Frau entzündet, der er im
Aufzug seiner Gemeinschaftspraxis in der Park Avenue begeg-
net war.
In der zweiten Geschichte gelingt es der Bosheit von Phil Feld-
man, ihm zu entkommen, während er schläft. Die Bosheit
schlüpft in die Gestalt eines haarigen schwarzen Klümpchens
mit roten Augen und rast die Lexington Avenue hinunter, um
Rache zu nehmen an Mr. Feldmans Psychiater, seinen Eltern,
einem Fast-Food-Restaurant, einem Abfallkübel und an einem

---

* Die Santini Brothers sind Korbmacher. (Anm. d. Übers.)

Teenager, der mit seinem brüllenden Radiogerät seine Mitmenschen tyrannisiert hat.

Mr. Updike las einen Abschnitt aus den Schreibversuchen seiner fiktiven Figur Henry Beck, einem Schriftsteller, der in der 99th Street Ecke Riverside Drive wohnt. Beck heiratet und zieht nach Ossining, New York, um. Er »ist der Überzeugung, wie insgeheim jeder echte New Yorker, daß die Leute, die woanders leben, das nur als einen schlechten Scherz meinen können«. (New York Times)

In Los Angeles starb vergangenen Samstag Bruce Weintraub an den Folgen einer Lungenentzündung. Als gebürtiger New Yorker war Weintraub Bühnenbildner in Filmen wie Blowout, Hardcore, Cat People, Scarface, The Natural (für den er für den Oscar vorgeschlagen wurde) und Die Ehre der Prizzis. Er arbeitete als Production-Designer bei Summer Lovers und Cruising. Bei John Schlesingers neuem Film, The Believers, der in Kürze anlaufen wird, war er als Co-Produzent vorgesehen. Bruce Weintraub starb im Alter von dreiunddreißig Jahren.

9 Uhr morgens. Wir sind wieder im rückwärtigen Raum der Good-Shepherd-Kirche, um das Geräusche-Studio und The Whiz Kids-Show neu aufzunehmen. Das Aussehen des Geräuschemachers hat Woody nicht gefallen. Bei der anderen Show war er mit dem Hintergrund (eine Erinnerungstafel an den Ersten Weltkrieg) und die Art, wie die Kinder sich bewegten, nicht einverstanden.

Wir stehen jetzt am Beginn der siebten Woche eines Drehplans von fünfzehn Wochen – also fast Halbzeit. Wie immer am Montagmorgen sind wir spät aufgestanden und haben die Sache langsam angehen lassen. Die Assistenten schleppen jetzt die Ausrüstung herein, und Bob Greenhut, Ezra und Tom besprechen den Drehplan für diese Woche. Der weißhaarige Geräuschemacher, der echte, ist auch wieder dabei.

10 Uhr vormittags. Woody spaziert zwischen den »historischen« Geräusche-Geräten hin und her, notiert sich ab und zu etwas und scheint den Trubel um ihn herum nicht wahrzuneh-

men. Schreibt er an einer neuen Szene? Alle wundern sich, für die Produzenten ist der bloße Gedanke daran schon eine Qual.

10.05 Uhr vormittags. Er ist fertig und gibt Kay die gelben Seiten, damit sie sie abtippt. Dann spricht er mit Brian. Er hat also doch nur einige Details nachgeprüft. Aber einen Augenblick lang hatten alle schon gemeint...

10.35 Uhr vormittags. Erste Probe: Die Akteure in der Geräusche-Show sprechen ihren Text fast ohne Intonation. Dickie möchte, daß die Uhr an der Wand hinter dem Geräuschemacher höher und in die Mitte gehängt wird. Und Woody möchte eine Leuchtschrift haben, auf der »Auf Sendung« steht. Aber Jimmy Mazzola hat keine. Deshalb beschließt er, die »Ausgang«-Lampe über der Tür dafür zu verwenden. Cliff schreibt auf ein Stück schwarze Pappe »Auf Sendung« und schneidet die Buchstaben aus.

11.15 Uhr vormittags. Der männliche Akteur der Geräusche-Show erzählt mir, daß er diese Woche für das neue Stück von Andy Bergman vorspricht, das Mike Nichols am Broadway inszenieren wird. Barbara ist auch wieder da; Little Joe soll in einer Szene auftreten, die nicht im Drehbuch steht und die wir heute nachmittag bei Rienzi drehen wollen. Jimmy Mazzola turnt oben auf einer Leiter herum und befestigt das rote »Auf Sendung«-Zeichen.
Woody wird ungeduldig, geht zu ihm hin und fragt ihn, wann er denn endlich fertig sei.

11.35 Uhr vormittags. Aufnahme R 45: Wir drehen wieder die kürzere Version, ohne große Veränderungen. Tom, der jetzt Paul heißt, trifft mit seinen Truppen ein: »Kompanie, halt!« (Hufgeklapper.) Dann kommt Claire: »Paul... Paul.« »Claire...« (Zuggeräusche.) Sie müssen Abschied voneinander nehmen. »Ich liebe dich.« »Ich liebe dich auch...« Es endet damit, daß der Geräuschemacher seine Version vom Pfiff einer Lok zum besten gibt.

Nach zwei relativ flauen Einstellungen bittet Woody darum, lauter zu sprechen und mit mehr Schwung zu spielen.

Einstellung 3: Etwa eine halbe Minute lang beobachtet Woody schweigend die Akteure, dann bittet er Paul, die Hand nicht trichterförmig ans Ohr zu halten.

Einstellung 4: Schon viel besser. Woody läßt sie ein wenig improvisieren. Er will nur noch etwas mehr Schwung im Spiel haben.

Es ist immer das gleiche. Meistens fängt es so an, daß Woody seine Vorstellungen sehr vage und allgemein umreißt. Seine Kommentare sind zunächst noch sehr ungenau. Nach und nach aber strafft er mal dies und mal das und korrigiert mit leichter Hand alle möglichen Details. Wenn man sieht, wie er die Schauspieler beobachtet, bekommt man das Gefühl, daß er zuerst herausfinden will, was überhaupt in ihnen steckt. Am Ende aber erreicht er höchste Präzision und hat die Szene vollkommen im Griff. Aber er braucht dafür Zeit.

(8 gefilmt und 6 kopiert)

11.55 Uhr vormittags. Aufnahme R 54: Der Standplatz der Kamera bleibt, aber die Handlung wird etwas verändert. Claire und Paul treffen sich, das Hufgeklapper ertönt, vor den Zuggeräuschen spazieren die beiden auf ein Feld hinaus, um miteinander zu reden (Stroh raschelt). Der Gesichtsausdruck des Geräuschemachers paßt sich dabei stets den im Text verlangten Gefühlsäußerungen an.

Einstellung 2: Als er Dickie fragen will, ob es mit dem Bewegungsablauf der Schauspieler gut klappt, und das Gesicht des Geräuschemachers sieht, kann Woody es sich nicht verkneifen, zu lachen. Der Mann zieht wirklich komische Grimassen, und die Arbeit an den Geräusch-Maschinen scheint ihm großen Spaß zu machen.

Einstellung 3: Woody unterbricht. Der Geräuschemacher war zu schnell.

Einstellung 4: Woody bittet ihn, mit dem Stroh anders zu rascheln.

(5 gefilmt und 2 kopiert)

12.15 Uhr mittags. Auf der gegenüberliegenden Seite des Raums soll *The Whiz Kids*-Show gedreht werden. Zur Gestaltung des Hintergrundes wird ein langer Vorhang an der Decke befestigt, und vom vorigen Drehort sind große Tische und Stühle herübergebracht worden. Die Kamera, die Tonanlage und die Beleuchtung müssen noch aufgebaut werden. Woody und Carlo bestimmen den Standplatz für die Kamera, anschließend verschwindet Woody.

Jimmy Davies arbeitet seit *Zelig* als Produktions-Assistent für Rollins und Joffe. Bei diesem Film wurde er jedoch dem Aufnahme-Team zugeteilt. Also flitzt er zwischen den Szenenbildern hin und her und bereitet alles für die Aufnahme vor. Morgen werden wir an zwei schwierigen Drehorten filmen. Zunächst auf einem Schiff, der *Intrepid* (darüber muß noch mit den Gewerkschaften verhandelt werden) und dann in einem Privathaus, dessen Eigentümer um ihr Hab und Gut fürchten, weil sie zum ersten Mal mit einer Filmgesellschaft zu tun haben.

Auch Santo ist heute ziemlich nervös. Als ich ihn fragte, ob die Nachaufnahmen und die Änderungen den Zeitplan nicht durcheinanderbringen würden, hat er nur mit einem kurzen »Ja« geantwortet und sich wieder seiner Arbeit zugewandt. Jimmy Mazzola hat ein schwerwiegendes Problem und sucht bei Mickey und mir Rat: Was soll er seiner Frau zu Weihnachten schenken? »Ich hab' ihr schon einen Sportwagen geschenkt, einen Pelzmantel, einen Diamantring...«

1 Uhr nachmittags. Während Carlo seine Arbeit beendet, beschäftigt sich Woody mit den Kindern. Die Kids führen angeregte Gespräche miteinander, sie fühlen sich immer wohler bei uns. Sie reden Woody bereits mit seinem Vornamen an. Woody sagt zu einem der Kids, er solle ihm »William Gladstone« nachsprechen, bis es wie am Schnürchen geht. Inzwischen arbeitet Romaine an den Frisuren der Kleinen. Sanford ist wieder zurück und scheint seinen Text zu kennen. Mit dem kleinen Mädchen (Tannis Vallely) gibt es auch keine Probleme; sie ist ein Profi. Eben erst hat sie einen Film *(Une Femme ou*

Deux) gedreht, bei dem Gerard Depardieu mitspielt und Daniel Vigne *(The Return of Martin Guerre)* Regie führt.

Aufnahme R 46: Der Text bleibt, aber die Kamerabewegung ist völlig verändert. Zunächst werden die Kids von der Seite aufgenommen; den Whiz Master sieht man im Hintergrund. Wenn der Whiz Master anfängt, seine Fragen zu stellen, dreht sich die Kamera von ihm weg und fixiert die vier Kinder.

Erste Probe: Woody möchte, daß die Kinder miteinander rangeln, daß sie sich die Mützen vom Kopf schlagen, sich puffen und kneifen, während sie die Fragen beantworten. Am Schluß der Probe brechen die Kinder in Gelächter aus. Woody zeigt ihnen, wie sie sich gegenseitig drangsalieren sollen. Das finden sie sehr spaßig und fangen an, herumzualbern. Woody muß durch die Finger pfeifen, um sie wieder zur Räson zu bringen.

Einstellung 1: »Anfangs dürft ihr nur ein bißchen aggressiv sein, am Schluß aber richtig. Aber alles ganz echt machen!«

Einstellung 3: »Dreht nicht gleich am Anfang durch, steigert euch langsam.«

Einstellung 4: »Du darfst das nicht nur spielen«, sagt Woody zu Sanford. »Schubse ihn richtig!«

Bei den letzten fünf Einstellungen führt Woody ein paar kleinere Veränderungen durch: Der Whiz Master stellt nur noch zwei Fragen, so daß die Einstellung kürzer wird. Sanford beteiligt sich nicht mehr an dem Gerangel der anderen. Statt dessen sitzt er aufrecht und teilnahmslos da. »Bleib so«, sagt Woody zu ihm.

(10 gefilmt und 6 kopiert)

Um 2 Uhr nachmittags machen wir Mittagspause.

3.15 Uhr nachmittags. Little Joe und seine Bande (Dave, Nick, Burt und Andrew) sind wieder bei uns. Wir wollen mit ihnen den Einbruch in Rienzis Wohnung drehen: Sie haben bemerkt, wie er oben auf dem Dach seines Hauses an den Rundfunkantennen herumbastelte. Weil sie ihn für einen Spion halten, müssen sie es wagen. Biff Baxter oder der Maskierte Rächer hätten es schließlich auch so gemacht (Sequenz 133). Rienzis Wohnung wird ebenfalls in der Good Shepherd Church eingerichtet, in einem Raum nebenan. Carlo und Woody wählen zwei Szenen aus: die eine, wie die Kids über eine enge, schäbige Treppe in das Haus eindringen, und die andere in der Wohnung von Rienzi. Die Jungs vom Team machen sich an die Arbeit. Es wird eine geraume Weile dauern, weil das Zimmer klein ist und es schwierig sein wird, die Lampen zu befestigen.

4 Uhr nachmittags. Die Treppe ist schmal, schmutzig und in einem miserablen Zustand. Carlo muß sich anstrengen, den Schmutz auch richtig ins Bild zu bekommen. Woody überprüft inzwischen gemeinsam mit Jeffrey die Kostüme der Schauspieler. Bei den Kids ist alles in Ordnung, aber Rienzi muß sich umziehen.

Eine kleine Kapelle, die weiter unten liegt, dient als Vorbereitungszimmer. Die Salad Sisters müssen ihren Friseurladen unter dem Kreuz aufschlagen. Daves Mutter ist zusammen mit seiner Tante gekommen, die französisch spricht. Auch Burts Großvater ist dabei. Rienzi (Alfred De La Fuente) hat sich etwas von den anderen abgesondert; er muß schon über achtzig sein und sieht erschöpft aus.

4.30 Uhr nachmittags. Aufnahme 133: Die Bande schleicht um die Ecke und verschwindet dann nach links. Die Kamera folgt ihnen in ihrer Augenhöhe. *(9 Sekunden)*

Es wäre einfacher, wenn der Raum nicht so eng wäre. »Seht euch erst einmal um, bevor ihr herauskommt«, ruft Woody den Kids zu.

(5 gefilmt und 3 kopiert)

4.45 Uhr nachmittags. In Rienzis Wohnung, bei der Probe mit den Darstellern. Das Zimmer ist winzig. Tom, Kay, Woody, die Kids und Rienzi sind drin. Der Dialog ist hinreißend. Die Kids entdecken die Rundfunkausrüstung und eine Menge anderes verdächtiges Zeug. »Schaut mal, er ist tatsächlich ein Nazi-Spion«, sagt Andrew. »Wir müssen das FBI anrufen«, meint Burt. »Er wird uns an die Nazis ausliefern«, fürchtet Little Joe. Dann kommt Rienzi herein. »Diebe!« schreit er. Sie beschuldigen ihn, ein Spion zu sein. Aber schließlich beruhigen sich alle, und Rienzi erklärt ihnen, er sei ein Erfinder. Er zeigt ihnen einige seiner Erfindungen. »Das ist ein elektrischer Rasierapparat für Pferde. Ich habe lange daran gearbeitet.« Und: »Ich habe auch einen Zigarettenanzünder entwickelt, der unter Wasser funktioniert. Allerdings ist er noch nicht fertig.« Woody beobachtet alles mit höchster Konzentration. Er möchte, daß die Kids sehr verschwörerisch wirken, dabei aber nicht aufgeregt, und das ist schwierig. Der Dialog wird geändert. Jetzt muß Burt sagen: »O Gott, wenn er uns erwischt, liefert er uns der Gestapo aus.« Aus seinem Mund klingt dieser Satz komisch, und Burt hat Schwierigkeiten, sich dabei nicht zu verhaspeln. Und Rienzi hat nicht mehr die notwendige Energie.

5 Uhr nachmittags. Carlo arbeitet an der Beleuchtung. Er und Woody haben jetzt doch beschlossen, die Szene in zwei Teilen zu drehen. Carlo wollte eigentlich nur eine Aufnahme, aber Woody meinte, dies sei für die Kinder zu schwierig.
Woody sitzt am Whiz-Kids-Tisch und plaudert mit Jeffrey und Brian. Man hört, wie Richie hinter dem Vorhang versucht, den Jungs ihren Text einzutrichtern.

6:15 Uhr abends. Aufnahme 133 A: Die Kamera steht im Türrahmen. Sie folgt den Kids, die ins Zimmer hineingehen, und nimmt dabei Rienzis ganzes Appartment ins Bild. Die Kids sehen sich um, inspizieren die Geräte und geben ihre Kommentare dazu ab. *(35 Sekunden)*
Im Zimmer sind jetzt nur noch Woody, Tom und Louis. Dafür wird es im Gang immer enger, und Carlo, der Platz braucht, fängt an, nervös zu werden. Auch für Dickie und Red ist es schwierig, weil die Zimmertür nicht besonders breit ist und der Kamerawagen den Weg versperrt.

6.35 Uhr abends. Die erste Einstellung ist nicht gut geworden. Burt hat sein Stichwort verpaßt.
Während die Kamera läuft, souffliert Woody den Kids, was sie

tun sollen: »Schaut euch vorsichtig um… Der Kerl ist nicht da… Jetzt langsam hereinkommen… Ihr seid erschrocken… Nicht auf den Boden blicken, seht euch im Zimmer um… Weiter, Kids. Inspiziert das Zimmer. Ihr wollt doch nicht erwischt werden!« Er arbeitet völlig konzentriert und registriert genau, was jeder einzelne tut.

6.50 Uhr abends. Einstellung 8: Burt beherrscht seinen Text nicht. Woody meint, Little Joe solle Burts Platz übernehmen. Aus Burts Mund klang es zwar komischer, aber bei Little Joe macht es keine Probleme.
Einstellung 9: Die erste, die gut geworden ist. Woody wirft die Arme in die Höhe. Die Kids sind ganz außer sich. Als Tom »läuft!« sagt, schreien sie wild durcheinander. Carlo wird immer nervöser; er würde die Kids am liebsten umbringen.
Eine ganze Anzahl von Einstellungen wird nicht zu Ende gedreht; das eine Mal liegt es an der Kamera, das andere Mal an den Darstellern.
(19 gefilmt und 6 kopiert)
Wir machen weiter mit Rienzis Auftritt, aber Carlo braucht erst einmal eine halbe Stunde, um die Beleuchtung einzurichten.

7.20 Uhr abends. Woody liest in der *New York Times*. Er lächelt mir freundlich zu, scheint aber ziemlich erschöpft zu sein. In einer Ecke übt Richie mit Rienzi und der Bande den Text.

7.45 Uhr abends. Aufnahme 133 B: Rienzi ertappt die Kids auf frischer Tat. »Diebe!« schreit er. »Sie sind ein Spion!« schreien die Kids zurück. Schließlich aber beruhigen sie sich. »Ich bin ein Erfinder«, erklärt ihnen Rienzi. Er fängt an, ihnen einige seiner Erfindungen zu zeigen, und bei den Jungs erwacht das Interesse. *(45 Sekunden)*
Woody sitzt auf einer kleinen Kiste direkt unter der Kamera, daher hat er die meiste Zeit über den Kopf gebeugt. Tom und Louis hocken zusammengekauert in einer Ecke.
Die erste vollständig gedrehte Einstellung ist die sechste. Aber

es geht weiter. Woody strafft die Szene: Der elektrische Rasierapparat für Pferde und der Zigarettenanzünder, der unter Wasser funktioniert (aber noch nicht fertig ist), werden gestrichen. Alle – die Kids, Rienzi, Woody – sind am Ende ihrer Kräfte. Aber trotzdem läßt Woody nicht locker.
(16 gefilmt und 4 kopiert)
Wir beenden die Aufnahmen um 8.15 Uhr abends.

Dienstag, 17. Dezember 1985

Brutaler Mord: Mafia erschießt Big Paul. (Daily News)
Als Big Paul und sein Kompagnon, Thomas Bilotti, kurz vor 17.30 Uhr vor einem Restaurant an der Ecke zwischen East 46th Street und 3rd Avenue aus ihrer Limousine stiegen, kamen drei Männer auf sie zu, zogen halbautomatische Waffen unter ihren Regenmänteln hervor und eröffneten aus kurzer Entfernung das Feuer. Big Paul und Tommy wurden beide mehr als sechsmal in Kopf und Oberkörper getroffen und brachen neben der offenen Tür ihres schwarzen Lincoln tot zusammen. Big Paul, 70 Jahre alt, war der Pate der Gambino-Familie und stand seit September vor dem Bundesgerichtshof in Manhattan unter Anklage. (New York Times)
Schwarzhandel mit Kindern in El Salvador: Die Nachfrage nach Adoptivkindern hat seit den letzten Jahren in den Vereinigten Staaten, in Europa und Kanada ständig zugenommen. Im Vermittlungsgeschäft werden inzwischen Höchstpreise erzielt.
Ominöse »Baby-Vermittler« versuchen notleidende Mütter zu überreden, ihnen ihre Kinder zu überlassen. Oder die Babys werden einfach entführt. Diese Fälle haben in den letzten Monaten nachweislich zugenommen. In den ärmeren Stadtbezirken dürfen die Frauen ihre Kinder nicht mehr allein aus dem Haus lassen.
»Vermittler« verlangen nicht selten Gebühren in Höhe von 5000 bis 10000 Dollar, zusätzlich werden häufig auch Ausga-

ben für »Kinderpflege und Anwaltskosten« in Rechnung ge-
stellt. (New York Times)

9 Uhr morgens. Auf dem Hudson River, im Inneren der *Intre-*
pid, die auf der Höhe der 46th Street vor Anker liegt. Solange
die Vorbereitungen für den Aufnahmebeginn laufen, wird die
Kamera unter der Tragfläche einer McDonnell Douglas A4 (die
in Vietnam eingesetzt wurde) abgestellt. Im Szenenbild sieht
man ein riesiges Plakat mit der Aufschrift: WINGS OVER AME-
RICA: AIR CORPS. US ARMY. Im Hintergrund werden einige amerikanische Nationalflaggen gehißt und zwei Geschütze aus jener Zeit aufgestellt. Gedreht wird, wie Bea, Sy und Little Joe
ihren Ausflug durch New York fortsetzen (Sequenz 156).
Ich frage Jane nach den Mustern, in der Hoffnung, die Tonino-
Sequenz sehen zu können. Sie schaut etwas irritiert und sagt
dann: »Er meint, ein andermal. Aber ich werde ihn noch einmal daran erinnern.«
Natürlich ist auch Sy heute mit dabei, aber wie gewöhnlich
ignoriert ihn Bea. Er hat eben nicht den Charme eines Manulis.
Little Joe albert mit Woody herum, dem das Spaß macht. Wie
es sich seit einigen Tagen eingebürgert hat, fragen mich Bobby
Ward, Jimmy Sabat und Richie Baratta, der Assistent von Tim,
ob sie einen Blick in den Wirtschaftsteil meiner *New York*
Times werfen dürfen. Die Jungs vom Team wollen wissen, wie
die Kurse ihrer Aktien stehen.

10.15 Uhr vormittags. Aufnahme 156: Sichtlich belustigt verfolgt Bea, wie Sy versucht, Little Joe die Funktion eines Ge-
schützes zu erklären. *(20 Sekunden)*
Der Ton wird nicht mit aufgenommen, so kann Jimmy Sabat in
Ruhe sein Turf-Blättchen lesen. Gerade als die Aufnahme beginnen soll, geht Woody zu Bea und flüstert ihr etwas ins Ohr,
das sie zum Lachen bringt. Dann stellt er sich wieder hinter die
Kamera und mustert Bea mit kritischem Blick. Der arme, ver-
nachlässigte Sy stellt sich ein wenig linkisch an und ist verlegen, aber Woody verliert seine gute Laune nicht.
(3 gefilmt und 2 kopiert)

Wir gehen hinauf aufs Deck.

10.45 Uhr vormittags, auf dem Deck der *Intrepid*. Wir wollen hier eine Einstellung drehen, die mit dem Song »I'll Be Seeing You« unterlegt werden soll. Die Szene spielt nach der Kriegserklärung. Ein Matrose gibt seinem Mädchen den Abschiedskuß.

Wir haben prächtigen Sonnenschein und eine herrliche Sicht auf Manhattan, den Hudson River und nach New Jersey. Aber es ist eiskalt. Wir alle hüpfen von einem Bein auf das andere, um uns warm zu halten. Woody geht ständig auf und ab und macht zwischendurch einige Steptanz-Schritte. Die Kamera wird in aller Eile aufgebaut. Dann werden die Matrosen herbeigeführt. Aber das Mädchen wird dann doch nicht gefilmt.

Aufnahme 107: Die Kamera richtet sich anfangs auf die Spitze des Mastes und neigt sich dann, bis einige Matrosen ins Bild kommen, die zum Abschied winken. *(15 Sekunden)*
Bei einigen Variationen dieser Einstellung winken die Matrosen nicht, sondern stehen nur da und blicken in die Kamera. *(8 gefilmt und 3 kopiert)*
Wir sind fertig und packen eilig zusammen, um zum nächsten Drehort zu kommen. Damit es etwas schneller geht, schnappt sich jeder einen Teil der Ausrüstung.

Im Bus auf dem Weg zum nächsten Drehort. Zusammen mit der reichen Familie und der kultivierten Familie. Sie tragen bereits ihre Kostüme. Das reiche Ehepaar ist in Abendgarderobe, langes Kleid und schwarze Krawatte. Das kultivierte Ehepaar hingegen trägt ganz gewöhnliche Kleidung. Der Sohn aus dem kultivierten Haus unterhält sich mit der jungen Dame aus dem reichen Haus.

12 Uhr mittags. Der Wohnsitz der Familie O'Keefe an der West 86th Street, ein geräumiges, elegantes Haus mit hohen Decken und Parkettböden. Obwohl es neuerdings einige Mieter gibt, sieht es immer noch sehr herrschaftlich aus.

Wir drehen im großen Wohnzimmer im ersten Stock, das zur Straße hin liegt. Der Raum selbst ist sehr schön, besonders, wenn das Sonnenlicht durch das Fenster fällt. Kaum sind die Geräte im Raum, herrscht Chaos: überall liegen Kabel herum, von der Decke hängen zahlreiche Lampen. »Gut«, meint Carlo, »wenn man nix sieht Decke.«

Draußen auf der Straße werden zwei riesige Scheinwerfer installiert, die das Sonnenlicht ersetzen sollen, und ein paar Stunden lang wird der Raum noch schöner erscheinen, als er in Wirklichkeit schon ist.

1 Uhr nachmittags. Die reiche Familie hält Einzug: vier Personen, die Eltern mit ihren Kindern. Sie blicken sehr distinguiert. Es ist schon verblüffend, wie ein Kostüm, das nach Geld aussieht, demjenigen, der es trägt, das Gefühl vermittelt, reich zu sein. Das junge reiche Mädchen und die reiche Dame sind nicht im eigentlichen Sinne schön; sie sind nicht so schön wie die Freundin des Matrosen oder wie Doris, die Tochter des Kommunisten. Der Butler heißt übrigens Billy.

Aufnahme 166 C: Die reiche Familie spielt Karten und lauscht gleichzeitig mit unbewegten Mienen dem Drama um Polly Phelps. Währenddessen serviert ihnen der Butler Eistee. *(45 Sekunden)*

Woody plaziert sie auf ihre Stühle und zeigt Billy, dem Butler, wie er den Raum zu betreten und zu verlassen hat. Er spielt es sogar vor, in der entsprechenden steifen Körperhaltung. Den anderen vier Darstellern erklärt er, sie sollen nichts anderes tun als der Rundfunksendung lauschen, trinken und spielen; ab und zu sollen sie ihr Spiel unterbrechen, um aufmerksam hinzuhören.

(5 gefilmt und 2 kopiert)

1.30 Uhr nachmittags. Aufnahme 172 D: Die Familie hört gerade die Nachricht, daß Polly Phelps gestorben sei. Dabei geht die Kamera nahe an die fünf Leute heran, die betroffen dreinblicken. »Tief seufzen!« sagt Woody zum Butler. »Legen Sie der Dame Ihre Hand auf die Schulter – seien Sie nicht so steif!«

(1 gefilmt und 1 kopiert)

Um 1.40 Uhr ist Mittagspause.

3.10 Uhr nachmittags. Für die Szene bei der kultivierten Familie bleiben wir in diesem noblen Wohnzimmer, nur die Wandbehänge, die Möbel und die Bilder an den Wänden müssen ausgewechselt werden, damit eine »kultivierte« Atmosphäre entsteht.
Dickie erholt sich, er schläft im Eßzimmer, inmitten der ganzen Ausrüstung. Woody möchte die Kameraposition besprechen, aber Carlo hat keine Zeit, weil er zusammen mit Santo noch das Mobiliar plazieren muß. Deshalb verschwindet Woody nach oben, wo er etwas Geschäftliches zu erledigen hat. Jimmy Davies beklagt sich bei mir darüber, wie mies bisher sein Tag verlaufen sei. Heute morgen hatte er schon Ärger mit dem Eigner des Schiffes und mit dem örtlichen Gewerkschaftsvertreter, weil statt den vorgesehenen dreißig Leuten fünfzig Leute auf dem Schiff waren. Dann haben wir auf dem Oberdeck gedreht, ohne dem Schiffseigner vorher Bescheid zu sagen. Und jetzt ist auch noch der Besitzer dieses Hauses aufgebracht über die ganze Unordnung, die wir hier anrichten, und besorgt wegen möglicher Schäden, die wir noch anrichten könnten.

4 Uhr nachmittags. Woody kommt herein und zeigt den Mitgliedern der kultivierten Familie ihre Plätze, und Carlo richtet das Licht ein. Dann entscheidet er rasch über die Kameraposition und läuft wieder nach oben, wo eine Besprechung mit seinem Steuerberater stattfindet, der gerade auf einen Sprung vorbeikam.
Draußen wird es schon dunkel, aber die Sonne scheint noch – unsere Sonne, zwei Bogenlampen auf der Straße. Als es noch hell war, haben wir mit der reichen Familie die Nacht-Szene gedreht, und jetzt, wo es dunkel ist, drehen wir mit der kultivierten Familie die Szene bei Tag.

4.45 Uhr nachmittags. Erste Probe: Der Sohn der kultivierten Familie raucht Pfeife. Sein Vater sieht aus wie ein Universitätsprofessor, seine Schwester ist nicht eigentlich hübsch, paßt aber ausgezeichnet zum Ensemble, und seine Mutter wirkt sehr propper und gesetzt. Woody hört sich das Mozart-Quartett Nr. 19 in C-Dur an, dem die Familie lauschen wird. Wenn die Musik spielt, soll die Familie so tun, als spielte sie selber die Instrumente. Carlo gefällt es, aber Woody unterbricht den Versuch. Ohne etwas zu sagen, steht er da und starrt zu Boden. Dann bittet er sie, rhythmisch mit dem Kopf zu wackeln. Zum Schluß gibt er dem Vater ein Buch in die Hand und dem Sohn eine Zigarette. Für einen Moment kommt Woodys Steuerberater herein, geht aber gleich wieder.

5 Uhr nachmittags. Aufnahme 16: Mucksmäuschenstill und angestrengt lauscht die kultivierte Familie dem Mozart-Quartett. *(10 Sekunden)*
Einstellung 2: Woody bittet die Tochter, im Rhythmus der Musik Weintrauben zu essen.
Einstellung 3: Die Tochter soll noch mehr Weintrauben essen. Sie mag vielleicht nicht hübsch sein, aber sie ist ziemlich witzig.
Einstellung 5: Der Sohn jetzt ohne Zigarette und die Tochter ohne Weintrauben.
Nach der sechsten Einstellung fängt Woody plötzlich an zu lachen. »Ich habe eine Idee.« Er geht zu der Mutter und flüstert sie ihr ins Ohr. Sie biegt sich vor Lachen. Dann erzählt er es dem Vater, der ebenfalls zu lachen beginnt. Wir sind gespannt. Aber Woody erzählt es zuerst Carlo. Der erwidert trocken, er werde eine halbe Stunde brauchen, um das Licht neu einzurichten. Deshalb gibt Woody seine Idee wieder auf (wir machen sowieso schon Überstunden); er hat ja schon alles im Kasten, was er braucht.
(6 gefilmt und 5 kopiert)
»Gestorben« um 5.25 Uhr nachmittags.
Woody hatte sich folgendes ausgedacht: Der Vater schläft ein, worauf die Mutter sich von ihrem Stuhl erhebt und ihm eine Ohrfeige verpaßt. (Bei Mozart zu schnarchen!)

Mittwoch, 18. Dezember 1985

Polizei erhält Hinweise im Fall Big Paul: Mafia-Familien haben die Mörder gedungen. (Daily News)
Zwischen Big Paul und einer gegnerischen Fraktion, die von John Gotti angeführt wird, gab es Streit über die Frage, wer die Gambino-Familie leiten und kontrollieren soll. Manhattan hat jetzt eine neue Touristenattraktion: die Stelle, wo der Mord passiert ist. (New York Times)
Die zweiundneunzigjährige Gretchen Sinon besucht seit acht Jahren den Kursus »Wie man Sachtexte schreibt« an der New School. Frau Sinon wurde 1893 in New Jersey geboren und stand schon früh unter dem Einfluß ihrer Lehrerin Rebecca Reyher, der Autorin von Zulu Women. *Sie begleitete ihre Lehrerin auf eine Reise nach Afrika, um das Verhalten weiblicher Stammesführer zu studieren.*

»Sie war eine waschechte Anhängerin der Republikaner, bevor sie an der New School anfing«, berichtet ihre Tochter Mary Louise. »Jetzt ist sie eine entschiedene Demokratin.« Ihre Lehrer erinnern sich, daß sie sich in der ganzen Zeit nur zweimal entschuldigen mußte. Einmal bat sie um Verzeihung wegen eines handgeschriebenen Textes; sie erklärte, daß ihre Sekretärin verstorben sei. Beim anderen Mal teilte sie dem Professor mit, sie sei in Colorado zu einer Hochzeitsfeier eingeladen, werde aber rechtzeitig zu Unterrichtsbeginn zurückfliegen, in der Hoffnung, daß er verstehen werde, wenn sie sich etwas verspäten sollte. Gelegentlich unternimmt sie noch Reisen, aber sie lehnt es strikt ab, während der Kurszeiten New York zu verlassen. Sogar während der Sommermonate besucht sie zweimal in der Woche die Sitzungen. »Ich versäume ungern einen Kurs«, erklärt sie. »Es ist so interessant.«
Gretchen arbeitet seit geraumer Zeit an ihrer Autobiographie. Der Anfang lautet folgendermaßen: »Als ich neun Jahre alt wurde, kaufte mein Vater sein erstes Automobil. Es war ein einzylindriger Knox, Modell 1902.« Es wird noch lange Zeit vergehen, bis dieses Werk vollendet ist. Aber Gretchen plant, sowohl an ihrem Buch weiterzuarbeiten wie auch ihre Schreib-

künste an der New School zu verbessern. (The New School Observer)

8 Uhr morgens, in der New School an der West 12th Street. Die New School wurde 1919 gegründet und war die erste Volkshochschule. Die ersten Studiengänge mit Hochschulabschluß wurden 1934 eingeführt, als die New School zu einer Exil-Universität wurde, in der europäische Studenten, die vor den Nazis geflohen waren, Schutz fanden.

Wir sind in dem kleinen Theatersaal der New School, der eine Bühne und eine ovale Decke hat. Der Saal ist geschmackvoll ausgestaltet, und auch die Akustik soll sehr gut sein. Heute steht die Szene auf dem Programm, in der Bea in der *Silberdollar Hauptgewinn*-Show mitspielt und dank Abe gewinnen wird (Sequenz 160). Dies ist ein Teil des Ausflugs mit Sy und Little Joe. Allein 150 Statisten spielen heute mit. Die Salad Sisters und die Kostüm-Leute haben schon um 5 Uhr morgens zu arbeiten begonnen.

9 Uhr vormittags. Es werden zwei Kameras eingesetzt: Eine steht oben auf dem Balkon, die andere mitten im Publikum. Carlo richtet die Beleuchtung ein. Sandy, Frankie und Kay hören sich zusammen mit dem Dirigenten der Kapelle die Eröffnungsfanfare an, die vom Tonband abgespielt wird. Der Tusch soll später dazugeschnitten werden.

Eben kommt Woody herein, um in Kays Drehbuch etwas nachzusehen, dann ist er auch schon wieder weg. Kurz darauf erscheint der Requisiteur (wo ist überhaupt Jimmy?) und zeigt Kay die präparierten Fische. Er bittet um Entschuldigung, weil er statt der erforderlichen sechs Fischarten nur fünf aufgetrieben hat.

10 Uhr vormittags. Zuerst wird das Orchester plaziert, dann das Publikum. Der Showmaster im *Silberdollar Hauptgewinn*, Max (Tony Roberts), ist eben eingetroffen und unterhält sich jetzt mit Brian. Seit sie zusammen *Annie Hall* gedreht haben, reden Woody und Tony Roberts sich gegenseitig mit »Max«

an. Max ist eine große und stattliche Erscheinung. Er gibt Kay einen Kuß und schüttelt Bobby Ward kräftig die Hand.

10.30 Uhr vormittags. Die Statisten, die das Publikum mimen, sind so weitläufig verteilt, daß sie das ganze Bild ausfüllen. Insgesamt faßt das Theater über 250 Leute. Bea kommt herein, auf dem Fuße folgt ihr Sy. Währenddessen hat Little Joe Max am Arm genommen, um mit ihm zu reden; Max ist sichtlich beeindruckt! Und Woody geht hinüber zu Bea, die heute scheinbar schlechter Laune ist.

11 Uhr vormittags. Aufnahme 160: Bea geht auf die Bühne, während die Fanfare ertönt. Das Publikum klatscht. *(9 Sekunden)*
(2 gedreht und 2 kopiert) Fertig nach zwei Minuten.

11.15 Uhr vormittags. Carlo justiert die Beleuchtung für die nächste Aufnahme. Woody und Max sind nach oben verschwunden und spielen Schach. Auch Bea ist in ihre Garderobe gegangen, und Sy knabbert Kekse, während er den Jungs vom Team bei der Arbeit zuschaut.
Jane erzählt mir ihren Traum der letzten Nacht: Spät abends, nach dem Ende der Dreharbeiten, fällt ihr plötzlich ein, daß sie in der Kulisse etwas vergessen hat. Also fährt sie zurück und entdeckt mich, wie ich mit einer riesigen Kamera Bilder vom neuen Szenenbild mache. Sie verdeckt mit der Hand das Objektiv... (das übrige behalte ich für mich).

11.45 Uhr vormittags. Aufnahme 160 A: Zu Beginn stellt Max seiner Kandidatin einige persönliche Fragen: »Sie kommen aus Rockaway? Und was machen Sie dort, Bea?« »Ich bin Buchhalterin (engl. bookkeeper)«, antwortet Bea etwas scheu. »Oh, eben meinte ich, Sie hätten ›Bienenzüchterin‹ (engl. beekeeper) gesagt. Ich werde nämlich nicht gern gestochen!« Das Publikum lacht. *(30 Sekunden)* Woody: »Max, du siehst ganz schön blöd aus.«
Max: »Ja, weiß ich doch, Max.«

Nach sieben Wochen ist es das erste Mal, daß ich Woody völlig entspannt und gelöst erlebe. Er sitzt ganz vorn in der ersten Reihe, lacht ständig, reißt Witze mit Max und zieht ihn auf.
Woody zu Bea: »Blickst du durch?«
Max: »Keineswegs, Max.«
Und Max gibt Woody keine Chance. Als Woody auf die Bühne steigt, um ihm etwas zu zeigen, macht Max Woodys Körperhaltung und Mimik nach: Er setzt sich den eingeschüchterten Blick von Zelig auf, hält die Hände vor dem Bauch gefaltet, steigt nervös von einem Bein auf das andere und neigt den Kopf zur Seite. Max improvisiert, übertreibt und jammert. Er spielt gut. Woody schneidet ihm mitten im Satz das Wort ab. Die Privatvorstellung der beiden ist ungeheuer komisch.
(4 gefilmt und 3 kopiert)

12.10 Uhr mittags. Aufnahme 160 C: Wegen Abe nimmt Bea das Fragegebiet »Fisch«. Angewidert hält Max die Fische hoch, einen nach dem anderen, und zeigt sie Bea, die alle Namen kennt. *(43 Sekunden)*
Es gibt keine Probleme. Max agiert ausgezeichnet und ist sehr witzig. Sehr gut ist auch Bea, wenn sie durch ihre Brille auf die Fische schielt.
(4 gefilmt und 3 kopiert) Abgeschlossen um 12.20 Uhr mittags.

12.45 Uhr mittags. Carlo richtet das Licht für die nächste Aufnahme ein, eine Aufnahme in der Totalen vom Publikum. Heute gibt uns Bea sogar die Ehre und bleibt noch ein wenig bei uns. Sie setzt sich und plaudert mit den Salad Sisters. Da und dort sitzen einige Leute aus der Crew, ein paar »Musiker-Kollegen« und vereinzelt auch Statisten zusammen, unterhalten sich und schließen Freundschaft. Sy hat offenbar beschlossen, es doch bei einem anderen Mädchen zu versuchen. Es ist ein nettes Bild, diese Mischung von Leuten aus vergangenen Zeiten und aus unseren Tagen, die versuchen, sich gegenseitig kennenzulernen.

1.05 Uhr nachmittags. Aufnahme 160 D: Bea nennt den Na-

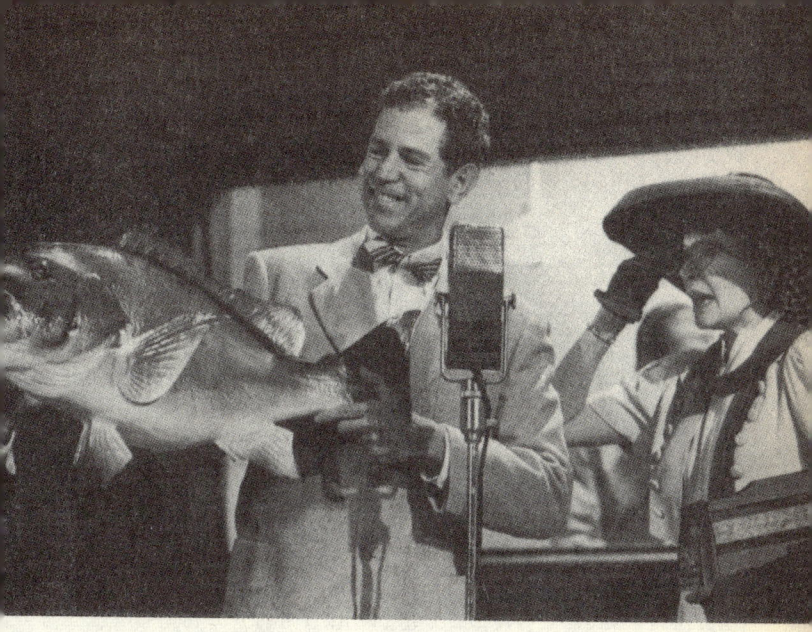

men des letzten Fisches. Sie hat gewonnen. Schlußfanfare. Applaus *(15 Sekunden)*
Wieder verlief alles problemlos. Max albert noch eine Weile herum. Das Publikum mag ihn. Nach dem Applaus und Woodys »Schnitt!« improvisiert er noch ein wenig auf der Bühne. *(2 gedreht und 2 kopiert)*
Woody zu Max und Bea: »Danke, Kids.«
Um 1.15 Uhr nachmittags machen wir Mittagspause.

3 Uhr nachmittags, wieder bei den Dreharbeiten. Bea und Max sind gegangen. Die einzigen Aufnahmen, die noch fehlen, sind die Zwischenschnitte mit dem Publikum (Sequenzen 160 B und 160 E), mit Sy und Little Joe inmitten der Leute. Das Aufnahmeteam hat sich auf der Bühne postiert, und der Star ist jetzt das Publikum. Einige Statisten haben die Plätze gewechselt, damit das Theater voll besetzt aussieht. Woody steht auf der Bühne, gibt an, wann sie lachen, klatschen oder lauter werden

sollen. Ab und zu übernimmt auch Tom im Auftrag von Woody die Regie. Zuerst müssen sie gespannt zuhören, dann leicht applaudieren, dann lachen, dann lauter lachen... Tom: »Alle, die im Januar geboren sind, lachen!... Jetzt die vom Februar!...« Es wird eine lange Aufnahme, die als Zwischenschnitt für Beas Szenen verwendet werden soll.

Das Publikum lacht sehr gekonnt, und Woody lacht mit.

Um 3.50 Uhr nachmittags packen wir zusammen.

Donnerstag, 19. Dezember 1985

In Israel begingen Millionen von Mäusen Selbstmord. Sie stürzten sich von einer Klippe in den Tod. (New York Times)

Eine mit 177 Menschen besetzte Fähre ist auf dem Weg von Manila zu einer Insel im Süden der Philippinen gesunken: 124 Tote, 53 Passagiere gerettet. (New York Times)

Ed (Koch) setzt Dr. Elliot Gross wieder in sein Amt ein, um Gerechtigkeit walten zu lassen. (Daily News)

Dr. Gross, oberster Leiter der New Yorker Gesundheitsbehörde, muß sich seit fast einem Jahr vor städtischen und staatlichen Untersuchungsausschüssen verantworten. »Er hat bereits alle Höllenfeuer durchgemacht«, sagt Ed. »Wie lange soll dieser Mann noch schmoren?« (New York Times)

Vier Kinder aus Afghanistan trafen am Kennedy International Airport ein. Sie sollen in New York künstliche Gliedmaßen erhalten.

Die vierjährige Zarmina spielte im Freien, als eine Bombe explodierte; sie verlor ein Bein. Utmakhail, zehn Jahre alt, verlor durch Geschützfeuer ihren rechten Arm. Shafiullah, sieben Jahre, verlor eine Hand bei der Bombardierung ihres Dorfes. Und der zehnjährige Mozafar verlor einen Arm.

Diese vier Kinder haben noch Glück gehabt. In ihrem Dorf ist es üblich, bei solchen Verletzungen die Blutgefäße abzubinden. Dann verbrennt man Stoff, um mit der Asche die Blutung zu stoppen. Um den Schmerz zu dämpfen, werden Gebete gespro-

chen. Tausende von Kindern sind auf dem Weg nach Pakistan
ums Leben gekommen.
»Auch wenn ich einen Arm verloren habe«, meint Mozafar,
»kann ich immer noch mit meinem anderen Arm kämpfen.«
»Die Leute, die uns das angetan haben, sind Ungläubige«, sagt
Shafiullah. »Diese Kinder kennen nichts anderes als den
Krieg«, sagt Dr. Mojaddidi, der bereits vierundneunzig Mit-
glieder seiner Familie in den Kämpfen verloren hat. »Alles,
was wir haben, geben wir für Allah hin. Wenn ein Mann einen
Sohn verliert, schickt er seinen zweiten Sohn los. Wenn er
auch diesen verliert, schickt er den dritten. Wenn er auch die-
sen verliert, schickt er den nächsten Sohn. Und den nächsten,
und den nächsten, und den nächsten. Bis nur noch die Eltern
übrigbleiben.« (New York Times)

10 Uhr vormittags. Wir befinden uns in der Tisch School of the
Arts, die zur New York University gehört, Ecke 2nd Avenue
und 7th Street. Vier Tage lang werden wir hier drehen. Heute
filmen wir das Streichquartett, dem die kultivierte Familie am
Radiogerät gelauscht hat (Sequenz 17). Dann wollen wir drehen, wie Sally den Erwachsenen-Kursus besucht, um ihre Rhe-
torik zu verbessern (Sequenz 140). Und an den übrigen drei Tagen wollen wir die *Herbie Hanson Show* aufnehmen (Sequenzen 103 bis 106).
Barbara Heller von der Aufnahme-Crew stellt mir Santos Fahrer vor. Er ist freier Autor wie ich und schreibt regelmäßig für
den Kulturteil der *Vogue*.
Im Garderoben-Raum, der auch als Vorbereitungszimmer
dient, stimmen die vier Musiker ihre Instrumente. Vier Statisten hängen hier müßig herum. Sie machen seit vier Tagen bei
diesem Film mit, waren im Rye Playland und in der Good
Shepherd Church dabei und haben jetzt nichts mehr zu tun.
Gut, sie werden zwar bezahlt, aber sie wollen keine Karriere im
Nichtstun beginnen. Heute, hoffen sie, wird ihr Tag sein. Mit
Walkman und Lektüre schlagen sie die Zeit tot.
Wir erfahren, daß zwei Neuaufnahmen gemacht werden: die
Matrosen auf dem Deck und die Rienzi-Szenen.

11 Uhr vormittags. Die Szene mit dem Quartett wird in einem Tanzsaal gedreht; wir filmen in einer Ecke des Raums. Carlo leuchtet aus, und Frankie beschwert sich über die Akustik. Anders als sonst geht Woody während der Vorbereitungen nicht in seinen Wohnwagen, sondern bleibt bei uns. Er hat sich in eine Ecke zurückgezogen, hockt auf einer Kiste und liest wieder in Kays Drehbuch. So, wie er dasitzt, mit seinem Jackett und der Kappe, sieht er fast aus wie Charlie Chaplin, wenn er irgendwo auf den Stufen hockt und in der Dunkelheit vor Kälte schlottert.

Bobby Ward erzählt mir von früher, als er zusammen mit Boris Kaufman bei den ersten Filmen von Sidney Lumet mitgearbeitet hat: *Twelve Angry Men* (1957), *That Kind of a Woman* (1959) und so weiter. Boris Kaufman ist der Bruder von Dziga Vertov und war Chefkameramann bei den Filmen des französischen Regisseurs Jean Vigo. Für *On the Waterfront* hat er 1954 den Oscar bekommen.

11.30 Uhr vormittags. Aufnahme 17: Eine Totale mit den Musikern, die Mozarts Quartett Nr. 19 in C-Dur spielen. *(20 Sekunden)*

Das Quartett besteht aus einem älteren und einem jüngeren Paar, in Anspielung auf die kultivierte Familie. Die ältere Frau beschwert sich, weil die Aufstellung der Stühle in einer Reihe nicht den Gepflogenheiten entspricht. Bevor sie zu spielen beginnen, hören sie sich, um das richtige Tempo zu treffen, die Tonbandaufnahme der Rundfunksendung an, der die kultivierte Familie lauschte.

Einstellung 1: Woody gibt mit einem Kleiderbügel den Takt an und hängt ihn dann Jeffrey an den Sweater.

Einstellung 2: Woody möchte mehr Tempo und Schwung.

Einstellung 3: Woody bittet die Musiker, ihre Bewegungen zu übertreiben, damit sie wie Karikaturen ihrer selbst aussehen. Das bringt die ältere Frau zum Lachen.

(Die 3 Einstellungen werden kopiert.)

12 Uhr mittags. Der Erwachsenen-Kursus wird einen Stock hö-

her in einem ähnlichen Raum gedreht, der einen Dielenboden hat. Er sieht aus wie ein kleiner Gymnastikraum. Zwei Wände sind aufgestellt worden, um das Klassenzimmer abzuteilen. Nachdem Woody mit Carlo die erste Kameraeinstellung ausgesucht hat, spaziert er eine Weile auf und ab, sieht sich das Klavier an, zögert einen Moment – und stürzt dann plötzlich hinaus.

12.30 Uhr mittags. Auf jeden Tisch im Klassenzimmer wird ein Exemplar des Buches *The Voice: Its Production and Reproduction* von Douglas Stanley und J. P. Manfield gelegt. Zumindest steht dieser Titel auf den Umschlägen. Der Untertitel lautet: »Wie Sie es schaffen, auch wenn Sie knapp bei Kasse sind«. Zwei riesige Neonbuchstaben – O und T (aus dem Wort »Hotel«) – leuchten durch das Fenster. Sie hängen am Kran eines Lastwagens, der in der 2nd Avenue geparkt ist. Ein paar Bühnenarbeiter sind mit dieser Aufgabe beschäftigt. Carlo scheint fertig zu sein, aber wir müssen trotzdem noch warten. Einige meinen, es sei wegen der Neonbuchstaben, andere sagen, wegen der Beleuchtung im Raum (Carlo möchte die Kronleuchter verwenden, aber sie haben keine passenden Lampen dafür), wieder andere meinen, es sei wegen Sally.
Kay arbeitet an ihren Aufzeichnungen, Louis träumt vor sich hin, Frankie liest im *Stereophile*-Magazin, und Dickie studiert die *New York Times*.

1.40 Uhr nachmittags. Sally kommt an, zusammen mit Andrew, dem Baby Dylan und einem hinreißend schönen Aupair-Mädchen, das aussieht wie ein Fotomodell.
Wir machen Mittagspause.

3.30 Uhr nachmittags. Wenn Baby Dylan mit dabei ist, zieht sich das Mittagessen in die Länge. Wie sich herausstellt, lag die Verzögerung an den fehlenden Kronleuchter-Lampen. Die Elektriker hatten nicht die passende Größe dabei. Die erwachsenen Schüler kommen der Reihe nach herein. Zuerst die Leute vom Hintergrund, dann das Ekel (Bill Hugh Collins), die Haus-

frau (Yvette Edelhart), der Lehrer (Edward S. Kotkin) und die
Studenten Nr. 1, 2 und 3. Schließlich kommen auch noch die
beiden Statisten, die sich über ihre Untätigkeit beklagt hatten.
Woody, der zwischen Carlo und Jeffrey steht, wirkt zufrieden.
Die Darsteller werden plaziert. Sally ist bei dieser Aufnahme
nicht dabei. Woody will diesmal keine Probe, sondern gleich
drehen.
Aufnahme 140: Die Kamera steht hinter den Studenten und
blickt ihnen über die Schulter in Richtung auf den Lehrer, der
vorspricht: »Horch! Ich höre die Kanonen donnern. Nähert
sich uns der König?« *(4 Sekunden)*
(5 gefilmt und 2 kopiert)

4 Uhr nachmittags. Carlo stellt für die nächste Aufnahme die
Beleuchtung ein. Jaqui Safra (Student Nr. 3), derjenige mit
dem französischen Akzent, spielte in *Stardust Memories* den
Ehemann von Woodys Schwester, der ständig irgendwelche
Herzanfälle hatte, aber trotzdem nie aufhörte, im Schlafzimmer zu trainieren. Er scheint mit Woody und Sally eng befreundet zu sein.
Während die drei miteinander reden, versucht Brian sich mit
aller Vorsicht an das Au-pair-Mädchen heranzumachen. Sie ist
eine Schönheit, großgewachsen und schlank, nicht geschminkt, mit der Figur einer Tänzerin. Aber als Woody und
Sally hinausgehen, folgt sie ihnen, und Brian schleicht enttäuscht zu Drew hinüber.

4.30 Uhr nachmittags. Carlo ist soweit. Zwei riesige Scheinwerfer auf dem Dach strahlen auf die Fassaden der Häuser in
der 2nd Avenue und beleuchten so die ganze Straße. Aber es ist
noch nicht dunkel genug, und in den nächsten beiden Aufnahmen ist auch das Fenster im Bild. Also warten wir, bis es finster
wird.
Im Raum nebenan spielt Woody mit Baby Dylan. Louis, Andrew, Mickey, Hammer und ich machen das »Henker«-Spiel.
Heute haben sich die Produzenten nicht sehen lassen. Ist vielleicht auch besser so.

5.10 Uhr nachmittags. Es ist dunkel genug. Die Kursteilneh-mer werden hereingebracht.

Aufnahme 140 A: Wir beginnen mit einer Totalen von der Klasse, dann zoomt die Kamera auf das Ekel, der die Sentenz re-zitiert. *(11 Sekunden)*

Sally ist ein wenig müde. Anmutig legt sie den Kopf auf ihren Arm. Auf den Holzboden wird Wasser gesprengt, damit der Kameramann keine störenden Geräusche verursacht.

Woody bittet das Ekel, die Sentenz das eine Mal richtig und das andere Mal verstümmelt zu bringen: »Hör, der König kommt. Nähert sich die Kanone?« sagt er. Hinter der Kamera kichert Dickie. Und bei jeder Einstellung verändert das Ekel seinen Satz.

(3 gedreht und 3 kopiert)

Aufnahme 140 B: Eine Großaufnahme vom Gesicht des Stu-denten Nr. 1, dem Streber, der die Sentenz fehlerfrei spricht. *(4 Sekunden)*

War aber überhaupt nicht komisch.

(2 gefilmt und 1 kopiert)

Aufnahme 140 C: Jetzt ist eine ältere Dame dran. *(4 Sekun-den)*

Sie ist zwar eine Statistin und war nicht vorgesehen für eine Sprechrolle, zitiert aber die Sentenz ohne Schwierigkeiten.

(2 gefilmt und 2 kopiert)

Aufnahme 140 D: Der Student mit dem französischen Akzent ist dran, ebenfalls in Großaufnahme. *(4 Sekunden)*

Jetzt kichern auch Woody und Sally, und am Schluß lachen alle mehr oder weniger. Schon in der ungeschnittenen Fassung wirkt das ständige Wiederholen des Zitats sehr komisch.

(5 gefilmt und 4 kopiert)

Aufnahme 140 E: Die Hausfrau ist an der Reihe. *(4 Sekun-den)*

»Ich höre die Kanone donnern. Wahrscheinlich kommt gleich jemand.«

Jetzt halten sich alle die Bäuche vor Lachen.

(4 gefilmt und 3 kopiert)

Für die letzte Aufnahme in dieser Serie muß die Kamera umgestellt und das Licht neu eingerichtet werden, weil Sally ganz hinten im Klassenzimmer sitzt und Carlo sie gut aufs Bild bringen will.

6.15 Uhr abends. Aufnahme 140 F: Eine Großaufnahme von Sally, wie sie die Sentenz wiederholt, nachdem der Lehrer, der nicht zu sehen ist, sie vorgesprochen hat. *(10 Sekunden)*
»Horch, ich hör die Kutsche kommen...«
Kein Problem.
(3 gefilmt und 3 kopiert)
»Gestorben!« um 6.30 Uhr abends.

Freitag, 20. Dezember 1985

Ted Nixes bewirbt sich '88 um die Präsidentschaft. (Daily News)
Auf der verunglückten Fähre befanden sich 200 Menschen, wovon 85 gerettet wurden. 125 Tote! (New York Times)
In Frankreich soll in der Umgebung von Paris ein Disneyland entstehen!

9 Uhr vormittags. Wir sind wieder in der Tisch School of the Arts, im fünften Stock, um die *Herbie Hanson Show* (Sequenzen 103 bis 106) zu drehen. Das Szenenbild für die Show besteht aus hohen, rosafarbenen Wandpaneelen mit Stoffbespannung, einer schmalen Bühne, auf der für jeden Musiker ein Notenpult mit dem Schriftzug »Herbie Hanson« steht, den Sitzreihen und der Aufnahmekabine für den Tontechniker im Hintergrund. Der Boden ist mit schimmerndem schwarzen Plastik ausgelegt. Carlo und die Jungs vom Team richten das Licht ein.
Im Vorbereitungsraum warten 120 Statisten. Woody hat diese Leute im Drehbuch als »Alptraum-Besetzung« bezeichnet, und das sind sie tatsächlich. Todd Thaler, der für ihre Auswahl verantwortlich war, hat sich selbst übertroffen. Für die Salad Si-

sters bleibt nicht mehr viel zu tun, um die Statisten in jene »Alptraum-Besetzung« zu verwandeln, die Woody haben will. Wenn man einige so sieht, muß man sich fragen, ob sie den Tag über durchhalten werden: alte Leute, junge Leute, manche sehen so aus, daß man Angst bekommt, andere haben einen Blick wie Geistesgestörte, auch ein achtzehnjähriges behindertes Mädchen ist dabei. All diese Leute sind bereits seit 6 Uhr morgens hier, und die PAs, die Leute von der Maske und die Kostümbildner sind bereits am Ende ihrer Kräfte. Es gibt hier nicht sehr viele hübsche Mädchen; man merkt es daran, daß Brian nicht herumschleicht.

Rebecca, so heißt das schöne Au-pair-Mädchen, lebt in Brooklyn. Eigentlich ist sie Malerin. Sie betreut das Baby Dylan nur solange, wie Sally mit den Dreharbeiten beschäftigt ist. Für Filme interessiert sie sich sehr. Sie hat selber schon einige Kurzfilme gedreht, in der Zeit, als sie einen Kursus an der New School besuchte. Deshalb hat sie diesen Job angenommen.

11 Uhr vormittags. Liz hat mir gerade erzählt, Rebecca sei die Tochter von Arthur Miller!

Carlo ist fertig, darum mustert Woody jetzt alle Statisten, um sie einer der beiden Gruppen, A oder B, zuzuteilen, die im Raum getrennt voneinander plaziert werden. Woodys Blick ist teilnahmslos. Man weiß nicht, ob man lachen oder weinen soll, wenn man sieht, wie sie Woody anblicken. Die meisten von ihnen haben schon mit ihm gearbeitet, in der Zug-Szene in *Stardust Memories* zum Beispiel. Weil Fellini ja nicht in New York dreht, ist Woody wahrscheinlich der einzige, der ihnen ab und zu Arbeit verschafft, abgesehen von den Horrorfilm-Produzenten.

11.30 Uhr vormittags. Aufnahme 104: Der Einzug des Publikums. Die Kamera steht im Tonstudio. Die Tür öffnet sich, und die »Alptraum-Besetzung« trampelt zu den Sitzplätzen. *(20 Sekunden)*

Es wurde ihnen gesagt, daß sie hastig zu ihren Plätzen laufen sollen, und in der Probe kriegen sie das wunderbar hin. Tom

bittet sie, nicht zu übertreiben und auf die Kameraschienen achtzugeben. Einige von ihnen gehen am Stock.

Einstellung 1: Eine alte Dame stolpert über die Kameraschiene und fällt hin. Sie hat sich nicht ernsthaft verletzt, aber die Leute laufen zu ihr hin, und wir müssen unterbrechen. Es ist wirklich beeindruckend, wie diese Horde verrückter Leute hereinstürzt. »Sie sind wie die deutschen Krauts*«, wie Pa zu sagen pflegt.

Einstellung 2: Nicht gut. Sam, der die gelähmte Frau in einem schönen alten Rollstuhl aus Holz schiebt, ist zur falschen Zeit losgefahren. Und einige lächeln. »Ihr sollt nicht lächeln«, sagt Tommy zu ihnen.

---

* Im Original heißt es: »They are like the Huns.« *Huns* (Hunnen) ist eine abschätzige Bezeichnung für die kriegslüsternen Deutschen. Der Ausdruck wurde schon während des 1. Weltkrieges im angelsächsischen Raum verwendet. (Anm. d. Übers.)

Einstellung 3: Probleme mit der Kamerabewegung.
Einstellung 4: Gut geworden.
(Einstellungen 2 und 4 werden kopiert)
Wie immer schließt Woody die Aufnahmen möglichst schnell
ab. Während der letzten Einstellung bleibt Woody allein in einer Ecke stehen. Er sieht einsam aus. Die Aufnahme scheint
ihn ein wenig zu deprimieren.

11.50 Uhr vormittags. Jane sitzt auf dem Stuhl des Regisseurs
in einer Ecke der Eingangshalle und kitzelt den kleinen Moses,
dem es zu gefallen scheint. Moses ist Mia Farrows siebtes Kind.
Er ist acht Jahre alt, stammt aus Korea, trägt eine große Brille
und hat ein verkrüppeltes Bein.
Jane nimmt ihn mit in die Szenerie, zu Woody, der gedanken-
verloren in seinem Stuhl hockt. Woody begrüßt ihn herzlich,
nimmt ihn bei der Hand und streichelt ihn. Der Junge bekommt leuchtende Augen, ebenso Woody. Das ist ein wunder-
barer Anblick – das Lächeln des kleinen Moses und Woodys
herzliches, offenes, natürliches und unerwartetes Verhalten.
Woody blödelt mit dem Jungen herum, zieht Grimassen, und
das Kind lacht. Jetzt gesellt sich Andrew, Moses' älterer Bruder, zu der Gruppe. Mit ernstem, verantwortungsbewußtem
Blick sieht er ihnen zu und zeigt nicht die geringste Spur von
Eifersucht.

12.15 Uhr mittags. Aufnahme 104 A: Die gleiche Handlung
(die Menge strömt herein), aber die Kamera steht jetzt im Hintergrund des Raums und filmt aus einem anderen Blickwinkel.
Eine Frau rutscht aus und schlägt mit dem Kopf auf. Sie scheint
sich weh getan zu haben, macht aber weiter.
(1 gefilmt und 1 kopiert)
Wir gehen zur nächsten Aufnahme über.

1.50 Uhr nachmittags. Wir wollen die Zwischenschnitte mit
dem Herbie-Hanson-Publikum und den bezahlten Lachern
drehen. Woody dreht die Zwischenschnitte bei einer Show im-

mer separat und filmt die Show ohne Publikum. Bei *Annie Hall* war er so routiniert, daß er seine Späße vor einem leeren Raum machte. Und als das Publikum schließlich gedreht wurde, wußte es nicht, worüber es lachte.

Die bezahlten Lacher kommen herein, zwei Frauen (Amelia David und Robin Smith) und ein Mann (Steve Leibman). Dann kommt auch Sally, die ebenfalls einen Job als Lacherin hat; sie ist ganz in Rot gekleidet. Woody hat ihr einen Mantel um die Schultern gelegt, und sie gehen gemeinsam zu ihren Plätzen inmitten der »Alptraum-Besetzung«. Brian läßt mich raten, wer der Mann sei, der sich als Frau verkleidet hat – die Kostüm-Leute haben ihn heute morgen entdeckt. Ich kann ihn bzw. sie nicht finden, deshalb zeigt ihn mir Brian. Er bzw. sie sieht wirklich hinreißend aus. Bei *Manhattan* hatten sie als Double für Mariel Hemingway eine schöne Frau gebraucht, und dann stellte sich heraus, daß es ein Mann war.

Aufnahme 106 A: Das Publikum klatscht.

(1 gefilmt und 1 kopiert)

Aufnahme 106 B: Das gleiche wie vorher, aber die Kamera schwenkt über das Publikum und fährt an Sally und an die bezahlten Lacher heran.

Eine Frau ist eingeschlafen. Tom bringt das mit seiner donnernden Stimme sofort wieder in Ordnung.

(2 gefilmt und 2 kopiert)

Aufnahme 106 D: Ein richtiges Lach-Konzert.

Woody steht vor den Leuten und dirigiert.

Einstellung 1: Die vier bezahlten Lacher und Sally lachen allein. Das Publikum reagiert nicht.

Einstellung 2: Sie lachen immer noch allein; die anderen drehen sich zu ihnen um.

Einstellung 3: Die bezahlten Lacher tun etwas für ihr Geld. Der eine oder andere aus dem Publikum beginnt mitzulachen. Am Schluß lachen alle.

(Die 3 Einstellungen werden kopiert.)

Aufnahme 106 E: Sally beginnt zu lachen. Die bezahlten Lacher stimmen ein, dann auch das Publikum.

(2 gedreht und 2 kopiert)

Aufnahme 106 F: Der erste bezahlte Lacher beginnt zu lachen, erhebt sich, immer noch lachend, von seinem Sitz – und das Publikum applaudiert ihm. Der zweite macht es genauso, dann der dritte. Und schließlich erhebt sich eine lachende Sally und wird ebenfalls beklatscht. *(20 Sekunden)*
Und jetzt lachen wir übrigen auch schon.
»Ausgezeichnet«, meint Woody.
Um 2 Uhr nachmittags gehen wir in die Mittagspause.

3.30 Uhr nachmittags. Ich steige zusammen mit den bezahlten Lachern die Treppe hinauf. »Auf Parties sind wir immer ein großer Erfolg«, erzählt mir eine der beiden Frauen. Aber der Mann ist erschöpft; Lachen ist eine harte Arbeit.
In der Szenerie spielt Woody mit Ezra Schach; das Spielbrett haben sie auf das Klavier gestellt. Und der Statist, der den Gelähmten spielt, stopft sich Taschentücher in die Schuhe (?).

4 Uhr nachmittags. Aufnahme 106 H: Das Publikum verläßt nach der Bekanntgabe der Kriegserklärung den Saal. *(10 Sekunden)*
Zwischen den einzelnen Einstellungen geht Woody immer wieder an sein Schachbrett zurück.
Einstellung 1: Woody zur Menge: »Ich habe schlechte Nachrichten für euch.« Sie hören ihm zu, erfahren von der Kriegserklärung und verlassen den Saal.
Einstellung 2: Woody bittet sie, den Saal schneller zu räumen.
(Die beiden Einstellungen werden kopiert.)
Dann läuft Woody wieder zu seinem Schachspiel.

4.30 Uhr nachmittags. Heute gibt es ein besonderes Weihnachts-Gewinnspiel: eine Karte – zwanzig Dollar. Der erste Preis sind 600 Dollar. Ich habe keine Lust. Moses und Jane spielen zusammen. Der Kapellmeister in der *Herbie Hanson Show* ist der gleiche wie im *Silberdollar Hauptgewinn*. In Wirklichkeit ist er der Musikarrangeur des Films und arbeitet mit Dick Hyman. Er ist es müde, ständig so zu tun, als dirigiere

er, und außerdem ist er ein wenig enttäuscht, weil er nicht weiß, ob man ihn im fertigen Film überhaupt zu Gesicht bekommen wird.

Während Carlo für die nächste Aufnahme das Licht einrichtet, machen Woody und Ezra mit ihrem Schachspiel weiter. Woody scheint heute etwas launisch zu sein; sein Interesse an den Aufnahmen ist nicht besonders groß. Als Tom ihm eine Frage stellt, gibt er ihm gequält eine kurze Antwort und wendet sich wieder seinem Spiel zu.

Und Jane ist am Ende ihrer Kraft. Oft arbeitet sie bis 10 Uhr abends, auch am Wochenende, und sie hat im Jahr nur zwei Wochen Urlaub – wenn sie ihn überhaupt nimmt! Seit *Broadway Danny Rose* arbeitet sie mit Woody zusammen; sie ist irgendwann einmal bei den Dreharbeiten aufgetaucht. Zuvor hatte sie für NBC bei der Sendung *Saturday Night Live* gearbeitet. Aber sie ist glücklich darüber, mit Woody arbeiten zu können, und die beiden sind mehr als nur befreundet. Ich schlage ihr vor, daß sie dieses Buch schreiben soll. Aber sie meint, das ginge nicht, sie würde gerichtlich belangt werden. Sie weiß einfach zuviel.

Im Vorbereitungsraum spielt sich eine »Katastrophe« ab, wie Carlo sagen würde. Die 120 Statisten haben jetzt Feierabend. Sie sollen aber vorher ihre Kostüme zurückgeben und Formulare mit ihrem Namen und ihrer Adresse ausfüllen. Einige von ihnen haben damit aber erhebliche Schwierigkeiten, weil sie körperlich oder geistig behindert sind. Die PAs sind mit ihrem Latein am Ende. Seit fast zwölf Stunden schon betreuen sie diese Leute.

5.30 Uhr nachmittags. Wir wollen jetzt Herbie Hansons (Steve Mittleman) Auftritt auf der Bühne drehen. Die Kamera blickt jetzt in die entgegengesetzte Richtung, im Vordergrund sieht man die Rücken der Statisten. Zehn Leute bilden das Publikum; sie wurden so gesetzt, daß sie das Bild ausfüllen. Der Transvestit ist noch dabei, er sitzt neben einem unscheinbaren Mann, der sich nicht belästigt zu fühlen scheint. Weiß er, wer neben ihm sitzt?

Aufnahme 106 C: Der Ansager (Ed Herlihy) eröffnet die Show: »Die Vereinigte Lebensversicherungsgesellschaft präsentiert Ihnen...« Das Publikum klatscht, und die Kapelle spielt einen Tusch. Dann liest er seinen Lebensversicherungs-Werbespruch vor; »Wenn Sie sterben, heimgehen, und diese Welt für immer verlassen...« Und der Werbetext endet damit: »...denken Sie daran, das Leben ist kurz, aber der Tod währt ewig! Und nun Herbie Hanson!« Noch während das Publikum klatscht und die Kapelle spielt (es vortäuscht), betritt Herbie die Bühne. Er beginnt die Show mit ein paar Witzen.

(3 gefilmt und 2 kopiert)

Fertig um 6 Uhr abends.

Auf der Treppe stoße ich fast mit Woody und Little Moses zusammen. Ich danke ihm noch einmal und erzähle ihm, daß ich eine Woche fehlen werde. Woody wünscht mir eine schöne Reise und frohe Weihnachten.

Vergangenen Freitag auf den Flughäfen von Rom und Wien: Terroristen schleudern Handgranaten und schießen mit Maschinenpistolen auf Gruppen von Urlaubern, die an den Schaltern der El-Al-Fluggesellschaft ihr Gepäck einchecken. Es gab 16 Tote und 113 Verwundete. Ron beschuldigt Libyen.
235 polnische Touristen, die am Weihnachtsabend per Schiff eine Einkaufsfahrt nach Westdeutschland unternommen hatten, weigerten sich, nach einem Landausflug nach Polen zurückzukehren. (New York Times)
Ron und Gorbi kamen darin überein, auf Video aufgezeichnete Neujahrsgrüße von drei bis fünf Minuten Länge auszutauschen, die von den Fernsehstationen in den USA und in der Sowjetunion ausgestrahlt werden sollen. (New York Times.)
»Die Sache ist die, beide Seiten wollen uns umbringen. Und weil beide Seiten uns umbringen wollen, mögen wir keine der beiden.« Die Zivilbevölkerung steht im Kreuzfeuer des Krieges zwischen der regierungstreuen Front for the Liberation of Mozambique und der Rebellenarmee der Mozambique National Resistance. Immer mehr Zivilisten fliehen aus Mozambique nach Südafrika. Soldaten wie Aufständische kommen gewöhnlich nachts; sie töten, vergewaltigen und brennen alles nieder, so daß die Zivilisten sich während der Nachtstunden im Unterholz verstecken müssen, wo sie Gefahr laufen, von Löwen und anderen wilden Tieren angefallen zu werden. Mehr als 100 000 Menschen sind im letzten Jahr geflohen. (New York Times)

8.30 Uhr morgens, in der Julia Richman High School, an der East 67th Street.
Wieder bei den Dreharbeiten, nach einer Woche Abwesenheit. Alle sind herzlich und freundlich. Ich schüttle Woody die Hand; er hat sich anscheinend über Weihnachten die Haare schneiden lassen. Wie immer ist Barbara überall gleichzeitig. Der Sohn von Jimmy Sabat kommt uns wieder einmal besuchen.

In der Weihnachtswoche ist nicht viel passiert. Am Montag wurde die *Herbie Hanson Show* abgedreht. Am Dienstag fielen die Dreharbeiten aus, weil Woody krank war – das erste Mal in seiner Karriere. Am Donnerstag morgen wurde die USO-Szene neu aufgenommen: Sally trug ein anderes Make-up, und sie sang »I Don't Want to Walk Without You« in viel langsamerem Tempo, was die Atmosphäre der Szene vollkommen veränderte. Nachmittags wurde dann die Show *Der Goldene Mittelweg* (The Gay White Way) (Sequenz 144) gedreht, wo Sally, nun ein Rundfunk-Star, ihre Show à la »Hedda Hopper« vorführte. Am Freitag morgen war *Raten Sie die Melodie* dran, wo die Burglars den Hauptpreis gewinnen, während sie das Haus der Needlemans ausräumen (Sequenz 73). Nachmittags wurde dann *Die Talentjagd* gedreht (Sequenz 47), mit der singenden Hausfrau, dem Zahnarzt, der Harmonika spielt, der Telefonvermittlerin, die wie ein Affe spricht, und den übrigen. Wir wollen hier die Szenen im Klassenzimmer drehen (Sequenzen 21, 35 und 134). Schauplatz ist eines der oberen Stockwerke der Julia-Richman-Schule, wo einige Klassenräume mit Plakaten aus jener Zeit ausstaffiert wurden. 37 Kinder sind heute da, zusammen mit 37 Müttern, außerdem noch Burts Großvater, der sich einen Walkman aufgesetzt hat. Geplant sind zwei Nachaufnahmen: Herbie Hanson (Woody war mit dem Szenenbild nicht zufrieden) und Rienzi.

9.50 Uhr vormittags. Aufnahme 21: Die Lehrerin (Mindy Morgenstern) schreibt etwas an die Tafel. Im ganzen Raum pfeifen die Kinder auf den Ringen des Maskierten Rächers. Die Lehrerin dreht sich abrupt herum, um einen der Jungs zu erwischen. *(11 Sekunden)*
Es geht alles glatt.
(3 gedreht und 2 kopiert)
Carlo arbeitet an der nächsten Aufnahme und stellt die Kamera in der entgegengesetzten Richtung auf.

10.40 Uhr vormittags. Alle Kids sind wieder da, inklusive Little Joe, Burt, Dave, Nick, Andrew, Little Evelyn, Little

Linda, Little Arnold (David Mosberg), Little Ross (Ross Morgenstern) und der übrigen. Sie sitzen im Klassenzimmer, jeder hat den Ring des Maskierten Rächers, und sie halten die Augen auf Woody gerichtet. Er steht neben der Kamera und gibt ihnen Regieanweisungen. Einige müssen die Sitzplätze tauschen, dann kann's mit der Aufnahme losgehen.

Aufnahme 21 A: Aus der Sicht der Lehrerin: Das Klassenzimmer in der Totalen, mit Little Joe und seiner Bande. Sie pfeifen auf den Ringen des Maskierten Rächers, stecken sie dann aber ganz schnell weg und setzen Unschuldsmienen auf.
(2 gefilmt und 2 kopiert)

11.10 Uhr vormittags. Die Kinder bleiben im Zimmer, während Carlo noch etwas an der Beleuchtung verbessert.

Aufnahme 21 B: Die gleiche Weitwinkelaufnahme wie zuvor, nur erscheint jetzt die Lehrerin im Bild. Sie geht zwischen den Bankreihen hindurch und hält Ausschau nach den Missetätern. Als sie am anderen Ende des Zimmers angelangt ist, pfeifen die Kinder erneut auf ihren Ringen. Sie dreht sich schnell um, mit wütendem Blick. Die Kamera zoomt auf ihr Gesicht. *(20 Sekunden)*

Woody selbst gibt den Kindern das Stichwort. Die Aufnahme wird etwas mühselig, weil einige Kinder entweder in die Kamera oder zu Woody schauen.
(7 gefilmt und 3 kopiert)

Woody läßt eine Rohfassung vom Pfeifen der Kinder machen. Dann werden die Kinder hinausgebracht, damit Carlo und Woody die nächste Aufnahme vorbereiten können, das »Zeigher-und-erzähl-Spiel« (Sequenz 35 B).

11.30 Uhr vormittags. Carlo und Woody sind allein im Klassenzimmer und diskutieren, wo man die Kamera am besten aufstellen soll. Woody geht die geplanten Bewegungen der Kinder einzeln durch. Zuerst macht er Little Evelyn nach, wie sie an die Tafel vorgeht, dann setzt er sich auf Little Arnolds Platz in der ersten Reihe, dann auf den Platz von Little Ross, der in einer Ecke sitzt und sich über den Ring des Maskierten

Rächers unterhält, und schließlich simuliert er die Reaktionen von Little Joe. Carlo sieht aufmerksam zu. Es wird kaum gesprochen. Alles wird durch Gesten angedeutet – der Blickwinkel der Kamera, die Kamerabewegungen – und immer so kurz wie möglich. Es wird beschlossen, daß die Szene in zwei Aufnahmen unterteilt werden soll. Zuerst ein »Master Shot«* mit den drei Schülern und ihrem »Zeig-her-und-erzähl-Spiel«: Little Evelyn und das Flaschenschiff, das ihr Bruder gemacht hat, Little Arnold mit dem Präservativ, das er im elterlichen Schlafzimmer gefunden hat, und Little Ross mit dem berühmten Ring des Maskierten Rächers, den er für fünfzehn Cent erstanden hat. Anschließend soll eine weitere Aufnahme gedreht werden, die Little Joes Reaktion zeigt, als er den Ring des Maskierten Rächers von Ross sieht. Carlo macht sich an die Arbeit.

12 Uhr mittags. Weil die echte Sonne immer stärker durch das Fenster hereinleuchtet und sich mit unserer Sonne vermischt (den riesigen Scheinwerfern auf dem Kran draußen auf der Straße), will Carlo bis zur Abenddämmerung warten. Wir gehen deshalb zur nächsten Szene über, zu Miss Gordons Eintreffen im Klassenzimmer (Sequenz 134). Es soll in einem Raum unten in der Halle gedreht werden, deren Fenster auf eine andere Straße hinausgehen.
12.30 Uhr mittags. Miss Gordon, in hochhackigen Schuhen, unterhält sich draußen vor dem Klassenzimmer mit dem kleingewachsenen Rektor Peters (Henry Cowen), während Woody mit Brian plaudert. Aber Rektor Peters ist nicht besonders gesprächig, und so kommt es zur Verbrüderung zwischen Miss Gordon und mir, da wir beide in Kalifornien leben. Sie erzählt mir, daß sie in *Zelig* eine Kommentarstimme gesprochen hat und daß sie nach ihrem Striptease in Rockaway nach Los Angeles zurückfahre. Bedauern würde sie es nicht, die Schauspielerei aufgegeben zu haben, und ihre Arbeit bei der HBO als Feuil-

---

* Meist in der Totale oder Halbtotale durchgedrehte Einstellung, die beim Schnitt als Grundlage für eine Szene genommen werden kann. (Anm. d. Übers.)

letonistin gefalle ihr sehr gut. Die Mutter von Miss Gordon ist Italienerin, sie selbst wurde in Rom geboren. Aber ihr Vater stammt wie Polly Phelps aus Pennsylvania, und sie bevorzugt das milde Klima Kaliforniens.

In der Zwischenzeit bringen die Jungs vom Team unsere Sonne in die andere Straße.

1 Uhr mittags. Die Kids sind wieder im Klassenzimmer und setzen sich auf ihre Plätze. Woody ist mitten unter ihnen und verhält sich auch so wie ein Schuljunge; mit kindlichen Bewegungen begibt er sich auf seinen Platz. Das sieht sehr komisch aus, aber nur wenige bemerken es, was Woody nichts ausmacht; Hauptsache, ihm selbst macht es Spaß.

Aufnahme 134: Eine Totale mit den Kids, die ein wahres Chaos aufführen. Little Joe schreit: »Der Rektor kommt«, und alle verstummen. *(15 Sekunden)*

Die Kids beginnen miteinander zu schwätzen und werden dabei immer lauter. Woody hat eine Idee: Er will die Kamera laufen lassen, ohne daß sie es merken, aber es klappt nicht. Rektor Peters lugt ab und zu durch die Tür herein, lächelt und findet die ganze Sache ziemlich unsinnig. Woody versucht immer wieder, genau das hinzukriegen, was er haben möchte: einen wilden Tumult mit einem abrupten Ende.

(14 gefilmt und 7 kopiert)

Um 2 Uhr nachmittags geht es in die Mittagspause.

3.30 Uhr nachmittags. Aufnahme 134 B: Eine Totale von der Klasse, wie sie reagiert, als Rektor Peters und die Hilfslehrerin, Miss Gordon, ins Klassenzimmer kommen. Die Kamera zoomt auf Little Joe, Burt und Andrew, die völlig verblüfft schauen.

Woody erklärt den Kids die Szene. Dann geht er die Bankreihen entlang, verpaßt Burt spielerisch einen Knuff und setzt sich auf seinen Platz, um zu zeigen, wie's gemacht werden soll. Er mimt es überdeutlich, beißt in sein Buch und zieht Grimassen (und sieht dabei aus wie der Wolf aus den Comic-Heften von Tex Avery, als er das Pin-up-Mädchen entdeckt). Die Kids lachen aus vollem Halse; es ist ungeheuer komisch, und

Woody macht es großen Spaß. Am Schluß applaudieren sie ihm sogar. Dann aber kehrt er zurück in seine Rolle als Regisseur und macht ein sehr ernstes Gesicht. Diese Zwischenspiele kommen immer unerwartet. Er spielt sie am liebsten aus dem Stegreif; es ist ihm geradezu ein Bedürfnis.
(5 gefilmt und 3 kopiert)
Jetzt kommt eine Serie von Großaufnahmen: die Gesichter von Little Joe und seiner Bande, wie sie die Überraschung verdauen.
134 C: Eine Großaufnahme der Gesichter von Little Joe und Andrew. *(5 Sekunden)*
Wieder und wieder erklärt Woody ihnen bis ins Detail, was sie zu tun haben: die Augen aufreißen und vor Staunen den Mund öffnen; und er leitet sie auch die ganze Einstellung hindurch an. Das ist möglich, weil der Ton nicht mit aufgenommen wird. Weil Little Joe fast schon ein Profi ist, darf er improvisieren.
(3 gefilmt und 3 kopiert)

134 D: Das Gesicht von Burt in Großaufnahme.

Er hat ein so unglaubliches Gesicht, mit seinem hervorspringenden Pferdegebiß ist er für alles, was Woody von ihm verlangt, geradezu prädestiniert.

(1 gefilmt und 1 kopiert)

134 F: Das Gesicht von Dave in Großaufnahme.

(1 gefilmt und 1 kopiert)

Die Reaktionen auf den Gesichtern der Kids vermitteln einem das Gefühl, als hätten sie eben Miss Gordon durch das Fenster erblickt; es ist hier allerdings nicht so kalt wie auf dem Dach.

Bei jeder neuen Einstellung muß Carlo das Licht ein wenig verändern.

Die Sequenz wird um 4.45 Uhr abgeschlossen.

5 Uhr nachmittags. Aufnahme 134 G: Großaufnahme der Gesichter zweier kleiner Mädchen, die Rektor Peters hereinkommen sehen.

(3 gefilmt und 3 kopiert)

Jetzt wird die Kamera auf die Aufnahme in entgegengesetzter Perspektive, in Richtung auf die Tafel umgestellt, und Carlo macht sich an die Arbeit.

Rektor Peters ist weder ein Rektor noch ein Schauspieler; er ist ein ganz gewöhnlicher Mensch, und dies ist seine erste Filmrolle. Eines Abends war er mit seiner Frau, einer Schauspielerin, in einem Restaurant in Greenwich Village beim Essen. Woody saß mit einer Gruppe von acht Leuten am Nebentisch. Als die beiden das Restaurant verließen, lief Jane ihnen auf die Straße nach und fragte ihn, ob er bei einem Film von Woody Allen mitmachen wolle. Was aber noch viel seltsamer ist: Vor einem Jahr sprach ihn mitten auf der Straße eine Frau namens Helen oder Eileen an – er kann sich an den Namen nicht mehr genau erinnern – und erklärte, er sei die perfekte Besetzung in einem Woody-Allen-Film! Sie schrieb sich seine Telefonnummer auf, hat aber nie angerufen. Rektor Peters scheint es Spaß zu machen, aber er ist noch etwas nervös, weil seine Frau ihm gestern noch seinen Text eingepaukt hat, und heute morgen hat er einen neuen bekommen.

5.30 Uhr nachmittags. Die Frau von Jimmy Sabat und seine Tochter sind auf einen Sprung vorbeigekommen. Woody erweist sich Miss Gordon gegenüber als sehr galant (»Er ist der süßeste Regisseur, den ich kenne«, sagte sie mir später), Kay hat einen Nervenzusammenbruch. »Sollte denn Miss Gordon nicht diesen Text sprechen?« fragt sie Woody. »Sie wird einen anderen Text sprechen«, antwortet er. »Das klappt schon«, meint er und tippt sich mit dem Zeigefinger an die Schläfe, »ich hab' alles hier drin.« Woody improvisiert, wo immer es geht, und es scheint ihm zu gefallen. Wenn es sein muß, schreibt er das Drehbuch während der Dreharbeiten, und er bekommt immer genau das, was er will, und nichts anderes. Manchmal ist es, selbst nach zehn Filmen, noch schwierig für Kay, zu erraten, was sich denn genau »da drin« (in Woodys Kopf) abspielt.

5.45 Uhr nachmittags. Aufnahme 134 A: Eine Totale vom Klassenzimmer, über die Schultern der Kids hinweg. Rektor Peters kommt herein und erzählt ihnen, daß sie eine Hilfslehrerin bekommen werden. *(18 Sekunden)*
Es wird viel kürzer als ursprünglich geplant; im Drehbuch stand, daß zwei Jungs miteinander raufen und Rektor Peters sie erst anbrüllen muß, bevor er Miss Gordon ankündigen kann.
(3 gedreht und 3 kopiert)

6 Uhr abends. Woody ist in großartiger Stimmung. Er schlägt mit dem Lineal auf das Pult, damit die Kids wieder zuhören, und nennt sie »Ungeheuer«. Kay hat es inzwischen aufgegeben, herauszufinden, wie es weitergeht.
Aufnahme 134 H: Die Szene beginnt mit einem »Master Shot« auf Rektor Peters, der Miss Gordon bittet, hereinzukommen. »Das sind alles Ihre«, sagt er. Die Kamera schwenkt zur Tür und zoomt auf Miss Gordon, die eintritt. Während der Rektor das Zimmer verläßt, geht sie zum Pult. Die Kamera bleibt weiterhin auf Miss Gordon gerichtet. Sie schreibt, nachdem sie die kleinen Ungeheuer freundlich angelächelt hat, mit einem Stück Kreide ihren Namen an die Tafel. *(35 Sekunden)*
Laut Drehbuch fragt sie die kleinen Ungeheuer nach ihren Na-

men, und als Andrew an die Reihe kommt, verschlägt es ihm die Sprache. Sie geht an die Tafel und wiegt die Hüften, wie Woody vorgeschlagen hat. Die Kids sind überwältigt.

Die Aufnahme macht keine Schwierigkeiten, nur das Tempo beim Hereinkommen und Hinausgehen muß schneller werden.

(6 gedreht und 6 kopiert)

6.15 Uhr abends. Auf einem Plakat über der Tafel steht: BE A LOYAL AMERICAN (Sei ein staatstreuer amerikanischer Bürger). Carlo arbeitet an einer Nahaufnahme von Miss Gordon. Die Kids sind schon gegangen, und Woody sitzt in einer Bank und liest in einem Mathematik-Buch, das er auf dem Pult entdeckt hat. Es scheint ihn zu fesseln. Die Kapitelüberschrift lautet: »Unbeugsame Logik«.

6.30 Uhr abends. Aufnahme 134 J: Eine Nahaufnahme von Miss Gordon, die ihren Namen an die Tafel schreibt und dann beim Umdrehen bemerkt, wie die Kids ihren Hintern bewundern.

Woody überprüft das Wackeln ihres Hinterteils und bittet um mehr Schwung. Zwischen den einzelnen Einstellungen liest er in der »Unbeugsamen Logik«.

(5 gefilmt und 4 kopiert)

Um 6.45 Uhr abends packen wir zusammen.

Dienstag, 31. Dezember 1985

9.30 Uhr vormittags, wir sind wieder in der Julia-Richman-Schule. Die Kids für den Hintergrund werden hereingebracht, während die Salad Sisters die beiden Hauptakteure, Little Joe und Miss Gordon, zurechtmachen. Lark, die älteste von Mia Farrows Töchtern, kommt auf Besuch vorbei, weil ihre Kusine Stephanie, die Tochter von Mia Farrows Bruder, bei der Klassen-Szene mitspielt. Den Kids gefällt es, wieder hierzusein, und sie zeigen sich von der Kamera, der Crew und auch von Woody nicht mehr sonderlich beeindruckt.

Aufnahme 134 K: Miss Gordon ruft Little Joe auf und bittet ihn, an die Tafel zu kommen. Gerade weil sie nicht ihre normale Lehrerin sei, werde sie keine Albernheiten dulden, sagt sie zu ihm. Aber Little Joe beginnt sie zu imitieren, wie sie unter der Dusche tanzt. Mit schockiertem Blick sieht sie ihn an. *(33 Sekunden)*

Anfangs klappt überhaupt nichts in der Szene, aber nach und nach korrigiert Woody jedes einzelne Detail. Zuerst läßt er Little Joe ein wenig widerspenstig sein, als Miss Gordon ihn aufruft (»Ich…?«), dann möchte er, daß Miss Gordon zu sprechen beginnt, bevor sie sich setzt. Und schließlich trällert Little Joe zu seiner Striptease-Imitation: »Mit dem Handtuch… babapuh… unter der Dusche… babapuh… auf dem Boden!« Miss Gordon scheint es klammheimlich Freude zu bereiten, so tun zu müssen, als sei sie entrüstet, nachdem sie begriffen hat, daß Little Joe sie beobachtet haben muß. Wieder einmal muß die Szene gestrafft und das Tempo gesteigert werden, außerdem werden einige Details hinzugefügt und andere gekürzt. »Mach weiter so«, ruft Woody Little Joe zu, als er vor Miss Gordon seinen Tanz aufführt.
(16 gefilmt und 8 kopiert)

10.15 Uhr vormittags. Aufnahme 134 L: Das Gesicht von Nick in Großaufnahme; er sieht Little Joe beim Herumtanzen zu und sagt: »O Gott! Der Junge wird geradewegs in die Hölle kommen!« *(3 Sekunden)*
Ohne daß man ihn im Bild sehen kann, souffliert Woody Nick diese Textzeile.
(3 gefilmt und 2 kopiert)

10.30 Uhr vormittags. Während Carlo mit seiner Arbeit beschäftigt ist, setzt Woody sich an Little Joes Platz, inmitten der Kids (die ihn schon als einen der ihren ansehen), und unterhält sich mit Stephanie, die vor ihm sitzt.
Aufnahme 134 M: Großaufnahme von Little Joes Gesicht, wie

er auf die aufreizenden Bewegungen von Miss Gordon reagiert.

Little Joe zieht seine Show ab. Miss Gordon, hilfsbereit, wie sie einem Künstler-Kollegen gegenüber nun einmal ist, beginnt, mit ihrem Hinterteil zu wackeln.

(1 gefilmt und 1 kopiert)

Wir machen eine Rohfassung der Tonaufnahme im Klassenzimmer. Niemand bewegt sich, und schon ist die Sequenz fertig.

11 Uhr vormittags. Woody und Carlo diskutieren über die Kameraeinstellung bei der nächsten Aufnahme. Sie soll die Szene ersetzen, in der die Kellnerin den Mädchen in der Eisdiele ihre neue WAC-Uniform zeigt; wir hatten diese Szene am zweiten Tag der Dreharbeiten aufgenommen (Sequenz 108). Woody möchte jetzt eine Szene haben, in der die Schüler einen Treueeid auf die Nationalflagge ablegen. Es wird beschlossen, mit einem Schwenk zu drehen: Er beginnt mit dem Blick auf das Plakat BE A LOYAL AMERICAN und führt dann durch das Klassenzimmer, wo die Kinder und die Lehrerin den Eid sprechen. Carlo macht sich an die Arbeit, und Woody sucht nach seinem Mathematik-Buch, wo er das Kapitel über die »Unbeugsame Logik« zu Ende lesen will. Nachdem er auf einigen Tischen nachgesehen hat, findet er es schließlich und vertieft sich darin.

11.15 Uhr vormittags. Barbara macht mich mit ihrem Rabbi bekannt, der mit seiner Frau und seiner Tochter eben mal vorbeischaut. Rabbi Cohen gehört zu den Reformisten und leistet eine Menge an Sozialarbeit. Außerdem ist er ein Fan von Woody. Er zitiert ihn sogar in seinen Predigten, erzählt mir Barbara. Sie bittet mich, ihm zu beschreiben, wie Woody arbeitet.

12 Uhr mittags. Die Kamerabewegung gelingt nicht. Sie ist zu kompliziert, und wegen der Fenster ist auch die Ausleuchtung zu schwierig. Wie dem auch sei, Carlo gibt nicht auf. Dies sind die interessantesten Momente: wenn es Schwierigkeiten gibt

und sie hartnäckig nach Lösungen suchen. Woody hat seine »Unbeugsame Logik« beiseite gelegt. Aber dies ist keine wichtige Szene, und so wird das Problem schnell gelöst: Man verzichtet auf das Plakat BE A LOYAL AMERICAN und vereinfacht somit das Ganze.

12.10 Uhr mittags. Aufnahme R 108: Der Blick fällt zuerst auf die US-Flagge, dann fährt die Kamera zurück und zeigt die Lehrerin und die Kinder, die mit der Hand auf dem Herzen dastehen und den Treueeid auf die Fahne schwören. *(15 Sekunden) (3 gedreht und 2 kopiert)*

12.30 Uhr mittags. Wir wollen gerade mit der Szene beginnen, in der es um den Ring des Maskierten Rächers geht (die Aufnahme soll in einem Raum am anderen Ende der Halle stattfinden), als Woody und Carlo merken, daß wir mit der Sonne das gleiche Problem wie gestern haben werden. Also beschließen sie, hierzubleiben. Jimmy Mazzola bekommt den Auftrag, den Raum umzugestalten, weil die nächste Sequenz vor der Kriegserklärung spielen wird.
Wir machen Mittagspause.

2.30 Uhr nachmittags, wieder bei den Dreharbeiten. Woody hat mit Gene Siskel von der *Chicago Tribune* zu Mittag gegessen. Sie waren im Fortune Garden, einem chinesischen Restaurant an der 3rd Avenue. Wie Siskel erzählt, aß Woody eine doppelte Portion Shrimpklöße, eine Won-ton-Suppe, eine Frühlingsrolle und spülte alles mit einem Heineken-Bier hinunter; es scheint ihm aber ganz gut zu gehen.

3 Uhr nachmittags. Aufnahme 35: Die Lehrerin fordert die Kids auf, an die Tafel zu kommen und ihre »Zeig-her-und-erzähl«-Themen vorzutragen. Als erste ist Little Evelyn mit dem Flaschenschiff ihres Bruders dran. Dann kommt Little Arnold. Die Geschichte vom Präservativ, das er im Nachttisch seiner Eltern gefunden hat, ist ein großer Erfolg. Und schließlich zeigt Little Ross seinen Ring des Maskierten Rächers. *(53 Sekunden)*

Die Aufnahme wird fast eine Minute lang. Mit Little Evelyn gibt es keine Probleme, sie spricht ihren Text sehr natürlich. Little Arnold muß nicht viel sagen. Aber Little Ross scheint seinen Text nicht in den Griff zu bekommen. Der arme Little Ross – entweder vergißt er einen Teil, oder er spricht die Wörter falsch aus. Er gerät fast schon in Panik. Aber Woody findet diesen Effekt gut. Er kürzt den Text von Little Evelyn, bittet Little Arnold, das Präservativ schneller aus der Tasche zu ziehen, und setzt das ängstliche und zögernde Verhalten von Little Ross als komischen Effekt ein. Zwischen den Einstellungen liest Woody wie immer den Unterhaltungsteil der *New York Times*, in dem eine große Anzeige für Sylvester Stallones (*Take the Money and Run*) Film *Rocky IV* zu sehen ist. (Wahrscheinlich wird Woody nächstes Jahr, bei den Dreharbeiten zu seinem neuen Film, in der *New York Times* eine Anzeige für *Rocky V* entdecken.)
(12 gedreht und 3 kopiert)

4.10 Uhr nachmittags. Aufnahme 35 A: Die Kamera zoomt auf Little Joe und zeigt sein Gesicht in Großaufnahme, das voller Entzücken ist über den Ring des Maskierten Rächers. *(4 Sekunden)*
Keine Probleme.
(3 gefilmt und 3 kopiert)
Jetzt noch eine Rohfassung der Tonaufnahme mit Little Ross. Woody setzt sich vor ihn und erklärt ihm sehr ruhig und ernsthaft die Bedeutung, die der Ring des Maskierten Rächers mit seinem Geheimfach für kurze Mitteilungen hat. Vor der Aufnahme wiederholt er noch einmal den Text und versucht Little Ross zu beruhigen. Es ist schwierig, aber der Junge schafft es.

Um 4.30 Uhr nachmittags packen wir zusammen.
Es gibt Champagner und Kuchen. Jeder wünscht jedem ein glückliches neues Jahr. Adriana kommt vorbei, um ihren Mann, Carlo, abzuholen. Woody wünscht allen noch einmal höflich ein gutes neues Jahr und verschwindet anschließend.

Donnerstag, 2. Januar 1986

Reagans und Gorbis Wunsch für 1986: Ein Jahr des Friedens.
(Daily News)
*Reagans Neujahrsansprache wurde letzten Samstag in Los
Angeles aufgezeichnet. Der Präsident saß vor einem dunklen
Hintergrund, hatte Bilder seiner Familie und eine Blumenvase
neben sich stehen. Gorbi hingegen sprach vor einem grün-gol-
denen Wandteppich. Beide Männer trugen dunkle Anzüge mit
weißen Hemden.* (New York Times)
*Ed (Koch) beginnt seine dritte Amtszeit mit dem Versprechen,
es in Zukunft besser zu machen.* (Daily News)
*Ed betont in seiner Ansprache zwei Dinge: das »überwälti-
gende Gefühl des Stolzes« über seinen Erfolg und die Einsicht,
daß die Probleme nicht kleiner werden.* (New York Times)
*Wenn New York das Hollywood am Hudson ist, dann ist Jer-
sey City Klein-Hollywood am Hudson. Auch Woody Allen
schrieb und drehte in Jersey City einen seiner Filme. Zu den
Filmen, die in Jersey City produziert wurden, gehören zum
Beispiel* Perfect *(mit dem in Jersey geborenen John Travolta)
und Streifen wie* California Girls, Doubletake *und* Kane and
Abel, *in dem Peter Strauss und Veronica Hamel mitspielten.
Außerdem drehte dort eine europäische Fernsehanstalt einen
Film, für den auf dem Börsen-Platz von Jersey City ein Teil der
Berliner Mauer nachgebaut wurde.* (Daily News)
*An Silvester verstarben zwei Persönlichkeiten aus dem Show-
Business: Ricky Nelson, 45, verunglückte tödlich bei einem
Flugzeugabsturz. Und es starb im Alter von zweiundachtzig
Jahren der mit dem Oscar ausgezeichnete Filmproduzent Sam
Spiegel, zu dessen Arbeiten* The African Queen *(unter der Re-
gie von John Huston),* On the Waterfront, The Last Tycoon
(bei beiden führte Elia Kazan Regie), Die Brücke am River
Kwai *und* Lawrence von Arabien *(Regie: David Lean) zählen.*

8.30 Uhr morgens, wieder in der New School. Wir drehen
heute im Untergeschoß, in einem Raum, der in zwei Farben gestrichen ist, so daß man ihn für die beiden Radio-Show-Studios

verwenden kann. An der einen Seite wurden Stühle und die Sitzplätze für die Musiker aufgestellt. Gedreht werden sollen die Szenen mit der Rundfunk-Sängerin, die »I'll Be Seeing You« und »They're Either Too Young or Too Old« (Aufnahmen A 107 und 149) zum besten gibt, und die Szene mit Bill Kern, in der er die Geschichte über Kirby Kyle verliest (Sequenz 84). Woody, der heute einen beigen Sweater aus Shetland-Wolle und einen Tweedhut trägt, nimmt gerade sein Frühstück (Toast und heißes Wasser) zu sich und unterhält sich dabei mit Andrew. Jeffrey sitzt neben ihm; er ist heute eher konventionell gekleidet, mit hellbraunen Stiefeln, ausgebleichten Jeans, beiger Weste und beiger Jacke, einem schwarzen Hemd und metallic-farbener Cowboy-Krawatte.

Ab und zu kommt jemand herein und inspiziert das Szenenbild; mal ist es einer der LKW-Fahrer, mal der Mitarbeiter von *Vogue* (Santos Chauffeur). Und Andrew vertreibt sich inzwischen die Zeit mit Drew.

9.30 Uhr vormittags. Die Rundfunk-Sängerin (Catherine Hayes) ist eingetroffen. Sie ist etwa Anfang Dreißig, hat ein wenig Übergewicht und sieht recht amüsant aus. Als man sie für die Rolle aussuchte, sagte sie, sie sei Sängerin gewesen, die Aufnahmen mit ihr wurden aber ganz fürchterlich. Wegen ihres Aussehens hat Woody sie trotzdem genommen, aber er muß ihr im Film eine andere Stimme geben. Jeffrey hat ihr einen Blumentopf auf den Hut gesetzt, um ihr exzentrisches Aussehen noch zu unterstreichen. Zusammen mit Frankie und dem Dirigenten des Orchesters hört sie sich das Playback an, zu dem sie die Lippenbewegungen machen soll.

10.30 Uhr vormittags. Die Musiker werden hereingeführt. Aufnahme A 107: Die Rundfunk-Sängerin trägt (in Playback) »I'll Be Seeing You« vor. *(20 Sekunden)*
Die Lippenbewegungen der Sängerin sind nicht ganz synchron, aber Woody beendet die Aufnahme so schnell wie gewöhnlich, sobald er die 20 Sekunden hat, die er braucht.
(5 gefilmt und 2 kopiert)

Die Sängerin macht sich jetzt für das zweite Lied zurecht, und Carlo trifft die Vorbereitungen für die Aufnahme aus einem anderen Kamera-Blickwinkel.

Nach neun Wochen haben wir 40000 Meter Film abgedreht, d. h. durchschnittlich 700 Meter pro Tag. Daß dies so wenig ist, liegt vor allem daran, daß Woody sich nicht absichert und nicht mehr Einstellungen dreht als unbedingt notwendig. Er weiß genau, was er will, und dreht nur soviel, wie er braucht.

11.15 Uhr vormittags. Alle sind wieder da. Die Sängerin macht Carlo schöne Augen, er scheint aber nicht interessiert zu sein. Aufnahme 149: Die Sängerin gibt »They're Either Too Young or Too Old« zum besten. *(20 Sekunden)* *(3 gefilmt und 3 kopiert)*

12 Uhr mittags. Wir gehen jetzt in den anderen Teil des Raumes, wo Bill Kern uns die herzzerreißende Geschichte von Kirby Kyle vortragen wird. Guy Le Bow (Bill Kern) ist Anfang Sechzig, war früher Sportreporter und hat ein weiches, freundliches Gesicht. Er besitzt eine eigene Rundfunkstation, die er auch selbst leitet. Jimmy Mazzola plaziert ihn hinter einen Tisch, und Carlo macht sich an die Arbeit. Nachdem Bill Kern den Text, den er vorlesen soll, von Woody bekommen hat, überfliegt er ihn und fängt an zu lachen. Er wird die Geschichte vor der Kamera vom Blatt lesen.

12.15 Uhr mittags. Ich sitze auf einem der Stühle, wo in der vorigen Aufnahme die Musiker saßen, und mache mir Notizen. Völlig unerwartet tritt Woody auf einmal an das Dirigentenpult, das vor den leeren Stühlen steht (ich sitze in einer Ecke), nimmt den Taktstock und beginnt mit ganz ernstem Gesicht zu dirigieren. Die Jungs vom Team sind mit ihrer Arbeit beschäftigt und beachten ihn gar nicht, und Woody dirigiert, ohne mir die geringste Beachtung zu schenken. Plötzlich hört er auf und läuft, wie er es öfter macht, pfeifend im Raum hin und her.

12.30 Uhr mittags. Wir drehen gleich, ohne Probe.

Aufnahme 84: Großaufnahme von Bill Kern, der Kirbys Geschichte vorliest. *(1 Minute und 13 Sekunden)*
Bill Kern spricht mit sanfter, volltönender Stimme einen Text, der absurd, bedrückend und doch auch wieder komisch ist. Wie schon in der Szene mit Rabbi Baumel und bei der Episode mit Polly Phelps spielt Woody mit dem Wechselbad der Gefühle. Die Stimme von Bill Kern berührt einen so, daß die ganze Crew beim Abdrehen der Szene betroffen dreinschaut.
Aufnahme 84 A: Die gleiche Szene, aber näher herangezogen.
(2 gedreht und 2 kopiert)

Um 1 Uhr mittags gehen wir zum Essen.
Im Transporter auf dem Weg zur Good Shepherd Faith Church, zusammen mit Little Joe, Nick, Dave, Burt, dem Sohn des Kommunisten, einigen Müttern und Rienzi. Danny spielt uns auf dem Recorder zwei Bach-Sonaten vor, interpretiert von Jean Pierre Rampal. Daraufhin gratuliert Rienzi ihm zu seinem guten Geschmack. Der Sohn des Kommunisten hat sich etwas zurückgezogen. Nick ist ein wenig übermütig und hört nicht auf, Burt zu drangsalieren, der es schon leid ist. Little Joe mimt den großen Boss, und Dave hängt matt in seinem Sitz. Im Radio hören wir, daß ein örtliches Theater *Play It Again, Sam* (Mach's noch mal, Sam) aufführt. »Gehen wir doch gleich hin!« schlägt Rienzi vor. Die Lebhaftigkeit der Kinder hat ihn angesteckt. Aber auch wenn er sich dadurch etwas jünger fühlt, als er ist – beim Aussteigen aus dem Bus hat der arme Rienzi Schwierigkeiten; sein Kostüm und die übrigen Kleider, die er im Arm hält, behindern ihn.

2.30 Uhr nachmittags. Im Vorbereitungsraum, der im hinteren Teil des Kirchengebäudes liegt, machen Nick, der Sohn des Kommunisten und Burt ihre Hausaufgaben. Es ist mucksmäuschenstill. Der Privatlehrer für Mathematik und Naturkunde hält ein Auge auf sie. Little Joe hatte schon heute morgen im Hotel Privatunterricht. Jetzt übt er in einer Kapelle nebenan seinen Text. Und Rienzi sitzt unter einem Kreuz und ißt gerade eine Banane.

3 Uhr nachmittags.

JESUS WIRD MICH FÜHREN
ÜBER STOCK UND STEIN
ICH WERDE IMMERZU
IM SCHUTZ SEINER GÖTTLICHEN LIEBE SEIN.
WARUM VOR MORGEN SICH FÜRCHTEN?
ICH LEBE IN GÖTTLICHER GNAD'
JESUS WIRD MICH FÜHREN
BEI JEDEM SCHRITT AUF MEINEM PFAD.

Dies steht auf einer Tafel, die in dem Raum hängt, wo wir das Geräusche-Studio und die Whiz Kids gedreht haben. Woody liest sich die Zeilen aufmerksam durch, aber es scheint ihn nicht recht zu überzeugen – er dreht sich um, pfeift vor sich hin und spielt dabei mit einer Münze.

Carlo leuchtet Rienzis Wohnung aus. Das ist ziemlich schwierig, weil alles – das Licht, die Requisiten – zu der Aufnahme passen muß, die wir vor ein paar Tagen gedreht haben. Wir nehmen nur die letzte Einstellung neu auf, wo Rienzi auftaucht, nachdem die Jungs bei ihm eingestiegen sind.

5 Uhr nachmittags. Aufnahme R 133 B: Rienzi entdeckt die Kids. »Diebe!« schreit er. Dann betritt er das Zimmer. Eine Streiterei beginnt, und die Kinder umringen ihn. Nick: »Sie sind ein Nazi-Spion.« Rienzi: »Ich hasse die Nazis, ich bin Erfinder.« Dann zeigt er ihnen das Mikrofon, mit dem man im Radio Stimmen erzeugen kann. »Darf ich es mir ausleihen?« Rienzi: »Ja, natürlich.«

In der Halle wird es immer voller, die Jungs werden immer lebhafter, und Carlo wird immer nervöser (»Madonna!«). Um sich zu beruhigen, streichelt er Liz über ihr rotes Haar.

Die Kamera steht wieder im Türrahmen, an der gleichen Stelle wie bei der früheren Aufnahme. Bei der ersten Version gab es mit der Handlung und dem Text Probleme, beides ist vereinfacht worden. Rienzis hohes Alter und die Lebhaftigkeit der Kinder machen es für Woody schon schwierig genug. Woody experimentiert mit der Atmosphäre der Szene. Am Anfang soll

ein sehr aggressiver Ton herrschen, dann soll sich die Situation mit einem Mal entspannen und auf beiden Seiten Gesprächsbereitschaft entstehen. Dieser plötzliche atmosphärische Wechsel wirkt sehr komisch, man hat den Eindruck, als ob auf einmal keiner mehr wüßte, was er eben noch gesagt hat. Nur an einer Stelle bittet Woody, daß Rienzi improvisieren soll.
(17 gefilmt und 5 kopiert)
Um 5.30 Uhr nachmittags ist Schluß.

Freitag, 3. Januar 1986

Die Strafgefangenen in West Viginia, die das Gefängnis in ihrer Gewalt halten, willigten ein, alle Geiseln freizulassen und den Behörden die Kontrolle über die Anstalt zurückzugeben. Im Gegenzug erklärte sich Gouverneur Archibald A. Moore bereit, die Forderung der Gefangenen zu erfüllen, die verlangt hatten, daß er am Freitag zu ihnen kommen und mit ihnen über ihre Behandlung diskutieren solle. Sie fordern »anständiges Essen« und wenigstens eine heiße Mahlzeit pro Tag. Der Ablauf der Verhandlungen wurde gestern live im Fernsehen übertragen. (New York Times)
Angehörige der chilenischen Luftwaffe bargen die Leichen von acht amerikanischen Touristen, die an Silvester umgekommen waren, als ihre Cessna Titan 404 auf einem Gletscher in der Antarktis zerschellte. Die Amerikaner hatten geplant, Silvester bei den Pinguinen in der Antarktis zu feiern. (New York Times)

8.30 Uhr morgens. Der King-Cole-Saal im St.-Regis-Sheraton-Hotel an der East 55th Street ist ein weiträumiges, in Rosarot gehaltenes Art-deco-Restaurant mit einer Bühne, einer Tanzfläche und mit Spiegeln an den Wänden. Über den Spiegeln hängen Wandgemälde, auf denen Old King Cole zu sehen ist. Kleine Lampen zieren die Tische. Für die Aufnahmen wurden zusätzlich zwei Reihen mit überdimensionalen Kronleuchtern aufgehängt und um die Tanzfläche herum Bodenlampen installiert.

Alle Szenen, die im Nachtclub spielen, werden hier gedreht, einschließlich der Techtelmechtel von Irene und Roger mit Porfirio und Sally (Sequenzen 60 bis 65). Hier ist auch der Schauplatz für den Schluß des Films, wo die Rundfunk-Leute zusammenkommen, um Silvester zu feiern (Sequenzen 175 bis 179). Die Szenen auf dem Dach des King-Cole-Saales jedoch werden Ende Januar im Studio aufgenommen. Bis Mittwoch werden wir den King-Cole-Saal in Beschlag nehmen.

Carlo ist bereits beim Ausleuchten. Auch »Popeye«, wie immer unerschütterlich, hat sich mit laufender Nase an die Arbeit gemacht. Jimmy Mazzola und Jimmy Frederick füllen die Gläser mit Wein (Traubensaft), und an einem der Tische sitzen Bob Greenhut, Woody und Tom zusammen und diskutieren den Zeitplan für die Aufnahmen.

Jemand bringt einen Chihuahua herein; Woody soll sagen, was er von dem Hund hält. Dann kommt der Mitarbeiter von *Vogue* und sieht sich das Szenenbild an; zum Schluß schauen noch einige der Lastwagenfahrer herein.

9.30 Uhr vormittags. Als Vorbereitungsraum wird die Bar im unteren Stockwerk benützt, ein schicker Raum, ganz mit Holz ausgetäfelt, mit Tischen und schummrigem Licht. In der Mitte befindet sich ein riesiger quadratischer Tresen, wo Kellner in Hotel-Livree Kaffee und Tee servieren; heiße Krapfen und Käse-Sahne-Kuchen werden auf Tellern aus chinesischem Porzellan gebracht. Den mehr als hundert Statisten, alle mit schwarzen Krawatten und in Abendgarderobe, scheint es zu behagen, auf diese Weise verwöhnt zu werden; sie plaudern und lachen, und alle haben Spaß. Die Mitglieder der lateinamerikanischen Kapelle sind zu dieser Party hinzugestoßen. Es herrscht eine unbeschreibliche Stimmung, die jedoch nicht vergleichbar ist mit der Atmosphäre im USO-Hinterzimmer, wo die Mädchen auf ihre Schuhspitzen starrten und die Jungs Annäherungsversuche unternahmen. Der Unterschied zwischen damals und heute liegt in der Kleidung; die Statisten verhalten sich so, wie es ihrer Bekleidung und ihrem Aussehen entspricht. Der sechzigjährige Mann etwa, weißhaarig und sehr distinguiert, könnte der Aufsichtsratsvorsitzende einer Aktiengesellschaft sein; und die junge Dame mit dem wehmütigen Blick sieht aus wie eine reiche Erbin. Die Party wird ab und zu gestört von ein paar LKW-Fahrern, die herausgefunden haben, daß Kaffee und heiße Krapfen, serviert in gepflegter Atmosphäre, besser schmecken.

10 Uhr vormittags. Rebecca, das Au-pair-Mädchen, kommt in Begleitung von Lark herein und wirft einen Blick auf das Szenenbild. (Mir schenkt sie ein kurzes, zurückhaltendes Lächeln.) Sie ist heute elegant gekleidet, was ihre Schönheit unterstreicht; die blauen Ohrringe passen sehr gut zu ihrer blauen Bluse.
Der Mitarbeiter von *Vogue*, der an einem der Tische in der Szene sitzt und gerade sein Frühstück mit Kaffee und Krapfen zu sich nimmt, hat sich einen ungünstigen Platz ausgesucht und wird von Ken ein wenig gerempelt.

10.30 Uhr vormittags. In zehn Minuten wird Carlo fertig sein. Jimmy Mazzola trägt schon einmal den ersten Gang auf (kalte Platte mit Lachs, Artischocken und Gemüse-Macédoine).
Brian zeigt mir einen Artikel in *The Sporting News*, mit der Überschrift WURDE EIN NEUER WELTMEISTER IM SCHWERGEWICHT GEBOREN?, und die Titelseite von *Sports Illustrated*, auf der unter der Zeile KID DYNAMITE ein großes Foto von Mike Tyson zu sehen ist.

10.45 Uhr vormittags. In kleinen Gruppen kommen die Statisten ins Szenenbild und verteilen sich an den Tischen; einige von ihnen werden auf der Tanzfläche postiert. Dann folgen die Kellner, schließlich erscheint die lateinamerikanische Kapelle. Tito Puente wird sie dirigieren. Die lateinamerikanische Sängerin, die in Hector Babencos *Kiss of the Spider Woman* (Der Kuß der Spinnenfrau) mitspielte, sitzt auf einem Stuhl und hält ihren kleinen Chihuahua im Schoß.

Aus ihren Hotelzimmern im oberen Stockwerk, die für sie gemietet wurden, kommen Roger und Irene herunter. Er hat ein zweireihiges Jackett mit schwarzer Krawatte an, sie trägt ein glitzerndes Kleid und jede Menge Juwelen. Sie unterhalten sich mit dem Maître d'hôtel.

Aufnahme 60: Ein langer, mit Weitwinkel gefilmter »Establishing Shot« des King-Cole-Saales. Roger und Irene, das faszinierendste Paar des Broadway, erscheinen an der Tür. Der Maître d'hôtel führt sie an ihren Tisch. *(13 Sekunden)*
Die Kapelle darf nur so tun, als würde sie spielen, denn die Musik wird erst später aufgenommen und eingefügt. So herrscht bei Rogers und Irenes Auftritt völlige Stille. Die Kapelle selbst ist nicht einmal im Bild, aber man kann in den Spiegeln ihre farbenprächtigen Kostüme erkennen. Die Statisten legen keine allzu große Fröhlichkeit an den Tag (sie rauchen, lachen und trinken Wein), ihr Spiel wirkt zu lahm. Tom hat ihnen eingeschärft, daß sie bei allem, was sie machen, auf keinen Fall ein Geräusch verursachen dürfen, damit der Dialog ohne Störung aufgenommen werden kann. Wieder einmal bricht Woody die Szene sehr schnell ab, sofort, nachdem sich Roger und Irene anschicken, dem Maître d'hôtel zu folgen. Erst die fünfte Einstellung läßt sich verwenden.
(6 gefilmt und 2 kopiert)
Die Statisten werden wieder nach unten geführt, damit die Jungs vom Team am nächsten Szenenbild arbeiten können. In der folgenden Szene wird die Kamera aus dem entgegengesetzten Blickwinkel filmen.

12 Uhr mittags. Während Carlo noch beschäftigt ist, nehmen Roger und Irene an unserem Tisch Platz, um ein wenig zu entspannen (Roger hat auch sein Jackett ausgezogen). Es wäre Irene lieber, die Tango-Szene mit Porfirio heute nicht zu drehen, weil sie mit dem Tango-Lehrer erst noch üben muß. Roger macht sich über ihren Schmuck lustig. »C'est de la camelote« (»Das ist wertloser Plunder«), meint er.
Roger spricht fließend und akzentfrei Französisch. Geboren wurde er zwar in Großbritannien, aber er lebte mehrere Jahre

in Paris, wo er als Assistent des Herausgebers von *Réalité* arbeitete. Bei einer Inszenierung von *As You Like It* (Wie es euch gefällt) in Minneapolis lernte er Santo kennen, der ihn mit Woody bekannt machte. Roger ist Bühnenschauspieler und hat bereits sowohl in Europa als auch in Amerika gearbeitet. Für ihn schrieb Samuel Beckett das Stück *Solo*, und nach den Dreharbeiten zu unserem Film wird er nach Paris gehen, um in *Marat/Sade* (Die Verfolgung und Ermordung Jean Paul Marats, dargestellt durch die Schauspielgruppe des Hospizes zu Charenton unter Anleitung des Herrn de Sade) am Théâtre des Bobigny den Marat zu spielen. Es beunruhigt ihn ein wenig, daß Woody ihn so lange aufhält, weil die Proben zu *Marat/Sade* bereits am 2. Januar begonnen haben. Aber da er das ganze Stück über in einer Badewanne sitzen muß, glaubt er nicht, daß sein verspätetes Eintreffen großen Ärger verursachen wird.

1 Uhr mittags. Die Einstellung ist wegen der vielen Spiegel schwierig zu filmen, doch Carlo gefallen sie so gut. Dann werden die Hintergrund-Leute hereingebracht. Zuletzt kommt Sally. Sie hat das kurze, violette Kleid eines Zigarettenmädchens an und sieht bezaubernd aus. Und auch Bea ist plötzlich da; sie will einmal die versammelte Schickeria begutachten.

1.45 Uhr nachmittags, fertig zur Aufnahme. »Romaine, Fern! Macht sie noch hübscher«, kommandiert Woody, deutet auf Sally und schreitet wie ein Feldherr durch den Raum. Sally zeigt sich davon wenig beeindruckt.
Aufnahme 60 A: Roger und Irene lassen sich vom Maître d'hôtel an den Tisch geleiten. Da entdeckt Roger auf einmal Richard (Terry Lee Swarts). »Die Show im Morosco war... umwerfend! Du hattest recht«, erzählt er ihm. Irene meint, sie habe Ernest Hemingway an der Bar gesehen. Die Kamera folgt ihnen. Irene trifft Margaret (Margaret Thomson) und bleibt bei ihr stehen, um mit ihr zu plaudern. »Zigarren, Zigaretten!« Sally taucht hinter einer Ecke auf. Roger geht auf sie zu und verlangt Zigaretten: »Wo bist du nur gewesen? Du hast auf meine Anrufe nie geantwortet!« Aber Sally bleibt fest: »Ich

sagte dir doch, es ist vorbei.«– »Sag doch so etwas nicht!« fleht Roger sie an. »Wir haben uns doch geliebt, in Hotelzimmern, auf den Rücksitzen von Autos, in steckengebliebenen Aufzügen!« Darauf antwortet Sally: »Du hast jede Achtung für mich verloren!« Aber das Liebes-Duett wird von Irene unterbrochen; der Tisch steht bereit. *(30 Sekunden)*
Probleme ergeben sich hauptsächlich durch die Bewegungen der Darsteller. Roger wendet sich zu weit weg und tritt aus dem Bild, und wenn die Kamera den beiden mit einem Schwenk folgt, muß Carlo aufpassen, daß die Kamera nicht im Spiegel erscheint. Es kostet Zeit, das hinzukriegen, aber es lohnt sich. Mit den Darstellern klappt alles wie am Schnürchen; Sally spielt das »schlichte Mädchen« perfekt. Zwischendurch probt Woody noch ein wenig mit Roger und Sally: Er stellt sich vor sie hin, schlüpft in ihren Part, spricht einen Text und mimt ihren Gesichtsausdruck, wobei er immer ein wenig übertreibt. Er wirkt dabei aber ganz anders als in seinen Filmen, nur seine Intonation, seine Stimme erinnern daran. Es ist sehr amüsant, ihm dabei zuzusehen.
Tom muß die Darsteller, die im Hintergrund agieren, anfeuern, weil sie vom langen Warten schon ziemlich abgeschlafft sind. »Ken, sag den Tänzern, sie sollen lächeln. Sie sehen ja aus, als ob man sie zur Hinrichtung bringen würde!« Die Spinnenfrau und ihr Chihuahua kommen gut zurecht. Erst die siebte Einstellung ist brauchbar, die erste sehr gute ist die zwölfte.
(17 gefilmt und 5 kopiert)
Um 2.35 Uhr nachmittags machen wir Mittagspause.

4 Uhr nachmittags. Sally, die jetzt wieder ihre übergroße Straßenkleidung anhat, macht mich mit Baby Dylan bekannt, das mich ganz herzlich anlächelt. Auch Adriana, Carlos Frau, ist jetzt hier. Sie ist ganz aufgeregt, weil ihre Filmgesellschaft in *Max, Mon Amour* Geld investiert hat. Nächste Woche will sie nach Paris fliegen und die Muster ansehen.
Carlo arbeitet inzwischen schon an der nächsten Szene, in der man Roger und Irene gemeinsam mit ihren Freunden am Tisch

sitzen sieht. Margaret (die Freundin, die Irene in der vorhergehenden Aufnahme getroffen hat) ist jetzt ihr Double, und Nicole, Mas Double in der Szene mit Rabbi Baumel, spielt auch mit; sie sitzt am Nebentisch von Roger und Irene.

Unten in der Bar herrscht sogar nach zehn Stunden noch eine ganz beachtliche Stimmung. Kleine »Affairen« haben sich entwickelt, und die junge Erbin hört sich auf einem Kassettenrecorder Rock-'n'-Roll-Musik an.

5 Uhr nachmittags. Während Carlo das Szenenbild einrichtet, probt Woody mit den Darstellern. Er erklärt ihnen die Sequenz und wie wir sie filmen werden. Am Tisch von Roger und Irene drehen wir drei Sequenzen. Sie sollen mit den beiden Sequenzen, in denen Roger und Sally über ihre Liebesaffaire debattieren, und mit einigen Aufnahmen von der Kapelle zusammenmontiert werden.

Woody hat die ganze Szene vollständig im Kopf. Wie schon bei Rabbi Baumel freut er sich über das gelungene Spiel von Irene und besonders über das von Roger. Wieder einmal paßt alles zusammen: Ein guter Text wird von großartigen Schauspielern gespielt, und Woody muß nur einige Details am Rande verbessern. Es ist faszinierend, wie er es genießt, unter solch guten Bedingungen arbeiten zu können. »Wie ein Kind, das mit seinem Baukasten spielt, löst sich der Regisseur aus der ihn umgebenden Welt und schafft sich eine neue, wie er sie sieht«, sagte François Truffaut einmal. Woody lächelt mir zu und dreht dabei die Augen himmelwärts.

Aufnahme 60 C: Das Paar sitzt am Tisch. »Margaret meinte, der Ball im Waldorf sei stumpfsinnig gewesen«, sagt Irene zu Roger. Aber Roger hört nicht zu. Eine Freundin, Gail, kommt zu ihnen an den Tisch. »Es ist schon so lange her...« Auf einmal merkt Roger, daß er dem Mädchen bezahlt, aber die Zigaretten vergessen hat! Er geht hinaus. *(28 Sekunden)*

Victoria Kennedy (Gail) ist groß und sehr hübsch. Sie hat soeben die High-School absolviert, arbeitet als Fotomodell, und dies ist ihr erster Film. Roger scheint an ihr interessiert zu sein. Aber Tom macht ihr ebenfalls Avancen (eben sprach er noch

mit ihr). Im Grunde genommen würden alle gern bei ihr landen, aber sie hat nur Augen für Woody.
Es gibt ein kleines Problem mit dem Lippenstift von Gail. Wenn sie Irene ein Küßchen gibt, bleibt auf Irenes Wange ein schöner roter Fleck zurück.
(6 gefilmt und 3 kopiert)

6 Uhr abends. Unten in der Bar ist die Stimmung nach zwölf Stunden immer noch in Schwung, nur haben einige der Männer ihr Jackett ausgezogen, und ein paar Frauen haben sich ihrer langen Kleider entledigt. Die meisten von ihnen haben seit halb drei Uhr nachmittags nichts mehr zu tun gehabt, weil die Kamera nur noch Nahaufnahmen machte, und eigentlich brauchten diese Statisten alle nicht mehr dazubleiben.
Oben, in der Szene, verabschieden Sally und Baby Dylan sich von den Leuten.
Aufnahme 63: Am Tisch von Roger und Irene; Tom (Ed Silk) und Jessica (Janet Frank) sind dazugestoßen. Roger kommt von seiner ersten Auseinandersetzung mit Sally zurück. »Leonard Lyons läßt dich grüßen«, sagt er zu Irene, die darüber rätselt, was ihn wohl so lange aufgehalten hat. Tom und Jessica kommen gerade von der Party bei den Lunts. »Es war göttlich«, meint Jessica. »Jed Harris war da, und er sagte mir, daß ihn mein neuer Schwank, *Weihnachten im Kongo*, interessiert«, meint Tom. Aber Roger geht darauf nicht ein, sondern sagt, er glaube, eben Dick Rogers gesehen zu haben: »Vielleicht können wir ihn zu unserer Show einladen.« Und während Tom weiterhin von seinem Schwank erzählt, geht Roger wieder zu Sally. *(34 Sekunden)*
Woody hat sich neben Nicole gesetzt, ganz nah am Bildrahmen. Wie schon vorher, gibt es auch jetzt keine Probleme.
(5 gefilmt; die beiden letzten werden kopiert.)

6.30 Uhr abends. In der nächsten Aufnahme sieht man Porfirio am Tisch von Roger und Irene Platz nehmen. Dabei wird der Standort der Kamera verändert, damit der ganze Raum ins Bild kommt. Carlo und die Jungs vom Team haben sich an die Arbeit gemacht.

Woody und Gail führen gerade eine heftige Diskussion. Nachdem Roger sie unterbrochen hat, weil er ein Autogramm haben wollte, debattieren sie weiter. Jane, Jessica und Tom (Ed Silk) halten sich vornehm zurück. Wenn Gail etwas sagt, setzt Woody seinen teilnahmsvollen Blick auf.

6.45 Uhr abends. Die Leute für den Hintergrund werden hereingebracht. Woody und Gail diskutieren immer noch. Eine zweite Frau versucht sich jetzt in das Gespräch einzumischen, aber Gail gibt den Ton an. Auch Tom (Ed Silk) ist näher herangerückt, und ich vermute, er will Mäuschen spielen.

6.50 Uhr abends. Tom Reilly ist noch damit beschäftigt, die Statisten auf ihre Plätze zu bringen. Die zweite Frau, die ebenso groß gewachsen ist wie Gail, beweist Beharrlichkeit. Gail gefällt das nicht, aber Woody scheint die Situation zu genießen. Nun muß Gail an den Tisch von Roger und Irene, damit Carlo das Licht fertig einrichten kann. Jetzt sitzt Woody mit der anderen Frau allein am Tisch...

7.15 Uhr abends. Woody überprüft die Kamerabewegung, findet sie in Ordnung und geht hinüber, um mit den Darstellern zu sprechen.
In einer Ecke versucht Jimmy Mazzola, die Hundert-Dollar-Scheine auf alt zu trimmen. Er legt sie in kalten Tee und trocknet sie über einer Lampe. Andrew hilft ihm dabei.

7.30 Uhr abends. Aufnahme 65: Die Kamera gibt in der Totalen den Blick frei auf den ganzen Raum, in Richtung des Einganges. Wenn Porfirio und Brenda erscheinen, geht die Kamera auf Nahaufnahme und folgt den beiden an den Tisch von Roger und Irene. »Dies sind Brenda Tracy und Porfirio«, sagt Jessica und macht das neue Paar mit Irene bekannt. »Porfirio ist der Playboy der westlichen Welt«, fügt Jessica noch hinzu. Sie setzen sich. Irene greift nach einer Zigarette und will sie sich anzünden, aber Porfirio nimmt ihr das Feuerzeug aus der Hand, zieht einen Hundert-Dollar-Schein aus der Tasche, zündet ihn an und gibt Irene damit Feuer. Die ganze Gesellschaft am Tisch zeigt sich beeindruckt. *(45 Sekunden)*

Dimitri Vassilopoulos (Porfirio) hat bereits den Ruf eines Nachtclub-Schwärmers, auch in *Stardust Memories* spielte er in einer solchen Rolle. Obgleich er großen Sinn für Humor beweist und Zigaretten mit Hundert-Dollar-Scheinen anzündet, ist er, da spanisches Blut in seinen Adern fließt, ein sehr ernsthafter Mensch, der nur selten lächelt. Außerdem ist Porfirio ein äußerst männlicher Typus: Jetzt ist es 7.30 Uhr abends, und Romaine muß ihn schon wieder rasieren.

Zusammen mit Louis liegt Woody am Boden, neben einem Tischbein, was die ganze Gesellschaft amüsiert. Schwierigkeiten bereitet es wieder einmal, die Kamera ohne Stockungen zu bewegen und Porfirio und Brenda so agieren zu lassen, daß sie die anderen Darsteller nicht verdecken. In der vierten Version dieser Einstellung läßt Woody einen Kellner durch das Bild laufen. Nach jeder Einstellung taucht Woody aus seinem Versteck unter dem Tisch hervor, immer mit der gleichen Frage auf dem Gesicht: »In Ordnung?«

(9 gedreht und 5 kopiert)

»Ist gestorben!« um 8 Uhr abends.

Montag, 6. Januar 1986   *Zehnte Woche*

Mutter Teresa zu Ed Koch: »Laßt alle AIDS-Opfer zu mir kommen.« (New York Post)

Eine unbequeme Hürde. Gary* kündigt an, daß er dieses Jahr nicht für den Senat kandidieren will. »Heißt das, ich werde für 1988 irgend etwas vorhersagen? Aber nein! Heißt das, ich bin immer noch daran interessiert, Präsident zu werden? Aber ja!« (New York Times)

Der sowjetische Schriftsteller Jewgenij Jewtuschenko greift

---

* Gemeint ist Gary Hart, ehemaliger Präsidentschaftskandidat der Demokraten. (Anm. d. Übers.)

259

Sylvester Stallone an wegen der beiden Rambo-Filme: First
Blood, Teil II *und* Rocky IV. *Er wirft ihm vor, daß er »Rote«
und Russen »nicht einmal für Geld, sondern aus einer Art per-
versen Vergnügens heraus« tötet.* (New York Times)
*Das Weltall könnte aus riesigen »Seifenblasen« bestehen, auf
deren Oberfläche die Sterne und Galaxien, vielleicht inklusive
unserer Milchstraße, schweben. »Wenn wir recht haben, dann
füllen diese Blasen das Weltall, so ähnlich wie die Seifenlauge
das Waschbecken füllt«, sagt John P. Huchra vom Harvard-
Smithsonian-Zentrum für Astrophysik.* (New York Times)
*Die Bears schlagen die Giants (21 zu 0), und die Patriots besie-
gen die Raiders (27 zu 20).*
*Und Una Merkel starb im Alter von 82 Jahren. Sie begann ihre
Filmkarriere als Double von Lillian Gish in W. D. Griffiths*
Way Down East *(1920) und hatte ihr Bühnendebüt als das Zigarettenmädchen in* Montmartre *(1922), im New Yorker Bel-
mont-Theater.*

8.30 Uhr morgens, wieder im King-Cole-Saal. Die Sängerin
war nicht überzeugend, und ihre Lippenbewegungen waren
nicht synchron zur Musik. Weil morgen alle Rundfunk-Dar-
steller hierher zur Silvester-Feier kommen werden, will
Woody heute abend die Rolle der Sängerin neu besetzen. Wie
sich herausstellt, hat die Neuaufnahme von Rienzis Szene gut
geklappt.
Moses ist heute wieder da, und Woody trägt einen grünen
Shetland-Sweater, hellgrüne Cordhosen, aber immer noch
diese Schuhe. Und die »Unterhaltungscrew« hat ein neues
Spiel ausgetüftelt, den Super Bowl Pool. Sie verlangen zwanzig
Dollar pro Sitzplatz.

9.45 Uhr morgens. Die Statisten kommen herein. Wir drehen
die Szenen, in denen sich Porfirio voller Vertrauen auf seinen
unwiderstehlichen Charme und Humor an Irene heranmacht,
während Roger und Sally sich auf dem Dachgarten verlustie-
ren.
Der Tango-Lehrer ist wieder dabei, um den Tanz von Irene und

Porfirio zu kontrollieren, und die Spinnenfrau-Sängerin steht wieder mit dem Chihuahua auf der Bühne.

Aufnahme 67: Porfirio hat an Irenes Tisch großen Erfolg. Als er seinen Lieblingscocktail, einen Champagner-Martini, mixt, sind Gail, Brenda, Tom, Jessica und insbesondere Irene völlig gefesselt von seinem Charme. Dann wird die Stimmung immer ausgelassener, und Porfirio führt Irene (die nicht recht weiß, ob das eine gute Idee ist) zur Tanzfläche. Sie beginnen Tango zu tanzen. *(1 Minute)*

Woody sagt zu Porfirio, er solle mit Irene schwungvoller tanzen. Der Tango-Lehrer führt ihm mit Irene vor, wie es geht. Aber keiner der beiden Schauspieler macht es besonders gut. Woody scheint sich daran nicht zu stören, solange Porfirio Schwung und Energie an den Tag legt. Die zweite Einstellung ist besser. »Noch eine, und wir haben's.«

Bis die Kamera wieder läuft, geht Woody zu Moses hin, spricht und scherzt mit dem Kind: Er schüttelt ihm immer wieder die

261

Hand und wischt dann die seine mit einem Ausdruck des Ekels an seinem Sweater ab.

(6 gefilmt und 5 kopiert)

Alle bleiben wie versteinert stehen. Die nächste Aufnahme muß sich hundertprozentig einfügen lassen: Irenes und Porfirios Tanz aus einem anderen Blickwinkel. Die Kamera wird ins Zentrum der Tanzfläche gestellt. Während die Jungs vom Team die Kamera aufbauen, müssen die Darsteller im Hintergrund und die Musikkapelle absolut bewegungslos und ruhig verharren. Der Tango-Lehrer, der von seinen Schülern nicht gerade begeistert ist, versucht Porfirio zu zeigen, wie sein Tanz besser aussehen könnte.

Es wird plötzlich lausig kalt. Ein Komparse, galant wie er ist, legt der Dame seines Herzens sein Jackett über die Schultern. Die »Unterhaltungscrew«, bekannt dafür, jungen Damen in Notlagen beizustehen, sucht sich die hübschesten heraus.

Aufnahme 67 A: Die Kamera folgt Irene und Porfirio, die einander während des Tanzes tief in die Augen blicken.

(6 gefilmt und 4 kopiert)

11.30 Uhr morgens. Die Statisten sind wieder unten in der Bar. Es ist ihr zweiter Tag, und das Eis zwischen ihnen scheint gebrochen. Jimmy Davies läßt sich die Haare schneiden, Richie plaudert mit Brenda (Porfirios Rendezvous-Dame). Nicole liest in Shirley MacLaines *Dancing in the Light*, eine junge Frau übt mit Hilfe eines Buches die Zeichensprache, und Tom (Ed Silk) plaudert mit Gail (wahrscheinlich erzählt er von seinem neuen Schwank, *Weihnachten im Kongo*).

12 Uhr mittags. Woody redet mit Little Moses in der gleichen Weise, wie er es auch mit Sally oder Andrew macht; sie blicken einander an, und er legt dem anderen seine Hand auf die Schulter. Moses liebkost ihn. Einen Moment lang bleiben sie so, dann greift sich Woody ein gelbes Blatt Papier vom Tisch nebenan, kritzelt etwas darauf und reicht es dem Jungen.

12.30 Uhr mittags. Woody steht jetzt mit Sally zusammen, er

spricht mit ihr, während die Salad Sisters sie herausputzen. Sally hat heute eine schlimme Erkältung, und sie ist müde. Aufnahme 61: Sally tritt auf. »Zigarren, Zigaretten!« Sie lehnt sich an eine der Spiegelsäulen. Roger nähert sich ihr von hinten. Er sei in sie verliebt, gesteht er. So bittet ihn Sally, er solle sie heiraten. Aber das könne er doch nicht, sagt er, die Einschaltziffern der Show seien zu hoch. Eine ältere Dame kauft eine Schachtel Lucky Strike und erzählt Roger, daß Billy Rose hier sei. Aber Roger bleibt bei Sally. Er erinnert sie an das gemeinsam verbrachte wunderschöne Wochenende in Havanna. Aber Sally erinnert Roger daran, daß er ihr versprochen hatte, sie beim Rundfunk unterzubringen. Sie wolle nicht ihr ganzes Leben lang Zigaretten verkaufen; sie sei schließlich ein Naturtalent. Dann dreht sie sich weg und geht. *(54 Sekunden)*
»Ich glaube, sie sollte noch vor Beginn des Dialogs Zigaretten verkaufen«, sagt Woody. »Also, versuchen wir's.« Im Hintergrund müssen die Komparsen und die Musikkapelle eine ganze Weile völlig ruhig bleiben. Roger und Sally machen es ausgezeichnet, ihr Spiel ist durch und durch glaubwürdig.
(5 gefilmt und 3 kopiert)
Die Hintergrund-Komparsen haben eine Zeitlang frei. Die Musiker, die es leid sind, den ganzen Vormittag lang nur Pantomine zu machen, beginnen zu spielen. Sie improvisieren, es klingt ganz gut, und Woody scheint es zu gefallen. Carlo arbeitet am nächsten Szenenbild, das aber erst am Nachmittag gedreht werden soll.
Um 1.35 Uhr nachmittags gehen wir zum Mittagessen.

3 Uhr nachmittags. Woody schaut sich einen Probeabzug des Kinoplakates für *Hannah and Her Sisters* an. Little Joe kommt auf Besuch vorbei, und Patti stattet Sally mit falschen Fingernägeln aus. Roger hat sich die Schuhe ausgezogen und macht es sich bequem. Und Carlo und die Jungs vom Team arbeiten noch immer an der Einstellung.

3.30 Uhr nachmittags. Fertig zur Aufnahme. Keine Probe. Jeder ist an seinem Platz. Während Carlo letzte Vorbereitungen

trifft, hält Woody Sallys Bauchladen und läßt sie noch einmal ihre Rolle rekapitulieren. Hinten sind einige Komparsen eingenickt. Tom tritt in Aktion.

Aufnahme 64: Roger steht hinter Sally. Er »verzehrt sich vor Verlangen«. Roger hat dem Chef seiner Agentur von ihr erzählt, und dieser will sie sehen. Sally wird jetzt seinen Nöten gegenüber zugänglicher. Aber sie hat ja ihre Schicht. »Es muß doch hier ein stilles Plätzchen geben«, sagt Roger. Sally hat eine Idee. *(1 Minute und 30 Sekunden)*

Wieder spielen Roger und Sally sehr gut. Nach der vierten Version dieser Einstellung sagt Woody zu Sally, sie solle ihre Naivität mehr herausstellen. Bei der siebten Version verpaßt Sally, die schon erschöpft ist, ihr Stichwort. Aber Woody hat bereits sieben gute Einstellungen.

(7 gefilmt und 5 kopiert)

4.30 Uhr nachmittags. Ist ein einfacher Tag heute. Die Stim-

mung ist gut, weil Woody einen Tag eingespart hat. Es war geplant, daß wir am Mittwoch wiederkommen, aber wahrscheinlich sind wir schon morgen nacht fertig.

Sally, das Baby Dylan im Arm und Rebecca hinter sich herziehend, kommt, um auf Wiedersehen zu sagen. Alle Hauptdarsteller (Roger, Irene, Porfirio, Brenda, Tom und Jessica) sind schon gegangen. Die einzigen Aufnahmen, die heute noch gemacht werden, sind die von der Musikkapelle.

5 Uhr nachmittags. Woody pfeift »Titina«, das Nonsense-Lied, das Chaplin als Kellner in *Modern Times* (Moderne Zeiten) gesungen hat. Wir machen uns daran, die Spinnenfrau zu filmen, wie sie »Tico Tico« singt.

Aufnahme 62: Die Spinnenfrau singt zu Playback. *(1 Minute)*
Die Spinnenfrau reicht Tito ihren Chihuahua und beginnt mit der ersten Singprobe. Sie ist großartig, aber Tito scheint nicht erfreut zu sein, mit dem Chihuahua im Arm dirigieren zu müs-

sen. Moses fühlt sich allein gelassen; Woody merkt es und geht zu ihm hin. Bei den ersten Einstellungen hat die Spinnenfrau beim Singen ihren Schleier an, den sie halb wegzieht. Die letzten Einstellungen werden ohne den Schleier gedreht.
(5 gefilmt und 3 kopiert)

5.30 Uhr nachmittags. Der Pianist für die Szene mit Monica Charles (Diane Keaton), die morgen gedreht werden soll, kommt aus Kalifornien. Er hat angerufen, um mitzuteilen, daß er den Frühflug nicht bekommen hat und deshalb morgen um 6 Uhr früh ankommen wird. Monica Charles bestand darauf, ihn zu engagieren! Woody und Tom beschließen, einen Ersatzmann bereitzuhalten (Dick Hyman zum Beispiel, er ist ein großartiger Pianist) – nur für den Fall, daß. Man weiß ja nie, was man aus Kalifornien zu erwarten hat!

6 Uhr abends. Moses scheint den Chihuahua zu mögen. Er

spielt mit ihm auf der Tanzfläche. Woody dagegen mag den Hund überhaupt nicht, deshalb bleibt er auf Distanz, als er sieht, daß der Junge mit ihm spielt.

Aufnahme 62 A: Die Spinnenfrau singt »Tico Tico« in Nahaufnahme.

Der Chihuahua schläft in Titos Armen.

Woody bittet die Spinnenfrau, ihr Spiel stärker zu betonen.

(4 gefilmt und 2 kopiert)

6.20 Uhr abends. Woody hat nachgegeben. Er geht zu Moses und dem Hund. Der Chihuahua will Woody abschlecken, aber Woody läßt es nicht zu.

Aufnahme 60 B: Die Kapelle spielt. Die Kamera zoomt auf Tito und den Klavierspieler. *(10 Sekunden)*

Sie dürfen spielen, was ihnen gefällt. So beginnen sie mit »They're Either Too Young or Too Old«, weil sie davon gerade die Notenblätter vor sich liegen haben. Aber das Stück ist zu langsam, deshalb wechseln sie über zu einem Foxtrott.

(4 gefilmt und 2 kopiert)

»Ist gestorben!« um 6.25 Uhr abends.

Dienstag, 7. Januar 1986

Bei Kämpfen in Punjab, Indien, wurden vier Personen getötet und fünfzehn verwundet, darunter eine 60jährige Frau. Sie wurde erstochen. Seit Oktober sind damit etwa 60 Menschen bei den Kämpfen ums Leben gekommen. Sie gehen auf das Konto von Extremisten, die für einen unabhängigen Sikh-Staat in Punjab kämpfen. (New York Times)

Wegen eines defekten Ventils an der Abschußvorrichtung muß der Start des Raumschiffs erneut verschoben werden. (New York Times)

Ed (Koch) bezeichnet die geplanten Kürzungen im Sozialhaushalt als »Rambonomics«. (New York Times)

Im Falle eines nichtnuklearen Konflikts zwischen den Verei-

nigten Staaten und der Sowjetunion würde die Marine versuchen, sowjetische Atom-U-Boote anzugreifen. Eine derartige Aktion hätte zum Ziel, das nukleare Gleichgewicht zugunsten der Vereinigten Staaten zu verschieben. Es würde die Sowjetunion veranlassen, den Konflikt zum Vorteil der amerikanischen Streitkräfte zu beenden. (New York Times)

9 Uhr morgens. Wir befinden uns wieder im King Cole Room. Silvesterabend 1943. Alle – Jessica Dragonette, Herbie Hanson, der Maskierte Rächer, Max – sind anwesend. Überall Champagner und Luftballons.
Unten in der Bar. »Nur noch zehn Minuten! Aufwachen, Leute!« Die vierzig neuen Statisten und bestimmt hundert vom gestrigen Tag sind schon seit 6 Uhr in der Früh hier. Richie geht vor der Gruppe auf und ab und brüllt: »Ich brauche eine Frau!« »Ich brauche einen Mann!« Die Bedienungen des St. Regis und die von 1943 lassen sich nicht mehr auseinanderhalten. Eine turbulente Atmosphäre.

9.45 Uhr morgens. Max steht neben mir. Er sieht sehr elegant aus mit seiner schwarzen Krawatte. Monica Charles (Diane Keaton) steht ganz in Weiß wie eine Braut auf der Bühne. Auch der Pianist ist endlich eingetroffen. Sally ist ebenfalls gekommen, aber nur, um zuzuschauen – in Zivil: Sie trägt Oversize, ist ungeschminkt, ihre Haare sind wild und ungekämmt. Während die Statisten an die Tische gesetzt werden, beobachtet Woody alles sehr aufmerksam und prüft immer wieder den Bildausschnitt durch die beiden Kameras. Jimmy Mazzola verteilt Partyhütchen und Zigaretten.

10.15 Uhr vormittags. Der Saal ist halb voll. Es sind gerade so viele Statisten da, daß der Bildausschnitt gefüllt ist. Es wird sofort gefilmt.
Aufnahme 175: Monica Charles singt »You'd Be So Nice To Come Home To«. *(1 Minute)*
Monica singt mit heller, fast zerbrechlicher Stimme. Sie hält aber exakt die Melodie. Alle (die Statisten, die Crew, Sally, Bob

Greenhut, Max und Sandy) lauschen ehrfurchtsvoll. Es ist das erste Mal seit *Manhattan*, daß Monica wieder mit Woody zusammenarbeitet. Am Schluß des Liedes schenkt sie uns ein kurzes *Annie-Hall*-Lächeln (»O Gott!«). Sie bekommt Applaus. Woody geht zu ihr hin und bittet sie, noch eine lebhaftere Version zu singen.

Bei der zweiten Aufnahme ist Monica unbefangener, die Wirkung ist stärker. Sie bekommt am Schluß mehr Applaus. Es ist befremdend und zugleich faszinierend, Monica Charles und Sally zusammen bei den Dreharbeiten zu sehen. Sie sind so verschieden, besonders heute, wo Monica dieses weiße Kleid und Sally so weite Klamotten trägt. Sally ist noch erkältet. Max schaut zu mir herüber, als fragte er sich, was und warum ich schreibe!

(3 gefilmt; die letzten beiden kopiert.) Fertig um 10.35 Uhr vormittags.

Monica Charles geht wieder in ihr Zimmer. Sie ist schon fertig mit ihrem Part, und der Pianist kann wieder zurück nach Kalifornien fahren.

10.45 Uhr vormittags. Woody schreibt ein paar Zeilen auf ein Blatt Papier und gibt es dem Kapellmeister.
Aufnahme A 175: Der Kapellmeister eröffnet den Abend und stellt »unseren Singvogel« Monica Charles vor. *(30 Sekunden)*
Der neue Text des Kapellmeisters ist sehr viel kürzer. Max geht hinaus und kauft die *New York Times;* gähnend und ein wenig gelangweilt fängt er an zu lesen: »Du warst bis jetzt großartig, Max«, sagt Woody im Vorbeigehen zu ihm.
(4 gefilmt und 2 kopiert) Fertig um 11 Uhr vormittags.
Ein Wechsel der Kameraposition. Die Statisten werden wieder hinuntergeschickt.

11.30 Uhr vormittags. Woodys Steuerberater trägt eine schwarze Krawatte. Es sieht so aus, als hätte er eine Rolle in diesem Film.
Aufnahme 177: Irene steht auf der Bühne und wünscht allen, daß das Jahr 1944 Frieden bringe und unsere Jungs ein für allemal nach Hause kommen. *(12 Sekunden)*
(4 gefilmt und 3 kopiert)
Als nächstes bereiten wir uns auf die letzten Sekunden des alten Jahres vor. Alle Statisten werden hereingebracht. Jimmy Mazzola verteilt noch mehr Papphüte und Konfetti.
Woody gefallen die Selbstbinder nicht; Max und der Steuerberater bekommen richtige Krawatten. Tom weist weiter den Paaren ihre Plätze im Saal zu. Woody spricht mit seinem Steuerberater. Max fängt an, sich zu langweilen. Heute ist ein anderes Zigarettenmädchen da, aber sie ist nicht so hübsch wie Sally, die inzwischen ein Rundfunkstar geworden ist.

12 Uhr mittags. Max beklagt sich, daß er nichts zu tun hat. Woody geht zu ihm, nachdem er den Bildausschnitt überprüft hat, und redet mit ihm.
Aufnahme 181: Während die Kapelle »Auld Lang Syne« spielt,

feiern die Leute Silvester: Sie küssen und umarmen sich. *(1 Minute)*

Die Leute sollen sich küssen, schreien, sich zuprosten. Sie kommen richtig in Fahrt. Woody pfeift, um das Ende der ersten Einstellung anzuzeigen: Es ist zwecklos.

Bei der zweiten Einstellung hat Dickie eine Idee. Er bittet Nicole, die vorn im Bild ist, ihrem Begleiter »einen langen heißen Kuß« zu geben. Der Begleiter ist hoch erfreut.

(2 gefilmt und 2 kopiert)

1 Uhr mittags. In der Bar unten ist »Mittagspause« für die Statisten. Der Raum ist fast ganz leer. Es ist sehr ruhig hier. Der Steuerberater hat seine Brille auf und arbeitet an einer Akte. Richie liest die *Daily News:* Der Aktienkurs von Orion steigt. Man spekuliert, daß Orion dieses Jahr entweder einen Film hat, der eine Menge Geld einspielt (z. B. *Hannah and Her Sisters*), oder von Cannon Film Group übernommen wird.

Um 1.10 Uhr machen wir Mittagspause.

2.30 Uhr nachmittags. Wieder bei den Aufnahmen. Woodys Steuerberater beobachtet Carlo, wie er mit Sallys Double die Kamerabewegung probt. Er macht den Eindruck, als ob er das alles hier ein bißchen lächerlich fände und so langsam genug hätte von seinem Intermezzo als Schauspieler.

3 Uhr nachmittags. Die Rundfunkstars treten ein; die Männer mit schwarzen Krawatten, die Frauen in schönen langen Kleidern: Jessica Dragonette ganz in Grün; die neue Sängerin (Maureen Sadusk), sie ist ein bißchen übergewichtig, hat aber nicht so einen lustigen Gesichtsausdruck; Herbie Hanson und der Reba-Mann; der Tiny Man, Nick Norris (Ronald Leir) und das hübsche Mädchen (Shelley Delaney) aus seiner Show; Roger und Irene; Bill Kern; und zu guter Letzt Max!

Woody setzt sie um den Tisch herum. Jessica plaudert mit ihrem Tischnachbarn, dem Reba-Mann, aber Bill Kern ist nicht sehr gesprächig, er redet kaum mit seiner Nachbarin, dem hübschen Mädchen. Der Steuerberater setzt sich dazu. Nick Norris und der Tiny Man (er sieht größer aus, wenn er sitzt) sitzen an einem Ende des Tisches und Max am anderen zwischen Jessica und dem Steuerberater.

Auf dem Drehplan steht die Szene, in der Sally mit ihrem Rendezvous, dem Maskierten Rächer, an den Tisch kommt. Wallace Shawn (der Maskierte Rächer) spielte in *Manhattan* den »wunderbar animalischen Sexprotz«, den die Frauen so überwältigend fanden.

3.30 Uhr nachmittags. Heute haben wir Besuch von einem Studenten der Abendschule, der mit französischem Akzent spricht. Er ist zusammen mit Jean Doumanian, einem guten Freund von Woody, gekommen. Woody läßt Brian ein Foto von ihnen allen machen. Wie immer schaut er drein wie Zelig.

Aufnahme 176: Sally betritt zusammen mit dem Maskierten Rächer den Saal des King Cole, wo sie als Zigarettenmädchen gearbeitet hat, und setzt sich zu den Rundfunkstars an den Tisch. Alle heißen sie willkommen. *(20 Sekunden)*

Der Steuerberater ist der einzige, der in dieser Szene agiert. Er steht auf, überläßt seinen Platz dem Maskierten Rächer und setzt sich auf den nächsten Stuhl. Nach zwei oder drei Aufnahmen stellt er sich Sally vor, die ihn nicht erkannt hat.

Das Hauptproblem ist die Kamerabewegung. Woody läßt die Schauspieler ihren Text früher sprechen, noch bevor Sally und der Maskierte Rächer sich setzen.

(10 gefilmt und 5 kopiert)

Während die nächste Szene eingerichtet wird, werden die Party-Gäste gebeten, am Rand zu warten. Carlo ist erschöpft; er ist immer noch erkältet und hat die letzten drei Tage hart und schnell gearbeitet. Trotzdem ist er sehr glücklich, weil die Muster gut geworden sind.

4.30 Uhr nachmittags. Die Rundfunkstars sitzen wieder am Tisch. Woody reißt einen Witz mit Max. Aber Carlo versucht gerade, den Kameraausschnitt zu überprüfen, und Tom muß Woody bitten, an die Seite zu gehen. Woody geht schuldbewußt lächelnd weg. Die Rundfunkdarsteller können sich ein Schmunzeln nicht verkneifen.

Nick Norris hat einen Hut auf, der ihn größer erscheinen läßt. Aber da er zwischen dem riesigen Herbie Hanson und der übergewichtigen Sängerin sitzt, hilft das nicht viel: Er kann einfach nicht verbergen, daß er sehr klein ist.

Aufnahme 178: Die Rundfunk-Persönlichkeiten trinken und lachen. Sie haben viel Spaß miteinander. Der Maskierte Rächer verkündet, daß er schon betrunken ist. *(26 Sekunden)*

Dickie nennt Nick Norris »kleiner Junge«, aber Nick scheint das nichts auszumachen. Es gibt keine Probleme bei dieser Aufnahme. Max unterhält, natürlich, alle. Die Salad Sisters genießen die ganze Szene von ihrem Versteck hinter den Blumen aus.

(6 gefilmt und 3 kopiert)

5.30 Uhr nachmittags. Carlo bereitet die letzte Aufnahme dieser Sequenz vor, in der die ganze Gesellschaft auf Sallys Vorschlag hin beschließt, aufs Dach zu gehen.

Unten in der Bar ist die Stimmung ein wenig wie in Buñuels *Exterminating Angel* (Der Würgeengel): überall Tassen, halbvolle Gläser und Teller mit Essensresten. Die Männer haben ihre Jacken abgelegt, und die Frauen haben die Kleider bis zu den Knien hochgezogen. In einer Ecke steht der Reba-Mann mit Herbie Hanson. Sie reißen Witze. Herbie Hanson liebt das. Barbara und Little Joe sind inzwischen auch dabei.

6 Uhr nachmittags. Aufnahme 179 A: Die Rundfunkstars amüsieren sich noch. Sally schlägt vor, aufs Dach zu gehen. Dort hat man einen schönen Blick über die Stadt. Der Maskierte Rächer wundert sich, woher sie von dem Dach weiß. Alle beschließen hinaufzugehen und zu schauen. *(40 Sekunden)*

Der »kleine Junge« fällt weg: Eine der Kameras wird auf seinen Platz gestellt. Während die erste Kamera den Rundfunkstars folgt, filmt die zweite den Hintergrund.

(4 gefilmt und 3 kopiert)

Die Party ist vorbei. Woody gibt Sally einen Abschiedskuß, bedankt sich bei seinem Steuerberater und schüttelt Max die Hand; anschließend wischt er sich die Hand an seinem Pullover ab.

Wir machen noch ein paar Roh-Tonaufnahmen vom Hintergrund: Stimmengewirr und Applaus.

»Gestorben« um 7 Uhr abends.

Mittwoch, 8. Januar 1986

Ron versetzt Libyen einen Schlag. »Ich glaube, er ist nicht nur ein Barbar, er ist verrückt«, sagt Ron über Khadafi. (New York Times)

Eine fünfte Kraft, die Funktion aus der Masse und dem Bau des Atoms eines gegebenen Gegenstandes, stellt sowohl die Ergebnisse Galileis als auch ein grundlegendes Element der Einsteinschen allgemeinen Relativitätstheorie in Frage. (New York Times)

Als Pegeen Fitzgerald 1937 mit ihrer Radio-Show begann, die sie zusammen mit ihrem Ehemann Ed von zu Hause aus sendete, kam Eleanor Roosevelt in ihre Wohnung, um die Rundfunkstation in Augenschein zu nehmen.

Pegeen geht bei ihrer Themenauswahl sehr eklektisch vor. Ein Elektriker kommt während der Sendung herein; sie sagt, daß er reizend aussehe, »ein charmanter« Mann sei, und interviewt ihn. Sie plaudert darüber, wie ein dicker Mann auf der Veranda arbeitete und im Fensterrahmen steckenblieb, als er zurückkriechen wollte; die aufregenden Kontakte ihres Nachbarn, des Junggesellen George Porgie; über ihre Putzfrau, Mrs. Woo; ihre Wohnungseinrichtung; oder ihre Katzen. Pegeen hat 390 heimatlose Katzen und 118 Hunde unter ihrer letzten Adresse in Falls Village, Connecticut. Das sind die Dinge, über die sie in ihren Sendungen plaudert.

Eines Tages starb, kurz bevor die Sendezeit begann, der Hausdiener Frances, der bei ihnen lebte. Die Leiche lag während der ganzen Show im Zimmer nebenan. »Ich habe es nicht er-

wähnt«, sagt Pegeen. »Ich wollte die Leute nicht verstimmen.«
An einem anderen Tag wurde Ed während der Frühstücks-
Show so wütend, daß er wieder ins Bett ging und sie allein ließ.
So mußte sie ein Solo geben.
Ed starb 1982. Aber Pegeen setzt ihre täglichen Sendungen
fort. Unter anderem wird heute die Konstruktion des Eis-Pala-
stes beschrieben, Albert Einsteins Katze, die Stücke von T. S.
Eliot und die verschiedenen Orte, an denen Mrs. Woo schon
gewohnt hat. (New York Times)

8.30 Uhr morgens. Das Manhattan Center in der 34th Street,
siebter Stock. Wir sind wieder in einem kleinen Studio, in dem
Kino, wo Sally als Platzanweiserin gearbeitet hat, und wollen
Onkel Walt (Sequenz 94) und die Show *Sterne am Schlagerhimmel* aufnehmen. »Popeye« befaßt sich schon mit dem Klavier.
Die Aufenthaltszone ist gleich nebenan auf dem Balkon des riesigen Theaters/Ballsaals des Manhattan Center. Der Bauchredner (einer von Broadway Danny Roses Klienten, der Stotterer)
kämmt gerade die Haare seiner Puppe. Die Puppe wirkt in der
Show *Sterne am Schlagerhimmel* mit.
Ein günstiger Tag für die Unterhaltungscrew. Das Super-
Bowl-Pool ist gut besucht, und Louis hat fast alle Karten innerhalb einer Viertelstunde verkauft.

9.30 Uhr vormittags. Das Mädchen aus *Sterne am Schlagerhimmel* (Danielle Ferland), sie trägt ein rosafarbenes Kleid,
kommt herein. Woody und Carlo können den Bildausschnitt
festlegen. Hinter ihr befindet sich eine große Plakatwand:
WHOLE WHEAT CEREAL WITH DELICIOUS NEW FLAVOR, »IT'S BITE
SIZE.«* Carlo macht einen Vorschlag für den Kamerawinkel.
Woody ändert ihn, er möchte einen größeren Ausschnitt. Aber
Carlo findet seinen eigenen Vorschlag besser. Woody willigt
ein und läßt ihn allein arbeiten. Carlo beklagt sich: »Keine

* Voll-Weizen-Flocken. Jetzt mit dem neuen köstlichen Geschmack. Zum
Draufbeißen. (Anm. d. Übers.)

275

Kronleuchter, keine Spiegel! Es ist überhaupt nicht lustig. Sucht euch einen anderen Kameramann!«

10 Uhr vormittags. Aufnahme 94: Der *Stern am Schlagerhimmel* singt »Let's All Sing Like the Birdies Sing«. *(34 Sekunden)*
Der Pianist spielt außerhalb des Bildausschnitts. Das kleine Mädchen ist eine Professionelle, sie sieht völlig gelöst aus, als sie fertig ist. Bevor Woody »Cut« sagt, dreht sie sich zu ihm um, um zu sehen, wie er reagiert.
Woody: »Ist das alles?«
Das kleine Mädchen (sie ist ein wenig verstört): »Heißt das, ich soll es zweimal singen?«
Alle lachen und applaudieren. Sie ist sehr gut. Woody bittet sie, bei der zweiten Aufnahme »eine größere Vorstellung zu geben«.
(3 gefilmt und 2 kopiert)
Woody bedankt sich bei ihr und schüttelt ihr die Hand, ein Zeichen, daß sie ihm gefallen hat. »Schön, Sie kennengelernt zu haben«, sagt sie zu ihm, bevor sie geht.

10.30 Uhr vormittags. Der Journalist von *Vogue* liest die *New York Times*. Er sitzt neben Onkel Walt (Richard Shull), der gerade Kaffee trinkt. Der Bauchredner ist auch noch da, aber Woody hat beschlossen, daß seine Puppe nicht für die *Sterne am Schlagerhimmel* verwendet wird. »Popeye« sitzt still neben ihm, bis er aufgefordert wird, noch ein Klavier zu stimmen.
»Popeye« legt sein Werkzeug auf das Klavier und fängt an. Die Jungs vom Team schauen zu. Es macht Spaß, ihn bei der Arbeit zu sehen. Er wird richtig lebhaft, wenn er ein Klavier stimmt.
Jeffrey sieht heute etwas schlampig aus. In seiner Jackentasche ist ein Loch, seine Jacke macht den Eindruck, als hätte er die Ärmel mit einem Küchenmesser herausgeschnitten, die metallisch schimmernde Cowboy-Krawatte ist O. K., aber das hellbraune Hemd paßt überhaupt nicht zu dem rostfarbenen Pullover, und außerdem ist er unrasiert.

11 Uhr vormittags. Carlo ist fertig, aber »Popeye« noch nicht. Der Raum ist klein, und dafür ist das Klavier zu laut. Carlo ist unzufrieden und kommentiert jeden Akkord mit einem »Madonna!« Woody überprüft die Kamera und nimmt, mit Carlos O. K.s, einige Korrekturen vor.

11.30 Uhr vormittags. Noch immer wird das Klavier gestimmt. Alle sind wie erschlagen von dem Lärm. Aber »Popeye« ist unerschütterlich. Ken fragt ihn, wie lange es noch dauern wird. Zehn Minuten, verkündet der Klavierstimmer.
Die letzten drei Tage sind für seine Abteilung sehr anstrengend gewesen, sagt mir Jeffrey. Sie mußten die schwarzen Krawatten und die langen Kleider für die zweihundert Statisten ändern. Und am Montag, als Woody die Rolle der Rundfunksängerin neu besetzt hat, haben fünf Leute die ganze Nacht durchgearbeitet, um die Kostüme zu ändern.

12 Uhr mittags. Wir sind bereit, die Aufnahme zu machen. Dick Hyman hat die Musik komponiert und überprüft sie, zusammen mit dem Pianisten. Onkel Walt, der an dem Klavier sitzt, das im Bild sein wird, kann zwar singen, aber er kann nicht spielen. Woody möchte sofort die Aufnahme machen, aber Onkel Walt bittet um eine Probe.
Aufnahme 69: Die Show geht zu Ende. Es ist Zeit für die Kids, ins Bett zu gehen. Aber bevor er sich verabschiedet, singt Onkel Walt noch den »Uncle Walt Squirrel Rangers' Club Song«. Am Schluß erinnert Onkel Walt die Kids daran, »daß sie auf Ma und Dad hören und immer schön ihre Cornflakes essen sollen... Gute Nacht, ihr kleinen Squirrel Rangers!« Er wartet einen Augenblick, dann dreht er sich zu den Technikern im Senderaum um und sagt: »Das sollte diese kleinen Bastarde etwas im Zaum halten!« Aber er ist noch auf Sendung! *(1 Minute, 36 Sekunden)*
Ursprünglich wollte Woody die Aufnahme in zwei Teilen drehen, zuerst eine Totale, dann eine Nahaufnahme. Aber nach der zweiten Aufnahme stellt er fest, daß es mit zwei Kameras sicherer und der Schnitt hinterher leichter ist.

Nach der vierten Aufnahme ist Woody zufrieden. Aber Onkel Walt bittet um einen weiteren Versuch: Er hat das Gefühl, daß er »kleinen Bastarde« nicht richtig ausgesprochen hat. *(7 gefilmt und 3 kopiert)*
Woody bedankt sich bei Onkel Walt und den Technikern. Dann bittet Louis ihn, die Karten abzuheben. Er macht es und rennt gleich darauf hinaus. Jane gewinnt!
Wir machen um 12.45 Uhr Mittagspause.

3 Uhr nachmittags. Das River Diner in der 11th Avenue Ecke 37th Street ist eine kleine Snack-Bar. Sie befindet sich in einem Waggon, mitten im Niemandsland. Aufgenommen werden soll ein Kunde, der das Drama um Polly Phelps hört.
Carlo freut sich, weil er letzten Sommer an dieser Stelle *Offbeat* aufgenommen hat (Martin Scorceses *After Hours* ist ebenfalls hier gedreht worden). Der Besitzer erkennt ihn wieder und bringt ihm sofort ein Heineken-Bier. Ich frage ihn, wie er zum Film gekommen ist. Er ist das jüngste von acht Kindern und in der Welt des Films groß geworden. Sein Vater reparierte Kameras, und sein Bruder war Manager in einem Filmstudio. Anfang der 40er Jahre, als alle Männer im Krieg waren, bekam er mit seinen vierzehn Jahren einen Job als Schärfenzieher bei den Dreharbeiten zu Viscontis *Ossessione* (1942). Eines Tages bot ihm Visconti hundert Lire, falls er die Scharfeinstellung der Kamera halten könnte. Es war eine Einstellung auf die singende Clara Calamai, bei der die Kamera eine lange Fahrt machte. Er schaffte es und beschloß, im Geschäft zu bleiben.

3.30 Uhr nachmittags. Der Raum ist sehr klein und überfüllt. Carlo ist fast fertig. Der Reporter von *Vogue* ist nicht gerade erfreut, weil er mit Santo zwischen zwei Drehorten hin- und herfahren mußte und kaum dazu kam, zu Mittag zu essen. Dickie ist inmitten der Ausrüstung eingeschlafen.
Aufnahme 168 C: Eine Kundin verfolgt entsetzt die Sendung über Polly Phelps. *(5 Sekunden)*
(2 gefilmt und 2 kopiert)
»Gestorben!« um 4 Uhr nachmittags.

Donnerstag, 9. Januar 1986

Mutter Theresa überredet Greenwich Village dazu, daß die St.-Veronica-Kirche ihr Pfarrhaus für vierzehn Gefangene öffnen darf, die Aids haben und im Sterben liegen. Die ersten drei sind bereits aus dem Staatsgefängnis von Ossining eingetroffen, unmittelbar nachdem der Gouverneur Mario Cuomo sie entlassen hat. (New York Times)
Ron sperrt libysche Konten. (New York Times)
Jean Tugend ist im Alter von zweiundachtzig Jahren gestorben. Sie war die Frau des Produzenten Harry Tugend und Generalmanagerin für Jed Harris und Billy Rose.

8.45 Uhr morgens. Im Hotel New Yorker in der 8th Avenue Ecke 34th Street. Wir befinden uns wieder in der *Herbie Hanson Show.* Die neue Szene ist völlig anders. Während die vorige in einem Studio spielte, haben wir hier ein richtiges Theater bzw. einen Ballsaal mit römischen Säulen und einer Wandelhalle. Der Raum ist viel größer. Die Shows *Raten Sie die Melodie* und *Die Talentjagd* sind hier in der Weihnachtswoche gedreht worden.

9.10 Uhr vormittags. Oben. Die »Alptraumbesetzung« berührt einen weniger als beim letzten Mal. Der Warteraum ist größer (drei riesige Empfangsräume mit chinesischen Wandgemälden). Die stark behinderten Statisten werden jetzt nicht mehr als Staffage eingesetzt. Das Problem ist, daß die Hälfte von ihnen O. K. ist, die andere Hälfte ist geistig zurückgeblieben. Bei der letzteren Gruppe muß man sich sehr viel Zeit beim Sprechen nehmen und ständig wiederholen. Manchmal ist es schwierig, sie voneinander zu unterscheiden, und es kann dir passieren, daß du ganz langsam mit einem sprichst wie mit einem kleinen Kind, bis er dir das Wort abschneidet und sagt: »Schon O. K. mein Lieber. Ich verstehe.«
Nur noch zehn Minuten. »Wenn ihr ins Bad wollt...« schreit Richie. Die einhundert Statisten stürzen alle auf einmal die Treppe hinunter.

10 Uhr vormittags. Woody hat die Aufnahme vereinfacht. Das Publikum wird schon zu Beginn der Aufnahme im Theater sein. Die drei bezahlten Lacher werden zuerst hereingebracht, dann die Musiker und zuletzt das Publikum. Der Unterschied ist, daß jetzt die Leute in der Menge nicht mehr Krüppel sind, sondern nur ein wenig behindert. Außerdem sind eine Menge alte Leute dabei.

Herbie probt seine Witze in einer Ecke der Bühne. Der Leiter der Kapelle ist wieder Dicks Assistent, der die Musik für diesen Film arrangiert. Der Autor der Zeitschrift *Vogue* kann endlich frühstücken. Dickie fragt mich (was er schon lange nicht mehr getan hat), ob ich inzwischen bei »Pierre au Tunnel« gewesen bin. Als ich ihm sage, daß ich bisher noch keine Gelegenheit dazu hatte, scheine ich in seiner Achtung noch einmal um einige Grade zu sinken.

10.30 Uhr vormittags. Wir nehmen mit zwei Kameras auf. Aufnahme R 106: Dieselbe wie beim vorigen Mal. Der Ansager leitet die Show ein: »Die Vereinigte Lebensversicherungs-Gesellschaft präsentiert...« Das Publikum klatscht, die Kapelle spielt die Werbemelodie, dann liest er den Werbespruch vor, und Herbie spricht seine einführenden Worte.

Das Publikum ist gut drauf; es applaudiert zu jedem von Toms Witzen. Nach der ersten Aufnahme bittet Woody den Ansager, den Werbetext dramatischer zu lesen. Woody scheint nicht besonders glücklich mit Herbies Einleitung zu sein, aber er applaudiert ihm zusammen mit dem Publikum.

Woody bricht die vierte Aufnahme ab und redet mit Herbie. Bei der fünften Aufnahme läßt Woody die Kamera laufen, aber er ist nervös.

Noch eine Aufnahme. Aber Woody ist immer noch nicht zufrieden. Er ruft nach Santo, aber der ist verschwunden. Wir machen weiter.

(5 gefilmt und 3 kopiert) Fertig um 10.45 Uhr vormittags. Das Publikum geht wieder nach oben.

11.10 Uhr vormittags. Aufnahme R 106 A/R 106 B: Herbie

reißt ein paar »gute« Witze, z. B. »Der Verkehr in der Innenstadt von Manhattan ist so stark, daß der Broadway wie ein riesiger Parkplatz aussieht«, und »Ich habe eine Frau gesehen, die ihre Hand aus dem Autofenster streckte. Ich dachte, sie würde damit anzeigen, daß sie abbiegen will..., aber sie ließ ihren Nagellack trocknen.« Zuerst lacht natürlich niemand. Dann treten die bezahlten Lacher in Aktion. Und innerhalb kürzester Zeit stehlen sie Herbie die Show.

Herbie ist auf der Bühne. Woody sitzt neben Kay, die das Skript hat, in der fünften Reihe. Das Publikum ist nicht mehr da. Herbie erzählt seine Witze vor einem Saal, der alles andere als besetzt ist. Dann geht Woody die Witze noch einmal mit Herbie durch. Er hilft ihm beim Text, indem er ihn wiederholt, während die Kamera schon läuft. Herbie sagt zu den Leuten, die jetzt auf die bezahlten Lacher reagieren: »Darf ich Sie darauf aufmerksam machen, daß die Show hier oben stattfindet!« Woody: »Stärker... Wütender... Sie müssen so gucken.« Der Text wird einige Male wiederholt, die Kamera läuft immer noch. Und es sieht so aus, als würde Woody kriegen, was er wollte. Herbie zu den bezahlten Lachern: »Wenigstens im vierten Programm mögen sie mich!« Die Kamera läuft. »Weiter«, sagt Woody und macht den Gesichtsausdruck vor, den er bei Herbie haben will. »Sagen Sie so etwas wie ›Jesus!‹« Es scheint schließlich doch zu klappen. Woody lacht.

»Stopp mal.« Woody geht wieder zum Skript, um zu vergleichen. Aber es ist O. K.; er hat im Kasten, was er braucht. Um 11.20 Uhr ist alles vorbei.

Herbie Hanson ist Komiker-Double, nicht Schauspieler. Das ist der Grund, daß Woody ihm so penibel Anweisungen gibt, bis er genau das bekommt, was er haben will. Innerhalb einer halben Stunde hat sich Woodys Stimmung völlig gewandelt; er gibt eine kurze Step-Einlage für Jane und Jeffrey.

11.45 Uhr vormittags. Das Publikum betritt wieder den Saal.
Aufnahme R 106 C: Nachdem die Leute genug haben von den bezahlten Lachern, wenden sie sich wieder Herbie zu. Sie sind bereit, ihm noch eine Chance zu geben. Herbie fängt noch ein-

mal von vorne an. Aber in dem Moment läuft ein Mann von hinten auf die Bühne, schubst ihn beiseite und fängt an, eine Sondermeldung vorzulesen: »... Als Antwort auf die Bomben auf Pearl Harbor hat Präsident Roosevelt den Achsenmächten den Krieg erklärt...« Sofort rennt das Publikum in alle Richtungen davon. Herbie ist verblüfft, dennoch versucht er, noch ein paar gute Nummern zu bringen.

Nach der zweiten Aufnahme stellt Carlo fest, daß das Publikum nicht schnell genug den Saal verläßt. Dadurch wirkt die Szene etwas zu statisch. Man räumt ein paar Stühle weg, so daß das Publikum auch wirklich rauslaufen kann.

(3 gefilmt und 3 kopiert)

Das Publikum geht wieder nach oben. Die Kameras werden sich bei der nächsten Aufnahme auf die andere Seite richten. Die Beleuchtung muß also verändert werden. Die Kapelle und der Dirigent werden entlassen. Wie beim letzten Mal hat die Kapelle die Melodie wieder ziemlich schräg gespielt (»Fine and Dandy«).

12.45 Uhr mittags. Woody kommt herein, um den Bildausschnitt zu überprüfen. Er hat Baby Dylan auf dem Arm, und Sally ist bei ihm. Sally ist noch nicht in Filmkleidung. Sie trägt wieder einmal ihren Oversize-Look. Baby Dylan ist munter wie immer. Während Woody arbeitet, setzen sich die beiden Damen zu Jimmy Frederick. Sally grüßt mit einem netten Lächeln zu mir herüber, und Baby Dylan fängt an, mit Jimmy zu flirten.

Wir machen Mittagspause.

Heute nachmittag werden wir als erstes die Anschlußszene drehen.

2.30 Uhr nachmittags. Woody und Carlo arbeiten an der Bildgestaltung. Sie setzen die Statisten immer wieder auf andere Plätze. Der Saal ist halb leer, und sie müssen ein bißchen mit dem Ausschnitt mogeln, damit es so aussieht, als wäre der Saal voll.

Ich sitze auf einem der Musikerstühle auf der Bühne. Plötzlich dreht sich Woody in meine Richtung und sagt zu Carlo: »Ich hab' da gerade eine Idee . . .« Ich stehe sofort auf. »Nein, nein. Sie können dableiben«, meint Woody daraufhin zu mir. So etwas passiert immer wieder, wie neulich, als ich auf dem Klo in Oma Brummers Badezimmer saß. Da wir nicht gerade häufig miteinander reden, klappt die Kommunikation manchmal nicht so gut zwischen uns.

2.45 Uhr nachmittags. Wir warten auf Sally. Die Salad Sisters sind damit beschäftigt, sie »hübscher zu machen«. Dickie will den Bildausschnitt überprüfen: »Kenny, setz dich auf Sallys Platz, und versuch, wie eine Blondine auszusehen«, sagt Tom. Einer von den bezahlten Lachern erzählt den beiden anderen einen Witz. Sie lachen leise vor sich hin. Woody sitzt direkt vor mir (ich bin ganz nah hinter ihm) und liest die *Daily News*.

3 Uhr nachmittags. Aufnahme R 106 D: Die Kamera ist über Herbies Schulter auf das Publikum gerichtet. Er reißt zwei Witze; niemand reagiert.
Woody sitzt auf einem Hocker, während Tom den Regiesessel okkupiert hat. Die Kamera läuft, aber kurz bevor die Handlung einsetzt, unterbricht Woody. Er möchte mehr Brillen in den Gesichtern. Die »Garderobe« tritt in Aktion. Wir fangen erneut an zu drehen, aber Woody bricht wieder ab; ihm gefällt nicht, wie Jeffrey die Brillen verteilt hat. Eine »Brillenkrise«. Woody verteilt jetzt selbst die Brillen. Jeffrey folgt ihm mit einem vollen Korb. Er wirkt ziemlich angespannt: Solche Kleinigkeiten nimmt er sich sehr zu Herzen, während Woody sich gar nichts dabei denkt; er möchte eben nur die Brillen anders verteilt haben!
(4 gefilmt und 2 kopiert) Fertig um 3.10 Uhr nachmittags.

3.20 Uhr nachmittags. Wir sind wieder beim Konzert der Lacher.
Aufnahme R 106 E: Eine Kamera nimmt den ganzen Saal ins Bild. Die andere ist auf Sally und die drei bezahlten Lacher gerichtet. Derselbe Handlungsablauf wie vorher. Erst tritt einer

der bezahlten Lacher in Aktion, dann zwei, schließlich alle drei. Die Leute reagieren auf sie und klatschen.

»Ich werde so tun, als ob ich einen Witz erzähle«, sagt Woody zu den Leuten. Er steht mit dem Skript in der Hand auf der Bühne und signalisiert mit Handzeichen und Mimik, wie lange und wie stark die Leute klatschen sollen. Sally lacht am Ende laut auf und streckt die Arme aus, genau wie Woody es ihr vormacht.

(3 gefilmt und 3 kopiert) Fertig um 3.35 Uhr nachmittags.

3.45 Uhr nachmittags. Während Carlo seine Vorbereitungen trifft, stellt sich Woody direkt hinter mich und spielt auf dem Xylophon. Wieder so eine unerträgliche Situation. Soll ich ihm ein Kompliment machen? Aber er spielt nicht sehr gut!

Aufnahme R 106 F: Das Publikum verläßt den Saal unmittelbar nach der Kriegserklärung, dieses Mal aus einem anderen Blickwinkel.

(1 gefilmt und 1 kopiert)

Woody: »Das hat mir gefallen.«

Tom: »Willst du nicht sicherheitshalber noch eine machen?«

Woody: »Nein. Mit den beiden Kameras und den zwei Blickwinkeln müßte es O. K. sein.«

Tom: »Versprichst du mir, daß wir das nicht nachdrehen?«

Woody: »Das – nein.«

Er läuft hinaus.

»Gestorben« um 4 Uhr nachmittags.

Freitag, 10. Januar 1986

Die Vereinigten Staaten nehmen ihre Aufforderung an Westeuropa zurück, Libyen zu boykottieren. Shultz meint, daß die Alliierten sich ausweichend verhalten. (New York Times)

8.45 Uhr morgens. Woody macht eine Führung für Andrew durch das leere, zwanzig Meter hohe Grand Foyer der Radio

City Music Hall. Wir werden hier zwei Tage verbringen. Heute soll die geträumte Cocktail-Party aufgenommen werden, bei der die Jackhammers (Irving Selbst und Hope Sacharoff) zufällig Max Harris treffen (Sequenz 19). Außerdem eine Szene, in der ein paar Frauen in einem Schönheits-Salon sitzen und die Sendung über Tonino hören.

Die übliche Routine. Dickie ruht sich in einem bequemen Lehnsessel aus, der in der Großen Halle steht. Louis verkauft Karten und ist mit dem Super-Bowl-Pool beschäftigt; eine Reihe von Sätzen sind noch übrig. Nur Woody hat einen für sich und einen für Andrew gekauft. Aber Louis ist ganz zuversichtlich, daß nächste Woche, wenn wir mit der ganzen Crew im Studio sind, die Sätze weggehen wie warme Semmeln.

Es ist direkt aufregend, die ganze Radio City Music Hall für uns allein zu haben. Sie ist Ende der 20er Jahre gebaut worden und erstaunlich solide konstruiert. 1979 wurde sie sehr schön restauriert. Durch die beiden meterhohen Kronleuchter, die 24-Karat-Blattgold-Decke, die afrikanische Marmorvertäfelung und die Bronzetüren zum Auditorium wirkt sie ausgesprochen elegant. Am meisten überraschen mich jedoch die extravaganten, mit hübschen Wandmalereien und Möbeln ausgestatteten Ruhe- und Aufenthaltsräume. Das einzige, was uns bedauerlicherweise fehlt, sind die probenden Rockettes auf der Bühne. Die Bühne wird überall für Reverend Dr. Martin Luther King jr. präpariert. Für den 24. dieses Monats sind die Feierlichkeiten zu Martin Luther Kings Geburtstag geplant. Die Gestaltung hat neben anderen Tito Puente übernommen.

9.45 Uhr morgens. Da wir nicht vor 8 Uhr in das Gebäude konnten, ist der Aufenthaltsraum ein paar Häuser weiter im Women's National Republican Club in der West 51st Street eingerichtet worden. Dort hängt, natürlich, in der Eingangshalle ein riesiges feierliches Farb-Porträt von Ron. Daneben ein Plan vom gestrigen Tag:

12 Uhr: Der Initiativkreis der Frauen im Ballsaal.
2 Uhr nachmittags: Der Opernklub im Solarium.
4 Uhr nachmittags: Die Vereinigung der Iren im Lincoln-Saal.

Wir nehmen zwei Räume im oberen Stockwerk. Jeffrey hat für die Szene im Schönheits-Salon und die Party-Szene die Aufmachung der Darsteller übernommen. Die Kostüme sind wunderschön, aber noch schöner sind die Hüte; Jeffrey liebt Hüte. Es gibt auch ein paar hübsche Frauen, aber sie sind nichts gegen die Mädchen bei der USO. Mrs. Jackhammer ist sehr beeindruckt. Aber sie macht sich Sorgen, weil sie ihre Schuhe nicht finden kann. Sie waren zu eng, und irgend jemand sollte sie weiten. Jetzt kann sie diesen Jemand nicht wiederfinden.

10.15 Uhr vormittags. Die Party soll direkt von der Grand Lounge aus in der Ladies' Lounge aufgenommen werden. Da Wandbemalungen, acht Lampen, Spiegel und ein paar Sofas schon vorgegeben sind, muß Santo nur noch Blumen und einen Tisch dazustellen, um eine richtige Cocktail-Party-Atmosphäre zu schaffen.
Jimmy Mazzola hat die Getränke und etwas zu essen hereingebracht: Schachteln mit Petits fours (eine für die Crew), Champagner Marke Cordon Rouge, Scotch, Martinis... Der Tisch wird gedeckt und alles so hergerichtet, daß der Traum der Jackhammers, Max Harris zu begegnen, Wirklichkeit werden kann.

10.40 Uhr vormittags. Die Statisten werden auf Stühle gesetzt, die in einer Ecke der Grand Lounge gruppiert sind. Max Harris (Marc Goodson) und die Jackhammers stehen etwas abseits bei der Statue des »tanzenden Mädchens«. Max Harris sitzt auf dem Stuhl des Regisseurs, raucht eine Zigarre und läßt seinen prüfenden Blick durch den ganzen Saal schweifen. Er wirkt ziemlich blasiert. Er ist mit einem sehr schick gekleideten Freund (blauer Blazer, gestreiftes Hemd mit Klubkrawatte, blau-weiße Schuhe) da und redet kein einziges Wort mit den Jackhammers. Mr. Jackhammer ist eigentlich in der Herrenmode tätig, aber da er so ein ausdrucksstarkes Charaktergesicht hat, übernimmt er hie und da kleine Rollen. Er spielte bei James Goldstones *The Gang that Couldn't Shoot Straight* mit und mimte in *Broadway Danny Rose* einen Agenten. Seine Szene wurde aber gestrichen.

Woody kommt herein und überprüft erst das Aussehen der Jackhammers, dann das der Statisten. Sie werden in einer Reihe, die Männer auf der einen, die Frauen auf der anderen Seite, aufgestellt, und Woody marschiert zusammen mit Jeffrey wie ein General an ihnen vorbei und mustert sie. Dann wendet er sich wieder dem Szenenbild zu und bespricht mit Carlo die Kamerabewegung. Tom bittet um Ruhe; sofort wird es still. Woody und Carlo können mit ihrer Besprechung beginnen, die zum großen Teil aus Gestik, lautmalendem Gemurmel und Flüstern besteht. Anscheinend brauchen und genießen sie beide diese Ruhe und Ernsthaftigkeit, in der sie den Raum zu »erfühlen« versuchen.

11.15 Uhr vormittags. Die Jackhammers versuchen mit Max Harris ins Gespräch zu kommen, aber Max will sie sich vom Leibe halten. Ethel Jackhammer ist eine sehr zurückhaltende Frau, sie macht alles, was ihr Mann sagt, und mischt sich nie in eine Unterhaltung ein. Ich mache ihr ein Kompliment wegen ihres Hutes. Wir stellen fest, daß wir beide Jeffrey sehr bewundern. »Und außerdem ist er ein süßer Kerl«, meint sie.
Ich frage Jane jetzt schon zum drittenmal, ob ich einmal ein paar Muster sehen kann. Sie teilt mir mit, daß sie immer noch keine Antwort bekommen hat.
Die Statisten werden in die Szene geführt. Es ist lustig: Immer wenn die Jungs vom Team jemanden aus einem anderen Film wiedererkennen, kann das nur ein hübsches Mädchen sein. Jimmy Mazzola serviert Champagner. Carlo benutzt auch hier nur die vorhandene Beleuchtung: zwei Kronleuchter mit jeweils acht Lampen. Trotzdem hängt er noch zusätzlich einen Strahler an die Decke, der auf die Jackhammers und Max Harris gerichtet ist, wenn sie mit ihrem Dialog beginnen.
Ethel bekommt einen anderen Hut. Der erste war einfach zu schön. Jeffrey besteht darauf, daß sie aussehen sollen, »als gehörten sie nicht in diese Kreise«. Plötzlich werde ich von jemandem aus der »Unterhaltungscrew« abkommandiert, ein Kabel zu halten. »War ja auch höchste Zeit!« kommentiert Ken.

12.30 Uhr mittags. Aufnahme 19: Bei *Frühstück mit Irene und Roger* geraten die Jackhammers ins Träumen, dann sind sie plötzlich mitten unter all diesen Schickeria-Leuten, aber ganz so wohl ist ihnen dabei nicht. Ihre Frühstückswurst wird durch Champagner und Kaviar ersetzt. Und hier kommt auch schon Max Harris zu ihnen herüber, um sich mit ihnen zu unterhalten. »Ich werde in Kürze Eugene O'Neills neues Stück inszenieren. Es ist ein erschütterndes Stück über rettungslos Verlorene, die tief gesunken sind und sich in Selbstbetrug ergehen.« Jackhammer versucht krampfhaft mitzuhalten: »Wie ungeheuer tiefsinnig – nicht wahr, Ethel?«
(36 Sekunden).
Probleme entstehen mit der Kamerabewegung und der Handlungsabfolge. Die Schauspieler müssen im richtigen Moment in den Bildausschnitt kommen, damit der Übergang zur nächsten Bildkomposition fließend wird. Die Kamera wandert zwischen den Partygästen, wie man es aus Fellini-Filmen kennt, bis sie die Jackhammers entdeckt. Max Harris bringt seinen Text sehr überzeugend, und den Jackhammers fällt es leicht, den Eindruck zu erwecken, als gehörten sie nicht in diese Kreise.
(9 gefilmt und 4 kopiert) Fertig um 1 Uhr mittags.

1.15 Uhr nachmittags. Der Schönheits-Salon ist im dritten Zwischengeschoß im Schminkraum. Auch hier sind schon so schöne Wandmalereien (Kuniyoshis) und Spiegel (Deskeys) vorhanden, daß Santo nur noch ein paar Schwarzlackmöbel hineinstellen muß, um eine wunderbare Szenerie entstehen zu lassen. Woody sieht sehr zufrieden aus.
Tom: »Was machen wir jetzt?«
Woody: »Mittag essen.«
Tom: »Du willst zu Mittag essen?«
Woody (im Hinausgehen): »Filmen ist nicht nur anstrengend, sondern direkt eine Qual!«
Wir machen Mittagspause.

3 Uhr nachmittags. Ray hat damit begonnen, das Grand Foyer

für Montag auszuleuchten. Wir haben heute nachmittag nur eine Aufnahme ohne Ton; die »Unterhaltungscrew« hat schon Feierabend. Adriana kommt vorbei, um sich zu verabschieden. Sie will nach Paris fahren, um sich die Muster von *Max, Mon Amour* anzuschauen. Wir bekommen Besuch von Woodys Neffen, dem Sohn seiner Schwester, und dessen Freundin.

4 Uhr nachmittags. Carlo ist fertig. Die Statisten werden in den Salon gebracht, vier Kundinnen – nicht sehr hübsch, dafür aber sehr schick – und vier Kosmetikerinnen. Die Kamera steht in einem schmalen Korridor. Da Carlo die Spiegelbilder mitverwenden will, darf außer den Schauspielern niemand im Raum sein. Es war ziemlich eng. Carlo stößt ein paarmal »Madonna!« und »Nur die Ruhe bewahren!« aus, bis er schließlich ein paar Leuten droht, er werde sie umbringen. Woodys Besuch ist davon sehr beeindruckt.
Woody verhält sich seinen Gästen gegenüber sehr zuvorkommend. Er erklärt, daß das heute kein besonders interessanter Tag zum Zuschauen sei, da die Szenen, die gedreht werden, nur sehr kurz sind und kaum Regie nötig ist. Der achtzehn Jahre alte Neffe ist ziemlich schüchtern und hat großen Respekt vor Onkel Woody.

4.30 Uhr nachmittags. Aufnahme 2 G: Die Kamera macht einen Schwenk durch den Schönheits-Salon. Die Kundinnen lauschen der Geschichte von Tonino. (*20 Sekunden*)
Woody bittet eine der Wartenden, am Radioknopf zu drehen, sonst nichts. Hier hinten bei uns schenkt Jimmy Mazzola während der Aufnahme den Rest des Champagners ein. Mit ein bißchen Alkohol nimmt Carlo alles ein wenig leichter (und wir auch).
(*3 gefilmt und 3 kopiert*)
»Einpacken!« um 4.50 Uhr nachmittags.

Am frühen Freitagmorgen wurde Donald Manes, der Bezirkspräsident von Queens, den man auch den »König von Queens« nennt, blutüberströmt in seinem Wagen in der Nähe des Shea Stadions aufgefunden. Er war am Handgelenk und am Bein verletzt. Die Stadtpolizei hatte den schleudernden Wagen zum Stehen gebracht, hinter dessen Steuerrad ein halb bewußtloser Manes saß. Es ist noch nicht geklärt, ob er das Opfer eines Verbrechens ist oder sich die Verletzungen selbst zugefügt hat.

Am Samstag war Manes' Zustand noch so schlecht, daß man ihm keine Fragen stellen konnte. Ed eilte an Manes' Krankenbett und küßte ihn auf die Stirn. »Mach dir keine Sorgen, Donny«, sagte er zu ihm, »wir alle lieben dich.«

Am Sonntag wurde Manes ins Herzzentrum gebracht.

Heute, am Montag morgen, spricht alles dafür, daß er sich die Schnittverletzungen selbst zugefügt hat. Seine Armbanduhr fehlte, und die Strümpfe waren halb ausgezogen. Die Schnitte wurden ihm im Auto mit einem scharfen Küchenmesser zugefügt, das man dort gefunden hat. Manes behauptet, daß es zwischen Mitternacht und 1 Uhr passiert ist. Ed meint, daß Don seit einer Operation, letzten November, bei der ihm die Polypen entfernt wurden, etwas schwächlich gewesen ist. (New York Times und Daily News)

Nachdem der Start siebenmal verschoben worden ist, soll das Raumschiff jetzt endlich in den Weltraum. Die Astronauten werden einen RCA-Satelliten aussetzen. (New York Times)

Bei einer Belagerung durch bolivianische Kokainbauer sind 245 Polizisten von der Rauschgiftabteilung drei Tage lang festgehalten worden. (New York Times)

Nachdem Big Paul im letzten Dezember in der East 46th Street erschossen worden ist, hat John Gotti, ein ehemaliger Sträfling, sich an die Spitze der Gambino-Organisation, einer kriminellen Vereinigung, gesetzt. (New York Times)

»Mighty Mike« hat wieder zugeschlagen. Samstag nacht brach Mike Tyson Marcianos K.-o.-Rekord (Daily News)

Am Freitag starb der tschechische Dichter Jaroslav Seifert. Er erhielt 1984 den Nobelpreis.

8.45 Uhr morgens. Wir sind wieder in der Radio City Music Hall. Heute sollen zwei Sequenzen aufgenommen werden. Die eine gehört zu der Reihe von Aufnahmen, in denen bestimmte Lieder Joe an Leute und Ereignisse aus seiner Jugend erinnern (Sequenz 102). Heute nehmen Bea und Chester, ihr neues Rendezvous, Little Joe mit zu einem Film in der Radio City Hall. In der zweiten Sequenz lauscht eine reiche Frau, die in ihrer Badewanne sitzt, der Sendung über Tonino.
Woody, heute in dunkelblauer Kordhose und einem grünen Shetland-Pullover und mit den besagten Schuhen, pfeift vor sich hin, während er allein durch das Grand Foyer geht. Er benutzt wieder seine Hände als Bildrahmen und probiert verschiedene Kamerabewegungen und -winkel aus. Unterdessen leuchtet Carlo den Raum aus, Ray, »Hammer« und Bobby Ward helfen ihm dabei. Das Grand Foyer kriegt allmählich ein neues, hübsches Aussehen, und in den *Fontain of Youth* (ein 20 auf 10 Meter großes Wandgemälde von Ezra Winter) kommt langsam Leben.

9.45 Uhr morgens. Heute gibt es eine große Neuigkeit. Sie ist bis zur letzten Minute geheimgehalten worden, obwohl die Sache schon letzten Donnerstag abgemacht war. Woody hat einen seiner längsten Mitarbeiter für die Chester-Rolle ausgesucht – Jimmy Sabat! Jeffrey verpaßt ihm einen doppelreihigen pastellblauen Anzug, gelbe englische Schuhe, ein gestreiftes Hemd, viel Make-up und Haarpomade – Jimmy fühlt sich vollkommen unbehaglich.

10.15 Uhr vormittags. Nachdem die Statisten im Women's National Republican Club gekleidet und geschminkt worden sind, müssen sie auf Stühlen in der Grand Lounge unten warten. Es sind Männer und Frauen jeden Alters und Kids mit ihren Müttern. Jeffrey ist schon dabei, die Accessoires zu verteilen – Uhren, Taschen, Schmuck, Handschuhe und Brillen.

10.30 Uhr vormittags. Zuerst werden die Music-Hall-Pagen hereingebracht und auf die riesige Treppe gestellt. Woody probiert verschiedene Standorte mit ihnen aus – an der linken Wand des Grand Foyer, nur auf der Treppe, auf jeder Stufe einer usw. Bea ist ganz in Rosa gekleidet, und Little Joe trägt Kniebundhosen. Sie werfen einen Blick durch die Kamera. Dann wird das Publikum hereingebracht und in kleinen Gruppen im ganzen Raum verteilt.

Baby Dylan trifft mit seiner Mutter ein. Woody nimmt es sofort in seine Arme. Während er die Kleine hält, macht er mit seiner Arbeit weiter. Er trägt sie vor dem Bauch, aus der Entfernung sieht es etwas komisch aus. Aber Baby Dylan scheint das nichts auszumachen. Sie hat ihren Kopf auf Woodys Brust gelegt und lutscht am Daumen.

Schließlich entscheidet sich Woody, keine Pagen auf die Treppe zu stellen und aus der Mitte des Grand Foyer einige Leute abzuziehen. Woody schaut noch einmal durch die Kamera und korrigiert die Aufstellung der einzelnen Gruppierungen.

Sally übertreibt heute wirklich. Sobald sie aufhört zu spielen, geht sie ins andere Extrem. Wie immer ist sie ungeschminkt und hat ihr Haar nicht gekämmt, aber jetzt trägt sie auch noch eine Brille, die ihr auf der Nasenspitze sitzt, und fletscht die Zähne. Und doch, sie sieht immer noch bezaubernd aus!

10.45 Uhr vormittags. Einer der riesigen Kronleuchter wird heruntergelassen. Ray wechselt ein paar Birnen aus. Ein Freund von Woody und Sally ist zu Besuch da und darf jetzt Baby Dylan halten. Woody schaut ein wenig eifersüchtig. Er fängt an, Grimassen zu schneiden, um die Aufmerksamkeit auf sich zu lenken, aber dieses Mal macht das keinen Eindruck auf Baby Dylan. Woody versucht es mit einem lauten Kuß auf ihren Bauch und bekommt endlich ein Lächeln.

11.05 Uhr vormittags. Die letzte Gelegenheit für das Make-up und die Garderobe, bevor es heißt: »Kamera ab.« Jimmy Sabat jammert, weil Romaine ihm zuviel Pomade ins Haar schmiert. Jetzt macht sie ihm einen schwarzen Punkt auf seine Glatze. Er

merkt es nicht, aber alle anderen haben ihren Spaß. Jimmy spricht sehr leise, erledigt seine Arbeit immer ruhig und gekonnt und versucht nie, die Aufmerksamkeit auf sich zu ziehen. Das macht die ganze Situation noch komischer.

11.30 Uhr vormittags. Aufnahme F 102: Bea, Chester und Little Joe treten in die Vorhalle. Die Kamera entdeckt das Grand Foyer zusammen mit ihnen. Sie gehen auf die Treppe zu. *(20 Sekunden)* Keine Probleme mit den Schauspielern. *(2 gefilmt und 2 kopiert)* Fertig um 11.40 Uhr vormittags.

12 Uhr mittags. Nachdem sie die Möglichkeit durchgesprochen haben, den Saal aus dem Blickwinkel des Trios aufzunehmen, beschließt Woody, die Kamera in halber Treppenhöhe aufzustellen. Carlo findet die Idee gut, weil er dann mit den Spiegeln an den Wänden arbeiten kann.

Jeffreys Ausstattung besteht heute aus schwarzen Stiefeln, ei-

293

ner schwarzen Lederhose, einem schwarzen Seidenhemd, einem schwarzen Schlips (mit zwei kleinen gelben Punkten) und einer Weste in einer undefinierbaren dunklen Farbe.

12.30 Uhr mittags. Ezras Schwester sitzt im Publikum. Die Jungs vom Team kleben ein schwarzes Band auf das Geländer, damit es nicht mehr blendet. Brian macht ein paar Fotos von Woody, wie er mit Kay und Ezra spricht. Auch wenn niemand darüber ein Wort verliert, ist keiner von uns überzeugt, daß Jimmy ein begnadeter Schauspieler ist. Der letzte Film, bei dem er mitgespielt hat, war *Serpico*, erzählt er mir.
Aufnahme F 102 A: Wir sehen das Trio: Die drei nähern sich der Treppe von der Mitte des Grand Foyer her. Sie steigen die Stufen hinauf. *(18 Sekunden)*
(5 gefilmt und 4 kopiert)

Um 12.50 Uhr machen wir Mittagspause.
Als ich nach dem Mittagessen die 6th Avenue hinuntergehe, um eine Zeitung zu kaufen, treffe ich Woody und Bea, die gerade zurück zur Music Hall gehen. Woody lächelt mir zu. Er sieht aus, als wollte er sagen: »Schau her! Wie das?« Tom, Jane und Ezra laufen hinterher. »Beeil dich! Sonst kommst du zu spät«, ruft Ezra mir zu.

2.45 Uhr nachmittags. Wir sind auf der Treppe, die von der Grand Lounge zum Grand Foyer führt. Wir wollen die Anschlußszene drehen, in der die drei an der Treppe ankommen.
Aufnahme F 102 B: Sie steigen die Stufen zum ersten Stock hinauf, treten dann auf den Balkon hinaus und gehen rechts aus dem Bild. *(24 Sekunden)*
Es gibt keine Schwierigkeiten, abgesehen davon, daß die Schauspieler und die vorbeigehenden Statisten gut aufeinander abgestimmt werden müssen. Bei der dritten Aufnahme läßt Woody, nachdem die drei aus dem Bild gegangen sind, Little Joe noch einmal zurückkommen, um sich die kolossale Halle anzusehen.
(5 gefilmt und 4 kopiert)

3.30 Uhr nachmittags. Wir befinden uns in einer Halle im dritten Zwischengeschoß. Woody schlägt vor, Bea, Chester und Little Joe opulent ins Bild zu setzen, wie sie vom Ende des Korridors herankommen, während andere Leute vorbeigehen. Als sie sich nähern, fährt die Kamera vor ihnen zurück. Am Ende der Halle bleibt die Kamera stehen und macht einen Schwenk, während sie weitergehen. Durch das Geländer sieht man einen der beiden Kronleuchter. Die Kamera schwenkt weiter herum, verliert sie zunächst aus den Augen, greift sie dann aber wieder von hinten in einem Spiegel auf, während sie weggehen. Carlo braucht zwei Stunden. Tom wird ganz nervös, weil die reiche Frau in der Badewanne zeitig weg muß. Woody streicht den letzten Teil der Aufnahme – das Trio im Spiegel – und läßt die Aufnahme mit dem Kronleuchter enden. Aber vorher gehen wir noch hinunter, um das Grand Foyer aus dem Blickwinkel der drei aufzunehmen.

4.15 Uhr nachmittags. Die Statisten werden hereingebracht und bekommen ihre Plätze im Grand Foyer zugewiesen. Woody überprüft die Kamera, aber die Aufnahme gefällt ihm nicht. Er wirkt plötzlich mißgelaunt, so, als ob er beschlossen hätte, sich nicht mehr um die Aufnahme zu kümmern. Während Carlo noch einmal an der Aufnahme arbeitet, plaudert Woody mit Bea, Brian und Andrew.

4.30 Uhr nachmittags. Nichts geht weiter. Die hundert Statisten stehen in Position, und Carlo ist mit seiner Vorbereitung für die Aufnahme fertig, aber Woody hat immer noch nicht das richtige »feeling«. Keiner weiß genau, was eigentlich vor sich geht. Woody hat anscheinend das Interesse an der ganzen Angelegenheit verloren. Alle warten.
Man sagt mir, daß das auch schon bei *Annie Hall* passiert sei. Es war bei einer Szene mit zweihundert Statisten in einem Freizeitpark auf Coney Island; alle standen den ganzen Morgen bloß herum, und am Ende wurde gar nichts gedreht.

5 Uhr nachmittags. Woody ist wieder unter den Lebenden. Ein

großer Teil der Statisten wird wieder in den Aufenthaltsraum geschickt. Nur neunzehn und die Platzanweiser bleiben da. Woody lächelt erleichtert und geht zu Little Joe. »Wir machen das jetzt ganz anders«, erklärt er dem Jungen.

Die neue Idee sieht folgendermaßen aus: Das Lied erinnert Joe an den Tag, als er in die Radio City Hall ging. Aber wie das immer ist mit Erinnerungen, sie sind ein wenig verzerrt. Er idealisiert: Er hat eine Radio City Music Hall vor Augen, wie man sie sich nur erträumen kann, mit den bereitstehenden Platzanweisern, die einen erwarten, und dem Grand Foyer, das unwirklich schön aussieht.

5.15 Uhr nachmittags. Aufnahme F 102 D: Die Eingangshalle ist leer, nur die Platzanweiser sind an der Seite in Reihe aufgestellt. Bea, Chester und Little Joe gehen durch die Halle. (*15 Sekunden*)
(4 gefilmt und 2 kopiert)
Wir gehen wieder nach vorn, um den »Establishing Shot« noch einmal aufzunehmen, bei dem sie die Vorhalle betreten. Dieses Mal ist das Grand Foyer leer.

5.40 Uhr nachmittags. Die Atmosphäre ist jetzt viel entspannter. Bea erzählt uns, daß Chester/Jimmy sehr gut sei. Er findet bei jeder Aufnahme ein anderes Gesprächsthema. Bei der letzten Aufnahme hat er sie zum Pferderennen eingeladen. Die Platzanweiser werden an der linken Wand und auf den Stufen aufgestellt.

Woody prüft immer wieder die Kamera und plaziert die Statisten genau da, wo er sie haben will. Mit den Platzanweisern, die an der Seite in einer Reihe strammstehen, mit der wunderschönen Beleuchtung und ohne Publikum erscheint das Grand Foyer tatsächlich in surrealistischer Schönheit.

Es ist fast 6 Uhr abends. Chester, der wie Porfirio Südamerikaner ist, muß rasiert werden. Fern deckt seinen dunklen Bartschatten mit Puder ab. Woody sitzt allein in einer Ecke, als wäre er gefühlsmäßig ganz erschöpft. »Bist du bereit,

Woody?« schreit Tom. »Yeah!« ruft Woody zurück. Er bleibt sitzen und lächelt müde zu mir herüber.

Wir werden sämtliche Aufnahmen von heute morgen noch einmal machen, dieses Mal aber nur mit dem Trio. Aber Woody läßt alles kopieren (die Szenen mit sämtlichen Statisten), falls es mit der Idee, die er in letzter Minute hatte, doch nicht klappen sollte.

»Gestorben!« um 7 Uhr abends.

Heute hat es ein Novum in Woodys Karriere gegeben: Er hat die Nachaufnahmen noch am selben Tag gemacht!

Dienstag, 14. Januar 1986

Manes: »Ich bin gekidnapped worden.« Er behauptet, zwei Männer hätten ihn entführt und niedergeschlagen. (New York Times)

»Ich bin nur in meiner Familie der Boß – von meiner Frau und meinen Kindern«, behauptet John Gotti vor dem Bundesgerichtshof in Brooklyn. Er soll verschiedenen Häftlingen gegenübergestellt werden, die dem organisierten Verbrechertum angehören. (Daily News)

9.45 Uhr morgens. Wir befinden uns in der West 44th Street zwischen Broadway und 8th Avenue, vor Sardis, ganz in der Nähe des Helen-Hayes-Theaters. Wir haben es in »Das kleine Theater« umgewandelt. Das Stück, das jetzt gespielt wird, heißt *Arsenic and Old Lace* (Arsen und Spitzenhäubchen), eine neue Komödie von Joseph Kesselring, produziert von Howard Lindsay und Russel Crouse, mit Boris Karloff, Allyn Joslyn, Josephine Hull, Jean Adair und John Alexander. Auf derselben Straßenseite sind alle Schilder und Verkehrszeichen, die im Bildausschnitt sein könnten, entfernt worden. Ein riesiges Plakat von »Panama Hattie« verdeckt den modernen Hintergrund. Jimmy Mazzola hat die Autos aufgestellt. Wir befinden uns im Jahre 1942 und wollen eine Pick-up-Aufnahme von

Sally machen, wie sie die Straße entlanggeht und uns dabei ihre Geschichte erzählt (Sequenz 143). Im Moment fährt noch der moderne Verkehr durch das Bild.

10.30 Uhr vormittags. Der Aufenthaltsraum ist innen im Sardis. Die Dame an der Rezeption sieht aus wie Madonna. Ihr Pullover ist so tief ausgeschnitten, daß sich einem sofort der Gedanke aufdrängt, daß sie »Kommunistin« ist. Links an der Bar wird Frühstück serviert. Die fünfzig Statisten, die bei den heutigen Szenen mitspielen, stehen schon im Speisesaal im ersten Stock bereit und warten. Im zweiten Stock in der großen Renaissance-Empfangshalle räumen die Leute von der Garderobe und der Maske auf.

Carlo erzählt mir, daß Antonioni ihn wegen seinem neuen Film angerufen hat. Er solle sich ab April oder Mai für die Dreharbeiten bereit halten. Er selbst käme im Februar nach New York. Die Hauptdarsteller werden voraussichtlich Jessica Lange und Richard Gere sein.

11 Uhr vormittags. Es friert. Die Kameraspur wird auf dem Gehsteig gelegt. Sallys Double, eine attraktive rothaarige junge Frau, wartet vor Sardis, damit Woody die Kamera durchprüfen kann. Er trägt wieder seinen riesigen grauen Parka. Pa kommt zu Besuch.

11.30 Uhr vormittags. Die Statisten stehen an ihrem Platz. Der Verkehr zwischen der 8th Avenue und dem Broadway wird angehalten.
Aufnahme A 143: Sally geht an dem Kleinen Theater und am Sardis vorbei. *(13 Sekunden)*
(6 gefilmt und 4 kopiert)
Bevor Woody verschwindet, drückt ihm jemand eine Kopie des *New York Times Magazine* vom nächsten Sonntag in die Hand. Auf der Titelseite ist ein Foto von ihm und die Schlagzeile: AUTEUR, AUTEUR: THE CREATIVE MIND OF WOODY ALLEN.*

* Autoren, Autoren. Der schöpferische Geist Woody Allens. (Anm. d. Übers.)

Wir stehen zufällig vor einem LKW-Depot der *New York Times*.

Für die nächste Aufnahme gehen wir zur Grand Central Station.

12.30 Uhr mittags. Grand Central Station, Gleis 34 und 35. Über dem Eingang sind bogenförmig kleine Lämpchen angebracht. In der Halle, die zum Zug führt, sind noch Lampen und ein paar Plakate aufgehängt worden: YOU'LL BE HAPPIER IN NASH; DON'T LET THAT SHADOW INK THEM. BUY WAR BONDS* (mit der Abbildung von drei Kindern, die Kriegsspielzeug in ihren Händen halten); und eins, das auch schon am ersten Tag am RCA-Gebäude hing: WAR BONDS: TO HAVE AND TO HOLD.

Wir haben das ganze Gleis für uns, da es durch eine Banderole abgesperrt ist. Immer mehr Leute bleiben stehen und schauen zu. Tom teilt ihnen mit, daß frühestens in einer Stunde etwas passiert. Trotzdem sind eine Menge Leute da, da Mittagszeit ist und sich das Gerücht verbreitet hat, daß hier ein Woody-Allen-Film gedreht wird.

Wir wollen hier eine Pick-up-Aufnahme mit den Matrosen nachdrehen, die wir schon an Deck der *Intrepid* gemacht haben und die zu »I'll Be Seeing You« geschnitten werden soll (Sequenz 107). Ursprünglich sollte darin ein Mädchen einen Matrosen küssen, aber das Mädchen kam bei der Aufnahme auf der *Intrepid* nicht vor. Jetzt ist sie wieder da, um verschiedene Soldaten zu küssen, aber dieses Mal ist es Sally. Woody hat eine ganz neue Szene geschrieben, die aus mehreren Aufnahmen besteht und alle zu dem Lied geschnitten werden sollen.

1.30 Uhr nachmittags. Inzwischen haben wir eine Menge Zuschauer. Sie versperren den Weg für die richtigen Fahrgäste. Einige haben ihr Mittagessen dabei (Pizza, Sandwiches) und schauen zu; es ist sehr laut.

Sally will »unsere Jungs glücklich machen«. Sie wird bei einem

* In Nash werden Sie glücklicher sein. Lassen Sie keinen Schatten auf sie fallen. Erwerben Sie Kriegsanleihen. (Anm. d. Übers.)

Soldaten anfangen, bei einem Matrosen weitermachen und aufhören bei einem Marinesoldaten. Im Augenblick ist sie aber noch in den Händen der Salad Sisters. Die Jungs sind fertig, sie warten...

2 Uhr nachmittags. Aufnahme R 107: Nach der Kriegserklärung. Unsere Jungs brechen alle auf zur Front. Sally und Charlie stehen Arm in Arm unter dem Lichterbogen und schauen sich gegenseitig in die Augen.
»Wirst du auf mich warten?« fragt Charlie. »Liebst du mich?«
– »O Charlie!« antwortet Sally. »Mich hat noch nie jemand so geliebt!« Die Kamera zoomt auf die beiden, während sie sich küssen. (*30 Sekunden*)
Bei der Eröffnungsszene kommt nicht genug Dampf aus den Lokomotiven. »Jimmy Mazzola!« Dann muß Tom die Leute nach jeder Aufnahme um Ruhe bitten. Er erklärt ihnen, daß wir einen Dialog aufnehmen. Die Leute halten sich daran, aber sie können den Text nicht verstehen, außerdem sind sie ein bißchen enttäuscht, weil keine Action in der Szene und die Aufnahme ziemlich kurz ist.
Sallys Double, die schöne Rothaarige, spielt in der Szene eine der Passantinnen, Charlie (Danny Aiello, jr.) ist der Sohn des Schauspielers, der in *Purple Rose of Cairo* Sallys Ehemann gespielt hat. Charlie hat ein bißchen ein Babygesicht, obwohl er groß und kräftig ist wie sein Dad. Er sieht etwas verlegen aus, als er Sally küßt. Es ist komisch, sie Arm in Arm auf die Action warten zu sehen. Sally behandelt Charlie ein wenig mütterlich, Woody scheint das nichts auszumachen.
Nach der fünften Aufnahme müssen wir aufhören, weil ein Zug auf unserem Gleis ankommt. Die Fahrgäste steigen aus dem Zug und laufen mitten durch die Szene. Sie wissen erst gar nicht, was das alles zu bedeuten hat: die Beleuchtung, die Crew, die alten Kleider und die Leute hinter der Absperrung. Immer mehr Leute kommen aus dem Zug, bis Woody beschließt, daß wir zur nächsten Szene übergehen. Er hat das Gefühl, daß er schon ein paar gute Aufnahmen im Kasten hat.
(*5 gefilmt und 3 kopiert*) Fertig um 2.30 Uhr nachmittags.

3 Uhr nachmittags. Sally hat die Kleidung gewechselt und ist bereit für den nächsten Mann.

Aufnahme A 109: Sally ist jetzt mit dem Matrosen Tom zusammen. Dieselbe Bewegungsabfolge, derselbe Dialog (»O Tom! Mich hat noch nie...«), dieselbe Handlung und am Schluß der Zoom auf den Kuß. *(16 Sekunden)*

Tom (Garrett Brown) ist völlig unbefangen, kaut auf seinem Kaugummi und redet zwischen den Aufnahmen ununterbrochen auf Sally ein. Sie sieht beeindruckt aus. Tom ist mehr der lockere Typ. Bei »Action« gibt Tom Sally einen »langen heißen Kuß«, der so intensiv ist, daß Sally Schwierigkeiten hat, ihren Mund zuzuhalten; am Ende ist sie ganz außer Atem. Aber genau das will Woody!

(3 gefilmt und 3 kopiert) Fertig um 3.05 Uhr nachmittags. Sally drückt dem Matrosen Tom fest die Hand. Woody bedankt sich bei ihm, und der Mann geht glücklich weg.

3.15 Uhr nachmittags. Sally hat eine andere Bluse an. Dieses Mal ist der Marinesoldat (Matt Mulhern) an der Reihe.

Aufnahme A 110: Dieselbe Bewegungsabfolge, derselbe Text. Sie küssen sich, Zoom. Dann dreht sich Sally zur Kamera: »Man kann wirklich nicht sagen, daß ich nicht hart gearbeitet hätte, unsere Jungs bei Laune zu halten!« *(20 Sekunden)*

Woody beschließt, daß, während sie sich küssen, zwei oder drei der vorbeigehenden Soldaten »Hi, Sally!« sagen sollen. Nach der zweiten Aufnahme bittet er Sally, das »daß« fallenzulassen und anstatt »hart gearbeitet« zu sagen: »meinen Teil dazu beigetragen«.

(6 gefilmt und 4 kopiert)

Wir packen ein und gehen zum letzten Drehort. Auf dem Drehplan stehen Bea, Sy und Little Joe, die aus Macys herauskommen, nachdem Bea Little Joe von dem Geld, das sie beim *Silber-Dollar-Hauptgewinn* gemacht hat, einen Chemiekasten gekauft hat (Sequenz 161). Da das eine Nachtaufnahme ist und wir nicht drehen können, bevor Macys geschlossen hat, ist unser nächster Termin erst um 6.30 Uhr abends.

Woody und Sally machen sich aus dem Staub. Einige von den

Zuschauern folgen ihnen. Es ist unglaublich, die Leute laufen ihnen buchstäblich nach.

6.30 Uhr abends. West 34th Street, zwischen der 6th und der 7th Avenue vor Macys. Santo hat das Fenster rechts neben dem Eingang dekoriert: MACY'S URGE YOU TO BUY EXTRA WAR BONDS* steht auf der Abbildung eines Flugzeuges, das durch eine riesige Hundert-Dollar-Note fliegt.
Das Essen für die Crew wird auf dem Gehsteig serviert. Es ist ziemlich kalt. Barbara hat heiße Suppe gemacht. Natürlich kommt sofort ein Passant her. Tim reagiert automatisch: »Das ist für die Crew.« Dann bemerkt er, in welchem Zustand sich dieser Mensch befindet, und fügt hinzu: »Weißt du was, Babe? Greif zu.«
Die Jungs vom Team haben schon angefangen, die Kamera aufzustellen und das Licht einzurichten. Drei Lampen werden auf die Dächer von Lastwagen gestellt, die gegenüber auf der anderen Straßenseite stehen. Die Jungs sind ganz unerwartet in erstaunlich guter Stimmung, als hätten sie die letzten drei Stunden nichts anderes getan, als gegenseitig auf ihre Gesundheit zu trinken.

7.30 Uhr abends. Wir warten innen im Macys.
Sallys nettes rothaariges Double heißt Rachel. Sie ist Schauspielerin, aber sie will nicht am Theater, nur in Film, Fernsehen oder Werbung spielen. Sie ist die Braut in der Eröffnungssequenz von Mike Nichols *Heartburn*. Kay, Tim und Richie Baratta unterhalten sich über die zwei Filme, die sie kurz hintereinander unmittelbar vor diesem hier gemacht haben: Brian DePalmas *Wise Guy* und *Heartburn*. Jimmy Sabat jammert herum, weil ihm auf dem Parkplatz bei der Grand Central Station der Mantel aus dem Kofferraum gestohlen worden ist. Und der Journalist von *Vogue* vertraut mir an, daß er als Santos Fahrer mehr Geld verdient, als wenn er für *Vogue* schreibt.

* Macy's fordert Sie auf, Kriegsanleihen zu zeichnen.

8.30 Uhr abends. Aufnahme 161: Bea, Sy und Little Joe, der voller Stolz seinen Chemiekasten trägt, kommen aus Macys heraus. Little Joe geht voran. Sy versichert Bea, daß er nächste Woche frei, das heißt nicht mehr verheiratet sein wird. *(44 Sekunden)*

Im Hintergrund ist eine Menge Lärm, deshalb hört sich Woody den Dialog über Kopfhörer an.

Der Gehweg ist abgesperrt, aber der Autoverkehr auf der 34th Street geht normal weiter.

(7 gefilmt und 4 kopiert)

Um 9 Uhr abends packen wir zusammen.

Mittwoch, 15. Januar 1986

Manes behauptet weiterhin, daß er in seinem Auto in der Nähe des Shea Stadions niedergestochen wurde. Darauf sagt Ed, daß er nicht mit Steinen werfen wolle, »...selbst wenn der Bürgermeister von Queens bei einer Prostituierten gewesen sei«. »Jeder, der ein bißchen Hirn hat«, fährt er fort, »weiß, daß wir alle – wie sagen die Katholiken noch mal? – schwache Geschöpfe sind. Wir haben alle unsere Fehler. Wir sind alle bloß Menschen. Wir sind alle Sünder.« Er schlußfolgert: »Ich habe nicht vor zu richten.« (Daily News und New York Times)

Hannah and Her Sisters ist einer der großartigsten Filme von Woody Allen. Er ist die Antwort auf die Gebete der Allen-Fans, die seine Arbeit seit Annie Hall *und* Manhattan *ein bißchen dürftig fanden. Hannah wird wahrscheinlich über eine lange Laufzeit ein größerer Kassenerfolg sein als seine letzten Streifen. Zum ersten Mal hatte Allen nicht Gordon Willis hinter der Kamera, vielmehr hat an seiner Stelle der Italiener Carlo DiPalma vorbildliche Arbeit geleistet. Wie alle Filme des Regisseurs hat* Hannah *nicht nur schöne Bilder, sondern klingt auch wunderbar mit all den Melodien aus alten Shows.* (Variety)

Donna Reed starb gestern im Alter von 64 Jahren.

9 Uhr morgens. Wir befinden uns im zweiten Stock des RCA-Aufnahme-Studios in der West 44th Street. Ich sitze neben Dickie. Er ist eingeschlafen, während im Studio nebenan Mozarts Konzert Nr. 15 für Piano und Orchester gespielt wird. Eine Etage über uns hat die Plattenfirma Victor den »Hall of Fame«-Preis der National Academy of Recording Arts and Sciences gewonnen. Unter den Preisträgern sind bisher Paul Whitemans Aufnahme von George Gershwins *Rhapsody in Blue* (1927), Duke Ellingtons »Take the ›A‹ Train« (1927), Toscanini mit dem NBC-Orchester mit Beethovens Neunter (1927), Carusos Interpretation von »Vesti la Giubba« aus *I Pagliacci* (1907) und »God Bless America« (1939) von Kate Smith.

Auf dem Drehplan steht heute die *Biff Baxter Radio Show* (Sequenz 121) und Sally, wie sie den Werbesong für das Abführmittel »Get Regular with Re-Lax« singt (Sequenz 142). Morgen werden wir noch einmal in die Radio City Music Hall gehen. Woody ist ganz zufrieden mit der Aufnahme, die wir am Montag mit Chester gemacht haben. Aber es sieht so aus, als ob schließlich doch die erste Version mit allen Statisten besser war als die Neuaufnahme mit der menschenleeren Empfangshalle! Auf jeden Fall braucht Woody noch mehr Szenen, um das Lied abdecken zu können. Und dann müssen wir auch noch die reiche Frau in der Badewanne aufnehmen, die die Sendung über Tonino hört.

10.15 Uhr vormittags. Das Studio hat einen neuen Teppich, neue Tapeten, sieben alte Lampen und noch ein paar andere Accessoires bekommen. Die Kamera steht am Mischpult und ist durch das Fenster auf das Aufnahmestudio gerichtet. Woody möchte, daß sich die Techniker im Fenster spiegeln und sie so vor der Handlung im Studio zu sehen sind. Carlo erreicht das, indem er die Techniker am Mischpult beleuchtet, die Kamera aber im Dunkeln läßt. Es ist nicht leicht, da die Kamera eine kurze Fahrt macht. Dann will Woody, daß sich das »Auf Sendung«-Zeichen auch im Fenster spiegelt.

11.30 Uhr vormittags. Woody probt den Text mit Biff Baxter. Carlo nimmt die letzten Korrekturen vor, und Jeffrey macht Liz ein Kompliment zu ihrer Hose. Der Victrola-Mann schaut herein; er arbeitet in diesem Haus.

Aufnahme 121: Geheimagent Biff Baxter steht einer Gruppe von Faschistenschweinen gegenüber. Die Deutschen sind sehr zahlreich, sie werden angeführt von Herrn Himmel. Die Japaner sind mit Samurai-Schwertern bewaffnet. Herr Himmel erklärt Biff Baxter, daß er keine Chance habe, aber Biff ist völlig unerschrocken. *(12 Sekunden)*

Man sieht die Darsteller von hinten durch das Fenster. Der Deutsche (Kuno Spunholz), der Japaner (Henry Yuk) und Biff Baxter sprechen ihren Text, während der Ansager (J. R. Horn) und der Geräuschemacher ruhig dastehen und auf die Action warten. Nach der ersten Aufnahme strafft Woody das Tempo: Der Japaner war prima, aber der Deutsche war ein bißchen langsam.

(5 gefilmt und 3 kopiert)

Jetzt steht die Kamera im Studio, in die andere Richtung gerichtet, auf die Gesichter der Schauspieler. Der Raum muß neu ausgeleuchtet werden.

12 Uhr mittags. Im Vorraum plaudern der Japaner und der Techniker miteinander, der Deutsche sitzt allein in einer Ecke und raucht eine Zigarette. Biff Baxter debattiert mit der Unterhaltungsabteilung über den Super Bowl. Sie sind sich einig, daß die Bears die Patriots niedermachen werden. Jimmy Sabat meint, wenn die Bears am Anfang geschlagen würden, könnte das für sie das Ende bedeuten. Biff rümpft die Nase über diesen Unsinn und geht wieder hinunter in sein Zimmer.

Heute ist Sandy zusammen mit Dick Hyman da; sie wollen den Werbesong »Get Regular with Re-Lax« aufnehmen. Sandy hat eine Lockenfrisur und trägt ein weißes Pierrot-Hemd und einen roten Blazer.

12.30 Uhr mittags. Einen Stock tiefer, wo die Aufenthaltsräume sind, sitzt Biff Baxter allein in seiner Garderobe und

liest. Der *Vogue*-Autor liegt auf dem Boden und schläft. Die
Frau von der Gewerkschaft, die von Zeit zu Zeit bei den Dreharbeiten auftaucht, beschwert sich bei Jimmy Davis, daß nicht
genügend Räume für die Schauspieler da seien.
Heute habe ich ein wenig mit Nick Bernstein geplaudert. Nick
hat mit 14 als Produktions-Assistent bei *Manhattan* angefangen und anschließend jeden Sommer bei Woodys Filmen mitgearbeitet. Sein Vater hat das Buch zu *The Front* geschrieben;
diesen Sommer soll sein nächstes Drehbuch unter der Regie
von Peter Yates verfilmt werden, Produzent wird Robert Ben-
ton sein. Nick beklagt sich bei mir, daß für ihn die Arbeit hier
nicht immer ganz einfach ist, weil die Crew ihn von Kindesbei-
nen an kennt und ihn niemand ernst nimmt. Die Salad Sisters
behandeln ihn, als ob sie seine Mütter wären!
Sally kommt mit Baby Dylan auf dem Arm, gefolgt von der
schönen Rebecca. Sie lädt Biff Baxter ein, auf ihr Zimmer zu
kommen und dem Baby guten Tag zu sagen. Woody, der über
Walkie-Talkie von ihrer Ankunft erfahren hat, eilt herauf und
gibt dem Baby ein paar Guten-Morgen-Küsse.

1 Uhr nachmittags. Gleich wird alles fertig für die Aufnahme
sein. Sally kommt, um zuzuschauen. Sie ist noch in Straßenkleidung. Woody berührt sie, umarmt sie, küßt sie und flüstert
ihr dabei etwas ins Ohr, das sie in schallendes Gelächter ausbrechen läßt. Aber dann muß sie gehen, um sich umzuziehen.
Aufnahme 121 A: Biff Baxter zeigt dem Deutschen und dem
Japaner, was eine Harke ist. Die drei Schauspieler besorgen das
Gebrüll, der Geräuschemacher die Geräusche: zerbrechendes
Glas, klirrende Schwerter usw. Biff siegt, und der Ansager beendet die Show. Der Produzent kommt aus der Tontechnikerkabine, um Biff zu beglückwünschen, aber der Geheimagent
fühlt sich plötzlich ganz schwach: Er hat Angst vor der Musterung am nächsten Tag. Alle, auch der Japse und der Deutsche,
muntern ihn auf und erinnern ihn daran, daß er doch jedes er-
denkliche Gebrechen habe. Ja, aber wenn das nichts nützt?
Wenn er trotzdem eingezogen wird? *(1 Minute)*
Stephen Defluitter (der Produzent) war einer der Ärzte in *Han-*

nah. Bei der ersten Aufnahme bricht Woody ab: Der Geräuschemacher hat das falsche Geräusch gemacht. Die zweite Version ist O. K. Woody bittet jedoch den Japaner, den Deutschen
und den Ansager, Biff am Schluß noch mehr Teilnahme entge-
genzubringen. Ihr Gebrüll dagegen war großartig. Bei der dritten Aufnahme bricht Woody nicht so rasch ab, er läßt Biff improvisieren. Die vierte Aufnahme ist schlecht; der Produzent
ist zu schnell hereingekommen (wir brauchen davor noch Zeit,
damit später der Werbesong eingeblendet werden kann). Die
fünfte Aufnahme ist in Ordnung. »Noch eine, und wir haben's.«
(6 gefilmt; 3, 5 und 6 kopiert) Fertig um 1.20 Uhr nachmittags.
Aufnahme 123: Die Fortsetzung von Biff Baxters Show (nach
der Musterung, bei der er wegen Plattfüßen zum 4F erklärt
worden ist). Er »besiegt« den Deutschen, der Japse ist bereits
tot. *(11 Sekunden)*
(2 gefilmt und 2 kopiert)
Eine schnelle Roh-Tonaufnahme vom Gebrüll des Japsen.
Dann bringen wir die Ausrüstung nach oben, um die Rund-
funkwerbung für das Abführmittel aufzunehmen.

2.15 Uhr nachmittags. Ein riesiges, ganz mit Holz ausgekleide-
tes Aufnahmestudio, das durch lange Vorhänge abgeteilt ist;
dazu eine große Tontechnikerkabine. Ein Schlagzeuger und ein
Xylophonspieler proben »Angel Eyes«, während die Jungs vom
Team die Ausrüstung hereinbringen. Woody und Carlo legen
die Einstellung für die erste Aufnahme fest; die Kamera soll in
der Tontechnikerkabine aufgestellt werden.
Um 2.30 Uhr machen wir Mittagspause.

4 Uhr nachmittags. Wir sind wieder am Drehort. Nick kommt
zu mir und gibt mir 150 Dollar: Wir haben den ersten Preis gewonnen. Sofort ermutigt mich die Unterhaltungscrew, weiterzumachen, und ich kaufe zusammen mit Kay Sitzplatzkarten
für den Super Bowl. »So ein Gewinn verschönt einem den
Nachmittag«, meint Nick völlig zu Recht.

Unten, wo die Aufenthaltsräume sind, sitzt Rebecca und versucht das Baby zum Schlafen zu bewegen, aber Baby Dylan mag nicht. Jeffrey arbeitet an dem Kostüm für Doris, die die Frau des Sponsors ist (Hannah Rabinowitz) und Sally nicht mag. Der Pfeif-Spezialist (Philip Shultz) ist wieder einmal großartig besetzt; im Augenblick wandert er hin und her und probt seinen Part.

5 Uhr nachmittags. Sally möchte den Abführmittel-Song mit den Musikern üben. Dick Hyman schaut befriedigt zu. Von ihm stammen Text und Musik zu »Get Regular with Re-Lax«. Außerdem sind alle Musiker Freunde von ihm: Derek Smith am Klavier, Phil Bodner an der Klarinette, Howard Alden an der Gitarre, Dick Romoff am Baß, Dave Carey am Xylophon und Ted Sommer am Schlagzeug. Die Kapelle spielt hier und da in Manhattan. »Eine der besten«, meint Dick Hyman. Dann schließt sich der Pfeif-Spezialist den Proben an.

5.30 Uhr nachmittags. Sally hat sich auf den Klavierhocker gesetzt. Die Musiker spielen jetzt andere Melodien, sie improvisieren und haben großen Spaß dabei. Eine heitere, entspannte Atmosphäre kommt auf. Carlo ist in der Tontechnikerkabine, er hat Schwierigkeiten, den Sponsor (Ira Wheeler) und Doris richtig zu beleuchten. Die beiden sitzen jetzt schon fast eine Stunde lang bewegungslos da.

6 Uhr abends. Aufnahme 142: Sally singt ihr Lied; die Kamera beobachtet sie durch die Scheibe der Tontechnikerkabine. Als sie fertig ist, kommt es zu einem Disput zwischen den Experten. Der Direktor verlangt von Sally mehr Gefühl, Werbefachmann Bill will, daß sie deutlicher artikuliert, Werbefachmann Tom will den ganzen Song verändern, der Komponist protestiert dagegen, der Direktor fordert Sally auf, es noch einmal zu singen. *(50 Sekunden)*
Werbefachmann Bill ist mit einer Frau besetzt worden (Mercedes Ruehl). Die Schauspieler sind gut, aber Woody will, daß sie bei ihrem Streit aggressiver sind. »Sie müssen in Ihr Lied ver-

liebt sein«, sagt er zu dem Komponisten (Grag Gerard). Und zu Werbefachmann Tom (Bruce Jarchow) und dem Direktor: »Richtig wütend müßt ihr sein!«
(3 gedreht und 3 kopiert) Fertig um 6.15 Uhr abends.
Jane kommt auf mich zu: Woody schlägt mir vor, daß ich nächste Woche die Muster zu den Szenen auf dem King-Cole-Dach mit anschaue. Ich kann nach den Dreharbeiten in Jeffreys Wagen zu Woodys Vorführraum mitfahren.

7 Uhr abends. Aufnahme 142 A: Wir sind im Studio. Sally und der Pfeif-Spezialist stehen im Vordergrund, die Experten halten sich hinten in der Tontechnikerkabine auf. Sally singt ihr Lied, der Pfeif-Spezialist pfeift, aber der Direktor unterbricht in der Mitte des Liedes: »Nein! Nein!...« *(30 Sekunden)* Der Pfeif-Spezialist ist nicht unbedingt überragend im Pfeifen, aber die Art, wie er Sally anschaut, ist ganz amüsant.
(3 gefilmt und 3 kopiert)

Fertig um 7.15 Uhr abends.
Sally, die Musiker und der Pfeif-Spezialist haben ihren Auftritt beendet. Wir gehen in die Tontechnikerkabine zurück, während die letzte Aufnahme gedreht wird: Doris gibt ihre Meinung zu dieser Show kund.

7.30 Uhr abends. Werbefachmann Bill muß heute abend noch in einer Show auftreten, aber da sie erst im zweiten Akt erscheinen muß, ist sie optimistisch. Sie unterhält sich angeregt mit dem Sponsor. Doch seiner Frau Doris scheint das nichts auszumachen; sie hat andere Sorgen. Erstens rutschen ihr ständig die Strümpfe. Zweitens war sie nicht darauf eingestellt, daß es so spät werden würde; deshalb hat sie nicht genügend Geld für ein Taxi nach Brooklyn dabei, und mit der U-Bahn will sie nicht fahren. Außerdem will sie zu Hause anrufen.

8 Uhr abends. Aufnahme 142 B: Werbefachmann Tom meint, das Problem sei das Mädchen. Der Direktor verteidigt sie; sie sei die beste von allen, die vorgesungen hätten.

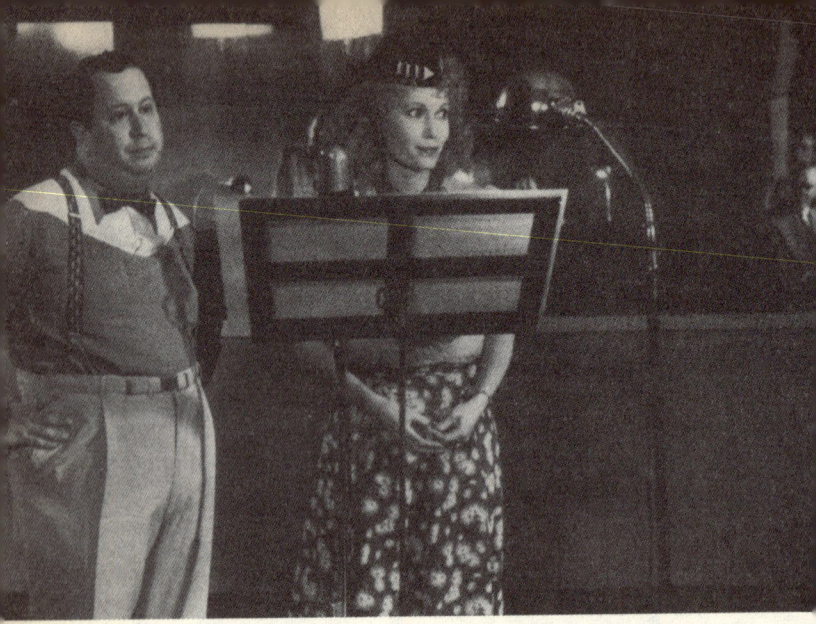

Bill bittet den Sponsor um eine Meinungsäußerung. Der Sponsor meint, daß Sally großartig sei. Die anderen stimmen ihm zu. Dann wendet er sich an seine Frau: »Was meinst du, Doris?« – »Sie gefällt mir nicht«, sagt Doris. »Raus mit ihr«, beschließt der Sponsor. *(20 Sekunden)*
Doris ist phantastisch.
(4 gefilmt und 2 kopiert)
»Gestorben« um 8.15 Uhr abends.

Donnerstag, 16. Januar 1986

Chef der Parkbehörde gefeuert. Der Vorsitzende der Parkbehörde, Geoffrey Lindenauer, wird beschuldigt, im Waschraum eines Restaurants in Manhattan 5000 Dollar Bestechungsgeld entgegengenommen zu haben. Der Bevollmächtigte des Ver-

kehrsministeriums, Anthony Ameruso, feuert Shafran. Manes wechselt ins NYU* Medical Center. Es gibt einen ersten Hinweis für einen Zusammenhang zwischen Manes' zerschnittenen Handgelenken und dem Bestechungsskandal um die Parkbehörde, der immer weitere Kreise zieht. »Ich glaube, daß diese Regierung ehrlich ist«, meint Ed. »Wenn man mit Millionen von Dollars zu tun hat, wird es immer Korruption geben.« Ed schließt: »Glücklicherweise sind aber nur wenige Leute korrupt.« (New York Times und Daily News)
Auf dem PEN-Kongreß spricht Michael Scammell, der Vorsitzende des Internationalen PEN-Komitees für Schriftsteller in Gefängnishaft, von »einer grundsätzlichen weltweiten Verschlechterung der Situation von Schriftstellern und Journalisten«. Bekannt sind die Fälle von 450 Schriftstellern, die sich in Gefängnissen, Arbeitslagern, psychiatrischen Kliniken befinden, die verbannt oder mutmaßlich entführt worden sind. Der Anteil an inhaftierten Schriftstellern ist am höchsten in Osteuropa und im Mittleren Osten; die am meisten betroffenen Ländern sind die Sowjetunion, die Philippinen, der Iran, Rumänien, Türkei, Polen und Cuba. (New York Times)
Heute morgen um 8.20 Uhr hat ein Fahrer die Kontrolle über seinen Wagen verloren; ein Passant auf der 5th Avenue wurde getötet.

8 Uhr morgens. Wir sind wieder in der Radio City Music Hall, um weitere Szenen von Bea, Chester, Little Joe und die reiche Dame in der Badewanne aufzunehmen. Die Salad Sisters nehmen Jimmy/Chester in ihre Obhut, um ihn zu kostümieren und zu schminken. Er zieht ein Gesicht, als ob er auf den elektrischen Stuhl müßte.

9.30 Uhr vormittags. Woody hat sich heute verspätet. Sein Fahrer fühlte sich unwohl und ist deshalb am Morgen nicht aufgetaucht. Der Ersatzfahrer ist dann in den Stau geraten, der durch den Unfall in der 5th Avenue verursacht worden ist. Alle

---

* New York University. (Anm. d. Übers.)

begeben sich sofort in die Halle im dritten Zwischengeschoß, wo Woody letztes Mal diese schwierige Aufnahme machen wollte. Der Bewegungsablauf ist vereinfacht worden, aber Carlo muß wieder die Beleuchtung für das Grand Foyer aufbauen, und das wird mindestens zwei Stunden dauern.

Bea hat sich im Schönheits-Salon niedergelassen, der sich jetzt hinter einer Damentoilette befindet. Bea ist erkältet und sie hat eine Magenverstimmung. Sie will noch ein wenig schlafen; sie nimmt ihre Jacke als Decke und legt sich eine Tür weiter, in den unbeleuchteten Raum für die Männer, auf ein Sofa.

10.30 Uhr vormittags. Die Badewanne der reichen Dame steht im oval geschnittenen Vorraum des Damensalons im zweiten Zwischengeschoß. Santo setzt auf die Wirkung der Spiegel; daher braucht er nur eine riesige schwarze Badewanne für die Mitte des Raumes, ein kleines Möbelstück, einen neuen Teppich, und der Schauplatz ist fertig. Es sieht wundervoll aus.

Ray, »Hammer« und die anderen Jungs arbeiten noch an der Ausleuchtung des Grand Foyer. Drei riesige Scheinwerfer werden auf den Balkon des dritten Zwischengeschosses gerichtet, und drei kleine hängen vom vierten Zwischengeschoß herab, um den darunterliegenden Balkon zu beleuchten. Wir (das Wett- und Kamerateam sowie einige PAs) werfen Papierflugzeuge in das Grand Foyer. Wir vollbringen dabei jedoch keine großen Meisterleistungen. Tom erklärt sich selbst zum Sieger, obwohl seine Vorführung nicht unbedingt überzeugend ist.

11.30 Uhr vormittags. Carlo ist fast fertig, und Woody kommt, um die Kamera zu überprüfen. Die Statisten werden hereingebracht. Direktor James Torback kommt uns besuchen. Er trägt einen dreiteiligen dunkelblauen Anzug. Er steuert direkt auf Brian zu, winkt zu Tom herüber, begrüßt aber Woody nicht. Brian stellt mich ihm vor, und wir geben uns die Hand. Dann verschwinden die beiden im Hintergrund, um miteinander zu reden.

Aufnahme F 102 G: Little Joe, Bea und Chester erscheinen in der Halle. Wenn sie auf dem Balkon vorbeikommen, richten wir die Kamera auf den riesigen Kronleuchter. Dann gehen sie aus dem Bild. Little Joe kommt zurück und schaut blöde. Dann kommt Bea wieder, um ihn zu holen, und sie gehen endgültig aus dem Bild. (*30 Sekunden*)

Die erste Aufnahme ist nicht gut geworden: Little Joe steht nicht an seiner Markierung. In der zweiten Aufnahme bleibt er nicht lang genug außerhalb des Bildes, kommt zu früh zurück. Die beiden folgenden Aufnahmen sind in Ordnung.

(4 gefilmt und 2 kopiert)

Aufnahme F 102 H: Genau derselbe Handlungsablauf, diesmal aber ohne Statisten. Nur zwei Platzanweiser stehen im Hintergrund. (*30 Sekunden*)

(1 gefilmt und 1 kopiert)

Nun ziehen wir in den Theaterraum um; wir wollen aufnehmen, wie die drei hereinkommen und Platz nehmen. Die Jungs vom Team beginnen die Ausrüstung hereinzutragen.

Um 1.15 Uhr machen wir Mittagspause.

3 Uhr nachmittags. Wir sind wieder am Drehort.

Aufnahme F 102 J: Im Theaterraum. Die Show läuft bereits, eine der Türen öffnet sich, und Bea, Chester und Little Joe erscheinen. Hinter ihnen wird der Kronleuchter sichtbar. Sie nehmen ihre Plätze ein, während ein weiteres Pärchen hereinkommt. (*15 Sekunden*)

Die erste Aufnahme ist nicht zufriedenstellend. Das andere Paar kommt zu schnell herein; deshalb ist der Kronleuchter nicht deutlich genug sichtbar. In der zweiten Aufnahme erscheint das Paar »eine Idee zu spät«, wie Dickie sagt.

(4 gefilmt und 2 kopiert) Fertig um 3.15 Uhr nachmittags.

»Macht mal Pause, Jungs«, meint Woody zu dem Trio. Dann zu Tom: »Wir sollten uns der Badewanne widmen.«

4 Uhr nachmittags. George Manos besucht uns. Er spielte den Pressechef in *Purple Rose:* in seinem bürgerlichen Beruf ist er Teilhaber bei Rollins und Joffe. Woody möchte mehr gelbe Blumen neben der Badewanne; er meint, all das Schwarz würde sonst zu sehr an eine Leichenhalle erinnern. Außerdem

will er ein anderes Radio; Jimmy Mazzola präsentiert ihm gleich eine Auswahl.

Die reiche Dame und ihr schwarzes Dienstmädchen warten eine Tür weiter, im Vorraum des Herrensalons. Die reiche Dame ist nicht besonders gut aussehend (vielleicht, weil sie reich ist?). Als weiteres Requisit kommt ein Käfig mit Papagei dazu, und Jimmy Mazzola füllt die Badewanne mit Wasser.

Jeffreys Aufzug besteht heute aus gelbbraunen Stiefeln, Jeans, einem beigen Kaschmirpullover, ohne etwas darunter, und einer grünen Military-Jacke mit goldenen Streifen.

4.30 Uhr nachmittags. Carlo kommt mit den Lampen des Raums und einem Scheinwerfer, der von der Decke herunterstrahlt, aus.

Aufnahme 2 H: Die Kamera nimmt zuerst den Papagei auf, dann entdeckt sie mit einem Schwenk nach hinten die reiche Dame im Schaumbad und das vorbeihuschende schwarze Dienstmädchen. Sie lauschen der Tonino-Sendung im Radio. *(10 Sekunden)*

Die reiche Dame, bekleidet mit fleischfarbener Unterwäsche, steigt in die Badewanne. Jimmy Mazzola wirbelt das Wasser auf, damit es schäumt. Woody redet mit dem schwarzen Dienstmädchen. Die reiche Dame ist sehr entspannt (vielleicht, weil sie reich ist?). Immer wenn gerade nicht gedreht wird, bemüht sich Jimmy Mazzola, Schaum und Dampf zu produzieren. Außerdem muß er noch den Papagei necken, der sich überhaupt nicht für uns interessiert und uns den Rücken zukehrt. *(3 gefilmt und 3 kopiert)*

Die reiche Dame fängt an, ihre Frisur zu verändern. In der nächsten Aufnahme wird sie dem Drama um Polly Phelps lauschen und dabei wieder in der Badewanne sitzen, allerdings 20 Jahre später. Das Radio wird durch ein neueres ersetzt, und die Handtücher werden gewechselt.

Aufnahme 168 D: Dieselbe Kamerabewegung und der gleiche Ablauf. *(10 Sekunden)*

Die reiche Dame wird kreativ. »Achten Sie nur auf das Radio... Lächeln Sie nicht... Waschen Sie sich langsam«, weist

314

Woody sie an. Alles läuft ohne Ton ab, und die reiche Dame weiß nicht, was sie im Radio hört. Aber sie genießt es, vor so vielen Leuten ein Bad zu nehmen (vielleicht, weil sie reich ist!).
(1 gefilmt und 1 kopiert)
»Gestorben« um 5 Uhr nachmittags.
Ein langwieriger, langweiliger Tag, an dem es keine Probleme gab und eigentlich gar keine wirkliche Regie notwendig war. Morgen werden wir in ein Studio umziehen und dort die restlichen vier Wochen verbringen.

Freitag, 17. Januar 1986

Goetz wird freigelassen. »Ein Mensch ist berechtigt, tödliche Gewalt anzuwenden, wenn er den begründeten Verdacht hat, daß er ausgeraubt werden soll«, erklärt Richter Stephen Crane. (Daily News)
Die Cops glauben, daß Manes sich das selbst angetan hat. (New York Times)
Auf dem PEN-Kongreß verlangen die Frauen mehr Einfluß. Betty Friedan, Autorin von The Feminine Mystique *und* Second Stage, *übernimmt die Führung und erklärt Norman Mailer und den anderen: »Wenn man unseren Vertreterinnen auf dem Podium keinen Platz einräumt, werden wir uns diesen Platz mit körperlicher Gewalt erobern ... Die Männer sind unsere Freunde«, fährt sie fort, »und sie glauben auch an soziale Gerechtigkeit. Trotzdem versagt hier ihre schöpferische Vorstellungskraft.«* (New York Times)

8.30 Uhr morgens. Wir befinden uns in den Kaufman Astoria Studios in Queens. Die Astoria-Studios wurden am 20. September 1920 eröffnet. Sie gehörten zu dem gigantischen Imperium der Famous Players-Lasky Corporation. Die Famous Players gehörten Adolph Zukor; er hatte sie mit Hilfe der Gewinne gegründet, die er als amerikanischer Verleiher für den

1912 gedrehten französischen Film *Queen Elizabeth* (mit Sarah Bernhardt in der Hauptrolle) gemacht hatte. Im Jahre 1916 schloß er sich mit Jess Lasky zusammen. 1919 erwarb Famous Players-Lasky ihre Verleihfirma, Paramount Pictures Corporation. Aber erst 1927 wurde der Name in Paramount Famous Lasky abgeändert, und ab 1930 hieß die Firma Paramount Publix Corporation. Schon im Jahre 1927 begannen sie, ihre Aktivitäten an die Westküste zu verlagern, wo ihre wichtigsten Studios lagen. Und während zwischen 1920 und 1927 über 100 Stummfilme mit Stars wie Rudolph Valentino und Claudette Colbert im Astoria produziert worden waren, wurde das Studio nun hauptsächlich als Testbühne für Broadway-Darsteller genutzt. 1929 drehten die Marx Brothers, während sie am Broadway *Animals Crackers* spielten, im Astoria ihren ersten Film: *The Cocoanuts.*

In den frühen dreißiger Jahren wurde das Studio von unabhängigen Produzenten gemietet; *One Third of a Nation* (1939) mit Sylvia Sidney und Sidney Lumet wurde hier gedreht. Dann gerieten die Astoria Studios mehr oder weniger in Vergessenheit. Im Jahre 1942 überließ Paramount das Gelände der Regierung, die dort das Army Pictorial Center einrichtete. Während des Zweiten Weltkrieges kam Kitty Carlisle Hart hierher, damit die Truppen ihre Auftritte fortan auch auf der Leinwand erleben konnten. Bis 1969 nutzte die Armee das Gelände, dann geriet es ein zweites Mal in Vergessenheit. Es war das Verdienst von Leuten wie Donald Manes, dem Bürgermeister von Queens, Larry Barr (einem Vertreter der Motion Picture Studio Mechanics Local 52) und dem Regisseur Sidney Lumet, daß das Studio im Jahre 1977 wiederbelebt wurde – mit Lumets *The Wiz.* Es folgten zahlreiche Filme, bei denen die Einrichtungen des Studios mehr oder weniger Verwendung fanden: so zum Beispiel Milos Formans *Hair, All that Jazz* von Bob Fosse, *The Verdict* von Lumet, Francis Ford Coppolas *The Cotton Club* und in neuerer Zeit *The Money Pit* von Richard Benjamin. Woody hat bereits für *Zelig* und für *Broadway Danny Rose* einige Szenen im Astoria gedreht; noch nie aber hat er das Studio so intensiv genutzt wie für diesen Film. Wir drehen auf drei von vier Hauptbühnen; die vierte ist für *Ishtar* reserviert, die Filmkomödie mit Elaine May, Dustin Hoffman, Warren Beatty und Isabelle Adjani, für die angeblich schon vor Drehbeginn zwölfeinhalb Millionen Dollar ausgegeben worden sind. Beatty und Hoffman bekommen beide fünf Millionen, und der Regisseur noch einmal halb soviel! Auf Bühne E (2421 m²) haben wir zwei Szenenbilder: das Dach des King Cole über dem Times Square und Little Joes Haus in Rockaway. Auf Bühne G (1116 m²) soll zunächst die Szene auf der Rollschuhbahn aufgenommen werden, die wir in Rye Playland nicht gedreht haben (Sequenz 51). Dann wird sich die Bühne in Breezy Point verwandeln, wo sich Bea und Manulis im Nebel verlieren (Sequenz 52), und schließlich wird sich dort das Feld in Pennsylvania befinden, wo die kleine Polly Phelps in den Brunnen gefallen ist (Sequenz 163). Im Augenblick agieren wir auf Bühne F, die wesentlich kleiner ist(465 m²). Auf unserem Programm steht die Show *Privatdetektiv Nick Norris*, dann die neue Sängerin mit »I'll Be Seeing You« und »They're Either Too Young or Too Old«, und schließlich der Schnulzensänger mit »All or Nothing At All«.

9.30 Uhr vormittags. Ezra ist jetzt weniger nervös – die Probleme mit Sonnenschein und bedecktem Himmel liegen schließlich hinter uns. Er plaudert mit Woody. Carlo ist mit der Beleuchtung fertig. Das Szenenbild besteht aus zwei Schaltpulten aus Holz, eines ist mit Glas bedeckt. Die beiden Schaltpulte stehen in einem Winkel zueinander; so soll eine Tontechnikerkabine simuliert werden. Carlo mag Dreharbeiten in Studios nicht; sie haben keine Seele, und deshalb fühlt er sich hier unwohl (»Alles ist unecht!«). Nick Norris (der Winzling) redet mit dem Riesen, seinem Assistenten mit der Eunuchenstimme. Der Riese hat gewaltige Hände, aber kleine Füße, und der kleine Nick hat eine gewaltige Stimme. Das hübsche Mädchen ist noch nicht fertig; die Salad Sisters machen sie noch hübscher.

10.15 Uhr vormittags. Woody überprüft die Kamera, dann

geht er zu den Schauspielern und erklärt ihnen, welchen Bildausschnitt die Kamera aufnimmt und was sie wann zu tun haben. Es ist Zeit für die erste Probe. Unmittelbar davor geht der Riese zu Woody hin: Er hat seine Schwester mitgebracht, sie würde gerne zuschauen. »Natürlich«, erwidert Woody.

Aufnahme 42: Der Ansager kündigt die Show an: »Der Hersteller von Sloan's Leberpillen präsentiert – *Privatdetektiv Nick Norris!*« Das hübsche Mädchen bittet Nick um Hilfe; ihr Bruder ist ermordet worden. Sie will ihm jeden Preis zahlen. »O. K., Süße«, antwortet Nick mit seiner lauten, tiefen Stimme, »setzen Sie sich.« Und der Riese fragt mit seiner Eunuchenstimme: »Soll ich den Wagen warmlaufen lassen, Chef?« *(20 Sekunden)*

Nach der ersten Probe kürzt Woody die Texte von Nick und dem hübschen Mädchen.

1. Aufnahme: Fehler von Dickie. Aber Glück für Jimmy Mazzola und Kay: Sie hatten vergessen, die Uhr auf 1 Uhr mittags zu stellen.

2. Aufnahme: Wieder ein Fehler von Dickie; die Kamerabewegung könnte besser sein. Aber die Schauspieler findet Woody gut.

3. Aufnahme: Nick Norris stockt bei seinen ersten Worten ein wenig. »Noch mal«, sagt Woody.

4. Aufnahme: Die erste, die gut geworden ist.

5. Aufnahme: Die Krawatte des Ansagers hat sich gelockert. Jeffrey greift ein. Aber die Aufnahme wird trotzdem gut.

6. Aufnahme: Nick wartet zu lange mit seinem Text, aber Woody kopiert sie auch. »Noch eine, und wir haben's. Diesmal muß es klappen«, erklärt Woody.

7. Aufnahme: Gut.

(Die letzten 4 werden kopiert.)

Aufnahme 42 A: Derselbe Handlungsablauf aus geringerer Entfernung. *(20 Sekunden)*

(2 gedreht und 2 kopiert)

11.30 Uhr vormittags. Die Tontechniker von der *Nick Norris*-Show freunden sich mit der Schwester des Riesen an. Woody verzehrt einen Kuchen, der nach einer Kalorienbombe aussieht, und lächelt mir verschwörerisch zu, das erste Mal seit ein paar Tagen.

Jeffreys Aufzug besteht heute aus rotbraunen Stiefeln, Jeans, einem Zwillichhemd im Westernstil, einem metallfarbenen Cowboyhalstuch und einem bunten, ärmellosen Pullover darüber.

11.45 Uhr vormittags. Wir sind immer noch im *Nick Norris*-Studio zugange, aber mit anderen Tontechnikern. Die Kamera filmt diesmal aus einem anderen Blickwinkel. Die neue Sängerin ist bereit. Das Lied kommt über Playback, aber diesmal ist es die eigene Stimme der Schauspielerin. Woody will, daß die Tontechniker mehr rauchen.

Aufnahme RA 107: Die neue Sängerin singt: »I'll Be Seeing You«.

Im Gegensatz zu ihrer Vorgängerin hat die neue Sängerin eine gute Stimme. Die ganze Crew unterbricht die Arbeit, um ihr zuzuschauen. Das Lied ist ein bißchen wehmütig und berührt jeden. Wegen der Sehnsucht, die das Lied ausdrückt? Oder weil sie so gut singt? Jedenfalls hängen alle an ihren Lippen; die Gesichter der Jungs vom Team sind nachdenklich, beinahe ernst.

(2 gedreht und 2 kopiert)

Die Sängerin geht weg, um sich für das nächste Lied umzuziehen. Der Schauplatz wird wieder das Studio sein. Wir warten. »Wartet nur, bis die dicke Dame singt!« meint Jimmy Frederick.

12.15 Uhr mittags. Aufnahme R 149: Andere Kameraeinstellung. Die Sängerin singt »They're Either Too Young or Too Old«.

1. Einstellung: Sie singt das Lied à la Mae West: vulgär, augenzwinkernd, hüftenschwingend. Es ist amüsant. Carlo ist begeistert.

2. Einstellung: Woody bittet sie, das Notenblatt näher an sich heran zu halten und öfter hineinzuschauen.

(2 gefilmt und kopiert)

»Großartig.« Woody bedankt sich bei der Sängerin, und wir gehen zum Schauplatz der nächsten Szene, der am anderen Ende der Bühne liegt.

12.45 Uhr mittags. Wir kommen heute gut voran: Dies ist schon die letzte Aufnahme, die für heute vorgesehen ist. Das Studio für den Schnulzensänger besteht aus einer einfachen, von hinten beleuchteten Wand mit einer Art-deco-Uhr und einem schwarzen glänzenden Fußboden. Ein rot aufleuchtendes Signal (»Auf Sendung«) soll auf der Wand reflektieren.
Der Schnulzensänger (Todd Field) ist noch ziemlich jung. Er wird mit Playback singen, allerdings wird seine Stimme nicht zu hören sein. Man hat eine Aufnahme von seiner Stimme gemacht, aber sie paßte nicht.

1.30 Uhr nachmittags. Woody überprüft die Kamera. Er will ein größeres Signal für »Auf Sendung«, aber Jimmy Mazzola hat keins parat. Wenn man das Signal näher an die Wand rückt, wird der Reflex auf der Wand ein wenig größer. Aber Woody will immer noch ein größeres Signal. »Wie lange wird es dauern, ein größeres zu machen?« fragt er. Eine Viertelstunde, meint Jimmy, aber Cliff verlangt eine Stunde, da er die Buchstaben ausschneiden müsse. Woody zögert. Dann will er sehen, wie es wirkt, wenn das Zeichen höher gehalten wird. Er beschließt, doch mit diesem weiterzuarbeiten.
Aufnahme 12: Der Schnulzensängerr singt »All or Nothing at All«. *(20 Sekunden)*
Woody braucht nur den Anfang des Schlagers; der Rest wird der Szene unterlegt, in der Ruthie und ihre Freundinnen in der Eisdiele sitzen und zuhören. Der Schnulzensänger ist sehr schüchtern und angespannt. Woodys Gegenwart scheint ihn einzuschüchtern; er wirkt wie gelähmt. Woody bittet ihn, überschwenglicher aufzutreten und ununterbrochen nach oben zu schauen. Aber er hat nicht die Gabe, Leuten ihre Befangenheit zu nehmen, und der Schnulzensänger hat große Mühe, »richtig schmalzig« zu wirken. Außerdem gibt es wieder Probleme mit dem »Auf Sendung«-Signal: Hin und wieder hört es auf zu blinken.

320

(9 gedreht und 6 kopiert) Fertig um 2 Uhr nachmittags.
Vor der Mittagspause gehen Carlo und Woody hinunter auf die
Bühne E, um einen Blick auf das Dach des King Cole zu werfen.
Wir werden dort am Montagmorgen zum erstenmal drehen.

»Einpacken« um 2.15 Uhr nachmittags.
Mittagessen im Casino mit Drew, Ken, Angela, Doug, Richie
und dem Schnulzensänger. Der Schnulzensänger ist seit seiner
Kindheit ein Woody-Allen-Fan. Er hat bei einer Schauspiel-
truppe gearbeitet, die Shakespeare aufführt, aber er möchte eigentlich zum Film, weil es dort lustiger ist. Nächste Woche hat
er einen Termin bei Disney in Hollywood. Er will den Westen
für immer verlassen.

Santo und sein Team sind mit allen Vorbereitungen fertig.
Bühne G: Der ganze Aufbau für die Rollschuhbahn ist von Rye
Playland hierhergebracht worden; man hat eine neue Holzverkleidung gebaut, und nun ist die Anlage drei- oder viermal so
groß wie zuvor. Da die Bahn im Freien liegen soll, wurden
rundherum schwarze Tücher aufgehängt, um einen Nachthimmel zu simulieren.
Bühne E: Auf der einen Seite liegt Little Joes Haus. Eine perfekte Kopie des Hauses in Rockaway, vielleicht ein wenig größer. Als der Besitzer dieses Hauses mit seiner dreizehnjährigen
Tochter hier herkam, um das Szenenbild zu besichtigen, verstand das kleine Mädchen nicht, was hier vor sich ging, und war
empört, daß man ihr Haus ins Studio gebracht hatte. Der Vater
hatte Mühe, ihr zu erklären, daß es nur eine Filmdekoration
sei. Mit unvorstellbarer Präzisionsarbeit ist alles bis ins kleinste Detail (wie ein Aschenbecher, einzelne Dinge in einem
Schrank, eine Zahnbürste im Badezimmer) nachgebildet worden. Das Haus vermittelt eine erstaunliche Atmosphäre, man
kommt sich vor, wie... ja, wie in der Wirklichkeit, in der
Wirklichkeit der dreißiger und vierziger Jahre. Die Zimmer
sind größer als die echten; die Arbeit wird hier also einfacher
sein. Da die Zimmer keine Decke haben, kann Carlo seine Lampen über dem Bühnenbild aufhängen; und wenn er mehr Platz

braucht, kann er die Wände verschieben. Und auch Santo geht es gut. Als er und seine Crew an *Desperately Seeking Susan* arbeiteten, hatten sie kein Geld zur Verfügung; jetzt haben sie jede Menge!

Auf der anderen Seite der Bühne steht das Dach des King Cole. Rechts befindet sich eine riesige Camel-Plakatwand mit dem Gesicht eines Soldaten, der den Mund offen hat und Rauch ausbläst; links stehen verschiedene andere Reklametafeln. Im Hintergrund sieht man die riesige Projektion eines alten Fotos vom Times Square. Im Vaudeville spielen sie *Destry Rides Again* mit Marlene Dietrich. Benny Fields erscheint kurz auf der Bühne.

Montag, 20. Januar 1986   *Zwölfte Woche*

Im Libanon greifen die Moslems Präsident Gemayel an (32 Tote) (New York Times)

Ed drängt Manes, die Fakten auf den Tisch zu legen. (Daily News)

Ein 95jähriger Bauarbeiter auf Staten Island macht den Hauptgewinn beim New York State Lotto: 30 Millionen Dollar. (New York Times)

»Es ist schwierig, mehr als eine Frau zu haben, wenn man nur einen Haushalt hat«, meint Oberst Ghaddafi. In Libyen versucht der Volkskongreß, die Polygamie zu begrenzen: Der Mann muß jetzt die Erlaubnis seiner ersten Frau einholen, bevor er sich eine zweite nimmt. (New York Times)

Amerikanische protestantische Sekten, »die von Gott berufen worden sind«, verstärken ihre Arbeit in El Salvador, um gegen die »Sündigen«, die »Mächte der Finsternis« und die »Komplizen des Teufels« zu kämpfen. (New York Times)

Fürst Rainier hat »Kid Dynamite« für einen Kampf am 29. März nach Monaco geholt. »Monaco mag winzig sein, aber Sie können wetten, daß Geld dort keine Rolle spielt.« (Daily News)

Norman Mailer in seinem Schlußwort auf dem PEN-Kongreß:
»Ein Symptom für den allgemeinen Niedergang ist der Verfall
der Umgangsformen.« (New York Times)

9.15 Uhr vormittags. Auf dem Dach des King Cole in den Astoria Studios. Es wird den ganzen Vormittag in Anspruch nehmen, die Beleuchtung einzurichten. Ray, »Hammer« und die anderen Jungs arbeiten hart, während Carlo mit seinem malvenfarbenen Filzhut auf dem Regisseurstuhl mitten auf dem Dach sitzt und die Arbeit überwacht.

Heute ist Martin Luther King Day und daher schulfrei. Sally ist mit vier ihrer acht Kinder erschienen – mit Baby Dylan, Lark, Daisy und natürlich mit Andrew. Andrew beklagt sich bei mir, weil seine Mutter ihn gestern nachmittag zu einem langweiligen Konzert mitgenommen hat, bei dem Daisy Klavier gespielt hat.

11 Uhr vormittags. Das Dach sieht allmählich ganz gut aus. Wir wollen die Szene bei der Silvesterparty drehen, in der die Rundfunkstars auf Sallys Drängen hin beschließen, aufs Dach zu gehen, um die Aussicht zu genießen (Sequenzen 180 und 183). Woody legt nur grob den Bewegungsablauf fest, er zeigt Carlo, wo die Schauspieler ungefähr stehen werden, so daß er noch einige Änderungen vornehmen kann. Santo erkundigt sich wegen Details für die Dekoration, Jimmy Mazzola will von Woody wissen, ob der Boden naß sein soll. Ruhig beantwortet Woody alle Fragen und geht dann in sein Zimmer. Diese Aufnahme soll das letzte Bild des Films sein, daher ist sie besonders wichtig.

12 Uhr mittags. Nebenan haben bereits die Aufnahmen für *Ishtar* begonnen. Auch für die *Ishtar*-Leute ist das heute der erste Tag im Astoria. Sie kommen gerade von Aufnahmen in Marokko und werden hier drei Wochen drehen. Dann werden sie noch einige Wochen in New York filmen. Sie haben sich auf zwei Tonbühnen eingerichtet, eine liegt direkt neben unserer Rollschuhbahn. Sie haben die Ankleideräume neben uns. Der

Chefkameramann ist ebenfalls Italiener und außerdem ein Freund von Carlo; es ist Vittorio Storaro, der für *Apocalypse Now* den Oscar bekommen hat. Er hat sein italienisches Kamerateam mitgebracht; da jedoch die amerikanische Gewerkschaft protestierte, mußte noch ein amerikanisches Kamerateam eingestellt werden, auch wenn es gar nichts zu tun hat. Für dieses zweite Team ist es deprimierend, nur herumzuhängen; deshalb kommen sie herüber, um unseren Jungs guten Tag zu sagen. Die meisten kennen sich.

Nicole ist wieder bei uns. Sie hilft dem anderen Double, Myla Pitt, ihren Text für George Furths *The Supporting Cast* einzuüben. Die beiden haben sich bei *Hannah* kennengelernt, wo sie fast zwei Monate als Doubles gearbeitet haben und Freundinnen geworden sind. Nicole möchte ausschließlich beim Film arbeiten; Myla dagegen bevorzugt das Theater und arbeitet nur wegen des Geldes beim Film. Doubles bekommen am Tag 100 Dollar.

Biff Baxter kommt vorbei, um sich umzusehen. Mit schwarzer Krawatte und Schildpattbrille wirkt er außerordentlich elegant. Er vergleicht die drei Seiten des Drehbuchs mit seinem Text, denn er will ein besseres Verständnis dafür gewinnen, um was es in der Szene und in dem ganzen Film geht. Woody gibt den Schauspielern nie das ganze Drehbuch, sondern immer nur ihre Szenen. Louis teilt Fotokopien vom Super Bowl Pool aus. Alle Stehplätze sind aufgekauft worden. Jetzt kommt Max' Vater (der Ansager von Roger und Irene), um das Dach zu besichtigen. Er ist tief beeindruckt. Auch er trägt eine schwarze Krawatte und ist sehr elegant. Romaine findet alle diese gutaussehenden und gutangezogenen Männer aufregend.

1.10 Uhr mittags. Carlo ist fast fertig. Die Rundfunkstars warten unten auf ihren Auftritt. Natürlich sind Roger und Irene da, dann Herbie Hanson, der Polly-Phelps-Journalist (Ivan Kronenfeld, der Barbara Hersheys Ehemann in *Hannah* spielte) Whiz Kid Sanford, Abercrombie und alle anderen – außer Woodys Steuerberater. Ihm reicht's, was genug ist, ist genug.

Man unterhält sich. Der Maskierte Rächer führt ein ernsthaftes Gespräch mit Bill Kern; die dicke Sängerin unterhält sich mit der zierlichen Akteurin aus der Geräusche-Show; und Max trinkt mit seinem Vater Kaffee.

Woody ist bereits auf dem Dach. Tom meint, ob wir nicht vor allen weiteren Aktivitäten die Mittagspause einschieben sollten (wir haben sowieso schon überzogen). Aber Woody will den Bewegungsablauf festlegen. Die ganze Gesellschaft wird hereingebracht. Der Auftritt ist phantastisch. Die meisten sehen das Dach zum ersten Mal und sind überwältigt.

1.20 Uhr nachmittags. Woody steht mit dem Drehbuch in der Hand vor den Schauspielern. Er erklärt ihnen in groben Zügen, was sie zu tun haben und wo sie stehen sollen. Den Akteuren mit Text sagt er, wo sie ihre Passagen sprechen sollen. Woody entscheidet, daß die Szene zuerst geprobt werden soll. Carlo steht hinter der Kamera.

325

Die erste Probe klappt nicht. Woody, der immer noch das Drehbuch in der Hand hält, gibt den Schauspielern mit Text (Sally, dem Rächer und der Sängerin) Anweisungen für den Bewegungsablauf. Sie machen noch drei Proben. Bei jedem Mal werden Woodys Anweisungen zum Bewegungsablauf genauer. Aber es gibt zwischendurch merkwürdige Momente, in denen er schweigend vor der Gruppe steht, noch einmal das Drehbuch durchgeht und die Schauspieler einige Minuten lang anstarrt. Man hat dann das Gefühl, daß er nicht weiß, was er tut. Es ist schwierig, exakt festzumachen, wann er klarer ausdrückt, was er will – es geschieht eher schrittweise, bei jedem Mal ein wenig mehr.

Die vierte Probe wird schließlich gut. Woody wendet sich an Jimmy Sabat: »Kommt der Text trotz des Hintergrundlärms durch?« Dann will er wissen, wie die Szene durch die Kamera aussieht. Carlo meint, es sei nicht so gut, die Gruppe ständig in der Totalen aufzunehmen; die Kamera solle lieber Sally und dem Rächer zur Camel-Plakatwand folgen. Woody liest noch einmal im Drehbuch nach, überprüft dann die Kamera und beschließt, die Szene in zwei Aufnahmen aufzuteilen. Dann geht er zu den Schauspielern zurück. »Mit diesem Bewegungsablauf kommen wir nicht hin«, sagt er.

In der ersten Aufnahme soll der Auftritt der ganzen Gruppe gezeigt werden. Dann wird die Kamera Sally und dem Rächer folgen. Der Dialog der anderen soll später in verschiedenen Teilaufnahmen gefilmt werden. »Ich hab's«, sagt Woody zu Tom. »Vielleicht, daß wir zuerst zum Mittagessen gehen«, schlägt Tom vor. Woody lacht, und Tom ist empört. Aber wir haben ja bereits überzogen. Man handelt einen Kompromiß aus: noch eine Probe, bei der Woody hinter der Kamera steht. Die Szene wird noch zweimal geprobt, und um 2 Uhr machen wir dann endlich Mittagspause.

Beim Mittagessen im Casino sitze ich mit Nicole und Myla zusammen. Warren Beatty (Tennisschuhe, ein leichtes Jackett, ungekämmtes Haar) sitzt mit einem Freund am Nebentisch und ißt Salat. Nicole ist ganz aufgeregt, Myla dagegen findet ihn nicht so attraktiv.

3.15 Uhr nachmittags. Bill Kern hat die Mittagspause wegen seines kaputten Beins auf dem Dach verbracht. Er unterhält sich mit »Hammer« und Louis über Sportereignisse.
Ich zeige Roger die Rollschuhbahn, und er erlaubt mir, daß ich ihm übers Haar streiche. Die Salad Sisters haben ihm nämlich Gel ins Haar geschmiert, damit die Frisur so bleibt. Jetzt ist es hart wie Holz! Roger mag das nicht. Wir reden über London, Paris und New York. Roger liest grundsätzlich keine Zeitungen und sieht auch nie fern. Wie Jimmy Mazzola fühlt er sich so viel wohler. Am Donnerstag wird er nach Paris fliegen; die Premiere von *Marat/Sade* ist am 18. Februar.

4 Uhr nachmittags. Alle sind wieder auf dem Dach. Die lange Jessica Dragonette unterhält sich mit dem winzigen Nick Norris, Abercrombie plaudert mit Roger und Irene, und der Reba-Mann erzählt dem hübschen Mädchen ein paar Witze.

Noch zwei Proben für Dickie und die Kamera, dann sind wir bereit für die Aufnahme. Die Schauspieler werden noch einmal vom »Make-up« und der »Garderobe« durchgecheckt. Jimmy Mazzola macht den Boden naß, während Jimmy Frederick den Champagner eingießt (es ist wieder Apfelcidre) und Zigaretten verteilt. Hier gibt es allerdings ein kleines Problem: Keiner der Anwesenden ist Raucher! Die mutige kleine Akteurin aus der Geräusche-Show meldet sich schließlich freiwillig. Jimmy Mazzola macht sich daran, die Tauben aufzuscheuchen, diese »Ratten mit Flügeln«.

Aufnahme 180: Die Gesellschaft tritt durch die kleine Türe auf das Dach. Alle sind ein bißchen angetrunken, lachen und fühlen sich wohl. Sally und der Rächer treten an den Rand, um die Aussicht zu bewundern. Der Rächer versteht nicht, wie Sally diesen Ort kennen kann. »Das ist eine lange Geschichte!« meint sie. *(28 Sekunden)*

Die meisten Probleme gibt es mit den Tauben. Woody möchte, daß zwei oder drei Tauben am Schluß der Szene an Sally und dem Rächer vorbeifliegen, aber sie hören nicht auf ihn. Die Situation erinnert an die Szene mit den Enten in Rye, und auch hier findet Woody das Durcheinander sehr amüsant.

(8 gedreht und 6 kopiert)

Woody vertieft sich wieder in sein Drehbuch. Alle bleiben auf dem Dach. Abercrombie unterhält sich jetzt mit Jessica; Sally hat anscheinend genug von dem Rächer. Max fragt Woody, wann wir fertig sein werden.

Woody: »Keine Sorge, Max, wir werden dich hier noch für ein paar Stunden festhalten, dann kannst du gehen, wohin du willst.«

Max: »Du bist schlimmer als Josef Mengele. Irgendwann wirst du dafür bezahlen müssen, Max. Für alle kommt einmal die Stunde.«

Woody lacht und geht wieder zu seinem Drehbuch. Max, empört über soviel Impertinenz, geht zu Bob Greenhut und Ezra.

Woody beklagt sich bei Tom, daß zu viele Leute am Drehort sind. »Aber alle gehören doch zur Crew«, entgegnet Tom. Woody geht nicht weiter auf die Sache ein, aber man merkt, daß es ihm lästig ist.

Die nächste Aufnahme wird vorbereitet. An der ersten Probe nehmen noch alle teil, dann wird beschlossen, daß nur eine kleinere Gruppe im Bild sein soll. Bill Kern, Sally, Biff Baxter und Max haben daher nichts mehr zu tun. Woody geht in sein Zimmer und läßt Carlo die Kamera einrichten.

»Machen wir nachher noch eine Aufnahme?« fragt Woody Tom, bevor er geht. »Das kommt darauf an. Ich muß erst die Leute mit dem Geld fragen.« Tom geht zu Bob Greenhut.

6 Uhr abends. Aufnahme 180 A: Eine melodramatische Stimmung. Herbie Hanson, der Ansager von *Raten Sie die Melodie* (Don Pardo), Irene und der Polly-Phelps-Journalist ergehen sich in melancholischen Betrachtungen darüber, wie schnell die Zeit vergeht, daß die Jahre »so rasch dahingehen... und dann sind wir alt... und nie werden wir erfahren, wozu das alles gut war...« *(25 Sekunden)*

»Der eine taucht unter, und die andere bringt mich ins Schwimmen«, ruft Dickie nach der ersten Aufnahme zu Woody hinüber. Einen Moment lang schweigen alle verdutzt und schauen sich gegenseitig fragend an. Dann ein schallendes Gelächter. Nach ein paar klärenden Worten von Dickie begreift auch Woody, was passiert ist. Herbie ist »untergetaucht«, weil Irene ihn verdeckt hat, als sie durch den Bildausschnitt gegangen sind. Und die übergewichtige Sängerin hat Dickie »ins Schwimmen« gebracht: Sie hat sich zu stark bewegt, als sie durch das Bild ging.

Aber das ist erst der Anfang der Schwierigkeiten. Die meisten Akteure sind entweder tatsächlich Rundfunksprecher oder Doubles, haben also wenig Schauspielererfahrung. Es fehlt ihnen an »Präsenz«. Woody müht sich ab (»Sagen Sie es in Ihren eigenen Worten«; »Fühlen Sie sich so sicher?«), aber es klappt nicht. Dann gibt es noch eine Reihe anderer Probleme. Jimmy Mazzolas Windmaschinen machen zuviel Lärm, und die Schauspieler sprechen zu leise. Und bei jeder Aufnahme müssen wir darauf achten, daß sich der riesige mechanische Zylinder, der im Hintergrund auf- und niedergeht, in der richtigen Position befindet. Auf diese Weise bringen die Windmaschinen, der Zylinder und die Schauspieler Woody an den Rand der völligen Erschöpfung. Aber er hält aus, läßt die Schauspieler immer wieder proben, macht ihnen vor, wie sie ihren Text sprechen und wie sie agieren sollen. Viele Aufnahmen werden einfach abgebrochen.

Um 7 Uhr abends macht Woody endlich Schluß. Wir haben jetzt 15 Aufnahmen, und keine ist gut. Nur die letzte soll versuchsweise kopiert werden. Woody verschwindet rasch. Bisher war dies die schwierigste Aufnahme des ganzen Films. »Gestorben« um 7.10 Uhr abends.

Ich fahre im Transporter mit Whiz Kid Sanford und seiner Mutter zurück. Sanford kommt aus Maryland und ist ausgebildeter Schauspieler. Dies ist aber erst sein erster Film. Stolz zeigt er mir sein Bild auf dem Cover einer *Life*-Nummer von 1940, das für diesen Film gedruckt worden ist. Er hat den Tag sehr genossen; es hat ihm Spaß gemacht, sich in Schale zu werfen und sich unter der Schickeria auf dem Dach zu bewegen. Und am Morgen haben sich ihm zwei charmante Damen, Lark und Daisy, gewidmet und mit ihm einen Rundgang durch das Studio gemacht.

Dienstag, 21. Januar 1986

Verträge mit der Stadt: Nachdem ein großer Untersuchungsausschuß eingesetzt wurde, annulliert Ed einen Vertrag über 22,7 Millionen Dollar, der mit Citisource Inc. abgeschlossen worden war. Der Grund: Es ist verschwiegen worden, daß Stanley Friedman, sein Parteifreund aus der Führungsspitze der Demokraten von Bronx, einer der Direktoren und Hauptaktionäre der Firma ist. (Daily News)
Cannon Films plant eine Verfilmung von King Lear *nach einem Drehbuch von Norman Mailer. Dustin Hoffman soll die Hauptrolle übernehmen, Regie wird Jean-Luc Godard führen.* (New York Times)

9.30 Uhr vormittags. Aufnahme 180 B (als Ersatz für 180 A von gestern abend): Dieselbe Kamerabewegung, derselbe Bewegungsablauf, dieselbe Handlung, aber mit anderen Schauspielern. Max' Vater übernimmt den Part des Ansagers von *Raten Sie die Melodie*, Irene tritt an die Stelle von Herbie Hanson, Roger an die Stelle von Irene, und Biff Baxter ersetzt den Polly-Phelps-Journalisten. *(25 Sekunden)*
Jetzt gibt es keine Probleme mehr. Alle Schauspieler sind wirklich »präsent«. Die Szene hat jetzt die wehmütige Atmosphäre, die gestern fehlte und die so wichtig ist. Die dicke Sängerin wurde durch den zierlichen Nick Norris ersetzt, der Dickie nicht »ins Schwimmen« bringt. Der Reba-Mann flirtet weiterhin im Hintergrund mit dem hübschen Mädchen. Für den Schluß der Szene läßt Woody Biff Baxter verschiedene Tonlagen ausprobieren. *(6 gedreht und 5 kopiert)*

10.45 Uhr vormittags. Man munkelt, daß Woody die Muster der Sängerin nicht gefallen haben. Er fand sie nicht schlecht, aber für sein Gefühl paßten sie von der Stimmung her nicht. Inzwischen sind alle wieder auf dem Dach. Biff Baxter liest *You Know Me Al* von Ring Lardner, Abercrombie lächelt wie gewöhnlich und plaudert mit Nick Norris. Ma und Pa kommen vorbei, um nebenan ihr Haus zu besichtigen und die Schickeria auf dem Dach zu bewundern.

11.45 Uhr vormittags. Aufnahme 180 C: Sally, der Rächer und Max stehen am Rand des Daches und bewundern die schöne Aussicht. Eine wehmütige Stimmung. Biff Baxter bemerkt, daß die Jahre dahingehen, woraufhin Bill Kern meint, sie alle würden bald nur noch Geschichte sein. Die Sängerin versucht, die anderen aufzuheitern. Max beginnt seine Rede zu halten: »Wir haben es doch wirklich gut... Unsere Stimmen hört ganz Amerika...« Sally meint, daß Max ein wenig betrunken ist. Der Rächer fragt sich, ob künftige Generationen noch ihre Namen nennen werden. Sally wird von der allgemeinen Stimmung angesteckt. Die Sängerin versucht noch einmal die anderen aufzumuntern: »Hört mal zu. Wir sind doch hier, um Silvester zu feiern!« *(1 Minute, 35 Sekunden)*
Die Kamera steht auf einem Personenaufzug am äußeren Rand des Daches. Woody, nur wenige Meter entfernt von Sally, dem Rächer und Max, starrt sie an, während sie ihren Text sprechen. Sein Gesicht ist ausdruckslos, nur seine Augen wandern von einem Schauspieler zum anderen.
Zu den ersten vier Aufnahmen macht er nur wenige Anmerkungen; die Schauspieler sind gut. Nach der fünften Aufnahme meint er, daß Sally und der Rächer mehr aufeinander eingehen sollen. Und von Max will er noch eine lebhaftere Version. Außerdem ändert er während der Aufnahmen hier und da ein Wort. Max schmückt seine Vorführung ein wenig aus, und Woody scheint zufrieden. *(12 gedreht und 8 kopiert)*
Die Schauspieler gehen nach unten, während Woody und Carlo die Einrichtung der Kamera für die letzte Aufnahme des Films festlegen (Sequenz 183).

Sie suchen einen Platz in der Nähe der Rückwand aus. Während Carlo durch den Sucher schaut, geht Woody den Handlungsablauf durch. Er »spielt« die ganze Szene, mimt die verschiedenen Personen (was sie tun, wie sie lachen und trinken), aber nur andeutungsweise und in Kurzfassung. Obwohl Woody dabei ganz ernst bleibt, wirkt es trotzdem komisch. Vielleicht liegt es an der Art, wie er geht: in kleinen Schritten, mit leicht nach vorne geneigtem Körper, nach vorne hängenden Armen und befangenem Gesichtsausdruck.

Nach drei Minuten besteht Einigkeit über die Kamerabewegung. Während sich die Jungs an die Arbeit machen, brechen wir in aller Eile auf, um uns die Muster von gestern anzusehen. Ich bin ein wenig aufgeregt, weil es für mich das erste Mal ist.

12 Uhr mittags. Wir sind im Zukor-Filmtheater. Der Studiovorführraum mit seinen 50 Sitzen ist bereits brechend voll: Sally, Jane, Tom, Mickey, Dickie und die ganze »Unterhaltungsabteilung« sind da. Woody wirkt angespannt; er kann es kaum erwarten zu sehen, wie das Dach wirkt. Die Vorführung beginnt. Aber immer wieder gehen die Türen auf und zu, weil Leute hereinkommen, und schließlich wird es Woody zuviel. Er verlangt, daß die Vorführung unterbrochen wird. Sofort tritt Tom in Aktion. Alle müssen den Raum verlassen, sogar Sally und Jane! Nur Woody, Carlo und Tom bleiben zurück. Der ganze Weg war also umsonst...

Mittagspause.
Woody verbringt die Mittagszeit mit Baby Dylan in Sallys Zimmer. Es geht das Gerücht, daß ihm das Dach im Film nicht gefallen hat.
Im Casino nimmt Carlo das Mittagessen mit Vittorio Storaro ein. Max sitzt mit seinem Vater am Nebentisch.

2.15 Uhr nachmittags. Zurück am Drehort. Jean Doumanian ist wieder zu Besuch da. Dickie macht seinen Mittagsschlaf neben der Kamera. Und Al, Spezialist für besondere Effekte (»Er ist der Beste«, sagt Jimmy Mazzola zu mir), läßt es vor Woodys

Augen schneien. An einem Gerüst über dem Szenenbild sind drei riesige Röhren befestigt, die mit jeweils drei Ventilatoren ausgestattet sind. Aus diesen Röhren kommen Plastikschneeflocken. Woody gibt an, wie schnell und wie dicht der Schnee fallen soll.

2.50 Uhr nachmittags. Die ganze Gesellschaft ist wieder da; alle haben sich vor Woody versammelt und hören mit großer Aufmerksamkeit zu, wie er seine Vorstellungen für die Szene entwickelt. Woody spricht leise und langsam, als ob ihn die Anwesenheit so vieler gutaussehender Leute irritieren würde. Zwischendurch hustet er und zögert, bevor er weiterspricht (»Ihr wißt...«). Alle sollen lebhaft sein und sich gegenseitig ein gutes neues Jahr wünschen. Dann beginnt der Schnee zu fallen. Lachend, trinkend und albernd gehen sie wieder die Treppe hinunter. Und Sally bleibt allein mit dem Rächer zurück, der seinen Standardsatz vom Stapel läßt: »Hütet Euch, Bösewichter, wo immer Ihr auch seid!« Am Ende bleibt Woody ungefähr eine Minute lang schweigend vor der Gruppe stehen, so, als ob er überlegen würde, ob es noch etwas hinzuzufügen gibt. Es ist wie immer Max, der sich schließlich ein Herz faßt und Woody aus seinen Gedanken reißt: »Fertig für die Aufnahme?«
Woody geht zur Kamera und erklärt den Schauspielern, wo sie stehen sollen. Der Reba-Mann und das hübsche Mädchen werden neben dem Wasserbehälter plaziert, Sanford und der Ansager von *Raten Sie die Melodie* an der Tür zum Treppenhaus. Die Sängerin steht bei dem ewig lächelnden Abercrombie, Sally zwischen Biff Baxter und dem Rächer im Vordergrund. Hinter ihnen stehen Max und sein Vater. Weitere Paare: die kleine Akteurin aus der Geräusche-Show und der lange Herbie Hanson, Nick Norris und Jessica Dragonette, und, wieder vereint, Roger und Irene.

3 Uhr nachmittags. Es gibt ein Problem. Am Schluß der Aufnahme, nachdem der Rächer seine Drohung über New York hingeschleudert hat, ist nur noch das leere Dach mit dem fal-

lenden Schnee zu sehen. Aber die riesige Projektion vom Times Square erscheint Woody nicht echt genug. Die Gesellschaft wird gebeten, für einen Moment vom Dach herunterzukommen, damit zwei Dinge geändert werden können. Erstens: Die Bewegung des Zylinders wird verlangsamt, so daß er den falschen Times Square im Hintergrund stärker verdeckt. Und zweitens werden die Transparente besser beleuchtet.

3.45 Uhr nachmittags. »Es ist wunderschön so, aber es ist nicht das, was er sich vorstellt. Er will den echten Times Square von 1944!« meint Tom. Carlo und Ray finden, daß es so gut aussieht, aber Woody ist unnachgiebig. Er sucht nach einem anderen Blickwinkel. In seiner Sturheit wirkt er sympathisch und gewinnend, weil er ganz ruhig und leise bleibt und irgendwie verzweifelt aussieht, wenn er nach einer Lösung sucht.
Schließlich gibt Woody auf. Der Zylinder muß die Sache retten. Die Gesellschaft wird wieder heraufgebracht, und die erste Probe kann beginnen. Woody steht hinter der Kamera. Schnee und Wind sind abgeschaltet, damit Jimmy Sabat eine Tonaufnahme ohne Nebengeräusche machen kann. Aber da wird Max wieder aktiv. Jetzt möchte er, daß ein Foto gemacht wird, auf dem Woody, sein Vater und er selbst nebeneinander stehen. Woody stellt sich zwischen die zwei Männer (sie sind sehr groß) und macht ein verschrecktes Gesicht. Dann kann die Probe beginnen!
Abercrombie geht die Treppe nicht schnell genug hinunter, und auch dem Rest der Gesellschaft fehlt es an Energie. »Macht schon! Unten gibt es Champagner!« sagt Woody. Es folgt eine zweite Probe, Jimmy macht noch einmal eine Tonaufnahme.

4.20 Uhr nachmittags. Aufnahme 183: Die Leute trinken, lachen und unterhalten sich angeregt miteinander. Das neue Jahr hat begonnen – 1944! »Wenn der verfluchte Krieg dieses Jahr nicht zu Ende geht, melde ich mich freiwillig!« beschließt Biff Baxter in einem Anfall von Courage. Doch dann beginnt es zu schneien. Max gibt das Zeichen zum Aufbruch. Alle gehen die Treppe hinunter und verschwinden nacheinander. Der Maskierte Rächer ist der letzte. Bevor er die Tür schließt, schleudert er seinen gellenden Racheschrei über Manhattan hinweg: »Hütet Euch, Bösewichter, wo Ihr auch sein mögt!« und stößt sein unvergeßliches Lachen aus. Dann verschwindet auch er. Die Kamera geht zurück, um das Dach in einer Panorama-Einstellung einzufangen. Der Schnee fällt jetzt dichter, und der Zylinder bewegt sich auf und nieder... *(2 Minuten, 13 Sekunden)*

Max meldet sich wieder:
»Woran merke ich denn, daß es zu schneien anfängt?«
»Ich werde dir winken«, sagt Woody.
»Nett von dir!«
Jimmy Mazzola verteilt Partyhüte und gießt Champagner ein. Jemand meint, daß der Plastikschnee vielleicht schädlich ist. Da wir alle vom Schneefall betroffen sind, ziehen wir uns kleine weiße Schutzmasken übers Gesicht und setzen ebenfalls Partyhüte auf. Ein gleichermaßen komischer Anblick diesseits wie jenseits der Kamera. »Paß auf, daß du den Schnee nicht verschluckst, Max!« ruft Woody. »Wollt ihr uns vergasen?« jammert Max, als er uns mit unseren Masken sieht.

Nach jeder Aufnahme muß der Schnee wieder weggeräumt werden. Jimmy Mazzola und seine Jungs setzen die Staubsauger in Gang. Woody nimmt Max weiterhin auf den Arm, aber Max findet das allmählich albern. In einer Aufnahme fällt der Schnee nicht dicht genug; in einer anderen verkündet Max zu spät, daß es schneit. Nach jeder Aufnahme läßt Woody die Kamera weiterlaufen. Und einmal stehen wir eine Minute lang schweigend im Schnee auf dem Dach des King Cole. Es ist wunderschön.

(5 gedreht und 4 kopiert)

5.30 Uhr nachmittags. Wir machen einige Roh-Tonaufnahmen. Zuerst von den beiden harten Männern:
Der Maskierte Rächer: »Hütet Euch, Bösewichter, wo immer Ihr auch sein mögt!«
Und Biff Baxter: »Wenn der verfluchte Krieg dieses Jahr nicht zu Ende geht, melde ich mich freiwillig!«

Dann Max: »Es fängt an zu schneien. Gehen wir hinunter!«
»Max, du bist der Größte«, sagt Woody, um ihm Mut zu machen.
Dann sind alle entlassen – außer Max. Woody braucht noch eine Roh-Tonaufnahme für den *Silber-Dollar-Hauptgewinn*: »O. K., kleine Dame. Sie haben den Fisch gewählt.« Aber zuerst muß Jimmy wieder das altmodische Mikrophon holen, das in dieser Szene benutzt wurde. Fertig um 5.45 Uhr nachmittags.

Ich fahre im Transporter zurück, zusammen mit der Sängerin, dem Polly-Phelps-Journalisten, Abercrombie und Sanford. Abercrombie fragt mich, wie ich ihn gefunden habe. Dann erzählt er mir, daß er in einer Szene in *The Cotton Club* mit Richard Gere am Tisch gesessen hat. Die Szene wurde aber geschnitten.

Mittwoch, 22. Januar 1986

Manes hat es selbst getan. »Es ist alles so gewesen, wie die Polizei gesagt hat. Meine Verwundungen habe ich mir in der Nacht vom 9. Januar selbst zugefügt. Es gab keinen Überfall. Ich allein bin an allem schuld.« (New York Times)
22 Personen sind durch eine Autobombe im Osten von Beirut getötet worden. (New York Times)

9 Uhr morgens. Wir sind wieder auf dem Dach des King Cole. Folgende Aufnahme steht auf dem Programm: Sally nimmt Roger (der »vor Verlangen vergeht«) auf das Dach, damit er sich entspannen kann (Sequenz 66). Der Raucher auf der Camel-Plakatwand ist jetzt kein Soldat, sondern ein Zivilist: Die Szene spielt früher, vor dem Krieg. Im Film wird man hier zum ersten Mal das Dach sehen.
Woody überlegt, ob man die Szene in einer – sehr komplizierten – Aufnahme drehen könnte: Sally und Roger erscheinen in

der Tür zum Treppenhaus, gehen dann nach links um den Treppenhausaufgang herum und schauen über das Dach. Sie verschwinden hinter dem Treppenhausaufgang und tauchen auf der anderen Seite wieder auf. Roger umarmt Sally, und schließlich kommen sie zur Sache. – Doch das ist zuviel für das Auge, zuviel Kamerabewegung. Deshalb wird die Sequenz in zwei Aufnahmen aufgeteilt. In der ersten Aufnahme werden die beiden das Dach erkunden, in der zweiten kommen sie zur Sache.

9.45 Uhr vormittags. »Katastrophe!« Sally hat gestern eine Medizin eingenommen, und jetzt stellt sich heraus, daß sie dagegen allergisch ist; ihre Augen sind geschwollen. Der Arzt ist bereits unterwegs. Sie fühlt sich schlecht. Wir versuchen den Schnulzensänger herzubekommen, um eine Neuaufnahme von »All or Nothing At All« zu machen (Woody gefiel der Hintergrund im Aufnahmestudio nicht). Carlo geht mit seinen Jungs zur Bühne G, um mit der Beleuchtung der Rollschuhbahn anzufangen. Woody macht ein paar Roh-Tonaufnahmen von Roger und Irene: für ihre *Frühstücks*-Show. Roger beginnt nervös zu werden. Es deutet einiges darauf hin, daß er morgen seine Maschine verpassen und am Freitag nicht, wie versprochen, in Marats Badewanne sitzen wird!

11.45 Uhr vormittags. Sally fühlt sich besser – der Doktor hat ihr eine andere Medizin gegeben. Die Salad Sisters kümmern sich um sie. Dickie schläft friedlich auf dem Kamerawagen (es sieht nicht sehr bequem aus). Sallys Double liest in den gesammelten Werken von Tennessee Williams. Rogers Double löst ein Kreuzworträtsel. Und auf einer halbbeleuchteten Szene (die Lampen werden geschont) bewegt sich der Zylinder weiterhin auf und nieder.

12 Uhr mittags. Woody und Roger sind wieder am Drehort. Wir warten auf Sally. Schließlich kommt sie. Sie sieht wunderschön aus.
Aufnahme 66: Roger und Sally kommen durch die Tür und er-

kunden das Dach. Roger fühlt sich bereits viel entspannter: »Unter den Sternen spielt das Orchester.« Sally erinnert ihn daran, daß sie nur zehn Minuten Pause hat. *(25 Sekunden)*
1. Einstellung: Die Schauspieler sind gut. Aber mit dem Zylinder gibt es wieder Probleme. Er sollte genau in dem Moment auftauchen, wenn sie aufs Dach kommen, damit es nicht allzu augenfällig wird, daß der Times Square nur eine Projektion ist.
2. Einstellung: Abermals bricht Woody wegen des Zylinders ab. Wenn man schon keine Tauben und Enten hat...
3. Einstellung: Jetzt ist Jimmy Mazzola der Stein des Anstoßes: Seine Windmaschine ist zu laut. Jimmy Sabat kann so keine gute Tonaufnahme machen.
4. Einstellung: Sally hat sich zu weit entfernt. Sie sieht müde aus. Woody fragt: »Geht es dir gut?« Die arme Sally leidet – das hat sie Jimmy Mazzola zu verdanken, der zwischen den Aufnahmen den Boden mit Wasser begießt (wegen des Spiegeleffekts) und Sally mit Wind traktiert, damit ihr Haar gut aussieht.
5. Einstellung: Die erste, die gut ist. »Noch eine, und wir haben's.«
6. Einstellung: Wieder gut geworden.
(Einstellung 5 und 6 werden kopiert) Fertig um 12.30 Uhr mittags.

1 Uhr mittags. Wir warten noch, bis die Jungs vom Team die Rauchmaschine von der Plakatwerbung aufs Dach gebracht haben. So soll erreicht werden, daß der Rauch in noch intakten Ringen durch den Bildausschnitt schwebt. Ein Stück von der Dachkante wird entfernt.
Sally ruht sich unter dem Wassertank aus und plaudert mit Roger. Es geht ihr jetzt wieder besser. Sie unterhält sich auch ein wenig mit mir. Wenn sie spricht oder zuhört, tritt die Ähnlichkeit mit Andrew besonders stark hervor. Beide schauen ihren Gesprächspartner sehr ernst an; dabei halten sie den Kopf ein wenig schräg und zwinkern mit den Augen. Auch in der Art, wie sie dabei die Beine nach hinten biegt, gleicht Sally ihrem Sohn.

Ich bekomme die sichere Zusage, daß ich heute abend bei den Mustern dabeisein darf. Ich muß gleich nach Ende der Dreharbeiten im zweiten Wagen mit Fern zu Woodys Schneideraum in der Park Avenue rasen, um pünktlich dazusein. Woody schaut sich immer gleich nach seiner Ankunft die Muster an.

1.30 Uhr nachmittags. Die Maschine für die Rauchringe steht bereit. Die Ringe kommen ins Bild, aber sie sind leider nicht mehr ganz. Dazu der Krach, den die Maschine macht... Jimmy Sabat fragt, ob das ein Witz sein soll. Wir verzichten auf den Rauch.

Aufnahme 66 A: Roger macht seinen Annäherungsversuch, aber mit Sallys Zigaretten-Bauchladen ist das nicht ganz einfach. Außerdem will Sally noch mehr über den Chef der Agentur wissen. Aber Roger ist nicht zu bremsen, wenn er in Stimmung ist, und Sally ist immer bereit, die Jungs glücklich zu machen. Sie gehen an den Rand des Daches. *(30 Sekunden)*

Eine erste Probe für die Schauspieler. Woody zeigt Roger, wie er Sally halten soll: die Hände fest gegen ihren Unterleib gedrückt. Roger ist ein bißchen verlegen und fragt, wie weit er gehen dürfe. »Keine Sorge. Das wird alles herausgeschnitten«, meint Woody. Carlo vereinfacht die Aufnahme: keine Kamerafahrt nach vorne, nur ein Schwenk und ein Zoom. Woody schlägt vor, sie sollen das nächste Mal an den Rand des Daches gehen, so daß sie es etwas leichter haben, zusammenzukommen. Nach jeder Aufnahme geht Woody zu Sally und nimmt ihr ritterlich den Zigaretten-Bauchladen ab, damit der Riemen ihr nicht den Hals verletzt. Roger entfernt sich diskret.

Nach der zweiten Aufnahme geht Roger wirklich ran. Woody gefällt es. Sally hat nichts dagegen, umarmt und geküßt zu werden und »alles zu tun, was unsere Jungs glücklich macht«, aber wenn es so läuft wie damals mit dem Matrosen und jetzt mit Roger (so stürmisch!), bekommt sie ein bißchen Angst. Die dritte Aufnahme wird sehr gut. Roger packt sie richtig. »Hat er dich verletzt?« fragt Woody Sally. Und zu Roger meint er: »Gut. Aber mit noch mehr Energie. Gehen Sie richtig ran.« Und was den Ton betrifft: »Geben Sie ihr Sicherheit.«

4. Einstellung: Gut. »Noch eine, und wir haben's.«
5. Einstellung: Woody bricht ab. Roger ist zu zahm.
6. Einstellung: »Großartig! So muß es sein – wirklich leidenschaftlich.«
7. Einstellung: »Perfekt.«
(Einstellungen 3, 4 und 7 werden kopiert) Um 1.50 Uhr machen wir Mittagspause.

3.05 Uhr nachmittags. Wir sind wieder am Drehort. Woody
kommt und bittet Tom um seine Drehbuchseiten für die nächste Szene. Er liest und redet dann kurz mit Carlo. Folgende
Aufnahme soll gedreht werden: Nach ihrer Nummer entdek-
ken Roger und Sally, daß sie nicht mehr vom Dach herunter-
können: Die Tür läßt sich von außen nicht öffnen (Sequenz
68). Wir wollen die Aufnahme in einem einfachen Schwenk
drehen. Carlo geht an die Arbeit, und Woody eilt zurück in Sallys Zimmer, um mit Baby Dylan zu spielen.

3.30 Uhr nachmittags. Santos Team ist jetzt mit Little Joes
Haus am anderen Ende der Bühne fertig. Es ist ein merkwürdi-
ges Gefühl, wenn man es hier im Studio vor sich sieht. Vom
Äußeren her ist die Kopie perfekt; auch die Vorhalle und das
Treppenhaus, wo Bea Radio hört, sehen genauso aus wie in
Rockaway.
Das Haus ist solide gebaut, und der Gedanke, daß es nach dem
Film wieder abgerissen werden soll, stimmt einen ein wenig
traurig. Allerdings besteht vielleicht die Möglichkeit, daß es je-
mand kauft. Als die Dreharbeiten von *A Midsummer Night's
Sex Comedy* beendet waren, hat ein Mann das Haus für 5000
Dollar gekauft und es woanders aufgebaut. Er mußte nur noch
ein solides Fundament errichten und die Vorrichtungen für
Wasser und Strom installieren; dann konnte er darin leben.

4.15 Uhr nachmittags. Die Kamera wird direkt am Rand des
Daches aufgebaut. Woody begibt sich wagemutig dorthin und
überprüft die Kamera. Er gibt sein O. K. zum Szenenbild und
prüft dann den Flug der Rauchringe. Jimmy Mazzola zeigt ihm

die kleinen Steinbrocken, mit denen Roger versuchen wird, die Tür zu öffnen. Dann geht Woody wieder zu Sally und Baby Dylan. Carlo braucht noch eine Viertelstunde, dann ist alles bereit für die Aufnahme.

Jimmy Mazzola gießt das Dach. Rogers Double liest *Overruled* von Bernard Shaw (er hat nächste Woche eine Sprechprobe). Und der Zylinder bewegt sich weiterhin auf und nieder.

4.45 Uhr nachmittags. Es gibt wieder einmal Probleme. Um einen Nachthimmel im Hintergrund zu simulieren, müssen riesige schwarze Stoffbahnen aufgehängt werden. Da aber so viele Lichter in der Szene sind und die Stoffbahnen nicht weit genug entfernt sind, erkennt man, daß der Hintergrund Attrappe ist. Man holt Santo. Aber er kann auch nichts machen. Die einzige Lösung wäre, die schwarzen Stoffbahnen noch weiter nach hinten zu hängen. Aber direkt hinter dem Szenenbild ist Little Joes Haus. Woody fragt Santo, ob man nicht im Hintergrund eine große Plakatwand aufstellen könnte, um die Stoffbahnen weitgehend zu verdecken. Aber dieser Umbau würde mindestens zwei Stunden dauern. Tom und Bobby Greenhut werden nervös. Wir haben bereits zwei Stunden für die Vorbereitung dieser Aufnahme gebraucht. Man könnte den Bildausschnitt verändern, aber es sieht so, wie es ist, sehr gut aus. Carlo versucht es mit einem engeren Bildausschnitt, aber Woody findet auch, daß das nicht so gut ist. Carlo ist in guter Stimmung; er ist heute keineswegs bereit, vor Schwierigkeiten zu kapitulieren. Woody ist zugänglicher für Vorschläge und auch bereit, mit sich reden zu lassen. Bob Greenhut schaut sich den kleineren Bildausschnitt an und findet, daß es gut aussieht. »Ich bin in Jackhammers Küche, falls ihr mich braucht«, sagt Santo.

5.15 Uhr nachmittags. Die Schauspieler sind wieder am Drehort. Durch eine indirekte Beleuchtung versucht Carlo zu verhindern, daß die Stoffbahnen das Licht reflektieren. Die Sequenz wird in zwei Aufnahmen geteilt, die aus unterschiedlichen Kamerapositionen gedreht werden sollen.

Aufnahme 68: Nach ihrem kurzen Zwischenspiel ziehen sich

Roger und Sally wieder an. Sally bemerkt, daß es ziemlich schnell gegangen sei. Sie meint, daß sich ihr Schluckauf dabei positiv ausgewirkt habe. Roger, endlich befriedigt, drängt darauf, wieder hinunterzugehen. Er geht zur Tür und findet sie von innen verschlossen. *(11 Sekunden)*

Jimmy Mazzola gießt den Boden. »Sieht gut aus«, meint Dikkie, der die Wirkung durch den Kamerasucher prüft. Woody zieht seine Schauspieler aus: Sally bleibt nur ein Strumpf und Roger eine Hose mit offenem Reißverschluß. »Sagen Sie nicht ›Ich muß zurück an den Tisch‹«, bemerkt Woody nach der zweiten Aufnahme. Dann, ein paar Sekunden später, meint er: »Machen Sie es so, wie Sie wollen.« – »Sagen Sie mir, wie Sie es möchten«, bittet ihn Roger. Woody blickt verlegen und gibt keine Antwort.

3. Einstellung: Die erste, die wirklich gut ist.

4. Einstellung: Dickie bricht ab; er ist mit der Kamerabewegung nicht zufrieden.

5. Einstellung: Dickie ist noch immer nicht zufrieden.

6. Einstellung: »Könnte besser sein«, meint Dickie. Ist ihm vielleicht das Mittagessen zu gut bekommen?

7. Einstellung: »Weiter so!« Dickie schreit fast. »Wir gehen zur nächsten über«, entscheidet Woody.

(Einstellungen 2, 3 und 7 werden kopiert) Fertig um 6 Uhr abends.

6.30 Uhr. Woody beschäftigt sich mit dem Bewegungsablauf in der nächsten Aufnahme, in der Roger und Sally versuchen, die Tür zum Treppenhaus aufzubrechen. Mit dem Drehbuch in der Hand, läßt er die Schauspieler ihren Text sagen; dabei zeigt er ihnen in groben Zügen, was sie zu tun haben, und geht mit ihnen die Wege ab. Der Bewegungsablauf wird nur andeutungsweise festgelegt. Woody geht hinter die Kamera. Roger und Sally proben ihren Text mehrere Male. Aber Woody ist mit der Bewegung nicht zufrieden: »Es klappt so nicht.«

Diese Augenblicke sind immer die interessantesten. Woody ist wirklich verwirrt, und er macht keinen Versuch, es zu überspielen oder zu verbergen. Roger und Carlo schlagen vor, den

Bewegungsablauf oder die Kamerabewegung zu verändern. Aber Woody scheint sie nicht zu verstehen, oder er hört gar nicht zu. Wenn man ihn in solchen Momenten sieht, hat man das Gefühl, daß er in einer anderen Welt ist. Anscheinend wehrt er sich dagegen, zuviel über das Problem zu sprechen oder nachzudenken; er versucht vielmehr, ein Gefühl für den Raum und für die Atmosphäre zu bekommen. Nicht durch Worte, sondern durch Emotionen sucht er eine Lösung zu finden. Alle stehen schweigend da und warten, während er mitten im Szenenbild steht und noch einmal das Drehbuch durchgeht, während um ihn herum alles für die Aufnahme bereitsteht: die Beleuchtung, die Schauspieler, das Team.

6.45 Uhr abends. Die Aufnahme wird in zwei geteilt. Woody hat die eine festgelegt und macht sich vorerst keine Gedanken über die zweite. Carlo braucht für seine Vorbereitungen 30 bis 45 Minuten.

7.30 Uhr abends. Alle sind bereit. Jimmy Mazzola gießt den Boden, die Salad Sisters putzen Sally heraus, und Ezra hält eine Glocke bereit, um jede Aufnahme »einzuläuten«, damit alle wissen, daß die »Kamera läuft«. Denn alles muß jetzt schneller gehen – wir haben bereits überzogen.

Aufnahme 68 A: Die Tür ist von innen verschlossen, und das Pärchen sitzt auf dem Dach fest. »Kein Grund zur Panik!« behauptet Roger, der völlig die Fassung verloren hat. Er schlägt vor, an der einen Seite des Hauses hinunterzuklettern. Sally weigert sich kategorisch. Ob sie nicht gewußt habe, daß die Türe von außen nicht geöffnet werden kann? Aber auch Sally ist zum ersten Mal hier oben. *(27 Sekunden)*

1. Einstellung: Gut. Aber Roger bewegt sich zu schnell und hält sich nicht exakt an die Markierungen am Boden.

2. Einstellung: Woody bricht rasch ab. Sally hämmert nicht fest genug gegen die Türe, und Roger legt nicht genügend Nachdruck in seinen Ausruf »Kein Grund zur Panik!«

3. Einstellung: Bei Roger gibt es wieder Probleme mit dem Bewegungsablauf. Woody bricht ab. Roger kommt vom Theater;

er neigt dazu, sich völlig mit seiner Rolle zu identifizieren. Deshalb achtet er oft nicht auf die Markierungen am Boden, an denen er sich orientieren soll, um richtig im Bild zu sein.

4. Einstellung: »Nicht gut, Leute«, sagt Woody. Wieder Probleme mit dem Bewegungsablauf.

5. Einstellung: Die erste gute! Woody erinnert Roger daran, daß er den Satz »Kein Grund zur Panik!« mit besonderem Nachdruck bringen muß.

6. Einstellung: Sehr gut. Roger könnte seinen Satz noch besser bringen. Aber Woody scheint zufrieden zu sein.

7. Einstellung: Dickie verlangt noch eine Aufnahme. Woody versucht, die Schauspieler zu ermutigen.

8. Einstellung: Schlechte Kameraführung. Roger hat seinen Satz vergessen und nicht auf die Markierungen geachtet. Woody hat es sofort gesehen und enttäuscht abgewinkt. Er zeigt Roger noch einmal genau, wo er zu gehen hat, und führt ihn an die Stelle am Rand des Daches, wo er ihn haben möchte.

9. Einstellung: »Weiter so!« meint Dickie. Woody: »Noch eine, und wir haben's.« Über die Szene hinweg streitet sich Jimmy Sabat und Jimmy Mazzola wegen der lauten Windmaschinen.

10. Einstellung: Schlechte Kameraführung. Dabei ist Roger großartig! »Verflucht!« murmelt Woody. Zum ersten Mal verliert er die Beherrschung.

11. Einstellung: Wieder ist der Bewegungsablauf bei Roger nicht exakt genug.

12. Einstellung: Dasselbe Problem.

13. Einstellung: Tadellos.

(Einstellungen 5, 6, 9, 11 und 13 werden kopiert)

Fertig um 8.10 Uhr abends.

Woody stürzt davon. Fern, Larry (Jeffreys Fahrer) und ich rennen hinterher. Aber als wir die Tür erreichen, ist er schon weg. Larry fährt mit Höchstgeschwindigkeit. Wir müssen pünktlich sein, denn wenn Woody bereits mit den Mustern angefangen hat, wird niemand mehr hereingelassen. Als wir ankommen, führt uns Jane in Woodys Schneideraum (»Gerade rechtzeitig!«), und die Vorführung beginnt.

Es ist ein kleiner Raum. Die Wände sind mit dunkelgrünem Samt bespannt, und auch der Teppichboden ist dunkelgrün. An jeder Seite stehen vier bis fünf bequeme Drehstühle mit Armlehnen. Der Raum, in dem Woody alle seine Filme seit *Manhattan* geschnitten hat, liegt zur Linken. Rechts befindet sich eine kleine Küche. Der ganze Bereich ist nicht besonders großzügig angelegt und auch nicht luxuriös, aber komfortabel und zweckmäßig eingerichtet. Woody und Carlo sitzen auf dem Sofa, auf den Drehstühlen haben Sandy, ihr Assistent Marty Levenstein, Ezra, Jane und wir drei Platz genommen. Die Wiedergabe auf dem Bildschirm ist von hoher Qualität. Wir schauen uns zunächst die erste Aufnahme vom Dienstagvormittag an, bei der Woody alle Schauspieler ausgetauscht hat (Aufnahme 180 B). Dann die darauffolgende, in der Sally, der Rächer und Max melancholisch auf den Times Square hinunterblicken (Aufnahme 180 C). Schließlich folgt noch die letzte Aufnahme des Films, in der alle wieder die Treppe hinuntergehen und der Schnee fällt (Aufnahme 183). Die meisten Aufnahmen der ersten beiden Szenen sind großartig. Woody und Carlo unterhalten sich flüsternd. Nach den drei Szenen beendet er die Vorführung.

Woody gefällt die letzte Aufnahme des Films nicht, während Carlo sie O.K. findet. Und Erza findet sie natürlich großartig (es würde eine Menge kosten, sie noch einmal zu drehen). Aber Woody ist weiterhin der Meinung, daß die Projektion des Times Square nicht echt genug aussieht. Wir ziehen uns diskret zurück.

Muster wirken immer ein wenig enttäuschend. Die ungeschnittene Abfolge aller Einstellungen läßt jede Unvollkommenheit deutlich zutage treten. Aber Sally ist wunderschön, und auch die letzte Aufnahme mit dem Schnee hat mir sehr gut gefallen. Allerdings hat Woody recht: Sie erscheint ein wenig unwirklich.

Donnerstag, 23. Januar 1986

In Uganda töten Regierungssoldaten vier Kinder. (New York Times)

Sieben schwarze Südafrikaner wurden von der Polizei erschossen, nachdem zwei weiße Polizisten getötet worden waren. (New York Times)

Kate Mostel starb gestern im Alter von 67 Jahren. Die Schauspielerin war eine geborene Rockette; sie heiratete Zero Mostel und war die Mutter von Abe.

Im letzten Jahr waren Dreiviertel der 4369 Personen, die sich in New York um den Taxischein bemühten, Einwanderer. Sie kamen aus 82 Ländern, von Albanien bis zum Jemen. Das Durchschnittsalter lag bei 33 Jahren, und mehr als die Hälfte hatte mindestens zwei Jahre an der Universität verbracht. Vertreter der unterschiedlichsten Sprachen waren darunter, bis hin zu den westafrikanischen Dialekten Ga, Efik und Kru und den indischen Sprachen Gujarati, Telegu und Malayalam. (New York Times)

9 Uhr morgens. Zwei Marokkaner in traditionellen *Jellebas* besichtigen Little Joes Haus. Sie wurden für *Ishtar* von Marokko hierhergebracht. Jetzt wollen sie in Amerika bleiben. In einem Monat verdienen sie hier mehr Geld als zu Hause in fünf Jahren.

Es ist noch immer unklar, ob wir die letzte Szene mit dem Schnee noch einmal drehen werden. Denn mit der ganzen Schickeria würde das noch einmal 80 000 Dollar kosten. Das kommt im Augenblick nicht in Frage, sagt Ezra. Carlo wird am Nachmittag ein paar Tests machen, und Woody wird dabeisein.

Nach zwei Tagen Abwesenheit ist Jeffrey heute wieder dabei. Er trägt heute ein weißes Hemd, schwarze Krawatte, einen roten Pullover, eine schwarze Safarijacke, eine gemusterte Hose, graue Socken und schwarze Mokassins.

10.15 Uhr vormittags. Carlo ist fast fertig. Auf dem Dach des

King Cole sind Woody, Sally, Roger, Porfirio und Irene. Woody nimmt Sally bei den Händen und zieht sie beiseite, um mit ihr den Text zu proben. Während er zuhört, blickt er ihr ins Gesicht und spielt mit ihren Händen. Er bittet sie, den Satz »Der Blitz wird uns erschlagen« mehrere Male zu wiederholen und dabei den Tonfall zu variieren.

Porfirio und Irene proben in einer anderen Ecke. Es macht ihnen Spaß, miteinander zu arbeiten. Auf einmal tanzt der Playboy der westlichen Welt mit ihr ein paar Tangoschritte, obwohl das gar nicht im Drehbuch steht.

Aufnahme 168 B: Roger und Sally sitzen noch immer auf dem Dach fest. Sallys Zehn-Minuten-Pause ist inzwischen vorbei. Sie meint, daß sie ihren Job verlieren wird. Dann blitzt es. Sally hat gelesen, daß der Blitz immer am höchsten Punkt einschlägt. »Das ist Tatsache.« Sie werden also vom Blitz erschlagen werden. Während Roger noch einmal versucht, die Tür aufzubrechen, läuft Sally an den Rand des Daches und beginnt um Hilfe zu schreien. Das macht Roger wütend. Sie schreien sich an. Sally weint, weil sie um ihren Job fürchtet. Und Roger hat Angst, daß Irene von ihrem Tête-à-tête erfahren könnte; dann würde sie sich scheiden lassen, und es wäre aus mit der Show. Plötzlich hören sie Stimmen im Treppenhaus. »Wenn du noch nie unter den Sternen geliebt hast, ist das für dich doch eine neue Erfahrung«, sagt eine Männerstimme. »Sollen wir nicht doch lieber morgen in ein Hotelzimmer gehen?« fragt eine Frauenstimme. Die Türe öffnet sich – es sind Porfirio und Irene! *(1 Minute, 2 Sekunden)*

1. Einstellung: Wird abgebrochen. Sally ist aus dem Bild gegangen.

2. Einstellung: Dickie hat ein Problem: Irene ist um einiges größer als der Playboy der westlichen Welt; daher verdecken ihre Hände bei den Nahaufnahmen Rogers Gesicht. Dagegen sind Sally und Roger ausgezeichnet.

3. Einstellung: Die Beleuchtung reicht nicht aus. Roger hat seinen Einsatz verpaßt. Und die Tür wurde geöffnet, bevor die Kamerabewegung abgeschlossen war. Außerdem ist Woody unzufrieden mit dem Auftritt von Irene und Porfirio. Noch ein-

mal eine Probe; Woody läßt Porfirio als ersten in der Tür erscheinen, dann versucht er es mit Irene. Irene macht Vorschläge zur Gestaltung der Szene. Woody steht schweigend da
und starrt die Schauspieler an. Dann geht er zu Carlo: »Ich versuche es so echt wie möglich zu machen.«
4. Einstellung: Sehr gut.
5. Einstellung: Brian hat den Schatten von Louis' Mikrogalgen
gesehen. Hat das sonst niemand bemerkt?
6. Einstellung: Gut. »Noch einmal«, sagt Woody. Er ist anscheinend noch immer nicht mit Porfirio und Irene zufrieden.
Sally wird von den Salad Sisters frischgemacht. Woody ist bei
ihr, wieder schaut er ihr schweigend ins Gesicht; seine Hand
liegt auf ihrer Bluse.
7. Einstellung: Sehr gut. »Noch eine und...«
8. Einstellung: Gut.
(Einstellungen 4, 5, 6, 7 und 8 werden kopiert) Fertig um 11.15
Uhr vormittags.
Bis zur Nachaufnahme haben wir auf dem Dach des King Cole
nichts mehr zu tun. Roger wird am Nachmittag nach Paris fliegen. Er gibt jedem die Hand. Alle haben es sehr genossen, mit
ihm zu drehen.
11.40 Uhr vormittags. Wir schauen bei *Ishtar* herein. Sie sind
gerade bei einer Aufnahme in einem marokkanischen Restaurant. Wir sehen die Doubles von Dustin Hoffman und Isabelle
Adjani. Vittorio Storaro arbeitet mit zwei Videokameras. In
der Hand hält er ein Walkie-Talkie. Eine Menge Leute sind hier
zugange. Woody würde einen Nervenzusammenbruch bekommen! Dustin Hoffman wandert in der Halle umher; er
trägt ein schwarzes Hemd und ein rotes Stirnband. Da wir jetzt
zu den Szenen auf der Rollschuhbahn kommen, werden wir in
der nächsten Zeit auf der Bühne neben ihnen drehen.

12 Uhr mittags. 75 Statisten in alten Trikots für die Rollschuhbahn warten im Zukor-Theater. Es gibt wieder die üblichen
Probleme. Einer der Statisten friert (er kommt direkt aus Kalifornien) und will sein Jackett wieder haben. Und Angela
möchte einen umbringen, der behauptet hat, er könne ausge-

zeichnet Rollschuh laufen, und nun nicht einmal auf den Dingern stehen kann! »Laß ihn. Er wird sich selbst umbringen«, meint Stephanie aus der Garderobe.

12.15 Uhr mittags. Die Rollschuhbahn sieht wunderschön aus mit den vielen Lichtern. An jeder Seite stehen zwei Büfetts mit Bonbons, Popcorn und Zuckerwatte (im Hintergrund befinden sich zwei Maschinen für Zuckerwatte und Popcorn). Am anderen Ende der Bühne befindet sich die Dekoration von Jackhammers Wohnung, die riesige Wand ist völlig bedeckt mit einer Reklame für Zackenscheren. In der Mitte des Plakates ist ein kleines Fenster, hinter dem Jackhammers Küche liegt.
Manulis übt allein auf der Rollschuhbahn. Er ist kein Weltmeister im Rollschuhlaufen, aber wenn man ihn mit seinen knapp 2 Metern Länge, seiner 200-Pfund-Figur, seinem Schnurrbart und seinem Lachen sieht, kann man verstehen, warum Bea so beeindruckt ist. Bea sitzt auf dem Regiesessel und ißt Zuckerwatte. Jeffrey unterhält sich mit ihr, und natürlich hat er den Arm um sie gelegt.
Woody entscheidet sich für eine Aufnahme mit langer Kamerafahrt, und die Jungs vom Team gehen an die Arbeit. Bea zieht ihre Rollschuhe an und betritt die Bahn, geführt von Jeffrey, der ebenfalls Rollschuhe anhat. Jeffrey versucht Bea mit ein paar Kunststücken zu imponieren. Er ist gut. Armer Manulis! Ich mache ihm ein paar Komplimente, er aber meint: »Bisher habe ich ja nur geübt. Jetzt kommt die eigentliche Vorstellung!«
Susan Joffe ist heute da. Sie ist die Tochter von Charles, Woodys Produzenten und Manager. Ihre Mutter, Carol, arbeitet als Bühnenbildnerin mit Santo zusammen. Von Zeit zu Zeit hilft Susan in der Kostümabteilung. Heute zum Beispiel hat sie daran gearbeitet, die Rollschuhe auf alt zu trimmen. Sie kennt Woody seit der Zeit, als sie noch ein kleines Mädchen war. Einmal hat Woody ihrer Schwester mit einem Lutscher auf den Kopf geschlagen; dabei ist der Lutscher zerbrochen. Damals mochte Woody keine Kinder. Susan gibt allerdings zu, daß sie und ihre Schwester ihm das Leben sauer gemacht haben.

1 Uhr mittags. Wir sind in Jackhammers Küche. Carlo meint, daß eine Weiteinstellung vom Küchenfenster aus, die die ganze Bahn erfaßt, großartig aussehen müsse. Die Jungs vom Team holen ihre ganze Ausrüstung herein. Santo ist nicht sehr glücklich darüber; er hat gerade den Schauplatz mit dreckigem Geschirr und schmutziger Wäsche dekoriert. Wieder hat er eine große Aufgabe bis ins kleinste Detail perfekt gelöst: alles starrt vor Dreck. Die Kamera wird zwischen der aufgehängten Wäsche plaziert. Unten probiert Jimmy Mazzola den Nebel aus, heute mit Rosenduft. Um 1.35 Uhr Mittagspause.

3 Uhr nachmittags. Die 75 Statisten in Trikots bevölkern die Rollschuhbahn. Da die Räder der Rollschuhe aus Holz sind, machen sie einen ziemlich großen Lärm. Wir aber wollen ein paar Roh-Tonaufnahmen von der Orgel machen.
Die Statisten werden aufgefordert, auf die Seite zu gehen, den Mund zu halten und sich nicht zu bewegen. Woody geht mit Jimmy Sabat zur Orgel. Der Orgelspieler (Lee Erwin) beginnt mit »Shadow Waltz«, danach spielt er »The Very Thought of You«, »You Must Have Been a Beautiful Baby« und »You're Getting to Be a Habit with Me«. Dazu die hell erleuchtete Rollschuhbahn mit all den bewegungslos dastehenden Menschen – ein zauberhaftes Bild.
Aufnahme A 51: Ein »Establishing Shot« von den rollschuhlaufenden Statisten. *(30 Sekunden)*
Die Kamera nimmt sie durch das Fenster von Jackhammers Küche auf. Der Nebel ist aus der Szene verbannt worden. Der Regisseur wird kaum benötigt. Die Statisten laufen Rollschuh, und Manulis ist mitten unter ihnen. Woody überlegt sich, ob nicht einige hinfallen sollten, doch er läßt diesen Gedanken wieder fallen.
(2 gedreht und 2 kopiert)
Aufnahme A 51 A: Die Kamera folgt Manulis eine halbe Drehung lang über die Rollschuhbahn. Sie steht jetzt in der Mitte der Bahn. Wieder gibt es für den Regisseur nicht viel zu tun. Woody gibt Manulis nur ein paar Anregungen.
(5 gedreht und 2 kopiert)

Aufnahme A 51 B: Die Kamera nimmt Manulis und Bea auf, wie sie Arm in Arm Rollschuh laufen.
(2 gedreht und 2 kopiert) Fertig um 4 Uhr nachmittags.
Tom ist erleichtert. Wir können die Statisten jetzt entlassen. Außerdem war dies wohl die letzte Massenszene für unseren Film. Bea nimmt sich Popcorn und Zuckerwatte mit nach Hause, und Manulis verabschiedet sich von mir mit einem freundschaftlichen »Bis nächste Woche!«
Carlo beginnt mit der Beleuchtung für die letzte Aufnahme, die wir heute noch vor uns haben: einen »Establishing Shot« von Jackhammer, wie er sein Frühstück einnimmt. Die Kamera wird ihn durch das Küchenfenster aufnehmen (Sequenz 18).

5 Uhr nachmittags. Das Dach des King Cole auf Bühne E liegt jetzt im Dunkeln. Möglicherweise werden dort noch einige Nachaufnahmen stattfinden; erst dann wird es wieder abgebaut. Im unbeleuchteten Zustand übt es keinen Zauber mehr aus; es wirkt wie ein Glamourgirl ohne Make-up.
Auf Bühne F wird alles für die morgigen Aufnahmen vorbereitet. Für die dritte Nachaufnahme von der Sängerin ist das Studio neu gestrichen worden. Der Schnulzensänger wird vor einem neuen Hintergrund singen: vor einer großen Pepsi-Cola-Reklametafel! Direkt neben diesen Schauplätzen liegt das Krankenhauszimmer; hier wird alles für den Besuch von Little Joes Familie vorbereitet. Sie kommen zu Ma, die gerade Little Joes Schwester zur Welt gebracht hat (Sequenz 154).
Andrew findet Dave zu dick, Burt zu jung und Little Joe zu laut. Außerdem glaubt er, daß Manes Dreck am Stecken habe. Andrew will nicht Musiker werden wie sein Vater (André Previn), und auch nicht Filmschauspieler wie seine Mutter (Mia Farrow). Ihn zieht es zur Regie. Aber er hat dabei seine Grundsätze. Er will bei seinen Filmen alles in der Hand haben: das Drehbuch, die Regie, das Schneiden und die Werbung. Er möchte allerdings seine Drehbücher nicht selbst schreiben und bietet es daher mir an. Natürlich nehme ich an und schlage ihm außerdem vor, Woody und seine Ma als Schauspieler für seine Filme zu engagieren. Er stimmt zu, meint aber: »Bea nicht.«

»Sie ist doch eine ausgezeichnete Schauspielerin«, wende ich ein. »Ja, schon«, entgegnet er, »aber sie flirtet mit Woody.«

6.30 Uhr abends. Ezra schlägt Woody beim Schachspielen. Carlo ist fast fertig. Dustin Hoffman, in Jeans und Lederjacke, ist für heute fertig und geht nach Hause. Andrew, Jimmy Sabat und ich sitzen neben der Orgel und trinken Sprudel.

Aufnahme 18: Jackhammer frühstückt. Die Kamera beobachtet ihn dabei durch das Küchenfenster.

Das Bild ist recht witzig, weil das Fenster in der Mitte der Reklame für Zackenscheren liegt. Woody möchte, daß die beiden Schornsteine im Hintergrund rauchen. Im Augenblick aber kommt der Rauch von überall her, nur nicht aus den Kaminen. »Wir wollen Rauch, nicht Nebel!« schreit Tom zu Jimmy Mazzola hinüber. Anscheinend ist in Jimmys raucherzeugender Konstruktion ein Leck; man hat inzwischen den Eindruck, daß Jackhammers Laden in Flammen steht. »Macht mal langsam mit dem Rauch«, meint Woody. Endlich können wir die Aufnahme machen.

(3 gedreht und 2 kopiert)

Um 7 Uhr abends wird »eingepackt«.

Im Kombiwagen rasen wir zu Woodys Schneideraum (Woody ist uns natürlich vorausgefahren). Larry sitzt am Steuer. Außer ihm und mir sind noch Bob Greenhut, Fern, Jeffrey und dessen Assistentin Judy im Wagen. Bobby ist mit den ersten Kritiken von *Hannah* sehr zufrieden; allerdings macht es ihn nervös, wenn Kritiker vom »Geist Tschechows« anfangen und Vergleiche zu den drei Schwestern in *Interiors* (Innenleben) ziehen. Bobby ist nicht davon überzeugt, daß es dem Kartenverkauf in den Kinos zugute kommt, wenn man *Hannah* als Fortsetzung von *Interiors* hinstellt.

Dann unterhalten wir uns über den vergangenen Tag. Fern erzählt von einem Dialog zwischen Bea und Woody, den sie am Morgen zufällig mit angehört hat:

Bea: »Ich hoffe, du erwartest nicht, daß ich heute besonders entgegenkommend bin!«

Woody: »Nach den ersten zwei Wochen *Hannah* habe ich es aufgegeben, von dir irgendein Entgegenkommen zu erwarten.«

Wir kommen rechtzeitig, um Sally und Roger bei ihrer Nummer auf dem Dach zu sehen (Sequenzen 66 und 68). Es gibt keine Probleme – beide sind großartig. Dann schauen wir uns noch einmal die Muster von gestern an, natürlich auch die letzte Sequenz mit dem Schnee. Beim zweiten Mal gefällt sie uns viel besser. »Wir werden das mit der Projektion nicht besser hinkriegen. Wir müssen eine Kulisse bauen«, sagt Woody zu Bob Greenhut, der aber nicht darauf eingeht.

Freitag, 24. Januar 1986

Der Direktor eines Inkassobüros in Queens bezichtigt Manes der Erpressung. Er sagt aus, Manes habe eine große Summe (ungefähr 36 000 Dollar) für Geoffrey Lindenauer verlangt. Lindenauer ist der Chef der Behörde für Parksünder, der letzte Woche verhaftet wurde, und außerdem ein guter Freund von Manes. Ed, der letzte Woche nichts dabei gefunden hat, daß ein Politiker in kommerzielle Geschäfte mit der Stadt verwikkelt ist, macht einen Rückzieher. Er meint, daß Manes zurücktreten könnte. (Daily News *und* New York Times)

Bei Kämpfen im Libanon werden abermals fünf Personen getötet. (New York Times)

Das Geheimnis um den Tod der amerikanischen Zoologin Dian Fossey in ihrem Forschungscamp in Zentralafrika beginnt sich zu lüften. Diese Frau hat 18 Jahre lang gegen die Wilddiebe gekämpft, die »ihre« Gorillas an Touristen oder Zoos verschacherten. Sie entführte das Kind eines mutmaßlichen Wilddiebes, der ein Gorillababy gefangen hatte, mit der Absicht, einen Austausch anzubieten. (New York Times)

8.30 Uhr vormittags. Woody spielt mit Abe Schach. Ma ist gerade in den Händen der Salad Sisters; als nächster ist der

Schnulzensänger dran. Liz ist glücklich, weil sie jetzt ein signiertes Exemplar von Vincent Patricks *Family Business* hat (der Autor ist Richies Vater). Da es am Wochenende schneien soll, sucht Tim in der Nachbarschaft nach einem geeigneten Ort für den Schneemann mit Penis (Sequenz D 102). Carlo ist mit der Beleuchtung für die Küche der Jackhammers beschäftigt.

9.45 Uhr vormittags. Die Küche der Jackhammers ist überfüllt, und Carlo entwickelt Mordgelüste. Kay erkundigt sich bei Jimmy Sabat, ob die Würste gekocht sind. Sie werden bereits unten bei der Rollschuhbahn warm gehalten. Die Jackhammers kommen herein, sie im Nachthemd, er in Unterwäsche. Hinter ihnen erscheinen Woody und Bea, die »zum Flirten« hergekommen ist. Die Jackhammers sind heute viel entspannter als auf der Party mit Max Harris und den schicken Leuten.
Aufnahme 18 A: Die Jackhammers frühstücken und hören dabei *Frühstück mit Irene und Roger* im Radio. *(41 Sekunden)* Woody muß nicht viel tun, damit die Szene komisch wird. Die Art, wie Jackhammer ißt und wie Mrs. Jackhammer ihm das Essen reicht, und dazu im Radio über Playback das affektierteste Ehepaar der Stadt – das genügt, daß sich nach jeder Aufnahme alle vor Lachen schütteln. Wieder bewährt sich die Kombination eines einfachen, aber genialen Einfalls und einer hervorragenden Besetzung – und die Szene steht. Jackhammers Satz »Gib mir noch 'ne Wurst« als Kontrast zu den kultivierten Stimmen von Roger und Irene wirkt unwiderstehlich.
Woody kümmert sich nun um die Einzelheiten. Bei einer Einstellung wird nicht gesprochen, bei einer anderen fangen die Jackhammers an zu streiten.
(5 gedreht und 4 kopiert) Fertig um 10.15 Uhr vormittags.

10.45 Uhr vormittags. Wir sind auf Bühne F, um eine Nachaufnahme vom Schnulzensänger zu machen. Diesmal wird er vor einer riesigen Pepsi-Cola-Reklame (BIGGER AND BETTER)*

---

* Größer und besser. (Anm. d. Übers.)

singen. Die Kamera wird in der Tontechnikerkabine aufgestellt, sie wird ihn durch das Fenster aufnehmen.

Louis fordert mich auf, die Karten abzuheben. Da jetzt alle
Jungs im Studio mitspielen, verkauft er die Karten innerhalb
von 20 Minuten; ich war diesmal zu spät dran. Jimmy Sabat ist
ein wenig besorgt; zu viele Pferde sind heute Favoriten. Jane
trägt heute eine Augenklappe, da sie Probleme mit der Horn-
haut hat. Barbara ist heute wieder dabei; sie nimmt Bestellungen fürs Mittagessen von den Assistenten und Schauspielern
entgegen, die am Drehort bleiben müssen.

Auch Sandy ist da, wegen der Musik und wegen des Schnulzensängers, der beim letzten Mal so verkrampft war. Sie erzählt mir, daß auch Woody die Aufnahme mit dem Schnee
beim zweiten Mal besser gefallen hat.

11.30 Uhr vormittags. Aufnahme R 12: Eine Kamerabewegung vom Kontrolltisch zum Schnulzensänger hin, der »All or
Nothing At All« singt.

Woody läßt ihn diesmal ein wenig länger singen und bittet ihn,
sich zu entspannen.

(5 gedreht und 4 kopiert) Fertig um 11.50 Uhr.

Woody bedankt sich bei dem Schnulzensänger. Wir ziehen
nach nebenan um: ins Krankenhauszimmer. Über die Einrichtung der Kamera gibt es keine großen Diskussionen. Wir werden die Aufnahme noch vor dem Mittagessen machen und
dann zu Little Joes Haus hinuntergehen.

12.45 Uhr mittags. Das rosafarbene Krankenhauszimmer sieht
beinahe hübsch aus. »Wir können gleich die Personen hereinbringen«, meint Tom. Die »Personen« – das ist die ganze Familie. Es ist das erste Mal, daß sich alle treffen. Sie kennen sich
gegenseitig kaum und stellen sich erst einmal vor. Neu für uns
sind Oma (Leah Carrey) und Opa (William Magerman). Alle
zusammen sind sie eine herrliche Gruppe. Zunächst legt sich
Myla, das Double, in eines der Betten: Sie spielt Mas Zimmergenossin. Die Krankenschwester stellt sich neben sie. Dann
legt sich Ma ins Bett, und die ganze Familie versammelt sich

Obere Reihe, von links nach rechts: Pa (Michael Tucker); Ma (Julie Kavner);
Bea (Dianne Wiest); Ruthie (Joy Newman); Ceil (Renee Lippin); Abe (Josh
Mostel)
Untere Reihe, von links nach rechts: Opa (William Magerman); Little Joe
(Seth Green); Oma (Leah Carrey)

um sie. Eine Menge Leute sind heute am Drehort zugange.
Woody wird nervös. Er bemerkt ein neues Gesicht und macht
Tom ein Zeichen. Die betreffende Person, eine Frau, arbeitet
für Jeffrey. Woody gibt sein O.K., aber Jeffrey bittet sie, ein
wenig in den Hintergrund zu treten.
Aufnahme 154: Ma hat Little Joes Schwester zur Welt gebracht. Die Familie kommt zu Besuch und versammelt sich um
ihr Bett. Abe hat Blumen mitgebracht, Bea Schokolade. *(15 Sekunden)*
Es gibt keinen Sprechtext. Der Szene soll eine Kommentarstimme unterlegt werden. Woody fordert die Familienmitglieder auf, lebhaft zu sein, Ma aufzumuntern. Er läßt sie improvi-

sieren. Es gibt ein paar Probleme mit dem Bewegungsablauf (Oma verdeckt Ceil) und dem Timing (Abe überreicht die Blumen zu früh). Während der Aufnahme spielt Woody mit einem Stück des roten Bandes von Beas Schokoladenschachtel, macht einen Knoten, zieht daran und löst den Knoten wieder. Dann sieht er sich verstohlen um, ob ihm jemand zugeschaut hat.

(5 gedreht und 4 kopiert)
Wir machen Mittagspause um 1.30 Uhr.

3 Uhr nachmittags. Wir sind im Wohnzimmer bei Little Joe. Woody, Carlo, Tom, Jimmy Mazzola und Bea debattieren über den »Establishing Shot« von der Familie (Sequenz 24). Woody hält das Drehbuch in der Hand und wählt mit Carlo die Stellen im Raum aus, an denen die Schauspieler ihren Text sagen sollen. Dann suchen sie nach der richtigen Kameraeinstellung. Dabei herrscht vollkommenes Schweigen. Wie meistens wird alles in groben Zügen festgelegt. Woody redet wenig; er deutet die Kamerabewegung mit den Händen an. Carlo »hört zu«. Sie entscheiden sich für eine Kamerafahrt. Dann geht Woody in sein Zimmer.
Carlo muß sich nicht nur um die Beleuchtung aller Räume im Erdgeschoß kümmern (die Kamera sieht alles), sondern auch um das Licht, das von außen hereinkommt: die Sonne, die durchs Fenster scheint. Er wird dafür mindestens zwei Stunden brauchen.

4 Uhr nachmittags. Jeffrey bietet Ma seinen Arm, um sie zur Garderobe zu führen. Die Salad Sisters sind mit Oma und Ruthie beschäftigt. Und Little Joe lädt Woodys Neffen und seine Freundin ein, sein Zimmer zu besichtigen.
Der Schneemann ist angekommen. Man hat ihn auf einem Tisch in der Schreinerei aufgestellt. Er besteht aus drei Synthetikbällen von unterschiedlicher Größe, die mit richtigem Schnee bedeckt werden sollen. Sein riesiger Penis ist erigiert! Alle statten ihm einen Besuch ab.
Die Beleuchtung von außen steht; Carlo ist jetzt in den Räu-

men zugange. Alle Jungs arbeiten hart: Ray, Red, Bobby Ward, Mickey, Eddie, Jimmy und sogar »Hammer«!

5 Uhr nachmittags. Alles Wesentliche spielt sich bei den Salad Sisters ab. Wenn man etwas Neues erfahren will, muß man sich in ihren Gemächern aufhalten. Man wird Oma im Nachthemd und Opa in Unterwäsche antreffen, außerdem Woodys Neffen und alle Stars. Man hört Anekdoten über Sly (Fern »bearbeitete« ihn bei den Dreharbeiten für *Nighthawks* und fand ihn O. K.) Dustin, Dudley, Liza und andere. Pa erzählt über *The Manhattan Project.* Er hat den Film gestern gesehen; seine Frau, Jill Eikenberry, spielt mit. Regie führte Marshall Brickman, der Co-Autor der Drehbücher für *Annie Hall* und *Manhattan.* Im Juni wird der Film in den Kinos anlaufen.

6 Uhr nachmittags. Wir sind im Haus. Oma ist in ihrem Schlafzimmer, Opa steht im Treppenhaus, und Ruthie hält den Telefonhörer in der Hand, um die Telefonsammelstelle bei den Waldbaums abzuhören. Ceil ist in der Küche, Ma und Pa sind im Eßzimmer. Woody hält Kays dickes Skript in der Hand und bittet die Schauspieler, ihren Text zu sprechen. Mehrere Male gehen sie den Text der Szene durch. Woody beobachtet sie dabei.
Oma ist jetzt im ersten Stock, Opa sitzt im Wohnzimmer und liest Zeitung. »Die Szene wird gut«, meint Woody. Er geht hinter die Kamera und bittet sie, noch einmal ihren Text zu sagen, und zwar so langsam, daß er den Bildausschnitt überprüfen und den Bewegungsablauf festlegen kann. Jay markiert die Positionen der Schauspieler am Boden, und Mickey überprüft die Schärfe. Die Kamerabewegung ist kompliziert (Kamerafahrten und Schwenks nach vorne und nach hinten), aber sie verbindet die verschiedenen Momente der Handlung (ein Schauspieler »bringt« die Kamera zum nächsten; ein weiterer kommt ins Bild, und die Kamera folgt ihm...) Dies ist ein hervorragender Weg, die einzelnen Personen vorzustellen; zugleich entsteht eine spezifische Stimmung. (Es ist das gleiche Prinzip wie bei dem »Establishing Shot« in Renoirs *La règle du*

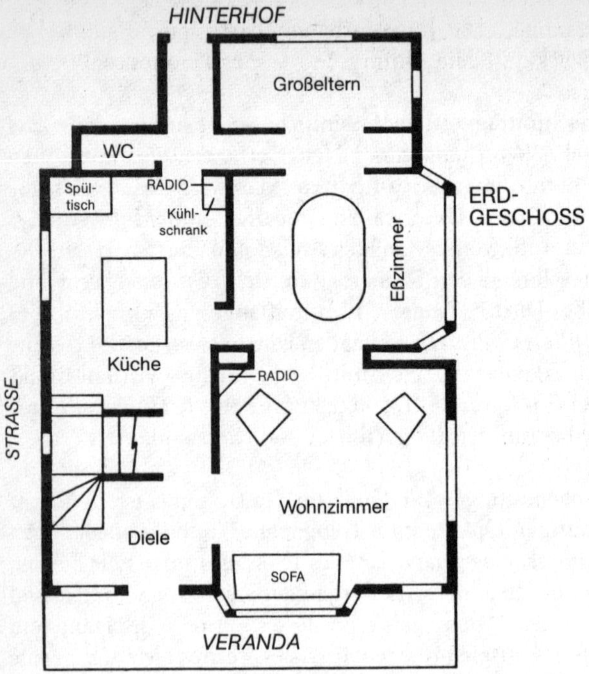

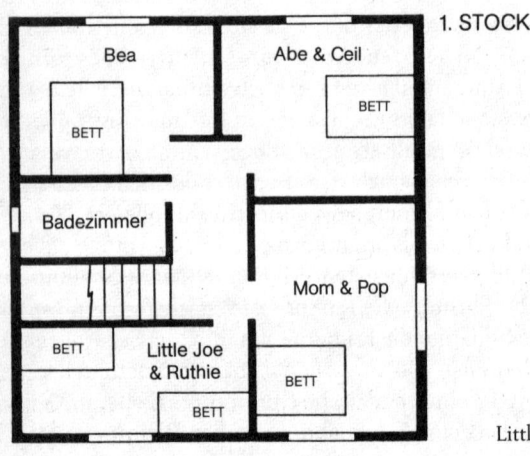

HINTERHOF

Großeltern

WC

Spül-
tisch

RADIO

Kühl-
schrank

ERD-
GESCHOSS

Eßzimmer

STRASSE

Küche

RADIO

Wohnzimmer

Diele

SOFA

VERANDA

1. STOCK

Bea

Abe & Ceil

BETT

BETT

Badezimmer

Mom & Pop

BETT

Little Joe
& Ruthie

BETT

BETT

Little Joes Haus

360

jeu, in der Szene im Schloß, wo jeder Schauspieler einen anderen in die Handlung einführt. Die Handlung ist wie ein Ballett choreographiert.)

Der einzige, den dieses Durcheinander von Leuten deprimiert, ist Jimmy Sabat: Louis kann nicht jedem einzelnen mit seinem Mikrophon folgen. Auch ein zweites Mikrophon, mit dem Frankie losgeschickt wird, reicht nicht aus. Jimmy muß in jeder Ecke Mikrophone verstecken. Er muß während der Aufnahme alle fünf Tonspuren mischen.

Carlo überprüft die Kamera und macht Woody ein paar Vorschläge. Die Schauspieler gehen noch einmal ihren Text durch. Woody beobachtet sie, wiederholt ihre Texte leise für sich und zieht dabei Grimassen. Eine letzte Probe für Dickie, dann kann's losgehen.

Ich stehe direkt hinter den Kameramaschinen; bei mir sind Woodys Neffe und seine Freundin. Woody konzentriert sich auf die Aufnahme, aber ab und zu plaudert er mit ihnen. Onkel und Neffe verhalten sich einander gegenüber distanziert, aber respektvoll.

7 Uhr abends. Aufnahme 24: Pa diktiert Ma im Wohnzimmer einen geschäftlichen Brief. »Wir beehren uns, Coronet-Zuchtperlen anzubieten... echte Perlen...« Ma hört mit dem Tippen auf. Pa kann Zuchtperlen nicht als »echte« Perlen bezeichnen; andernfalls wird er im Gefängnis landen. Pa besteht auf seiner Formulierung; Ma redet dagegen. Sie glaubt, daß der ganze Brief nur Ärger bringen wird; sie werden mit den Perlen genauso einen Reinfall erleben wie mit allem anderen. Dann geht Ma in die Küche. Pa ist wütend: »Diesmal habe ich die richtige Ware zum richtigen Preis!« Er geht ins Wohnzimmer, um sich eine Zigarette anzuzünden, und kommt dort an Opa mit seiner Zeitung vorbei. »Nathan... Nathan!« schreit Oma aus dem oberen Stock herunter. Opa steht brummend auf und geht zur Treppe (Little Joe rennt im Hintergrund durch das Bild), er kommt an Ruthie vorbei, die am Telefon steht und verkündet, daß Mrs. Waldbaum die Eierstöcke herausgenommen werden müssen. Ceil kommt aus der Küche, um mehr

über Mrs. Waldbaums Gesundheitszustand zu erfahren. *(1 Minute, 10 Sekunden)*

Bevor wir die erste Einstellung drehen, zeigt sich Dickie erfinderisch. Er hat Schwierigkeiten, Opa mit der Kamera zu folgen, wenn er sich erhebt und losgeht; also sagt er zu dem alten Mann: »Sie müssen nach 45 Jahren Ehe nicht gleich losrennen, wenn Ihre Frau Sie ruft. Ich mache das bei meiner Frau auch nicht.«

Einstellung 1: Woody bricht ab. Alles war falsch: das Tempo und auch der Bewegungsablauf. Alle müssen schneller sein.

Einstellung 2: Pa geht im Wohnzimmer nicht weit genug, um seine Zigarette zu holen; daher sind seine Hände im Bild, wenn Opa aufsteht.

Einstellung 3: Opa reagiert zu spät auf den Ruf von Oma. »Außerdem sitzen Sie so da, als ob Sie darauf warten, daß Sie gerufen werden«, meint Woody.

Einstellung 4: Woody bricht wieder ab. »Sie hätten Ihren Text ruhig lesen sollen«, sagt er zu Opa, der ein wenig gereizt wirkt.

Es ist jetzt 7.30 Uhr abends. Ezra ist da. In einer Ecke diskutiert er mit Tom und »Hammer« (dem Gewerkschaftsvertreter) über Überstunden und Geldbußen. Woody arbeitet weiter.

Einstellung 5, 6, 7, 8 und 9 werden nicht vollendet, weil die Schauspieler sich im falschen Tempo bewegen und sich bei ihren Texten versprechen, weil es mit der Bewegungsabstimmung nicht klappt und Opa ein bißchen lethargisch ist.

Einstellung 10: Die erste, die gut ist.

Einstellung 11: Probleme mit dem Dolly. Red wird langsam müde. Ma geht so schnell in die Küche, daß man kaum mit ihr Schritt halten kann.

Einstellung 12: Pa macht bei seinem Text einen Fehler. Alle sind jetzt ziemlich fertig.

Einstellung 13: Little Joe fällt hin, als er im Hintergrund vorbeiläuft. Und Cousine Ruthie verpatzt ihren Satz über Mrs. Waldbaums Eierstöcke.

Woodys Neffe schaut nicht mehr zu, aber seine Freundin verfolgt gebannt das Geschehen. Woody geht direkt vor uns auf und ab. Er wirkt angespannt. Ich bin völlig begeistert von der Grundidee der Aufnahme. »Sie wird wundervoll«, sage ich zu Woody. »Wenn wir es schaffen!« entgegnet Woody. »Bei *Hannah* hatten wir eine Menge solcher Aufnahmen – aber auch sehr gute Schauspieler!« Zum ersten Mal reden wir so ungezwungen miteinander, und es geht nicht um das Wetter.

Einstellung 14: Opa geht die Treppe noch immer zu langsam hinauf.

Einstellung 15: O.K., aber nicht überwältigend. Red ist knallrot im Gesicht – vom Schieben des Kamerawagens. Woody schweigt und schaut zu Boden; er schirmt sein Gesicht ab, steht bewegungslos da und scheint etwas zu suchen. »Sollen wir etwas anderes probieren?« fragt ihn Tom. »Nein. Ich überlege nur«, erwidert Woody, »versuchen wir es noch einmal.«

Einstellung 16: Woody schüttelt den Kopf und bricht ab. Glück für Dickie. Es ist jetzt 8 Uhr abends. Woody geht zu Ma und Pa und spricht leise mit ihnen. Dann sagt er zu Opa: »Schneller«, und wir machen weiter.

Einstellung 17: »Für mich war das perfekt«, sagt Woody, zu Dickie gewandt. Aber Jimmy Sabat glaubt gehört zu haben, daß sich Ruthie zum Schluß mit ihrem Text verhauen hat. Woody hört die Tonspur ab. Ruthie verschluckte das »heraus« bei »Eierstöcke heraus«. Woody bittet Jimmy, diesen Satz sofort noch einmal aufzunehmen; dann machen wir weiter.

Einstellung 18: »Schlecht, Kay.« Armer Opa! Er ist jetzt wirklich erschöpft.

Einstellung 19: »Wir sind alle kaputt. Das Ganze noch einmal«, sagt Woody. Opa hat wieder einen Fehler gemacht, Pa diesmal auch.

Die Diskussion mit den Produzenten über Geldstrafen geht zu Ende. Die Mitglieder der Crew unterhalten sich über ihre Rolle bei diesem Film. Woody wirkt verlassen und erschöpft. Die Freundin seines Neffen schaut immer noch zu. Opa bittet um ein Glas Wasser. »Noch eine, dann machen wir Schluß«, sagt Woody.

Einstellung 20: O.K. Aber nicht überwältigend

(Einstellung 10, 14, 15, 16, 17 und 20 werden kopiert)

Um 8.30 Uhr abends packen wir zusammen. Und wieder mit Vollgas zu Woodys Schneideraum. Aber – »Katastrophe!« Jeffrey hat sein Notizbuch mit den Adressen und Telefonnummern von allen seinen Freunden, den Stars, vergessen. Larry und ich sehen, wie Woody wegfährt. Wir kommen zu spät; Woody hat bereits angefangen. Jeffrey traut sich hineinzugehen; ich schlüpfe hinter ihm herein. Die Muster sind nicht besonders gut. Die Kamerabewegung von Roger und Sally auf der einen Seite des Daches zu Porfirio und Irene an der Tür ist nicht zufriedenstellend. Außerdem sind Irene und Porfirio in dieser Szene nicht gerade in Hochform. In der Totalen von der Rollschuhbahn wirkt der »Himmel« blaß, die Rollschuhbahn dagegen sieht großartig aus. Gerade als die Vorführung zu Ende ist, kommt Bob Greenhut herein. »Jetzt bin ich da. Du kannst anfangen«, witzelt er. »Du kommst zu den schlechtesten Mustern, die ich je gesehen habe«, sagt Woody zu ihm. Die Atmosphäre ist ein wenig gespannt. »Fletcher, du solltest jetzt nach Hause gehen«, meint Woody zu Andrew. Auch wir brechen auf.
Die Woche ist unter schlechten Vorzeichen zu Ende gegangen. Es sieht so aus, als ob Roger seine Badewanne in Paris verlassen muß. Und auch Manulis wird zurückkommen müssen.

Montag, 27. Januar 1986   Dreizehnte Woche

»Manes ist ein Lügner«, meint Ed, »auch wenn es weh tut, so etwas über einen meiner Freunde sagen zu müssen.« Er bat Gouverneur Cuomo darum, einzuschreiten. Aber Cuomo meint, dies sei verfrüht. »Ich bin der Bürgermeister«, sagt Ed, »und für alles, was innerhalb meiner Verwaltung passiert, ob gut oder schlecht, trage ich die Verantwortung.« (Daily News und New York Times)
Neuigkeiten vom Uranus: Entdeckt wurden der fünfzehnte Mond, der zehnte Ring und ein Magnetfeld. Und der Planet Miranda scheint aus einer »bizarren Mischung des Gesteins

von Merkur, Mars und einigen der größeren Monde von Jupiter und Saturn zu bestehen«. (New York Times)
Bei einem ungewöhnlichen Experiment zum Zwecke der jüdisch-christlichen Verständigung trafen sich in Jerusalem Talmud-Prediger mit Evangelisten des Heiligen Johannes, Priester-Schüler mit Yarmulken und Nonnen mit Yeshiva-Studenten. (New York Times)
Im Super Bowl bringen die Bears mit 46:10 den Patriots eine vernichtende Niederlage bei.
»Kid Dynamite« erringt seinen sechzehnten K.-O.-Sieg.
Und wieder sind zwei gestorben:
Im Alter von vierundsechzig erlag Gordon MacRae einem Krebsleiden; er war bekannt geworden als der »Singende Cowboy« in dem Musical Oklahoma!.
Der letzte der »Oklahoma Blue Devils«, der Sänger und Schlagzeuger Ernie W. Williams, starb im Alter von einundachtzig Jahren.

9 Uhr morgens. Wir sind wieder im Astoria, aber wir werden keine Nachaufnahmen von der Rollschuhbahn drehen. Woody will die Aufnahme in der Totalen nicht verwenden; die Nah- und Großaufnahmen sollten für die Sequenz genügen. Aber Jackhammer lehnt schon wieder aus seinem Fenster, und Roger muß jetzt endgültig für eine Weile seine Badewanne verlassen: Ihm wurde nach Paris eine Nachricht geschickt, in der er gebeten wird, in dieser Woche für einen Tag zu uns zu kommen.

10.15 Uhr vormittags. Wir befinden uns im Schlafzimmer von Opa und Oma und blicken hinaus in das Speisezimmer, wo Ma und Pa über den Zuchtperlen-Brief debattieren.
Aufnahme 26: Im oberen Stockwerk schnürt Opa die Oma in ihr Korsett ein. Ma und Pa sind wieder bei ihrem Zuchtperlen-Brief. Beim Durchlesen merkt Pa, daß Ma nicht das getippt hat, was er ihr diktierte, sondern seinen Text veränderte. Die beiden streiten sich über Pas Geschäftssinn. Little Joe kommt herein und will fünfzehn Cent haben, um sich einen Ring des Maskierten Rächers zu kaufen. Da haben Ma und Pa ein Ventil für

ihre angestaute Wut. »Was meinst du, wer ich bin, ein Geldesel vielleicht?« plärrt Pa. »Kümmere dich lieber mehr um deine Hausaufgaben und weniger um das Radio«, fügt Ma hinzu. Und als sie Pa erzählt, daß Rabbi Baumel sagt, Little Joe schwänze die Schule, fängt der Alte an, herumzubrüllen. *(30 Sekunden)*

Einstellung 1: Sehr gut geworden. Ma spricht ihren Text: »Der Mann hat ja keine blasse Ahnung vom Geschäft« zu einem der Stühle am Eßtisch, was sehr komisch wirkt.

Einstellung 2: Wieder gut geworden. Dickie möchte noch eine haben. »Wir werden noch ein paar drehen«, erwidert Woody. Und zu Pa sagt er: »Gehen Sie während der Aufnahme nervös hin und her.«

Einstellung 3: In Ordnung. Woody trifft ein paar kleine Veränderungen. Zu Pa gewandt meint er, er solle »Zuchtperlen« besonders übertrieben aussprechen. Und zu Ma: »Sprechen Sie wirklich mit dem Stuhl, wenn Sie sich umdrehen.«

Einstellung 4: Woody unterbricht, weil die Schauspieler es nicht hinkriegen.

Einstellung 5: Dickie unterbricht. Die Kamerabewegung ist nicht in Ordnung.

Einstellung 6: Ma verpatzt ihren Text. »Tut mir leid«, meint sie. »Ist schon gut, machen wir weiter«, antwortet ihr Woody. Sie legt die Hände vors Gesicht. Ihre Wut darüber, den Text verhunzt zu haben, und ihre Wut auf Pa scheinen sich zu vermischen.

Einstellung 7: Sehr gut geworden. Aber »Mas Frisur war zum Schreien«, meint Jimmy Sabat.

Einstellung 8: Wieder gut geworden. Jetzt arbeitet Woody am Tonfall der Stimmen.

Einstellung 9: Dickie unterbricht. Der Mikrophongalgen hing ins Bild. »Hoch, hoch, hoch, hoch... jetzt bist du draußen!« ruft Dickie Louis zu.

Einstellung 10: Gut geworden. »Fertig«, sagt Woody.

(Die Einstellungen 1, 2, 6, 7, 8 und 10 werden kopiert.)

Als nächste Aufnahme kommt die Anschlußszene. Mit dem Drehbuch in der Hand hält Woody Ausschau nach einem anderen Kamerablickwinkel; Carlo ist stets an seiner Seite. Von der Küche aus? »Zu fade«, meint Carlo. Woody geht zurück ins Wohnzimmer. Um den roten Faden, das »feeling« für die Szene nicht zu verlieren, entscheidet sich Woody schnell für einen bestimmten Kamerastandplatz. Carlo macht sich an die Arbeit.

11 Uhr vormittags. »Kid Dynamite« wird uns heute nachmittag vermutlich einen Besuch abstatten. Der Tanzlehrer ist wieder da und unterhält sich auf der Bühne in einer Ecke mit Bea. Er soll ihr den Lindy beibringen, den sie in der folgenden Szene im Radio hört (Sequenz 32). Abe gesellt sich zu den beiden, um seiner Schwägerin beim Tanzen zusehen zu können. Heute trägt »Hammer« ein T-Shirt von den Chicago Bears! Auf Bühne F wird die Rollschuhbahn abgebaut, der Schneemann steht immer noch auf einem Tisch in der Schreinerei. Jemand hat ihm eine Plastiktüte über den steifen Penis gezogen.

12 Uhr mittags. Eine Besprechung mit Oma, Little Joe, Tante Ceil, Ma, Pa und Cousine Ruthie über den Bewegungsablauf bei den Darstellern. Oma nennt Woody ständig »mein Lieber«, aber Woody ist nicht besonders herzlich zu ihr. Er sieht ein wenig über sie hinweg, so, als ob sie ihn irritieren würde. Seiner Vorstellung nach soll sie die Treppe hinuntersteigen und nach ihrem Gebiß suchen (»Wo ist mein Gebiß? Ich kann mein Gebiß nicht finden!«). Er möchte, daß sie das möglichst flink tut, ohne auf die Stufen zu blicken! (Dabei fällt ihr das Gehen wegen ihrer schlimmen Beine recht schwer!) Weil sie nicht schnell genug ist, will Woody, daß sie in die Küche geht, die näher liegt. Jetzt klappt es aber mit der Kamerabewegung überhaupt nicht mehr. Die Fahrt mit dem Kamerawagen wird gestrichen und die ganze Aufnahme vereinfacht. Die Angelegenheit wird sich auf der Treppe, im Gang und hinten in der Küche abspielen. Carlo macht sich an die Arbeit.

12.50 Uhr mittags. Aufnahme 27: Während Pa Little Joe anbrüllt, kommt Oma, die ihren Busen endlich ins Korsett gezwängt hat, die Treppe herunter und sucht nach ihrem Gebiß. »Wo hast du es denn hingelegt, Mama?« fragt Ceil aus der Küche. »In ein Wasserglas! Oder was hast du denn gedacht?« antwortet Oma verärgert. Ma sagt daraufhin, daß Little Joe das Gebiß von Oma genommen habe, um damit mit seinen Freunden Hockey zu spielen. Das bringt Pa erneut in Rage. Little Joe will ablenken und bittet noch einmal um Geld für den Ring des Maskierten Rächers. Ma rät ihm, er solle doch Pfandflaschen zurückbringen. Und schließlich verkündet Ruthie, die immer noch die Telefonsammelstelle der Waldbaums abhört, daß die Cousine von Mrs. Waldbaum schwanger sei und keiner wisse, wer der Vater sei. Ma vermutet, es sei Adelman, der Drogist. »Er sollte tot umfallen«, meint sie noch zum Schluß. *(30 Sekunden)*

Einstellung 1: Carlo unterbricht, weil auf Pa ein Schatten liegt. Und im übrigen war Ruthie auch zu langsam. Woody spricht mit ihr. Er nimmt die Pepsi-Flasche vom Tisch (sie stand zu aufdringlich im Bild) und stellt sie auf den Boden.

Einstellung 2: Woody unterbricht: »Alles aus!« Oma hat ihr Stichwort verpaßt...

Einstellung 3: Schon wieder Oma. Sie verstand nicht, was Ceil sagte. »Rufen Sie ihr deutlich ›Mama!‹ zu«, meint Woody zu Ceil.

Einstellung 4: Sehr gut geworden. Woody unterhält sich kurz mit jedem einzelnen der Darsteller. Er bittet Oma darum, zwei Stufen hinabzusteigen, bevor sie zu reden beginnt.

Einstellung 5: »Auf ein neues!« Woody ist schon halb zufrieden.

Einstellung 6: Woody unterbricht, weil Ceil zu lange gezögert hat.

Einstellung 7: Gut geworden. Ruthie hat schon das richtige Tempo drauf, aber Ceil könnte es noch besser machen, und Ma sollte etwas mehr nach rechts ins Bild kommen.

Einstellung 8: Das Tempo stimmt nicht. »Noch mal von vorne.«

Einstellung 9: Dickie unterbricht, weil die Kamerabewegung Probleme macht.

Einstellung 10: Ruthie verpaßt ihre Zeile. Außerdem war Ma nicht auf dem richtigen Markierungspunkt.
Einstellung 11: Gut geworden. »Eine noch, und wir haben's«, sagt Woody. Und zu Opa meint er: »Seien Sie nicht so wütend.«
Einstellung 12: Sehr gut geworden.
(Die Einstellungen 4, 7, 8, 11 und 12 werden kopiert.) Fertig um 1.20 Uhr mittags.
Wir machen Mittagspause.

3.15 Uhr nachmittags. Die Aufnahmen 24 bis 33 bilden zusammengenommen eine lange »Establishing«-Sequenz, in der nacheinander alle Familienmitglieder und Nachbarn (die Waldbaums und die Kommunisten) vorgestellt werden. Die einzelnen Episoden charakterisieren sowohl die Personen als auch die Verhältnisse in Little Joes Haus. Jetzt ist Bea an der Reihe.
Aufnahme 29: Bea hat einen neuen Hut, den sie überall herumzeigen muß. »Der sieht aus wie etwas, womit man die Katze füttert«, meint Pa dazu. Ma will ihr zu Hilfe kommen, aber Bea hat sich von Pas Worten nicht verunsichern lassen; sie geht auf den Hinterhof hinaus, um Ceil den Hut zu zeigen. *(10 Sekunden)*
Diese Aufnahme ist der Anfang der Szene, in der sie ihren Hut Abe und Ceil durch das Fenster zeigt (29 A), eine Aufnahme, die wir in der zweiten Woche in Rockaway gedreht haben.
Einstellung 1: Der Zoom macht Schwierigkeiten. Er sollte dann enden, wenn Ma durch das Bild geht.
Einstellung 2: Nicht schlecht, könnte aber besser sein.
Einstellung 3: In Ordnung. Woody bittet Bea darum, beim Hinausgehen immer noch mit dem Hut zu kokettieren. Bea ist heute ein wenig launisch, aber sie spielt gut.
Einstellung 4: Gut geworden. »Noch eine und...« Woody bittet die Darsteller, ihr Spiel noch stärker zu betonen: Bea bei ihrem Herumstolzieren, Pa, wenn er deswegen motzt, und Ma, wenn sie ihn zurechtweist.
Einstellung 5: »Madonna!« schreit Carlo auf. Richie stand ne-

ben ihm und hat ihm »Klappe!« ins Ohr gebrüllt, was Carlo überhaupt nicht gerne mag. Die Einstellung wird trotzdem gut. Aber Woody will noch eine. Er bittet Bea, sie solle, bevor sie hinausgeht, ihren Text zu Ende sprechen, wenn sie vor dem Spiegel steht.

Einstellung 6: »Los geht's!« sagt Dickie.

(Die Einstellungen 2, 3, 4, 5 und 6 werden kopiert.)

Woody geht zusammen mit Kay und Tom in die Küche und setzt sich an den Tisch, um im Drehbuch zu lesen: »Ich versuche herauszufinden, wieviel wir uns zutrauen können.«

Die Schauspieler und die Crew haben sich im Wohnzimmer niedergelassen. Während wir warten, unterhalten wir uns leise. Das Durcheinander der beiden Gruppen, zusammen mit der Filmausrüstung, ergibt ein schönes, aber seltsames Bild. Santo kommt vorbei. Er scheint ein wenig irritiert zu sein, daß wir so ohne jeden Respekt sein Szenenbild in Beschlag genommen haben. Er überprüft ein paar Dinge, bringt einige zerbrechliche Vasen in Sicherheit und verschwindet dann wieder, um nicht noch Ärgeres mit ansehen zu müssen.

3.35 Uhr nachmittags. Probe. Wir sind in der Küche. Opa sitzt am Tisch, während Abe, Ceil und Bea stehen. Woody stellt sich, mit dem Drehbuch in der Hand, zu ihnen. Carlo, Tom und Ma sehen abwartend zu. Wie gewöhnlich beginnt die Besprechung des Bewegungsablaufes mit vagen Formulierungen: »Sie wissen... Sie könnten es so machen.« Die Darsteller gehen die Szene Schritt für Schritt durch; Woody beobachtet sie dabei, bittet sie, nur den Text zu sprechen und nicht zu spielen, geht hinter ihnen her und formt mit gespreizten Fingern den Bildrahmen. Da und dort bringt er Korrekturen an. Bea geht von der Spüle zum Kühlschrank. Abe kommt vom Hinterhof herein, wo er gerade Doris, die Tochter des Kommunisten, getroffen hat. Ceil folgt ihm auf dem Fuße. Bea fängt an zu tanzen, und Opa spricht seinen Text. Das Problem liegt darin, daß Opas Text ziemlich lang ist. Wird er es schaffen? »Ja«, meint er lakonisch. Nun, wo soll das Radio stehen? Auf dem Kühlschrank? Bea schlägt vor, daß zu Anfang der Szene das Radio sehr leise eingestellt sein sollte und sie es lauter dreht, wenn der Limbo gespielt wird. »Das könnten wir machen. Das wäre möglich«, sagt Woody dazu. »Das wäre möglich. Nur weiß ich nicht, wie ich das machen soll.« Und daraufhin sagt er eine ganze Zeit lang gar nichts mehr.

Zunächst ist es ein Schock, wenn man mit ansehen muß, wie dieser große Regisseur, der vierzehn Filme, davon mehr als nur eine Handvoll gute, gedreht hat, sich seiner unsicher ist und zögert, wie er von den Schauspielern Ratschläge entgegennimmt und ohne Hemmung sagt: »Ich weiß nicht, wie ich das machen soll«. Erst allmählich begreift man, was dahintersteckt.

Woody läßt die Menschen und Dinge, die ihn umgeben, auf sich einwirken: das Drehbuch, das er in Händen hält, das ausgeleuchtete Szenenbild, die bereitstehenden Schauspieler. Ruhig und gelassen sieht er sich das alles an und wartet darauf, von der Atmosphäre, vom Klang einer Stimme, von einem Gesichtsausdruck, von einem bestimmten Blickwinkel oder von einer Zeile des Drehbuchs inspiriert zu werden. Er weiß zwar, was er will, aber es gibt einen Punkt, wo er sich lieber von der ihn umgebenden Atmosphäre leiten läßt; allerdings ist er auch bereit, sofort zu handeln, wenn der zündende Funke nicht kommen sollte. Weil aber jedes einzelne Element in dieser ganzen Atmosphäre – der Text, die Schauspieler, das Dekor – sozusagen von sich aus drängt, verwendet zu werden, stellt sich der magische Vorgang der Inspiration in den meisten Fällen tatsächlich ein. Und obwohl man nicht sehen kann, was in Woodys Kopf vor sich geht, ist es doch faszinierend, Zeuge dieses Vorgangs zu sein.

4.15 Uhr nachmittags. Carlo ist bei seiner Arbeit. Opa erzählt mir, bei *Stardust Memories* sei er Statist gewesen und bei *Annie Hall* habe er eine kleine Rolle gehabt. Er spielte den tauben Ehemann von Woodys Tante. Am Ende wurde die Szene herausgeschnitten! Das hindert ihn aber nicht, Woody für ein Genie zu halten: »Die ganze Zeit ist er am Grübeln!« *Bananas* ist ihm der liebste aller Allen-Filme.

5 Uhr nachmittags. In der Küche, Opa trinkt Tee und ißt dazu Kuchen. Bea kann sich nicht entscheiden, ob sie lieber in die Catskills oder auf Kreuzfahrt gehen soll. »Die Männer, die man in den Bergen trifft, sind jünger, aber die auf einer Kreuzfahrt haben mehr Geld«, erklärt sie. Opas Meinung hierzu: »Wenn es um dies geht, bezahle ich dir das Ganze.« Abe kommt vom Hinterhof herein, wo die Auseinandersetzung stattgefunden hatte: Die Waldbaums hatten sich über Ruthie beschwert (»Hör endlich auf, uns abzuhorchen...«), Ma und Pa hatten sich eingemischt (»Man sollte ihr die Eierstöcke herausnehmen!«), und der Kommunist war wutentbrannt hinter seinem Sohn her (»Ich bring dich um!«). »Ein hübsches Mädchen ist das, nebenan – die Kommunistin –, wie die gebaut ist! Und sie glauben an die freie Liebe...«, meint Abe begeistert. »Mach dich lieber wieder an deinen Fisch, die Flunder paßt besser zu dir«, sagt Ceil zu ihm. »Deswegen habe ich dich geheiratet!« gibt er ihr zur Antwort. Im Radio spielt man den Limbo, und Bea tanzt für die Familie. (30 Sekunden)

Während Bea tanzte, hatte Opa einen Monolog, in dem er sich über das Leben aufregt, das sie führt: »Sechsmal die Woche in den Schönheitssalon, Tanzstunden... Und sie schafft es nicht, ein Opfer in die Falle zu locken...« Aber Woody, der kein Hängenbleiben riskieren will, streicht diesen Part.

Erste Probe: Opa sagt: »Wenn es um das geht...« Woody darauf: »Nein. ›Wenn es um dies geht‹... Und sehen Sie nicht zu ihr hin.«

Zweite Probe: Opa sagt schon wieder »das«. Woody schärft es ihm nochmals ein: »›Wenn es um dies geht.‹ Das ist sehr wichtig.« Er spricht mit ihm wie zu einem Kind, und Opa sieht sehr aufgebracht aus. Die Situation ist etwas peinlich. »Und nicht so wütend«, sagt Woody zu ihm.

Einstellung 1: Opa verpaßt sein Stichwort. Schade, weil er wirklich gut ausgesehen hatte. Aber die Szene scheint schwierig zu werden.

Einstellung 2: Bevor das »Action«-Zeichen ertönt, sagt Woody zu Opa: »Essen Sie den Kuchen, genießen Sie ihn.« Aber Dikkie unterbricht; die Kamera ist nicht in Ordnung.

Einstellung 3: Gut geworden. Opa hat es geschafft. Er sagte zwar: »...akzeptiere ich das Ganze« statt »...bezahle ich dir das Ganze«, aber das geht auch. »Perfekt!« lobt ihn Woody. Aber Bea hat bei ihrem Stichwort etwas zu lang gezögert.

Einstellung 4: Kurz vor dem »Action!« spricht Woody dem alten Herrn noch einmal seinen Text vor. Und... er verpatzt ihn! Der arme Opa möchte am liebsten in den Erdboden versinken. Woody sagt nichts dazu.

Einstellung 5: Opa hat es geschafft. Wunderbar. Die erste wirklich gute Einstellung.

Einstellung 6: Gut geworden, aber mit dem Zoom gab es Probleme. »Jimmy Mazzola! Etwas Kaffee für Opa!« schreit Dikkie, der sich um Opa kümmert.

Einstellung 7: Gut geworden. Woody bittet Abe, bei »Deswegen habe ich dich geheiratet« das »dich« zu betonen. Dann debattiert Woody mit Bea, weil sie schon vor der Einstellung die Limbo-Musik anhören will, um in den Rhythmus zu kommen, und Woody dies nicht für nötig hält.

Einstellung 8: Am Ende der Szene fügt Woody folgenden Dialog hinzu:

Bea: »Wie findest du es, Abe?«

Abe: »Dreh doch den Gashahn auf!«

Einstellung 9: Schwierigkeiten mit den Lichtreflexen auf der Brille von Abe. Aber insgesamt gut geworden. Und Opa spielt jetzt ausgezeichnet: »Wenn es um dies geht...«

Einstellung 10: Sehr gut geworden. Aber Abe meint, es wäre für ihn besser, wenn er doch »Deswegen habe ich dich geheiratet« sagen würde. Obwohl sein »Dreh doch den Gashahn auf« perfekt war.

Einstellung 11: Der arme Opa wird langsam müde. Er verpaßt sein Stichwort, weil er den Mund voller Kuchen hat. Und vielleicht hat Woody es übertrieben, jedesmal vor dem »Action!« zu wiederholen: »Wenn es um dies geht...«

Einstellung 12: »Reißt euch noch mal zusammen, Leute«, sagt Woody, bevor es losgeht. Die Einstellung wird sehr gut.

(Die Einstellungen 5, 6, 7, 8, 9, 10 und 12 werden kopiert.)
Um 5.45 Uhr nachmittags machen wir Schluß.

Dienstag, 28. Januar 1986

Marcos beschwört den Geist seines ermordeten Gegners Benigno Aquino und behauptet, dieser sei auf seiner Seite. Gleichzeitig beschuldigt er Corazon Aquino, sie plane, den Ausnahmezustand herbeizuführen. (New York Times)
Ed ist aufgebracht über das »Lügner«-Zitat. Aber er »befürchtet keine Beeinträchtigung des Vertrauens der Öffentlichkeit«. (Daily News)
Und 65 Prozent der Amerikaner erklären sich mit Ron einverstanden. In der Geschichte der Vereinigten Staaten hat noch kein Präsident ein solch solides Ergebnis erreicht. Roosevelt und Eisenhower erreichten nur eine Zustimmungsrate von 60 Prozent.

9 Uhr vormittags. Heute soll eine Reihe von Nachaufnahmen gedreht werden, einschließlich der schwierigen Aufnahme von letztem Freitag, in der die Familienmitglieder nacheinander vorgestellt wurden (Sequenz 24). Außerdem die Aufnahme im Krankenhaus-Zimmer, dann Jackhammer an seinem Fenster und schließlich die Sängerin. Woody meint, die zweite Sängerin habe zu modern ausgesehen. Deshalb hat er jetzt die Sängerin und Schauspielerin Kitty Carlisle Hart engagiert. Sie ist die Witwe des Broadway-Autors und Regisseurs Moss Hart und hat in dem Marx-Brothers-Film *A Night at the Opera* (Die Marx Brothers in der Oper) die Erste Dame gespielt. Eigentlich wollte Woody jemand wie Barbara Cook haben.
Aber zuerst einmal drehen wir eine Aufnahme in Little Joes Haus, wo Pa sich bei Ma darüber beschwert, daß ihre Familie einen solchen Lärm veranstalte (Sequenz 33). Carlo leuchtet das Szenenbild aus.
Oma wartet schon auf der Veranda. Weil ihr das Gehen Mühe bereitet, bleibt sie lieber in der Nähe des Szenenbildes. Brian erzählt mir, daß »Kid Dynamite« gestern deswegen nicht gekommen sei, weil er ein Mädchen kennengelernt habe. Und Jimmy Mazzola zeigt Woody das Gebiß von Oma, bevor er es in die Schreibtischschublade von Little Joe legt, wo Ma es fin-

den wird. Trotz dieser ganzen Nachaufnahmen ist Woody guter Laune und zeigt sich sehr entspannt. Er lächelt mir zur Begrüßung freundlich zu.

10.10 Uhr vormittags. Aufnahme 33: Als Bea ihre Limbo-Künste demonstriert, kümmert sich Pa um seinen beruflichen Werdegang: Ma soll noch einen Brief für ihn tippen. Aber Ma will Bea beim Tanzen zusehen, was Pa mächtig wütend macht. Er fängt an, sich darüber zu beschweren, daß die ganze Familie von Ma hier mit ihnen zusammenlebt: »Deine Eltern, deine Schwester, deren Mann, ihr Kind, deine unverheiratete Schwester...!« – »Wir müssen eben alle zusammenhalten«, erklärt ihm Ma. »Sie sorgen für den Zusammenhalt, und ich für den Lebensunterhalt!« erwidert Pa. »Was hat Daddy eigentlich für eine Arbeit?« will Little Joe wissen. »Das geht dich nichts an«, sagt Pa mit verlegenem Blick. Aber Little Joe bedrängt ihn weiter. »Er ist ein sehr genügsamer Mensch«, antwortet Ma und findet, als sie in die Schublade von Little Joes Schreibtisch sieht, Omas Gebiß. »Ma, ich hab' dein Gebiß gefunden!« Little Joe möchte Geld für einen Ring des Maskierten Rächers. »Schlag dir den Ring des Maskierten Rächers aus dem Kopf, und kümmere dich mehr um deine Hausaufgaben«, meint Pa und verpaßt ihm aus erzieherischen Gründen eine Ohrfeige. *(39 Sekunden)*

Einstellung 1: Nichts Überwältigendes. »Wir werden verschiedene Versionen drehen, aber geht nicht zu früh aufeinander los«, sagt Woody zu Ma und Pa.

Einstellung 2: Schon etwas besser geworden. »Sprechen Sie Ihren Text, wenn Sie das Gebiß finden, so verlieren wir keine Zeit«, meint Woody zu Ma.

Einstellung 3: Dickie unterbricht. Pa war von dem Leuchter im Wohnzimmer verdeckt worden, als er mit seinem Text begann.

Einstellung 4: Es gibt ein kleines Problem mit dem Hinausgehen von Ma. Es wäre besser, wenn sie weiter rechts aus dem Bild verschwinden würde.

Einstellung 5: Gut geworden. Das Ganze noch einmal.

Einstellung 6: Dickie unterbricht. Pa ist mit seinem Arm zu nah an die Kamera herangekommen.

Einstellung 7: In Ordnung. Woody zu Pa: »Sie sollten heftiger auf Little Joe reagieren. Sie dürfen ihn auch richtig schlagen.«

Einstellung 8: Little Joe verpfuscht seinen Text.

Einstellung 9: Pa schlägt Little Joe richtig: »Das soll dir helfen.« – »Gut, aber übertreiben Sie es nicht«, sagt Woody zu ihm.

Einstellung 10: Bisher die beste, aber Pa ist nicht zufrieden; er meint, es noch besser machen zu können.

Einstellung 11: Little Joe verpaßt erneut seinen Einsatz. Der Junge hat es allmählich satt, ständig geschlagen zu werden, obwohl Pa nicht so kräftig hinlangt wie Rabbi Baumel.

Einstellung 12: Diesmal hat Pa seinen Text verhunzt.

Einstellung 13: Sehr gut geworden. »Noch eine und...«

Einstellung 14: Gut geworden. Aber Woody möchte, daß Ma das Gebiß von Oma wie eine Trophäe hin- und herschwenkt und sich mit dem Satz: »Ma, ich habe dein Gebiß gefunden!« große Mühe gibt.

Einstellung 15: Unmittelbar bevor es losgeht, ruft Woody den Darstellern zu: »Schnell!« Die Aufnahme ist gut geworden. Die Sache mit dem Gebiß ist witzig, aber Ma ist »aus dem Bild herausgerutscht«, wie Dickie das ausdrückt.

Einstellung 16: »Eins, zwei, ab!« schreit Dickie.

(Die Einstellungen 2, 5, 7, 10, 14, 15 und 16 werden kopiert.)

Fertig um 10.45 Uhr vormittags.

Pa nimmt Little Joe in den Arm. Seit der Szene mit Rabbi Baumel, als Joe zusammenbrach und Pa ihm wieder Mut machte, hat sich zwischen den beiden ein herzliches Verhältnis entwickelt, und Pa gegenüber gibt er sich völlig ungezwungen.

Nun macht sich Carlo wieder an die Arbeit, um die Nachaufnahme der schwierigen Szene vom letzten Freitag abend (Aufnahme 24) vorzubereiten.

11.15 Uhr vormittags. In den Räumen im unteren Stockwerk spielt Abe mit Woody Schach, proben Pa und Ma in Mas Zimmer ihren Text und liest Ceil in den *Daily News*. Und oben auf dem Dach des King-Cole-Saales pinselt ein Maler einen auf einer Klippe stehenden Leuchtturm auf ein Stück Leinwand. Bea wird diesen Leuchtturm entdecken, wenn sie, nachdem Manulis das Weite gesucht hat, in Breezy Point herumirrt. Hinter den Nebelschwaden wird der Leuchtturm täuschend echt aussehen.

Im oberen Stockwerk sitzt Kitty Carlisle Hart ganz allein in ihrem Zimmer. Angela macht mich mit ihr bekannt. Kitty spricht fließend Französisch; sie ist in Frankreich und in der Schweiz aufgewachsen. Mit ihrem eleganten Äußeren vermittelt sie einen ganz anderen Eindruck als die vorhergehenden Sängerinnen – vor allem ist sie schlanker. Letzten Freitag erst fragte man telefonisch bei ihr an, ob sie in einem Film von Woody Allen mitspielen wolle. Gestern nahm sie dann die beiden Songs auf, und jetzt ist sie hier. Sie hatte Woody irgendwann einmal bei einer Dinner-Party kennengelernt, wo er ihr erzählte, wie sehr er ihren Mann bewundert. Aber sie kennt Woody nicht sehr gut, und heute morgen hat sie ihn überhaupt noch nicht zu Gesicht bekommen. Sie erzählt mir, daß sie (wie Sally) in den vierziger Jahren im Astoria für die Jungs von der Armee gesungen hat und daß sie dabei ist, den Ruf des Filmstudios aufzupolieren. In der Studio-Broschüre gibt es ein Bild von ihr, auf dem man sie zusammen mit Donald Manes sieht.

11.30 Uhr vormittags. »Ihr müßt euch alle dünne machen«, meint Dickie, weil man sonst die Leute in den Fensterscheiben gespiegelt sieht.

Aufnahme R 24: Die gleiche Handlung wie beim ersten Mal: Es beginnt damit, daß Ma und Pa über den Zuchtperlen-Brief streiten. Pa geht sich eine Zigarette holen, Oma ruft von oben herunter nach Opa, und Ceil will von Ruthie mehr über Mrs. Waldbaums Eierstöcke erfahren. Aber diesmal ist das Tempo wesentlich rascher. Weil Opa es nicht schafft, gleichzeitig schnell zu laufen und zu reden, souffliert Woody ihm seinen Satz: »Und die da horcht immer die Telefonsammelstelle ab!« Woody bittet Opa, sich so gut wie möglich zu beeilen und daran zu denken: »Sie sagen nur ›Ich komm schon, ich komm schon!‹«.

Einstellung 1: Die Kamera war in Ordnung, aber Ma ist über ein Wort gestolpert. Woody läßt sich seinen Verdruß nicht anmerken.

Einstellung 2: »Alles aus!« Oma hat zu spät nach Opa gerufen (»Nathan!...Nathan!«).

Einstellung 3: Die ganze Handlung wurde viel zügiger abgewickelt. Aber Opa hat es übertrieben: Noch bevor er überhaupt ins Bild gekommen ist, ist er hinausgegangen.

Einstellung 4: Die erste, die sehr gut geworden ist.

Einstellung 5: Gut, aber Ceil sollte erst etwas später auftreten.

Einstellung 6: Pas Wut war viel zu heftig. Schade, am Anfang hatte er großartig gespielt.

Einer der PAs erzählt uns, die Space Shuttle sei explodiert. Sieben Tote. Wir machen mit der Arbeit weiter.

Einstellung 7: Die Kamerabewegung macht Probleme, und im übrigen fehlt es der Szene an Schwung.

Einstellung 8: Wieder vor dem Ende abgebrochen. Oma hat versäumt, nach Opa zu rufen. Jammerschade. Die Einstellung war bis dahin sehr gut gelaufen.

Einstellung 9: Gut geworden, aber Ma hat bei einem Wort gezögert. Trotzdem ist sie es wert, kopiert zu werden. Woody zeigt schon leichte Anzeichen von Verzweiflung.

Einstellung 10: Abgebrochen. Zum zweiten Mal wegen der armen Ma. Normalerweise verpatzt sie nur selten ihren Text, aber bei dieser Szene... »Ist schon gut«, sagt Woody zu ihr.

Einstellung 11: Abgebrochen. Jemand hat eine Füllfeder fallen lassen.

Einstellung 12: Es gab Schwierigkeiten mit der zeitlichen Abstimmung zwischen Pa und Opa. Keine sehr gute Einstellung.

Einstellung 13: Abgebrochen. Diesmal Schwierigkeiten mit dem Ton!

Einstellung 14: Nicht gut geworden. Opas Einsatz war in Ordnung, aber Pa hat etwas zu lang gezögert.

Einstellung 15: Wie bei Nr. 14. Woody sieht ganz verzweifelt aus.

Einstellung 16: Woody findet sie gut, aber Dickie ist nicht zufrieden.
Einstellung 17: Woody unterbricht, weil Ma zu lange gewartet hat.
Einstellung 18: In Ordnung.
(Die Einstellungen 4, 5, 9 und 18 werden kopiert.) Fertig um 12.40 Uhr mittags.
Wir gehen hinauf zu Bühne F. Aber zuerst hören wir die Nachrichten an.

1 Uhr mittags. Im Zimmer der LKW-Fahrer läuft der Fernseher, und alle haben sich mit schockierten Mienen vor ihm versammelt. Bobby Greenhut, Barbara, Brian, Ezra, der Hebräisch-Lehrer, Little Joe, Patti, die Krankenschwester und Dickie sind hier. Im Fernsehen zeigen sie immer wieder die Aufnahmen von der Explosion. Die Bilder sind schrecklich – man weiß, daß hier Leute sterben, das ist Wirklichkeit und kein Film. Keiner sagt etwas. Man sieht nur ernste Gesichter. »Seit dem Mord an Kennedy ist dies das Schlimmste, was Amerika passierte«, sagt Jane zu mir.
Aber das Leben geht weiter. Die Jungs vom Team schleppen die Geräte und die Ausrüstung nach oben.
Um 1.25 Uhr machen wir Mittagspause.
In der Kantine ißt das Double von Dustin Hoffman, bekleidet mit schwarzem Hemd und rotem Stirnband, zu Mittag mit dem Double von Isabelle Adjani, das fast so schön ist wie das Original.

3 Uhr nachmittags. Wir sind wieder in der Szene. Opa hat mit mir Freundschaft geschlossen. Die Arbeit heute morgen, sich achtzehnmal aus dem Lehnsessel zu erheben und die Treppe hinaufzusteigen, hat ihn erschöpft. Aber er schafft es schon noch. Er hat beschlossen, mich Terry zu nennen.
Der Hebräisch-Lehrer erzählt mir, daß er Schauspieler werden will und bald in einem Off-Off-Broadway-Stück auftreten wird. Er gibt Unterricht nur, um sich den Lebensunterhalt zu verdienen.

3.15 Uhr nachmittags. Aufnahme R 154: Das Zimmer im Krankenhaus.

Ma und Myla liegen wieder in ihren Betten, die Kranken-schwester steht an der Seite. Die Familie hat sich an Mas Bett versammelt, alle auf einer Seite. Beim letzten Mal standen Opa und Oma am Fußende. Diesmal wird die Kamerafahrt etwas länger, die Handlung bleibt aber die gleiche.

(2 gefilmt und 2 kopiert) Fertig um 3.20 Uhr nachmittags.

Wir ziehen um ins Rundfunkstudio zu Kitty. Das Studio wurde neu gestrichen, in kräftigeren Farben; es sieht jetzt netter aus. Carlo macht sich an die Arbeit. Ruthie macht eine kleine panto-mimische Einlage; sie hat in New York ein Jahr lang bei Marcel Marceau studiert. Abe zieht Angela in eine Ecke. »Wohin gehst du?« will Ma wissen. »Laß mich in Ruhe!« antwortet ihr Abe.

Opa hat Oma von mir erzählt, auch wir beginnen, Freundschaft zu schließen. Dies ist ihr erster Film. Vorher hat sie immer nur auf der Bühne gespielt. Ihr Sohn war Theaterproduzent. Vor ein paar Jahren hat er sie von Boston nach New York gebracht. Woody hat vor zwei Jahren einmal ein Gespräch mit ihr ge-führt, aber der damals geplante Film wurde abgeblasen. Im letzten März ist dann ihr Sohn gestorben. Sie war nun ganz al-lein in New York (ihr zweiter Sohn lebt in San Francisco) und fühlte sich verzweifelt, als Woody sie plötzlich anrief. Er hatte sie nicht vergessen! Die Arbeit an diesem Film ist ihr eine große Hilfe. Für sie ist Woody der amerikanische Sholem Alei-chem, auf dessen Erlebnissen *A Fiddler on the Roof* (Anatevka) basiert.

Oma ist eine nette, einfühlsame und intelligente Frau, jeder im Team mag sie. Allerdings habe ich ein Problem mit ihr. Ab und zu verwendet sie jiddische Ausdrücke und macht Anspielun-gen, die ich nicht verstehe. Am Schluß unserer Unterhaltung bemerkt sie mein Dilemma. »Sind Sie Jude?« will sie von mir wissen. Nein – ein Goi! Sie scheint ein wenig enttäuscht zu sein: Ich sei doch so ein netter Mensch!

3.45 Uhr nachmittags. Im Scheinwerferlicht steht die sehr elegant wirkende Kitty. »Hallo, Fern, Darling«, ruft sie den Salad Sisters zu. Carlo stellt sich ihr vor. Die erste Probe beginnt. Als sie schon halb zu Ende ist, kommt Woody und hört zu. Am Schluß der Probe geht er zu ihr hin, begrüßt sie und dankt ihr, daß sie für die Rolle eingesprungen ist. Dann stellt er sich wieder an die Seite und wartet darauf, daß Carlo mit seiner Arbeit fertig wird, der die Beleuchtung noch weicher haben möchte. Woody scheint mit Kitty nicht sehr gut auszukommen, obwohl er sehr höflich zu ihr ist. Ab und zu lächelt er ihr zu, aber er bleibt auf Distanz. Dann wendet er sich Brian zu und plaudert mit ihm, während die arme Kitty einsam und allein vor ihrem Mikrophon steht.

Schließlich gibt Woody sich doch noch einen Ruck, geht zu ihr hin und unterhält sich mit ihr. Brian fotografiert die beiden, wie sie zusammenstehen. Es wird ein typisches Bild: Kitty lächelt, Woody aber dreht den Kopf zur Seite und setzt sein Zelig-Gesicht auf.

4.30 Uhr nachmittags. Aufnahme RR 149: Kitty singt »They're Either Too Young or Too Old«. Es endet mit einer Großaufnahme von ihrem Gesicht.

Sie singt zum Playback. Das schafft einige Probleme mit der Synchronisation, vor allem bei der Großaufnahme vom Gesicht. Aber als Profi merkt Kitty sofort von selbst, wenn ihre Lippenbewegungen nicht stimmen.

(4 gefilmt und 3 kopiert) Fertig um 4.45 Uhr nachmittags. Für den nächsten Song muß Kitty sich umziehen.

4.55 Uhr nachmittags. Kitty erscheint in einem wunderschönen roten Kleid.

Aufnahme RRA 07: Jetzt singt sie »I'll Be Seeing You«. Die Kamera fährt dabei ein Stück zurück, damit sie ganz ins Bild kommt.

Der Unterschied zu den beiden anderen Sängerinnen könnte nicht größer sein. Sicherlich, es sieht nicht so lustig aus, aber es hat dafür – und Woody hat da völlig recht – etwas von einem *clin d'œil* auf jene frühere Zeit, es paßt mehr in die Atmosphäre des Films. Kitty, die damals schon gespielt und gesungen hat, hätte auch diese Songs gesungen haben können.

Wieder kommt diese melancholische Stimmung auf. Die Jungs vom Team stehen da und hören gebannt zu. Kitty hat tatsächlich Klasse. An ihrem Aussehen ist etwas Zerbrechliches, Nostalgisches. Und mit jeder neuen Einstellung klappt es besser. Diese winzigen Nuancen bei einer vergleichsweise einfachen Aufnahme sind ein Teil dessen, was die besondere Qualität von Woodys Arbeit ausmacht. Woody besitzt die Fähigkeit, die Szene aus einem solchen inneren Abstand zu sehen, daß er erkennen kann, ob etwas funktioniert, wie es funktioniert und warum es funktioniert. Ich bin sicher, daß dies teils bewußt, teils unbewußt in ihm abläuft, aber es ist gerade diese Art Perfektionismus und diese Unnachgiebigkeit sich selbst gegenüber, die aus ihm einen großen Künstler machen.

(4 gefilmt und 3 kopiert)

6 Uhr abends. Wir sind wieder auf Bühne G, um Jackhammer an seinem Fenster zu drehen. Die Rollschuhbahn ist schon halb abgebaut. Santo und Carlo unterhalten sich über die Szene im Nebel, wo Bea und Manulis bei Breezy Point steckenbleiben; sie soll auf dieser Bühne nachgedreht werden. Das Gespräch der beiden verläuft nicht ohne Komplikationen. Zum einen, weil Santo den Film *Identificazione di una Donna* (Identifikation einer Frau) von Antonioni nicht gesehen hat, wo die Nebelszene vorkommt, von der Woody sich hat inspirieren lassen. Diese Nebelszene, erklärt Carlo, wurde auch in einem Studio gedreht, das nicht größer als unseres, aber höher war, so daß das Licht von der Decke nicht störend auf den Nebel einwirkte. Die andere Schwierigkeit liegt darin, daß Carlos Englischkenntnisse alles andere als perfekt sind; Santo muß aber genau wissen, was Carlo braucht.

6.30 Uhr abends. Während Jackhammer in seiner Küche herumsitzt, installiert Carlo das Licht. An dieser Stelle hat Woody weder die Beleuchtung noch die Bildgestaltung gefallen. Aufnahme R 18: Es ist die gleiche Totale durch das Fenster wie

beim letzten Mal: Mr. Jackhammer beim Frühstück. Die Kamera steht diesmal aber versetzt zum Fenster, Beleuchtung und Bildausschnitt sind verändert.
(3 gedreht und 3 kopiert)
Um 6.35 Uhr abends packen wir zusammen.

Mittwoch, 29. Januar 1986

Weitere Neuigkeiten über die Shuttle. Sie explodierte 74 Sekunden nach dem Start. Sechs Astronauten und die Lehrerin Christa McAuliffe kamen ums Leben. Es war das schwerste Unglück in der Geschichte der amerikanischen Raumfahrt. Manes macht einen Rückzieher.
»Ich reiße mir unter den Nagel, was immer ich kriegen kann«, sagt Ed. Er meint damit New Yorks massive Bemühungen, Filmproduktionen von Hollywood zu übernehmen. (Variety) Und wieder sind zwei von uns gegangen:
»Bestseller-Autor/Gründer der Scientology/Freund der Millionen« L. Ron Hubbard starb im Alter von 74 Jahren an einem Schlaganfall.
Die Schauspielerin Lilli Palmer starb mit 71 Jahren an Krebs.

9.00 Uhr morgens. Wieder die gleiche alte Routine – Woody spielt Schach mit Abe, Jane sitzt am Telefon, die meisten der Familienmitglieder befinden sich in den Händen der Salad Sisters, Carlo und seine Jungs sind mit der Ausleuchtung der Aufnahme beschäftigt. Cliff liest die Autobiographie von Dorothy Parker. Er sitzt nicht weit von dem Szenenbild entfernt, für den Fall, daß man ihn braucht. Munter erledigt Louis seine Geschäfte für Mittwoch. Ich kaufe ohne große Hoffnung eine Karte, nur so aus Gewohnheit. Schon seit zwei Tagen ißt Bea unentwegt. Ständig schleicht sie um das Essen für die Crew herum. In der Nähe des Dachgartens des King Cole ist der Maler damit beschäftigt, den Leuchtturm auf den Klippen fertig zu machen. Zuerst bohrt er Löcher für das Fenster und den Lichtstrahl. Ein Blinkfeuer wird dahinter angebracht. Das Modell des Leuchtturms kommt in den Hintergrund der Szene. Mit ein wenig Nebel, erklärt er mir, »wird ihn jeder für echt halten«.

10.00 Uhr vormittags. »Gib mir Ceil, Abe, Ruthie und Ma«, verlangt Tom. Die Gestalten haben nun Namen. Nach wenig mehr als einer Woche ist die Crew mit der Familie herzlich vereint, ebenso wie die Familienmitglieder untereinander. Wir mögen uns alle. Abe »flirtet« mit Angela, Cousine Ruthie lauscht Opa und Oma, die Geschichten aus der alten Heimat erzählen. Ma und Ceil stecken ständig zusammen. Und Pa hängt gern bei den Jungs vom Team herum, oder er plaudert mit Nicole oder Myla.
Wir machen eine Generalprobe. Es ist Jom Kippur. Der kommunistische Nachbar ißt, arbeitet und hört Radio. Diese Szene spielt direkt vor derjenigen, in der Pa den Zaun niederreißt (aufgenommen in der zweiten Woche in Rockaway). Die Familie sitzt im Wohnzimmer und ist empört (Sequenz 76). Woody steht hinter der Kamera, um einen ersten Eindruck des Bewegungsablaufes zu bekommen, er plaziert die Schauspieler auf verschiedene Markierungspunkte. Zu Ruthie: »Ich bin mir ziemlich sicher, daß Sie herumgehen sollten.« Zu Tom: »Ich will noch ein weiteres Pärchen hier haben.« Und zu Carlo, nach ein paar Probeläufen: »Jetzt schaut es schon besser aus.« Es ist witzig, mit welchem Vergnügen Woody bei dieser Bewegungsabstimmung Ausdrücke verwendet wie »wir könnten«, »vielleicht«, »wenn es geht«, »ich bin nicht sicher«.
Der Ablauf ist festgelegt. Carlo braucht eine halbe Stunde für die Lichtgestaltung. Jimmy Sabat bemängelt wieder einmal, daß die Schauspieler zuviel herumlaufen, und befestigt die Mikrophone.

11.00 Uhr vormittags. Aufnahme 76: Es ist Jom Kippur. Die Familie sitzt herausgeputzt im Wohnzimmer, »tut nichts« und ist ziemlich aufgebracht. Ein Radio plärrt.
Ceil: »Es ist furchtbar. Sie haben vor nichts Respekt.«

Abe: »Man sollte sie aus der Gegend vertreiben.«

Ma: »Es ist eine Schande!«

Abe: »Ich bin nervlich völlig am Ende, ich habe so einen Kohldampf.«

Ursache dieses Aufruhrs ist der kommunistische Nachbar; er ißt, arbeitet und hat sein Radio ziemlich laut aufgedreht. Und das an Jom Kippur! Wie Ceil zu sagen pflegt: »Sie sind zwar Juden, aber sie glauben nicht an Gott. Nur an Stalin.« Die Spannung steigt. Ruthie meint, daß man zumindest das Radio anstellen sollte, aber Abe bleibt standhaft. Vierundzwanzig Stunden lang bist du angehalten, nichts zu tun. Du sollst keinen Lichtschalter anknipsen – nichts –, du darfst nur unbeweglich dasitzen, beten und für deine Sünden büßen.« Abe ist außer sich, er hat vorher ehrlicherweise gesagt, daß es an seinem Hunger liegt. Ma stachelt ihn an. Abe beschließt, rüberzugehen und mit dem Kommunisten »zu reden«. *(57 Sekunden)* Die Szene ist witzig, die Schauspieler und der Text sind perfekt. Man hat das Gefühl, daß Abe zu diesem Zeitpunkt Jom Kippur genauso haßt wie den Kommunisten. Wie immer liegt das Problem darin, den exakten Bewegungsablauf hinzubekommen. Wenn die Schauspieler ihren Text zum richtigen Zeitpunkt bringen und gleichzeitig noch am richtigen Platz stehen, stimmt auch das Tempo, und es wird ein hervorragendes Bild.

Einstellung 1: Abgebrochen. Ma hat sich versprochen.

Einstellung 2: »Es wird so nicht klappen«, meint Woody zur Küche. Ruthie sitzt jetzt neben Oma, nicht mehr ihr gegenüber. Während Carlo und Jimmy den Umbau machen, beginnt Woody einen Flirt mit Bea.

Einstellung 3: Dickie unterbricht direkt vor dem Ruf »Action!«. In das Tonband war Schmutz gekommen.

Einstellung 4: Woody unterbricht wieder wegen der Küche. Oma und Ruthie sollten etwas gelassener sprechen.

Einstellung 5: Dickie unterbricht mitten in der Aufnahme. Ma kommt nicht richtig ins Bild. Gespielt haben sie sehr gut, teilt Woody der Besetzung mit.

Woody starrt mich an. Was habe ich falsch gemacht? Stehe ich zu nahe dabei?

Einstellung 6: Abgebrochen. Little Joe trägt die Yarmulke, dabei sollte Ma das tun!

Einstellung 7: Abgebrochen. Ruthie hat den Einsatz verpaßt. Bea ist unzufrieden, weil sie nichts zu tun hat.

Einstellung 8: Die erste, die nicht abgebrochen wurde. Es sieht so aus, als ob alles O.K. sei, aber Woody ist nicht zufrieden. »Mehr Nachdruck«, fordert er von Ruthie.

Einstellung 9: Die erste, die gelungen ist. Während der Aufnahme spricht Woody sich selbst den Text vor.

Einstellung 10: Dickie unterbricht. Wieder das Problem, wenn Ma zum Flur geht. Von einer Halbtotalen wird zu einer Großaufnahme gezoomt, wenn sie die Yarmulke von Little Joe vor dem Spiegel anprobiert. Aber der Zoom ist zu kompliziert, weil sie zu nahe an der Kamera vorbeigeht.

Einstellung 11: Sehr gut. Die erste, die kopiert wird. Woody bittet Abe, »richtig ärgerlich« zu werden.

Einstellung 12: Woody bricht ab. Ma setzte etwas zu spät ein, weil sich ihr Armband geöffnet hatte und herunterfiel. »Versuchen Sie den Text fertig zu sprechen, bevor Sie bei Little Joe ankommen«, sagt Woody, der immer das Tempo erhöhen will.

Einstellung 13: Jetzt scheint die zeitliche Abstimmung perfekt. Woody spricht einzeln mit jedem Schauspieler.

Einstellung 14: Abgebrochen. Abe war zu langsam, und Ceil hat ihr Stichwort verpaßt. Woody wird nervös.

Einstellung 15: Sehr gut. »Noch eine und...«

Einstellung 16: Abgebrochen. Ruthie sprach ihren Text, als hätte sie ihn vom Blatt gelesen.

Einstellung 17: »Alles klar!«
(Einstellungen 11, 13, 15 und 17 werden kopiert.) Fertig um 12.10 Uhr mittags.

1.00 Uhr nachmittags. Aufnahme 78: Ceil, Ma und Pa im Wohnzimmer. Abe ist drüben beim Kommunisten. Ceil ist beunruhigt. »Er ist schon seit mehr als zwei Stunden weg.« »Und das Radio dröhnt immer noch«, stellt Pa fest. »Sei lieber vorsichtig«, sagt Ma, »die Tochter glaubt an die freie Liebe!« Pa

will nähere Einzelheiten wissen. Ma schildert ihm das Erlebnis von Mrs. Silverman. *(15 Sekunden)*
Eine sehr kurze Szene ohne große Kamerabewegung und ohne Schwierigkeiten mit den Schauspielern.
(2 gefilmt und 2 kopiert)
Um 1.15 Uhr nachmittags machen wir Mittagspause.

2.30 Uhr nachmittags. Nachdem Louis bereits am Montag 1600$ im Super Bowl eingestrichen hat, gewann er heute mit seinen Karten den ersten Preis (300$). Kein Kommentar!
Woody bringt heute nachmittag einen Gast mit zu den Dreharbeiten. Es ist eine Frau Ende Vierzig. Sie hat rote Haare, trägt einen roten Rock, rote Schuhe und einen schwarzen Pullover mit einem roten Streifen. Außerdem ist auch Joffes Tochter gekommen, diejenige, die mit einem Lutscher verprügelt worden war. Sie hat ihren Freund mitgebracht. Wir machen eine Rohaufnahme vom Ton. Ma erzählt die Geschichte von Mrs. Silverman und ihrem Ohnmachtsanfall, den sie bekam, als sie ansehen mußte, wie Doris den schwarzen jungen Mann küßte.
Ma hat wirklich eine wundervolle Stimme – näselnd, nachdrücklich, natürlich, mit einer sehr eigentümlichen Art, bestimmte Worte zu betonen, »ein lanGer, heiSSer KuSS...«, »Du keennst Missis Zilverman – sie will iMMer wissen, was los ist«. Es scheint so, als ob der Text ausschließlich für sie geschrieben sei. Es werden verschiedene Versionen probiert, langsame und schnellere. Es gibt eine mit »einem schwarzen Mann«, eine andere »mit einem Farbigen« und eine »mit einem Shvartza«.
Kaum sind wir hiermit fertig, arbeitet Woody bereits an der nächsten Aufnahme. Abe kommt endlich von seinem Besuch beim Kommunisten zurück (Sequenz 83). Woody bestimmt den Bewegungsablauf genauso stürmisch wie sonst, aber jetzt mit Bestimmtheit – »Kamera hierher!« Er rennt von einer Seite des Raumes zur anderen und geht Abes Handlung durch. Carlo ist erstaunt. Woodys Verhalten wirkt unnatürlich. Es scheint, als ob er die »Frau in Rot« beeindrucken wolle. Plötzlich verschwindet er mit ihr in sein Zimmer.

3.15 Uhr nachmittags. Woody spielt mit Abe Schach, während die Frau in Rot ihn in seinem Zimmer interviewt. Ceil, Ma, Pa, Jeffrey und Bill haben sich bei den Salad Sisters versammelt. Bea ist auch hier, heute aber ausgesprochen schlecht gelaunt. Ist sie vielleicht eifersüchtig auf die Frau in Rot? In einer anderen Ecke liest Fern ihre Post. Im Zimmer nebenan hören Werner, Cousine Ruthie und ihre richtige Mutter der Oma zu; Opa hält ein Nickerchen in einem angrenzenden Raum. Dickie und die Fahrer sehen fern.

Wenn du fragst, wie viele Wochen es noch dauern wird, bekommst du die verschiedensten Antworten. Ezra sagt zwei, Tom sagt drei; und Woody darf man diese Frage schon gar nicht stellen.

4.00 Uhr nachmittags. Alle sind wieder bei der Szene. Wir haben zwei neue Gäste. Einer ist ein Teenager mit Punk-Haarschnitt, schwarzer Krawatte und schwarzen Lackschuhen. Der andere ist eine Japanerin, die für *The New York Times* schreibt. Woody stellt die Frau in Rot Carlo und den anderen Gästen vor. Ich ziehe mich verlegen zurück. Vielleicht bin ich paranoid, aber einer der Jungs vom Team sagte zu mir: »Hast du das gesehen? Dich hat er Carlo nicht am ersten Tag vorgestellt!« Die Jungs vom Team scheinen solche Situationen zu kennen und werden fast schon übertrieben nett zu mir. Ich bin jetzt einer von ihnen, und das macht das Ganze noch peinlicher für mich.

5.00 Uhr nachmittags. Aufnahme 83: Die Familie wartet noch. Nachdem sie die Geschichte von Mrs. Silverman gehört hat, ist Ceil nervös geworden. Die Tür öffnet sich. Abe kommt rein. »Es wurde auch Zeit!« sagt Ceil. Aber das Radio ist immer noch an, und Abes Verhalten ist seltsam, so entspannt. Sie beginnen ihn auszufragen. Was hat er dort zwei Stunden lang gemacht? »Geredet... oder besser gesagt, zugehört«, antwortet Abe. Und er hat gegessen! Dann sagt er sehr merkwürdige Dinge: »Ich soll für meine Sünden büßen? Was sind meine Sünden? Was habe ich denn verbrochen?...« Alle sind baff erstaunt. Er hat kein Schuldbewußtsein mehr! »Die einzige Sünde ist die Ausbeutung der Arbeiter durch die Bosse.« Jetzt versteht Pa, aber Ma will wissen, ob die Tochter sich »an ihn rangemacht« habe. Abe fährt fort: »Das Problem liegt nicht zwischen dem Menschen und irgendeinem höheren Wesen...« Als er sich setzt, bemerkt Ceil etwas Rot auf seiner Wange. Er teilt ihr mit, es handele sich um Kirschkuchen. *(44 Sekunden)*

Noch einmal. Der Text ist großartig und scheint wie für Abe gemacht; er spielt perfekt. Bea legt im Eßzimmer Patience und hat es satt, Statistin zu sein.

Einstellung 1: Woody unterbricht. Abe schlurfte zu langsam durch die Tür.

Einstellung 2: Dickie unterbricht. Es gab Schwierigkeiten mit dem Dolly, der Abe folgen sollte.

Einstellung 3: Gut, zumindest für Dickie und Woody. Aber Jimmy könnte den Ton besser hinbekommen. Woody ist nicht gerade hoch erfreut.

Einstellung 4: O.K. Aber Dickie hätte es besser machen können.

Einstellung 5: Dickie unterbricht gleich zu Anfang.

Einstellung 6: Die erste wirklich gute. Woody bittet Abe, bestimmt und überzeugt seine Anschauung zu vertreten.

Einstellung 7: Gut. Woody geht zu Bea im Hintergrund und zeigt ihr, wie man Patience legt. Carlo nutzt die Gelegenheit, einiges am Licht zu ändern.

Einstellung 8: Abe beginnt jovial und beendet seinen Vortrag mit Leidenschaft. »Seien Sie nicht zu aufgebracht, aber fest, sicher, überzeugt«, sagt Woody.

Einstellung 9: Abgebrochen. Abe hat eine Textstelle verpfuscht.

Einstellung 10: Woody unterbricht. Der Anfang von Abe war nicht gut.

Einstellung 11: Abgebrochen. Abe sagte: »Die Ausbeutung der Bosse durch die Arbeiter (!)«.

Einstellung 12: Dickie unterbricht sehr bald. Er will auf dem Dolly einen besseren Platz einnehmen. Woody geht zu der Frau in Rot hinüber.

Einstellung 13: Gut. »So weitermachen.« Aber Abe ist es heiß geworden. Die Salad Sisters nehmen sich seiner an. Ezra, der immer dann auf der Bildfläche erscheint, wenn wir Überstunden machen, diskutiert mit Tom den Zeitplan. Woody beginnt, mit Bea zu flirten, er zeigt ihr Kartentricks. Die Journalistin der *Times* und der Teenager haben genug davon, zur Seite geschoben zu werden, und verlassen uns. Wir machen weiter.

Einstellung 14: Gut. Woody geht mit dem Skript zu Abe und überprüft mit ihm den Text.

Einstellung 15: Abgebrochen. Abe hat ein Wort ausgelassen.

Einstellung 16: Nach der Antwort von Abe auf Ceils Frage nach dem Rot auf seiner Wange (»Es ist Kirschkuchen«) deklamiert er aus dem Stegreif aus kommunistischen Schriften. Es dauert einige Sekunden lang.

Einstellung 17: Sehr gut. Aber diesmal hat Abe nicht improvisiert.

Einstellung 18: Gut. Das Tempo war schneller. Woody will es
»wieder so«.
Einstellung 19: Diesmal ist Abe richtig wütend.
(Einstellungen 6, 7, 13, 14, 16 und 17 werden kopiert.)

»Gestorben« um 6.00 Uhr abends.
Irgend etwas läuft heute verkehrt. Vielleicht hat er es über,
mich hier zu sehen. Er warf mir mehrmals einen strengen Blick
zu, als ob er sagen wollte: »Was tust du denn hier?«, »Wer bist
du überhaupt?« »Was habe ich falsch gemacht?« »Was sind
meine Sünden?«; »Was habe ich denn verbrochen?«

Donnerstag, 30. Januar 1986

EINE NATION BETET UND FRAGT: WARUM? (Daily News)
*Der Schauspieler Leif Erickson ist mit 74 Jahren an Krebs ge-
storben.*

9.15 Uhr vormittags. Wir sind wieder auf dem Dach des King
Cole und warten auf Roger. Er ist gerade mit einer Concorde
aus Paris gekommen und sitzt jetzt in einer Limousine auf dem
Weg ins Studio. Das alles, damit er ein paar Stunden mit Sally
auf dem Dach verbringen kann! Jimmy Mazzola besprengt das
Dach. Frankie beschwert sich, daß es nach Fisch riecht, dabei ist
Abe doch gar nicht in der Nähe. Jimmy Sabat schwört, daß er
das Spielen aufgeben wird, er habe zuviel verloren. Wenn er
weiterhin täglich sein Turfblättchen lese, erzählt er mir, dann
nur, um seinen Freunden Tips zu geben. Kay singt »Let's All
Sing Like the Birdies Sing«.
Neuigkeiten: Wir werden eine Nachaufnahme der Krankenhausszene machen (das dritte Mal) und eine Nachaufnahme
der zwei Songs (das vierte Mal); aber immer noch mit Kitty.
Niemand kennt den Grund für die Nachaufnahme der Krankenhausszene, bei der Szene mit den Songs werden wir einen
neuen Hintergrund haben.

10.15 Uhr vormittags. Alle sind sie da – Porfirio, Irene, Roger, der in erstaunlich guter Form ist, Sally und Woody. Sally hat eine Erkältung. Sie schenkt mir wie immer ein freundliches Lächeln. Woody lächelt mir ebenfalls freundlich zu. Die Szene wird in drei Aufnahmen geteilt – die erste: Roger, Sally und die Blitze; die zweite: ihre Reaktion, als sie die Stimmen auf der Treppe hören; die dritte: die Ankunft von Irene und Porfirio. Ma und Ceil mit Lockenwicklern und Pa, in Jeans, sind hier, um die Schickeria anzuschauen.

Aufnahme R 68 B: Gleiche Handlung wie das letzte Mal. Roger und Sally stehen an der Tür und versuchen sie zu öffnen. Es blitzt. Sally geht in eine Ecke des Dachgartens und weint. Roger tröstet sie. Dann hören sie die Stimmen hinter der Tür.

Einstellung 1: Gut. Keine Anweisungen für Roger, Woody bespricht nur etwas mit Sally.

Einstellung 2: Wieder gut. Woody bittet Sally, ängstlicher zu sein, wenn es blitzt.

Einstellung 3: Abgebrochen. Ein Funken aus der Lichtmaschine fiel auf das Dach.

Einstellung 4: Abgebrochen. Frankies Galgen war zu sehen, und Sally hat einen ihrer künstlichen Fingernägel verloren.

Einstellung 5: »Hämmere mit den Fäusten gegen die Tür«, bat Woody Sally vor der Aufnahme. Jetzt unterbricht er. Sally hat eine Textzeile vergessen. »Entschuldige, Woody!«

Einstellung 6: Abgebrochen. Wieder ein Funken.

Einstellung 7: Und noch einer!

Irgend etwas stimmt nicht mit der Maschine. Al, der Mann für die Spezialeffekte, und Jimmy Mazzola arbeiten daran. Schweigen auf der Bildfläche. Woody steht vor Sally, wie immer die Hände in den Taschen; er pfeift und schaut sie an. Ein reizendes Bild.

Einstellung 8: Sally verliert wieder einen Fingernagel, aber die Aufnahme war ziemlich gelungen. »Noch eine und...«

Einstellung 9: Wieder gut. Aber Sally bittet um eine weitere. »Los dann.«

Einstellung 10: Sehr gut.

Die Intensität, mit der Woody Sally beobachtet, ist faszinierend. Er scheint jede Minute ihres Auftritts mitzuleben. *(Einstellungen 1, 2, 8, 9 und 10 werden kopiert.)*
Eine Rohaufnahme von Sallys Text. »Hilfe! Wir werden vom Blitz erschlagen!« Wir gehen über zum Gegenschuß. Woody erklärt den Schauspielern, wie es wirken muß; die Jungs vom Team plazieren in der Zeit schnell die Kamera.
Jetzt sagen Roger und ich »du« zueinander. Roger mag die Concorde sehr; es war sein erster Trip mit ihr. Er flog vormittags von Paris los und hofft, heute abend oder spätestens morgen früh wieder dort zu sein. Alles in Paris sei selbstverständlich himmlisch. Der Direktor, Walter LeMoli, sei erstaunlich, die Leute vom Théâtre de Bobigny seien charmant. Jean-Louis Barrault und Madeleine Renaud wollen ihn für *Solo* engagieren (das Stück wurde für ihn geschrieben), anläßlich Samuel Becketts achtzigstem Geburtstag. Im April soll er drei Wochen lang am Théâtre du Rond-Point auf den Champs-Elysées spielen. Nun hofft Roger, daß Woody ihn nicht für die Nachaufnahmen braucht.

10.55 Uhr vormittags. Aufnahme R 68 C: Rogers und Sallys Reaktion beim Erscheinen von Porfirio und Irene.
Woody erläutert ihnen, wie die Szene ablaufen soll: »Aufgebracht... Ihr könnt es nicht fassen!... Ihr wollt hier raus... Aber jetzt hört ihr etwas...« Roger ist es nicht gewohnt, auf diese Art angeleitet zu werden, er fängt an zu improvisieren. »Schneiden Sie keine Grimassen. Schauen Sie mich an!« fährt Woody ihn an.
(4 gefilmt und 2 kopiert) Fertig um 11.00 Uhr vormittags.
Für Roger ist die Sache hier beendet. Er rast los, um die 1.00-Uhr-Concorde zu erwischen. So wird er heute abend um 10.00 Uhr in Paris sein. Woody hat ihm gesagt, daß er ihn im April nicht für die Nachaufnahmen braucht. Das heißt, er kann in Frankreich bleiben.

11.15 Uhr vormittags. Carlo richtet alles für das Erscheinen von Irene und Porfirio und den Gegenschuß ein. Sally, jetzt wieder in ihren überweiten Klamotten, kommt mit Baby Dylan, um auf Wiedersehen zu sagen. Sofort nimmt Woody das Baby auf den Arm und beginnt, Grimassen zu schneiden. Aber Baby Dylan ignoriert ihn, es ist fasziniert von der Camel-Neonreklame. Woody probiert es noch einmal und küßt es auf seinen zarten Nacken. Baby Dylan ziert sich: Es will lieber in Ruhe die Neonreklame beobachten. Woody gibt auf und hält die Kleine so, daß sie einen Blick auf die Reklame werfen kann.

11.20 Uhr vormittags. Sally und Baby Dylan sind weg, wir machen mit der Arbeit weiter.
Aufnahme R 68 D: Porfirio und Irene kommen durch die Tür. Sie entdecken Roger und Sally.
Der Hauptunterschied zu den früheren Aufnahmen besteht darin, daß sie ihren Text bereits auf der Treppe beenden. Und daß Irene bei ihrem Eintritt, als sie Roger sieht, nur noch »Roger!« herauspreßt. Probleme mit der Bewegungsabstimmung. Irene ist etliches größer als Porfirio. Es sieht lustig aus, wenn sich der Playboy der westlichen Welt hinter Irene versteckt, als er Roger erblickt.
(11 gefilmt und 7 kopiert) Fertig um 11.30 Uhr vormittags.
Auf dem Dach des King Cole sind wir fertig. Wir gehen wieder zu Little Joes Haus.

12.00 Uhr mittags. Wir warten alle in Little Joes Wohnzimmer. Dickie schläft auf dem Sofa, eine Tasse Kaffee in seiner Hand; er sieht so erstarrt aus wie Mrs. Silverman. Nicole liest *Of Human Bondage* von Somerset Maugham. Jimmy Mazzola berichtet, daß er nur eine Stunde Zeit hatte, um ein Dinner für fünf Personen für die nächste Szene auf den Tisch zu bringen. Er hat die Speisenfolge mit Santo besprochen, einen seiner Jungs einkaufen geschickt und dann gekocht!

12.40 Uhr mittags. Abe und Ceil im Nachtgewand. Das Menü besteht aus Huhn, Kartoffelbrei, Nudeln und Karotten. Santo ist mit dem Tischdecken fertig. Woody bietet Opa einige Karotten an, und Carlo justiert das Licht.

Aufnahme 85: Die Familie ist beim Abendessen, dabei läuft gerade Abes Lieblingssendung. *Bill Kerns Highlights aus der Welt des Sports.* Während die Familie ißt, steht Abe am Radio und lauscht völlig gefesselt der Geschichte von Kirby Kyle. Die Familie unterhält sich lautstark, Abe bittet um Ruhe. Die Familie spricht leiser.

Abe fragt, ob er seinen Teller mitnehmen kann, um beim Zuhören zu essen. »Wenn du willst«, sagt Woody. Zuerst werden die anderen nicht ruhig genug, als Abe sie darum bittet. Woody bittet ihn, früher zu sprechen, und Ma, sich schneller zu bewegen, damit sie Abes Gesicht nicht so lange verdeckt.

(5 gefilmt und 2 kopiert)

Wir gehen direkt zur nächsten Aufnahme über.

Aufnahme 89: Das Essen ist vorbei, die Familie verschwunden. Abe ist immer noch am Radio, völlig gefesselt.

(1 gefilmt und 1 kopiert)

Um 1.00 Uhr mittags machen wir Mittagspause.

2.00 Uhr nachmittags. Barbara ist völlig erschöpft. Angela ist heute krank, Drew hat frei, so muß sie die Arbeit für drei übernehmen. Sie erzählt mir, daß Little Joe mittlerweile jeden von den *Ishtar*-Dreharbeiten kennt; er verbringt die Hälfte seiner Zeit mit ihnen. Ich frage ihn, ob er Isabelle Adjani gesehen hat. »O nein. Ich kenne nur Dustin, Warren und Elaine«, antwortet er.

3.15 Uhr nachmittags. Carlo arbeitet an der Küche für die nächste Aufnahme. Wir machen eine Nachaufnahme der schlampigen Hausfrau, die, während sie die Küche saubermacht, die Soap Opera mit Phyliss und Paul verfolgt (Sequenz 11). Aber jetzt ist Ma die schlampige Hausfrau.

Tom bekommt von Romaine einen neuen Haarschnitt. Bobby Greenhut ist Woody beim Lösen eines Schachproblems behilflich. Nicole hat Somerset Maugham zur Seite gelegt und lernt Stricken. Ihr erster Pullover ist für sie selber bestimmt.

3.30 Uhr nachmittags. Vor der Aufnahme zeigt Jimmy Mazzola Woody den Hochzeitskuchen für Ma und Pa (Sequenz 103). Woody will mehr Verzierungen – und es gibt noch ein Problem: Ma soll den kleinen Figuren die Köpfe abbeißen. Vorher waren die kleinen Figuren aus Zuckerguß; jetzt sind sie aus Hartplastik gegossen.

Aufnahme R 11: Ma ist in der Küche und wischt den Tisch ab, während sie ihre Lieblingssendung hört – die Soap Opera mit Phyliss und Paul.

Zuerst hören sich Woody und Ma das Playback an. Er gibt ihr einige Fingerzeige, wo sie sich am besten bei welchen Worten aufhält. Aber er will sie nicht bevormunden. »Machen Sie ruhig, was Sie für richtig halten.« Zwischen jeder Aufnahme legen Jimmy Mazzola und Jimmy Frederick die Überbleibsel wieder auf die Teller zurück – Eierschalen, Bananenschalen mit Soße und Brotkrümel und ähnliches. »Nachdem er sagte: ›Sag ja!‹, müssen Sie sehr nachdenklich blicken«, meint Woody. Ma soll die Bananenschalen in den Abfalleimer werfen.

(5 gefilmt und 5 kopiert)

Woody geht hinüber zu Carlo, um die nächste Aufnahme zu besprechen, in der Tante Ceil ihre Lieblingssendung hört: *Der famose Bauchredner* (Sequenz 96). »Das Problem ist, daß wir diese Einstellung schon so häufig hatten«, sagt Woody im Flur.

5.30 Uhr nachmittags. Carlo ist fertig. Erste Probe. Abe und Ceil gehen ihren Text durch. Woody steht hinter der Kamera. Er will auch Ma und Ruthie bei dieser Aufnahme dabeihaben, aber sie sind nicht fertig. Jeffrey und die Salad Sisters brauchen noch mindestens eine halbe Stunde, um sie richtig hinzukriegen. »Vergeßt Ma, aber Ruthie brauchen wir. Wir nehmen Oma anstatt Ma.« Aber auch Oma ist noch nicht fertig. So warten wir doch auf Ruthie und Ma, und Woody geht zu seinem Schachspiel zurück.

6.15 Uhr abends. Aufnahme 96: Cousine Ruthie spielt auf dem Teppich Karten mit Little Joe, Ma strickt, und Ceil näht, während der famose Bauchredner im Radio zu hören ist. Ceil bricht bei jedem seiner Scherze in Lachen aus. Abe kommt die Treppe herunter, die Zeitung in der Hand. Er wirkt irritiert. Ceil hört nicht auf zu lachen. »Das ist ein Bauchredner im Radio. Woher weißt du denn, daß er seine Lippen nicht bewegt?« Abe fragt das ziemlich ärgerlich. »Aber wen kümmert das schon? Laß mich in Ruhe!« Ceil antwortet ihm glucksend vor Lachen. *(45 Sekunden)*

Einstellung 1: Woody unterbricht. Er möchte, daß das Playback der Radiosendung später einsetzt.

Einstellung 2: Abgebrochen. Wieder kam das Playback zu früh. Es gab ein Mißverständnis mit der »Unterhaltungscrew«.

Einstellung 3: Abgebrochen. Frankie hat schon wieder gepfuscht. Eine leichte Gereiztheit kommt auf; alle sind müde.

Einstellung 4: Abe beginnt zu früh. Das Playback muß lauter sein, damit Abe sein Stichwort hört. Frankie dreht dann die Lautstärke wieder zurück, damit Jimmy sauber mischen kann.

Einstellung 5: Woody versucht es nicht weiter mit einem Stichwort für Abe. »Sie sind einfach völlig desinteressiert«, erklärt er ihm vor der Aufnahme. Und zu Ceil: »Total angewidert... ›Los geht's!‹« Ceils Lachen ist großartig. Auch Woody lacht. Sie ist besser als die bezahlten Lacher von Herbie Hanson.

Einstellung 6: Woody lacht wieder während der ganzen Aufnahme. Mittendrin sieht Ceil ihn lachen. Er platzt laut heraus, und Ceil beginnt mit ihrem Gelächter. Sehr gut. »Noch eine und...«

Einstellung 7: Und wieder sehr gut.
(6 gefilmt und 7 kopiert)

Um 6.40 Uhr abends packen wir zusammen.
Woody lacht immer noch.

Freitag, 31. Januar 1986

Manes versucht den Skandal zu vertuschen. Ed sagt: »*Er täuscht die Ernsthaftigkeit seiner Krankheit bloß vor.*« *In der Tat, Ed ist Manes' überdrüssig:* »*Meine Aufgabe ist es, ihn hinauszuschmeißen.*« (Daily News)
Das Nonnenkloster in Auschwitz erregt Aufsehen: Jüdische Organisationen bezeichnen die Stellungnahme der Nonnen als einen Affront gegenüber dem Andenken an Millionen von Toten. (New York Times)
Gute Kritiken für Herb Gardners The Goodbye People. *Der Film ist in Coney Island mit Pa in der Rolle des Michael Silverman angelaufen.* (New York Times)

8.15 Uhr morgens. Wir sind oben auf Bühne G, um die Krankenhausszene noch einmal aufzunehmen.
Aufnahme RR 154: Derselbe Handlungsablauf, aber diesmal ohne Kamerafahrt. Die Kamera ist auf die Krankenschwester und Myla (Mas Zimmergenossin) gerichtet und schwenkt dann, der Krankenschwester folgend, zu Mas Bett, das von der Familie umlagert ist.
(3 gedreht und 2 kopiert)
Wir gehen wieder hinunter zu Little Joes Haus. Ken zeigt Woody ein paar Fotos mit jungen Männern. Kurz entschlossen wählt Woody einen aus. Jetzt hat Cousine Ruthie ihren Freund.

10 Uhr morgens. Angela fühlt sich heute morgen etwas angespannt. Abe schlägt vor, mit ihr eine chiropraktische Behandlung zu machen. Sie fangen an, und wir schauen zu. Angela scheint sich zu erholen und meint, Abe wirke beruhigend und sei sehr zärtlich. Abe wird es ein bißchen warm; er schwitzt. Ich habe den Eindruck, daß die Behandlung nicht nur chiropraktischer Natur ist.
Opa erzählt mir, daß er Französisch könne, aber Oma widerspricht ihm. Sie hat natürlich recht. Ganz hinten, am Ende der Halle, schreiten Ma und Pa zur nächsten Aufnahme. Heute

morgen haben die Mazzola-Brüder beim Kartenspiel den ersten und zweiten Preis gewonnen.

10.45 Uhr vormittags. Wir sind wieder im Studio, um den Hochzeitstag von Ma und Pa aufzunehmen. Eigentlich ist hier eine Stimme aus dem Off vorgesehen, aber Jimmy schlägt vor, für alle Fälle den Ton mit aufzunehmen. Woody ist einverstanden.

Aufnahme C 102: Die Familie hat sich um den Tisch im Speisezimmer versammelt. Sie lachen und trinken. Pa überreicht Ma eine große Schachtel. Es ist ein neuer Mantel mit Pelzkragen. Ma küßt Pa. Alle unterhalten sich gut. *(28 Sekunden)*

Es gibt keine genaueren Regieanweisungen und – nachdem der Bewegungsablauf der Schauspieler geklärt worden ist – auch keine größeren Probleme.

(3 gedreht und 2 kopiert)

Aufnahme C 102 A: Die Kamera schwenkt in einer Großaufnahme über die Gesichter. Alle sind fröhlich und lachen. Schließlich gibt Ma Pa noch einen Kuß.

(4 gedreht und 2 kopiert)

Woody legt rasch die Kameraeinstellung für die nächste Aufnahme fest. Es ist die Szene, in der sich Bea für ihr Rendezvous mit Manulis zurechtmacht (Sequenz 49). Die Kamera soll auf die Küche und den Flur gerichtet sein. Carlo braucht mindestens einenhalb Stunden. Woody und die Schauspieler ziehen sich inzwischen in ihre Zimmer zurück.

Jimmy Mazzola muß wohl die 25 Zuckerfiguren, die er extra für den Kuchen angefertigt hat, selber essen, weil sich Ma weigerte, die Köpfe abzubeißen. Und der Kuchen war nicht einmal im Bild!

12.15 Uhr. Dem Schneemann ist der Penis nach unten gebogen worden, und seine Plastiktasche ist verschwunden. In der Schreinerei schaut er jetzt ein bißchen traurig und verlassen drein. Jimmy Frederick und Danny kommen vom Einkauf für das Mittagessen der Familie zurück, die sich noch bei den Salad Sisters rumtreibt.

Die Krankenschwester erzählt uns von Meryl Streeps Double in *Heartburn*. Dustin Hoffman traf sie eines Tages zufällig im Aufzug. Plötzlich fragte er sie, was sie denn gerade vorhätte. Ohne Umschweife nahm er sie mit und schlug sie dem Produzenten für einen Part vor, für den sie seiner Meinung nach hervorragend geeignet wäre. Leider vergeblich, denn er war bereits vergeben!

Um 12.55 Uhr machen wir Mittagspause.

An Beas Tür hängt ein Schild: NICHT STÖREN. ICH SCHLAFE. DANKE. DIANNE XXX.

2.15 Uhr nachmittags. Manulis erscheint bei den Salad Sisters zum Make-up. Es ist sein großer Auftritt, alle sind beeindruckt: Ma starrt ihn an, und Pa schüttelt ihm fest die Hand. »Achtung, noch fünfzehn Minuten!« plärrt Richie in die Halle.

2.45 Uhr nachmittags. Alle sind an Ort und Stelle. Wir drehen, wie sich Bea für ihr Rendezvous mit Manulis herrichtet, während die Familie nach Beendigung ihres Mittagessens wieder ihren Alltagsgeschäften nachgeht. »Kann ich den Dialog mal sehen?« fragt Woody. Tom bittet um Ruhe. Abe beschwert sich bei Jimmy Mazzola, weil man ihm jeden Tag die gleiche Zeitung gibt; er kennt sie jetzt schon auswendig. Tom möchte eine in Hebräisch, und Woody droht Little Joe Schläge an, sofern er keine Ruhe gibt.

»Ich möchte nacheinander jede einzelne Rolle durchgehen«, sagt Woody, »und zwar den Bewegungsablauf.« Die Schauspieler fangen an, und Woody, der neben ihnen steht, hält das Skript in der Hand. Bei jeder Textzeile beschreibt er den dazu gehörenden Handlungsablauf, ändert den Text aber sofort ab, wenn sich herausstellt, daß er nicht gut klingt oder nicht zur Handlung paßt. Woody geht ganz langsam, Schritt für Schritt vor. Ruthie ist im Bild. Bea tritt ein. Sie folgt Ruthie durch die Eingangstür. Nach jeder einzelnen Entscheidung konsultiert Woody noch einmal das Skript, wo allerdings überhaupt keine Regieanweisungen stehen. Aber zwischen den Zeilen findet er Hinweise, die ihm passende Handlungsanweisungen für die

Szene geben. Jetzt kommt Bea durch eine andere Tür herein. Little Joe geht vom Kühlschrank zur Treppe, bis er schließlich das Bild verläßt. Und jetzt sitzt Pa anstelle von Abe am Küchentisch und liest Zeitung.

3 Uhr nachmittags. Erste Probe: »Äußerst langsam, bitte«, fordert Woody. Einige der Handlungsabläufe zwischen den Schauspielern scheinen zu klappen; dennoch sind sie noch nicht exakt genug. Abe ist nicht mehr im Bild. »Noch einmal!«

Zweite Probe: Es gibt noch Probleme, wenn Pa die Küche verläßt und Bea eintritt. »Noch einmal von vorne!«

Dritte Probe: Woody läßt Bea hereinkommen, in den Speiseraum hinausgehen und wieder zurückkommen. Beinah ein Drittel ihrer Rolle spricht sie im Eßzimmer, außerhalb des Bildes, anstatt in der Küche zu bleiben und hier ihren Text zu sagen. Im großen und ganzen scheint es aber zu laufen. Dennoch gibt es noch ein Problem zwischen Beas und Little Joes Auftritt und Abgang, das noch gelöst werden muß. »Versuchen wir es in einem anderen Tempo. Wir werden sehen, was dabei herauskommt.«

Vierte Probe: Woody gibt Bea exakte Anweisungen, wann sie hereinkommen (erst nach Little Joes Auftritt) und wieder hinausgehen soll. »Noch mal von vorne!«

Fünfte Probe: »Es ist sehr gut. Es wird ausgezeichnet werden, falls wir es schaffen!« Dann gibt er jedem einzelnen Anweisungen:

Zu Pa: »Sie müssen voller Eifer nach den Zigaretten suchen.«

Zu Ma: »Sie müssen Little Joe wirklich schlagen, dann aber rasch aus dem Bild treten.«

Zu Bea: »Seien Sie anfangs nur ein wenig nervös, zum Ende hin aber immer mehr.«

Sechste Probe: »Jetzt hab' ich's. Diese Bildseite bleibt leer!«

3.15 Uhr nachmittags. Die gleiche Einstellung wie bei der ersten »Establishing-Szene« von der Familie, die wir bereits zweimal geschossen haben (Szene 24). Es ist eine sehr schwierige und lange Aufnahme; sie dauert eine ganze Minute. Es ist nicht leicht, den Bewegungsablauf und das Tempo aufeinander abzustimmen. Ohne größere Kamerabewegung ist es jetzt sogar noch schwieriger. Die richtige Geschwindigkeit muß allein durch die Handlung im Bild, ohne Zuhilfenahme der Kamerabewegung, gefunden werden.

Siebte Probe: Bea ist gut. Aber Woody ist dennoch nicht zufrieden. »Das Bild ist überladen, zu unruhig.«

Achte Probe: »Jetzt haben wir es. Ist in Ordnung.« Pa bleibt in der Küche. Bea geht durch die gleiche Tür herein und hinaus; es ist die, die von der Küche zum Eßzimmer führt. Und Little Joe kommt jetzt nur noch einmal in die Küche.

3.30 Uhr nachmittags. Woody fragt Carlo, was er davon hält, wenn Manulis am Schluß der Szene hereinkommt. »Ja«, antwortet dieser zögernd, »aber keine Straße!« Zuerst blickt Woody nicht durch. Doch dann versteht er und lacht. Die Kamera ist in der Nähe der Eingangstür postiert, und wenn diese aufgeht... Woody geht zu jedem einzelnen Schauspieler und ruft ihnen die Details in Erinnerung. Er schließt mit einer Bemerkung an alle: »Es ist nicht ganz so konfus, wie es aussieht!« Aber Carlo muß noch einige Vorbereitungen treffen. Wir bleiben alle im Wohnzimmer und unterhalten uns flüsternd, damit Carlo in Ruhe arbeiten kann. Draußen, in der Vorhalle, plaudert Barbara mit dem SAG-Vertreter; ihm scheint es zu gefallen.

4.20 Uhr nachmittags. Aufnahme 49: Die Küche. Das Abendessen ist beendet. Ma räumt auf. Pa liest die Zeitung, und Tante Ceil kümmert sich um das Fleisch (heute nachmittag hatte sie den Fisch ausgenommen). Aus dem Radio erklingt Musik, und Bea tanzt dazu. Sie ist ganz aufgekratzt, tänzelt unentwegt von einem Zimmer in das andere und sucht ihren roten Gürtel. Pa will wissen, was denn los sei. Ma klärt ihn auf: Mr. Manulis habe den Wunsch geäußert, Bea auszuführen. »Was hat er getan? Ist er blind geworden?« scherzt Pa. Cousine Ruthie telefoniert noch immer. Sie erzählt aller Welt, daß Mrs.

Waldbaum eine Geldbörse in der U-Bahn gefunden, aber noch nicht entschieden hat, ob sie sie zurückgeben soll oder nicht. Bea schwärmt von Manulis: »Er sieht so gut aus!« Sie hat ihn im »Catskills« kennengelernt. »Er tanzt, reitet, und ab und zu spielt er sogar Tennis!« Pa fragt, womit er seinen Lebensunterhalt verdiene. »Seine Firma importiert Kaffee.« Little Joe fragt Pa, womit er denn eigentlich seinen Lebensunterhalt verdiene. Pa bittet Little Joe, ihm seine Zigaretten zu bringen. Dann gibt er Bea zu verstehen, daß es vielleicht an der Zeit sei, sich etwas aufgeschlossener zu geben. »Dieses Wort kenne ich nicht«, erwidert Bea. Plötzlich klingelt es an der Tür. Manulis! Bea gerät in Aufregung. Sie bittet Ceil, die Tür zu öffnen. Aber deren Hände riechen nach Fisch und Fleisch, und darum geht Ma.
(1 Minute, 2 Sekunden)
Bevor wir mit der Aufnahme beginnen, tanzt Woody, um Bea zu zeigen, wie sie es machen soll.
Einstellung 1: Abgebrochen. Bea hatte einen Versprecher. Darüber hinaus verdeckte sie anfangs das Bild. Sie hat einen sehr komplizierten Bewegungsablauf; sie muß bestimmte Markierungen präzis einhalten und gleichzeitig beinah ununterbrochen ihren Text sprechen.
Einstellung 2: Dickie muß die Aufnahme unterbrechen. »Kamera ist nicht in Ordnung.«
Einstellung 3: Dickie unterbricht erneut. Bea machte beim ersten Eintreten einen Schritt, als sie dann aber zum zweitenmal hereinkam, machte sie zwei. Woody bittet sie, nicht in der Tür stehenzubleiben, sondern direkt zur zweiten Markierung zu gehen.
Einstellung 4: Woody unterbricht. Little Joe verpaßte seinen Einsatz.
Einstellung 5: Nicht schlecht. Die erste fertige Aufnahme. Ceil gerät etwas aus dem Bild, während sie das Fleisch klopft, und Mas Rücken sollte am Anfang etwas mehr ins Bild kommen. »Seien Sie noch aufgeregter, wenn es klingelt«, fordert Woody Bea auf. Ruthie muß ebenfalls an einer genau markierten Stelle unter der Tür auftauchen, um ihren Text rüberzubringen.
Einstellung 6: Abgebrochen. Ruthie verpaßte ihren Einsatz.

Einstellung 7: Abgebrochen. Wieder Ruthie. Eine neue Filmspule muß eingelegt werden.

Es sieht so aus, als würde es Ceil, die Kippe im Mundwinkel, Spaß machen, das Fleisch zu klopfen. »Das wird unsere letzte Aufnahme heute sein«, meint Tom zu Woody. »O.K.«, sagt Woody.

Einstellung 8: Cut. Wieder Ruthie. Auch die Abstimmung der Bewegungsabläufe zwischen Ma und Little Joe klappte nicht; Ma verdeckte Little Joe. »So geht's nicht.«

Einstellung 9: Dickie unterbricht. »Louis! Sie verdecken...«

Einstellung 10: Abgebrochen. Ruthie verpaßte ihr Stichwort. »Etwas lebhafter. Sie sprechen zu tonlos«, bemerkt Woody zu Ma und Pa. Und Bea fordert er auf: »Bleiben Sie in Bewegung!« Dann tanzt er ihr etwas vor, aber Bea findet das jetzt nicht mehr witzig.

Einstellung 11: Bea spielt gut, sehr gut sogar. Allerdings verpaßt sie, wie Carlo und Ray bemängeln, noch zu häufig ihre Markierungszeichen. Dadurch verdunkelt ein Schatten ihr Gesicht. Bea sagt, sie werde es schon schaffen.

Einstellung 12: Rundum gelungen.

Einstellung 13: Dickie muß unterbrechen. Ceils Zigarette war auf den Boden gefallen. Sie mußte sich bücken, um sie wieder aufzuheben, und geriet aus dem Bild. Es ist genauso wie bei *Stardust Memories*: Bei den Aufnahmen raucht Ceil eine nach der anderen.

Einstellung 14: Insgesamt wieder sehr gut gelungen.

Einstellung 15: Wieder gut. Aber Jimmy Sabat könnte sich etwas mehr anstrengen.

Einstellung 16: Dickie unterbricht. Louis bewegt sich wieder zu schnell. Die »Unterhaltungs-Crew« ist nicht ganz bei der Sache. Sie haben diese Woche zuviel gewonnen!

Einstellung 17: Gut. Woody fragt Bea: »Können Sie es noch ein-, zweimal machen?« Bea ist einverstanden. Woody bittet sie, schneller zu gehen und sich dafür beim Tanzen etwas zurückzuhalten.

Einstellung 18: Sehr gut. Die Aufnahme war jetzt kompakter, und auch das Tempo hat gestimmt.

Einstellung 19: Woody unterbricht. Beas Eintreten war nicht gut.

Einstellung 20: Woody unterbricht. Ruthie war nicht schnell genug.

Einstellung 21: Abgebrochen. Bea verschwand zu rasch aus dem Bild, während Pa etwas zu langsam war.

Einstellung 22: Kurz bevor das Zeichen »Action!« gegeben wird, schreit Woody: »Ziemlich schnell jetzt!« Sehr gut geworden.

(Die Einstellungen 5, 12, 14, 17, 18 und 22 werden kopiert.)

Fertig um 5.25 Uhr abends.

Carlo und Woody legen die Einstellung für den Auftritt von Manulis fest. Diese Aufnahme soll am Montag morgen als erste geschossen werden. Die Kamera ist in einer Ecke des Flurs versteckt, wobei die Eingangstür den Blick nach draußen versperrt. Auf diese Weise hat Carlo sein »Keine Straße!«

5.45 Uhr abends. Bühne G. Bevor wir zusammenpacken, begutachten Carlo und Woody das Bild für die Nebelszene am Breezy Point. Wir werden damit am Montag anfangen. Santo ist auch da, und das Bild ist fast fertig. Den Breezy Point durchschlängelt eine kurvenreiche Straße, eine zweite zieht sich quer durch. Der Landstrich ist teils sandig, mit Schilfrohr bewachsen, teils felsig; hinten, am Rand der Klippe, ragt der Leuchtturm empor. Aber schon gibt es ein Problem. Der Dialog, der sich im fahrenden Auto abspielen soll, dauert ziemlich lang, während die Wegstrecke verhältnismäßig kurz ist. Zwei Lösungsmöglichkeiten stehen zur Wahl. Entweder macht der Wagen kehrt, oder Woody erklärt sich bereit, den Dialog zu kürzen. Ansonsten scheint alles in Ordnung zu sein.

Um 6 Uhr abends packen wir zusammen.

Woody eilt zu den Mustern, Jeffrey und Larry rennen hinterher. Der Fahrer des Transporters, mit dem wir nach Manhattan zurückfahren, fragt mich, ob Woodys Chauffeur etwa auch sein Leibwächter sei.

»Was zuviel ist, ist zuviel«, schimpft Ed. Er will zwar keine »Rede an die Bürger New Yorks« halten, fügt aber, in Anspielung auf die Steuermillionen-Affäre, hinzu: »Ich sollte eigentlich Marcos ›Bude‹ beschlagnahmen lassen.« (New York Times und Daily News)

Vierzehn Tote innerhalb von zwei Tagen in Haiti. »Baby Doc« ruft den Notstand aus und sitzt, dank seiner Tontons Macoutes, so fest im Sattel wie eh und je. (New York Times)

Peruanische Rebellen des »Leuchtenden Pfads« töten zwölf Menschen in einem Dorf in den Anden. Seit die Rebellen ihren Guerilla-Krieg im Mai 1980 angefangen haben, mußten über sechstausend Peruaner ihr Leben lassen. (New York Times)

Der südafrikanische Präsident P. W. Botha schlägt vor, Nelson Mandela im Austausch mit Andreij Sacharow und Anatoli Schtscharanski freizulassen. Aber die Amerikaner und die Sowjets haben bereits ein Abkommen getroffen, Schtscharanski gegen ein paar Spione auszutauschen. (New York Times)

Die schwedische Diplomatin Alva Myrdal, die für ihr Engagement in der Abrüstungs-Frage den Friedensnobelpreis erhielt, verstarb am Wochenende.

Er heißt Kebawah Dul Yang Maha Mulia Paduka Seri Baginda Sultan Hassanal Bolkiah Mui'zzaddin Waddaulah. Mit 39 Jahren wurde er Sultan und absoluter Herrscher von Brunei, einer der jüngsten (unabhängig vom Britischen Protektorat seit 1984), kleinsten (221000 Menschen leben auf 5765 km^2 Fläche) und reichsten Staaten (durchschnittliches Einkommen 18000 Dollar im Jahr). Im Privatbereich des Sultans befindet sich ein 400-Millionen-Dollar-Palast mit 1788 Zimmern, seine Privat-Moschee, ein Hubschrauber-Landeplatz, ein Parkplatz für achthundert Fahrzeuge, darunter mehrere Dutzend Stellplätze für seine Sportwagen. Er ist Premierminister, Finanzminister und Innenminister in Personalunion. Zwei seiner Brüder leiten das Außenministerium und das Ministerium für Kultur, Jugend und Sport. Ihr Vater, der frühere Sultan Omar Ali Saifuddin, ist Verteidigungsminister und oberster Befehls-

*haber der Streitkräfte. Der Reichtum Bruneis geht auf Ölfunde
im Jahre 1929 und die Entdeckung von Gasvorkommen im
Jahre 1965 zurück.* (New York Times)

9 Uhr morgens. Wir wollen das Eintreffen von Manulis drehen. Die Wand hinter der Treppe wurde entfernt (ein Vorteil
des Studios), um Carlo mit seiner Kamera mehr Spielraum zu
lassen. Opa und Oma sind schon bereit, um in die Sessel im
Hintergrund »gesetzt« zu werden, aber Manulis ist immer
noch unter den Fittichen der Salad Sisters. Und Bea hat um
zehn Minuten gebeten, um sich anzukleiden.
Jimmy Mazzola ist heute müde; das Wochenende war zu kurz.
Seine Frau besucht gerade einige Verwandte in Kalifornien.
Nach Beendigung der Dreharbeiten will er sie dort treffen; sie
haben vor, ein Haus am Meer zu mieten. Liz hat sich ihre roten
Haare schneiden lassen; stoppelkurz, wie ein frischgemähter
Rasen. Sie sieht keck damit aus. Drew ist von ihrem einwöchi-
gen Mexiko-Urlaub zurück – sonnengebräunt; steht ihr gut.

10 Uhr vormittags. Alle sind zur Stelle. Opa hat heute
schlechte Laune, aber Oma lächelt wie immer und begrüßt
mich herzlich. Abe mag Manulis; er hält ihn für einen witzigen
Typen. Bea friert; sie beschwert sich bei Jimmy Sabat, der wegen des Lärms die Heizung abgeschaltet hat.
Eine erste Probe. Bea erkundigt sich, ob sie stehen oder sitzen
soll, wenn es läutet. Woody ist das egal, ihr auch. Carlo
möchte, daß sie sitzt. Während die letzten Vorbereitungen getroffen werden, plaudert Pa mit Manulis. Bea beklagt sich noch
einmal über die Kälte. Und Ceil beginnt das Fleisch herzurich-
ten. Es scheint ihr ein wenig auf die Nerven zu gehen, obwohl
es immer noch besser ist, das Fleisch zuzubereiten, als Abes
Fisch auszunehmen.

10.30 Uhr vormittags. Es läutet an der Haustür. Bea ist ganz
aufgeregt. Ma öffnet die Tür, und Manulis taucht auf, lachend,
freundlich, ganz locker. Ma ist beeindruckt, Pa geht zu ihnen
hin. Sie reichen sich die Hand. Pa macht eine Bemerkung über

Manulis' festen Händedruck. Manulis erklärt, daß er es haßt, wenn ihm jemand »eine lahme Pfote in die Hand legt«. Bea kommt, Manulis nennt sie »Sugar«, beide verschwinden. Ma fragt Pa, was er davon halte. »Was hat sie gemacht? Ist sie in eine riesige Parfum-Flasche gefallen?« Ma sagt, als sie noch jünger waren, »galt Bea immer als die hübschere«. »War wohl ein Schönheitswettbewerb!« gibt Pa zur Antwort. Ma gehen Pas Witze auf die Nerven. »Du hast Glück, ich liebe dich, du alter Windbeutel!« schmeichelt ihr Pa und nimmt sie in den Arm. *(50 Sekunden)*

Manulis ist sehr locker. Er ist sich seiner Ausstrahlung auf andere bewußt. Manulis ist aber auch sonst immer gut drauf; es ist ein Teil seiner Frohnatur.

Einstellung 1: Woody stoppt die Aufnahme. Ma rief: »Bin schon da, bin schon da!«, Woody möchte aber hören: »Ich komme, ich komme!«

Einstellung 2: O. K. Woody fordert Manulis auf, noch überschwenglicher zu sein. Manulis übt es, und alle prusten los vor Lachen, allen voran Woody. Dann bittet Woody Opa, die Zeitung höher zu halten.

Einstellung 3: Woody lacht immer noch über Manulis. Dickie meint, daß Ma und Pa erst später eintreten sollen, und Woody bittet Abe, einen Zug auf dem Spielbrett zu machen; er spielt nämlich mit Little Joe »Dame«. Manulis fordert er auf, noch temperamentvoller zu spielen.

Einstellung 4: Gut. Woody bittet Manulis, noch ungestümer vorzugehen und »weiter so zu lachen«.

Einstellung 5: Abgebrochen. Wegen der Kamera.

Einstellung 6: Gut. »Noch eine, und wir sind fertig.« Manulis zwinkert mir zu; ihm gefällt es riesig.

Einstellung 7: Gut. Aber nicht gut genug für Dickie.

Einstellung 8: O. K. »Machen Sie's genauso wie eben«, sagt Woody zu Manulis, »aber achten Sie mehr auf Little Joe und Abe.«

Einstellung 9: Manulis improvisiert: Er schnalzt mit Pas Hosenträgern! Das gefällt Woody. »Nicht zu viele Gesten. Ansonsten ist es sehr gut, vor allem Ihr Lachen.«

Einstellung 10: »O. K. Noch eine und wir...« Zu Manulis: »Etwas weniger Gesten. Aber es ist eine sehr gute Aufnahme. Vergessen Sie Ihr Lächeln nicht.« Manulis macht unverdrossen weiter.

Einstellung 11: Gut. Aber Manulis lacht jetzt nicht mehr so überzeugend. Woody besteht erneut darauf: »Spielen Sie ganz nach Ihrem Gefühl, aber vergessen Sie das Lachen nicht!«

Einstellung 12: Woody unterbricht. Manulis war nicht am markierten Platz. »Lassen Sie sich Zeit. Wir haben genügend gute Aufnahmen«, ermuntert ihn Woody.

Einstellung 13: Wieder unterbricht Woody. Manulis wird jetzt müde. »Lassen Sie ihr mehr Zeit«, bedeutet ihm Woody mit einem Fingerzeig auf Ma.

Einstellung 14: Woody unterbricht: »Es tut mir leid, aber Sie müssen sich ihr vorstellen.«

Einstellung 15: Gut. Aber Dickie ist nicht so zufrieden.

Einstellung 16: »Sidney Manulis!« ist er versucht zu schreien. Aber Woody unterbricht. Manulis fragte nämlich: »Ist Tess fertig?« anstatt nach »Bea« zu fragen. Er gerät ins Schwitzen. Fern überpudert die Schweißtropfen.

Einstellung 17: Gut. »Aber vielleicht noch mehr lachen.«

Einstellung 18: Gut. Manulis beachtete diesmal Bea mehr. »Im Kasten!«

(Die Aufnahmen 2, 4, 8, 9, 17 und 18 werden kopiert.) Fertig um 11.05 Uhr vormittags. Wir begeben uns zur Bühne G.

11.15 Uhr vormittags. Die Szeneneinrichtung für Breezy Point ist fertig, aber Carlo braucht noch zwei Stunden Vorbereitungszeit. Die einzige Beleuchtung werden zwölf Strahler sein, die von der Decke hängen; drei davon müssen noch befestigt werden. Für die Innenaufnahmen im Auto muß hinter dem Tacho und dem Radio noch eine stärkere Beleuchtung angebracht werden, damit Beas und Manulis' Gesichter hell genug sind. Die Straße wurde mit Wasser besprengt und das Auto überdies mit einem Mattlack überzogen, so daß die künstlichen Studiolichter nicht spiegeln können. Jimmy Mazzola testet den Nebel: Heute riecht er nach nichts. Vorne an der Düse des Nebelwerfers ist Trockeneis angebracht. Dadurch bleibt der Rauch für die zwei oder drei Minuten, die für die Aufnahme benötigt werden, am Boden, ohne an Dichte zu verlieren. Im Augenblick scheint der Nebel über den Boden zu kriechen. Es sieht sehr schön aus, eine Reminiszenz an Francis Ford Coppolas *Rumble Fish*.

Carlo hat seit einiger Zeit nichts mehr von Antonioni gehört. Dafür haben ihm die Brüder Taviani angeboten, mit ihnen zu arbeiten. Sie drehen einen Film über Einwanderer, *Good Morning, Babylon*. Einige Szenen drehen sie in Amerika.

12.15 Uhr mittags. Die Familie ist in Wartestellung für den Fall, daß wir Probleme mit dem Nebel haben; wenn alles klappt, dann können sie so um 3 Uhr nachmittags nach Hause gehen. Bea beginnt einen Flirt mit Woody, der gerade mit Abe eine Partie Schach spielt. Und Oma bringt Romaine die »Loksham-Kugel«, die sie am Wochenende extra für sie gebacken hat. Little Joe kommt von der *Ishtar*-Szene zurück. »Es ist zu früh«, sagt er mir. »Nichts los. Warren und Dustin hocken noch immer in ihren Zimmern.«
Um 1 Uhr machen wir Mittagspause.

Der Verantwortliche hat heute einen ziemlich arbeitsreichen Tag. George Kaufman, der Chef des Studios, gibt hier in der Kantine eine kleine Party. Louis und Frankie haben sich an einem kleinen Tisch niedergelassen und tauschen ein paar Worte mit der hübschen Bedienung. Jimmy Sabat organisiert ein paar Wetten für seine Freunde. Die Fahrer sitzen an einem anderen Tisch. Bobby Greenhut, Ezra und Tim unterhalten sich über den Drehplan (noch ein, zwei Wochen?). Barbara ist mit dem Privatlehrer irgendwohin zum Essen gegangen. Und Little Joe? Er geht von Tisch zu Tisch und unterhält alle.
Gerade, als ich gehen möchte, bittet mich Little Joe, der in ein Gespräch verwickelt ist, doch auf ihn zu warten; er möchte mich sprechen! Wir gehen gemeinsam zum Drehort zurück. Little Joe möchte es ganz genau wissen: Was ist eigentlich mein Job hier? Dann verrät er mir, daß Penelope, »Die Frau in Rot«,

die am letzten Donnerstag hier war, ebenfalls ein Buch über Woody schreibt.

2.35 Uhr nachmittags. Der Nebel ist da. Es ist sehr schön, aber man kann die eigene Hand nicht mehr vor den Augen sehen. Wir tragen alle weiße Masken. Woody taucht im Nebel auf. Er schaut widerwillig, muß aber dann doch über uns lachen. Dann überprüft er die Kamera und legt selbst eine Maske an.
Aufnahme 52: Halbtotale mit Manulis' Achtzylinder-Buick, der langsam den Nebelschleier durchreißt. Der Wagen nähert sich. Wir können nur die Scheinwerfer sehen. *(10 Sekunden)*
Die Sicht ist gleich Null, seit die Straße naß ist. Das Auto, mit Jimmy Mazzola am Steuer und Bea als Beifahrerin, fährt auf die Kamera zu. Mit dem Schnauzbart und Manulis' Hut ist Jimmy Mazzola nicht wiederzuerkennen. Er fragt Woody, ob er die Scheibenwischer anschalten soll; wegen des Nebels ist das manchmal ganz ratsam. »Sei nicht so kreativ, Jim. Du sollst nur das Auto steuern«, ruft ihm Tom zu.
(6 gedreht und 2 kopiert) Fertig um 2.50 Uhr nachmittags. Die nächste Aufnahme ist der Dialog im Wagen. Die Jungs vom Team stellen die Kamera ein.

3.15 Uhr nachmittags. Die Bauten für den »Times Square« und für das Dach des King Cole werden abgebaut. Die überdimensionalen Lettern und die riesige Zigarettenpackung der Camel-Werbung werden aufbewahrt und sollen später, nach den Nachaufnahmen, verkauft werden. Bei den Salad Sisters ist jetzt alles ganz ruhig; die Familie ist nach Hause geschickt worden. Und in der Halle neben der Bühne G schickt sich Warren an (im weißen Bademantel und mit Tennisschuhen), zur *Ishtar*-Aufnahme zu gehen. »Was soll denn dieser ganze Rauch?« beschwert er sich (Jimmy Mazzola hat es wieder einmal übertrieben: Der Nebel zieht durch das ganze Studio!).

4 Uhr nachmittags. Aufnahme 52 A: Im Wageninnern. Bea und Manulis fahren durch den Nebel. Bea ist »vom Bier immer noch ein bißchen beschwipst«, obwohl sie nur ein Glas getrun-

ken hatte; »Alkohol wirkt bei mir recht stark«, sagt sie. Manulis geht es wunderbar, obwohl er zehn Bier intus hat. Und Manulis liebt den Nebel. »Er ist sehr romantisch«, stimmt Bea zu. »Du bist ein Romantiker, Sidney.« – »Willst du mich mal in den Bauch schlagen?« fragt Manulis. Bea ist ein wenig überrascht: »Warum?« – »Um zu sehen, wie fest meine Bauchmuskeln sind«, erklärt Manulis. Aber der Motor beginnt zu stottern, dann setzt er ganz aus. Kein Benzin mehr! Und das ausgerechnet in Breezy Point. »Wie im Film«, meint Bea. »Wir sitzen hier fest...«, sagt daraufhin Manulis. »Was kann man da als Mädchen schon machen?« sagt Bea. Sie ist ein wenig ängstlich, aber trotzdem ganz bei der Sache. *(43 Sekunden)*

Die Kamera steht vor dem Buick, in Blickrichtung Windschutzscheibe. Jimmy Mazzola und Jimmy Frederick hocken versteckt hinter dem Auto. Mit Hilfe eines Stücks Holz und einer Kamerabox schaukeln sie den Wagen, um so den Eindruck zu vermitteln, er fahre. Die Gesichter von Bea und Manulis, durch die Scheibe in Großaufnahme gefilmt, werden von der Tachometer- und Radiobeleuchtung erhellt. Woody und Kay haben Kopfhörer auf; wir können überhaupt nichts hören. Zwischen den Aufnahmen geht Woody immer wieder zum Auto hin, um den Schauspielern Anweisungen zu geben.

(6 gefilmt und 4 kopiert)

Woody nimmt sein Skript und stapft durch den Nebel, Carlo hinterdrein. Als nächstes kommt eine Totale von dem im Nebel steckengebliebenen Auto. Außerdem werden wir für das Ende der Szene wieder eine Nahaufnahme von der Vorderfront des Wagens schießen. »Ich meine, wir sollten das der Reihe nach machen«, sagt Woody zu Tom. Sie beschließen, heute nur noch eine Aufnahme zu drehen und morgen früh auf den Mustern die Wirkung des Nebels zu überprüfen.

5.30 Uhr abends. Aufnahme 53: Das Auto kommt im Nebel zum Stehen und fährt an den Straßenrand. Im Radio spielt »La Cumparsita«. Umgeben vom Rauschen des Meeres und vom Nebel, drängt es plötzlich Manulis, den unverbesserlichen Romantiker, »unheimlich stark nach einem Kuß«. Er rückt an Bea heran. Sie leistet anfänglich Widerstand; schließlich ist es ihr erstes gemeinsames Rendezvous. Aber sie »muß zugeben, daß es eine sehr romantische Atmosphäre ist«. Gerade als sie sich anschicken, sich zu küssen, wird »La Cumparsita« durch eine Sondermeldung unterbrochen. Ein »mysteriöses Flugobjekt soll über New Jersey gesichtet worden sein... Wissenschaftler meinen, es könnte sich um Außerirdische handeln... Polizei und Bürgerwehr sind auf dem Weg nach ›Wilson's Glen‹, wo das Objekt landen soll...« *(20 Sekunden)*

Alles verläuft genauso wie bei der vorhergehenden Aufnahme: Woody hat seinen Kopfhörer auf; wir können den Dialog nicht hören.

(7 gefilmt und 3 kopiert)

Wir machen eine Rohfassung der Tonaufnahme.

»Gestorben« um 6.10 Uhr abends.

Woody und Carlo wollen sich morgen früh um 7.40 Uhr die Muster ansehen, bevor sie ins Studio kommen.

Dienstag, 4. Februar 1986

Der Papst besucht Mutter Teresas Leprastation in Kalkutta. Sie hat zur Zeit 86 Patienten. Der tägliche Bericht ist an einer Tafel angeschlagen: zwei Neuzugänge, keine Entlassungen, vier Todesfälle. (New York Times)

Seit Monaten halten sich Gerüchte, daß es Schwierigkeiten mit der Besetzung des Raumschiffes gebe. In einem Untersuchungsbericht werden die Namen von zwölf möglichen Kandidaten genannt. (New York Times)

In den USA müssen sich Ausländer in Zukunft einem AIDS-Test unterziehen. (New York Times)

Die Schickeria bestürmte gestern abend das Sutton-Kino. Gezeigt wurde Hannah and Her Sisters. *Mick Jagger, Goldie Hawn, Glenn Close und Carly Simon waren begeistert.* (Daily News)

»Dynamite Kid« nennt man jetzt »B'klyn's Birdman of Boxing«. (New York Post)

Augusto Ruschi, der sein Leben dem Studium der Flora und Fauna der immer mehr zurückgehenden Regenwälder an der Atlantikküste gewidmet hat, litt an einer tödlich verlaufenden Krankheit. Zugezogen hatte er sich diese Krankheit, als er 1975 am Amazonas mit versteinerten Giftpilzen in Berührung gekommen war. Veranlaßt durch einen Appell des brasilianischen Schriftstellers Affonso Romano de Sant'Anna, nahm Präsident José Sarney Kontakt auf zu Raoni, dem Häuptling des viertausend Köpfe zählenden Stammes der Txucarramae. Eine Maschine der brasilianischen Luftwaffe flog nach Xingu, einem Ort fünfhundert Meilen nordwestlich von Brasilia, um dort sowohl Kräuter als auch Sapaim, einen Schamanen des dort lebenden Stammes der Caimura, abzuholen. Raoni und Sapaim fuhren zu Ruschi nach Rio de Janeiro. Dort rauchten sie 25 Zentimeter lange »Zigarren« aus halluzinogenen Kräutern, deren Rauch sie über dem Patienten ausbliesen, und sangen dazu alte Lieder in ihrer Sprache. Dann massierte Raoni Mr. Ruschis Körper, und es hatte den Anschein, daß ihm eine grüne, streng riechende und klebrige Substanz aus den Poren trat, die er als das Gift des Pilzes identifizierte. Er rieb sie, während er rauchte, zwischen seinen Handflächen, und sie verschwand. Schließlich nahm der Patient ein Kräuterbad. Das Ritual wiederholte sich drei Tage lang, danach wurde Mr. Ruschi am letzten Samstag für geheilt erklärt. (New York Times)

9 Uhr vormittags. Zwei gute Nachrichten gibt es heute morgen. Die Aufführung gestern für die Schickeria war ein voller Erfolg. »Es wird eine Katastrophe!« hatte Woody Carlo noch zuvor prophezeit. Und der Nebel machte sich gut in den Mustern von heute morgen. Deshalb gehen wir zufrieden an die Arbeit.

Aufnahme 53 A: Bea und Manulis von vorne durch die Windschutzscheibe. Soeben endete die erste Sondermeldung. Beas Nervosität ermutigt Manulis (»Ich passe schon auf dich auf, Baby!«). Seine »romantischen Gefühle« packen ihn wieder, und er rückt an sie heran. Bea scheint nichts mehr dagegen zu haben. Da, plötzlich, eine erneute Unterbrechung im Radio.
(38 Sekunden)

Wir haben das gleiche engräumige Szenenbild wie gestern.
Woody steht am Bildrand neben Bea und beobachtet die Gesichter der Schauspieler. Er trägt Kopfhörer und eine Schutz-
maske. Mit Hilfe eines Fächers bringt Jeffrey Mazzola den Nebel in Bewegung. Und wieder können wir nichts hören.
(7 gefilmt und 4 kopiert)

10 Uhr vormittags. Die Türen des Studios stehen sperrangel-
weit offen, um den Nebel hinauszulassen, damit die nächste
Aufnahme vorbereitet werden kann. Gedreht werden sollen
Bea und Manulis, wie sie der Invasion der Marsmenschen in
New Jersey lauschen (Sequenz 53 C). Während der Rundfunk-
Reportage werden hinter den Scheiben Beas und Manulis' Ge-
sichter in Großaufnahme zu sehen sein; die Aufnahme dauert
ziemlich lang (über eine Minute) und führt langsam um den
Wagen herum. Weil das Licht zu schwach und der Nebel zu

dicht ist, muß die Kamera ganz nah heranfahren (der Abstand zur Windschutzscheibe beträgt weniger als 30 Zentimeter), um die Szene scharf ins Bild zu kriegen. Manulis' Achtzylinder-Buick hat eine lange Motorhaube, und die Jungs vom Team müssen sie abmontieren, ebenso die Kotflügel und den oberen Teil des Motors, damit die Kameraschiene verlegt werden kann. Das dauert zwei Stunden, und weitere zwei Stunden wird es kosten, um alles für die nächste Aufnahme wieder zusammenzubasteln.

Das Ganze erfordert handwerkliches Können und fachmännisches Geschick. Die Jungs vom Team mögen solche Herausforderungen. Die Schienen werden auf Gestellen halbkreisförmig an beiden Seiten des Wagens verlegt. Sie müssen massiv genug sein, um das Gewicht von Dickie und Mickey zu tragen. Die Kamera ist direkt am Dolly befestigt (es gibt weder Stativ noch sonst irgendeinen Aufsatz), damit sie möglichst tief liegt. Schwarze Tücher verhüllen die beiden Enden der Schienen, damit sich nichts spiegeln kann.

Carlo benützt nicht gerne technische Hilfsmittel wie Videokameras zur unmittelbaren Bildüberprüfung oder den Louma-Kran für die Kamerabewegungen. Vielleicht kann der Louma bei besonderen Aufnahmen ganz nützlich sein: zum Beispiel jene Aufnahme in Hitchcocks *Young and Innocent* aus dem Jahr 1937, wo er mit einer Totalen vom Ballsaal beginnt und mit einer Großaufnahme vom Schlagzeuger, der zwinkert, aufhört. Oder auch die berühmte Eröffnungssequenz von Orson Welles' *Touch of Evil*, gedreht 1958. Für Woodys Filme, besonders für diesen, trifft das nicht zu. Carlo kennt sich aus im Umgang mit High-Tech-Geräten: Du verlierst etwas, und das ist unwiederbringlich.

Es gibt noch etwas anderes, was Carlo an der Zusammenarbeit mit Woody schätzt: Beide entscheiden alles direkt vor Ort, bei der Aufnahme, ganz spontan, aus einem Augenblicksgefühl heraus. Alles genau vorher festzulegen ist ihnen unmöglich. Ähnlich wie Kirby Kyle verliert Carlo nie den Mut.

12 Uhr mittags. Dickie und Mickey sitzen auf dem Dolly. Das

Plastik-Stück unter der Kamera ist mit Wachs überzogen, damit sie weich schwenken kann. Dickie sitzt auf einer kleinen Kamera-Box, und Mickey kauert unter dem Objektiv. Sie tragen schwarze Umhänge, um etwaige Spiegelreflexe in der Scheibe zu vermeiden. Red ist bereit, den Dolly langsam anzuschieben. Nach genau einer Minute und dreißig Sekunden muß er am anderen Ende der Schiene angelangt sein. Vor sich, an der Box, auf der Dickie sitzt, hat er eine Seite des Skripts hängen, so daß er überprüfen kann, an welcher Stelle er bei welchem Wort sein muß.

Die Schauspieler sitzen im Wagen. Es gibt Schwierigkeiten mit den schwarzen Tüchern, die das Schienenende verdecken. Sie kommen ins Bild. Die Tücher werden durch Schilfrohr ersetzt. Schafft das Probleme mit der anschließenden Aufnahme? »Ma no!« antwortet Carlo auf italienisch.

Aufnahme 53 C: Bea und Manulis hören sich bestürzt die Reportage von Don Richards aus »Wilson's Glen« an: ». . . die Ereignisse sind einfach unglaublich . . . Ein außerirdisches Raumschiff . . . Es ist gelandet . . . Die Türen gehen auf . . . Etwas steigt aus dem Raumschiff . . . Lange Fühler . . . Eine gruselige Kreatur . . . Es sprüht heiße Lichtstrahlen aus . . . Seine Funken schlagen Feuer . . . Die Menschenmenge stürzt davon . . .«

(1 Minute, 36 Sekunden)

Manulis ist so groß, daß er Bea völlig verdeckt, wenn die Kamera auf ihn zufährt; er muß aufpassen und sich etwas zurücklehnen. Woody geht neben dem Dolly her. Während der ersten Minute machen die Schauspieler nichts anderes, als dem Playback der Rundfunkübertragung zu lauschen.

(4 gefilmt und 3 kopiert) Fertig um 12.30 Uhr mittags.

Vor dem Mittagessen bauen die Jungs vom Team den Wagen schnell wieder zusammen. Und die folgende Aufnahme, in der der Wagen schlingernd wegfährt (Sequenz 54), wird vorbereitet.

Draußen schneit es, und der Schneemann bekommt ein neues Kleid, so daß er für alle Fälle einsatzbereit ist. Sally ist mit Baby Dylan gekommen, um mit Woody zu Mittag zu essen.

Um 1 Uhr machen wir Mittagspause.

2.45 Uhr nachmittags. Jimmy Mazzola hat einen so dichten Nebel erzeugt, daß der Wagen, wenn er davonschlingert, schnell außer Sicht sein wird. Aber zuerst wollen wir eine Rohfassung der Tonaufnahme machen. »Wir brauchen keinen Rauch für die Tonaufnahme«, sagt Tom. Woody nimmt auf dem Rücksitz von Manulis' Buick Platz.

Aufnahme 54: Wir drehen eine Totale von hinten mit dem Auto im Nebel. Die Rundfunkübertragung ist gerade zu Ende gegangen. Die zwei sind jetzt wirklich bestürzt, besonders Manulis. »Vielleicht sollten wir uns nach einem Telefon umsehen«, schlägt Bea vor. Manulis startet den Wagen. Plötzlich ist wieder Benzin im Tank! Der Wagen fährt an und wird vom Nebel verschluckt. Manulis drückt auf die Tube. Er ist zunehmend nervöser geworden. Dann hört man einen Riesenknall. Sie sind gegen irgend etwas gefahren und sitzen fest. *(12 Sekunden)*

(2 gefilmt und 2 kopiert)

In der nächsten Aufnahme hat es Bea und Manulis die Sprache verschlagen. Die Kamera wird im Wageninneren auf dem Rücksitz angebracht.

3.30 Uhr nachmittags. Bobby Greenhut hat heute glänzende Laune und zieht die Jungs vom Team ein wenig auf. Zu Red sagt er: »Du brauchst nur 15 Minuten, und schon hast du einen Schraubenzieher gefunden!« Und über Dickie bemerkt er: »Früher hat er noch mit einer Handkamera gearbeitet. Heute müssen wir sie ihm befestigen. Das kommt von dem vielen Essen und von den Drogen!« Die Jungs vom Team lassen sich aber nicht aus der Ruhe bringen.

4.15 Uhr nachmittags. Aufnahme 55: Der Wagen ist im Sand steckengeblieben und hängt nach einer Seite (die Kamera im Wageninneren filmt die Schauspieler von hinten). Manulis gerät in Panik. »Komm, laß uns hier abhauen« – während sich Bea eher unter Kontrolle hat. Manulis stürzt hinaus: »Gruselige Fühler!... Die Marsmenschen kommen!... Unsere letzte Stunde hat geschlagen!...« – »Reiß dich zusammen, Sidney«, sagt Bea. Sie steigt ebenfalls aus. Aber Sidney ist schon vom Nebel verschluckt. *(25 Sekunden)*

Woody hockt neben Dickie auf dem Rücksitz. Er will, daß Manulis noch einmal den Hysteriker spielt.

(6 gefilmt und 4 kopiert)

Woody legt schnell noch die nächste Aufnahme fest, wo das Paar im Nebel herumirrt. Carlo möchte, daß Santo im Hintergrund Schilf einpflanzt; das ganze Equipment dort hinten muß weggeschafft werden. Woody verschwindet in sein Zimmer.

5 Uhr nachmittags. Der *Vogue*-Autor ist als Santos Fahrer mehr oder weniger gefeuert worden, weil er während der Dreharbeiten die meiste Zeit geschlafen hatte. Sein Ersatz ist Gil, ein PA, der schon von Anfang an bei den Dreharbeiten dabei ist. Er arbeitete bereits bei *Heartburn* mit. Damals, so erzählt er mir, wäre jeder, selbst Nicholson, von Meryl Streeps Können und ihrem Charme überwältigt gewesen. Der einzige, der sich von ihr nicht beeindrucken ließ, war Jimmy Sabat, obwohl sie sich schon lange kannten und früher einmal gute Freunde gewesen waren. Er erinnert sich an eine Szene, als sie ihn bat, zwei Festmikrophone zu benutzen, weil sie sich von der Bewegung des Mikrogalgens irritiert fühlte. »Jetzt hat sie auch schon Starallüren...«, meinte Jimmy dazu.

6 Uhr abends. Aufnahme 56: Manulis verschwindet im Nebel. Bea steht neben dem Wagen, sie kann überhaupt nichts sehen. »Sidney!...« Manulis ist nicht weit weg, aber sie kann nicht sehen, wo er steckt. »Sie sind wahrscheinlich schon dort oben am Himmel...«, fürchtet er. »Wo bist du?...« Aber auf einmal hört man nichts mehr von ihm. Bea wagt sich in den Nebel. »Sidney!... Wo bist du?...« *(31 Sekunden)*

Die »Action« ist nicht besonders schwierig; Woody will nur, daß Manulis noch mehr übertreibt. Entscheidend ist, eine perfekte Inszenierung der Bewegungsabläufe zu bekommen: Manulis' Verschwinden, den Schwenk der Kamera, Bens' Abgang.

(3 gefilmt und 2 kopiert) Fertig um 6.15 Uhr abends.

Eine Rohfassung der Tonaufnahme von Manulis noch (»Hilfe!... Hilfe!...«), und sein Part im Film ist abgeschlossen. Der tolle Manulis macht sich im Nebel davon.

Jetzt folgt noch eine Aufnahme, wie Bea in den Nebel schaut, im Hintergrund erkennt sie den Leuchtturm. Ich habe noch ein Rendezvous und muß gehen. Gerade als ich mich diskret aus dem Staub machen will, bemerken das die Jungs vom Team.

Ray: »Wo gehst du hin?«

Ken: »Was hast du vor?«

Hammer: »Ihr werdet sehen, wenn morgen um acht Uhr Drehbeginn ist, kreuzt er um neun Uhr auf.«

In der Halle neben den Filmbüros spielt Bob Greenhut mit Bea und Andrew Football, während Woody und Ezra eine Schachpartie austragen. Woody macht auf mich schon den ganzen Tag einen gelösten Eindruck. Nach der guten Kritik von *Hannah* hat sich alles wieder normalisiert. Wurde auch Zeit...

Mittwoch, 5. Februar 1986

Am Montag wurde in Paris auf den Champs-Elysées ein Bombenanschlag verübt: acht Verletzte, drei davon schwer. Am Dienstag explodierte eine Bombe in einer gutbesuchten Buchhandlung im Quartier Latin: vier Verletzte. (New York Times)

In Kolumbien wurden bei einem Feuergefecht einundzwanzig Rebellen und sieben Regierungssoldaten getötet. (New York Times)

Die Ölpreise sinken.

Und Charles Mansons Gnadengesuch ist zum sechsten Mal abgelehnt worden. Mr. Manson versicherte dem Amnestie-Ausschuß, er werde im Falle seiner Freilassung nach Libyen oder in den Iran gehen, beziehungsweise »irgendwo im Süden die Revolution unterstützen und versuchen, meinem Leben auf dem Planeten Erde einen Sinn zu geben«. (New York Times)

9.50 Uhr vormittags. »Hammer« hatte recht: Ich treffe immer später ein. Nachdem ich schon gegangen war, filmten sie gestern noch die POV-Szene mit Bea im Nebel (Sequenz 56 A).
Aufnahme 56 B: Bea verschwindet im Nebel und sucht nach Sidney. Man hört einen Motor anspringen. In seiner Panik hat Sidney sie vergessen. Bea tappt weiter im Nebel herum, aber sie kann nicht einmal die Hand vor den Augen sehen. Ihr Weg führt sie an Felsen und an Schilfrohr vorbei. Auf einmal hört sie das Plätschern von Wellen. Sie merkt, daß sie schnurstracks in Richtung Ozean spaziert. *(45 Sekunden)*
Als Ozean dient uns ein kleines Becken. Entlang des Wegs stehen Felsenattrappen und Bündel von Schilfrohr. Wir können kaum einen halben Meter weit sehen.
(3 gefilmt und 2 kopiert)
Eine weitere Rohfassung der Tonaufnahme für Jimmy und die Nebel-Sequenz ist im Kasten. Jetzt fehlt nur noch ein letzter »Pick-up«.
Aufnahme 53 B: Eine Großaufnahme vom Radio, das bei der zweiten Sondermeldung zu sehen sein wird.
Dickie sitzt auf dem Rücksitz und bedient die Kamera. Woody verzichtet darauf, bei dieser Aufnahme »Regie zu führen«. Carlo überprüft das Bild, und die Szene ist nach einer Aufnahme fertig.
»Breezy Point« ist zu Ende. Auf Bühne G entsteht jetzt ein Feld in Pennsylvania, das wir für das Polly-Phelps-Drama brauchen.

11 Uhr vormittags. Terminprobleme bei einigen Nachaufnahmen. Es geht um: Bill Kern, der die Geschichte von Kirby Kyle erzählt (Woody gefiel das Studio in der New School nicht), Kitty, die »I'll Be Seeing You« und »They're Either Too Young or Too Old« singt (es ist die zweite Aufnahme für Kitty, aber bereits die vierte für die Sequenz – das Problem ist wiederum das Studio), und die Szene mit der »Schlampigen Hausfrau«), die jetzt von Ma gespielt wird, soll zum dritten Mal aufgenommen werden (Ma beherrscht die Rolle besser), ebenso schließlich die Suchscheinwerfer in Rockaway. Sollen wir diese Nach-

aufnahmen Ende nächster Woche oder während der ohnehin geplanten Zweitaufnahmen im April drehen? Die Entscheidung hängt davon ab, ob Woody diese Sequenzen schon für den Rohschnitt braucht.

Wir sind wieder in Little Joes Haus, um die Szene mit Bea aufzunehmen, die, nachdem Sidney sie in Breezy Point im Stich gelassen hat, völlig erschöpft mitten in der Nacht nach Hause kommt. Carlo richtet die Beleuchtung ein, und da die ganze Familie mitspielt, haben die Salad Sisters alle Hände voll zu tun. Während Tante Ceil geschminkt wird, hört sich Cousine Ruthie auf dem Walkman noch einmal »South American Way« an. Angela unterhält sich mit Onkel Abe, der frisiert wird, und Opa hört Oma zu, die noch mehr Geschichten aus der alten Heimat erzählt. Fred (Robert Joy), Beas neueste Eroberung, ist auch da. Sie ignoriert ihn, und der arme Fred fühlt sich inmitten unserer Familie ein bißchen verlegen. Er spielte Madonnas Freund in Susan Seidelmans Film *Desperately Seeking Susan* (Susan, verzweifelt gesucht).

Gestern gab es für die Crew eine Aufführung von Robert Mandels *F/X*. Tom, Ken, Patti, Jimmy Mazzola und noch einige andere arbeiteten an dem Film mit; man kann sie in der Eröffnungsszene als Passanten sehen. Der Aufnahmeleiter des Films, Michael Peyser, und der Production Designer, Mel Bourne (Tims Vater), haben auch schon mit Woody zusammengearbeitet. Die Jungs vom Team fanden den Film in Ordnung.

12 Uhr mittags. Aufnahme 57: Der Flur. Es ist mitten in der Nacht; Ma erscheint im Nachthemd und öffnet die Tür. Es ist Bea, sie sieht zum Gotterbarmen aus. »Hast du deinen Schlüssel vergessen? Hast du dich gut amüsiert?« fragt Ma. *(9 Sekunden)*

Pa hat seinen Pyjama angezogen, ist aber noch nicht an der Reihe. Er stellt sich zu uns hinter die Kamera und schaut zu. Woody »ordnet« Beas Kleidung. »Ziehen Sie die Bluse heraus.« Die Schuhe sind hinüber. »Tragen Sie sie in der Hand.« Dann prüft er, wie Bea ohne Jacke aussieht. Schließlich soll sie ohne Tasche und Hut, die Jacke über die Schulter gelegt, hereinkommen.

Einstellung 1: »Klopfen Sie nicht an die Tür«, ermahnt Woody Bea. »Entschuldigung, ich habe improvisiert«, gibt sie zu.

Einstellung 2: Bea tritt etwas zu weit in den Flur.

Einstellung 3: Jetzt stand Ma »eine Idee« zu weit, wie Dickie bemängelt, von der Eingangstür weg. Ansonsten findet Woody alles in Ordnung.

Einstellung 4: Sehr gut. Bea schaut wirklich verzweifelt drein. »Es wäre gut, wenn wir etwas finden würden, was Sie sagen könnten«, meint Woody zu Bea. »Ich sage: ›War alles prima‹«, meint sie lakonisch. »Gut, versuchen wir's«, sagt Woody.

Einstellung 5: Sehr komisch, wunderbar, Bea!
(Die Einstellungen 3, 4 und 5 werden kopiert.) Fertig um 2.05 Uhr nachmittags.

12.30 Uhr nachmittags. Carlo und sein Team arbeiten an der nächsten Aufnahme. Freds Erscheinen beim Abendessen der Familie. Die Spüle und Teile der Küchenwand müssen entfernt werden, damit die Kamera mehr Bewegungsspielraum hat. Und Jimmy Mazzola bereitet das Abendessen vor: geschnetzelte Leber, eine riesige Portion saures Gemüse, »gefilte Fisch« in Aspik und Brühe, dazu noch geweihtes Brot für den Sabbat.

Nachdem die große Times-Square-Fassade abgebaut worden ist, errichtet die Crew jetzt das neue Rundfunkstudio für Kitty. Die Bühne oben brauchen wir nicht mehr, was zweifellos im Kalkül von Ezra liegt.

Sobald wir den Film beendet haben, wird Richie bei der Produktion von *Ishtar* mitarbeiten; sie brauchen noch vier Wochen. Er hat gerade das Skript gelesen und meint, es sei wirklich witzig. Nicole hat Myla inzwischen vom Stricken überzeugt. Jetzt ist es soweit; sie sprechen nicht mehr miteinander; dafür haben sie keine Zeit: stumm stricken sie und stricken und stricken…

Um 1 Uhr machen wir Mittagspause.

Little Joe sitzt zusammen mit Cousine Ruthie und dem Hebräisch-Privatlehrer am Mittagstisch. Aber wie meistens kann er es kaum abwarten, im Studio herumzustreunen. Alle kennen ihn mittlerweile, und niemand schenkt ihm mehr große Beachtung. Mit mir wechselt er ein paar Worte: »Schmeckt dir das Essen?« Ich frage ihn nach Neuigkeiten über Warren und Dustin. »Weißt du«, erwidert er, »Warren und ich, wir verstehen uns gut, aber Dustin macht sich rar, wir konnten bislang noch überhaupt nicht mit ihm reden.

Ein wenig später kam Dustin in die Kantine, nur leider war Little Joe schon wieder bei der nächsten Aufnahme. Dustin hat einen lebendigen, intelligenten Blick. Wieder trägt er sein schwarzes Hemd und das rote Stirnband.

2.30 Uhr nachmittags. Ich sitze mit Nicole und Myla am Küchentisch, vor mir hat Drew Platz genommen. Ihre Haare sind toupiert. Mitten in der Szenerie fuhrwerken sieben oder acht Jungs vom Team herum, um mit Leitern, Dübeln, Nägeln und Hämmern etwas zu bewerkstelligen. Carlo hat die Angewohnheit, jemanden zu mustern, ohne ihn richtig wahrzunehmen: Er prüft deine Nase, deinen Mund, deine Ohren, deine Hände. Ray hält dir den Belichtungsmesser an die Wange, an die Stirn, unter deine Nase. Es ist ein Spiel mit Licht und Schatten. Man spürt die Hitze der Glühbirnen. Nicole und Myla sagen nichts, verharren bewegungslos, geben sich ganz wie Profis. Aber sie schlagen keineswegs die Zeit tot; sie prüfen mit den Augen meinen Pullover auf seine Qualität.

3.20 Uhr nachmittags. Ein anderes Menü wird aufgetischt. Statt des Fischessens gibt es heute gefüllten Kohl mit Karottengemüse und sauren Beilagen; als Vorspeise kommt heiße Suppe. Woody plaziert seine Gäste. Er bittet um ein Schneidebrett, damit Ceil den Kohl zerteilen kann. »Ich besorg' es!« sagt Jimmy Mazzola. Die Sitzverteilung wird verändert. Abe und Ma sollen stehen. Dann läßt Woody alle noch einmal ihren Text durchgehen.

Fred spürt immer noch die etwas ablehnende Haltung der Familie. Ceil ist bemüht, ihm die Befangenheit zu nehmen: »Wie wär's mit einem Stück Fleisch?«

3.45 Uhr nachmittags. Während Carlo die letzten Anordnungen trifft, warten alle im schwach beleuchteten, nicht aufgeräumten Wohnzimmer. Woody unterhält sich mit Brian. Little Joe und Cousine Ruthie plaudern mit Fred, der sich ein wenig einzuleben scheint. Ma – sie ist schwanger – ruht in Jimmy Sabats Sessel, hinter dessen Ton-Ausrüstung, und streichelt sich sanft über den Bauch. Romaine und Jeffrey beschäftigen sich mit Beas Hut. Leider geht es Oma nicht gerade gut; der Fisch, den sie zu Mittag gegessen hatte, ist ihr nicht bekommen.

Aufnahme 113: Es ist Essenszeit in der Küche. Alle sind um den Tisch versammelt. Ceil zerteilt den Kohl, und Abe kommentiert die weltpolitischen Ereignisse: »Der Krieg ist gut für das Geschäft. Die Produktion läuft auf Hochtouren.« – »Genauso ist es in meinem Geschäft«, stimmt Pa zu. »Was machst du eigentlich, Pa?« fragt Little Joe. Pa beißt sich auf die Unterlippe. Opa rettet die Situation: »Er ist ein sehr genügsamer Mann.« Alle stimmen nickend zu. Dann läutet es an der Tür. »Schon wieder ein armes Opfer«, Beas neueste Eroberung. Bea stürzt herein. »Er ist so wunderbar... Er arbeitet bei uns im Büro... Er war schon verlobt, aber seine Braut starb bei einem Verkehrsunfall... er ist also offensichtlich heiratswillig«, und dann läuft sie zur Tür. Opa betet, es möge endlich der Richtige sein, und Abe meint, »er muß 4 F sein«, weil »alle richtigen Männer in der Armee sind«. Bea kommt mit Fred zurück. Alle starren ihn an. Fred ist sehr gepflegt und macht einen kultivierten Eindruck. Ma bietet ihm etwas zu essen an. Abe deutet auf den »frischen Seebarsch«, den er besorgt hat, aber Fred hat keinen Hunger. Ein verlegenes Schweigen folgt. Schließlich sagt Bea, daß sie ins Ballett gehen möchten. »Ja, bei *Der Nachmittag eines Fauns*... muß ich immer weinen«, meint Fred. Jetzt starren ihn alle verblüfft an. Dann gehen die beiden hinaus. Sobald sie die Tür hinter sich geschlossen haben, fragt Ma Pa, was er denn davon halte. »Wenn du mich fragst, er macht einen etwas tuntenhaften Eindruck.« Was immer er auch sonst sein mag, Tatsache ist: er ist F 4«, meint Abe *(1 Minute, 24 Sekunden)*

Einstellung 1: Abgebrochen. Opa verpatzt seinen Text: »Er ist sehr...« Und Abe stieß eine Pepsi-Flasche um.

Einstellung 2: Abgebrochen. Opa hat es diesmal geschafft, womit allerdings niemand gerechnet hatte. Deshalb hörten alle zu reden auf, nachdem er dran gewesen war.

Einstellung 3: Abgebrochen. Die Familie sprach zuviel durcheinander und auch zu langsam.

Einstellung 4: Erste vollständige Aufnahme. Aber Ma hat einen so dicken Bauch, daß sie damit die ganze linke Bildseite ausfüllt. Und wenn Fred hereinkommt, dann sollten alle ruhig und nicht zu freundlich sein.

Einstellung 5: Dickie unterbricht. Opa und Abe verpaßten sowieso ihren Einsatz.

Einstellung 6: Woody sitzt direkt hinter Opa. Die erste gute Aufnahme. »Sprich lauter«, fordert Woody Little Joe auf.

Einstellung 7: »Gut, noch mal!«

Einstellung 8: Abgebrochen. Little Joe hatte einen Versprecher.

Einstellung 9: Dickie unterbricht. Louis' Mikro warf einen Schatten.

Einstellung 10: Abgebrochen. Oma saß die ganze Zeit nur zurückgelehnt da und wartete, bis ihr Ceil ein Stück Kohl gab. Überdies war auch Abe nicht besonders agil. Der Gesamtablauf ist ein bißchen durcheinandergeraten. Abe winkt ab: »Es ist wirklich nicht unsere Schuld. Das sind ja alles technische Schwierigkeiten...«

Einstellung 11: Abe hat sich verhaspelt: »Scheiße, Mist...« Alle lachen.

Einstellung 12: Abgebrochen. Little Joe sagte seinen Text »Was machst du eigentlich...« zu Opa. Woody bittet die Schauspieler, mit der Unterhaltung nicht aufzuhören, bis Fred gegangen ist. Wenn Fred sagt, daß er bei *Der Nachmittag eines Fauns* immer weinen muß, sollten alle verstummen. Und sie sollten warten, bis die Tür ins Schloß gefallen ist, bevor sie sich über Fred unterhalten.

Die »Unterhaltungs-Crew« hat Schwierigkeiten. Da die Schauspieler im ganzen Raum verteilt sind, wird ein weiterer

Mikrogalgen benötigt, wofür es aber keinen Platz mehr gibt. »Wir finden schon eine Lösung«, versichert Woody. Von Beas Eintritt an wird so gefilmt, daß ein Teil der Decke nicht mehr im Bild ist; so kann Frankie seinen Galgen unsichtbar anbringen.

4.35 Uhr nachmittags. Aufnahme 13: Abgebrochen. Abe verpaßte seinen Einsatz. Und wenn Opa seinen Text spricht, dann sollten alle sichtbar zustimmen.
Einstellung 14: Abgebrochen. Opa sagte »gehorsamer« statt »genügsamer«.
Einstellung 15: Die erste wirklich gute Aufnahme. »Vielleicht dauert es etwas zu lang, bis die Tür aufgeht«, meint Woody. Bea gibt zu, die Aufnahme verpatzt zu haben; sie hätte etwas schneller sein können. »Wesentlich schneller?« fragt Woody.
Jimmy Mazzola muß zwischen den Aufnahmen das Geschirr spülen. Vom Kohl ist nur noch ein kläglicher Rest übrig. Ceil hat überhaupt nichts mehr, was sie zerteilen kann.
Einstellung 16: Abgebrochen. Es gibt ein Problem mit einem Strahler. Aber ansonsten war es gut, mit Ausnahme von Little Joe: »Etwas neugieriger – ›Was machst du eigentlich?‹«, und die allgemeine Zustimmung auf Opas Bemerkung sollte deutlicher sein.
Einstellung 17: Abgebrochen. Pa sollte etwas ungestümer auf Little Joe, der anfänglich mit den Händen ißt, reagieren, und Abes Reaktionen waren zu langsam.
Einstellung 18: Sehr gut. »Bleiben Sie außerhalb des Bildes, bis die beiden abgehen«, sagt Woody zu Ma. »Noch eine und wir . . .«
Einstellung 19: »Nicht vergessen, weiter so!« sagt Woody zu Little Joe und zu den anderen: »Mit viel Elan!« Aber es gibt eine Unterbrechung, weil Pa einen Versprecher hatte.
Einstellung 20: Abgebrochen. Zu Little Joe: »Komm schon, du bist dran!«
Einstellung 21: Abgebrochen. Wieder Pa.
Einstellung 22: Gut. Aber Oma könnte besser sein, und Little Joe hat improvisiert. Nachdem das Paar gegangen war, sagte

er: »Affig, zum Ballett zu gehen«, was Woody gar nicht gefiel. Sie sollten nicht so freundlich zu Fred sein, und nach »...muß ich immer weinen«, verordnet Woody »ein mehrere Sekunden dauerndes Schweigen«.
Einstellung 23: Sehr gut. »Das wär's gewesen!«
(Die Aufnahmen 15, 18 und 23 werden kopiert.) Fertig um 5.15 Uhr nachmittags.
Als nächstes wird vom Wohnzimmer aus gefilmt. Die Kamera fängt alles ein: den Flur, das Speisezimmer, die Küche und Opa und Omas Schlafzimmer. Die Ausleuchtung dauert eineinhalb Stunden.

6 Uhr nachmittags. Der Penis des Schneemanns ist zur Hälfte gekappt worden, und irgend jemand hat ihn auf den Bauch gesetzt.
Jeffrey regt sich auf, weil *Purple Rose* nur eine einzige Oscar-Nominierung erhalten hat.
Wenn sie sich nicht für diesen Beruf entschieden hätte, sagt Myla, dann wäre sie Hebamme geworden.
Dennis Kear ist eines der Doubles und seit den Aufnahmen im Astoria dabei. Seit *The Front* (1976) ist er Woodys Double. Er hat allerdings nie eine richtige Rolle bekommen, nur als Komparse wurde er eingesetzt. Wenn er auch nicht die gleichen Gesichtszüge hat, so hat er doch die gleiche Statur und das gleiche Aussehen wie Woody; mit der schwarzen Brille sieht er ihm zum Verwechseln ähnlich. Dennis möchte gerne Schauspieler werden, bis er es geschafft hat, verdient er sich seinen Lebensunterhalt in einer Computer-Firma.
Opa erzählt mir von dem bislang einzigen Film, in dem er die Hauptrolle spielte. Er heißt *Stigma* und wurde bereits vor zehn Jahren gedreht. Es geht in dem Film um das Thema Geschlechtskrankheit. In Europa erhielt er gute Kritiken und lief mit großem Erfolg. Die Leute standen vor den Kassen Schlange. Aber leider war er hier in Amerika ein Flop und seiner Karriere nicht förderlich.

7.15 Uhr abends. Wir machen Überstunden, Ezra ist auch da.

Carlo ist jetzt fertig, und alle sind bereit. Woody überprüft die Kamera, und die Schauspieler sprechen ihren Text.

Woody: »Die Kamerabewegung ist sehr gut.«

Carlo: »Ja gewiß!«

Woody: »Was soll das heißen? Richten Sie jetzt erst die Beleuchtung aus?«

Carlo (lacht): »Ma no!«

Es werden nur noch ein paar Minuten für Anweisungen benötigt. Woody geht mit Pa in eine Ecke und übt mit ihm. Pa probiert verschiedene Stimmlagen und unterschiedliche Sprechgeschwindigkeiten. Woody bestimmt, was er haben möchte. »Perfekt!« Und wir fangen an.

Aufnahme 114: Das Abendessen ist beendet. Bea ist mit Fred zum Ballett gegangen, im Haus hat der Alltag wieder Einzug gehalten: Ma strickt, das Radio ist eingeschaltet, und Pa schmiedet gerade Pläne für ein neues Gravierkunst-Projekt.

»Ich könnte mir ein paar Dollar verdienen. Hör mal zu, ich hab' eine tolle Idee. Wenn man an goldenen Ringen und Medaillons Gravierungen vornimmt, was fällt dann auf den Tisch und sammelt sich dort an?... Goldstaub!« Ma ist nicht so recht überzeugt von der Idee und möchte lieber über den Namen des Babys reden. »Wenn es ein Mädchen ist, dann schlage ich vor, daß wir es Lola nennen.« – »Lola! Was stellst du dir vor, was sie einmal werden soll? Eine Stripperin?« Ma besteht auf »einem Namen mit ›L‹, nach Onkel Louie«. »Ein Name mit ›L‹ nach deinem Onkel Louie? Wie wär's denn mit Laus?« witzelt Pa. (40 Sekunden)

Ich schließe mit Ezra eine Wette ab. Er sagt »fünf Einstellungen«, weil die Schauspieler gut sind. Ich sage »zehn Einstellungen«, weil ich Woody kenne.

Einstellung 1: Gut. »Noch einmal.«

Einstellung 2: Pa hat gegen Ende hin geringfügige Schwierigkeiten mit seinem Text; es ist aber immer noch O. K.

Einstellung 3: O. K. Aber Woody hat den Eindruck, daß sich Pas Tempo, nachdem er über die Dolly-Schienen gestiegen ist, verändert hat. Dickie hat das nicht bemerkt, aber Woody möchte das mit einem Blick durch die Kamera überprüfen. Jetzt gibt Ezra zu, daß ich vielleicht doch recht gehabt habe.

Einstellung 4: »Nicht gut«, meint Dickie.

Einstellung 5: Abgebrochen. Pa hatte einen Versprecher.

Einstellung 6: Gut. Woody bittet Pa, leiser, aber ebenso nachdrücklich zu sprechen.

Einstellung 7: Sehr gut. Es ging sehr flüssig.

Einstellung 8: Woody unterbricht. Wegen des Radios kommen ihm plötzlich Zweifel. Ist es noch zeitgemäß? Schließlich spielt die Szene zu einem viel späteren Zeitpunkt als der Beginn des Films. Und Santo ist nicht da. »Wenn das nicht geklärt werden kann, dann sollten wir für heute aufhören«, schlägt Ezra vor.

(Die Aufnahmen 2, 6 und 7 werden kopiert.)

Wir werden morgen früh weitermachen. »Jungs, laßt alles so stehen, wie es ist! Das Bild darf nicht verändert werden!« ruft Jimmy Mazzola.

»Gestorben!« um 7.55 Uhr abends.

Donnerstag, 6. Februar 1986

Heiße Phase des Wahlkampfes auf den Philippinen. Die Wahl findet morgen statt. In einer Erklärung ergreift der katholische Prälat faktisch Partei für Aquino und gegen Marcos. »Ich warne Sie: Es droht Gefahr, Gefahr, Gefahr ... Wir stehen einer ernsthaften Bedrohung gegenüber!« sagt Marcos. (New York Times)

In Paris gab es einen dritten Bombenanschlag; wieder in einer Buchhandlung: Neun Menschen wurden verletzt, drei davon schwer. (New York Times)

Es geht das Gerücht, daß Baby Doc Asyl beantragt hat. Drei europäische Länder haben angeblich sein Ansinnen bereits zurückgewiesen. Aber er streitet alles ab. (New York Times)

The Purple Rose of Cairo ist für den Oscar für das beste Drehbuch nominiert.

Im »Stage Delicatessen« gibt es ein neues Sandwich: geschnet-

zelter Truthahn, Pastrami, Rinderbraten, Emmentaler, Weiß-
kohlsalat und russisches Dressing. Er heißt der »Mike Tyson
Triple Decker« und kostet 10,25 Dollar. »Der einzige andere
Boxer, der bislang für die Namensgebung eines unserer Sand-
wiches Pate stand, ist Muhammad Ali«, erklärt Joe Green-
wald, der Besitzer des »Stage«. Wenn er Ferguson in der 17.
Runde K. O. schlägt, dann werde er, verspricht Tyson, zwei
von diesen Sandwiches auf einen Sitz essen. (New York Times)

8.40 Uhr vormittags. Das Radio in der Szene mit dem »Gravierkunst-Projekt« war in Ordnung (Sequenz 114). Es werden
noch drei weitere kopiert, und um 9 Uhr vormittags begeben
wir uns zu den nächsten Aufnahmen: Das Radio bringt
schlechte Nachrichten über den Kriegsverlauf, der Luftschutzwart ordnet Verdunklung an (Sequenz 116). Die Szene dazwischen, in der Little Joe in seinem Zimmer von unten herauf das
Radio hört (Sequenz 115), werden wir drehen, wenn wir nach
oben gehen. Die Kamera steht wieder im Wohnzimmer, das
Sofa ist hinausgebracht worden, und wir müssen mindestens
zwei Stunden warten, bis die Beleuchtung fertig ist.

10 Uhr vormittags. Die Dreharbeiten sollen Ende nächster Woche (am Freitag, dem vierzehnten) abgeschlossen sein. Die einzige noch ausstehende Szene, das Auftauchen des U-Bootes,
wird eine Woche später von einem zweiten Filmteam auf Staten Island gedreht. Ein viereinhalb Meter langes Modell ist von
Kalifornien herübergeschickt worden. Es wird neben einem
Miniatur-Pier ins Wasser gelassen werden. Die optischen Effekte führen später die Greenberg Associates aus.
Hannah läuft morgen landesweit in über hundert Kinos gleichzeitig an. Es ist das erste Mal, daß ein Film von Woody so breit-
gestreut in die Kinos kommt; normalerweise werden seine
Filme zuerst nur in Los Angeles und New York gezeigt, bevor
sie dann auch im übrigen Land zu sehen sind. Aber »Orion«
glaubt, mit dem Film große Kasse machen zu können. Heute
abend gibt Woody für die Crew im »Sutton« eine Sondervor-
führung.

11.30 Uhr vormittags. Carlo ist fertig, und alle sind zurück im Studio. Woody liest sich das Skript noch einmal durch und hört sich das Playback des Rundfunksenders an. Die Schauspieler proben ihre Texte. Der Bewegungsablauf ist bereits festgelegt, aber Woody möchte eine Veränderung. Im Skript steht, daß, wenn die Nachrichten kommen, Ceil einen Sender, der Musik spielt, suchen soll. Dann hört man den Luftschutzwart auf der Straße schreien, und schließlich werden erneut schlechte Nachrichten im Radio gebracht. Woody möchte jetzt alle Nachrichten gleich am Anfang. Während Jimmy Sabat die Sache in die Hand nimmt und Carlo noch ein paar letzte Anordnungen trifft, warten wir an Ort und Stelle.

Ich stehe direkt hinter der Kamera, dicht neben Woody, unsere Ellbogen berühren sich fast. Juliet Taylor kommt herein und spricht mit ihm über *Hannah*. Er macht sich Sorgen, ob der Film auch außerhalb von New York und Los Angeles ankommt – zum Beispiel in Oklahoma. »Die Leute in New York und Los Angeles werden ihn sich zweimal anschauen«, prophezeit Juliet. »Jede Menge Leute haben ihn bereits umsonst gesehen«, meint Woody dazu. »Neulich, im Restaurant, kam ein Kellner auf mich zu und sagte: ›Sie waren toll in *Hannah!*‹« – »Er muß ein sehr bedeutender Kellner sein«, schließt Ezra daraus.

Dann kommt Brian herein. Wir stehen immer noch eingezwängt zwischen den Dolly-Schienen und der Wand. Ich reiche Brian den Artikel über Tysons dreistöckiges Sandwich. Er liest ihn und reicht ihn weiter an Woody. Woody liest ihn und gibt ihn zurück an Brian, erst der gibt ihn mir zurück.

Schließlich kommt Ray auf mich zu. Ich bin schon ganz gespannt, aber Woody bleibt die Ruhe in Person. Wir unterhalten uns über die Nominierung von *Purple Rose*. Ray und ich finden *Purple Rose* wunderbar, und uns beiden gefällt auch das Skript dieses Films außerordentlich gut. Ich habe den Eindruck, daß Woody unserer Unterhaltung folgt, mag mich aber auch täuschen; wir sprechen sehr leise. Ray erzählt mir, daß Carlo einen Kontrast zwischen den warmen Farben der Familienszene und der Kälte des Rundfunkstudios herausarbeiten wollte. Nachdem er aber die ersten Muster gesehen hatte, ge-

fiel Woody das Ergebnis nicht. Das begründet einige der Nachaufnahmen.

All das spielt sich auf engstem Raum ab, und wie in den letzten
drei, vier Tagen allgemein schenkt mir Woody dabei keinerlei
Beachtung.

11.50 Uhr vormittags. Woody steht an der Kamera. Wir proben. »Technisch läuft alles bestens. Das Problem ist nur, daß
ich nicht jeden ins Bild kriege!« Er verliert Abes Körper und
Mas Kopf aus dem Sucher. Mas Sessel steht auf einem kleinen
Sockel, ihre Füße berühren den Boden gar nicht mehr. Aber ihr
scheint's zu behagen; immer wieder streichelt sie zärtlich ihren
schwangeren Bauch. Es gibt kurzfristig noch Veränderungen.
Nach dem Verdunkeln dreht jetzt nicht mehr Pa, sondern Ceil
das letzte Licht aus. Und statt der Zeilen »Die Nachrichten sind
so deprimierend« sagt Ceil jetzt: »Mein Gott, noch eine Luft-
schutzübung.«

Aufnahme 116: Ein Abend bei der Familie. Ganz hinten sind
Oma und Opa in Nachthemd und Schlafanzug in ihrem Schlafzimmer zu sehen. Abe spielt im Eßzimmer mit Pa Karten, Ma
strickt, und Ceil hört Radio. Es gibt schlechte Nachrichten.
Amerikanische Truppen werden an zwei Fronten, an der japanischen und an der deutschen, zum Rückzug gezwungen. Ceil
sucht einen Sender mit Musik, aber die schlechten Nachrichten
kommen auf allen Sendern. Ma fragt Pa, was er davon halte:
»Glaubst du, Hitler wird siegen?« Pa fragt sich, »ob es klug ist,
jetzt ein neues Leben in die Welt zu setzen«. Dann hört man
von der Straße den Luftschutzwart: »Achtung... Lichter
aus... Verdunkelung...« Ceil ist wirklich zutiefst bedrückt.
»Wenn ich die Wahl habe zwischen Kommunisten und Nazis,
dann entscheide ich mich für die Roten«, stellt Abe klar; aus
seinen Worten hört man Doris' Einfluß heraus. »Bleib deiner
Sache treu«, rät ihm Ceil. Nacheinander löschen sie die Lichter. Und abschließend erklärt Pa: »Ihr wißt ja, was W. C. Fields
sagte: Um einen Krieg zu beenden, sollten die Führer der betei-
ligten Länder in einer Arena den Kampf ausfechten, bewaffnet
mit Socken, die mit Pferdeäpfeln gefüllt sind.« *(1 Minute, 4 Sekunden)*

Einstellung 1: Es gibt Schwierigkeiten mit dem Lichtlöschen. Ray schaltet den Strom ab, während die Schauspieler so tun, als würden sie das Licht löschen. Und Ceil schaltete das letzte Licht nicht im rechten Moment aus. Die zeitliche Abstimmung klappt noch nicht.

Einstellung 2: Sehr gut. »Noch eine...«

Einstellung 3: Wieder in Ordnung. Aber Louis befürchtet, daß er mit seinem Mikrogalgen einen Schatten geworfen hat.

Einstellung 4: Gut. Dickie glaubt zwar, daß Ceil den Lichtschalter zu früh betätigt hat, aber Carlo widerspricht ihm.

(Die Einstellungen 2, 3 und 4 werden kopiert.) Fertig um 12.25 Uhr mittags.

Bea schaut Carlo und Woody zu, wie sie die nächste Aufnahme vorbereiten. Die nächste Sequenz – Little Joe spioniert Bea und Fred in der Küche nach – besteht aus zwei Aufnahmen. In der ersten schleicht Little Joe die Treppen hinunter, Bea und Fred sitzen in der Küche. Die Jungs vom Team machen sich an die Arbeit.

Um 1 Uhr machen wir Mittagspause.

Dustin nimmt sein Mittagessen wieder in der Kantine ein. An einem Nebentisch unterhält er sich mit anderen über die *Ishtar*-Crew, plötzlich sagt er ganz laut: »Storaro beherrscht sein Metier, aber der Regisseur...«

Das Dach des King Cole wird abgebaut. Der Schneemann, der immer noch in der Schreinerei steht, muß weiterhin Anschläge von Frevlern erdulden. In seinem Bauch stecken noch mehr Schrauben, und jemand hat eine schmutzige Kaffeetasse an seinem halbierten Penis aufgehängt! Auf Bühne G wurden die grauen Tücher für die Nebel-Szene ersetzt durch tiefschwarze für die Nacht auf dem Feld in Pennsylvania.

2.30 Uhr nachmittags. Wir sind wieder in der Szene. Die Kamera ist auf der Treppe postiert, sie zielt nach oben. Die Wand ist zurückversetzt worden, und Bobby Ward macht sich mit seinen »Moes« an den Dolly-Schienen zu schaffen.

Jack Rollins besucht uns heute; er führt Telefongespräche im

Produktionsbüro und sieht mit seiner riesigen Zigarre aus wie ein Produzent aus dem Bilderbuch. Fred ist, wenn er seine Rolle nicht spielt, alles andere als »weibisch«. Little Joe fühlt sich ein wenig einsam; Barbara schenkt ihm im Augenblick keine Beachtung. Er ist viel ruhiger und umgänglicher in solchen Momenten. Morgen hat er Geburtstag, Pa feiert heute den seinen.

3.30 Uhr nachmittags. Aufnahme 119: Little Joe ist durch das Radio geweckt worden und schleicht die Treppe hinunter, um Bea nachzuspionieren, die Fred gerade Milch und Kekse auftischt. *(25 Sekunden)*
Fred soll am Tisch sitzen, ist aber nicht im Bild. Bea improvisiert wieder, sie fängt an, die Milch und die Kekse auf dem Tisch zu verschieben. »Hände weg«, ruft ihr Woody zu. Dann nimmt sich Woody ihres Bewegungsablaufs an. Sie kommt ins Bild und verschwindet wieder. Kein Dialog.
(2 gefilmt und 2 kopiert.) Fertig um 3.40 Uhr nachmittags.
Fred und Beas Liebesduett ist sehr schnell arrangiert. Die Kamera filmt die Küche von der gegenüberliegenden Ecke aus, mit dem Flur im Hintergrund.
Woody eilt hinaus, Bea folgt ihm. Sie kehrt aber noch einmal zurück, um Tom zu fragen, ob sie morgen früh nicht etwas später kommen könne.

4.55 Uhr nachmittags. Alles bereit. Bea kommt mit Fred und Woody zurück. Woody sitzt am Küchentisch und beobachtet, wie die beiden ihre Rolle proben. Regungslos sieht er ihnen zu. Sie sind beide ausgezeichnet. Woody fragt Carlo, ob sie enger zusammensitzen können, so daß die Kamera, wenn Bea mit den Keksen und der Milch ins Bild kommt, heranzoomen kann. Woody will keine Probeaufnahmen, aber die »Unterhaltungs-Crew« besteht auf mindestens einer Probe. Der Kompromiß: »Wir proben den Dialog, ohne zu spielen.«

5.15 Uhr nachmittags. Aufnahme 119 A: Im Hintergrund spielt leise Musik im Radio. Bea sitzt neben Fred am Küchentisch. Sie schenkt zwei Gläser Milch ein und bietet ihm Kekse an. Fred scheint etwas nervös zu sein. Es war ein wundervoller Abend, schwärmt Bea. Aber Fred meint, er müsse jetzt gehen. »Ich muß noch in die Bronx zurückfahren.« Bea rückt näher. »Fred... du sollst wissen, daß du mir gefällst.« Aber Fred fängt an zu schluchzen. »Was ist denn los? Mußt du immer noch an deine Braut denken?« fragt Bea, ganz gerührt von soviel Sensibilität. »Immer, wenn ich dieses Lied im Radio höre«, schluchzt Fred, »muß ich an Leonard denken...« Bea ist verdutzt: »Du hast nie erwähnt, daß deine Braut Leonard hieß.« – »Wie hätte ich denn können?« antwortet der arme Fred ganz verzweifelt. Bea dämmert es langsam, daß er vielleicht doch nicht der richtige Mann für sie ist. *(1 Minute, 50 Sekunden)*

Einstellung 1: Bea beugt sich zuwenig vor, wenn sie die Milch eingießt, und ist nicht mehr im Bild. Zwischen den Dialogszenen gibt es noch zu viele Pausen.

Einstellung 2: Gut. Aber Woody möchte, daß Fred wirklich weint. Fern soll ihm eine Flüssigkeit auf die Handflächen träufeln, die er sich dann in die Augen reiben kann. Fred meint, er schaffe es schon, wirklich zu weinen.

Einstellung 3: Die Flüssigkeit hat geholfen, Fred hat aber auch wirklich geweint. Woody sagt ihm, daß die Flüssigkeit alleine schon genüge. Aber die Aufnahme hätte besser sein können. Bea reagierte zu spät am Ende. Und Dickie konnte hinter der Kamera die Tränen nicht gut genug erkennen. Fern gibt ihm noch mehr Flüssigkeit. »Machen Sie sich über die Tränen keine Gedanken. Konzentrieren Sie sich lieber auf das Spielen«, sagt Woody zu Fred.

Einstellung 4: Gut. Fred spielt perfekt. Und Dickie konnte die Tränen erkennen. Woody bittet Bea, Fred mit dem Milchglas zuzuprosten.

Einstellung 5: Dickie unterbricht. »Louis! Höher – höher – höher.«

Einstellung 6: Sehr gut. Woody läßt, anstatt wie sonst sofort zu unterbrechen, diesmal die Aufnahme bis zum Ende durchlaufen. Er scheint zufrieden zu sein. »Wir können aufhören oder noch eine machen. Was meint ihr, Leute?« Fred möchte

noch eine machen. Woody bittet Fred, am Schluß noch ein paar
Seufzer mehr hinzuzufügen und die Hände noch heftiger zu
ringen. »Und wenn Sie gehen möchten, dann tragen Sie das
höflicher und weniger abrupt vor.«
Einstellung 7: Gut. Aber Fred möchte noch eine weitere Aufnahme machen. »Sofern Sie nichts dagegen haben«, meint er
zu Bea. »Mir macht's Spaß!« stimmt sie zu.
Einstellung 8: Sehr gut. »Zufrieden?« fragt Woody die Schauspieler. Fred sieht glücklich aus, und Bea hat es auch Spaß gemacht.
(Die Einstellungen 2, 3, 4, 6, 7 und 8 werden kopiert.)
Der Luftschutzwart ist hereingebracht worden. Eine Rohfassung von der Tonaufnahme, wie er den Luftangriff meldet,
wird aufgenommen: »Verdunkelung... Lichter aus...«
Um 5.50 Uhr abends machen wir Schluß für heute.

437

Vizepräsident Bush steht zu seiner Attacke auf den New Yorker Gouverneur Mario Cuomo, räumt aber ein, daß sie sehr schroff gewesen sei. Im letzten Monat hat Cuomo erklärt, daß Rassenvorurteile hinter der Behauptung mancher Leute steckten, daß er, ein Italo-Amerikaner, es als gewählter Präsident im Amt schwer haben würde. Und er fügte hinzu, daß er mit dem Gedanken spiele, einzig deshalb zu kandidieren, um zu beweisen, daß jemand trotz seiner Abstammung siegen könne. Bushs Antwort ließ nicht lange auf sich warten. Er bezichtigte ein paar Tage darauf Cuomo, »Zwietracht zu säen«, und erklärte: »Er behauptet, daß wir nicht zu schätzen wüßten, daß Millionen von Schwarzen, Juden, Iren, Italienern, Lateinamerikanern und Polen die Fesseln der Unterdrückung zerschlugen, um dieses großartige Land aufzubauen.« (New York Times)
Hannah and Her Sisters läuft heute an. »Es ist ein Meisterwerk. ›Hannah‹ ist Woodys größter Triumph«, schwärmt Rex Reed in der New York Post. »Kompliment für ›Hannah‹. Woodys neuester – und bislang bester – Film ist ähnlich wie ›Manhattan‹, nur mit Herz«, lobt Kathleen Carroll in der Daily News.

Die Aufführung für die Crew fand gestern im überfüllten Saal statt. Alle waren da – Jack Rollins, Jane, die Salad Sisters mit ihren Ehemännern, die »Unterhaltungs-Crew« mit ihren Ehefrauen und die ganze restliche Mannschaft. Natürlich war die Aufführung ein Erfolg. Zum Schluß hin schaute Carlo vorbei, um zu sehen, wie der Film ankam. Aber Woody ließ sich nicht blicken.
Es war schon ein komisches Gefühl, die Schauspieler auf der Leinwand wiederzusehen: Bea, die mit Woody flirtet (schon wieder!); Ma, die versucht, ihn zur Vernunft zu bringen, als er sich einredete, Krebs zu haben; Woody, der Max um dessen Sperma bittet; Sally, die ganz anders, aber sehr ergreifend spielt; und flüchtige Bilder von Andrew (noch mit langem

Haar), Lark, Daisy und sogar vom kleinen Moses. Dennoch war der Film eine kleine Überraschung für alle. Nur 20 Prozent vom Skript und den Haupt-Dreharbeiten wurden übernommen. Die restlichen 80 Prozent kommen von den Nachaufnahmen. Und das Ergebnis weicht natürlich gänzlich vom anfänglichen Konzept und vom Skript ab. Ursprünglich waren mehr Szenen für Max vorgesehen, darunter eine in einer Kunstgalerie. Ebenso gab es mehr Szenen mit Woody und Hannah zusammen. Die Szene, in der Michael Caine und Barbara Hershey sich im Boot liebten, wurde geschnitten. Ebenso erging es einer anderen Szene: Barbara Hershey war zusammen mit ihrem Verlobten in Hannahs Wohnung zum Essen eingeladen; Michael Caine versuchte sie zu küssen, und sie stach ihn unabsichtlich mit der Schere in die Hand. Die wunderschöne Szene, in der Hannah im Bett Michael Caine gesteht, daß auch sie eine schwache Frau sei, war ursprünglich im Skript nicht vorgesehen.

9 Uhr vormittags. Little Joe quetschte sich die Finger an einer zufallenden Tür. Stolz und mutig läßt er sich seinen Schmerz nicht anmerken, aber eine Zeitlang herrschte deswegen helle Aufregung.
Dicke Schneeflocken fallen. Wir beschließen, den Schneemann aufzunehmen. Er steht bereits am Drehort.

9.30 Uhr vormittags. Vor dem Schuleingang, zwei Blöcke vom Studio entfernt, sieht der Schneemann echter aus als in der Schreinerei. Ihm wurde eine zerschlissene schwarze Jacke übergeworfen, ein Schal umgehängt und ein Filzhut aufgesetzt. Im Augenblick fehlt noch der Penis. Ein Auto hält. Drei Touristen aus Indien kommen heran und fragen, ob sie ein Foto von sich und dem Schneemann machen dürfen (Woody ist noch nicht da). Man möchte meinen, sie sehen zum erstenmal einen Schneemann.
Woody kommt an. Der echte Schuldirektor kommt heraus, um ihn zu begrüßen. (Weiß er etwas von dem Penis?) Im Moment hält Santo die Mohrrübe, die diesen Part übernehmen soll, noch in der Hand.

Aufnahme D 102: Little Joe und Andrew legen letzte Hand an den Schneemann an. Ein Pärchen geht vorüber. Andrew zieht die riesige Mohrrübe aus der Tasche und steckt sie dorthin, wo sie hingehört. Die Schuldirektorin kommt heraus. Die zwei Kids machen sich aus dem Staub. *(15 Sekunden)*

Einstellung 1: Gut.

Einstellung 2: Abgebrochen. Andrew kann das Loch für die Mohrrübe nicht finden.

Einstellung 3: Wieder abgebrochen. Die Stelle ist zwar markiert worden, aber das Loch ist nicht groß genug. Jimmy Mazzola vergrößert es mit einem Messer. Außerdem reicht er Andrew eine neue Mohrrübe. Die erste sieht, nachdem sie von Hand zu Hand gegangen ist, schon ziemlich mitgenommen aus...

Einstellung 4: Gut.

(Die Einstellungen 1 und 4 werden kopiert.)

Wir fahren im Transporter zurück zum Studio, zu Little Joes

Haus. »Dieser Typ hat einfach Dusel. Seit 1968 hatten wir keinen Schneesturm mehr wie diesen. Und das eine Woche vor Ende der Dreharbeiten«, wundert sich Jimmy Mazzola.

11.30 Uhr vormittags. Wir sind zurück in Little Joes Haus, um bei der Familie Silvester zu feiern (Sequenz 182). Woody beäugt die Großeltern, im Schlafanzug und Nachthemd, und bittet Opa, die Krawatte abzunehmen. Es wurde beschlossen, daß sie statt des Champagners, wie es im Skript vorgesehen war, Kaffee und »Ginger Ale« bekommen.
Woody, Bea und Little Joe pfeifen heute schon den ganzen Tag.
Aufnahme 182: Silvester 1944 bei der Familie. Alle fallen einander um den Hals und küssen sich. Ma hält das Baby. »Ich sorge mich etwas um die Zukunft«, sagt sie. Aber Pa ist heute optimistisch: »Wovor fürchtest du dich?... Mach dir nicht so viel Sorgen!« Bea kommt mit Little Joe die Treppe herunter. Zum Jahreswechsel hat sie ihn geweckt: »Mein Gott, ich möchte, daß dieser Krieg zu Ende geht. Nirgendwo gibt es noch unverheiratete Männer...« Ceil glaubt fest daran, daß Bea in diesem Jahr den Richtigen finden wird: »Ich spüre das.« Abe schlägt vor, den Fisch zu kosten. Die festliche Stimmung ist ungebrochen. *(52 Sekunden)*
Zuerst werden ein paar Proben gemacht. Eine Puppe ersetzt das Baby, das erst in letzter Minute gebracht werden wird. »Etwas feierlicher, Leute. Diese Teilnahmslosigkeit – schrecklich!« schimpft Woody nach der ersten Probe. »Bea soll bereits einige Stufen weiter oben losgehen«, schlägt Dickie vor. »Dann verstreicht aber viel Zeit bis zum Beginn meines Textes«, wendet Bea ein. »Nützen Sie die Zeit. Wie wär's mit ›Happy New Year‹?« schlägt Woody vor. Die Mutter des Babys kommt herein und überreicht es Ma. Die Mutter gesellt sich zu uns, nur für alle Fälle. Das Baby hat dunkles, lockiges Haar und verhält sich sehr ruhig.
Einstellung 1: Abgebrochen. Der Beginn war schlecht.
Einstellung 2: »Nicht gut«, meint Dickie. Es gab Schwierigkeiten wegen den Lichtreflexen.

Einstellung 3: Gut. Das Baby ist schon ein richtiger Profi. Es strahlt alle an, sogar Abe.
Einstellung 4: Woody unterbricht: »Wir haben anfangs nicht genug vom Hintergrund drauf.«
Dickie: »Gut, drei Sekunden sind genehmigt.«
Woody: »Zu wenig!«
Dickie: »O. K., vier.«
Einstellung 5: Es scheint alles geklappt zu haben. Aber Louis und Kay glauben, daß Ma nicht mehr im Bild war, als sie ihren Text sprach. Dickie bezweifelt das.
Einstellung 6: Dickie unterbricht: »Nicht gut.« Offensichtlich hatten Kay und Louis recht.
Einstellung 7: Sehr gut. Abe ist großartig, wenn er seinen roten Schnapphahn anbietet. Woody muß lachen.
Das Baby wird seiner Mutter wieder zurückgegeben. Ma gratuliert ihr zu ihrer braven Tochter. Sie geht mit ihrem Baby hinaus, und wir warten auf ein anderes Baby.

12.25 Uhr mittags. Raten Sie, wer das andere Baby ist? Baby Dylan höchstpersönlich. Stolz bringt sie Sally, die jetzt wieder ihre weiten Klamotten trägt. Es ist Baby Dylans erste Filmrolle, und Sally ist sehr aufgeregt. Ma nimmt Baby Dylan in ihre Arme. Woody eilt diesmal ausnahmsweise nicht zu ihr hinüber, um Grimassen zu schneiden. Wir arbeiten weiter.
Einstellung 8: Gut, aber Little Joe geriet gegen Ende der Szene etwas außerhalb des Bildes. Baby Dylan ist ein wenig aufgeregt. Nicht gewohnt, »vor der Kamera zu stehen«, blickt sie überall neugierig herum. Sally, die unmittelbar neben mir ist, verbirgt sich in der Ecke. Sie sollten ihr Gesicht sehen.
Einstellung 9: »Schnell. Baby Dylan hat Angst und sucht ihre Mama«, warnt noch Dickie vor der Aufnahme. Sie ist wieder gut geworden. Gleich nach der Beendigung der Szene erträgt Baby Dylan die Spannung nicht mehr länger und plärrt los. Woody eilt zu ihr, um sie zu beruhigen. Sally bleibt in ihrer Ecke, starr vor Angst.
Einstellung 10: Baby Dylan fing zwar am Schluß zu weinen an, die Aufnahme ist aber immer noch gut.

(Die Aufnahmen 5, 7, 8, 9 und 10 werden kopiert.)
Ma entschuldigt sich bei Sally. Woody bringt Baby Dylan in
seinen Raum.
Um 12.50 Uhr mittags machen wir Mittagspause.

2.15 Uhr nachmittags. Carlo richtet die Beleuchtung für die
Sequenz aus, in der die Familie in der Küche dem Drama um
Polly Phelps lauscht. Baby Dylan sitzt mit Sally auf Woodys
Sofa. Sie schauen ihm beim Schachspielen zu. In ihrem Zimmer plaudern Ma und Ceil miteinander. Neben ihnen liest Abe
die Zeitung. Der Rest von uns ist bei den Salad Sisters und
macht sich über den Geburtstagskuchen von Pa und Little Joe
her.

3 Uhr nachmittags. Aufnahme 165: Die Familienmitglieder
haben ihre eigenen Sorgen ganz vergessen, gebannt lauschen
sie in der Küche der Reportage über Polly Phelps. Oma sitzt auf
einem Stuhl im Eßzimmer.
Oma wird ein Hemd mitsamt Nadel und Faden gereicht, damit
sie nähen kann. Woody überprüft die Kameraeinstellung. Er
ist ein wenig sauer, weil ihm Bea offensichtlich zuvorgekom-
men ist; die Linse ist mit Make-up verschmiert.
Einstellung 1: »Es ist besser, wenn Ceil nicht raucht. Und Little
Joe sollte etwas essen«, gibt Woody noch unmittelbar vor Beginn der Aufnahme als Anweisungen. Dennoch ist sie nicht gut
geworden. Bea hatte Dickies Stichwort überhört und kam des-
halb nicht ins Bild.
Einstellung 2: Woody unterbricht. Oma war so in ihre Näherei
versunken, daß sie plötzlich zu singen begann.
Einstellung 3: Wieder unterbricht Woody. »Nur nähen«, sagt
er zu Oma. Dieses Mal unterbrach sie ihre Näherei, weil sie den
Faden mit ihren Lippen befeuchtete. Es ist sehr wichtig, daß
Oma sich an die Regieanweisungen hält, weil sie zu Beginn der
Aufnahme ganz im Vordergrund sitzt.
Einstellung 4: Gut. »Noch eine...«
Einstellung 5: Gut.
(Die Einstellungen 4 und 5 werden kopiert.)

Fertig um 3.10 Uhr nachmittags.
Die Aufnahme ist beendet. Alle laufen herum, bis auf Oma, die auf ihrem Stuhl sitzen bleibt und weiternäht.

3.30 Uhr nachmittags. Bea war die Glücksfee beim Kartenspiel. Und ich habe verloren! Der Schneemann schmilzt in der Vorhalle langsam vor sich hin und ist bald wieder in dem gleichen schäbigen Zustand wie früher. Auf Bühne G wird gerade der Brunnen, in den Polly Phelps fallen wird, aufgebaut. Der Übertragungswagen ist bereits da. Die Atmosphäre hier ist angenehm. *Hannah* ist ein voller Erfolg, und wir liegen mit den Dreharbeiten gut im Zeitplan und müßten sie spätestens am nächsten Freitag abgeschlossen haben.

4 Uhr nachmittags. Während Carlo den Familienmitgliedern noch letzte Anweisungen gibt, wartet Woody im Wohnzimmer auf den Aufnahmebeginn. Pfeifend tippt er ein paar Zeilen in die Schreibmaschine, dann zieht er ein paar Dollarnoten aus seiner Hosentasche und geht, sie zwischen den Fingern reibend, auf und ab. Schließlich begibt er sich zu Andrew.
Aufnahme 170: Die Kamera schwenkt auf die gespannten Gesichter der Familienmitglieder, die schweigend dem Drama um Polly lauschen. *(30 Sekunden)*
Woody ist bei ihnen in der Küche und beobachtet jedes einzelne Gesicht, während Dickie ihm sagt, auf welches die Kamera gerade gerichtet ist.
Einstellung 1: Abgebrochen. Dickie bekam Abe zum Schluß nicht ins Bild.
Einstellung 2: Gut. Wir versuchen jetzt eine schnellere Version.
Einstellung 3: Dickie bezweifelt, daß sie gut geworden ist. Carlo: »Nicht gut. Kein Gefühl« (wegen des schnelleren Schwenks). Woody: »Machen wir jetzt einen langsamen Schwenk.«
Einstellung 4: Gut. Pa macht noch eine nette Geste zu Little Joe hin.
(Die Einstellungen 2, 3 und 4 werden kopiert.)

Woody bittet Little Joe, sich auf Pas Knie zu setzen: »Und Sie könnten ihn umarmen und nett zu ihm sein«, schlägt Woody Pa vor.

Little Joe: »Was? Er, ausgerechnet er, soll nett zu mir sein?«

Woody: »Das nennt man Science-fiction.«

Carlo benötigt 10 Minuten, um einige Veränderungen vorzunehmen. Die Kamera richtet sich jetzt nur auf Pa, Little Joe, Ceil und Ma. Die anderen Familienmitglieder können gehen. Ezra, Jimmy Mazzola, Tom und Jimmy Davis sitzen um den Tisch im Speisezimmer und diskutieren den Drehplan für nächste Woche. Bevor sie geht, bittet Oma um ein Kissen vom Sofa – wegen ihres Rückens! Aber Richie sagt unerbittlich nein: »Es gehört zur Bildausstattung.«

4.55 Uhr nachmittags. Aufnahme 173: Ceil und Ma sowie Pa, mit Little Joe auf seinen Knien, sind bestürzt, als sie von Pollys Tod erfahren. Die Kamera fährt auf Pa und Little Joe.

Einstellung 1: Gut. Noch eine, mit einer kleinen Variante. Dickie wird ein Stichwort geben, sobald die Kamera nah genug heran ist, dann soll Ma Little Joe zärtlich über den Kopf streichen.

Einstellung 2: Gut.

(Beide Aufnahmen werden kopiert.)

»Gestorben« um 5 Uhr nachmittags.

Montag, 10. Februar 1986   Fünfzehnte Woche

Haitis Diktator Baby Doc flüchtet mit seiner Frau Michelle in einer Maschine der US-Luftwaffe nach Frankreich. (New York Times)

Bei den Wahlen auf den Philippinen liegt Aquino vorn. Marcos hat bereits angekündigt, daß er die Wahlen für ungültig erklären lassen will. (New York Times)

Zugunglück in Westkanada: fast vierzig Tote und achtzig Verletzte. (New York Times)

Epilog zur Entführung der Achille Lauro: *Mrs. Marilyn Kling-hoffer ist an Krebs gestorben.* (Daily News)
Ein sauberes Heim oder Sex? Frauen, die beides zu vereinbaren suchen, leiden an chronischer Mattigkeit. (Daily News)
Nach Rom, Paris und New York verursacht Jean-Luc Godards Je vous salue, Marie *weiterhin Skandale; jetzt in Rio de Ja-neiro.* (New York Times)
Der britische Schauspieler Brian Aherne erlag im Alter von 83 Jahren einem Herzschlag. Sein Debüt als Schauspieler gab er mit acht Jahren in England in einer Pantomime-Show mit Noël Coward. Am Broadway trat er erstmals 1931 als Partner von Katherine Cornell in dem Stück The Barretts of Wimpole Street *auf. Sein Hollywood-Debüt feierte er 1933 als Partner von Marlene Dietrich in Rouben Mamoulians* Song of Songs. *Er heiratete Joan Fontaine und ließ sich wieder von ihr schei-den. In den letzten Lebensjahren wechselte er im Rhythmus der Jahreszeiten seinen Wohnsitz: Den Sommer verbrachte er in der Schweiz, den Herbst in New York, den Winter in Florida.*

9 Uhr vormittags. Barbara war an diesem Wochenende wieder in Philadelphia, wo sie ihre Tochter derart anbrüllte, daß sie jetzt kaum noch reden kann. Richie hat sich einen neuen Haar-schnitt verpassen lassen, er sieht jetzt aus wie ein Punk. Cliff ließ sich seinen Vollbart abrasieren, er trägt jetzt nur noch ei-nen schmalen Moustache. Der Tango-Lehrer ist bereits dabei, Bea den Conga beizubringen.
Carlo richtet die Szene ein, in der Pa Ma sein »Bagel«-Projekt* erläutert, Bea den Conga tanzt, Ruthie die Telefonsammel-stelle der Waldbaums abhört, Oma ihre Zähne sucht und Abe Aale bringt (Sequenz 162).

10 Uhr vormittags. Aufnahme 162. Das Radio ist eingeschal-tet. Während Ma versucht, Wäsche zu waschen, versucht Pa ihr seine Idee zu erläutern, »die mir gerade gekommen ist und

---

* Bagel ist eine Art Doughnut; Bagel mit Lachs ist eine jüdische Frühstücks-spezialität. (Anm. d. Übers.)

von der ich glaube, daß sie uns reich machen kann«. Ma meint, daß das Taxigeschäft ganz gut läuft, aber Pa hat keine Lust, »mein ganzes Leben in einer Karre herumzukutschieren«. Er erklärt Ma seinen Plan: »Paß auf!... Die jüdischen Familien hier im Norden kommen jeden Sonntagmorgen in den Genuß von ›Bagels‹ mit Lachs; was ist aber mit den Familien im Süden? Nun... wenn jetzt Marty (Greenbaum) und ich die ›Bagels‹ mit Lachs verpacken, so daß sie nicht verderben – frag mich jetzt nicht, wie –, und sie verschiffen würden, dann könnte auch dort jede jüdische Familie ihr Frühstück genießen... Was hältst du von dieser Idee?« Ma findet sie »idiotisch«, ohne »begründen zu wollen, warum«. Cousine Ruthie verkündet: »Mrs. Waldbaums Cousin könnte vielleicht Richter werden; er müßte dafür aber noch jemanden schmieren.« Ceil schließlich sagt allen, ohne daß man sie sehen kann, daß »Abe uns Aale mitgebracht hat«! (46 Sekunden)

Erste Probe. Woody steht hinter der Kamera. Er bittet Pa, nicht so aufgeregt zu sein und seinen Sprechpart hinauszuzögern, damit die Kamera auf ihn gerichtet bleiben kann, bis Ruthie erscheint. Die Großeltern bittet er noch, im Hintergrund das Gebiß zu suchen.

Woody (zu Oma): »Schauen Sie nicht in die Kamera!«
Oma: »Wann soll ich meinen Sprechpart sagen?«
Woody: »Vorläufig noch gar nicht.«

Für Dickie wird eine zweite Probe gemacht. Ceil ist bei uns hinten im Schlafzimmer der Großeltern. Bea ist auch da und schaut zu. Beide sind zwar nicht im Bild, aber Ceil muß von außerhalb ihren Text sprechen. Sie verpaßt ihren Einsatz: »Oh, verdammt!« Woody: »Macht nichts.«

10.15 Uhr vormittags. Einstellung 1: Abgebrochen. Ma stolperte wegen ihres riesigen Wäschekorbs über Louis' Kabel.
Einstellung 2: Gut. Ceil ist nicht perfekt, aber eine Extra-Tonaufnahme soll sowieso gemacht werden.
Einstellung 3: »Los geht's!« Jetzt kommt die »Unterhaltungs-Crew« besser mit dem Ton zurecht.
Einstellung 4: Gut. Woody bittet Pa, anfangs etwas enthusia-

stischer seinen Plan vorzutragen und bereits zu sprechen zu beginnen, wenn er durch die Küchentür eintritt.

Einstellung 5: Dickie unterbricht. Entweder kam Pa zu spät, oder die Kamera schwenkte zu früh. Bea mag nicht mehr zuschauen und geht in ihre Garderobe.

Einstellung 6: Gut. »Noch eine...«

Einstellung 7: Dickie unterbricht. Pa sollte zu Ma in die Küche hinüberrufen, seine Stimme klingt allerdings so leise, als ob sie neben ihm stünde.

Einstellung 8: O. K. Aber Pa könnte noch besser sein, und Ruthie hat etwas übertrieben.

Einstellung 9: Abgebrochen. Pa verpatzte den Einsatz für »Marty und...«

Einstellung 10: Gut.

(Die Einstellungen 4, 6 und 10 werden kopiert.)

Fertig um 10.35 Uhr vormittags.

Woody liest sich das Skript noch einmal durch. Er möchte nachsehen, wieviel von der nächsten Szene mit einer einzigen Aufnahme geschossen werden kann. Dann überprüft er den Kamerawinkel, indem er beinah unmerklich von einem Platz zum anderen wechselt, vom Kamerawinkel zum Bewegungsablauf der Schauspieler – Bea tanzt den Conga, Abe zeigt seine Aale (Woody macht ihm vor, wie er die glitschigen Biester in die Hand nehmen soll), Oma sucht ihr Gebiß; auf diese Weise bekommt Carlo eine Vorstellung davon, wie er dies alles in den Kasten bringen kann. Zuerst schlägt Woody vor, die Szene in der Küche zu drehen. Aber Carlo meint, der Raum wäre zu klein für so viele Handlungsabläufe. Woody zieht das Wohnzimmer in Betracht. Er beschließt, vor dem Sprechpart der Großeltern zu unterbrechen. Carlo gefällt das nicht, aber sie in der ersten Aufnahme drinzulassen ist zu riskant; wenn es Schwierigkeiten mit den Großeltern gäbe, dann wäre der gesamte erste Teil der Szene so gut wie verloren.

11.30 Uhr vormittags. Der Schnee, der den Schneemann überzog, ist im Foyer vollständig weggeschmolzen. Jemand hat seine Nase abgebrochen, aber er trägt immer noch seine Jacke und seinen Schal; die Mohrrübe/der Penis ist entfernt worden.

Aufnahme 162 A: Ruthie hängt den Telefonhörer ein. Waldbaum hat gerade vom Hof seine Standard-Beschwerde gebrüllt: »Hör auf, uns...« Im Radio spielt ein Conga. Bea dreht es lauter und fängt zu tanzen an; sie hat diesen Tanz erst kürzlich von ihrem Tanzlehrer gelernt. Sie fordert Ruthie auf, mitzutanzen. Abe kommt mit seinen Aalen an und jagt Bea aus Jux einen Schrecken ein. Jetzt tanzt auch Ceil mit; die drei Frauen tanzen nach der lärmenden Conga-Musik aus dem Radio um den Tisch. *(31 Sekunden)*

Woody beginnt mit einer zwanglosen Probe. Er erkennt, daß das Baby bei dieser lauten Musik nicht im Zimmer bleiben kann. »Pa soll es hinaustragen«, beschließt er, »und Ceil soll, wenn sie hereinkommt, irgend etwas bringen oder nehmen, ich weiß auch nicht, was.« Ruthie hängt ein; Bea beginnt zu tanzen; Abe kommt mit seinen Aalen. Woody fordert sie auf, das Ganze von Beginn an durchzuspielen. Da gibt es ein Problem: »Was soll ich eigentlich machen?« fragt Ruthie. »Das ist eine gute Frage«, bemerkt Woody. Es wird beschlossen, daß Ruthie zu Bea in die Küche kommen soll, nachdem letztere von Abe mit den Aalen erschreckt worden ist. »Das ist der Grundgedanke«, erklärt Woody, zu Carlo gewandt.

Dann folgt eine Probe mit Carlo an der Kamera. »Sie sehen scheußlich aus«, bemerkt Woody herablassend zu Bea. Sie nimmt das schweigend hin. Ursprünglich war nicht vorgesehen, daß auch Ceil gemeinsam mit Bea und Ruthie Conga tanzt. Jetzt gibt es dem Ganzen einen spontanen und realistischen Anstrich. Carlo braucht noch zehn Minuten für Anweisungen.

12 Uhr mittags. Dickie möchte eine Probe. Woody weist Bea an: »Fangen Sie nicht sofort zu tanzen an. Passen Sie ihre Schritte der Melodie im Radio an.« Am Anfang soll sie Pa vortanzen. Jimmy Mazzola ist in der Küche. Er trägt Handschuhe und bereitet die Aale auf ihren »Auftritt« vor. Heute scheinen sie weniger lebhaft zu sein.

Einstellung 1: Woody läßt die Szene ganz aufnehmen. Sehr gut. Bea verläßt die Szene, um an ihrer Diät-Pepsi zu nippen.

Einstellung 2: Dickie unterbricht. Abe hat seine Markierungsstelle verpaßt. Die Aale verhielten sich allerdings perfekt. Bea beschwert sich.

Woody: »Was ist los?«

Bea: »Es riecht sehr streng!«

Woody: »Es riecht nur nach Fisch.« Und zu Abe gewandt, sagt er: »Laufen Sie nicht so schnell, wenn Sie ins Bild kommen.«

Einstellung 3: Dickie unterbricht: »Louis...« Jimmy Mazzola gesellt sich zu uns, er trägt immer noch Handschuhe. Bea hat recht: Es stinkt.

Einstellung 4: Gut. »Zwei gute Aufnahmen. Noch eine und...«

Einstellung 5: Gut.

(Die Einstellungen 1, 4 und 5 werden kopiert.) Fertig um 12.20 Uhr mittags.

Weil die Einrichtung der folgenden Szene bereits abgesprochen ist, eilt Woody hinaus. Tom ruft ihm aber noch nach: »Woody, wir werden an dieser Aufnahme noch bis ein Uhr arbeiten und dann Mittagspause machen.« Schon in der Vorhalle, schreit Woody noch sein »O. K.!« zurück. »Der kooperativste Typ bei den Dreharbeiten«, murmelt mir Brian zu.

Um 1 Uhr machen wir Mittagspause.

Baby Dylan ist da (deshalb war Woody so in Eile). Oma und Pa beschäftigen sich mit ihr. Aber das einzige, was Baby Dylan zu interessieren scheint, ist, Little Joe an seinen roten Haaren zu ziehen. Und Little Joe läßt es sich gefallen. Heute abend will sich Woody die Muster mit Baby Dylan ansehen; Sally ist schon ganz aufgeregt.

2.30 Uhr nachmittags. Carlo war auch zusammen mit Baby Dylan beim Mittagessen. Er mag sie zwar sehr gern, findet sie aber etwas zu laut. Er zieht es vor, mit Erwachsenen zu essen.

Aufnahme 162 B: Mitten in den Tumult platzt Oma: »Wo ist mein Gebiß?« Opa tritt hinter ihr ein: »Eine Frau schafft es

450

nicht einmal, auf ihre eigenen Zähne aufzupassen. Schaut mich an. Ich bin jetzt 83 Jahre und habe meine Zähne alle noch.«
»Halt deinen Mund, Nathan!« *(12 Sekunden)*
Erste Probe: »Einen Moment! Ich muß erst meinen Text sprechen«, beschwert sich Oma bei Opa, der zu eilfertig in seine Rolle einsteigt. Wie gewöhnlich verhält sich Woody gegenüber den anderen sehr ungeschickt; in einer rauhen Tonart fährt er sie an. »Keine großartigen Gesten«, belehrt er Oma, die dazu neigt, etwas theatralisch zu spielen. Er bittet Oma, das Tempo einzuhalten, was für sie wegen ihrer kranken Beine nicht ungefährlich ist. Sie sollen an der vorgeschriebenen Markierung ihren Part beenden. »Wir kriegen das schon hin«, versichert Woody. »Laßt uns anfangen.«
Einstellung 1: Nicht gut. Opa verpaßte seinen Einsatz. Woody bleibt sitzen.
Einstellung 2: Opa verharrte nicht auf seiner Markierungsstelle. Ma und Ceil müssen beobachten, was vor sich geht.
Einstellung 3: Opa zögert bei seinem Text ». . . meine Zähne. . .« Laßt uns weitermachen!«, spornt Woody an.
Einstellung 4: Gut. Und Woody kritisierte. . .
Einstellung 5: Gut. Aber Dickie kriegt es noch besser hin.
Einstellung 6: Es gibt Schwierigkeiten mit Omas Bewegungsablauf zum Schluß hin, und Opa könnte allgemein besser sein. »Drehen Sie sich um, und schauen Sie Pa an«, sagt Dickie zu Oma.
Einstellung 7: Wieder Opa.
Einstellung 8: Gut. Aber Woody bemängelt, daß Oma am Schluß zu lange mit ihrem Sprecheinsatz gezögert hat.
Einstellung 9: »Nicht gut«, meint Dickie. Oma stand verkehrt.
Einstellung 10: Abgebrochen. Oma sprach ihren Text zu spät und Opa den seinen zu früh.
Einstellung 11: Gut.
(Die Einstellungen 4, 5, 8 und 11 werden kopiert.) Fertig um 3.10 Uhr nachmittags.
Jetzt können wir das große Finale der Szene drehen. Die Familien-Choreographie zu den Klängen des Conga erreicht ihren

451

Höhepunkt und bricht abrupt ab, wenn die Musik durch die Übertragung aus dem Feld in Pennsylvania unterbrochen wird. Woody legt den Kamerablickwinkel und die Kamerabewegung fest; sie soll auf einem Dolly der Handlung nachfahren.

4 Uhr nachmittags. Es ist unsere letzte Woche bei den Dreharbeiten. Die Atmosphäre ist zwar entspannt, macht aber nachdenklich. Bald werden wir unsere Familie verlieren; nach vierzehn Wochen, zehn Stunden am Tag hat jeder von uns das Gefühl, einfach dazuzugehören. Und jeder einzelne wird an verschiedenen anderen Projekten arbeiten. Sicher, im April gibt es noch Nachaufnahmen, aber das wird schon nicht mehr das gleiche sein. Richie arbeitet bei der *Ishtar*-Produktion mit; die PAs arbeiten nur noch bis Freitag im Studio und dann bei Außenaufnahmen in Manhattan. Ma geht zurück nach Kalifornien, wo sie lebt. Pa geht auch nach Los Angeles, allerdings mit seiner richtigen Ehefrau, Jill Eikenberry, und ihren zwei Kindern. Pa und Jill spielen bei einer TV-Serie, *L.A. Law,* mit, von der bald die Pilotsendung gedreht werden soll. Ein großer Teil der Crew arbeitet bei James Tobacks Film *Pick-Up Artist* mit, in dem Molly Ringwald die Hauptrolle spielt. Der Film wird von Warren Beatty produziert, sein Regisseur ist Gordon Willis. Bis jetzt steht fest, daß Brian, Tom, Dickie, Kay und Bobby Ward mit seinen »Moes« mitarbeiten werden. Die Dreharbeiten sollen Ende Mai beginnen, also unmittelbar nach Beendigung der Nachaufnahmen für Woody. Nicole und Myla haben im Augenblick noch keine neuen Projekte in Aussicht. Sie stricken jetzt nicht mehr, sondern widmen sich wieder ihren Kreuzworträtseln und Büchern. Dennis nimmt es auf die leichte Schulter und liest seine Computer-Fachzeitschriften.

4.30 Uhr nachmittags. Aufnahme 162 C: Aus dem Radio lärmt immer noch Musik, die Frauen tanzen um den Tisch, und Opa und Oma streiten sich und suchen das Gebiß. Plötzlich stürmt Ma die Treppe herunter, sie jagt wütend hinter Little Joe her. »Schau, was er schon wieder angestellt hat«, schreit sie. Pa schnappt ihn sich. »Schau, was er mit seinem Chemie-Kasten angerichtet hat. Er hat meinen Pelzmantel verfärbt!« schreit Ma verzweifelt. Pa schaut ganz ungläubig. Ma: »Ich werde ihn verprügeln.« – »Nein, ich werde ihn verprügeln«, sagt Pa und schnallt sich den Gürtel ab. Aber Little Joe entwischt und läuft in die Küche. Pa jagt hinter ihm her. Sie drehen immer die gleiche Runde – Küche, Flur, Wohnzimmer, Eßzimmer –, untermalt von den Klängen der Conga-Musik. »Wen kümmert's! Wen kümmert's! Jeder sollte den Gashahn aufdrehen«, schreit Abe dazwischen. Nach der zweiten Runde gelingt es Pa, Little Joe zu fassen, und er beginnt, ihn zu verhauen. Aber die Radiomusik wird wegen einer Sondermeldung aus Pennsylvania unterbrochen. Das achtjährige Mädchen Polly Phelps steckt immer noch – jetzt bereits seit sieben Stunden! – in den Tiefen eines Brunnens. Die Familie erstarrt, Pa hört auf, Little Joe zu verprügeln, und alle hören zu. *(1 Minute, 5 Sekunden)*

»Also, Leute, ihr sucht das Gebiß. Aber fangt noch nicht gleich damit an!« erklärt Woody den Großeltern. Nachdem er allen den Bewegungsablauf erklärt hat, stellt sich Woody hinter die Kamera: »Ich möchte eine kurze Probe sehen.«

Erste Probe: Little Joe flitzt zu schnell. Nicht nur, daß das gefährlich werden könnte, Pa gelingt es auch nicht, ihn zu fassen. Und die Frauen beginnen zu spät, den Conga zu tanzen.

Zweite Probe: Die Familie geht in der Handlung richtig auf. Sie sind nicht zu stoppen. Woody pfeift, einmal, zweimal. »Das sieht jetzt gut aus«, lobt er sie. »Ich habe einen Schwenk gemacht, weil ich nicht ganz bei der Sache war«, erklärt er Carlo und besteht weiterhin auf einem Dolly für die Szene.

5 Uhr nachmittags. Alle Anordnungen sind getroffen worden. Da die Kamerabewegung und der Bewegungsablauf der Schauspieler so kompliziert sind, möchte Dickie noch eine Probe. Woody bittet Little Joe, nicht zu heulen, wenn Pa ihn mit dem Gürtel verhaut. »Aber es tut weh!« protestiert Little Joe. »Steck es weg wie ein Mann«, rät Bea. Woody und Jimmy sichern ab, daß Mas Text: »Er hat meinen Pelzmantel verfärbt« in dem ganzen Tumult herauszuhören ist. Kay spricht die Polly-Phelps-Sondermeldung; sie liest sie vom Skript ab.

Einstellung 1: Dickie unterbricht. Sein Einstieg war nicht gut.

Einstellung 2: Wieder ein Cut. Frankies Mikrogalgen kam ins Bild. Darüber hinaus gab es zu viele Tanzschritte; die Frauen sollten den Tisch schneller umkreisen.

Einstellung 3: Gut. »Stoppt die Action!« plärrt Dickie am Schluß. Woody überprüft das letzte Bild.

Einstellung 4: Woody unterbricht. Ma hat gesagt: »... mit meinem Chemie-Mantel...«

Einstellung 5: Gut. Woody bittet die Schauspieler, ihr Treiben sofort und gleichzeitig einzustellen, sobald die Sondermeldung zu hören ist.

Einstellung 6: »Laßt es gut sein!«

(Die Einstellungen 3, 5 und 6 werden kopiert.) Fertig um 5.30 Uhr nachmittags.

Woody eilt hinaus.

Tom (zu Bob Greenhut): »Wir liegen gut im Zeitplan und könnten, selbst wenn wir jetzt schon Feierabend machen würden, die Szenen mit dem Haus am Mittwoch abend abschließen und am Donnerstag morgen zur Bühne G wegen der Polly-Phelps-Szene wechseln.«

Bobby: »Laß uns diese halbe Stunde nutzen, um die nächste Szene vorzubereiten. Ich hasse es, Zeit zu verlieren.«

Diese Produzenten, immer müssen sie geschäftig sein.

Um 6 Uhr abends packen wir zusammen.

Dienstag, 11. Februar 1986

Der Tylenol-Wahnsinn schlägt erneut zu. Eine 23jährige Frau starb in Yonkers nach der Einnahme mehrerer Kapseln. (New York Times)

Wegen der »beinah mystischen Aura«, die den Film Hannah and Her Sisters *seit dem Anlaufen umgibt, plant Orion einen ungewöhnlichen Vorstoß in der Vermarktung. »Wir verkaufen ihn besser als Unterhaltungs-Komödie, statt ihn als den neuesten Woody-Allen-Film anzupreisen.«* (Variety)

Die Vororte der großen Städte haben auf Homosexuelle eine magnetische Wirkung. In einigen Vierteln werden Schwule, angefangen bei der örtlichen Bank bis hin zur Eisenwarenhandlung, genauso selbstverständlich wie ihre heterosexuellen Nachbarn bedient und willkommen geheißen. Auf diese Weise reagieren viele auf die Angst vor AIDS, wie ein Professor für Soziologie in New Jersey erklärt: »Viele Menschen stellen sich auf den Standpunkt, daß sie es satt haben, von Beerdigungen zu erfahren, und nicht mehr hören können, daß schon wieder welche gestorben sind.«

»Unsere Nachbarn nennen uns ›die Jungs‹, erklärt Michael, ein 38jähriger leitender Angestellter beim Fernsehen, der mit Bill, einem 44jährigen Rechtsanwalt in Regierungsdiensten, zusammenlebt. »Ich habe jahrelang dazu gebraucht – was ich sehr bedaure –, um zu kapieren, daß im Grunde genommen Schwule und Heteros nichts voneinander unterscheidet«, fügte er noch hinzu.

Margaret, eine 38jährige Psychotherapeutin, und Nancy, eine 25jährige Computer-Spezialistin, leben in New Jersey zusammen, mit Cory, der zweijährigen Tochter von Margaret. Diese wurde über eine künstliche Befruchtung auf die Welt gebracht. Beide möchten in einen Vorort ziehen, um dort einen »Haushalt mit zwei Müttern« zu führen, und Cory soll ungestört mit dem Fahrrad fahren können. Sie fragen sich allerdings, ob zwei Frauen, deren »Hobbies Politik und ausländische Filme sind«, sich in einer Gegend, wo die meisten Leute »ihre Zeit mit langweiligen Hausarbeiten totschlagen«, wohl fühlen können. Margaret möchte »gerne eine Pfadfinder-Führerin werden«, und Nancy träumt davon, »Trainerin einer Jugend-Baseballmannschaft« zu werden. Ihre Botschaft ist: »Die Familienstruktur hat sich in diesem Land derart verändert, daß ein Paar wie wir selbst in den Vororten nicht mehr als anormal gilt.«
(New York Times)

9 Uhr morgens. Dicke Schneeflocken fallen vom Himmel. Zehn Zentimeter Neuschnee werden für heute nachmittag erwartet. Wir sind wieder im Haus der Familie, wo Ma, noch im

Nachthemd, sich die Phyllis and Paul Soap Opera anhört, während sie den Tisch abräumt. Insgesamt ist es die dritte Nachaufnahme der Szene und die zweite mit Ma. Woody möchte eine kürzere, lebendigere Version, und Ma könnte noch besser sein als beim letzten Mal. Jimmy Mazzola und Jimmy Frederick dekorieren den Tisch mit halb verspeisten Spiegeleiern, Abfall aus Brotkrümeln und Bananenschalen sowie mit noch glimmenden Zigarettenstummeln. Weil Jimmy Sabat im Schneetreiben steckengeblieben ist (er wohnt in Long Island), hat die »Unterhaltungs-Crew« kurzerhand Liz mit der Arbeit am Mikrogalgen beauftragt.

Aufnahme RR 11 unterscheidet sich in nichts von der vorangegangenen. Den größten Teil ihrer Rolle kann Ma improvisieren, aber es gibt zwei oder drei vorgeschriebene Szenen-Ausschnitte, die mit dem Verlauf der Soap Opera abgestimmt werden müssen: So muß Ma zum Beispiel die Bananenschale in den Müllschlucker schmeißen, wenn Paul das Jawort von Phyllis erbittet, und sie muß wegen der noch glimmenden Zigarette dann in den Müllschlucker spucken, wenn Paul gerade von der französischen Riviera schwärmt.

Einstellung 1: »Zeigen Sie ihren Ekel«, schlägt Woody Ma noch vor, bevor sie anfängt zu spielen, »und denken Sie an die Banane!« Aber er unterbricht sofort, weil Ma den Anfang verpatzt hat.

Einstellung 2: »Das Abräumen der ersten Speisereste war ganz in Ordnung, aber das Ding mit der Banane könnte noch besser klappen.«

Einstellung 3: Woody unterbricht. »Sie fangen viel zu spät an.« Und der Qualm aus dem Müllschlucker ist nicht gut genug zu sehen. Jimmy Mazzola schlägt vor, eine raucherzeugende Maschine zu besorgen, um damit im Müllschlucker Qualm zu machen. Wie lange dauert das? Zwei Minuten. Woody ist einverstanden.

Da es schneit, will Woody die Szene mit dem Schneemann noch einmal drehen. Die Muster waren zwar gut, aber man kann immer noch etwas verbessern.

Jimmy ist wieder da, aber sein System funktioniert nicht so

richtig. Jetzt erzeugt auch die Zigarette allein genügend Qualm. Woody erwägt, den vollen Aschenbecher in den Müllschlucker zu kippen; auf diese Weise wäre genügend Qualm da. Aber Jimmy ist anderer Meinung; er mag keine Stümperei. Woody schaut ihn mit einem verschmitzten Lächeln an.

Einstellung 4: Gut. Aber für Dickie war es immer noch zu wenig Qualm. »Wir haben jetzt ein paar gute Aufnahmen, ich möchte nun noch eine, die wirklich übertrieben ist«, sagt Woody zu Ma.

Einstellung 5: Ma bewegte sich zwar etwas zu schnell, aber Woody scheint dennoch zufrieden zu sein. Er pfeift die Melodie von »Tea for Two« und gibt ein paar Steptanz-Einlagen.

Einstellung 6: »Ich habe die Banane daneben geschmissen!« erinnert Ma. Woody meint, es reiche jetzt, aber Ma redet ihm das aus. Sie ist noch unzufrieden mit ihrem Auftritt und will es besser machen. Wir drehen weiter.

Einstellung 7: Nicht gut. »Gleich nach der Sache mit der Banane müssen Sie ganz ruhig verharren. Unterbrechen Sie ihre Tätigkeit.«

Einstellung 8: Sehr gut.

(Die Einstellungen 2, 3, 4, 5, 6 und 8 werden kopiert.) Fertig um 9.30 Uhr vormittags.

Die Aufnahmen im Erdgeschoß haben wir jetzt abgeschlossen; wir begeben uns in die nächsthöhere Etage. Das Badezimmer wird als erstes aufgenommen werden; dort rackert sich Opa mit Omas Korsett ab. Die Kamera wird im Flur stehen. Carlo macht sich an die Arbeit.

10.30 Uhr vormittags. Ruthies Freund langweilt sich und streift durch das Foyer. Gestern war er auch schon da, aber Ruthie ignoriert ihn, und er hat mittlerweile keine Lust mehr zu warten. Jimmy Sabat kommt schließlich doch noch. Es sei fürchterlich gewesen in Long Island, meint er – Autos verstopften die Straße, und man konnte keine zwei Meter weit sehen. Das Dach das King Cole ist mittlerweile in einem schrecklichen Zustand, als wäre ein Tornado darüber hinweggebraust. Gnadenlos reißen es die Jungs vom Team ein.

Bei der Schneemann-Szene stecken wir in der Klemme. Bei der ersten Aufnahme dieser Sequenz bestimmte Woody in letzter Minute eine der Statistinnen, die eine Passantin spielen sollte, für den Part der Schuldirektorin, ohne allerdings im Produktionsbüro Bescheid zu geben. Dort gab man heute morgen zusätzlich zu einer Statistin der Passantin Bescheid, von der man dachte, sie habe die Schuldirektorin gespielt (diese aber mimte nur eine Passantin). Auf diese Weise haben wir jetzt zwei Passantinnen, aber keine Schuldirektorin!

Myla ist kostümiert worden. Sie soll eine der Passantinnen spielen (nach der Krankenhausszene ist das ihre zweite Rolle im Film). Auch Dennis ist in der Garderobe; er soll der zweite Passant sein (das ist, seit er Woodys Double ist, also seit zehn Jahren, seine erste Rolle in einem Woody-Allen-Film!).

Jemand, der besonders über die Drehplanänderung erfreut sein dürfte, ist Andrew. Wie jeden Morgen ging er heute zur Schule und wurde dort abgeholt, um mit uns zu drehen.

Für heute nachmittag ist noch eine weitere Nachaufnahme geplant: die Szene mit Ma, Pa und Little Joe, die von Pollys Tod erfahren.

Opa unterhält sich jetzt mit Ruthies Freund. Diese amerikanischen Frauen – entweder sind sie ständig hinter Männern her, wie Bea, oder sie wechseln Männer wie das Hemd, wie Sally, oder aber sie ignorieren diese schlicht und ergreifend, wie eben Ruthie!

10.45 Uhr vormittags. Aufnahme 25: Das Badezimmer. »Halt die Luft an... halt die Luft an!« preßt Opa hervor, während er versucht, Oma in ihr Korsett zu zwängen. »Schnür fester, Nathan!« – »Jetzt ist das Frauenzimmer bereits in den Siebzigern, und ihr Busen wächst immer noch!« beklagt sich Opa. *(15 Sekunden)*

Oma muß ihr Gebiß herausnehmen und zudem die ganze Szene in Unterwäsche spielen. Das Ganze ist etwas peinlich, aber Oma trägt es mit Gelassenheit; sie ist keine Spielverderberin.

Einstellung 1: Sehr gut. Das Bild, wie diese Frau mit ihrem

Riesenbusen von diesem mageren Mann in ihr Korsett gezwängt wird, ist wirklich lustig. Alle lachen. Aber eigentlich ist
das eine schon eher peinliche Situation, so daß Woody ein wenig nachsichtiger mit ihnen umgeht.

Einstellung 2: »Wenn ›Action‹ gerufen wird, dann ziehen Sie
erst ein paar Sekunden lang, bevor Sie zu sprechen beginnen«,
sagt Woody zu Opa. Es klappt ganz gut. Opa macht es Spaß,
aber Oma ist nicht so sehr davon begeistert.

Einstellung 3: Abgebrochen. Opa hatte einen Versprecher.

Einstellung 4: »Das wär's gewesen.«

(Die Einstellungen 1, 2 und 4 werden kopiert.) Fertig um 10.50
Uhr vormittags.

Für die nächste Szene begeben wir uns in Little Joes Zimmer.
Woody hat für die Rienzi-Episode eine Schlüsselszene geschrieben, in der Rienzi den Kids seine Erfindungen zeigt. Die
Szene war im Skript noch nicht vorgesehen und wurde erst
während der Dreharbeiten geschrieben. Ruthie und ihr Freund
küssen sich gerade in ihrem Zimmer. Leise erklingt Musik aus
dem Radio, als sie plötzlich Little Joes Stimme hören (er spricht
durch Rienzis Mikrophon).

Nachdem er Carlo die Szene erklärt hat, steht Woody mit gesenktem Blick schweigend da; die Hände bis auf die wegge-
spreizten kleinen Finger in der Hostentasche: Er denkt nach.
Auch Carlo, der neben ihm steht, spricht kein Wort; er liest
noch einmal die entsprechenden Passagen des Skripts, dann
wartet er und sieht sich um. Lautlos schleppen die Jungs vom
Team das Equipment in den Raum. Woody sitzt auf dem Bett,
den Kopf nach vorne geneigt, die Beine über Kreuz, seine
Hände dazwischengeklemmt; er ist höchst konzentriert, sein
Blick ist nach innen gerichtet. Fünf Minuten verstreichen.
Aber die Inspiration will nicht kommen, und deshalb beschließt
Woody, vorerst eine andere Szene zu drehen.

Tom schlägt die Szene vor, in der Abe und Ceil Sallys Klatsch-
sendung *Der Goldene Mittelweg* im Radio hören. Woody
stimmt zu, und wir begeben uns in das Zimmer von Abe und
Ceil. Auch diese Szene war im ursprünglichen Skript nicht vorgesehen.

11.05 Uhr vormittags. Wir sind alle im Zimmer von Abe und Ceil versammelt. Woody liest sich das Skript noch einmal durch und fragt nach dem Radio, das Little Joe vom Reparaturladen gebracht hat. »Wir stecken sie ausnahmsweise mal ins Bett«, schlägt Woody vor. Er beginnt das Zimmer zu durchschreiten, um Carlo den Handlungsablauf zu zeigen. Das Radio ist eingeschaltet, Ceil ist bereits im Bett und ißt Schokolade, während Abe auf der Bettkante sitzt und sich noch auszieht. Plötzlich ist ein Rauschen und Pfeifen aus dem Radio zu hören. Abe erhebt sich und versetzt dem Radio einen Schlag. Woody und Carlo beschließen, die Kamera in der Tür zu postieren. Woody eilt hinaus.

11.45 Uhr vormittags. Ruthie erzählt mir, daß sie die Szene mit ihrem Freund proben wollte, er sei aber dagegen gewesen – deshalb spricht sie also kein Wort mit ihm! Ihre Mutter klärt sie darüber auf, daß er deshalb nicht wollte, weil sie ihn verlegen gemacht hat.

Kay ist mit einem Professor an der Universität Berkeley, Kalifornien, befreundet, der Seminare zu den unterschiedlichsten Themen veranstaltet und dazu Fachleute der verschiedensten Sparten einlädt. Das nächste geplante Kolloquium trägt den Titel »Die Unsterblichkeit der Seele«. Nachdem er *Hannah* gesehen hatte, telefonierte der Professor mit Kay, um anzufragen, ob Woody an dem Kolloquium interessiert sei. »Absolut nicht!« gibt Woody zur Antwort, als er das Thema des Symposiums vernommen hat.

Nicole nimmt das Bett von Abe und Ceil in Beschlag, während Dickie in Beas Bett ein Nickerchen macht. Auf Beas Nachttisch befindet sich eine Auswahl ihres literarischen Geschmacks: *The Rest of My Life with You* (Für immer und ewig nur mit Dir) von Faith Baldwin; *In Search of a Husband* (Auf der Suche nach einem Ehemann) von Harris; und schließlich noch *The Constant Nymph* (Das ewige Nymphchen) von Margaret Kennedy.

12.30 Uhr mittags. Aufnahme 144 A: Im Radio läuft Sallys

Sendung *Der Goldene Mittelweg*. Ceil ist bereits im Bett und knabbert Schokolade. Abe ist noch beim Auskleiden, gerade streift er sich die Socken ab. Ceil grübelt über die Schickeria und über all die wunderbaren Orte nach, wo sie sich, glaubt man Sallys Bericht, herumtreiben. Abe hingegen ist nicht beeindruckt; das ganze Thema geht ihm auf die Nerven. Atmosphärische Störungen treten im Sender auf. Abe geht zum Radio, haut mehrmals drauf und hat schließlich Erfolg, indem er es zertrümmert. *(47 Sekunden)*

Zum zweiten Mal bereits fordert Tom Abe auf, sich aufs Bett zu setzen, damit Woody das Kamerabild überprüfen kann. »Sicher«, antwortet Abe ruhig. Dann imitiert er Toms laute Stimme und donnert los: »Bleib cool, Mann!« Der schmale Gang ist völlig überfüllt. Carlo und ich ziehen uns deshalb ins Badezimmer zurück, wo Carlo inmitten von Omas herumhängenden Strümpfen irgend etwas vor sich hin murmelt.

Einstellung 1: Ceil verpaßt ihren Einsatz.

Einstellung 2: Sehr gut. Die Art, wie Ceil ihre Schokoladenstückchen genießt, ist herrlich. Sie mag sie wirklich gern.

Einstellung 3: Abe ist schweißgebadet. Da Fern nicht zu ihm kann, trocknet ihm Brian die Stirn mit einem Kleenex-Tuch ab. Eine rührende Szene! Die Einstellung ist sehr gut geworden. *(Die Einstellungen 2 und 3 werden kopiert.)*

Es ist 12.35 Uhr mittags.

Um 1 Uhr machen wir Mittagspause.

Patti gibt »Hammer« in der Mittagspause eine Shiatsu-Behandlung. Es sei eine japanische Druckmassage, erklärt sie mir.

Wir sind im Transporter unterwegs zum Drehort für die Schneemann-Szene. Wir hören Chopins *Nocturnes*. Wir, das sind Little Joe, Cliff, Richie, Kay, Dickie, Carlo, Bill, Brian, Andrew, Liz, Dennis, die Schuldirektorin und ich. Wir sind zusammengepfercht, weil »dieser verdammte andere Transporter, verdammt noch mal, diese verdammten Fahrer, verdammt noch mal, zu ihrem verdammten Mittagessen bringen mußte, Scheiße noch mal«, wie Danny erklärt.

3 Uhr nachmittags. Die Schule ist aus. Der Schneemann steht bereits, ohne Mohrrübe, auf seinem Platz und zieht die allgemeine Aufmerksamkeit auf sich. Damit die Kids ihm nichts antun können, sind zu seinem Schutz zwei »Bodyguards« abgestellt, Richie und Doug. Drew ist im Schnee gefallen und hat sich ihr Knie verstaucht. Tim bringt sie in seinem kleinen Transporter zurück ins Studio. Jimmy Mazzola sagt, daß er sich um sie kümmern wird, sobald die Aufnahme abgeschlossen ist.

Aufnahme RD 102: Die gleiche »Action«. Aber die Kamera startet mit einer Totalen und zoomt zum Schluß näher heran.

Einstellung 1: Nicht gut. Die Schuldirektorin scheint schon viel zu früh darüber Bescheid zu wissen, daß im Schneemann eine Mohrrübe steckt. Andrew soll jetzt die Mohrrübe in den Schneemann stecken.

Einstellung 2: Die Kamera streikt.

Einstellung 3: Die Mohrrübe fällt heraus.

Einstellung 4: Die Mohrrübe fällt wieder herunter. Woody will mit der Schuldirektorin sprechen.

Einstellung 5: Eine Überraschung. Nachdem die Kids sich aus dem Staub gemacht haben, nimmt die Schuldirektorin die Mohrrübe wie gehabt in die Hand; dieses Mal sieht sie sich aber zuerst um und... beißt dann hinein. Alle lachen. Brian wettet mit mir um 500 Dollar, daß diese Einstellung nicht im Film zu sehen sein wird. »Sie ist zu riskant für sein Ansehen«, begründet er sein überzeugtes Vorgehen. Erneut geht Woody zur Schuldirektorin.

Einstellung 6: Der gleiche Ablauf mit einer Ausnahme: Die Schuldirektorin lutscht die Mohrrübe im Mund. Zur Belustigung von Woody. Was kommt als nächstes?

Einstellung 7: Sie macht dasselbe, bleibt aber länger, bevor sie ins Schulgebäude zurückgeht. »Nicht gut.« Wieder geht Woody zu ihr hin.

Einstellung 8: Gut. Ein Kind aus der Menge hat zum Schluß einen Schneeball ins Bild geworfen. Aber Woody schert sich nicht darum.

(Die Einstellungen 1, 5, 6 und 8 werden kopiert.) Es ist 3.25 Uhr nachmittags.

4.30 Uhr nachmittags. Drew ist bei den Salad Sisters unterge-
bracht, ein Eisbeutel bedeckt ihr Knie. Es geht ihr schon besser.
Jimmy hat sich vorbildlich um sie gekümmert und bleibt jetzt
bei ihr, um sie zu unterhalten. Offensichtlich ist er ein Wun-
derheiler, er glaubt an die Wichtigkeit des psychologischen
Teils der Behandlung. Auch Tim ist da. Er zieht sein Hemd aus,
um Drew seine Narbe am Rücken zu zeigen. Einige andere
Jungs kommen vorbei, um sich zu erkundigen, wie es ihr geht.
Drew, muß man wissen, mußte ihre Hose ausziehen.
In den anliegenden Zimmern unterhält sich Santo mit Barbara,
und Woody spielt mit Abe Schach. Nach letzten Meldungen
werden wir unsere letzten gemeinsamen Stunden Freitag
nachts in Rockaway verbringen, um die Suchscheinwerfer aufzunehmen.

5.30 Uhr nachmittags. Es ist schon fast soweit, Ruthies Panto-
mime vor dem Spiegel aufzunehmen. Weil das Zimmer ziemlich klein ist, beobachten Ma, Ceil und ich die Szene vom Balkon aus, wo wir durchs Fenster blicken müssen. Ma und Ceil
verstehen sich immer besser. Die beiden letzten Wochen steckten sie nur noch zusammen. Ich möchte etwas Nettes sagen
und beglückwünsche Ceil für ihren Auftritt mit den Schokoladenstückchen: »Sie waren wunderbar im Bett heute morgen.«
»Danke schön, mein Süßer«, gibt sie mir zur Antwort. Und die
zwei Damen prusten los vor Lachen und amüsieren sich über
mein schlechtes Englisch. Dann unterhalten wir uns über ihre
Rollen und die Schauspielerei im allgemeinen. Ma möchte
mehr Komödien machen, aber sie ist sich nicht sicher, ob sie lustig wirken kann, während Ceil eher ein ernstes Spielen bevorzugt und Angst davor hat, zu lustig zu erscheinen. »Bist du
verrückt?« meint Ma darauf. »Was gibt es Schöneres, als einen
großen Lacher zu ernten.« Aber Ceil ist eine Romantikerin. Sie
läßt sich von ihrer Überzeugung nicht abbringen. Sie möchte,
daß durch ihre Schauspielerei die Leute bewegt sind, daß sie
weinen müssen.
Aufnahme 95: Ruthie singt und tanzt in ihrem Kostüm wie
Carmen Miranda vor ihrem Spiegel zu »South American

Way«, das im Radio zu hören ist. Pa und Abe kommen herbei, sehen ihr zu und machen schließlich auch mit. *(1 Minute, 30 Sekunden)*

Nachdem er seine Arbeit beendet hat, kommt Carlo auf den Balkon. Nach zwei Stunden Arbeit mit der Beleuchtung braucht er, nahe am Drehort, etwas Erholung. Zum Vergnügen der Damen reißt er ein paar italienische Witze. Ray kommt auch zu uns heraus. Heute trifft man sich auf dem Balkon.

Einstellung 1: Sehr gut. »Bleibt so, Leute!« schreit Dickie. Woody checkt das letzte Bild ab: »Das ist ausgezeichnet.« Dann meint er zu Ruthie: »Am Ende vielleicht...« Aber Ruthie weiß bereits Bescheid; sie kann sogar noch besser sein.

Einstellung 2: Dickie unterbricht. Es gab ein Problem mit der Kamerabewegung.

Einstellung 3: Abgebrochen. Ruthie hat einen ihrer Ohrringe verloren.

Einstellung 4: Gut. Woody fragt Ruthie, ob sie zu einer wesentlich leiseren Musik ebensogut tanzen kann. »Ja«, sagt sie.

Einstellung 5: »Perfekt«, aber Dickie meint, jemanden im Hintergrund ins Bild laufen gesehen zu haben. Aber wer soll das gewesen sein? Dort hinten war niemand. Woody: »Machen wir noch eine.«

Einstellung 6: Gut.

(Die Einstellungen 1, 4 und 6 werden kopiert.)

Es ist jetzt 6.30 Uhr abends.

Wir gehen jetzt wieder hinunter, um die Szene, in der Little Joe und seine Eltern von Pollys Tod erfahren, nachzudrehen.

7 Uhr abends. Aufnahme R 173: Ceil, Ma, Pa und auf dessen Knien sitzend Little Joe sind bestürzt und traurig, als sie von Pollys Tod hören.

Bei den vorangegangenen Aufnahmen beschäftigten sich die Eltern zuviel mit anderen Dingen. »Denken Sie daran. Geben Sie sich nicht mit Nebensächlichkeiten ab.« Kay verliest den Text der Nachrichtensprecherin.

Einstellung 1: Woody unterbricht. »Da haben wir es schon wieder. Hören Sie nur zu«, ermahnt Woody Pa.

Einstellung 2: Woody ist nicht zufrieden: »Vielleicht sollten Sie Little Joe fester drücken. Aber ohne Gefühl.«

Einstellung 3: »Das ist schon besser. Wir machen noch eine.«

Einstellung 4: In Ordnung. »Wir können noch eine versuchen. Ich weiß nicht, was wir sonst tun sollten«, sagt Woody. Und er fügt hinzu: »Leute, wäre es für euch eine Hilfe, wenn ihr dazu sprecht?« Pa stimmt dem Vorschlag zu.

Einstellung 5: »Das war gut. Noch eine, und wir sind fertig.«

Einstellung 6: Gut.

(Die Einstellungen 3, 4, 5 und 6 werden kopiert.)

Um 7.10 Uhr abends packen wir zusammen.

Mittwoch, 12. Februar 1986

Evelio Javier, ein führender Gegner von Marcos, wurde quer über einen Stadtplatz gejagt und schließlich von bezahlten Killern ermordet. (New York Times)

Anatoli Schtscharanski wurde nach acht Jahren Gefängnis und Arbeitslager durch einen Gefangenenaustausch freigelassen. (New York Times)

Lech Walesa gibt nicht auf. Die Anschuldigungen gegen ihn wurden fallengelassen, obwohl er seine Erklärung, in der er seine Zweifel an der Regierungserklärung über deren Sieg bei den Parlamentswahlen angemeldet hat, nicht zurückgenommen hat. (New York Times)

Donald Manes legt seine Ämter als Bürgermeister von Queens und als Bezirksvorsitzender der Demokraten nieder. (New York Times)

Laut offizieller Erklärung war die Pfuscherei mit Tylenol ein Einzelfall. (New York Times)

Und Sidney Stone erlag im Alter von 83 Jahren einem Herzschlag. Jahrelang trat er in Vaudeville-Shows und Burlesken auf, bis er schließlich sein Broadway-Debüt mit Stücken wie Three Men on a Horse *und* Damn Yankees *gab. Erst kürzlich war er noch in* Sugar Babies *zu sehen. Im ganzen Land wurde*

465

er als der Werbeansager in der Show von Milton Berle bekannt. Sein Markenzeichen war der Erkennungssatz: »Werd' euch erzählen, was ich tun werde!«

9 Uhr vormittags. Der letzte Tag mit der Familie. Heute morgen wollen wir Ruthie und ihren Freund filmen. Anstatt auf dem Bett werden sie jetzt genauso wie Bea und Fred in der Küche flirten.
Carlo ist mit der Beleuchtung fertig. Auf dem Sofa im Wohnzimmer flirtet Jane mit Bill. Nicole sitzt neben ihnen und konzentriert sich auf ihre Strickarbeit.

9.30 Uhr vormittags. Aufnahme A 134: Ruthie kommt gerade von der Schule und betritt in Begleitung ihres Freundes die Küche. Er setzt sich ein wenig schüchtern an den Tisch. Ruthie macht ihm schöne Augen, schaltet das Radio ein, holt eine Flasche Milch aus dem Kühlschrank und setzt sich schließlich zu ihm an den Tisch. Dann schließt sie die Augen und spitzt ihren Mund, als plötzlich Little Joes Stimme aus dem Radio ertönt: »Nimm deine Pfoten da weg, du windiger Mädchenschänder. Nimm deine Bücher, und verpiß dich!« Von Panik ergriffen flieht der Freund. *(30 Sekunden)*
Woody beginnt auf einen kleinen Zettel Little Joes Text umzuschreiben. Und Ruthie soll eine buntere Jacke anziehen. Cousine Ruthie ist nach ihrem gestrigen Erfolg mit der »South-American Way«-Nummer ein wenig aufgekratzt und überheblich. Aber Woody mag sie so. Mehrere Proben werden gemacht. Woody ruft ihnen eine Regieanweisung zu und spricht Little Joes Text selber (»Du windiger Mädchenschänder!«). Er wirft den Schauspielern Stichworte zu. Die ersten Proben gehen ziemlich schleppend vor sich. »Ihr seid zu ruhig«, ermahnt Woody die Schauspieler. Daraufhin wird das Szenengeschehen lebendiger. »Das ist es. Jetzt können wir anfangen zu drehen.«
Einstellung 1: Woody unterbricht. Im Krug war keine Milch mehr. »Jimmy Mazzola!«
Einstellung 2: Woody unterbricht. Ruthie vergaß zum Radio

zu gehen. Aber er habe vergessen, ihr das Stichwort zuzurufen, kontert sie.

Einstellung 3: O. K. Woody hat ihnen weiterhin Regieanweisungen zugerufen und Little Joes Text geschrien: »Du windiger Mädchenschänder!... Verpiß dich!... Ja, du bist gemeint!«

Einstellung 4: Gut. »Jetzt ist mehr Fluß drin«, meint Dickie. Aber Carlo, der das Ganze von der Seite aus beobachtet hat, ist der Auffassung, daß Ruthie nicht gut genug gespielt habe: »Kein Gefühl!«

Einstellung 5: Dickie unterbricht. Er sieht die Musikbühne im Hintergrund, wenn die Tür aufgeht; die Schauspieler sollten sie nicht so weit aufmachen.

Einstellung 6: Gut.

(Die Einstellungen 4 und 6 werden kopiert.) Fertig um 9.55 Uhr vormittags.

Mit Little Joe wird eine Rohfassung der Tonaufnahme gemacht. Woody sitzt am Küchentisch und entwirft noch weitere Texte für ihn. Dann weist er ihn an, den Text vor ihm auf den Tisch zu sprechen. »Finger weg!... Verdreh den Sender nicht!« »Das ist schon ganz gut«, lobt ihn Woody, nachdem er geendet hat. »Wir werden noch ein bißchen daran feilen und dann sehen, ob es klappt.« Und er reicht Kay den Zettel.

11 Uhr vormittags. »Eine Katastrophe«, hört man aus dem Wohnzimmer. Nicoles selbstgestrickter Pullover mit V-Ausschnitt ist zu klein geraten. Jeder hat einen Vorschlag. Frankie meint, sie sollte ihn einfach an der Seite offen lassen, dann könnten wir wenigstens etwas sehen. Angela gefällt er so, wie er ist, während es Dennis egal ist. Carlo arbeitet oben an der letzten großen Familienszene, in der Ma ihre ersten Wehen bekommt.

Wir bekommen nostalgische Gefühle. Ma und Pa, Abe und Ceil sitzen mit mir in Mas Zimmer und erinnern sich an traurige Geschichten. Als Ceils Baby vier Monate alt war, fiel es auf seinen Kopf. Sie mußte ihren Sohn zum Röntgen ins Krankenhaus bringen. Der Röntgenapparat war ein ähnlich furchterregendes Unding, wie es Woody für *Hannah* benutzt hat. Und Abe erzählt uns die Geschichte, als er sich mit einem Riesenmesser, dessen Benutzung ihm seine Eltern verboten hatten, den Daumen abschnitt. Denn »ich mußte unbedingt einen Bagel haben«, erklärt er.

12 Uhr mittags. Carlo und die Jungs vom Team haben schwer zu schuften. Es ist ein hartes Stück Arbeit, die Beleuchtung auszurichten, da die Kamera alles im Blick hat: alle Zimmer des ersten Stocks sowie die Treppe, die zum Erdgeschoß hinunterführt.
Ken möchte in diesem Sommer durch Europa reisen und fragt mich nach einem Tip, wie er das am besten machen soll. »Nimm den Zug«, rät ihm Dickie. »Die Züge sind fantastisch. Sie fliegen geradezu, haben große Sitze, und das Essen ist ausgezeichnet. Du ißt wie bei Muttern!« Damit ist das Stichwort gefallen, wir sprechen über das Essen. Dickie erinnert Kay an den Film, an dem sie 1964 in Michigan gemeinsam gearbeitet hatten. Ob sie sich an jenen Abend, an dem sie diese wunderbaren Shrimps mit Huhn gegessen hatten, erinnern könnte? Kay kann sich nicht daran erinnern!
Aufnahme 153: Ceil und Abe sind in ihrem Schlafzimmer. Im Schlafzimmer nebenan sind Ma und Pa. Die vier unterhalten sich durch die Wände. »Jimson's Coffee hat ein Preisausschreiben für Werbeslogans ausgeschrieben«, verkündet Ceil, ». . . und man kann einen Kühlschrank gewinnen.« – »Schwindel«, kommentiert Abe. Schließlich beteiligen sich alle begeistert am Ausdenken von Werbesprüchen. Ma bringt »Bis zum letzten Tropfen gut« in die Diskussion, aber Pa klärt sie auf, daß das bereits der Slogan von Maxwell House ist. Plötzlich fängt Ma zu schreien an. Das Baby kommt. Die anderen führen sie zur Treppe. *(45 Sekunden)*
»Ist das wirklichkeitsnah?« fragt Woody. Tom hat seine eigenen Vorstellungen und meint, daß es immer falsche Alarme vor dem richtigen gibt. Aber Pa meint, daß es auch schon bei den ersten Wehen passieren kann. Woody hört interessiert zu, während die beiden weiter Argumente austauschen.

Tom: »Nach dem erstenmal passiert es nie.«

Pa: »Aber früher...«

Um es der Kamera zu ermöglichen, leicht von einem Schlafzimmer zum anderen zu schwenken, werden Ma und Pa in Beas Zimmer verfrachtet (dort ist bis jetzt noch gar nichts gefilmt worden).

Einstellung 1: Abgebrochen. Jimmy hat eine schlagende Uhr auf der Tonaufnahme.

Einstellung 2: Gut. Aber Woody hat das Gefühl, daß Dickie etwas zu langsam war.

Einstellung 3: Sie ist sehr gut geworden.

Einstellung 4: Woody fügt noch einen Text für Abe hinzu: »Wenn du Kabeljau gegessen hättest, dann würde es jetzt losgehen.« Die Diskusson beginnt wieder von vorn. Welcher Fisch? Dickie hat mehr Ahnung von der Materie, aber Woody hat das letzte Wort; Heilbutt soll es sein. Die Einstellung ist gut, aber Dickie braucht noch eine weitere.

Einstellung 5: Woody unterbricht. Ma überhörte Ceils Stichwort.

Einstellung 6: Sehr gut.

(Die Einstellungen 3 und 6 werden kopiert.)

Eine Tonaufnahme von Abe wird gemacht: »Wenn du Kabeljau gegessen...« Es gibt zwei Fassungen, eine mit Kabeljau und eine mit Heilbutt.

Um 1.30 Uhr machen wir Mittagspause.

3 Uhr nachmittags. Hinter den Trümmern des King-Cole-Daches ist inmitten der Stelle, wo vorher der Times Square war, die Leuchtkulisse, die bereits für den Schnulzensänger benutzt wurde, aufgebaut worden. Bunte Neonlettern wurden noch angebracht: WELL HOUSE COFFEE. GOOD TO THE LAST DROP.* Da Neon so teuer ist, wurde das »Max« von Maxwell weggelassen.

Carlo hat ein ausgezeichnetes Mittagessen gehabt und ist in toller Stimmung. Er zieht seine italienische Nummer ab. Ray

---

* Well House Kaffee. Bis zum letzten Tropfen gut. (Anm. d. Übers.)

mußte zu einer Beerdigung, und »Hammer« vertritt ihn; jetzt muß er wirklich arbeiten! Tom arbeitet mit Brian am Drehplan für den Toback-Film. Santo war für den Toback-Film auch im Gespräch, hat sich allerdings schon für das nächste Projekt seines alten Freundes Ulu Gosbard verpflichtet. Er wird nie an der West Coast arbeiten, erklärt er mir; es hätte etwas mit seinen »emotionalen Bindungen« zu tun.

Bei den Salad Sisters herrscht rege Betriebsamkeit. Jane hat sich einen Punk-Haarschnitt verpassen lassen, und Bea schießt mit ihrer Polaroid-Kamera von jedermann Fotos: von Jane, von Ezra, sogar von mir!

4 Uhr nachmittags. Kitty, elegant wie immer, ist wieder bei uns. Woody ist viel freundlicher zu ihr, nimmt ihre Hand in die seine und entschuldigt sich, sie noch einmal hergebeten zu haben. Carlo macht es ihm nach und küßt ihr die Hand. Pa, Ma und Ceil sind gekommen, um dieser wunderbaren Frau beim Singen zuzuschauen. Abe ist auch da. Er hat seine Kamera mit dem meterlangen Objektiv dabei.

Der gleiche Song, die gleiche Sängerin, die gleiche Sehnsucht. Kitty beginnt mit »I'll Be Seeing You«. Mitten in der Aufnahme stoßen Bea, Andrew, Jane mit ihrem neuen Haarschnitt und Little Joe im Schlafanzug (für seine nächste Szene) zu uns. Es sind jetzt fast alle da. Es ist schön, all ihre Gesichter zusammen zu sehen; es wäre ein schöner Abschluß für das Buch oder für den Film. Aber der Song ist vorbei, und Kitty geht sich für die nächste Nummer umziehen.

4.30 Uhr nachmittags. Heute ist Aschermittwoch, und es geht ein Gerücht, daß ein Priester zu uns kommt. Wir werden uns in einer Reihe aufstellen, der Priester wird seine Pflicht tun, und Woody wird sich das alles anschauen. Man hört, daß Woody mit dem Gedanken spielt, zum Katholizismus überzutreten, aber weil dieses Gerücht von Jimmy Sabat, einem Katholiken, verbreitet wurde, glaubt keiner mehr so recht daran.

Kitty kommt zurück, ganz in Grün gekleidet. Sie singt jetzt »They're Either Too Young or Too Old«. Es gibt keine Pro-

bleme. Sobald sie fertig ist, schießt Brian ein weiteres Bild. Woody mit seinem typischen Gesichtsausdruck und Kitty, die lächelt. Dann verläßt uns Kitty wieder.

Ezra: »Meinst du, daß wir diese Szene jetzt im Kasten haben?«

Woody: »Ich hoffe es!«

Ezra: »Das nächste Mal könnten wir sie vor die Camel-Reklame postieren.«

Woody (er stellt das Bild mimisch dar): »Während sie singt, steigt Zigarettenrauch aus ihrem Mund...«

6 Uhr abends. Wir sind wieder im Haus, um die Szene mit Little Joe im Bett aufzunehmen. Die Kamera ist auf den Treppenaufgang gerichtet, fährt hoch und schwenkt zu Little Joe, der den schlechten Nachrichten aus dem Radio im Wohnzimmer lauscht.

»Willst du die Szene einfahren?« fragt Dickie Woody. Woody
verändert das Bild ein wenig, dann erklärt er Dickie und Red die
Szenen, die unmittelbar vorausgehen und direkt anschließen,
so daß sie sich die Kamerabewegung gut vorstellen können. Es
wird zwei Versionen geben. Die erste ist ein simpler Schwenk
vom Treppenaufgang zu Little Joe, die zweite beinhaltet eine
Fahrt mit dem Dolly auf Little Joe zu.
(5 gedreht und 4 kopiert)
Wir begeben uns nach nebenan, in Beas Zimmer.

7 Uhr abends. Jimmy Mazzola hat es diesmal nun wirklich
übertrieben. Woody hatte nämlich vorgeschlagen, daß bei der
Aufnahme, in der Bea Radio hört, Abe im Hintergrund Fisch
essen sollte. Jimmy hat sechs Platten mit jeweils fünf verschiedenen Sorten Fisch besorgt. Im ganzen Haus stinkt es nach
Fisch. Jimmy erklärt uns, daß er es satt hat, von Woody immer
gesagt zu bekommen: »Was, das ist alles, was du bekommen
konntest?«
Was aber schlimmer ist, ist, daß wir heute abend nicht einmal
die Szene drehen, so daß der Fisch im Kühlschrank der Kantine
aufbewahrt werden muß. Abe ist bereits nach Hause gegangen
und kann so Jimmys Bemühungen nicht einmal würdigen.

7.15 Uhr abends. Wir sind bereit für die »Beine-Szene«. Bea
hat schöne Beine. Deshalb sind die Jungs vom Team hier, natürlich nur für den Fall, daß eine Lampe ausgewechselt werden
muß.
Aufnahme 150: Großaufnahme mit Bea, die sich eine Strumpfnaht auf die Beine malt. Zoom zurück zu einer Halbtotalen.
(27 Sekunden)
Woody liegt auf Beas Bett und liest eines ihrer Liebesfilm-Ma-
gazine, die auf eine blasierte Teilnahmslosigkeit abzielen. Bea
macht sich fertig. Mit oder ohne Schuhe? Ohne, bestimmt
Woody. Zwischen jeder Aufnahme ist es Ferns Aufgabe, »die
Strümpfe wieder hochzurollen«. Für die zweite Aufnahme bittet Woody Bea, ein bißchen von dem Weißen ihres Oberschen-

kels zu zeigen. Sie ist zwar nicht der Meinung, daß das sehr attraktiv ist, aber sie macht es für Woody...

(3 gedreht und 3 kopiert)

Und mit dieser sexy Note hören wir um 7.35 Uhr abends auf.

Donnerstag, 13. Februar 1986

Der Innenminister der Vereinigten Staaten enthebt Lee Iacocca seines Amtes als Vorsitzender der Kommission zur Renovierung der Freiheitsstatue. (New York Times)

Ed versucht ein Gesetz zu Fall zu bringen, nach welchem Manes mit fünfundfünfzig Jahren in Pension gehen könnte. (New York Times)

Im Alter von fünfundsechzig Jahren starb Frank Herbert an Krebs. Sein Roman Dune *wurde in vierzehn Sprachen übersetzt und erreichte seit seinem Erscheinen im Jahre 1965 eine Gesamtauflage von über zwölf Millionen verkaufter Exemplare. Zwanzig Verlage hatten* Dune *zurückgehen lassen, bevor sich einer bereit fand, den Roman zu drucken.*

9 Uhr morgens. Das Feld in Pennsylvania auf Bühne G. Das Szenenbild ist sehr einfach. Aus Breezy Point hat man Sand herangeschafft, auf der Bühne verteilt und etwas Stroh darüber verstreut. In der Mitte der Bühne steht ein aus rohem Holz zusammengezimmerter Brunnen (die Bühne ist mit Falltüren ausgestattet). Um den Brunnen herum stehen Autos, darunter ein Wagen aus jener Zeit mit einer Brunnenbohrvorrichtung, ein Feuerwehrwagen, ein weißer Erste-Hilfe-Wagen (ein Cadillac), zwei Polizeiautos, ein Rundfunkübertragungswagen und Autos, die den Schaulustigen gehören. Insgesamt sind es siebzehn Autos.

Das Szenenbild wird nur mit den Scheinwerfern der Autos ausgeleuchtet und mit ein paar anderen Lampen, die aussehen wie Auto-Scheinwerfer. Weil die Autobatterien nicht allzu lange herhalten würden, haben Jimmy Mazzola und Ray die Auto-

Scheinwerfer mit Hilfe von Dimmern an das Stromnetz angeschlossen.

Dickie hält ein Nickerchen; er ist aber heute morgen nicht der einzige, der das tut. Louis schläft im Sessel von Kay, und Frankie liegt auf einem Strohballen.

10 Uhr vormittags. Little Joes Haus, das im Dunkeln liegt, ist jetzt leer und sieht unaufgeräumt aus. So stellt man sich ein Haus vor, in dem Leute ein fröhliches Wochenende verbracht haben. Die Zimmer neben dem Produktionsbüro sind besetzt: In Mas Ankleideraum ist jetzt der Zwerg, und Little Joes Zimmer hat der Jockey Jack Williams in Beschlag genommen. Und im Zukor-Theater warten fünfzig Statisten auf ihren Auftritt. Es ist die gleiche Truppe wie immer – alte Ehepaare, Teenager, ein Priester (Jahrgang 1943), vier großgewachsene Feuerwehrleute, sechs Polizisten, sechs Bildreporter, zwei Sanitäter, die Frau des Bürgermeisters und die Frau des Sheriffs.

10.30 Uhr vormittags. Wir werden morgen abend die Szene mit den Suchscheinwerfern in Rockaway nicht drehen können: Für den Abend werden Schneestürme erwartet. Wir werden aber nachmittags trotzdem rausfahren, weil Woody beschlossen hat, daß Manulis Bea in ein Vergnügungszentrum führen wird und nicht auf die Rollschuhbahn – diese Szene ist nicht nach seinem Geschmack ausgefallen.

Jimmy Mazzola und Ray drehen langsam durch. Es gibt nicht genügend Dimmer, und die Birnen der alten Auto-Scheinwerfer brennen nacheinander durch, weil der Strom zu stark ist. Der Polly-Phelps-Reporter (Ivan Kronenfeld – er war gestern auf dem Dach des King Cole), Feuerwehrmann Reilly (Frank O'Brian), Jockey Jack Williams (Michael Venezia) und der Zwerg (Pepi Hermines) streifen durch das Szenenbild, langweilen sich ein wenig und warten auf ihren Einsatz. Jockey Jack Williams ist wirklich ein Jockey und hat heute ein Rennen sausen lassen, um zu den Dreharbeiten zu kommen (Jimmy Sabat flüstert mir zu, er sei »gut genug«). Und auch der Zwerg ist offensichtlich echt. Genaugenommen ist er ein großer Zwerg, er hat fast die Größe des Jockeys; begleitet wird er von einem kleinen Zwerg.

11.30 Uhr vormittags. Zusätzliche Dimmer und Ersatzlampen sind geliefert worden. Die Jungs vom Team tun ihr Bestes, aber Jimmy Mazzola sagt mir, daß er noch viel mehr Leute brauchen könnte. Es dauert einfach alles zu lang.

12.40 Uhr mittags. Die Jungs sind immer noch mit den Auto-Scheinwerfern beschäftigt. Woody kommt vorbei, um zu erfahren, wie es steht. Er hat den Mann dabei, der auf dem Feld interviewt werden soll. John Doumanian (der Polly-Phelps-Mann) hat schon in mehreren Woody-Filmen mitgespielt. In *Annie Hall* war er auf Paul Simons Langweiler-Party der Cola-Süchtige, in *Manhattan* spielte er den Porsche-Besitzer, in *Stardust Memories* einen armenischen Fan, und in *Zelig* war er ein griechischer Kellner. In Wirklichkeit managt er Rock-'n'-Roll-Bands und produziert Schallplatten. In den Filmen spielt er nur aus Spaß mit.
Wenn Woody so auftaucht, wie er es eben tut, dann sieht das aus, als ob ein König an seinem Hof Einzug halten würde. Es gibt die Favoritinnen (Sally und Bea), die Dauphins (Andrew und Baby Dylan), den Schatzkanzler (Carlo), den Hofkämmerer (Jane), die Höflinge (Jeffrey und Brian), die übrigen Minister (Tom, Santo, Jimmy Sabat und die Salad Sisters) und schließlich den Chronisten (der Franzose). Es ist ein sehr kosmopolitisches Königreich.

12.50 Uhr mittags. Alles ist für die erste Aufnahme fertig. Aufnahme 163: »Sieben Stunden sind nun bereits vergangen«, sagt der Reporter, »und immer noch nicht ist es der Rettungsmannschaft gelungen, die achtjährige Polly Phelps zu erreichen oder sie zu befreien. Nur wenigen der Freiwilligen gelingt es, überhaupt in den engen Brunnenschacht zu kommen...«
Der Reporter hat den Jockey Williams an seiner Seite, der bei seinem Versuch hinabzusteigen gescheitert ist. *(26 Sekunden)*

Woody legt die Kameraeinstellung fest: Es soll ein langer »Establishing-Shot« mit Kamerafahrt werden, zu Beginn mit dem Gesicht des Reporters in Großaufnahme und am Ende eine Totale, in der man auch sieht, was im Hintergrund passiert. Woody setzt sich hinter die Kamera, beginnt die Fahrt, hält aber alle dreißig Zentimeter an, um die Bildgestaltung und die Position der Statisten zu überprüfen. Er probiert verschiedene Varianten mit den Auto-Scheinwerfern aus.

»Sie sollten immer zusammenbleiben, aber ständig herumgehen«, sagt Woody zu Tom; er meint die Statisten im Hintergrund. Wenn erst einmal der Bewegungsablauf feststeht, hat Dickie dafür zu sorgen, daß die Aufnahme reibungslos verläuft, und Tom muß sich darum kümmern, daß die Statisten sich so verhalten wie vorgesehen. Carlo überprüft Woodys Vorschlag zum Bewegungsablauf und führt einige Änderungen durch.

Zuerst sind die Leute im Hintergrund zu träge; ihnen fehlt noch die richtige Stimmung. Woody läßt den Jockey Jack Williams etwas hinter den Reporter zurücktreten und ihn erst nach einer Weile auf den Reporter zugehen. Dann versucht er, wie es ist, wenn der Jockey direkt neben dem Reporter steht.

Mit einem Teil der Auto-Scheinwerfer gibt es nach wie vor Probleme. Immer noch brennen einige Lampen durch. Aber es klappt trotzdem.

(9 gefilmt und 3 kopiert.)

»Ich glaube, die Aufnahme ist ganz gut geworden«, sagt Woody zu Tom. Aber da erhebt Ezra schon Einspruch: Es ist bereits 2 Uhr nachmittags, wir haben nur eine einzige Aufnahme gedreht (für die ganze Sequenz werden wenigstens acht Szenen benötigt), und jetzt wollen wir auch noch Mittagspause machen!

In der Kantine hat der Priester den Jockey Jack Williams und den Feuerwehrmann Reilly an seinen Tisch gebeten und sie zum Essen eingeladen. Jeffrey Mazzola streitet sich mit den Leuten von der Küche. Sie haben es satt, ständig Abes Fische aufzubewahren (und sie wissen noch nicht, daß wir die besagte Szene heute drehen wollen).

3.10 Uhr nachmittags. Woody ißt Schokolade und unterhält sich gleichzeitig mit Carlo über die nächste Aufnahme, in der der Reporter sein Interview machen wird. Es soll einfach eine Kamerafahrt in Richtung auf die beiden Männer werden. Tom fragt Woody, ob der Jockey Jack Williams Feierabend machen kann. Er hat morgen ein Rennen. Aber bevor er geht, brauchen wir eine Rohfassung der Tonaufnahme von ihm.

3.30 Uhr nachmittags. Tonino der Erstaunliche war gestern in der Stadt und hat Ken angerufen. Tonino lebt in New Jersey. Er wollte wissen, wann man ihn für den Stunt in der Milchkanne braucht.

Was morgen gemacht wird, steht noch nicht fest. Es fehlen noch: die acht Szenen von dieser Sequenz, eine Szene mit Abe und dem Fisch im Haus von Little Joe, Manulis und Bea in Rockaway und die Suchscheinwerfer. Bob Greenhut, der ganz in der Tradition der großen Produzenten steht und somit absolut herzlos ist, will, daß wir heute bis spät in die Nacht arbeiten, morgen vormittag dann den Rest drehen, anschließend die Szene in Little Joes Haus filmen, unmittelbar darauf nach Rockaway fahren, dort die Szene mit Bea und Manulis im Vergnügungszentrum aufnehmen und zu guter Letzt am Abend die Sache mit den Suchscheinwerfern machen. Auf diese Weise braucht man am Dienstag nur noch das zweite Filmteam für die Szene mit dem U-Boot, und schon ist der Film fertig. Mag sein, daß die Jungs vom Team gerne Überstunden machen, schon wegen des Geldes, aber sie lieben es keineswegs, unter Streß zu arbeiten!

4 Uhr nachmittags. Aufnahme 164: »Sollte der Brunnen nicht mit einem Deckel gesichert sein?« fragt der Reporter den Polly-Phelps-Mann. »Ja schon... Ich versteh' es selbst nicht... Das muß gleich morgen geschehen...«, antwortet der Mann verstört. »Morgen...«, beginnt der Reporter mit seinem Bericht an die Zuhörer. *(12 Sekunden)*

Es gibt noch einen zweiten »Fotografen«, einen Mann Mitte Fünfzig, der in Begleitung seiner Frau Gemahlin gekommen ist. Er macht seine Bilder mit einer Instamatic und hat es darauf abgesehen, ständig Woody zu fotografieren. Woody hat es schon bemerkt, und allmählich scheint es ihm auf die Nerven zu gehen.

Woody möchte, daß jemand dem Polly-Phelps-Mann Kaffee bringt, wenn der Reporter auf Sendung gegangen ist. Die Aufnahme macht keine Schwierigkeiten und wird schnell durchgeführt.

(5 gefilmt und 3 kopiert.) Fertig um 4.10 Uhr nachmittags.

»Zuschauer haben im Szenenbild nichts zu suchen«, verkündet Tom. Der Mann mit der Instamatic und seine Frau müssen gehen. Sie hätten vorsichtiger sein sollen. Er hatte sich zu nah ans Bild gestellt und auch noch Blitzlicht für seine Aufnahmen benützt. Wahrscheinlich dachte er, man würde ihm dies durchgehen lassen, weil er ein Freund von Jimmy Mazzola ist!

5 Uhr nachmittags. Das Gerücht, daß der Plan von Bob Greenhut in die Tat umgesetzt wird, verdichtet sich mehr und mehr. Heute soll bis 11 Uhr nachts gearbeitet werden. Dann ist vorgesehen, morgen früh weiterzumachen, bis der Film endlich abgeschlossen ist. Es heißt, daß eben jetzt in Woodys Zimmer eine Besprechung stattfindet, an der die ganzen Matadore teilnehmen: Bob Greenhut, Ezra und Tom.

5.30 Uhr nachmittags. Die Besprechung ist beendet, und alle sind wieder da. Die Produzenten machen nicht gerade einen gelösten oder glücklichen Eindruck. Bei Ezra ist das ja ganz normal, obwohl er kein so langes Gesicht mehr gemacht hat seit dem Tag in Rye Playland, als alle darauf gewartet hatten, daß sich die Sonne endlich verzieht. Auch Bob Greenhut sieht ziemlich bedrückt aus.

Woody trägt das gleiche Gesicht zur Schau wie immer und macht sich an seine Arbeit, als sei überhaupt nichts passiert. Man hat nicht den Eindruck, als ob ihn etwas anderes beschäftigt hätte, und er ist sofort wieder in der Lage, alles, was um ihn herum passiert, auszublenden. Jetzt, genau in diesem Moment, merkt man, welche Hartnäckigkeit, Kraft und Energie in diesem kleinen Mann steckt. Und je zurückhaltender, sanfter und ruhiger er bleibt, desto mehr spürt man, welche Kraft sich dahinter verbirgt. »Ich glaub', wenn wir alles durchgetestet haben, ist die halbe Arbeit schon gemacht«, sagt er zu Carlo.

Aufnahme 163 A: Eine Kamerafahrt auf den Brunnen zu. Aufgescheucht wie die Hühner laufen alle Leute hin und her, als der Feuerwehrmann Reilly in den Brunnen hinunterruft: »Kannst du mich hören? ... Polly! ...« Aber Polly antwortet nicht.

Wieder einmal fährt Woody mit dem Kamerawagen die Strecke ab und überprüft alle dreißig Zentimeter das Bild. Ein paar von den Leuten plaziert er um. Carlo prüft es noch mal nach: »Sehr gut!« Lediglich zwei Dinge will er anders haben: Der Schwenk am Schluß soll schneller sein, und der Kamerawagen soll erst losfahren, wenn man ein Klopfzeichen hört. »Das kannst du ja herausschneiden, wenn du willst.« Woody findet es aber ganz in Ordnung. Noch während der Aufnahme installieren Jimmy Mazzola und seine Leute einige Blitzlichtlampen.

(4 gefilmt und 2 kopiert) Fertig um 5.40 Uhr nachmittags.

Alle bleiben in Position, ohne etwas zu sagen. Woody geht durch die Reihen der Statisten, liest immer wieder im Drehbuch und sucht nach dem passenden Kamerablickwinkel. Wenn man die Szenerie so sieht, die zu Salzsäulen erstarrten Leute inmitten des hell aufgeblendeten Lichtes, könnte man meinen, die Zeit sei stehengeblieben. Woody sieht sich alle genau an; Carlo ist dicht hinter ihm. Der Priester, der Zwerg und der Reporter werden hereingebracht. »Die Frage lautet ...«, fängt Woody an, »kommt der Zwerg ohne Schwierigkeiten in den Brunnen hinein?« Der Schacht ist ja ziemlich eng. Jimmy Mazzola versichert ihm, es sei kein Problem. Also soll als nächstes gedreht werden, wie der Zwerg in den Brunnen hinabgelassen wird. »Wenn wir diese Aufnahme haben, sind wir mit der Szene schon so gut wie fertig. Wir kommen gut voran«, meint Woody zu Tom, bevor er wieder in sein Zimmer geht. Zusammen mit Jimmy Mazzola übt der Zwerg den Abstieg in den Brunnen; in der Zwischenzeit macht sich Carlo an die Arbeit.

479

6.15 Uhr abends. Bob Greenhut unterhält sich gerade mit dem Jockey Jack Williams; er versucht ihm einige heiße Tips zu entlocken. Jimmy Sabat hat sich den beiden zugesellt und tut so, als ob ihn das alles überhaupt nicht interessiere. Der Zwerg beobachtet, wie Jimmy Mazzola das Seil und den riesigen Kran bereit macht, mit dem man ihn in den Brunnen hinablassen wird. Es sieht nicht so aus, als ob ihn der Gedanke daran in Begeisterung versetzen würde. Jimmy steht jetzt bei Bob Greenhut und dem Jockey. »Sie dürfen nicht meinen, ich möchte Sie ausfragen...«, sagt er und zieht im gleichen Augenblick einen Zettel aus der Hosentasche, auf dem er die Startnummern der Pferde angekreuzt hat.

6.40 Uhr abends. Aufnahme 167: »Mr. Reilly, der Feuerwehrmann, hat vorgeschlagen, einen Zwerg, der sich freiwillig zur Verfügung stellt, in den Brunnen hinabzulassen. ...Ich muß sagen, ich schwitze deswegen schon Blut und Wasser«, verkündet der Reporter seinen Zuhörern. Aber plötzlich schreit der Zwerg: »Ich stecke fest!... Ich stecke fest!« »Es ist ganz schrecklich«, hebt der Reporter an. Schließlich wird der Zwerg doch noch aus seiner mißlichen Lage befreit; man läßt ihn ganz in den Brunnen hinab. *(1 Minute und 35 Sekunden)*
»Haben Sie's bequem?« fragt Jimmy Mazzola den Zwerg, der unten am Ende des Seils hängt. Woody sieht interessiert zu. Die Probe ist ganz gut geworden, aber Jimmy ist nicht zufrieden. Das Seil wickelt sich nicht locker genug ab. Er klettert deswegen auf den Kran. Das Ganze sieht sehr witzig aus. Und als der Zwerg mit seiner Fistelstimme schreit: »Ich stecke fest!«, kann man sich kaum zurückhalten vor Lachen, auch wenn man weiß, daß unten Polly in einer verzweifelten Lage ist. Die Regieanweisungen, die noch getroffen werden, betreffen hauptsächlich den Bewegungsablauf und die Kamerabewegung; nachdem er beides überprüft hat, überläßt Woody die Kamera Dickie. Zwischen den einzelnen Einstellungen tauschen der Feuerwehrmann Reilly und der Zwerg ihre Meinung über die Rettungsaktion aus.
(6 gefilmt und 3 kopiert)

Ceil, die zu Besuch gekommen ist, bittet darum, ein Foto von ihr zu machen, während sie Woody nachahmt

Im Licht der Auto-Scheinwerfer liest Woody noch einmal im Drehbuch etwas nach. Dann geht er zu Tom hinüber und teilt ihm mit, wie viele Aufnahmen noch zu machen sind. Man sieht richtig, wie Ezra die Ohren spitzt. Woody will, daß die Szenen der Reihe nach gedreht werden. »Falls nicht, kommen wir total durcheinander.«

7.45 Uhr abends. Aufnahme 167 A: Die Menge, die das Hinablassen des Zwerges verfolgt, gefilmt aus einem anderen Blickwinkel.
(3 gefilmt und 2 kopiert)

8.15 Uhr abends. Die Familie hat Feierabend gemacht, und die

Salad Sisters langweilen sich. Sie haben sich in eine Ecke auf der Musikbühne zurückgezogen und plaudern mit dem Polly-Phelps-Mann. Er fragt sie aus über die Stars, mit denen sie schon gearbeitet haben. Sie erzählen von Liza Minnelli und Dudley Moore, der in *Arthur* mitgespielt hat; als sie mich mit Stift und Notizblock in der Hand auftauchen sehen, wird das Gespräch abrupt beendet. Sie wollen schließlich ihren zukünftigen Job nicht aufs Spiel setzen.

8.45 Uhr abends. Aufnahme 169: Der Zwerg zieht Polly herauf. Der Reporter kämpft sich durch die Menge und kommt zum Brunnen. »Sie ist draußen!... Man hat sie befreit!...« schreit er in sein Mikrophon. »Die ganze Nation betet für sie...« *(10 Sekunden)*
Woody benötigt zehn Proben, bis er den passenden Bewegungsablauf herausgefunden hat. Es ist eine wichtige Aufnahme, und das Kinopublikum wird nicht sehen, wie Polly herausgezogen wird. Woody hat versucht, es so spannend und unsicher wie möglich zu machen. Er hat dafür gesorgt, daß der Reporter vor den Leuten steht (die Kamera fährt links an ihm vorbei). Woody plaziert einige der Statisten im Vordergrund, damit der Reporter zwischen zwei Gruppen hindurchgehen muß. Er bittet ihn, einige der Leute zur Seite zu stoßen. Bis jetzt haben sich die Statisten, die um den Reporter herumstehen, nicht bewegt; sie haben nur versucht, über die Köpfe der Vorderleute etwas zu sehen. Woody möchte aber, daß auch sie umhergehen. Er probiert verschiedene Varianten des Bewegungsablaufes aus.
(5 gefilmt und 5 kopiert) Fertig um 9 Uhr abends.

9.15 Uhr abends. Woody sitzt auf dem Kotflügel des Feuerwehrautos, hat das Drehbuch in der Hand, hält den Kopf nach vorn gebeugt und denkt nach. Tom steht schweigend neben ihm. Carlo sitzt auf dem Trittbrett. Die Sache ist schwierig, weil Woody einiges klären muß: erstens, wie die Aufnahme werden soll, zweitens, was er braucht, damit es auch klappt, und drittens, welche Teile noch heute abend gedreht werden müssen, damit die Statisten morgen nicht mehr zu erscheinen brauchen. Nach mehr als dreizehn Stunden Arbeit, mit all den Leuten um einen herum, die auf eine Entscheidung warten, ist es sicherlich nicht einfach, diese Dinge in Ruhe zu durch denken.

9.45 Uhr abends. Es soll noch eine letzte Aufnahme gedreht werden, und zwar die Szene nach Pollys Tod, wenn alle nach Hause gehen. Morgen werden der Priester, Pollys Mutter (Yolanda Childress) und ihr Vater, der Zwerg, Feuerwehrmann Reilly und die Hälfte der Hintergrund-Statisten wieder dabeisein. Weil Carlo mit der Einrichtung des Szenenbildes nicht lange brauchen wird, warten die Statisten in der Halle, die direkt neben der Bühne liegt.
Unter den Statisten sind heute nicht sehr viele hübsche Mädchen. Mit dabei sind die achtzigjährige Marie (sie war in *Hannah* eine der Kirchgängerinnen) und André, der nur etwas jünger ist als sie. Marie freut sich, weil sie Jane wiedergetroffen hat. Sie kennen sich aus der Zeit, in der Jane beim NBC arbeitete; damals haben sie zusammen eine Show gemacht. Marie und André sind schon seit sieben Uhr morgens hier. Ihnen gefällt es, weil sie dabei eine Menge Geld verdienen, aber sie hätten auch nichts dagegen, wenn sie jetzt nach Hause gehen könnten. Die Atmosphäre in der überfüllten Halle ist trotz allem noch ganz gut. Der Priester, mit Rosenkranz und Bibel in der Hand, kommt bei den Leuten sehr gut an, obwohl er ein wenig »weibisch« wirkt, wie Pa zu sagen pflegt. »Das ist ein sehr netter Mann«, erzählt mir Marie.
Auch die Jungs vom Team würden am liebsten nach Hause gehen. Um uns ein wenig in Stimmung zu bringen, erzählt uns Dickie, daß er auf dem Weg in die Stadt einen »kleinen Laden« kennt, der auch noch spät abends offen hat und wo man »ausgezeichnet« essen kann.

10.15 Uhr abends. Aufnahme 174: Polly ist tot. Pollys Mutter schluchzt im Hintergrund, der Priester tröstet sie mit sanfter Stimme (wenn er nicht gerade betet), und alle gehen schweigend nach Hause. Die Aufnahme endet damit, daß ein Mann die Tür des Feuerwehrautos schließt. *(20 Sekunden)*

»Ich hätte gern von Ihnen ein Text-Exposé über den heutigen Tag!« sagt Ezra zu mir, als er sieht, wie ich zurückgezogen in einer Ecke an meinen Aufzeichnungen arbeite. Jetzt dauert es schon dreieinhalb Monate, aber Ezra kann sich immer noch nicht an den Gedanken gewöhnen, daß ich hier herumschnüffle. Er glaubt wahrscheinlich, daß Woody nicht recht bei Sinnen sei, so etwas zuzulassen!

Woody kümmert sich um den Bewegungsablauf. Nach und nach verlöschen die Auto-Scheinwerfer. Obwohl das nicht ganz realistisch ist, ist es doch eine hübsche Idee. Dickie übernimmt die Kamera. »Eine schöne Aufnahme«, meint er. Aber irgend etwas spiegelt beim »Produzenten und beim Franzosen«.

(3 gefilmt und 2 kopiert)

»Gebt eure Revolver an der Tür ab!« ruft Jimmy Mazzola den Polizisten zu, die gerade hinausgehen wollen. Sandwiches werden gebracht, aber alle sind schon zu sehr in Aufbruchstimmung, um jetzt noch etwas zu essen.

Um 10.35 Uhr abends packen wir zusammen.

In Jeffreys Auto zurück nach Manhattan, zusammen mit Judy und dem Polly-Phelps-Mann. Ich erfahre, daß Woody gerne Fred Astaire imitiert und sich mit der *West Side Story* beschäftigt.

Freitag, 14. Februar 1986

Weitere Kapseln mit giftigem Tylenol wurden gefunden. Nachdem man bereits die zweite Flasche des Giftes entdeckt hat, wurde jetzt eine landesweite Warnung ausgegeben. (New York Times)

Frankreich verlangt von den USA, daß sie Baby Doc Asyl gewähren. Die Vereinigten Staaten lehnen jedoch ab. (New York Times)

In Manhattan ist Hannah and Her Sisters *der große Renner;*
diese Woche liegt der Film erstmals auf Platz eins.
Eine Frau aus Jersey hat schon zum zweiten Mal den Lotterie-
Jackpot gewonnen. Letztes Jahr im Oktober gewann sie 3,9
Millionen Dollar und gestern 1,4 Millionen. (New York
Times)
Eine neu eingeführte Regelung, wonach die Trainer der High-
School-Mannschaften während des Spiels die Trainerbank
nicht verlassen dürfen, sorgt landesweit für Aufregung. Trai-
ner John Volpe aus Yonkers beschloß daraufhin, die Spiele sei-
ner Mannschaft von einem Rollstuhl aus zu verfolgen. Trainer
Ron Bell fesselte sich mit einem Gurt an die Trainerbank, als
seine Mannschaft, die »Marist High School War Eagles«, auf
den Platz liefen. In Indiana band ein aufgebrachter Trainer
sich mit dicken Seilen an seinem Sitz fest, ein anderer erklärte,
er lasse sich in eine Holzkiste einschließen, aus der nur noch
sein Kopf herausschaue. (New York Times)

9.30 Uhr morgens. Heute, an unserem letzten Tag, haben wir
spät begonnen. Wir sind wieder auf dem Feld in Pennsylvania,
um Polly zu retten, was aber hoffnungslos ist, nachdem sie gestern gestorben ist. Abgesehen von den Großeltern sind alle
Mitglieder der Familie heute morgen mit dabei. Ma und Ceil,
beide mit Lockenwicklern im Haar, beobachten gespannt den
Gang der Ereignisse. Die beiden Zwerge sind auch wieder da;
jemand will gehört haben, wie sie sich heute morgen in ihrem
Zimmer auf deutsch miteinander unterhielten!
Weil heute der letzte Tag ist, kostet das Spiel zwanzig Dollar
pro Karte. Bob Greenhut besorgt sich eine. Falls er gewinnen
sollte, meint er, stiftet er das Geld der Kasse, aus der die Nachaufnahmen finanziert werden.

10.45 Uhr vormittags. Pollys Eltern und der Priester warten,
daß Carlo mit seinen Vorbereitungen fertig wird. Pollys Ma
hat bereits angefangen zu schluchzen.
Aufnahme 171: Die Kamera nimmt zuerst Pollys Eltern ins
Bild: Die Mutter schluchzt, und der Vater stützt sie. Dann

wandert die Kamera an den grell leuchtenden Scheinwerfern vorbei und kommt schließlich zu dem betenden Priester. *(25 Sekunden)*

Pollys Mutter kommt ganz ohne tränentreibende Flüssigkeit aus; als »bezahlte Schluchzende« ist sie ein echter Profi.

»Teilweise wirkt es sehr gut, teilweise sieht es recht seltsam aus«, sagt Woody zu Carlo und läßt ihn wieder an seine Kamera. Carlo checkt das Bild und meint, es gefalle ihm. Dann übernimmt Dickie die Kamera.

(3 gefilmt und 2 kopiert.) Fertig um 11.15 Uhr vormittags. Woody möchte die »Establishing«-Aufnahme (Nummer 163) neu drehen: Die Brunnen-Bohrmaschine soll besser herauskommen.

12 Uhr mittags. Aufnahme R 163: Es beginnt mit einer Großaufnahme vom Gesichts des Reporters, der seiner Zuhörerschaft Bericht erstattet, dann fährt die Kamera nach links auf die Schaulustigen, die Scheinwerfer und auf das Bohrgerät zu. Weil der Jockey heute nicht hier ist, muß die Kamera sich wegdrehen, bevor der Reporter vom Jockey zu berichten beginnt.

(2 gefilmt und 2 kopiert)

Um herauszufinden, wann sie die Aufnahme abschließen können, geht Woody zusammen mit Carlo durch, wieviel sie schon im Kasten haben. Woody legt ihm klar, wie die Sequenzen geschnitten werden sollen, listet auf, welche Aufnahmen aus welchen Blickwinkeln gedreht wurden, und erklärt, wie die Szenen mit den Zuhörern am Radio dazwischengeschnitten werden. Die beiden beschließen, die nächste Aufnahme zu machen.

Tom verkündet allen, wie es weitergehn soll. Zuerst machen wir ein paar Roh-Tonaufnahmen auf dem Feld (der Reporter) und im Haus (Little Joe und Ma). Dann fahren wir nach Rockaway und drehen vor Einbruch der Dunkelheit die neue Szene im Vergnügungszentrum (Manulis und Bea). Mit der Aufnahme von den Suchscheinwerfern werden wir den Tag heute abschließen, und am Dienstag drehen wir im Studio die noch fehlenden Szenen im Haus.

1 Uhr mittags. Wir sind jetzt in der Halle neben dem Produktionsbüro. Ma ist traurig, weil sie keine Gelegenheit hatte, sich von allen zu verabschieden. Woody kommt vorbei, ohne uns auch nur eines Blickes zu würdigen. Aber bevor er die Tür zu seinem Zimmer öffnet, zögert er plötzlich, leckt an seinem Finger und streicht sich damit über die Augenbrauen; obwohl er uns nicht wahrgenommen hat, ist ihm auf einmal bewußt geworden, daß wir hier sind.

An unserem letzten gemeinsamen Drehtag macht mir die »Unterhaltungscrew« noch eine Freude: Ich habe den zweiten Preis gewonnen – immerhin dreihundert Dollar!

Im Bus nach Rockaway fahren einige hübsche Mädchen mit; auch Manulis ist dabei, er trägt eine große Schafsleder-Jacke. Bis vor zwei Tagen wußte er nicht, daß man ihn noch einmal brauchen würde, erzählt er mir.

2.30 Uhr nachmittags. Wir sind wieder in Murphys Bar an der Beach 96th Street, direkt neben dem Haus der Needlemans. Essen wird aufgetragen, die Musikbox läuft, und Bea trinkt ein Glas mit den Fahrern. Jane, Andrew und die Salad Sisters haben Bier und Irish Coffee bestellt. Es herrscht eine entspannte Atmosphäre. Woody und Carlo haben sich aufgemacht, das Vergnügungszentrum nebenan zu begutachten.

Ich esse zusammen mit Angela, Cliff, Patti und Manulis zu Mittag. Angela zeigt uns das Abschiedsgeschenk, das sie von Abe bekommen hat, rote Ohrringe in Herzform. Manulis erzählt, daß er im Gewichtheben trainiert und daß sein Bruder noch größer und stärker sei als er selber; wenn das mal Bea wüßte. Vor einiger Zeit besuchten die beiden Brüder Disney World. In der Geisterbahn fingen sie an, miteinander zu raufen. Was passierte? Die Bahn entgleiste!

3 Uhr nachmittags. Es heißt, daß wir doch nicht drehen. Woody hat das Vergnügungszentrum nicht gefallen. Aber wir machen trotzdem so weiter, als ob der Zeitplan noch gültig sei.

3.30 Uhr nachmittags. Im Vergnügungszentrum wird nicht

gedreht. Das Gebäude macht einen zu deprimierenden Eindruck und hätte dringend einen neuen Anstrich nötig.

Dickie nimmt mich in seinem Auto zur Beach 115th Street mit. Er fährt einen Turbo-Thunderbird, der innen mit Leder ausgeschlagen ist. Dickie wohnt in New Jersey, zwei Stunden von Manhattan. Jeden Morgen muß er um 4.30 Uhr aufstehen, um nicht in den Verkehrsstau zu kommen und rechtzeitig dazusein. Das ist der Grund, warum er während der Dreharbeiten so oft ein Nickerchen einlegt.

Der erste, den wir auf der 115th Street treffen, ist Frankie, der Freund von Jimmy Mazzola. Er kam ganz zufällig vorbei, sah ein paar Wohnwagen und wollte wissen, welcher Film hier wohl gedreht würde.

4 Uhr nachmittags. Wir warten auf den Einbruch der Dunkelheit. Morton Nussbaums Zentrum für Chiropraxis hat seine moderne Fassade wiedererhalten, und Little Joes Haus sieht fast so echt aus wie das im Studio. In der Imbißbude an der Ecke Rockaway Boulevard und Beach 116th Street will ein Mann mittleren Alters vom Chef wissen: »Drehen die hier *Hannah and Her Sisters?*«

Im Wohnwagen, wo die Kostüme aufbewahrt werden, machen sich alle für eine kalte Nacht zurecht. Tom kommt herein und fragt über sein Walkie-Talkie: »Ken, ich hab' gerade gesehen, wie Carlo und Woody wegfuhren. Wo sind sie denn hin?« Aber Ken weiß es genausowenig!

5.30 Uhr nachmittags. Anstatt im Vergnügungszentrum drehen wir nächsten Dienstag nachmittag auf einer Bowling-Bahn in Manhattan. Woody hat sie eben begutachtet, und sie gefiel ihm.

Carlo ist schon wieder dabei, die Kamera aufzubauen. Die Jungs vom Team räumen inzwischen den Schnee von den Häusern weg und schaufeln ihn auf die andere Straßenseite. Woody sitzt zusammen mit Jane hinten in seinem Kombiwagen und telefoniert. Bea und Fern sind nach Hause gegangen; für die Szene mit den Suchscheinwerfern braucht man kein großes Make-up. Ma und Pa sind in ihrem Wohnwagen. Und Andrew ist bei Drew.

6.30 Uhr abends. Es ist schon dunkel, aber wir warten noch, daß die zusätzlichen Suchscheinwerfer geliefert werden. Es ist nicht klar, ob sie aus Ohio oder aus Pennsylvania kommen werden. Vielleicht sind sie auf der Fahrt in einem Schneesturm steckengeblieben. Es hat angefangen zu schneien.
Woodys Filme haben alle zumindest eine Szene im »weißen Zimmer«. Man nennt sie so nach der Sequenz in *Zelig*, wo Dr. Eudora Fletcher/Mia Farrow mit Woody in einem Landhaus ihre Sitzungen durchführt. Diese Sequenz wurde wieder und wieder gedreht, so an die zwanzigmal. In *Broadway Danny Rose* gab es zwei dieser Weißen-Zimmer-Szenen, die eine mit Woody und Tina Vitale/Mia Farrow im Schilf und die andere in der verlassenen Fabrik. Jetzt sieht es so aus, als ob dieser Film auch endlich sein »weißes Zimmer« hätte, die verfluchten Suchscheinwerfer.

7 Uhr abends. Ma und Pa sitzen auf der Veranda. In der Dunkelheit, mit all den Lichtern, sieht der Schnee wunderschön aus. Es wurde beschlossen, daß wir die Aufnahmen zuerst mit den beiden Suchscheinwerfern drehen, die wir schon haben. Dann warten wir noch bis acht Uhr abends, ob die zusätzlichen Scheinwerfer aus Ohio noch geliefert werden. Außerdem drehen wir eine Totale von der Straße und vom Himmel, ohne die Suchscheinwerfer. Falls es mit den Scheinwerfern heute nicht klappen sollte, geht diese »Blanko«-Aufnahme ins Labor, damit dort die Lichter tricktechnisch ins Bild einmontiert werden.

7.15 Uhr abends. Ma, Pa, Carlo und ich in Little Joes Haus; wir warten. Das Haus ist viel kleiner und wirkt bedrückend. Also bleibt uns nichts anderes übrig, als von sonnigen Stränden zu träumen und von Carlos kleinem Haus auf Sardinien, wo man vom Fenster aus ins Mittelmeer springen kann.

7.45 Uhr abends. Die Suchscheinwerfer aus Ohio sind endlich

da! Obwohl es immer noch schneit, wird alles aufgebaut. Die Szene ist rasch gefilmt.
Um 8 Uhr abends packen wir zusammen.

Dienstag, 18. Februar 1986   16. Woche

Am Samstag unterzeichnete der philippinische Bischof eine Protestnote, in der von Wahlbetrug die Rede ist. Weitere zehn Oppositionelle wurden ermordet aufgefunden.
Am Sonntag wurde Marcos zum Wahlsieger erklärt. Frau Aquino behauptet hingegen, sie habe gewonnen.
Am Montag erklärte Ron, er zweifle an der ordnungsgemäßen Abwicklung der Wahl, und beauftragte Philip Habib, mit Corazon Aquino und Marcos getrennt Gespräche zu führen.
(New York Times)
Bei den Unruhen, die dieses Wochenende in Südafrika stattfanden, gab es vierzehn Tote. Damit stieg die Zahl der seit Jahresbeginn Getöteten auf über einhundert. (New York Times)
Tamilische Rebellen töten in Sri Lanka fünfundfünfzig Soldaten. (New York Times)
In Rio de Janeiro wurden bei einem Brand vierzehn Menschen getötet und vierzig verletzt. (New York Times)
Das FBI bezeichnet die Aufklärung der Tylenol-Affaire als sehr dringlich.
Im Kampf gegen Jesse Ferguson erringt Tyson (18 : 0) einen weiteren Sieg durch K. o. »Ich hab' versucht, ihm eins auf die Nasenspitze zu geben, ich wollte, daß ihm die Nase hinten wieder rausguckt«, kommentiert »Kid Dynamite« seinen Sieg.
(New York Times)
»Ich glaube, der Sinn für Humor ist eines der wichtigsten Mittel zur Selbsterhaltung. Ich glaube, in dem Moment, wo ich den Sinn für Humor verloren hätte, wo ich verlernt hätte, die Dinge um mich herum von ihrer komischen Seite zu sehen, ja, in dem Moment wäre es ausgewesen mit mir«, sagt Anatoli Schtscharanski. (New York Times)

Im Alter von siebenundsiebzig starb Paul Stewart an Herzver-
sagen. In den dreißiger Jahren trat Stewart in nahezu fünftau-
send Radio-Shows auf. Für Orson Welles' Mercury-Theater
produzierte er die Sendung War of the Worlds.

9.30 Uhr vormittags. Wir sind wieder in den Astoria Studios,
in Little Joes Haus, sitzen in der Küche und warten auf den
Fisch; Jimmy Mazzola ist los, um aus der Kantine welchen zu
besorgen. Heute morgen sind nur Bea, Ruthie, Abe und Little
Joe da; ein paar Pick-ups sollen gedreht werden, in denen sie
Radio hören.
Die Fische haben wir jetzt, ihr penetranter Geruch zieht durch
das ganze Szenenbild. Bea und Little Joe finden ihn unaussteh-
lich, und Abe ist nicht gerade begeistert bei dem Gedanken, um
9 Uhr morgens Fisch zu essen, der schon seit einer Woche her-
umliegt.
Aufnahme A 102 A: Ein Schwenk mit der Kamera von Abe, der
am Küchentisch sitzt und Fisch ißt, über Little Joe, der hinter
ihm sitzt, Milch trinkt und Kekse ißt, auf Bea, die neben dem
Kühlschrank steht und dem Radio lauscht. *(15 Sekunden)*
Bea meint, um den richtigen Ausdruck zu finden, müsse sie
wissen, welcher Art von Song sie lausche, ob es vielleicht ein
romantisches Lied sei. »Das wissen wir noch nicht«, gibt
Woody ihr zur Antwort. Abe schneidet sich den Fisch häpp-
chenweise; unter dem Tisch steht ein Eimer, damit er zwischen
den Aufnahmen das Zeug ausspucken kann.
(3 gefilmt und 2 kopiert.) Fertig um 9.45 Uhr vormittags.
Wir machen Roh-Tonaufnahmen für die übrigen Szenen von
Little Joe: »Hey, Dad! Hast mal fünfzehn Cent?« »Ich will den
Ring des Maskierten Rächers aber unbedingt!« – und dann
noch ein Schrei, der uns durch alle Glieder fährt. Anschließend
gehen wir ins Schlafzimmer der Großeltern. Dort wird ein
Zwischenschnitt gedreht, wo man Beas Hand sieht, wie sie am
Radio einen Sender einstellt.

10.15 Uhr vormittags. Aufnahme A 102 B: Beas Hand, wie sie
das Radio einschaltet. *(5 Sekunden)*

(3 gefilmt und 3 kopiert.)
Wir gehen nach oben in Little Joes Zimmer.

11.30 Uhr vormittags. Heute herrscht eine merkwürdige Atmosphäre. Es ist der letzte Tag mit der vollständigen Crew. Die Aufnahmen sind kurz, ohne Dialog, nicht sehr interessant und erfordern keinen großen Arbeitsaufwand. Mit nur der Hälfte der Familie ist es nicht mehr so wie die Tage zuvor. Die Jungs vom Team nehmen alles ganz locker und unterhalten sich darüber, was sie bis zu Beginn ihres nächsten Jobs machen werden. »Du bist schon so lange hier, du solltest eigentlich im Nachspann erwähnt werden«, sagt Ray zu mir.
Aufnahme A 102 C: Die Kamera schwenkt von Ruthie, die auf ihrem Bett liegt und *Screen Romance* liest, auf Bea und Little Joe, die auf seinem Bett sitzen und Schach spielen. *(18 Sekunden)*
Woody bespricht sich mit Kay, ob man das *Life*-Magazin, auf dessen Umschlag Sanford zu sehen ist, auf das Bett legen kann. Und Dickie sagt zu Red: »Wenn ich den Schwenk mache, mußt du den Kamerawagen anschieben!«
(2 gefilmt und 2 kopiert) Fertig um 12 Uhr mittags.
Im Studio sind wir jetzt fertig. Wir fahren nun in die Stadt, zur Bowling-Bahn.

1 Uhr mittags. Die »Beacon-Bahn«, Ecke Amsterdam und 66th Street, ist ein gemütlich wirkendes Bowling-Zentrum mit zehn Bahnen. Es ist ganz mit Holz ausgetäfelt, hinten gibt es eine Bar, und da und dort hängen Plakate an den Wänden:

BUTTERFINGERS ARE RICH IN ENERGY[*]
COCA-COLA IS A SIGN OF GOOD TASTE[**]
LIME COLA: NOT TWICE AS MUCH BUT TWICE AS GOOD[***]

Baby Dylan ist wieder da. Die Kleine kaut an Woodys Brille

---

[*] Butterfingers bringen verbrauchte Energien zurück. (Anm. d. Übers.)
[**] Coca-Cola zeugt von gutem Geschmack. (Anm. d. Übers.)
[***] Lemon-Cola: nicht doppelt so teuer, aber doppelt so gut. (Anm. d. Übers.)

herum, während er mit seiner Nase ihren Bauch streichelt. Sally ist auch gekommen. Aber Andrew ist heute krank. Auch Manulis gibt uns wieder die Ehre; er ist wie immer sehr vergnügt.
Um 1.30 Uhr machen wir Mittagspause.

2.30 Uhr nachmittags, wieder in der »Beacon-Bahn«. Die Besitzerin verfolgt mit skeptischem Blick, was Cliff, mit Bürste und Eimer in der Hand, und die Jungs vom Team anstellen, die die Lampen und die Birnen auswechseln. Ceil ist auch da; sie wohnt ja gleich nebenan. Manulis hat seine Bowling-Schuhe angezogen, und er scheint bei den hübschen Statistinnen gut anzukommen. Die Jungs vom Team, aufmerksam wie immer, machen mich mit einigen von ihnen bekannt. Und als sich eines der Mädchen über meinen Akzent wundert, kommen mir die Jungs mit der Antwort zuvor: »Er ist aus Brooklyn«, sagen sie.
Eine Lampe fällt herunter und geht kaputt. Die Besitzerin ist in Windeseile zur Stelle, aber es war nur eine von unseren Lampen. »Wir sind hier doch nicht beim Toback-Film, auch wenn ihr eigentlich dort hingehört«, ruft Jimmy Davies den Jungs zu.

4 Uhr nachmittags. Jimmy Mazzola zeigt Bea, wie man Bowling spielt. Woody sieht den beiden zu. Bea versucht es, und obwohl die Kugel etwas schwer für sie ist, räumt sie die Kegel ganz schön ab. Darüber freut sie sich so, daß sie einen Luftsprung macht, was Woody aber nicht besonders beeindruckt. Tom will uns beibringen, wie man noch besser spielen könnte, aber was er uns zeigt, ist nicht sehr überzeugend.
Es gibt Schwierigkeiten mit den elektrischen Leitungen. Sie sind alt und zu schwach, um den Strom zu verkraften, den wir für die Scheinwerfer brauchen.

4.30 Uhr nachmittags. Aufnahme A 51 C: Sie beginnt mit einer Totalen von der Bowling-Bahn, man sieht die zurückrollenden Kugeln, dann dreht sich die Kamera nach rechts auf

Manulis, der mitten in Aktion ist; Bea sieht ihm zu. *(21 Sekunden)*
Im Vordergrund sieht man die zurückrollenden Bowling-Kugeln. Die Mazzola-Brüder, die ein wenig außerhalb des Bildrahmens stehen, rollen sie zurück, und zwar so, daß der Abstand zwischen den Kugeln nur gering ist. Im Hintergrund sieht man die Statisten Bowling spielen. Schwierig ist es nur mit der Geschwindigkeit der Kugeln; man muß das richtige Tempo finden, damit das Bild auch gut wird.
(8 gefilmt und 5 kopiert)

5.30 Uhr nachmittags. Nachdem er die Muster gesehen hat, will Woody jetzt die Polly-Phelps-Sequenz neu drehen. Das soll bei den Nachaufnahmen im April gemacht werden.
Aufnahme A 51 D: Die Kamera folgt seiner zurückrollenden Kugel und bekommt so unser Pärchen ins Bild. Jetzt ist Bea dran. Manulis steht direkt hinter ihr und »bringt ihr bei«, wie's geht. Bea schleudert die Kugel los und räumt gehörig ab. Dann setzt sie sich wieder auf ihren Stuhl, während Manulis ganz verblüfft dreinschaut. *(18 Sekunden)*
Woody möchte, daß Bea zu ihrem Stuhl zurückgeht, sobald sie die Kugel losgelassen hat, und nicht wartet, bis das Ergebnis zu sehen ist; Manulis soll allein herumstehen. Dann will er noch, daß sie die Kugel zwischen den Beinen schwingt. Das sieht sehr witzig aus, zumal Bea, die ja kurzsichtig ist, vor Anstrengung die Zähne aufeinanderpreßt.
(6 gefilmt und 5 kopiert) Fertig um 6 Uhr abends.
Woody würde gern noch eine weitere Aufnahme machen. Aber die elektrischen Leitungen stehen es nicht durch, und außerdem haben wir die Bowling-Bahn nur bis 5.30 Uhr gemietet. Die ersten Bowling-Spieler sind schon da.

Um 6.10 Uhr abends packen wir zusammen.
Bevor wir gehen, gibt Bea Manulis einen langen, intensiven Kuß. Es sieht ganz so aus, daß er bei ihr, neben Woody, einen großen Stein im Brett hat.

Mittwoch, 19. Februar 1986

Riesige Unwetter suchen die Westküste heim. Angesichts von Überflutungen und Muren werden Tausende evakuiert. (New York Times)

Bischof Desmond Tutu verhindert eine gewalttätige Auseinandersetzung zwischen der Polizei und schwarzen Demonstranten in der Nähe von Johannesburg. (New York Times)

Robert de Niro, Gregory Hines, Karen Allen, Mandy Patinkin und andere kegelten gestern im Madison Square Garden Bowling Center bei einer Benefizveranstaltung für das »Second Stage«-Theater. Diane Keaton kam, um zuzuschauen, kegelte aber nicht mit. (Daily News)

Anatoli Schtscharanski berichtet über seine Zellengenossen: Arkadi Tsurko, ein junger Jude aus Leningrad, der als Verfechter eurokommunistischer Thesen zu einer Gefängnisstrafe verurteilt worden war; Ints Tsalitis, ein Lette, der sechs Jahre bekam, weil er 3000 Unterschriften für eine atomwaffenfreie Zone im Baltikum gesammelt hatte; Vasif Melano, der zu sechs Jahren verurteilt worden war, weil er gegen die Verbannung Sacharows protestiert hatte; ein Armenier, der sich für ein Referendum zur Frage der Unabhängigkeit dreier Sowjet-Republiken eingesetzt hatte; zwei Priester der russisch-orthodoxen Kirche, Gleb Yakunin und Dmitri Dudko.

Der Mann, der im Gefängnis von Christopol in der Tartarischen Republik sein bester Freund wurde, war ein engagierter Vertreter der russisch-orthodoxen Kirche, Vladimir Poresh. Der Experte für die französische Literatur des 18. Jahrhunderts wurde verurteilt, weil er religiöse Seminare abgehalten hatte. Poresh hatte antisemitische Ressentiments. »Für ihn war das Passahfest ein schrecklicher Feiertag... Aber als ich ihm den Text der Haggadah übersetzte, war er erstaunt, daß hier absolut nichts im Widerspruch zu seiner Religion stand. Er vermittelte mir meditative Praktiken. Ständig erforschte er sich; seine Versenkung in sich selbst hatte einen religiösen Hintergrund. Ich kontrollierte mich auf der Ebene des Verstandes, er strebte nach Spiritualität. Ich glaube, daß dieser Austausch *von Erfahrungen, der nicht nur verbal, sondern auch durch die körperliche Nähe stattfand, für uns beide sinnvoll war.«* (New York Times)

8.30 Uhr morgens. Breezy Point ist heute wunderschön; die Temperatur liegt bei 15 Grad, und die Wolken hängen tief. Wir frühstücken im Surfclub Bagels und Lachs. Obwohl nur das zweite Filmteam gebraucht wird, sind alle da: Santo, Cliff, Jeffrey und Judy, seine Assistentin, die heute blonde Haare hat.
Wir befinden uns im Jahre 1901: Guglielmo Marconi läßt seinen Kastendrachen fliegen und empfängt die erste Sendung von jenseits des Atlantiks. Jimmy Mazzola spielt Marconis Assistenten; der Darsteller von Marconi ist ein Freund von Jimmy, ein Mann mit einem Gewicht von 240 Pfund. Sein Lachen ähnelt dem von Manulis.

9.30 Uhr vormittags. Wir sind am Strand und warten auf Wind, damit Marconi seinen Kasten fliegen lassen kann. Doch es ist völlig windstill. Die Kamera wird für eine Totale eingerichtet (mit 300-mm-Objektiv). Wir warten.
Jimmy Mazzola, bereits im Kostüm, startet seinen Jeep. Neben ihm sitzt sein Freund Marconi. Jimmy will uns zeigen, wie er mit dem Ding lossausen kann, aber es bleibt im Sand stecken. Alle applaudieren, nur Jimmy ist nicht begeistert. Alle außer Woody schieben; das Rad gerät dabei immer tiefer in den Sand. Der einzige Ausweg: Wir müssen Schaufeln nehmen und graben.
Woody trägt wieder seinen riesigen grauen Parka. Santo hat eine echte Baskenmütze auf; mit seinem Bart sieht er wie ein französischer Mönch aus. Endlich kommt ein wenig Wind auf. Sollen wir noch länger hier warten und das Risiko eingehen, daß wir auf Staten Island bei der Aufnahme vom U-Boot zu wenig Licht haben? Oder sollen wir jetzt gleich zum U-Boot gehen und später wiederkommen, falls noch Zeit dafür bleibt?
Im Moment bleiben wir noch. Cliff muß Marconis Kasten anstreichen, da er weiß ist und sich schlecht vom Himmel abhebt. Dann steigt er in seinen Jeep, der inzwischen freigeschaufelt

worden ist. Jimmy Mazzola startet und – welche Komik – bleibt wieder stecken.

10.30 Uhr vormittags. Wir drehen nicht. Nach einer Testaufnahme – einer Totalen von der Küste – fahren wir nach Staten Island. Jimmy Mazzola gibt Jeffrey resigniert sein Kostüm zurück. Auch Marconi ist enttäuscht; er ist an diesem Morgen von Pennsylvania hergekommen, um dabeizusein!
Da der Wetterbericht erfreulich ausgefallen ist (es soll bedeckt und nicht zu kalt werden), hat man einen Moment lang erwogen, die Tonino-Sequenz in dieser Woche zu schießen. Aber die Tage sind zu kurz; wir werden sie im April drehen.

11.30 Uhr. Staten Island. Das viereinhalb Meter lange Modell eines Nazi-U-Bootes war in Steven Spielbergs *1941* ein japanisches. Wir wollten ursprünglich *Das Boot*, die Probleme mit dem Zoll waren zu kompliziert; daher ist es in Deutschland geblieben. Leute von Greenberg Associates sind zusammen mit den Besitzern des Modells und ihrem Team erschienen. Sie haben eine beeindruckende Ausrüstung mitgebracht: zwei Jeeps, ein kleines Ruderboot, zwei Taucher und zehn großgewachsene Männer mit gelb-orangenen Parkas, riesigen Gummistiefeln und Walkie-Talkies. Das U-Boot ist mit einem Luftkompressorsystem ausgestattet, damit es untertauchen kann. Wenn die Luft herausgelassen wird, taucht es wieder auf. Es ist an jeder Seite mit Seilen befestigt, und die Jeeps ziehen es vorwärts.
Wir wollen aufnehmen, wie das U-Boot (im Vorwärtsgang) aus dem Wasser auftaucht. Wegen des Maßstabs soll es mit 82 Bildern in der Sekunde gefilmt werden; dann werden die Wellen echt wirken. Dieses Bild wollen wir über die Aufnahme legen, die wir bei Coney Island gedreht haben. Doch zuerst müssen wir warten, bis die Flut kommt. Die beiden Taucher sind im Wasser an dem Modell beschäftigt; sie testen den Luftkompressor.

12.30 Uhr mittags. Wir warten immer noch auf die Flut. Außerdem gibt es ein kleines Problem mit dem U-Boot: Es muß aufrecht auftauchen. Immer wieder gibt es Schwierigkeiten mit dem Gleichgewicht, und das U-Boot taucht in der Schräglage auf.

Die Kamera wird nahe am Wasser direkt auf den Boden gesetzt. Für die Crew werden Sandwiches und heiße Suppe gebracht.

1 Uhr mittags. Es ist kalt, und außerdem nieselt es. Mit dem U-Boot klappt es so nicht. »In Kalifornien hat es wunderbar funktioniert«, meint der Besitzer zu Sandy. Jetzt liegt es in Seitenlage im Sand. Man hat beschlossen, in der Mitte ein Loch zu bohren, damit Wasser eindringen kann. Auf diese Weise soll es stabilisiert werden. Aber wir haben keine Schneidezangen. »Jimmy Mazzola!«

Inzwischen haben sich einige Schaulustige aus der Nachbarschaft eingefunden. Sie fragen sich, warum 50 Leute an einem einsamen Strand von Staten Island im Regen das Modell eines Nazi-U-Bootes filmen wollen. Den Besitzer des Modells beunruhigt die Vorstellung, ein Loch hineinzuschneiden. Alle haben Vorschläge. Carlo meint, man bräuchte einen Kiel (für das U-Boot?). Die Umstehenden machen Fotos.

2 Uhr nachmittags. Es nieselt immer noch, und es wird dunkler. Das U-Boot ist wieder im Wasser, und mit ihm die Taucher. Diese sind nicht von den Perspektiven nach dem Mittagessen begeistert. Woody sitzt auf dem Regiestuhl und wartet gelassen. Er schaut auf das Wasser und lauscht der Brandung. Noch ein Versuch. »Katastrophe!« Es läuft noch schlechter als zuvor. »Schade«, meint Ezra. »Dabei ist es so ein schöner Tag!«

2.45 Uhr nachmittags. Wir beschließen, die Aufnahme auf jeden Fall zu machen. Zunächst eine Totale vom auftauchenden Unterseeboot, das sich aber jetzt nicht mehr vorwärtsbewegen soll. Dann eine Nahaufnahme: Das Boot ist völlig aufgetaucht, man sieht das große Hakenkreuz. Aber es gibt weiterhin Probleme. Zuerst widersetzt sich das U-Boot; es taucht partout nicht auf. Fünf Jungs von der »Besatzung« gehen in das Ruderboot und helfen den Tauchern. Carlo wird langsam nervös. Woody geht allein den Strand entlang. Und Dickie, der direkt neben der Kamera liegt, schläft – trotz des Regens und obwohl er beinahe im Wasser liegt. Jane ist tief beeindruckt.

Endlich haben wir die Aufnahme. Es ist 4 Uhr. »Gestorben!«

Freitag, 21. Februar 1986

»Ich bin so wütend, daß ich am liebsten jemanden umbringen würde«, erklärt Ed zu dem wachsenden Skandal um die Behörde für Parksünder. (New York Times)

Das U-Boot ist erstaunlich gut geworden. Die Crew fuhr ohne Woody zurück nach Breezy Point, um die Aufnahme von Marconi zu machen. Dort konnte man allerdings nichts sehen – nur Nebel. Daher machten sie eine Aufnahme vom Strand und fuhren nach Hause.

TAGEBUCH: NACHAUFNAHMEN

Freitag, 25. April 1986

»Sogar der Franzose ist wieder da«, meinte Woody heute morgen zu Jane. »Er weiß aber, wie Sie heißen«, versichert sie mir. Fast alle sind wieder dabei, sogar Baby Dylan, Moses und Andrew. Dennoch, ein paar wichtige Leute fehlen. Tom, der in der Vorproduktion für den Toback-Film steckt, ist durch seinen Assistenten Ken ersetzt worden. Für Jimmy Mazzola, der ebenfalls an einem anderen Film arbeitet, ist Joe Badalluco da; wenn man ihn ruft, klingt das genausogut wie bei Jimmy Mazzola. Die Unterhaltungscrew ist in Florida. Louis' Platz hat jetzt ein schöner Blonder eingenommen, und Jimmy Sabat ist durch dessen Bruder ersetzt worden. Die Salad Sisters haben sich getrennt: Romaine ist bei uns, Fern in North Carolina. Carlo ist nach Italien gefahren, um Antonioni zu besuchen. Er ist sehr krank und wird wahrscheinlich seinen Film nicht drehen können. Carlo wird deshalb eine Komödie von Herbert Ross mit Michael Fox in der Hauptrolle machen. Danach wird er, wie alle anderen auch, für Woodys nächstes Projekt im September zurückkommen. Bis jetzt wissen wir nur, daß es eine kleine Produktion sein wird mit drei oder vier Hauptrollen und ohne Kinder. Mia wird wieder dabeisein. Und Woody? Er hat sich noch nicht entschieden. Woody soll bereits Ideen, Abhandlungen und sogar Drehbücher für seine nächsten zwölf Filme haben.

Auf der riesigen Bühne G, wo das Dach des King Cole war und Little Joes Haus stand, sind jetzt andere Dekorationen aufgebaut. Unter anderem sind da drei Rundfunkstudios – viel aufwendiger und schöner als die bei den Erstaufnahmen – und ein Badezimmer. Das Erdgeschoß von Little Joes Haus ist in eine Ecke verfrachtet worden. In einer anderen Ecke, zwischen riesigen schwarzen Vorhängen, ist Polly Phelps' Feld in Pennsylvania rekonstruiert worden. Das Krankenhauszimmer ist von oben hier herunter versetzt und anders angestrichen worden. Woody hat Santo um eine spezielle Farbe gebeten: »Wie aufgewärmte Bohnen.«

Es gibt ungefähr vierzig neue Drehbuchseiten, teils umgeschriebene, teils ganz neue Szenen. Eine große traurige Nachricht: die ganze Eröffnungssequenz mit dem Erstaunlichen Tonino ist rausgefallen. Man ist übereingekommen, daß es unrealistisch ist, zu dieser Jahreszeit drei bewölkte Tage hintereinander zu erwarten.

Die zweite große Sequenz, die herausgefallen ist, ist die ganze *Herbie Hanson Show*.

Woody will mir den Rohschnitt nicht zeigen. »Selbst die Produzenten haben ihn noch nicht gesehen«, hat Jane mir berichtet. Da er einen ganz neuen Text für die Off-Stimme geschrieben und die Reihenfolge der Szenen vollkommen verändert hat, ist es schwierig, noch mitzuverfolgen, was jetzt eigentlich passiert. Dennoch, die Nummern der neuen Szenen für diese Nachaufnahmen geben einen Anhaltspunkt, an welche Stelle der Geschichte sie gehören.

Szene X 105: Das *Äther-Theater*, eine sehr populäre Radio-Show, die »für die Hörer daheim ausschließlich spannende und bewegende Dramen – sogar klassische Stücke – bringt«. Ein Regisseur probt Anton Tschechows *Drei Schwestern*. Der Produzent schaut zusammen mit seinem Assistenten von der Tontechnikerkabine aus zu, wie Sally, seine Freundin, Irina spielt. Sie ist schrecklich. Der Regisseur unterbricht sie.

Regisseur: »Nein, nein, Sally. Das hier ist ein Höhepunkt!«

Sally: »Ich bin doch auf den Höhepunkt gekommen.«

Regisseur (spielt auf die Figur Tusenbachs an): »Er schüttet dir sein Herz aus.«

Sally: »Dann soll er schütten, ich hindere ihn nicht daran...«

Tusenbach hält es nicht mehr aus, er fängt an, sich über sie zu beklagen, aber Sally gibt nicht nach.

In der Tontechnikerkabine versucht der Assistent inzwischen, dem Produzenten klarzumachen, daß Sally vielleicht nicht die beste Wahl für diese Rolle ist.

Aber der Produzent ist da anderer Meinung: »Hören Sie ihr doch mal zu. Sie ist geradezu dazu geboren, Klassiker zu spielen.«

Der Regisseur bricht die Probe ab. Die anderen Akteure verschwinden. »Ich habe nach dem Sponsor geschickt«, flüstert der Regisseur Tusenbach zu. »Vielleicht gelingt es uns, den Produzenten auszuschalten und sie loswerden.« Dann geht er wieder zu Sally, um mit ihr allein zu reden. Er fragt sie, warum sie Schauspielerin sein möchte. »Ich möchte beim Rundfunk sein. Ich würde alles machen, wenn es nur beim Rundfunk ist, spielen, den Wetterbericht sprechen – ich kann singen – tanzen – ich bin eine wunderbare Tänzerin.« Der Regisseur meint, daß es beim Rundfunk keine Möglichkeit gäbe zu tanzen. Sally weiß Bescheid: »Weil man einen nicht sehen kann...« Der Regisseur startet einen neuen Versuch.

Regisseur: »Sally, verstehen Sie dieses Stück?«

Sally: »Es handelt von Illusionen.«

Regisseur: »Gut.«

Sally: »Jetzt muß ich Ihnen aber eine Frage stellen.«

Regisseur: »Ja?«

Sally: »Was sind Illusionen?«

Es scheint hoffnungslos. Und »auch als der Sponsor erschien, änderte das nichts an der Situation; denn, wie sich herausstellte, hatte er ebenfalls mit Sally geschlafen«.*

Die Szene hat sieben Einstellungen. Woody hat einige Schauspieler von den Erstaufnahmen genommen. Zwei Akteure in dem Tschechow-Stück sind die Akteure aus dem Geräuschestudio (Sequenz 45), und das Schöne Mädchen aus der *Privatdetektiv Nick Norris*-Show (Sequenz 42) spielt Olga. Der Assistent des Produzenten ist Mr. Rydell aus der Tonino-Sequenz.

Wir gehen in ein anderes Studio, das ganz in Schwarzweiß gehalten ist. Wir wollen Szene X 106 aufnehmen. Es ist Sallys großer Tag. Endlich hat sie es geschafft, auf Sendung zu sein. Sie gibt ihr Debut als Irina. Olga spricht ihren Text: »Es ist

---

* Stimme aus dem Off.

jetzt genau ein Jahr her, daß Vater gestorben ist...« Sally folgt mit ihrem Finger dem Text. Sie ist bereit. Sie will gerade anfangen, da wird sie von einem Mann beiseite gestoßen: »Wir unterbrechen das Programm, um Ihnen eine Sondermeldung mitzuteilen. Die Japaner haben Pearl Harbor bombardiert... viele Opfer auf seiten der Vereinigten Staaten... Wir bringen eine Sonderreportage über den feindlichen Angriff und eine Stellungnahme des Präsidenten der Vereinigten Staaten.«

Alle Akteure gehen in die Tontechnikerkabine. Sie wollen mehr erfahren.

Sally ist nicht gerade glücklich.

Die Szene wird mit einer Einstellung gefilmt. Diese beiden Szenen kommen anstelle der *Herbie Hanson*-Show in den Film.

Montag, 28. April 1986

Die ersten Stunden werden an diesem Morgen damit verbracht, die Teile von Szene X 106 zu vervollständigen, die am
Freitag nachmittag nicht fertig geworden sind (Sally wird von
der Pearl-Harbor-Meldung unterbrochen). Anschließend machen wir noch ein paar »Pick-ups«:

Szene X 103: Ein alter Schauspieler gibt Macbeth zum besten:
»Morgen, und morgen, und morgen...«

Die Szene wird in zwei Einstellungen gedreht: die erste von
dem Techniker in seiner Kabine, die zweite von dem alten
Schauspieler, wie er seinen Monolog spricht. Er schafft ungefähr die Hälfte. Die Szene gehört zu einer Serie von »Pick-ups«
für die *Äther-Theater*-Show und wird in demselben Studio wie
die Pearl-Harbor-Szene gedreht, das ganz in Schwarzweiß gehalten ist.

Wir bleiben noch in diesem Studio, um eine andere Szene für
das *Äther-Theater* zu filmen (Nummer X 104): Der berühmte
Broadway-Star, »der an der sogenannten Mikrokälte litt. Sie
konnte vor Tausenden von Leuten wunderbar spielen, aber sobald sie hinter einem Mikrophon stand, erstarrte sie. Man
mußte eine Glühbirne und einen Lampenschirm am Mikrophon anbringen.«

Der berühmte Broadway-Star wird von der zweiten Sängerin
(der besseren) gespielt, die »I'll Be Seeing You« und »They 're
Either Too Young or Too Old« gesungen hat. Eine Show läuft.
Woody hat Texte an die Schauspieler verteilt, aber es wird in
dieser Szene zusätzlich eine Stimme aus dem Off geben. Ein
Lampenschirm wird am Mikrophon angebracht; ein lustiges
Bild.

Als nächster ist Bill Kern an der Reihe, er erzählt die Geschichte
von Kirby Kyle (Szene R 84). Wir drehen in der gegenüberliegenden Ecke im selben Studio. Es gibt nur ein paar Veränderungen bei den Texten, im Prinzip ist die Szene gleich-
geblieben.

Wir befinden uns jetzt in Sallys Badezimmer (Szene A 144), wo
sie gerade Stimmübungen vor dem Spiegel macht. Sally

kommt im Pyjama. Woody macht ihr ein paar Grimassen vor, was ziemlich komisch aussieht. Sally probiert es sogar mit »Ich höre die Kanonen donnern«, der Übung aus dem Sprechunterricht.

Sally macht auch noch eine Roh-Tonaufnahme für ihre Show *Der Goldene Mittelweg*. Mit »Femme fatale«-Stimme erzählt sie von dem Latin-Tänzer, Greer Garson, Walter Pidgeon's letztem Film und Max Gordons nächstem Stück; Abe und Ceil werden diesen Teil ihrer Show in ihrem Schlafzimmer hören.

Die letzte Szene für heute ist eine Neuaufnahme von dem Reba-Mann (R 48), jedoch mit einem anderen Akteur und anderem Text. Der Reba-Mann wird von Nick Norris, dem kleinen Mann, gespielt. Der Dialog ist kürzer als vorher:

Reba: »Wea is da? Wea kommt da duach die Hintatüa?«

Mann: »Ich bin's nur, Reba – Mr. Pennwhistle.«

Reba: »Gut, kommen Sie rein, und putzen Sie sich die Füße ab. Sie sehen ja aus wie ein ungemachtes Bett.«

Es ist genauso witzig wie in der ersten Version, aber Nick Norris scheint seine vorherige Rolle besser gefallen zu haben.

Morgen werden wir eine Neuaufnahme von Polly Phelps machen. Zwei Szenen aus der ersten Version werden übernommen. Bevor Carlo und Ray gehen, sehen sie sie sich noch auf dem Moviola an, damit sie wissen, wie sie die Beleuchtung einrichten müssen.

Heute abend schaue ich mir zusammen mit Carlo und Santo Muster an. Woody hat sie schon gesehen. Carlo, der den Rohschnitt schon kennt, erzählt mir, daß in der jetzigen Version der Film mit den Needlemans beginnt. Die Muster sind hervorragend; das Studio sieht viel hübscher aus, außerdem ist Sally sehr witzig.

Donnerstag, 29. April 1986

Das Feld in Pennsylvania. Alle sind wieder da: Polly Phelps' Eltern, der Reporter, der Polly-Phelps-Mann, der Zwerg, Feuerwehrmann Reilly, sogar der Jockey Jack Williams.

Auf dem Drehplan stehen fünf Aufnahmen:

Aufnahme R 163 A: Ein zweiter »Establishing Shot«, kurz nachdem der Reporter die ersten Worte gesprochen hat.

Aufnahme R 164: »Hätten die Brunnen nicht abgedeckt sein müssen?«

Aufnahme R 167: Der Zwerg wird in den Brunnen hinuntergelassen. »Ich sitze fest!«

Aufnahme R 169: »Sie ist draußen... Eine ganze Nation betet für sie...«

Aufnahme R 174: Das Ende. Alle gehen wieder nach Hause.

Außerdem sollen noch ein paar »Pick-ups« von dem betenden Priester und der schluchzenden Mama gemacht werden.

Aufgrund des Rohschnitts weiß Woody dieses Mal ganz genau, in welche Reihenfolge die Szenen gehören, so daß er jede Aufnahme exakt inszenieren kann. Der Hauptgrund für die Neuaufnahme dieser Polly-Phelps-Szenen ist, daß die Ausleuchtung verbessert werden soll.

Es gibt ein kleines Problem mit dem Priester. Er kann sein »Gegrüßet seist du, Maria« nicht. Er ist protestantisch erzogen und hat sich während der High-School, wie er offen zugibt, ganz von der Religion abgewandt. Und es ist schwierig, unter den Teilnehmern einen Katholiken zu finden, der es auswendig kann. Santo kann es; der Priester verzieht sich in eine Ecke, um es auswendig zu lernen.

Der Hebräisch-Lehrer spielt jetzt einen der Fotoreporter, die um den Brunnen herumstehen. Baby Dylan kommt zu Besuch. Sie wird ein bißchen dick; es wird Zeit, daß sie anfängt zu laufen. Sally erzählt mir, daß Baby Dylan für die Familienszene an Silvester ausgesucht worden ist. »Sie war einfach besser als das andere Baby. Ich hatte keine andere Wahl«, hat Woody gemeint.

Mittwoch, 30. April 1986

Beas Vater liegt im Sterben. Er ist schon seit einem Jahr sehr
krank. Zunächst hat ihre Mutter angerufen, Bea sollte sofort
kommen, und sie wollte schon abfahren. Aber dann hat der
Arzt noch einmal angerufen und ihr mitgeteilt, daß es ihm wieder bessergehe.

Wir werden versuchen, alle Szenen, in denen sie mitspielt, in
den nächsten drei Tagen abzuschließen, so daß sie am Freitag
abend zu ihm kann. Er ist in Baton Rouge.

Wir sind wieder mit der ganzen Familie, Nicole, Myla und
Dennis in Little Joes Haus.

Zuerst werden wir eine Neuaufnahme von der gesamten Jom-
Kippur-Sequenz machen:

Aufnahme R 76: Die Familie ist ganz aufgebracht wegen dem
Radio des Kommunisten, das am Heiligen Tag durch die Gegend plärrt; Abe beschließt, hinüberzugehen und ein Wörtchen mit ihm zu reden.

Aufnahme R 78: Abe ist schon seit zwei Stunden weg, und das
Radio plärrt immer noch. Ma fängt an, der Familie zu erzählen,
was Mrs. Silverman passiert ist.

Aufnahme R 83: Abe kommt zurück.

R 83 ist die einzige Szene, die neu geschrieben worden ist. Die
anderen werden nur wegen der Ausleuchtung nachgedreht.
Für die Szene, in der Abe vom Haus des Kommunisten zurückkommt, hat Woody den Schluß neu geschrieben. Beim letzten
Mal hat Abe, nachdem er von »der Ausbeutung der Massen
durch die Bosse« erzählt hatte, frei über das Thema improvisiert; Ceil bemerkte, daß auf seiner Wange ein roter Fleck war.
Dieses Mal fängt Abe wieder so an:

Abe: »Religion ist das Opium des Volkes.«

Ceil: »Gott wird dich strafen.«

Abe: »Sei nicht...«

Und Abe macht weiter, bis... er Schmerzen in der Brust bekommt und sein Atem schwer geht. Die Familie gerät in Panik.
»Vielleicht sind es Verdauungsstörungen. Was hast du da drüben gegessen?« Abe gesteht dann, daß er nur »ein paar Stücke

Schweinefleisch, ein paar Muscheln und Schokoladenpudding«
gegessen hat... und ein paar Pommes frites.«

Es müssen zwanzig Einstellungen gedreht werden, um die
Szene hinzubekommen.

Es ist bereits 7 Uhr abends, als wir zu Szene 162 kommen.
Woody ist erschöpft, aber wir wollen alle Szenen mit Bea bis
Freitag abend zu Ende bringen.

Aufnahme R 162: Ma jagt mit ihrem verfärbten Pelzmantel
hinter Little Joe her: »Ich bringe ihn um!« Pa fängt ihn; er entwischt; Pa rennt hinter ihm her.

Aufnahme R 162 B: Bea tanzt mit Ruthie Conga; Ceil schließt
sich an.

Die Kamerabewegung von R 162 ist vereinfacht worden. Opa
geht in R 162 A nicht mehr hinter Oma her, und auch der Bewegungsablauf in R 162 B ist etwas anders. Woody hat die
Szene, in der Pa hinter Little Joe herjagt, ganz geschnitten. Er
macht eine Neuaufnahme vom Anfang der Szene und wird den
Schluß der alten übernehmen (Pa fängt Little Joe, beginnt ihn
zu verprügeln, wird dann aber von der Polly-Phelps-Meldung
unterbrochen). Die Jagd wird also gekürzt. R 162 A und R 162
B werden dazwischengeschnitten.

Die Familie freut sich anscheinend, daß alle wieder beisammen
sind. Abe setzt seinen »Flirt« mit Angela fort, Pa zeigt mir Fotos von dem blauen 1950er MG, den er in Kalifornien gekauft
hat, als er seine Pilotsendung beim Fernsehen gemacht hat, und
Opa weiß nicht, was er vom Besuch des Papstes gestern in der
römischen Synagoge halten soll.

Um 8.45 Uhr abends packen wir ein.

Donnerstag, 1. Mai 1986

Wir sind wieder am Drehort, um zum vierten Mal die Krankenhausszene zu filmen. Aber Woody hat inzwischen einen
neuen Dialog geschrieben. Außerdem soll jetzt auch Sy an Mas
Bett stehen.

Szene X 154: Die ganze Familie und Sy stehen um Mas Bett herum. Bea stellt Ma Sy vor, dann fahren sie mit Little Joe weg. Sie wollen mit ihm eine Tour durch Manhattan machen. »Sy hat ein neues Auto.« Kaum sind sie draußen, schimpft Oma darüber, daß Sy verheiratet ist. »Warum verschwendet sie ihre Zeit mit ihm?«

Ceil: »Er will sich scheiden lassen, aber du weißt doch, wie manche Frauen sich festklammern.«

Abe: »Oh, erzähl mal.«

Dann diskutieren Ma und Pa über den Namen für das Baby:

Ma: »Bist du dir sicher, daß du das Baby ›Ellen‹ nennen willst?«

Pa: »Warum nicht? Zur Erinnerung an deinen Vetter Eddie.«

Ma: »Zur Erinnerung? Er ist doch noch gar nicht tot.«

Pa: »Er sollte es aber sein.«

Die Farbe des Krankenhauszimmers, die an »aufgewärmte Bohnen« erinnert, ist nachgedunkelt. Woody gibt seine Anweisungen direkt neben Ruthie, er steht am Rand des Bildausschnitts und schneidet Grimassen, um die Schauspieler aufzumuntern.

Wir gehen wieder zu Joes Haus, um ein paar Aufnahmen zu machen, in denen die einzelnen Familienmitglieder vorgestellt werden. Woody hat alle Einführungsaufnahmen geschnitten, in denen die Handlung der Familienmitglieder miteinander verbunden war. Er wird nur Teile aus diesen Szenen übernehmen, einen neuen Kommentar unterlegen und sie mit neuen Szenen kombinieren. Auf diese Weise will er die Vorstellung der Familie straffen.

Aufnahme R 26: Ma strickt im Wohnzimmer, als Pa hereinkommt.

Pa: »Willst du behaupten, daß der Atlantik ein größeres Meer ist als der Pazifik?«

Ma: »Nein, du hast recht. Der Pazifik ist größer.«

Woody versucht es mit verschiedenen Tonlagen: Bei manchen Einstellungen ist Pa wütend, ein anderes Mal eher ruhig. Bei einigen Einstellungen verläßt er am Schluß das Zimmer, bei anderen bleibt er da.

Aufnahme R 26 A: Derselbe Bewegungsablauf. Pa kommt herein:

Pa: »Tess, wo sind meine Zigaretten?«

Ma: »Sie sind da, wo du sie immer hinlegst.«

Pa: »Oh, gut. Ich dachte schon, ich hätte sie verloren.«

Woody wird eine der beiden Aufnahmen nehmen.

Wir gehen zur Einführungsszene für Abe und Ceil:

Aufnahme R 27: Ceil ist in der Küche.

Abe (nicht im Bild): »Ich bin wieder da! Ich habe einen schönen Bluefish mitgebracht.«

Ceil: »Wunderbar. Er bringt lebenden Fisch mit, und ich muß ihn ausnehmen. Das ist mein Leben. Traurig, aber wahr. Andere Frauen bekommen Blumen. Ich bekomme Fisch.«

Abe (während er eintritt): »Wenn du unglücklich bist, dreh den Gashahn auf.«

Ceil: »Das ist deine Antwort auf alles!«

Abe: »Weißt du, was du tun solltest?«

Ceil: »Was?«

Abe: »Den Gashahn aufdrehen.«

Ceil: »Sehr nett.«

Es ist sehr witzig. Im Drehbuch war die Szene um einiges kürzer.

Abe (nicht im Bild): »Ich bin wieder da! Ich habe Fisch mitgebracht.«

Ceil: »Oh, wunderbar. Er bekommt den Fisch gratis, und ich muß ihn ausnehmen.«

Abe (während er eintritt): »Du freust dich nicht? Dann dreh den Gashahn auf.«

Ceil: »Das ist deine Antwort auf alles: Dreh den Gashahn auf...«

Es folgt die Vorstellung Ruthies:

Aufnahme R 29: Ruthie sitzt am Telefon und hört die Telefonsammelstelle bei den Waldbaums ab.

Ruthie: »Mrs. Waldbaum läßt sich die Eierstöcke herausnehmen.«

Ceil (während sie hereinkommt): »Beide oder nur einen?«

Ceils Text wird erst bei der Aufnahme angefügt.

511

Und schließlich wird Bea vorgestellt:

Aufnahme R 29 A: Die Familie sitzt am Küchentisch, sie essen zu Mittag. Bea kommt mit einem Blatt Papier in der Hand herein.

Bea: »Ich habe mir eine Liste gemacht mit den Eigenschaften, die ein Mann haben muß, wenn ich ihn ernst nehmen soll. Er muß groß sein, attraktiv, nett, humorvoll, er muß mich gut versorgen, gerne reisen, Kinder wollen, er muß ein guter Tänzer sein, darf nicht trinken, er muß Jude, intelligent und vertrauenerweckend sein.«

Man zieht drei verschiedene Schlußversionen in Betracht. Pa macht jedes Mal einen anderen Witz:

»Zu schade, daß Moses schon tot ist, obwohl ich mir nicht sicher bin, ob er ein guter Tänzer war.«

Oder: »Intelligent und gleichzeitig vertrauenerweckend. Ist das nicht ein Widerspruch in sich?«

Oder: »Mein Gott, schade. Ich bin schon verheiratet.« Woody beschließt, nur die ersten beiden witzigen Bemerkungen zu filmen, und bittet die Familie, auf Beas Aufzählung und Pas Witze zu reagieren. Abe gibt seinen Kommentar: »Ich weiß nicht, ob Moses ein guter Tänzer war, aber auf alle Fälle konnte er schwimmen.«

Freitag, 2. Mai 1986

Es ist 8.30 Uhr morgens.
Beas Vater ist gestorben. Sie ist in ihrem Zimmer und weint. Ihr Agent Sam Cohn brauchte nur die Tür zu öffnen, da wußte sie schon, was los war. Sie hatte noch drei Szenen und sollte heute abend abfahren.
Große Betroffenheit bei allen und Ungewißheit, wie es mit den Aufnahmen weitergehen soll. Der ganze Drehplan wird geändert werden müssen.
Santo muß sich beeilen, damit er die Szene mit den Teenagern fertig kriegt. Der Maskierte Rächer bekommt einen dringenden Anruf, daß er ins Studio kommen soll (diese beiden Aufnahmen waren für Montag vorgesehen).
Wir fangen mit der letzten Familienszene an – ohne Bea. Am Montag werden wir sehr wenig zu tun haben, und für Dienstag ist geplant, daß wir zum Strand gehen.
Szene 179 X: Die Familie bereitet sich auf den Silvesterabend vor. Sie hören die Sendung aus dem King Cole Room. Ma und Ceil werden ein bißchen melancholisch, als sie hören, daß all diese schönen Leute Champagner trinken. »Wie wär's, wenn du zur Feier des Tages Champagner aus meinem Pantoffel trinken würdest?« fragt Ceil Abe. Aber Abe ist nicht gerade begeistert. »Außerdem«, fügt er hinzu, »nur Schwächlinge und Verrückte gehen zu Silvester aus.« – »Dann solltest du endlich ausgehen, Abe«, sagt Ceil. Dann erzählt sie jedem, daß Roger und Irene heute abend im King Cole Room sein werden; sie haben es in ihrer Talk-Show erzählt. »Glaubst du, daß sie glückli-

cher sind als wir?« fragt Pa Ma. »Wie oft soll ich diese Frage noch beantworten?« erwidert Ma.

Die Szene muß ganz neu geschnitten werden (in der Anschlußszene wird Monica Charles singen). Es wird noch eine Alternative zu Mas letztem Text gedreht, als sie Pas Frage, ihr Glück betreffend, beantwortet: »Ist das eine rhetorische Frage?«

Die nächste ist Szene A 26: Der Schluß der Show *Der Maskierte Rächer*. Der Rächer hat den Gauner erwischt. »Ich wünsche dir viel Spaß für die nächsten zwanzig Jahre beim Tütenkleben!« Der Ansager spricht die Schlußworte zur Show – »Schalten Sie sich sicherheitshalber morgen wieder ein zum nächsten Abenteuer des Maskierten Rächers. Er wird über die Dächer der Stadt fliegen, und wir werden seinen Schrei hören...« Und der Maskierte Rächer stimmt ein: »Hütet Euch, Bösewichter, wo immer Ihr auch seid.«

Um den Maskierten Rächer vorzustellen, wird eine zusätzliche Szene eingefügt. Endlich bekommt er seine Show! Der Bürgermeister aus der Tonino-Sequenz ist jetzt der Gauner.

Die letzte Aufnahme für diesen Tag ist ein »Pick-up« von zwei Teenagern, die ein Liebeslied hören (40 A). Sie soll zu den Aufnahmen von dem Victrola-Mann geschnitten werden.

Am Montag werden wir die Tschechow-Show mit der Pearl-Harbor-Meldung noch einmal aufnehmen; Woody hat der Mann, der die Meldung vorgelesen hat, nicht gefallen.

Montag, 5. Mai 1986

Wir beginnen mit der Neuaufnahme der Tschechow-Sendung. Der neue Pearl-Harbor-Mann ist ganz anders. Der erste war jung und hatte einen richtigen Charakterkopf (er trug eine große Brille und sah streng aus). Er hat das Bulletin schnell und mit Panik in der Stimme vorgelesen. Er hat zwar immer wieder kleine Rollen in Woody-Allen-Filmen gespielt *(Zelig, Stardust Memories, Broadway Danny Rose* und *The Purple Rose of*

Cairo), aber er ist Rechtsanwalt und wäre nur gern Schauspieler. Der neue Pearl-Harbor-Mann ist ein älterer netter Herr, der das Bulletin langsam und leidenschaftslos vorliest. Er ist professioneller Schauspieler und war auch wirklich schon Akteur und Ansager beim Rundfunk.

Woody hat auch Sallys Part noch verbessert. Während sämtliche Akteure zur Tontechnikerkabine eilen, um mehr zu erfahren, und sie dabei völlig ignorieren, gibt sie ihrer Enttäuschung Ausdruck: »Haben Sie gesehen, wie er mich beiseite gestoßen hat? Das war wirklich nicht nötig! Wer ist Pearl Harbor überhaupt?«

Der Ansager erzählt uns, daß die Leute damals wirklich noch nie etwas von Pearl Harbor gehört hatten.

Die nächste Aufnahme ist eine neue Version von dem Geräusche-Studio (Szene R 45):

Akteur: »Schnell, das Haus steht in Flammen!«

Akteurin: »Raus, das ist unsere einzige Chance!«

Akteur: »Beeil dich, bevor es explodiert, wir müssen diesen Zug erwischen!«

Und der Geräuschemacher läßt den Zug pfeifen.

Für diese dritte Neuaufnahme von dem Geräusche-Studio hat Woody eine kurze Version gewählt, sie ist noch kürzer als die zweite. Er ist wieder auf das »Haus in Flammen« (wie es ursprünglich im Drehbuch stand) zurückgekommen.

Der Geräuschemacher und die kleine Akteurin sind geblieben, nur der neue Akteur ist jetzt der ehemalige Herbie Hanson.

Die letzte Aufnahme dieses Tages ist ein Gegenschuß von der Familie bei Onkel Walts Fauxpas (Szene 69 B). Eine Mutter füttert gerade ihre beiden Kinder in der Küche, während sie zuhört, wie Onkel Walt den »Uncle Walt Squirrel Rangers' Club Song« singt. Die Show ist zu Ende, und Onkel Walt, der denkt, daß er nicht mehr auf Sendung ist, läßt die Bemerkung fallen: »Das sollte diese kleinen Bastarde ein bißchen im Zaum halten.« Die Mutter läßt einen Teller mit Spaghetti fallen.

Woody gibt den Schauspielern hier wieder während der Aufnahme Anweisungen. Er möchte, daß die Mutter den Teller mit Spaghetti wirklich fallen läßt. Er macht es ihr vor. Die Kids sind geschockt!

Wir packen um 3 Uhr nachmittags ein. Da es morgen nachmittag bedeckt sein soll, werden wir uns um 1 Uhr mittags am Strand treffen. Für Mittwoch werden drei verschiedene Teilnehmerlisten vorbereitet. Am Ende des morgigen Tages werden wir entscheiden, nach welcher von den dreien wir vorgehen. Heute morgen war die Beerdigung von Beas Vater.

Dienstag, 6. Mai 1986

Baby Dylan ist mit ihrer Ma in Woodys Limousine nach Coney Island gefahren. Am Strand wird von einem Lebensmittellieferanten mit dem Namen »Das Abendessen von nebenan« das Mittagessen ausgegeben. Es ist herrlichster Sonnenschein; die Jungs vom Team arbeiten mit freiem Oberkörper, und die Frauen haben Shorts an. Aber Woody steckt immer noch in seiner Cordhose und den berühmten Schuhen.
Es gibt eine große Neuigkeit. Da Bea nicht vor Donnerstag zurück sein wird und wir nicht mehr so viele Szenen haben, daß wir bis dahin beschäftigt wären, hat Woody eine gänzlich neue Sequenz geschrieben. Gestern mittag hat er dem Produktionsbüro mitgeteilt, daß Sally, ein Gangster und ein Mord darin vorkommen. Woody stellt sich einen Nachtklub für den Mord vor, ein Auto auf einer Straße und ein Haus in New Jersey. Gestern hat man bereits mit Rocco, dem Gangster, Kontakt aufgenommen. Heute morgen wurde der Vertrag unterschrieben. Woody hat das Drehbuch dafür gestern abend ausgefeilt: sechs Seiten, das meiste ist Text. Jane hat es heute morgen getippt und verteilt es gerade. Als Nachtklub soll das El Morocco dienen. Das Innere des Hauses in New Jersey muß erst noch aufgebaut werden, so daß wir am Donnerstag mit den Aufnahmen beginnen können. Der neue Drehplan sieht also so aus: Mittwoch Sally im Auto, Donnerstag der Mord im Nachtklub und die Szene in dem Haus in New Jersey, und am Freitag sind wir wieder in Little Joes Haus, um die letzten Aufnahmen zu machen.

Heute beginnen wir mit einer Großaufnahme von Little Joe, der durch seinen Feldstecher die Oberfläche eines U-Bootes sieht (Szene R 137 B).

Die Sonne scheint immer noch. Es muß ein großer Schirm aufgestellt werden, damit die Sonne verdeckt ist und es bewölkt aussieht.

Dann geht Woody mit den Kids in eine Ecke des Strandparkplatzes. Er will mit ihnen ein paar Roh-Tonaufnahmen für die Szene auf dem Dach machen, in der sie Miss Gordon sehen:

»Ooooh, ich glaub', ich sterbe. Ich brauche eine kalte Dusche!«

»Mein Herz! Das halte ich nicht aus, mein Herz!«

»Ooooh, ich brenne! Ich brenne!«

»O Gott! Hol einer die Feuerwehr!«

Woody wiederholt jeden Satz, bevor er die Kinder einzeln sprechen läßt. Er hat den neuen Text kurz vorher am Strand auf eine gelbe Pappe geschrieben.

Anschließend gehen wir wieder zum Strand, um drei Szenen mit den Kids zu drehen.

Aufnahme B 26: Die Bande diskutiert über die verschiedenen Ringe des Maskierten Rächers: den Kompaß, den Decoder und den Geheimgesellschaftsring.

Die Debatte darüber ist eine neue Szene. Sie wird an die Sequenz mit dem Maskierten Rächer im Studio anschließen.

Aufnahme C 26: Die Kids laufen zum Strand hinunter.

Aufnahme R 37: Die Bande kommt am Strand an. Sie zählen das Geld, das sie für »den neuen Staat in Palästina« gekriegt haben.

Woody hat den Dialog noch einmal geschrieben, aber der Bewegungsablauf ist genau derselbe. Nick meint, sie sollten vielleicht etwas für Palästina übriglassen. »Mach dir keine Sorgen wegen Palästina. Es ist weit weg, irgendwo in Ägypten«, sagt Little Joe zu ihm. Aber Nick meint trotzdem, daß sie eine Sünde begehen. »Was ist, wenn der Rabbi uns draufkommt?«

»Er wird uns nicht draufkommen. Und selbst wenn, ich werde schon mit dem Rabbi fertig«, versichert ihm Little Joe.

An diese Szene schließt (natürlich) die Prügelszene in Rabbi Baumels Büro unmittelbar an.

Mittwoch, 7. Mai 1986

Die italienische Schauspielerin Monica Vitti (der Star in Antonionis *L'Avventura*) ist da. Sie besucht Carlo. Sie ist mit Alberto Sordi in die Stadt gekommen, um dem Film-Festival italienischer Komödien einen Besuch abzustatten.

Szene B 106: Im Auto, das durch die Nacht fährt; unmittelbar, nachdem Rocco (Danny Aiello) Mr. Davis umgebracht hat. Sally steht noch unter Schock. Rocco gibt ihr zu verstehen, daß er sie beseitigen muß. »Es ist nicht gegen dich persönlich. Du hast nur das Pech, daß du Zeugin warst.«

Sally: »Ich habe mein ganzes Leben lang Pech gehabt.«

Rocco: »Ich auch.«

Sally: »Wo kommst du her?«

Rocco: »Brooklyn.«

Sally: »Ich auch.«

Rocco: »Wo dort?«

Sally: »Canarsie.«

Rocco: »Ich auch. 85th Street.«

Sally: »Ich komme aus der 86th Street.«

Das Blatt scheint sich zu wenden. Sally hat immer in Joey's Clam House gegessen, Joey und Rocco sind praktisch Brüder. Sallys Vater ist der Besitzer von White's Garage. »White's Garage? Weißt du, wie oft ich da schon Raubüberfälle gemacht habe? Jesus. Was für ein witziger Zufall. Ich habe seit Jahren niemanden mehr aus der alten Nachbarschaft getroffen. Schließlich treffe ich eine, und die werde ich umbringen.« Sally schwört, daß sie nicht singen wird, aber Rocco bedauert; er kann nicht anders. Da er keine Pistole hat, müssen sie bei seiner Mutter vorbeifahren und eine holen. »Sie wird dir gefallen. Vielleicht erinnert sie sich noch an dich.«

Der Dialog wird in zwei Aufnahmen geteilt, während sie in die Nacht hinein fahren. Der Wagen steht mitten auf dem Feld von Pennsylvania.

Das Auto wird auf die gleiche Art und Weise in Bewegung gebracht wie Manulis' Buick – zwei von den Jungs schaukeln das Auto mit einem Balken über einem Kasten. Auf der anderen

Seite schieben sie Lampen auf Schienen hin und her, um die Straßenlaternen zu simulieren, an denen sie vorbeifahren. Carlo selbst gibt ihnen Zeichen.

Donnerstag, 8. Mai 1986

Wir sind beim El Morocco in der 54th Street, zwischen der 1st und 2nd Avenue. Der »Berühmteste Nachtklub der Welt«, der »eine außergewöhnliche Atmosphäre, vornehmste Speisen und einen hervorragenden Service zu bieten hat«, ist ein Nachbau des Originals von 1920. Aber es ist nicht mehr wie früher. Die Zebraleder-Stühle sind aus Plastik, und die Pflanzen und Blumen, die jeden Tag ausgewechselt wurden, auch. Und obwohl es eine Menge Fotos von all den schönen Leuten gibt, die hierher zu kommen pflegten, soll die Kundschaft von heute längst nicht mehr so schön sein – hauptsächlich Geschäftsleute mit ihren Freundinnen.

Hier wollen wir den Mord filmen.

Aufnahme A 106: Der Nachtklub ist leer. Der Besitzer, Mr. Davis, sitzt an einem der Tische und zählt Geld. Rocco tritt ein, er kommt die Treppe herunter. Er ist entschlossen, Mr. Davis zu beseitigen.

Aufnahme A 106 A: Eine nähere Einstellung auf Mr. Davis aus dem Blickwinkel von Rocco. Er ist bereits tot. Davis liegt unter dem Tisch, eine Hand schaut hervor.

Aufnahme A 106 B: Der Schuß. Rocco zielt auf Davis und drückt ab.

Aufnahme A 106 D: Sally kommt die Treppe herunter, sie schreit: »Du hast Mr. Davis getötet!« Rocco zielt auf sie, aber die Pistole funktioniert nicht. Sie läuft um ihr Leben, aber Rocco erwischt sie. Sie schreit, als Rocco sie packt.

Aufnahme A 106 C: Eine Großaufnahme von der entsetzten Sally. »Du hast ihn getötet! O Gott. Du hast Mr. Davis getötet!«

Rocco fragt Woody, ob er grinsen soll, nachdem er Mr. Davis

getötet hat. Rocco weiß nicht, ob man das macht, wenn man gerade jemanden umgebracht hat; er hat damit keine Erfahrung. Woody glaubt es nicht. Rocco schlägt deshalb vor, daß er an der Blume an seinem Rockaufschlag riecht. Woody gibt sein O. K.

Als Rocco Sally packt, schreit sie kreischend und laut. Wie wir alle müssen sie und Rocco am Ende der Szene kichern; ihr Kreischen ist lustig und zugleich unerträglich. Nach jeder Einstellung entschuldigt sich Rocco, daß er sie so grob gepackt hat. Die Schauspieler haben ihren Spaß bei der Szene.

Wir sind gegen 1 Uhr fertig mit der Sequenz. Bevor wir aufbrechen, bittet Woody Drew hungrig um Kräcker, »dieses fade Zeug«.

Gegen 3 Uhr sind alle wieder im Astoria. Das Haus von Roccos Ma in New Jersey ist fertig: ein kurzer Flur, eine Küche, ein kleiner Eßraum und ein Wohnzimmer. Wie immer ist es mit einer unglaublichen Aufmerksamkeit fürs Detail gemacht: die hausgemachten Nudeln, die zum Trocknen aufgehängt sind, die Peperoni, das Bild der Madonna. Santo hat das Ganze am Dienstag nachmittag entworfen, die Jungs vom Team haben am Mittwoch morgen mit dem Aufbau angefangen (fünf Schreiner, fünf Bühnenbildner und fünf Entwurfsleute), und heute mittag war es fertig.

Szene F 106: Mama (Gina DeAngelis) verwöhnt Sally, sie gibt ihr Pasta und Peperoni zu essen. »Klar, ich erinnere mich an dich, du hattest kleine Zöpfe und eine Zahnklammer. Du warst das gerissenste kleine Ding in der ganzen Nachbarschaft.« Dann zu Rocco, indem sie ihm eine Pistole überreicht: »Brauchst du auch Patronen?«

Sally bittet um Gnade. Sie schwört, daß sie nichts erzählen wird, sie weiß viel über die Leute am Broadway, aber sie klatscht nie.

Mama: »Was machst du?«

Sally: »Ich bin schon alles mögliche gewesen. Garderoben-Mädchen, Zigaretten-Mädchen, ich habe Modell gestanden. Ich möchte zum Rundfunk. Das ist mein Traum. Das war mein Traum.«

Rocco: »Sie singt, Mama.«

Mama: »Wie nett.«

Sally: »Und ich kann schauspielern, und ich würde alles tun, um beim Rundfunk sein zu können. Ich wäre froh, wenn ich den Wetterbericht durchgeben könnte und Leute befragen... Ich glaube, ich bin ein Naturtalent... Ich bin eine großartige Tänzerin.«

Mama: »Aber beim Rundfunk kannst du nicht tanzen!«

Sally: »Ich weiß, weil man einen nicht sehen kann.«

Mama nimmt Rocco beiseite. Sie glaubt nicht, daß das Mädchen ihm Ärger machen wird: »Sie« (sie zeigt dabei an ihren Kopf) »ist nicht die Hellste hier oben.« Außerdem ist es schon spät. Rocco muß sich hinlegen. Rocco mag das Mädchen auch. Sie tut ihm leid: »Sie möchte so unbedingt zum Rundfunk. Ich glaube, viele Männer nutzen sie aus, sie ist so hübsch.« Sie sind sich einig, daß sie sie nicht abknallen, und »vielleicht kann Vetter Angelo ihr helfen«, sagt Mama. »Er kennt Leute vom Rundfunk. Jedenfalls ein paar. Sie sind ihm noch etwas schuldig.«

»Und auf diese Weise kam Sally dazu, Tschechow zu spielen...«*

Gina DeAngelis spielte auch in der Party-Szene in *Broadway Danny Rose* die Mama. Sie ist eine nette, lebendige Frau. Als Woody sie vor zwei Tagen anrief, sie solle bei dem Film mitmachen, wollte sie nicht, weil sie gerade erst aus dem Krankenhaus gekommen war. Aber Woody bestand darauf und sagte, daß er sie wirklich dringend brauche, bis sie sich schließlich einverstanden erklärte. Woody schenkt ihr sehr viel Aufmerksamkeit und Bestätigung. Sie ist nervös und verpaßt an manchen Stellen ihren Einsatz, aber sie spielt ihren Part sehr gut.

Mama: »Ich muß es direkter machen.«

Woody: »Du liegst schon ganz richtig.«

Mama: »Es ist nicht gut.«

Woody: »Es ist gut.«

Die Szene ist lang. Sie wird in zwei Aufnahmen gedreht. Um 7 Uhr müssen wir aufhören, weil Rocco zum Theater muß. Er spielt dort in einem Stück mit. Wir werden morgen früh abschließen.

Freitag, 9. Mai 1986

Bea ist wieder da. Sie hat ihre Mutter mitgebracht.

Zuerst machen wir die Rocco-Szene zu Ende, dann gehen wir zu Little Joes Haus. Woody hatte heute auch noch die Krankenhausszene nachdrehen wollen, aber das Produktionsbüro konnte Sy nicht erreichen.

Szene R 32: Bea schaltet das Radio ein und fängt an, Lindy zu tanzen. Währenddessen wägt sie ab, wo es günstiger ist, einen Mann zu finden – in den Bergen oder bei einer Kreuzfahrt. »Ich

---

* aus dem Off.

Von links nach rechts: Mama (Gina De Angelis), Sally (Mia Farrow), Baby Dylan

habe meinen Mann in einem Erholungsort in den Bergen kennengelernt, also empfehle ich dir, eine Kreuzfahrt zu machen«, meint Ma. Pa weiß diesen Scherz zu schätzen! Aber er bittet Ma, wieder zum Thema zurückzukommen, zu den Zuchtperlen. Ma hat genug von Pas Projekten. »Du bist eben nicht der Typ, Geschäfte zu machen...« – »Vergiß es«, antwortet Pa wütend. »Ich bleibe noch mein Leben lang bei diesem Job.«
Ma: »Das wäre nicht das Schlechteste.«
Little Joe: »Was machst du denn eigentlich, Dad?«
Pa: »Das geht dich nichts an.«
Aber Little Joe bleibt hartnäckig; schließlich wissen die anderen Kids auch, was ihre Väter machen. Pa sagt, er solle seine Hausaufgaben machen. Little Joe will fünfzehn Cent für den Ring des Maskierten Rächers. Ma sagt, er solle sich mehr um

seine Schularbeiten kümmern als um das Radio. Little Joe erwidert, daß sie ja auch immer Radio hört.

Ma: »Das ist was anderes. Unser Leben ist schon ruiniert, du dagegen hast noch die Chance, etwas zu werden.«

Pa: »Glaubst du, ich will, daß du auch einmal so eine Arbeit machen mußt wie ich?«

Little Joe: »Ich weiß ja nicht einmal, was für eine Arbeit du machst.«

So geht das Wortgefecht weiter, schließlich erzählt Ma Little Joe, daß Pa »ein sehr genügsamer Mensch« ist.

Pa: »Was meinst du mit ›unser Leben ist schon ruiniert‹?«

Ma: »Ich habe es nicht so gemeint… Wir sind arm, aber glücklich – aber eben arm.«

Dann kommt Abe herein und unterbricht das Gespräch: »Ist das nicht ein herrlicher Barsch? Wer kommt mit?«

Diese neue Szene, die aus zwei Aufnahmen besteht, ist der Abschluß der Sequenz, in der die einzelnen Charaktere vorgestellt werden. Woody hat die Idee und die Dialoge aus der vorigen Version übernommen und daraus eine andere Szene gemacht: Das Geheimnis von Pas Job und Little Joes Wunsch, den Ring des Maskierten Rächers zu haben, stehen jetzt im Vordergrund.

Die letzte Aufnahme ist 179 Y: Es ist Silvester. Bea sitzt am Eßzimmertisch und spielt Solitaire, während im Radio Monica Charles singt. Pa kommt vorbei: »Kein Rendezvous heute abend?« Bea zuckt zusammen. »Schon gut. Hauptsache, wir sind alle zusammen«, sagt Pa.

Eine Szene ist noch offen (R 113): Bea macht sich für ihr Rendezvous mit Fred fertig. Sie malt sich eine Naht auf die Beine und unterhält sich mit Ma darüber, wer der richtige Mann ist. Bea glaubt, daß Fred es ist. Ma fürchtet, daß Bea wieder enttäuscht sein könnte; sie stellt zu hohe Anforderungen, sie sucht den vollkommenen Mann. Ma glaubt, daß man Kompromisse eingehen muß. »Ich bin mit Martin auch einen Kompromiß eingegangen. Ich wollte lieber einen Großen, Netten, Reichen.« In der Art geht die Unterhaltung weiter – über Liebe, Heirat, wie man früher geheiratet hat. Bea scheint Fred wirklich zu mögen. »Gut, wir werden für dich beten. Vielleicht siehst du nächstes Jahr um diese Zeit so aus wie ich jetzt«, sagt Ma und tätschelt dabei ihren schwangeren Bauch.

Aber die Szene ist sehr lang, fast vier Seiten nur Dialog; sie wird am Montag morgen gedreht.

Ich muß wieder zu meinem Manuskript. Ein zweites und letztes »Lebt wohl« an alle.

ANHANG: SZENENABFOLGE

Die folgende Szenenabfolge ist mehr als eine Zusammenfassung der Story. Sie ist auch eine chronologische Anordnung der Szenen, wie sie im endgültigen Drehbuch erscheinen (linke Spalte), und eine Chronologie der Aufnahmen vom ersten Schneidetag an in der rechten Spalte.

Die Numerierungen entsprechen denen der Erstaufnahmen im Tagebuch. Von den Nachaufnahmen sind keine Szenen aufgeführt. Die Sequenzen, die mit CUT gekennzeichnet sind, erscheinen nicht in der Endfassung des Films.

Drehbuch

1 Ein grauer November-
morgen in den 30er Jah-
ren. Carleton Foxx von
der WPGT beschreibt uns
live vom Jersey-Ufer, dank
dem Wunderradio, das Er-
eignis: das Wetter, das
Publikum und die WPGT-
Band.

2 (Leute hören Radio.
Carleton Foxx [nicht im
Bild] spricht einführende
Worte zu dem bevorste-
henden Spektakel.)
Der Größte Entfesselungs-
künstler der Welt, der
Mann, den man »Die

Aufnahmen

(nicht gefilmt)

CUT 2 Totale vom Feuerwehrhaus. Feuerwehrleute und
ein Mann hören Radio.
Autos fahren vorbei.
2A Nahaufnahme vom
Feuerwehrhaus. Die Feu-
erwehrmänner sind ver-
schwunden.

Katze mit den neun Leben« nennt, der Mann, der Wissenschaft und Tod herausfordert, der Erstaunliche Tonino, wird seine Vorstellung geben. Er wird angekettet und in eine versiegelte Milchkanne gesteckt werden, die in das eiskalte Wasser des Atlantiks geschleudert wird. Und Tonino wird rauskommen!

2 B Halbtotale von einem Chinesenpaar, das bügelt. Der Mann schaltet das Radio ein.

2 C Kamerafahrt nach rechts/Zoom auf ein altes Paar, das mit Kopfhörern Radio hört.

2 D Halbtotale von einem reichen Paar, das Tee trinkt. Kamerafahrt/Zoom mit dem Dienstmädchen, das den Teewagen rausfährt, auf das Radio zu.

2 E Halbtotale von einer Familie am Küchentisch. Fahrt nach rechts auf den kleinen Jungen, der das Radio anmacht.

2 F Halbtotale von einem Schwarzen am Küchentisch. Seine Frau bedient ihn.

2 G Schwenk durch ein schönes Teehaus mit fünf Herrschaften und den Dienern.

2 H Zoom zurück von einem Papagei, so daß eine reiche Frau in einer Badewanne ins Bild kommt.

Ihr Dienstmädchen geht durchs Bild.

3 (Wieder am Jersey-Ufer)

(nicht gefilmt)

Die Menge ist in Aufregung. Sie stoßen sich gegenseitig und auch Carleton Foxx. Jemand kippt heiße Suppe auf den Bürgermeister, der Bürgermeister führt sich auf. Aber Carleton Foxx setzt seine Sendung fort. Er wechselt ein paar Worte mit Mr. Rydell, dem Promoter des Kunststücks. Dann versucht er, an Carmella Tonino heranzukommen, die Frau des Entfesselungskünstlers, die neben dem City Councilman Arthur O'Donnell sitzt. Aber irgend jemand zieht ein Kabel raus, die Verbindung ist abgebrochen! Die Techniker arbeiten fieberhaft, und Carleton Foxx interviewt doch noch Carmella Tonino, die nur Italienisch spricht. Die Sendung ist gerettet.

4 (Bilder von ergriffenen Zuhörern)   (nicht gefilmt)
Carleton Foxx beschreibt weiter, was passiert. Jetzt hat sich der City Councilman Arthur O'Donnell die Suppe übergeschüttet, und hier kommt Tonino!

5   Der Erstaunliche To-
nino erscheint mit seinem
Fesselungszubehör.
Doktor Max Kachaturian,
der führende Knochenspe-
zialist aus Zagreb, der in
den Vereinigten Staaten
nicht anerkannt ist, untersucht Tonino.
Tonino wird in eine
Zwangsjacke gesteckt. Er
küßt seine Frau. Dann
geht sie weg, um mit dem
Familienpriester zu beten.
Carleton Foxx versucht,
einige technische Informationen von dem bekannten
Wissenschaftler zu ergat-
tern, erhält aber lediglich
eine Antwort in Italie-
nisch.

CUT 5   (zwei Kameras)
   1. Kamera von oben. Totale mit Tonino zwischen
zwei Leibwächtern, die den
Pier entlangrennen, der
Kamera entgegen.
   2. Amerikanische Einstellung, frontal. Die Kamera
folgt Tonino.

6   (Zuhörer, ergriffen)
Die Kanne wird über das
Wasser geschleudert. Car-
leton beschreibt Carmella
Toninos Kostüm.

(nicht gefilmt)

7   Die Kanne wird ins
Meer geworfen. Carleton
Foxx setzt seine Sendung
fort; die Kanne ist im
Wasser. Alle sind beunru-
higt. Plötzlich eine Rauch-
wolke.

8   Die Zuhörer hören

CUT 8   Halbtotale auf den chi-

Störgeräusche. Sie beginnen, auf ihren Radios herumzutrommeln. Carleton Foxx' Stimme wird abwechselnd schwächer und stärker.

nesischen Wäschereibesitzer, der auf das Radio haut.

8A Schwenk von dem alten Mann zu der alten Frau, wie sie auf die Störgeräusche reagieren.

8B Halbtotale von dem jungen reichen Paar. Der Mann hämmert auf das Radio ein und schaltet es dann ab.

8C Amerikanische Einstellung von dem kleinen Jungen, der auf das Radio hämmert. Das kleine Mädchen macht es ihm nach.

8D Totale auf das schwarze Paar. Die Frau hält sich die Ohren zu, der Mann geht raus.

9 Die Techniker reparieren das Kabel. Es beginnt zu regnen. Die Kanne ist noch im Wasser. Es gießt inzwischen in Strömen.

(nicht gefilmt)

9X Die Zuhörer hören immer mehr Störgeräusche. Carleton Foxx' Stimme ist von Zeit zu Zeit zu hören. »Ich glaube, wir tüfteln an ein paar kleinen technischen Schwierigkeiten herum... Haben Sie Geduld mit uns...«

(nicht gefilmt)

9 Y   Die Milchkanne ist
wieder aufgetaucht. Aber
sie ist leer; kein Tonino!
Die Frau des Bürgermei-
sters ist ohnmächtig ge-
worden. Jetzt hat jemand
auch ihr heiße Suppe
übergeschüttet. Carmella
Tonino geht weg, sie
winkt resigniert ab.

(nicht gefilmt)

A10   (Joes Stimme aus
dem Off: »Natürlich war
das damals etwas primi-
tiv... Aber in der Zeit, als
ich geboren wurde und in
Rockaway aufwuchs, gab
es nichts, was mit dem
Rundfunk vergleichbar
war...«) Typische Bilder
von Rockaway.

RA10   Kamera von oben.
Totale vom Strand. Zoom,
bis die Beach 115th Street
ins Bild kommt.
RA10A   Totale der rech-
ten Seite der Beach 115th
Street (Kamera gegen-
über). Schwenk nach links
und Zoom auf den Rock-
away Boulevard.
RA10B   Schwenk von ei-
ner Totalen vom Ozean
zur Großaufnahme von
Little Joe, der auf den Horizont schaut.
RA10X   Totale mit Little
Joe, wie er vor dem Rock-
away-Badehaus steht.

10   Im Haus von Little
Joe. Little Joe und seine
Freunde (Dave, Nick, Burt,
Andrew und der Sohn des
Kommunisten) hören völ-
lig versunken einer Hor-
rorgeschichte im Radio zu.

CUT 10   Langsamer Schwenk
auf die Gesichter der sechs
Kinder, die völlig gebannt
zuhören.

11   In ihrer Küche hört
eine schlampige Hausfrau
die Soap Opera »Phyliss
und Paul«.

RR 11   Halbtotale von
Ma, die den Küchentisch
säubert, während sie zu-
hört.

12   Ein Schnulzensänger
singt »All or Nothing At
All« in einem Rundfunk-
studio.

R 12   Großaufnahme vom
Schaltpult. Kamera geht
hoch. Amerikanische Ein-
stellung von dem Schla-
gersänger durch das Fen-
ster des Tonraumes.

13   Junge Mädchen hören
hingerissen dem Schnul-
zensänger im Radio der
Milchbar zu. Cousine
Ruthie ist dabei.

R 13   Amerikanische Ein-
stellung von der Bedie-
nung, die das Radio lauter
stellt. Schwenk mit ihr, als
sie weggeht, dann auf
Ruthie und ihre Freundin-
nen an der Theke, die
ganz hingerissen sind von
dem Schlagersänger.
R 13 A   Halbnahaufnahme
von Jungen, die angewi-
dert dreinschauen. Fahrt
nach rechts und Nahauf-
nahme vom Unterkörper
und den Beinen der Mäd-
chen, die sich im Rhyth-
mus des Schlagersängers
bewegen.

14   (ausgelassen)

15   An einer Straßenecke
vor einem Zeitungsstand.
Männer haben sich ver-
sammelt, um ein Ballspiel
im Radio zu hören. Es ist

CUT 15   Kamera neigt sich
herab von einem Gebäude,
geht über zu einer Totalen
mit vier Männern an ei-
nem Tisch.

das Ende des Spiels. »Die Yankees verlieren!« Einer der Männer hat einen anderen gepackt, während er zuhört, und ohne es richtig mitzubekommen, erwürgt er ihn.	15A Nahaufnahme vom Fleischerladen. Schwenk nach rechts zu den vier Männern.
16 Eine kultivierte Familie hört ein Streichquartett im Radio.	CUT 16 Fahrt/Zoom zurück und Schwenk von einer Nahaufnahme des Radios. Die kultivierte Familie kommt ins Bild.
17 Das Streichquartett spielt in einem Studio.	CUT 17 Halbtotale von dem Streichquartett.
18 Mr. und Mrs. Jackhammer, zwei richtige Charaktertypen, essen Würste in ihrer Küche, während sie die Sendung *Frühstück mit Irene und Roger*, das blasierteste Paar vom Broadway, hören.	CUT R 18 Halbtotale von Jackhammer durch sein Fenster. 18A Halbtotale von den Jackhammers, wie sie essen. Fahrt/Zoom näher.
19 Die Träume der Jackhammers: Er und seine Frau sind bei Sardis, mitten unter der Schickeria. Max Harris kommt und erzählt ihnen von seiner Produktion des neuen Eugene-O'Neill-Stückes über verlorene Seelen.	CUT 19 Die Party in einem Spiegel reflektiert. Schwenk nach links und Fahrt in die Party hinein. Schwenk nach rechts zu Max Harris. Die Jackhammers nähern sich. Zoom näher.

20 Little Joe und seine Kumpels hören die Show *Der Maskierte Rächer* und wie der Ansager den Ring des Maskierten Rächers anpreist.

21 (Der Ansager erinnert die Kinder an den Pfeifenring des Maskierten Rächers.)
Klassenzimmer. Die Lehrerin schreibt etwas an die Tafel. Man hört Pfeifen. Sie dreht sich verärgert um. Wir sehen Little Joe und seine Kumpels.

22 (Der Ansager erinnert seine jungen Hörer an den Lupenring des Maskierten Rächers.)
Hebräischunterricht. Rabbi Baumel belehrt die Kinder darüber, daß sie Spenden sammeln müssen, um dazu beizutragen, einen

20 Fahrt nach rechts. Totale, den Kindern auf ihrem Weg zur Schule folgend. Autos fahren vorbei.

21 Amerikanische Einstellung von der Lehrerin, die etwas an die Tafel schreibt. Pfeifen. Sie dreht sich abrupt um.
21 A Halbtotale vom Klassenzimmer. Die Kinder blasen auf ihren Pfeifenringen, dann setzen sie Unschuldsmienen auf.
21 B Totale vom Klassenzimmer. Die Lehrerin kommt ins Bild und geht durch den Gang. Die Kinder blasen auf ihren Ringen, wenn sie vorbeigeht. Sie bleibt stehen und dreht sich um. Zoom auf sie, wenn sie die Reihe zurückgeht.

22 Halbtotale von den Kindern. Schwenk auf Rabbi Baumel, der unterrichtet.
22 A Halbnahaufnahme vom Rabbi, dann Schwenk auf die Kinder, während er seinen Unterricht fortsetzt.

zionistischen Staat in Palästina zu fördern. Er erklärt dessen Bedeutung.
Aber Little Phil steht in Flammen. Little Joe hat mit Hilfe der Sonne und des Lupenrings des Maskierten Rächers sein Hemd angebrannt.

22 B   Kamera hinter den Kindern, von unten auf den Rabbi, wie er sich im Gang nähert, während er seinen Unterricht fortsetzt, bis Phil Feuer fängt.
22 C   Halbtotale von der linken Seite des Klassenzimmers aus. Die Kinder hören zu. Little Joe in der Mitte.
22 D   Totale vom ganzen Klassenzimmer. Alle hören zu.
22 E   Halbnahaufnahme von Little Joe und Little Phil, wie Joe den Lupenring auf Phils Hemd fokussiert.
22 F   Etwas weiter weg: Aufnahme von Phil und Little Joe. Phils Hemd fängt zu brennen an. Rabbi Baumel eilt herbei und schnappt sich Joe.

23   »Establishing Shot« von Little Joes Haus in Rockaway.

23   Kamera neigt sich hinunter auf Little Joes Haus.

24   Einführung der Familie. Cousine Ruthie hängt am Telefon und hört die Telefonsammelstelle bei den Waldbaums ab. Pa diktiert Ma einen Geschäftsbrief über Zuchtper-

R 24   »Master Shot« von Ma und Pa im Eßzimmer. Fahrt hinein und Ma folgend, die in die Küche rausgeht. Schwenk nach rechts, wenn sie zurückkommt. Kamerastop bei

len, die er verkaufen will. Ma glaubt nicht, daß es ein guter Brief ist. Oma ruft nach Opa, der gerade Zeitung las. Er geht brummend weg. Cousine Ruthie verkündet, daß sich Mrs. Waldbaum ihre Eierstöcke herausnehmen läßt. Tante Ceil fühlt mit.

einer näheren Einstellung auf Ma und Pa. Fahrt/ Schwenk nach links mit Pa, der ins Wohnzimmer geht. Kamerastop bei Opa, der im Armsessel sitzt und Zeitung liest. Er steht auf. Schwenk mit ihm in den Gang. Stop bei Ruthie am Telefon. Ceil kommt von rechts herein.

25   Opa versucht, Omas großen Busen in ihr Korsett zu schnüren. »Halt die Luft an! Halt die Luft an!«

25   Halbtotale von Opa und Oma, die damit im Badezimmer beschäftigt sind.

26   Pa liest den Brief noch einmal durch. Ma hat nicht das getippt, was er diktiert hat. Ma und Pa streiten sich. Little Joe bittet um fünfzehn Cent, damit er sich einen Ring des Maskierten Rächers kaufen kann. Die Eltern richten ihren Ärger gegen ihn.

26   »Master Shot« von Ma und Pa im Wohnzimmer. Little Joe geht durchs Bild. Zoom auf Pa.

27   Oma taucht im Wohnzimmer auf. Sie sucht ihr Gebiß. Ma sagt, Little Joe habe damit Hockey gespielt. Little Joe bettelt wieder um einen Ring des Maskierten Rächers.

27   Halbnahaufnahme von Oma, wie sie die Treppe runtergeht. Schwenk nach rechts, ihr folgend, Zoom zurück, wenn Oma rausgeht. Ruthie am Telefon und Ceil

Ruthie verkündet, daß
Mrs. Waldbaums Cousine
ein Kind erwartet und sie
nicht wissen, wer der Va-
ter ist. Ma ist sicher, daß
es Adelman, der Apothe-
ker ist: »Er sollte auf der
Stelle tot umfallen!«

im Hintergrund der Küche
kommen ins Bild. Erst
taucht Ma auf, dann Pa.
Ma nähert sich und setzt
sich zu Ruthie ans Tele-
fon.

28   Onkel Abe kommt
mit einem riesigen Sack
voll frischem Fisch aus der
Sheepshead Bay in den
Garten. »Ceil, ich habe
Fisch!« Er schüttet ihn auf
den Boden. Ceil erscheint
und beklagt sich, daß sie
die Fische saubermachen
muß.

28   Fahrt/Zoom zurück
mit Abe. Er kommt in den
Garten und schüttet den
Fisch auf den Boden.
28 A   Schwenk/Zoom zu-
rück mit Ceil, wie sie aus
dem Haus und zu Abe in
den Garten geht.

29   Innen. Bea führt ih-
ren neuen Hut vor. Sie
geht in den Garten, um
ihn Ceil und Abe zu zei-
gen. Als sie den Haufen
Fisch sieht, fragt sie, wer
den essen soll. Abe: »Du
magst keinen Fisch? Dann
dreh den Gashahn auf!«

29   Halbnahaufnahme
von Bea. Sie putzt sich
mit dem Hut vor dem
Spiegel auf. Zoom zurück,
während sie weggeht. Pa
kommt im Hintergrund in
der Küche ins Bild. Ma
geht durch das Bild.
29 A   Halbnahaufnahme
von Bea am Fenster.
Fahrt/Zoom zurück, so
daß Abe und Ceil im Gar-
ten mit dem Fisch ins Bild
kommen.

30   Waldbaum taucht auf
und brüllt von seinem

30   Schuß und Gegen-
schuß zwischen Little Joes

Garten herüber: »Hör auf, unsere Telefonzentrale abzuhören!« Ma und Pa erscheinen in der Tür und fangen an, mit ihm zu streiten. Mrs. Waldbaum kommt dazu und sagt, sie könne Ruthies Atem hören. Ceil versucht die Waldbaums zu beruhigen, indem sie ihnen ein paar von Abes Fischen anbietet.

Eltern und den Waldbaums, wie sie miteinander streiten. Schließlich Schwenk nach links auf Ceil, wie sie den Fisch anbietet.

31 Im Nachbargarten läuft der Kommunist hinter seinem Sohn her, der einen Chinakracher an das Hinterteil der Katze gebunden hat. Doris, seine hübsche Tochter, die an die freie Liebe glaubt, taucht auf: »Dad, wir waren doch dabei, über Trotzki zu diskutieren!«

31 Totale vom Garten des Kommunisten. Fahrt/Zoom auf den Kommunisten, der seinen Sohn jagt, zu einer Nahaufnahme von Doris, die aus der Tür kommt.

32 Innen. Bea fragt sich, während sie Radio hört, wohin sie reisen könnte, um sich einen Mann zu angeln. Abe kommt rein und spricht dabei über Doris – »Wie die gebaut ist!« Ceil folgt ihm und sagt, er solle sich um den Fisch kümmern. Bea fängt an, zu dem Lindy zu tanzen, der im Radio gespielt

32 Amerikanische Einstellung auf Bea, die neben dem Radio steht. Schwenk nach links mit ihr, wenn sie zum Ausguß geht. Schwenk nach rechts, wenn Abe und Ceil reinkommen. Schwenk zurück auf Bea, die zu dem Lindy tanzt.

wird. Opa schimpft über
das Leben, das Bea führt.

33 Pa möchte noch einen
Brief diktieren. Ma zieht
es vor, Bea beim Tanzen
zuzuschauen. Pa schimpft
über den Lärm, den Mas
Familie macht, und dar-
über, wie er sie alle ernäh-
ren muß. Little Joe fragt
ihn, womit er sein Geld
verdient. Pa ist verlegen.
»Er ist ein sehr genügsa-
mer Mensch«, sagt Ma.

33 Amerikanische Ein-
stellung von Pa im Eßzim-
mer. Schwenk nach links,
als er zu Ma geht. Dann
Schwenk/Zoom zurück
und Schwenk nach rechts
mit ihnen, als sie ins
Wohnzimmer gehen.
Little Joe an seinem Tisch
kommt ins Bild.

34 Kinder auf dem Weg
zur Schule.

34 Kamera neigt sich an
einer Achterbahn hinunter
zu einer Totalen auf Little
Joe, der die Straße ent-
langgeht. Schwenk nach
rechts mit ihm, bis er um
die Ecke verschwindet.
34 A Genauso wie 34,
nur näher.

35 Klassenzimmer. Das
»Zeig-her-und-erzähl-
Spiel«. Little Evelyn hat
ein Flaschenschiff ange-
schleppt, das ihr Bruder
gemacht hat. Little Arnold
hat ein Präservativ, das er
im Nachttisch der Eltern
gefunden hat. Und Little
Ross hat den neuen »Mas-
kierten Rächer«-Ring mit

35 »Master Shot« vom
Klassenzimmer, während
jedes Kind zum »Zeig-her-
und-erzähl-Spiel« nach
vorn geht. Fahrt/Zoom auf
Little Ross.
35 A Amerikanische Ein-
stellung von den Kindern
im Klassenzimmer. Sie
hören zu. Zoom auf Little
Joe.

dem Geheimgesellschafts-
zeichen.

36   Little Joe und seine
Kumpels sind auf der
Straße und sammeln
Spenden für den neuen
Staat in Palästina.

36   Totale mit Little Joe
und Nick, wie sie Passan-
ten auf der Beach 116th
Street wegen Geld an-
hauen. Schwenk nach
rechts mit Little Joe, der
um die Ecke biegt und
dann auf dem Rockaway
Boulevard weitergeht.

37   Am Strand. Sie zäh-
len, wieviel sie kassiert haben. Die Leute haben ih-
nen nur Pennies gegeben!
Ob sie genug haben, daß
sich jeder einen Ring kaufen kann? Sie fragen sich,
ob sie eine Sünde began-
gen haben. Andrew
glaubt, soeben Epstein gesehen zu haben, der es bestimmt dem Rabbi erzäh-
len wird!

37   Fahrt nach rechts mit
Little Joe, Nick und An-
drew, wie sie am Ufer entlanggehen und stehenblei-
ben, um das Geld zu zäh-
len.

38   Ma, Pa und Little Joe
im Arbeitszimmer von
Rabbi Baumel. Rabbi Bau-
mels Herz ist voll Kum-
mer, es läuft über vor Ärger. Ma sagt, daß Little
Joe zuviel Radio hört.
Rabbi Baumel glaubt, daß
durch das Radio schlechte
Werte und Bequemlichkeit

A38   »Establishing Shot«,
Zoom auf die Hebräisch-
Schule.
38   Totale vom Rabbi
hinter seinem Schreibtisch,
Little Joe und seine Eltern
stehen direkt vor ihm.
Fahrt bis zu einer Nahein-
stellung, während der
Rabbi spricht.

eingeimpft werden. »Du sagst die Wahrheit, getreuer Indianerfreund«, sagt Joe zu ihm. Der Rabbi prügelt Little Joe. Pa verprügelt Little Joe. [Anfänge des Rundfunks]

38 A   Großaufnahme vom Rabbi zu Beginn seiner Ausführungen.

39   Marconi läßt seinen Kastendrachen über dem Strand steigen und bekommt die erste Sendung von jenseits des Atlantiks.

CUT 39   Totale von der Küste.
39 A   Schwenk über den nebligen Strand auf den Ozean.

40   Ein Mann mit einer »Victrola« läßt eine Platte über Mikrofon laufen.

CUT 40   Totale mit dem Mann in der Sendestation.
40 A   Fahrt/Zoom mit dem Mann, der eine Platte auf die »Victrola« legt und den Lautsprecher zum Mikro hindreht.

41   Eine Amateurstation: die Familie Cooper in ihrer Garage. Mrs. Cooper ist die Ansagerin und Klavierspielerin, Mr. Cooper ist der Techniker, und Eunice Cooper, die Tochter, singt.

CUT 41   Anfangseinstellung auf ein Fenster. Schwenk nach links auf Mrs. Cooper am Klavier, die in die Show einführt.
Fahrt/Zoom zurück, so daß Eunice hinter dem Mikro und ihr Daddy im Hintergrund ins Bild kommen.
Kamera bleibt auf sie gerichtet, während sie singt. Zoom auf sie am Ende, ihre Mutter ist noch immer im Hintergrund.

A 42   Ein Rundfunksendeturm. Das erste Rundfunknetz ist da.

A 42   Halbtotale von der Rundfunkstation. Kamera nach oben bis zur Spitze des Sendeturms.

42   Die *Privatdetektiv Nick Norris*-Radio Show. Zwei Männer, ein großer und ein kleiner, und ein hübsches Mädchen. Das hübsche Mädchen ist gekommen, weil sie Hilfe braucht. Der Tiny Man (Nick Norris) antwortet mit lauter Stimme, daß sie ihr helfen werden. »Soll ich den Wagen schon mal anlassen, Boss?« sagt der große Mann mit einer hohen Eunuchen-Stimme.

42   Großaufnahme des Sprechers, der die Show eröffnet. Fahrt zurück, so daß die drei Akteure in einer Halbtotalen frontal ins Bild kommen.
42 A   Genauso wie oben, aber Zoom zurück zu einer amerikanischen Einstellung von den Akteuren.

43   Jessica Dragonette singt den »Italian Street Song«.

CUT 43   Nahaufnahme von Jessica Dragonette, während sie singt. Fahrt/Zoom zurück zu einer Halbtotalen, so daß das Orchester ins Bild kommt.
43 A   Halbnahaufnahme von Jessica Dragonette.

44   (ausgelassen)

45   Geräuschestudio. Ein Geräuschemacher, ein Akteur, eine Akteurin. »Das Gebäude steht in Flam-

CUT R 45   Halbtotale von den zwei Akteuren und dem Geräuschemacher. Fahrt und am Ende Zoom auf den Geräuschemacher.

men!« Geräusche... »Ich höre Hufgeklapper.« Geräusche... »Es ist Johnny. Er ist bewaffnet!« Die Kavallerie kommt. Geräusche...

R 45 A   Genauso wie R 45 (kürzere Version)

46   Die *Whiz-Kids*-Radio Show. Alle Kinder sind ziemlich altklug. »Wie heißen die Monde des Saturn?« »Und jetzt, wer schrieb die Zeilen...?« Aber der überheblichste von allen ist Sanford.

CUT R 46   Kamera von der Seite auf die fünf Kinder mit dem »Whiz Master« im Hintergrund. Fahrt nach links und Schwenk nach rechts zu einer Frontalaufnahme der vier Kinder.

47   Die *Talentjagd*-Radio Show. Der Showmaster stellt die Talente vor: die singende Hausfrau, den tanzenden Dentisten und die Telefonistin, die einen Affen nachmacht. (Alternative Version:) Die singende Hausfrau, die Frau aus Bayonne, die Mundarten spricht, der Dentist, der Harmonika spielt, der Mann mit den tausend Klängen (wie die Hawaiigitarre) und die Telefonistin, die wie ein Affe spricht.

CUT 47   Totale hinter die Zuhörer auf den Showmaster, die Wettkämpfer und die Band auf der Bühne.
47 A   Totale mit dem Wettkämpfer und dem Moderator. Fahrt in die Gruppe hinein auf zwei Wettkämpfer, die der Showmaster gerade vorstellt. Sie geben ihre Vorstellung. Fahrt zurück zu der Affendame.
47 B   Genauso, aber mit der Alternativ-Version.

48   Die *Dienstmädchen Reba*-Radio Show. Ein einziger Akteur spielt so-

CUT 48   Nahaufnahme von dem Ansager, der die Show ankündigt. Fahrt/

544

wohl das Mädchen Reba als auch ihren Playboy-Boss.

Zoom zurück, so daß der Reba-Mann ins Bild kommt. Am Schluß der Einstellung kommt er näher, so daß er direkt in die Kamera hinein spricht.

49   Little Joes Haus. Bea macht sich für das Rendezvous schlechthin fertig: Mr. Manulis hat sie zum Ausgehen eingeladen! Pa glaubt, Manulis muß blind geworden sein. Ruthie, immer noch am Telefon, verkündet, daß Mrs. Waldbaum eine Geldbörse in der U-Bahn gefunden hat und noch nicht weiß, ob sie sie zurückgeben soll. Es klingelt. Bea kriegt Panik.

49   Amerikanische Einstellung auf Bea, wie sie hereinkommt. Zoom zurück: »Master Shot« von der Küche; Pa liest Zeitung, Ma spült, und Ceil klopft das Fleisch. Im Hintergrund Ruthie am Telefon. Sie erzählt von den Waldbaums. Little Joe und Bea gehen rein und raus.

50   Manulis tritt auf. Alle sind beeindruckt. Er und Bea gehen weg.

50   Amerikanische Einstellung von Bea in der Küche. Manulis tritt auf. Pa geht hinter ihnen her, dann Bea. Manulis und Bea verlassen auf der rechten Seite das Haus, Ma und Pa gehen auf der linken zurück in die Küche.

51   Das Rendezvous. Sie fahren Rollschuh, sie essen Zuckerwatte, sie trinken Bier.

A51   Totale von oben auf die Rollschuhbahn.
A51A   Schwenk nach links mit Manulis, wie er

Rollschuh läuft. Er nimmt Bea an die Hand.
A51B   Fahrt zurück und Schwenk nach rechts mit Manulis und Bea, die zusammen fahren.
A51C   Totale von den Bowlingbahnen. Manulis spielt Bowling. Bea schaut zu.
A51D   Schwenk nach rechts mit der zurückrollenden Kugel auf Bea, die eine aufhebt. Fahrt/Zoom zurück, als sie sie wirft, Manulis ist hinter ihr.
51   Zoom zurück und Schwenk nach links mit dem Kellner bis zu einer Totale vom Restaurant. Zoom näher auf Bea und Manulis, die essen und trinken.

52   Sie fahren im Nebel. Bea ist vom Bier ein wenig beschwipst. Manulis findet den Nebel romantisch. Aber das Auto fängt an zu stottern. Sie haben keinen Sprit mehr, und das mitten am Breezy Point!

52   Außen. Frontalaufnahme vom Auto, das sich im Nebel nähert. Scheinwerferlicht.
52A   Kamera von vorn. Nahaufnahme von Bea und Manulis hinter der Windschutzscheibe, während sie im Nebel fahren.

53   Im Radio wird »La Cumparsita« gespielt. Manulis macht sich lang-

53   Kamera von oben/ Weitwinkelaufnahme vom Heck des Autos, das im

sam an Bea heran. Es wird
allmählich schwierig, »dem
Drang zu widerstehen, Bea
zu küssen«. Bea stimmt
zu, daß die Szenerie ro-
mantisch ist.

Aber ein Ansager unter-
bricht die Musik im Radio
wegen einer Sondermel-
dung. Ein mysteriöses Ob-
jekt ist am Himmel von
New Jersey entdeckt wor-
den. Es können möglicher-
weise Außerirdische sein.
Wieder Musik. Bea be-
kommt Angst, aber Manu-
lis versichert ihr, daß er
auf sie aufpassen wird.
Und er macht sich weiter
an Bea heran. Bea ist of-
fensichtlich schon soweit,
nachzugeben, als es im
Radio noch mal eine Un-
terbrechung gibt. Es ist
Don Richards, live von
Wilsons Glen. Das Raum-
schiff ist gelandet. Er berichtet, was zu sehen ist:
»Furchterregende Gestal-
ten mit langen Fühlern,
die starke Lichtstrahlen
aussenden... sie bringen
die Leute um –«. Plötzli-
che Unterbrechung. Bea
und Manulis geraten in
Panik. Sie wollen ein Telefon suchen.

Nebel stehengeblieben ist,
ohne Sprit.

53 A   Von vorn, Nahauf-
nahme von Bea und
Manulis. Erste Sondermel-
dung.

53 B   Innen. Großauf-
nahme vom Radio.

53 C   Fahrt um das Auto
herum. Der Sprecher be-
richtet von der Landung
von Marsmenschen. Sie
lauschen.

54 Manulis startet den Wagen (jetzt hat er plötzlich noch Sprit!) und fährt in den Nebel hinein. Manulis will weg von Jersey, irgendwohin, wo weniger Leute leben.

54 Kamera von oben/Weitwinkelaufnahme vom Heck des Autos, wie es schlingert und im Nebel davonfährt.

55 Sie fahren gegen ein Hindernis. Der Wagen bleibt stecken. Manulis meint, es wäre besser, wegzulaufen.

55 A Auto innen. Kamera hinter den Schauspielern. Manulis springt aus dem Auto, geht nach vorn, dann verschwindet er. Bea steigt aus.

56 Manulis steigt aus dem Auto aus, und gerät total in Panik. »Furchterregende Fühler... Die Marsmenschen kommen... Wir sind geliefert.« Er verschwindet im Nebel. Im Radio wird weiter über die Marsmenschen berichtet. Bea ist gefaßter. Sie steigt aus dem Auto und geht in den Nebel hinein. Sie ruft: »Sidney!« Sie hört ein Auto davonfahren; in seiner Panik hat Sidney sie allein gelassen. Sie geht weiter durch den Nebel und schließlich in den Ozean.

56 Amerikanische Einstellung von Manulis im Nebel. Schwenk nach rechts, dann Fahrt mit Bea, wie sie in den Nebel hineingeht.
56 A Aus Beas Blickwinkel, wie sie in den Nebel hineingeht.
56 B Fahrt/Zoom zurück mit Bea, während sie im Nebel dahingeht. Schwenk nach unten auf ihre Füße, als sie ins Wasser läuft.

57 Ma und Pa in Pyjamas. Sie öffnen spät

57 Kamera von oben. Amerikanische Einstellung

nachts einer völlig aufge-
lösten Bea die Tür: »Hat-
test du einen schönen
Abend?«

58 Die *Frühstück mit
Irene und Roger*-Radio
Show.
Die Show läuft; Roger
und Irene frühstücken ge-
rade. Bei »Lindys« hat Roger zufällig Walter Win-
chell getroffen, der sagte,
er werde versuchen,
abends zum Stork Club zu
kommen. Irene hat eine
Menge über das letzte
Spiel von Moss Hart zu
erzählen, das geradezu
göttlich war, aber sie wird
morgen früh darüber spre-
chen. Der Ansager beendet
die Show. Alle im Studio
gratulieren dem Paar, aber
Roger und Irene fangen
an, sich gegenseitig zu beleidigen, und zanken sich.
Sie werfen sich Gegen-
stände an den Kopf. Die
anderen bringen sie aus-
einander. Irene verschwindet nach oben.
Sie waren schon am frü-
hen Morgen so, kommen-
tiert der Bühnenleiter. Er
fragt sich, was letzte
Nacht im Nachtclub pas-
siert ist.

vom Flur, als Ma die Tür
aufmacht.

58 Halbnahaufnahme/
Porträt von Roger und
Irene. Schwenk nach
rechts an den Technikern
vorbei. Schwenk/Fahrt
nach rechts an der Bar mit
dem Barmädchen entlang.
Schwenk weiter, bis Roger
und Irene an ihrem Früh-
stückstisch ins Bild kom-
men. Zoom/Naheinstel-
lung auf die beiden.
58A Halbnahaufnahme
von dem Ansager, der die
Show beendet. Fahrt/
Zoom zurück zu einer To-
tale, so daß Irene und Roger ins Bild kommen. Sie
zanken sich. Schwenk
nach rechts auf Irene, die
nach oben geht.
Kamera bleibt noch auf
dem Regisseur stehen.

59 Außen. Letzte Nacht. Roger und Irene betreten den King Cole Room.

(nicht gefilmt)

60 King Cole Room. Innen. Alle sind heute abend da. Hemingway sitzt an der Bar. Roger und Irene sind ganz wie zu Hause und begrüßen jeden mit einem kurzen Hello. Irene plaudert kurz mit Margaret. Das Zigarettenmädchen Sally taucht auf. Roger stürzt sich sofort auf sie. Er kauft eine Packung Camel und fragt sie, warum sie seine Anrufe nicht beantwortet. Sally hat es satt, es in Hotelzimmern zu tun, auf den Rücksitzen von Autos oder in steckengebliebenen Aufzügen; sie glaubt, daß er den Respekt vor ihr verliert. Aber der Tisch ist bereits hergerichtet, und Irene ruft nach Roger. Roger und Irene sitzen an ihrem Tisch. Gail setzt sich zu ihnen. Roger stellt fest, daß er die Zigaretten zwar bezahlt, aber vergessen hat, sie mitzunehmen!

60 Totale. »Establishing Shot« vom Nachtclub. Zoom auf Roger und Irene, während sie hereinkommen. Schwenk nach rechts, während sie dem Maître d'hôtel folgen, der sie zum Tisch führt.
60 A Fahrt zurück und Schwenk nach rechts mit Roger und Irene, wie sie durch den Saal gehen. Irene trifft Margaret. Schwenk nach links, so daß Irene nicht mehr im Bild ist. Die Kamera folgt Roger, der zu Sally geht. Zoom auf die beiden.
60 B Das Orchester spielt.
60 C Halbnahaufnahme von Roger und Irene, die an ihrem Tisch sitzen. Gail setzt sich zu ihnen, dann geht Roger hinaus.

61 Roger steht dicht neben Sally. Er liebt sie, sagt

61 Totale mit Sally, während sie sich nähert.

er. Sally sagt, dann solle er sie heiraten. Aber Roger kann nicht, die Einschaltziffern bei der Show sind zu hoch. Sally möchte zum Rundfunk. Roger sagt, er werde sich darum kümmern. Sally besteht darauf. Sie sei ein Naturtalent. Sie geht weg.

Schwenk nach rechts zu ihr. Nahaufnahme. Sie bleibt bei der Spiegelsäule stehen. Roger taucht hinter ihr in der linken Bildhälfte auf.

62   Die Latin Band spielt »Tico Tico.«

62   Totale von der Bühne. Fahrt/Zoom und Schwenk nach links von der Band zur Sängerin. 62A   Fahrt von den Beinen der Sängerin hoch zum Gesicht.

63   Roger geht zurück zum Tisch. Tom und Jessica haben sich zu ihnen gesetzt. Tom ist glücklich: Jed Harris hat sein neuer Schwank *Weihnachten im Kongo* gefallen. Roger entdeckt Dick Rodgers. Er beschließt, zu ihm zu gehen und ihn zu fragen, ob er in die Show kommt.

63   Halbnahaufnahme von Irene, Gail, Tom und Jessica am Tisch. Roger setzt sich zu ihnen, dann geht er weg.

64   Roger ist wieder bei Sally. Er vergeht vor Verlangen. Er sagt, er habe mit dem Chef der Agentur über Sally geredet. Sally wird zärtlicher, er kann

64   Totale vom Orchester und von den Tänzern. Schwenk nach rechts zu einer Nahaufnahme von Roger und Sally an der Spiegelsäule. Schwenk

sich kaum noch beherr-
schen. Es muß doch ein
Plätzchen geben. Sally
fällt etwas ein und geht.
Roger folgt ihr.

65   An Irenes Tisch ist
richtig Stimmung. Ein
weiteres Paar kommt
dazu: Brenda und Porfirio,
der Playboy der westlichen
Welt. Irene holt eine Zigarette heraus und will sie
gerade anzünden, aber
Porfirio nimmt ihr das
Feuerzeug aus der Hand
und zündet ihr die Ziga-
rette mit einem Hundert-
Dollar-Schein an.

66   Roger und Sally kom-
men zum Dachgarten des
King Cole. Man kann die
Musik von unten hören.
Es ist schön, mit all den
Lichtern der Stadt.
Roger fühlt sich schon
besser und macht sich an
Sally heran. Sally würde
gern noch ein bißchen
mehr über den Chef der
Agentur sprechen, aber...

67   An Irenes Tisch steigt
die Stimmung. Porfirio ist
wirklich unwiderstehlich.

nach rechts mit ihnen, als
sie endlich weggehen.

65   Totale vom Saal.
Fahrt/Zoom und Schwenk
nach links mit Brenda und
Porfirio, die durch den
Raum gehen und sich an
Irenes Tisch setzen. Zoom
auf Porfirio, während er
den Hundert-Dollar-
Schein anzündet.

66   Halbtotale von Roger
und Sally, die durch die
Tür kommen. Fahrt nach
rechts, Zoom zurück, beide
wieder im Bild. Sie stehen
auf dem Dach.
66 A   Halbnahaufnahme
von den beiden, wie sie
sich umarmen. Fahrt und
Schwenk nach rechts mit
ihnen, während sie in die
Ecke des Dachgartens ge-
hen und anfangen...

67   Halbtotale auf Irenes
Tisch. Schwenk nach links
mit Porfirio und Irene, die

Er mixt gerade seinen Lieblingscocktail, Champagner mit Martini, und bietet ihn Irene an. Dann beginnt die Tangomusik. Porfirio überredet Irene, mitzukommen und zu tanzen.

68   Auf dem Dachgarten. Sie sind schon fertig. Sally meint, daß ihr der Schluckauf vielleicht dabei geholfen hat. Aber Roger hat jetzt Angst, wieder nach unten zu gehen. Er geht zur Tür. Sie ist von innen zugeschlossen! Sie sitzen fest. Sally gerät in Panik: Sie wird ihren Job verlieren. Es blitzt. Sally weint. Roger bittet sie, ruhig zu sein.
Plötzlich hört man Stimmen hinter der Tür: »Wenn du noch nie zuvor unter den Sternen geliebt hast, erwartet dich jetzt eine große Erfahrung«, sagt eine männliche Stimme. Die Tür öffnet sich. Es sind Irene und Porfirio. (»Eine wahre Geschichte? Ich weiß es nicht... Es gab viele davon...«)*

* aus dem Off

zur Tanzfläche gehen.
67 A   Nahaufnahme von Porfirio und Irene, die Kamera folgt ihnen beim Tangotanzen.

68   Halbnahaufnahme von Roger, der den Reißverschluß seiner Hose hochzieht. Schwenk nach rechts mit ihm, wie er zur Tür geht; Kamera bleibt einen Moment auf Sally gerichtet, die sich unter dem Wassertank gerade ihre Strümpfe festmacht, im Hintergrund die Camel-Reklame.
68 A   Halbtotale auf Sally. Fahrt zurück mit ihr, wie sie zu Roger an die Tür geht. Zoom zurück, während Roger zur Ecke des Dachgartens geht. Sally folgt ihm. Als Roger hinter dem Treppenschacht verschwindet, geht Sally zurück zur Tür. Zoom bis zur Halbnaheinstellung auf Sally.
R 68 B   Halbnahaufnahme von Roger und Sally, wie sie versuchen, die Tür zu öffnen. Lichter. Schwenk

nach rechts mit Sally zur Ecke des Dachgartens. Sie weint. Roger geht zu ihr. Sie antworten auf die Stimmen hinter der Tür.
R 68 C Halbnahaufnahme von Roger und Sally, wie sie auf das Erscheinen von Porfirio und Irene reagieren.
R 68 D Halbnahaufnahme von Irene und Porfirio, wie sie durch die Tür kommen und auf Roger und Sally reagieren.

69 Die *Onkel Walt*-Radio Show.
Der Schluß der Show. Onkel Walt gibt seinen jungen Hörern den Rat, brav zu sein und ihre Cornflakes zu essen. Dann singt er den »Uncle Walt Squirrel Rangers' Club Song«. »Das sollte diese kleinen Bastarde in Schach halten«, sagt er am Schluß, aber er ist noch auf Sendung.

69 (zwei Kameras)
1. Fahrt/Zoom zurück von den Technikern im Tonraum zu einer Totale auf Onkel Walt am Klavier. Er singt.
2. Nahaufnahme von Onkel Walt mit den Technikern im Hintergrund.

70 (Eine andere Geschichte. Sie handelt von Mr. Needleman und seiner Frau, die in Little Joes Nachbarschaft wohnen.) Eines Abends verlassen die

R 70 Nacht. Totale vom Haus der Needlemans. Sie treten aus dem Haus, gehen die Stufen hinunter und gehen nach links weg. Zoom, als ein Auto auf die

554

Needlemans ihr gemütliches Heim, um ins Kino zu gehen.

71 Zwei Einbrecher kommen in die Straße, wo die Needlemans wohnen, probieren es an ein paar Häusern und steigen schließlich in das der Needlemans ein.

72 Innen. Die Burglars sind mitten beim Ausrauben, als das Telefon klingelt. Sie zögern. Es klingelt weiter. Einer von ihnen nimmt ab.

73 Das *Raten Sie die Melodie*-Studio.
»Sie, Mr. Needleman, sind aus dem Telefonbuch rausgesucht worden für ›Raten Sie die Melodie!‹« Tusch, Applaus.

72 Die Burglars sind verblüfft.

73 Die Radio Show. Die Band spielt die erste Melodie.

Vorderseite des Hauses zufährt. Die Scheinwerfer gehen aus.

(siehe R 70)

72 Innen. Die Burglars kommen mit Taschenlampen rein. »Master Shot« von den beiden, die sich gegenseitig mit den Taschenlampen anleuchten, sich am Telefon melden, das Radio einschalten, jede Melodie erraten und gewinnen.

73 (zwei Kameras)
1. Totale hinter den Zuhörern auf den Showmaster und die Band auf der Bühne.
2. Halbnahaufnahme.

72 Die Burglars.

73 Radio Show.

72 Einer der Burglars am Telefon kennt die Melodie. Er dreht das Radio lauter, um es besser zu hören – »Dancing in the Dark.«

72 Die Burglars.

73 Die Radio Show. »Das ist richtig!« Zweite Melodie.

73 Radio Show.

72 »Chinatown, My Chinatown«, gibt der eine Burglar richtig an.

72 Die Burglars.

73 Die Radio Show. »Exakt richtig!« Die dritte und letzte.

73 Radio Show.

72 Der zweite Burglar weiß es – »The Sailor's Hornpipe.«

72 Die Burglars.

73 Radio Show. »Sie haben den Hauptpreis gewonnen!«

73 Radio Show.

74 Später am Abend, als die Needlemans vom Kino zurückkommen, finden sie ihr Haus ausgeraubt vor.

74 Totale vom Inneren des Hauses. Das Licht geht langsam an. Das Wohnzimmer ist durchwühlt, das Fenster geöffnet.

75 Aber am nächsten Morgen kommt eine Wagenladung von Geschenken an.

74 Halbnahaufnahme von den Needlemans auf ihrem Balkon, verblüfft. Zoom zurück, so daß die Gewinne ins Bild kom-

men, der Lastwagen und der Lieferant.

76 Es ist Jom Kippur, und das Radio des kommunistischen Nachbarn plärrt durch die Gegend. Er arbeitet und ißt, dabei ist er Jude! In Little Joes Elternhaus sind alle schokkiert. Abe ist mit seinen Nerven fast am Ende. Er gibt zu, es ist deshalb, weil er so einen Hunger hat. Er erinnert Ruthie daran, was man tun soll: »Nichts, nur sitzen und beten, und für deine Sünden büßen.« Angestachelt vom Rest der Familie beschließt er, hinüberzugehen und ein Wörtchen mit dem Kommunisten zu reden.

76 Totale von Abe und Ceil im Wohnzimmer. Schwenk nach links mit Ma, die durchgeht zum Flur, wo sie Little Joes Yarmulke anprobiert. Ruthie und Oma sieht man im Hintergrund in der Küche. Schwenk nach rechts mit Ma zurück ins Wohnzimmer. Fahrt hinein mit Abe, während er zum Fenster geht, um zum Haus des Kommunisten rüberzugucken. Ma erscheint rechts im Bild, Ruthie links. Abe geht raus.
76A Aus der Sicht von Abe. Totale vom Garten des Kommunisten. Der Vater hämmert, und die Mutter hängt Wäsche auf.
76B Noch eine Kameraeinstellung auf den Garten des Kommunisten. Nahaufnahme frontal von dem Kind, das einen Ball wirft. Fahrt nach rechts und Zoom zurück, so daß Doris ins Bild kommt, die ihrem Vater ein Sandwich bringt.

77 Der Garten. Abe er-

77 Kamera von oben/To-

scheint, er ist außer sich und stürzt in den Garten des Kommunisten. Er bittet ihn, das Radio auszumachen. Sie streiten, dann schlägt der Kommunist Abe vor, reinzukommen und darüber zu reden.

tale. Abe kommt durch die Tür. Schwenk mit ihm, während er durch den Garten zum Kommunisten geht.

78 Zwei Stunden später, in Little Joes Haus. Ceil macht sich Sorgen. Abe ist noch immer nicht zurück, und das Radio brüllt noch genauso wie vorher. Ma sagt, daß die Tochter des Kommunisten an die freie Liebe glaubt. Dann erzählt sie, was Mrs. Silverman passiert ist.

78 Halbnahaufnahme von Ceil. Schwenk nach rechts zu einer Halbnahaufnahme von Ma und Pa.

79 Eines Abends hörte Mrs. Silverman ein Auto auf der Straße. Sie machte die Tür auf, um nachzugucken, wobei sie an ihrer Cola nippte.

79 Mrs. Silvermans Haustür. Ihr Schatten erscheint. Sie öffnet die Tür. Zoom zu einer näheren Einstellung.

80 Es ist Doris, die Tochter des Kommunisten, in Begleitung eines großen schwarzen Mannes. Er bringt sie zur Tür und gibt ihr »einen langen heißen Kuß«.

R 80 Kameraeinstellung aus dem Blickwinkel von Mrs. Silverman. Halbtotale von Doris, wie sie den schwarzen Mann küßt.

81 Ein Erste-Hilfe-Wa-

81 Von vorn/Totale auf

gen fährt in die Straße.

den Erste-Hilfe-Wagen, der an der Ecke auftaucht. Schwenk nach rechts mit ihm, während er sich nähert.

82 Mrs. Silverman ist in Ohnmacht gefallen, als sie den Kuß gesehen hat, und wird in den Erste-Hilfe-Wagen gepackt. Sie ist wie erstarrt und hält noch ihr Colaglas in der Hand.

82 Fahrt zurück mit den Sanitätern, die die erstarrte Mrs. Silverman zum Erste-Hilfe-Wagen bringen.

83 Wieder im Haus. Ceil ist beeindruckt. Aber Abe kommt gerade zurück. Und das Radio ist immer noch an! Was ist passiert? Erst mal: Abe hat gegessen. Dann fängt er an, ganz seltsam zu reden, wie die Unschuld persönlich, und hält eine Rede über die Ausbeutung der Arbeiter durch die Bosse.

83 »Master Shot« von Ceil, Ma und Pa. Schwenk nach links, so daß Abe mit ins Bild kommt, der gerade reinkommt. Schwenk mit ihm, als er sich in den Sessel setzt.

84 *Bill Kerns Highlights aus der Welt des Sports,* Abes Lieblings-Radio-Show. Heute wird Bill Kern über Kirby Kyle erzählen, den Baseballspieler, der nie den Mut verlor.

84 Halbtotale von Bill Kern, der die Geschichte erzählt.
84A Genauso wie 84, aber in Naheinstellung.

85 Abe hört fasziniert Radio.

85 Totale von der Fami-

lie, die in der Küche zu Abend ißt. Abe steht ganz nah beim Radio, er ist hingerissen.

86 Baseballfeld.
Kirby am Schlagmal, er schlägt den Ball ab.

86 Frontal Halbnahaufnahme von Kirby, der den Ball auf die Kamera zu abschlägt.
86A Kamera von oben/ Totale von Kirby, der abschlägt, sein Schläger schwingt noch nach.

87 Kirby im Wald mit seinem Hund.
Er ist bei der Jagd. Sein Gewehr geht los.

87 Fahrt/Totale mit Kirby, der mit Gewehr und Hund über das Feld läuft. Dann bleibt die Kamera stehen. Er verschwindet am rechten Bildrand.

88 Baseballfeld.
Kirby schlägt den Ball ab, nur mit einem Bein, aber mit Mut.

88 Frontalaufnahme vom einbeinigen Kirby, der den Ball abschlägt.

89 Kirby ist wieder bei der Jagd.
Wieder ein Unfall.

89 Nahaufnahme von Abe am Radio. Total gebannt. Die Familie ist weggegangen.

90 Baseballfeld.
Kirby schlägt den Ball ab, nur mit einem Bein und mit einem Arm, aber mit Mut.

90 Frontalaufnahme von Kirby, der jetzt einbeinig und einarmig den Ball abschlägt.

91   Ein weiterer Unfall.

91   Halbtotale von Kirby, der sein Gewehr anlegt. Schwenk nach rechts auf die Enten im Teich.

92   Baseballfeld. Kirby schlägt den Ball ab; er hat nur noch ein Bein, einen Arm und ist blind, aber er hat auch Instinkt, Instinkt und Mut.

92   Frontalaufnahme von Kirby auf dem Hügel mit einem Bein, einem Arm und einer dunklen Brille.

A93   Bill Kern im Studio. Im folgenden Jahr wurde Kirby von einem Lastwagen überfahren. Im nächsten Jahr gewann er achtzehn Spiele in der großen Himmelsliga.

A93   Bill Kern im Studio (Schluß von 84).

93   (ausgelassen)

93   (ausgelassen)

94   *Sterne am Schlagerhimmel*, Ruthies Lieblings-Radio-Show. Ein Kind singt.

94   Nahaufnahme von dem kleinen Mädchen, das singt: »Let's All Sing Like the Birdies Sing.«

95   Ruthie mimt ein Lied vor dem Spiegel.

95   Fahrt nach rechts um Ruthie herum, die »South American Way« vor dem Spiegel singt und dazu tanzt. Kamera bleibt stehen, als Abe und Pa dazukommen.

96   *Der famose Bauchredner*, Ceils Lieblings-Ra-

96   Totale mit Ma und Ceil, die im Wohnzimmer

561

dio-Show. Ceil hört sie im Radio und lacht bei jedem Scherz laut auf. Abe: »Das ist ein Bauchredner im Radio. Woher weißt du denn, daß er nicht seine Lippen bewegt?«

97 *Thomas Abercrombie*, die Lieblings-Radio-Show von Ma und Pa. Der weltberühmte Spezialist in Angelegenheiten des menschlichen Herzens und seine Sprechstunde der menschlichen Gefühle. Abercrombie gibt einem Paar, das sich über die Mutter des Mannes streitet, Ratschläge.

98 Little Joe stellt sich seine Eltern in Abercrombies Show vor. Sie beklagen sich einer über den anderen. Abercrombie meint, daß jeder den anderen verdient hat. Also verbünden sie sich gegen ihn.

99 Das einzige Mal, daß Little Joe einen Star vom Rundfunk getroffen hat. Seine Eltern sind mit ihm in den Zoo gegangen.

sitzen, Ceil lacht. Abe kommt die Treppe herunter, er ist ein bißchen verwirrt. Er hat seinen Brief in der Hand und unterbricht die beiden.

97 Großaufnahme von dem Gastgeber, der die einleitenden Worte spricht. Schwenk nach rechts zu einer Frontalaufnahme von Abercrombie und dem Paar.
97A Nahaufnahme von Abercrombie. Schwenk nach links zu einer Nahaufnahme des Paares.

98 Nahaufnahme von Abercrombie. Schwenk nach links zu einer Nahaufnahme von Ma und Pa.

99 Halbtotale von einem Elefanten. Schwenk nach rechts auf Little Joe mit Ma und Pa, die beobachten, wie Sanford und seine Eltern vorbeigehen. Fahrt zurück für eine Einstellung auf alle sechs.

100   Sanford, das Whiz Kid, mit seinen Eltern.

100   (siehe 99)

101   Pa fängt an mit ihnen zu reden. Sie antworten zunächst kühl, aber höflich, dann werden sie plötzlich schroff und wenden sich ab.

101   Frontal amerikanische Einstellung von Little Joe und seinen Eltern, über die Schultern von Sanford und seinen Eltern.
101A   »Pick-up« von Little Joe und seinen Eltern, wie sie weggehen.
101B   Frontal amerikanische Einstellung von Sanford und seinen Eltern über die Schultern von Little Joe und seinen Eltern.
101C   »Pick-up« von Sanfords letzter Bewegung.

A102   Bea hörte laufend Musik. An diesem Tag gibt es Lieder, die Little Joe sofort, als er sie hört, an Leute und Ereignisse in der Vergangenheit erinnern.

RA102   Totale mit Bea, die auf den Eingangsstufen sitzt und Radio hört. Little Joe und seine Bande laufen rein, nach kurzer Zeit laufen sie mit etwas zum Essen wieder raus.
A102A   Amerikanische Einstellung von Little Joe, der gerade Milch trinkt, und Abe, der Fisch ißt. Schwenk nach rechts auf Bea neben dem Radio.
A102B   Aufnahme von Beas Hand, die das Radio einschaltet.

A 102 C   Amerikanische Einstellung von Ruthie, die auf ihrem Bett sitzt und *Screen Romance* liest. Schwenk nach links auf Bea und Little Joe, die Chinesisch-Dame auf dem Bett von Little Joe spielen.

B 102   Little Evelyn (in die Little Joe verliebt ist, sie aber nicht in ihn) und Little Linda, das hübsche Mädchen (das in ihn verliebt ist, er aber nicht in sie). Damals fand er heraus, was es mit dem Leben überhaupt auf sich hat.

B 102   Fahrt nach rechts Little Joe folgend, der an den Badekabinen entlangläuft. Er läuft die Treppe hinunter. Schwenk nach links, als er Little Evelyn unter den Pfeilern küssen will.

B 102 A   Nähere Einstellung auf Little Joe, wie er Little Evelyn küßt. Sie schubst ihn weg. Schwenk nach links auf Little Linda, die traurig dreinschaut. Schwenk zurück auf Little Evelyn, die sich jetzt doch von Little Joe küssen läßt.

C 102   Hochzeitstag seiner Eltern, das einzige Mal, daß er sie sich küssen sah. Und Ma tat etwas, das ihm klarmachte, was für eine Beziehung die beiden hatten: Sie nahm den Mann von der Hochzeitstorte runter und biß ihm den Kopf ab.

C 102   Totale auf die Familie, die um den Eßtisch herum sitzt. Pa überreicht Ma eine Schachtel. Ma öffnet sie. Fahrt/Zoom auf die beiden, als sie sich küssen.

C 102 A   Großaufnahme im Profil von Ceil, Abe und Ruthie. Fahrt nach

D 102   Der Tag, an dem Little Joe und Andrew Ärger bekamen, weil sie einen Schneemann mit einem Penis gebaut hatten.

E 102   Damals, als Mr. Zipsky seinen Nervenzusammenbruch hatte, in Unterwäsche die Straße runterlief und dabei ein Fleischmesser schwang.

F 102   Der Tag, an dem Bea Little Joe mit ihrem Rendezvous Chester zur Radio City Music Hall mitnahm.

links zu einer Großaufnahme im Profil von Ma, Pa und Little Joe.

RD 102   Halbtotale von Little Joe und Andrew, die den Schneemann vollenden. Andrew steckt den Karottenpenis hinein. Zoom. Der Rektor kommt heraus. Sie laufen weg.

RE 102   Zipsky kommt aus seinem Haus. Schwenk nach links mit ihm, wie er die Beach 115th Street runterläuft. Zoom, während er auf dem Rockaway Boulevard hin und her läuft.

F 102   Bea, Chester und Little Joe kommen durch die Tür. Schwenk nach rechts mit ihnen und Fahrt/Zoom zurück, so daß das Große Foyer ins Bild kommt.
F 102 A   Kamera von oben, Totale, wie sie durch das Große Foyer zur Treppe gehen. Schwenk nach links, als sie vorbeigehen und die Stufen hochsteigen. Sie gehen aus dem Bild. Zoom auf den Kronleuchter.

F102B   Schwenk nach links mit ihnen, als sie an das obere Ende der Treppe kommen. Dann Schwenk nach rechts mit ihnen, als sie durch das Zwischengeschoß gehen.

F102G   Totale/frontal, wie sie sich nähern. Fahrt zurück mit ihnen bis zur amerikanischen Einstellung und Schwenk nach links, als sie über den Balkon gehen. Kamera bleibt auf den Balkon gerichtet, im Hintergrund der Kronleuchter. Little Joe kommt zurück, um sich umzusehen.

F102J   Frontalaufnahme von ihnen, als sie den Theatersaal betreten und sich auf die Sitze setzen.

G102   In einer New Yorker Straße verteilt ein Mann Karten für die *Herbie Hanson*-Sendung an sich sträubende Fußgänger. Er kommt nur bei absonderlichen Typen an.

(nicht gefilmt)

103   *Die Herbie Hanson Show.* Bühne. Die Einschaltquoten sind furchtbar. Der Produzent glaubt, daß es am Drehbuch liegt,

CUT 103   Silhouette des Werbefachmannes hinter der geschlossenen Tür.

103A   Amerikanische Einstellung vom Werbe-

und der Chefschreiber meint, daß Herbie Hanson einfach nicht witzig genug ist. Der Produzent hat eine Idee. Er holt vier bezahlte Lacher, eine von ihnen ist Sally, das Zigarettenmädchen. Sie geben eine Probe ihres Könnens.

fachmann, vom Produzenten und vom Gagschreiber.

103 B   Amerikanische Einstellung von den beiden weiblichen bezahlten Lachern. Schwenk nach rechts zum männlichen Lacher und zu Sally, die lachen.

103 C   Weitwinkeleinstellung auf den Produzenten und den Werbefachmann, wie sie die bezahlten Lacher und Sally, die gerade lachen, beobachten.

104   Innen im Theatersaal. Das Publikum stürzt auf die Sitzplätze: »Eine Alptraumbesetzung«.

CUT (gefilmt, aber nicht verwendet)

105   (ausgelassen)

106   Der Sprecher liest die Werbung für die Vereinigte Lebensversicherungsgesellschaft vor. »...und denken Sie daran, das Leben ist kurz, aber der Tod währt ewig!« Dann stellt er Herbie Hanson vor. Herbie beginnt mit seinem Monolog. Nach dem ersten Witz lachen nur die bezahlten Lacher.

CUT R 106   (zwei Kameras)
1. Amerikanische Einstellung von dem Sprecher, der die Show und Herbie vorstellt. Schwenk nach rechts auf Herbie, wie er beginnt. Kamera bleibt zwei Witze lang auf ihn gerichtet.
2. Totale. Kamera hinter dem Publikum. Dieselbe Handlung.

Nach dem zweiten dasselbe. Er fängt an, seinen dritten Witz zu erzählen, und Sally fängt an zu lachen, bevor er zu Ende ist. Herbie ist verärgert – »Das ist gar nicht lustig« –, aber Sally lacht weiter, und die drei anderen fallen ein. Jetzt fängt das Publikum an, über die bezahlten Lacher zu lachen. Den bezahlten Lachern gefällt das, und sie lachen weiter. Das Publikum lacht um so mehr, und Herbie gibt auf.

Dann stehen die bezahlten Lacher einer nach dem anderen auf und führen ihr Lachen vor. Das Publikum applaudiert jedem von ihnen. Herbie gerät langsam in Panik. Das Orchester fängt an zu spielen. Alle beruhigen sich.

Herbie ist bereit, noch einmal anzufangen, als er von einem Mann angerempelt wird, der von hinten auf die Bühne läuft. Die Show wird für eine Sondermeldung unterbrochen. Als Antwort auf die Bombardierung von Pearl Harbor durch die Japaner erklärt Präsident Roosevelt den Krieg.

R 106 A
1. Amerikanische Einstellung von Herbie, der Witze reißt.
2. Nahaufnahme von Herbie.

R 106 B
1. Amerikanische Einstellung von Herbie, der auf die bezahlten Lacher reagiert.
2. Nahaufnahme von Herbie.

R 106 C
1. Amerikanische Einstellung von Herbie, der von dem Pearl-Harbor-Mann weggeschubst wird. Er liest die Sondermeldung vor. Das Publikum verläßt den Saal.
2. Totale. Kamera hinter dem Publikum.

R 106 D
1. Amerikanische Einstellung an Herbie vorbei auf das Publikum während des ersten und zweiten Witzes.
2. Totale von dem Publikum. Dasselbe.

R 106 E
1. Nähere Aufnahme von den vier bezahlten Lachern.
2. Totale vom Publikum.

Nach der Nachricht geht
die Show weiter. Herbie
will noch einmal anfangen,
aber das Publikum stürzt
hinaus.

R 106 F
1. Nahaufnahme von den
bezahlten Lachern, wäh-
rend das Publikum den
Saal verläßt.
2. Totale vom Publikum.

A 107   Rundfunkstudio.
Eine Sängerin singt »I'll
Be Seeing You«.

CUT X 107   Amerikanische
Einstellung auf die Sängerin.

107   (mit dem Lied bis
110)
Ein Mädchen und ein Sol-
dat küssen sich zum Ab-
schied.

CUT R 107   Grand Central.
Fahrt/Zoom zurück. Halb-
totale, so daß Sally und
Charlie, der Soldat, ins
Bild kommen. Zoom,
wenn sie sich küssen.

108   Plakate in einem Eis-
salon: LOOSE LIPS... und
DON'T LET THIS SHADOW
FALL ON THEM.

108   Halbtotale auf Ru-
thie und ihre Freundinnen,
die die Bedienung in ihrer
WAC-Uniform bewun-
dern.
R 108   Schwenk von der
Flagge zur Lehrerin. Zoom
zurück, Halbtotale. Die
Kids kommen von hinten
ins Bild. Sie schwören den
Treueeid auf die Flagge.

109   Mrs. Riley in ihrem
Siegesgarten. Sie zieht Gemüse in Töpfen, lächelt
stolz und macht das V-
Zeichen.

A 109   Grand Central.
Halbtotale von Sally mit
dem Matrosen Tom.
Zoom, wie sie sich küssen.
109   Frontalaufnahme
von Mrs. Riley vor ihrem
Siegesgarten. Zoom, wäh-

rend sie auf das Gemüse zeigt.

110 Jungscouts, die Alteisen sammeln.

CUT A110 Grand Central. Halbtotale mit Sally und dem Seemann. Zoom, als sie sich küssen. Dann spricht Sally in die Kamera.
110 Fahrt nach rechts mit den Kids zum Container, in den sie das Alteisen werfen.

111 Manhattan. Eine kleine Menschenansammlung um einen Mann mit einem Mikrofon. Ein Straßeninterview. Mr. and Mrs. Globus, Mr. Brooks und der Fanatiker sagen, was sie von der Kriegserklärung halten.

CUT 111 Fahrt/Zoom zurück vom Kiosk, so daß die Gruppe ins Bild kommt, die sich um den Nachrichtenreporter und sein Mikrofon versammelt hat.

112 Little Joe und seine Kumpels sammeln Stanniolpapier.
Dann hören die Kids Radio: eine Botschaft vom Maskierten Rächer: »Beobachtet feindliche Flugzeuge...«

112 Frontalaufnahme von einer Hausfrau, die Little Joe und seinen Kumpels Stanniolpapier gibt. Fahrt zurück und Schwenk nach rechts, als sie die Treppe runter und zum nächsten Haus laufen.

113 Little Joes Haus. Die Familie ist beim Abendessen. Ma ist schwanger.

CUT 113 Totale mit der Familie, die in der Küche zu Abend ißt. Schwenk und

Abe glaubt, daß der Krieg gut fürs Geschäft ist; die Produktion steigt, sagt er. Little Joe fragt Pa, womit er sein Geld verdient. Er ist ein sehr genügsamer Mensch, antwortet Opa. Es schellt. Bea hat ein neues Rendezvous; er ist lieb, sehr gefühlvoll, seine Verlobte ist bei einem Autounfall gestorben. Opa betet, er möge der Richtige für sie sein. Und Abe denkt, er muß 4 F sein, da alle Männer in der Armee sind.

Fred erscheint. Er holt Bea zum Ballett *Afternoon of a Faun* ab. Es bringt ihn zum Weinen, erklärt er. Als sie gehen, spricht jeder aus, was er von ihm hält. Pa findet ihn ein wenig tuntenhaft, und Abe denkt, was auch immer er ist, er ist auf jeden Fall F 4.

Zoom mit Bea, die durch das Zimmer geht, um die Tür zu öffnen. Sie kommt mit Fred zurück. Kamerastop bei den beiden.

114   Ein wenig später im Wohnzimmer. Pa erklärt Ma ein neues System – es ist bestechend. Ma scheint nicht besonders beeindruckt. Sie wechselt das Thema: der Name, den sie dem Baby geben sollten.

114   Zuerst ein »Master Shot«, dann Schwenk nach rechts mit Pa, der durch das Eßzimmer geht zu Ma, die im Wohnzimmer sitzt.

115   Little Joe liegt wach im Bett und hört das Radio von unten.

115   Kamera von oben die Treppe hinunter. Kamera neigt sich, Schwenk nach links zu Little Joes Schlafzimmer. Fahrt hinein auf Little Joe, der zuhört.

116   Wohnzimmer. Die Familie hört Nachrichten im Radio. Es gibt von überallher nur schlechte Nachrichten. Der Luftschutzwart ruft von der Straße, daß man verdunkeln soll.
Die Familie beginnt, die Lichter auszuschalten.

116   Amerikanische Einstellung von Ceil am Radio. Fahrt nach rechts, so daß Pa und Abe ins Bild kommen, die im Eßzimmer Karten spielen, dann zu Ma, die im Wohnzimmer sitzt und strickt. Man hört den Luftschutzwart. Sie stehen auf und schalten das Licht ab. Fahrt nach links mit Ma und Pa, die durch das Zimmer gehen.

117   Ma und Pa gehen raus und sehen sich die Suchscheinwerfer am Himmel an. Es ist wunderschön.

R 117   Ma und Pa kommen aus dem Haus und werden von den Suchscheinwerfern angestrahlt.
RR 117   Einstellung aus der Sicht von Ma und Pa auf die Suchscheinwerfer.

118   Ein wenig später wird Little Joe von Musik im Radio geweckt. Er kriecht heimlich aus dem Bett.

(*siehe* 119)

119   Little Joe spioniert

119 B   Blick die Treppe

hinter Fred und Bea her. Fred möchte gehen. Bea sagt ihm, sie glaubt, daß sie wahnsinnig verliebt in ihn ist. Fred beginnt zu seufzen. Das Lied im Radio erinnert ihn an seinen letzten Verlobten, Leonard. Bea dämmert es langsam, was mit ihm los ist.

hinauf, während Little Joe herunterkommt. Schwenk nach links und Fahrt nach rechts in die Küche. Bea tritt ins Bild, sie holt sich Plätzchen, dann geht sie hinaus.

119 A »Master Shot« von Bea und Fred am Küchentisch. Zoom, als Bea näher an Fred heranrückt.

120   Außenaufnahme

120   Halbtotale vom Eingang des Gebäudes. Kamera hebt sich nach oben.

121   Die *Geheimagent Biff Baxter*-Radio Show läuft. Biff Baxter verprügelt sowohl die Nazis als auch die Japaner. Die Show ist zu Ende. Biff bricht zusammen. Alle versuchen ihn aufzuheitern. Aber Biff macht sich immer noch Sorgen. Was, wenn sein Plan nicht funktioniert?

121   Amerikanische Einstellung durch das Fenster des Senderaums auf die drei Akteure von hinten. Zoom zurück zu einer Halbtotalen, so daß der Sprecher und der Geräuschemacher ins Bild kommen.

121 A   Amerikanische Einstellung frontal vom Geräuschemacher. Schwenk nach links zu den Akteuren und dem Sprecher. Dann Zoom auf Biff und den Produzenten.

122   Musterung. Biff Baxter gerät in Panik; in seinen Papieren steht, daß er Asthma und alle mögli-

122   »Master Shot« von den Männern, die in einer Reihe stehen. Schwenk auf Biff, der auf den Sergeant

chen anderen Leiden hat.
Aber der Sergeant ist ein
harter Bursche. Der Dok-
tor verkündet, daß Biff 4F
ist – Plattfüße. Biff brüllt
vor Freude.

123   Die *Biff Baxter*-Ra-
dio Show läuft. Biff ver-
prügelt den Nazi.

124   Little Joe und seine
Kumpels auf dem Dach.
Sie haben Feldstecher, um
die Flugzeuge der Achsen-
mächte auszumachen.
Dave meldet Zweifel an,
ob sie so leicht hier rüber-
kommen können. Aber der
Maskierte Rächer hat ge-
sagt, sie könnten! Plötzlich
entdeckt Little Joe etwas,
das ihn interessiert.

125   Aus ihrem Blickwin-
kel. Miss Gordon, die sich
gerade vor dem Fenster
auszieht.

einredet. Fahrt/Zoom auf
ihn, als er zum Doktor
geht.

123   Amerikanische Ein-
stellung auf den Geräu-
schemacher. Schwenk nach
links auf Biff und den
Deutschen.

124   Großaufnahme vom
Dachsims. Blick in den
Himmel und Fahrt zurück,
so daß die fünf Kids von
hinten ins Bild kommen.
124A   Kamera von un-
ten. Weitwinkel. Frontal-
aufnahme von den Kids
am Rand des Daches.
124B   Großaufnahme von
Nick. Schwenk nach rechts
zu einer Großaufnahme
von Little Joe, der gerade
etwas entdeckt.

125   Blickwinkel der Kids.
Miss Gordon zieht sich
aus und verschwindet.
125A   Blickwinkel der
Kids. Miss Gordon er-
scheint wieder. Sie ist in
ein Handtuch eingewik-
kelt. Das Handtuch fällt
runter. Sie tanzt nackt.

Aber nach einiger Zeit bemerkt sie, daß sie beobachtet wird, und zieht den Vorhang vor.

124* Die Kids sind allesamt aufgeregt. Sie ist gerade dabei, eine Dusche zu nehmen. Sie geben ihre Kommentare ab, aber sie verschwindet vom Fenster.

125 B Großaufnahme von Dave, wie er auf Miss Gordon reagiert.
125 C Großaufnahme von Burts Reaktion.
125 D Großaufnahme von Andrews Reaktion.

126 (ausgelassen)

126 Frontalaufnahme von den fünf Kids.

127 Enttäuscht wenden sie sich einem anderen Fenster zu und entdecken Mrs. Goldstein, die gerade kocht.

124 Aber Nick entdeckt etwas Interessantes:

128 Aus ihrem Blickwinkel: Ein Mann am Kurzwellenradio. Es ist Mr. Rienzi.

128 Schwenk von links nach rechts zu einer Halbnahaufnahme von den Gesichtern der Kids.
128 A Aus dem Blickwinkel der Kids: Rienzi, den man durch das Fenster sieht, mit seinem Kurzwellenradio.

* Wegen Schwierigkeiten während der Aufnahme wurden die Numerierungen verändert.

124 Bestimmt ist er ein Spion. Und dann mit diesem Namen! Er muß für Mussolini arbeiten.

129/130/131 (ausgelassen)

132 Noch einmal aus dem Blickwinkel der Kids. Miss Gordon ist wieder am Fenster, vollkommen nackt. Sie tanzt vor ihrem Spiegel.

124 Die Kids flippen aus. Sie können es kaum glauben! Sie geben Kommentare ab...

133 Im Flur in der Schule. Die Kids diskutieren darüber, nach der Schule in Rienzis Wohnung zu schleichen, »für unser Vaterland«.

CUT 133 Kamera von unten. Rienzis Flur. Die Kids schleichen um die Ecke, kommen näher und verschwinden nach links.
133A Nahaufnahme von den Kids, wie sie durch die Tür kommen. Schwenk nach links mit ihnen und Zoom zurück, so daß Rienzis Wohnung ins Bild kommt.
R133B Amerikanische Einstellung auf Rienzi, der durch die Tür kommt. Schwenk nach links, wie er zu den Kids geht.

134 Klassenzimmer. Mit Little Joe und seinen Kumpels zwischen den anderen. Rektor Peter teilt ihnen mit, daß ihre Lehrerin die Grippe hat, und stellt die Ersatzlehrerin vor: Miss Gordon! Die Kids sind geplättet. Little Joe schreit fast. Miss Gordon bittet ihn, zur Tafel zu kommen. Er fängt an, so wie sie vor dem Fenster zu tanzen.
Miss Gordon ist verblüfft.

134 Totale vom Klassenzimmer. Es ist ein Höllenlärm.
Little Joe sagt allen Bescheid, daß der Rektor kommt. Sie beruhigen sich.
134 A Halbtotale mit dem Rektor, der den Raum betritt; von hinten.
134 B Totale mit der Klasse, wie sie auf den Rektor reagiert. Dann auf Miss Gordon. Zoom auf Little Joe, Burt und Andrew.
134 C Großaufnahme von Little Joes und Andrews Reaktion.
134 D Großaufnahme von Burts Reaktion.
134 E Großaufnahme von Nicks Reaktion.
134 F Großaufnahme von Daves Reaktion.
134 G Wie eine weitere Gruppe von Kids auf den Rektor reagiert.

134H   Amerikanische Einstellung auf den Direktor. Schwenk nach rechts und Zoom auf Miss Gordon, die durch die Tür kommt. Schwenk nach links, wie sie zum Rektor geht. Der Rektor geht raus. Kamerastop bei Miss Gordon, die ihren Namen an die Tafel schreibt.

134J   Halbnahaufnahme von Miss Gordon, wie sie an die Tafel schreibt und dann Little Joe bittet, nach vorn zu kommen.

134K   Amerikanische Einstellung auf Little Joe. Fahrt zurück und Schwenk nach links mit ihm, wie er zu Miss Gordon geht. Er tanzt.

134L   Großaufnahme von Nick, wie er auf Little Joes Tanzen reagiert.

134M   Großaufnahme von Little Joe. Seine Reaktion, als Miss Gordon eintritt.

135/136   (ausgelassen)

137   Die Kids sind am Strand und reden über Miss Gordon und die Frauen im allgemeinen; Rita Hayworth, Betty

137   Totale. Fahrt nach links mit den Kids, die am Ufer entlanggehen. Kamerastop.

137A   Frontalaufnahme

578

Grable, Dana Andrews... Dann gehen die Kids heim. Sie lassen Little Joe zurück, der allein sein will.

von Little Joe. Fahrt mit ihm, wie er allein am Wasser entlanggeht.

138   Little Joe schaut aufs Meer und träumt von Miss Gordon. In dem Moment sieht er ein deutsches U-Boot auftauchen! Er fällt in Ohnmacht.

138   Das auftauchende U-Boot.

139   Sally fängt an, ihre Geschichte zu erzählen. Sie spricht in die Kamera.

CUT 139   Halbtotale mit Sally. Sie trägt Platzanweiser-Kleidung und nimmt die Eintrittskarten von den Kinobesuchern. Fahrt/Zoom zu einer amerikanischen Einstellung von Sally, die in die Kamera spricht.

140   Abendschule. Sally nimmt Unterricht, um ihre Aussprache zu verbessern. »Horch! Ich höre die Kanone donnern...«

140   Totale von hinten: das Klassenzimmer für den Erwachsenen-Unterricht.
140A   Totale frontal vom Klassenzimmer. Fahrt/Zoom auf den schrecklichen Mann.
140B   Großaufnahme von einem Mann, der das Zitat wiederholt.
140C   Großaufnahme von einer alten Dame.
140D   Großaufnahme von dem Mann mit dem französischen Akzent.

140E   Großaufnahme von der Hausfrau mit dem grünen Hut.
140F   Halbnahaufnahme von Sally.

141   Außenaufnahme

141   Kamera neigt sich vom Dach des RCA-Gebäudes zum Eingang.

142   Sally singt den Abführmittel-Werbesong »Get regular with Re-Lax«. Der Direktor, der Werbefachmann und der Texter streiten sich über die Interpretation. Der Firmenchef mag sie, aber seine Frau nicht.

142   Amerikanische Einstellung durch das Fenster des Senderaums auf die spielende Band. Fahrt nach rechts auf die singende Sally. Schwenk nach rechts zum Direktor, dem Texter und dem Werbefachmann im Senderaum. Sie stehen hinter dem Mischpult.
142A   Halbnahaufnahme von Sally und dem Pfeifer, dem Direktor und den anderen im Hintergrund.
142B   Halbnahaufnahme von Bill, dem Werbefachmann.
Schwenk nach rechts zum Sponsor und seiner Frau Doris.
A143   Kamera neigt sich vom Reklameschild »Sardis« auf Sally, die auf der Straße herankommt. Fahrt zurück mit ihr.

143 Sally singt für die USO.

R143 Totale. Fahrt nach rechts, von hinten an der Menge vorbei auf Sally, die auf der Bühne singt.
R143A Großaufnahme von einem Plakat. Fahrt nach rechts und Zoom auf die singende Sally. Zoom zurück zu einer Frontalaufnahme von ihr.

144 Die Radio Show *Der Goldene Mittelweg*. Sally hat jetzt ihre eigene Show, eine Klatsch- und Tratsch-Show im Stil von Hedda Hopper.

144 Studiosäulen. Fahrt hinein und Schwenk nach rechts, so daß der Sprecher ins Bild kommt. Schwenk nach links und Zoom auf Sally.
144A Schwenk nach rechts vom Radio zu Abe und Ceil auf dem Bett. Schwenk nach links mit Abe, der hingeht und auf dem Radio rumhämmert.

145 Little Joe in einem Radio-Reparatur-Geschäft. Er schleppt ein riesiges Radio an.

(nicht gefilmt)

146 Little Joe schlendert die Straße mit einem riesigen Radio in den Armen hinunter.
Er geht die Hauptstraße entlang, hält ein Taxi an und steigt ein.

146 Totale mit Little Joe, der aus dem Reparatur-Laden kommt. Er hat das riesige Radio unterm Arm.
146A Totale von Little Joe mit dem Radio auf der Hauptstraße. Ein Taxi hält. Little Joe steigt ein.

147   Der Fahrer ist Pa. Er
sagt, er helfe nur einem
Freund aus.

147   Großaufnahme von
Little Joe, wie er das Radio
in das Taxi hievt. Er entdeckt, daß Pa der Fahrer
ist.
147A   Großaufnahme
von Pa. Er sagt, er helfe
einem Freund aus.

148   Das Taxi fährt weg.

148   Großaufname vom
Heck des Taxis. Totale,
wenn es wegfährt.

149   Derselbe Rundfunk-
Star singt: »They're Either
Too Young or Too Old.«

X149   Halbnahaufnahme
von der Sängerin.

150   (Zu dem Song:) Bea
in ihrem Zimmer. Sie
malt sich eine Strumpf-
naht auf die Beine.

150   Großaufnahme von
Beas Beinen, wie sie sich
die Strumpfnaht auf die
Beine malt. Zoom zurück,
wie sie sich zurechtmacht.

151   (Zu dem Song:)
Ruthie starrt verträumt
auf den Matrosen.

151   Amerikanische Ein-
stellung auf den Matrosen
und ein Mädchen, die sich
küssen. Zoom zurück, so
daß Ruthie ins Bild
kommt, die in Ohnmacht
fällt.

152   (ausgelassen)

153   Little Joes Haus.
Ceil versucht einen Wer-
beslogan für Kaffee zu finden; sie könnte einen

153   Amerikanische Ein-
stellung auf Abe und Ceil
in ihrem Zimmer.
Schwenk nach links auf

Kühlschrank gewinnen. Abe glaubt, daß das Ganze Betrug ist. Ma und Pa machen auch mit beim Slogan-Dichten. Plötzlich bekommt Ma die ersten Wehen.

Ma und Pa in ihrem Zimmer. Ma bekommt die Wehen.
Fahrt/Zoom zurück mit ihnen, wie sie durch den Gang gehen. Schwenk nach links, Kamera neigt sich nach unten, als sie die Treppe runtergehen.

154 Die ganze Familie besucht Ma im Krankenhaus. Sie hat gerade Little Joes kleiner Schwester das Leben geschenkt.

RR 154 Schwenk nach rechts mit der Krankenschwester auf die ganze Familie, die um Mas Bett herum steht.

155 Aufnahmen vom Times Square (auf Vorrat).

156 Exhibition Hall. Bea und ihr neuer Freund Sy nehmen Little Joe auf eine Tour durch Manhattan mit.

156 Kamera neigt sich von dem Plakat mit der Aufschrift WINGS OVER AMERICA zu einer Nahaufnahme von Sy und Little Joe hinter einer Kanone. Fahrt nach links und Zoom zurück zu einer Profilaufnahme von Bea, Sy und Little Joe.

157 In der Passage. Die Zerrspiegel.

157 Horn-und-Hardart-Automatenrestaurant. Fahrt/Schwenk nach rechts am Buffet entlang zum Spiegel, so daß Bea, Sy

und Little Joe gespiegelt ins Bild kommen.

158   Im Tango-Palast. Bea tanzt mit Sy. Little Joe schaut zu.

158   Amerikanische Einstellung auf die spielende Band. Schwenk nach links und Zoom zurück zu einer Halbtotalen mit den Tänzern.
158 A   Schwenk nach rechts von einem Matrosen, der hinter Little Joe steht, zu einer amerikanischen Einstellung auf Bea und Sy, die tanzen – Fahrt nach links mit ihnen, dann verliert die Kamera sie aus dem Blick. Schwenk nach links zu einer amerikanischen Einstellung von Little Joe, der zuschaut.

159   Auf der Straße werden Freikarten für eine Rundfunksendung angeboten.

(nicht gefilmt)

160   Der *Silber-Dollar-Hauptgewinn*. Bea nimmt am Wettbewerb teil. Sie wählt die Sparte »Fisch«. Sie weiß alle sechs Fischarten und gewinnt den Hauptpreis.

160   (zwei Kameras)
1. Totale von hinten: hinter dem Publikum auf die Bühne mit der Band und dem Showmaster. Bea betritt die Bühne. Applaus und Tusch.
2. Kamera von oben/Weitwinkel.

160 A

1. Amerikanische Einstellung auf den Showmaster und Bea. Ein Mann kommt mit den Fischen herein.

2. Halbnahaufnahme von den drei Akteuren.

160 B   Totale vom Publikum, wie es reagiert. Es lacht und applaudiert.

160 C   Halbnahaufnahme vom Showmaster und Bea.

160 D   Totale von der Band, dem Showmaster und Bea bei der Schlußmelodie.

160 E   Totale vom Publikum. Zoom auf Sy und Little Joe, die lachen und applaudieren.

161   Bea, Sy und Little Joe, die bei Macys herauskommen, wo Bea Little Joe einen Chemiekasten gekauft hat. Sy teilt Bea mit, daß er in einer Woche frei sein wird – von seiner Frau und von seinen Kindern.

161   »Master Shot« von Bea, Sy und Little Joe, wie sie bei Macys rauskommen. Fahrt zurück mit ihnen.

162   Little Joes Haus. Pa erklärt Ma ein neues System: Er möchte den jüdischen Familien im Süden mit dem Schiff Bagels und

162   Amerikanische Einstellung auf Pa im Eßzimmer. Schwenk nach rechts mit ihm zur Küchentür. Ma flüchtet aus der Kü-

Lachs bringen, weil sie sie dort nicht für ihr Sonntagsfrühstück bekommen können.

162 X Abe hat einen Sack Aale mitgebracht. Ceil fragt sich, ob Aale wohl koscher sind. Bea fängt an, Conga zu tanzen, der gerade im Radio läuft.

162 Y Mr. Waldbaum schimpft von seinem Garten herüber über Ruthie. Ruthie hängt ein und tanzt mit Bea Conga. Oma sucht wieder einmal ihr Gebiß. Opa schimpft, daß sie nicht in der Lage ist, sich zu merken, wo sie das Gebiß hingelegt hat. Ma kommt herein. Sie schreit und ist hinter Little Joe her; er hat den Pelzmantel, den Pa ihr zum Hochzeitstag geschenkt hat, verfärbt, als er seinen Chemiekasten ausprobiert hat. Jetzt jagt Pa Little Joe durchs ganze Haus, während immer noch der

che. Kamerastop bei einer Halbnahaufnahme von Pa. Schwenk nach links mit ihm zum Wohnzimmer; Ruthie am Telefon im Hintergrund.

162 X Halbnahaufnahme von Ceil am Fenster. Schwenk nach rechts auf Abe im Garten mit seinen Aalen. Fahrt/Zoom auf Mr. Waldbaum, der von seinem Fenster aus rüberschimpft.

162 A Halbnahaufnahme von Ruthie im Gang. Sie hängt den Hörer ein. Schwenk nach rechts, so daß Bea ins Bild kommt, die im Eßzimmer Conga tanzt. Abe kommt mit seinen Aalen herein. Ruthie geht zu Bea und tanzt mit ihr Conga um den Tisch herum.
162 B Schwenk nach links von der Küche zum Wohnzimmer, wo Oma ihr Gebiß sucht. Opa folgt ihr.
162 C »Master Shot« von Ma, wie sie die Treppe runterkommt und hinter Little Joe her ist. Schwenk

Conga gespielt wird. Abe schlägt vor, daß am besten alle den Gashahn aufdrehen. Pa hat Little Joe erwischt und fängt an, ihn zu verprügeln. Aber der Conga wird wegen einer Sondermeldung unterbrochen. Auf einem Feld in Pennsylvania ist die acht Jahre alte Polly Phelps in einen Brunnen gefallen. Sie sitzt schon seit sieben Stunden in der Falle. Pa hört auf, Little Joe zu verprügeln. Die ganze Familie hört zu.

nach rechts mit ihr vom Gang zum Eßzimmer. Pa fängt Little Joe, aber Little Joe entwischt. Pa jagt ihn. Fahrt nach links, so daß die Kamera sie wieder aufnimmt, wie sie durch die Küche laufen. Fahrt nach rechts mit ihnen, als sie andersherum laufen. Schwenk nach links. Die Kamera findet sie im Gang wieder. Dann Schwenk nach links, als Pa Little Joe erwischt und anfängt, ihn zu verprügeln. Man hört die Sondermeldung. Zoom auf die beiden, als Pa aufhört, Joe zu verprügeln.

163   Das Feld in Pennsylvania, nachts. Autoscheinwerfer. Der Reporter steht neben dem Jockey, der versucht hat, in den Brunnen runterzusteigen. Es ist ihm aber nicht gelungen. Der Feuerwehrmann Reilly ruft in den Brunnen hinunter zu Polly. Keine Antwort.

R 163   Halbnahaufnahme vom Reporter. Fahrt nach links und Totale auf das grelle Licht, die Autos und die Menschenmenge.
163 A   Fahrt nach links zu einer amerikanischen Einstellung an dem Brunnen entlang, wie der Feuerwehrmann Reilly nach Polly ruft.

164   Der Reporter interviewt einen Mann: »Sollte der Brunnen nicht abgedeckt sein?«

164   Amerikanische Einstellung auf den Reporter, der den Polly-Phelps-Mann interviewt. Fahrt/Zoom auf die beiden.

A165   Pollys Familie.
Ihre Ma schluchzt in Pas
Armen.

(nicht gefilmt)

165   Little Joes Familie.
Sie ist jetzt völlig ergriffen
um das Radio versammelt.

165   Kameraauffahrt auf
die Familie, die in der Küche Radio hört. Langsame
Fahrt zu einer näheren
Einstellung.

166   Weitere Zuhörer
sind die Kommunisten, die
Waldbaums, und so wei-
ter. Im Radio teilt der Reporter Einzelheiten aus
Pollys Leben mit: ihr
Hund Cleo…

166   Fahrt zurück zu ei-
ner Halbtotalen von der
zuhörenden Kommuni-
stenfamilie.
166 A   Amerikanische
Einstellung von Mr.
Waldbaum, der gerade das
Radio lauter stellt, als
Mrs. Waldbaum durchs
Bild geht.
166 B   Halbtotale von
Mrs. Needleman. Schwenk
auf das Radio, dann
Schwenk auf den zuhören-
den Mr. Needleman.
166 C   Fahrt/Zoom zurück
zu einer Halbtotalen von
dem zuhörenden reichen
Paar.

167   Das Feld in Pennsylvania. Der Priester steht
bei den Eltern des kleinen
Mädchens. Feuerwehr-
mann Reilly macht den
Vorschlag, einen Zwerg
runterzulassen. Sie tun es.

167   Halbnahaufnahme
vom Reporter. Fahrt/
Schwenk nach links an der
Menschenmenge vorbei
auf Feuerwehrmann
Reilly, der den Zwerg run-
terläßt.

Aber der Zwerg sitzt fest! Schließlich gelingt es ihnen, ihn runterzulassen.

167 A »Master Shot«. Schwenk nach links auf die zuschauende Menschenmenge.

168 Verschiedene Zuhörer. Sie sind alle völlig ergriffen.
Der Reporter verkündet, daß der Zwerg sie gefunden hat und daß beide gerade aus dem Brunnen gezogen werden.

168 A Halbtotale von einer Kneipe mit den zuhörenden Gästen.
168 B Nahaufnahme von einem Mann in seinem Zeitungskiosk.
168 C Amerikanische Einstellung von einer Frau, die allein in einer Snackbar sitzt.
168 D Zoom zurück von dem Papagei zu einer Halbtotalen von der reichen Frau in ihrer Badewanne.

169 Das Feld in Pennsylvania. Sie ist draußen; alle schubsen sich gegenseitig, um etwas zu sehen zu bekommen. Der Priester betet.

169 Fahrt nach links mit dem Reporter, der durch die Menschenmenge geht.

170 Little Joes Familie. Der Reporter teilt mit, daß Polly tot ist.

170 Schwenk nach rechts zu einer Großaufnahme von den entsetzten Gesichtern der Familie.

171 Das Feld in Pennsylvania. Pollys Familie. Alle schluchzen.

171 Halbnahaufnahme von Pollys schluchzenden Eltern. Fahrt nach links an

den Blitzlichtern vorbei
auf den betenden Priester.

172   Weitere Zuhörer.
Alle sind entsetzt.

172 A   Schwenk in einer
Großaufnahme von Doris
und ihrem Bruder zu ih-
ren Eltern.
172 B   Halbnahaufnahme
von den entsetzten Wald-
baums.
172 C   Halbnahaufnahme
von den entsetzten Gästen
im Pub, die um die Bar
herum versammelt sind.
172 D   Nahaufnahme von
der reichen Familie mit
dem Butler. Alle entsetzt.

173   Ma und Pa halten
Little Joe fest.

R 173   Ceil, Ma, Pa und
Little Joe. Alle entsetzt.
Zoom auf Pa und Little
Joe.

174   Das Feld in Pennsylvania. Es ist vorbei. Alle
gehen nach Hause.

174   Totale von der Men-
schenmenge, die nach
Hause geht. Fahrt und
Schwenk nach links zu ei-
ner Nahaufnahme vom
Heck des Rundfunkwa-
gens, als sich die Türen
schließen. Die Lichter gehen aus.

175   Der King Cole
Room. Es ist Silvester.
Der Kapellmeister stellt
Monica Charles vor. Sie
singt.

A 175   (zwei Kameras)
1. »Establishing Shot« mit
Weitwinkel. Die Kapelle
spielt, und der Kapellmei-

ster stellt die Sängerin
vor.
2. Halbnahaufnahme vom
Kapellmeister.
175
1. Halbtotale von der singenden Monica Charles.
2. Halbnahaufnahme.

176   Sally, inzwischen
eine Persönlichkeit aus
dem Rundfunk, kommt
mit ihrem Rendezvous,
dem Maskierten Rächer.

176   Halbtotale mit Sally,
die mit dem Maskierten
Rächer hereinkommt.
Fahrt/Zoom zurück, als sie
sich an den Tisch mit den
Persönlichkeiten aus dem
Rundfunk setzen.

177   Irene wird auf der
Bühne interviewt. Sie
wünscht sich, daß das Jahr
1944 Frieden und unsere
Jungs nach Hause zurück-
bringt.

177   (zwei Kameras)
1. Halbtotale von Irene
auf der Bühne.
2. Halbnahaufnahme.

178   Sally setzt sich an
einen Tisch mit Persön-
lichkeiten vom Rundfunk.
Wir erkennen den Reba-
Mann, Bill Kern, Herbie
Hanson. Sie alle lachen
und trinken. Sally schlägt
vor, auf den Dachgarten
zu gehen. Es ist ein wun-
derschöner Blick von dort
oben, sagt sie.

178   Fahrt nach rechts in
einer Halbnahaufnahme an
dem Tisch mit den Rund-
funkstars entlang.

179   Die Kapelle spielt
auf der Bühne.

179 A   (zwei Kameras)

180 Sally und ihre Gruppe kommen auf das Dach mit Flaschen und Gläsern. Als sie auf die vielen Lichter der Stadt schauen, werden sie nostalgisch. Wie wird das Jahr 1944 werden? Und was wird aus ihnen werden? Aus all den Leuten daheim, die ihnen zuhören. Werden zukünftige Generationen sich noch an sie erinnern?

181 Unten im King Cole Room. Es ist Mitternacht. Alle stoßen an, und die Band spielt »Auld Lang Syne«.

182 Little Joes Haus. Die Familie feiert ebenfalls.

1. Schwenk nach links zu Sally und dem Rächer. Kamera fährt nach oben, als sie aufstehen, um auf den Dachgarten zu gehen.
2. Halbtotale. Schwenk von den Tanzenden auf die spielende Kapelle.

180 Die Gruppe kommt durch die Tür. Zoom zurück und Fahrt nach rechts mit Sally und dem Rächer, als sie an den Rand des Dachgartens gehen.
180B Amerikanische Einstellung von Irene bei der Ansage ihrer Show. Fahrt nach links und Schwenk nach rechts mit Roger, der durchs Bild und zu Biff Baxter unter dem Wasserbehälter geht.
180C Halbnahaufnahme von Sally, dem Rächer und Max.

181 (zwei Kameras)
1. Schwenk von der Menschenmenge an den Tanzenden vorbei auf die Band auf der Bühne.
2. Totale.

182 »Master Shot« von der Familie, die im Eßzim-

Bea hat Little Joe aufgeweckt. Sie hofft, daß der Krieg bald vorbei ist, so daß die Männer zurückkommen können. Ceil hat ein Gefühl »im Bauch«, daß Bea dieses Jahr dem richtigen Mann begegnen wird. Ma macht sich ein bißchen Sorgen um die Zukunft, aber Pa ist optimistisch. Abe schlägt vor, roten Schnapper zu essen; der schmeckt sehr gut zu Sekt.

183   Auf dem Dachgarten des King Cole stoßen alle auf das neue Jahr an. Sally tanzt mit dem Rächer, der seinen Lieblingssatz durch die Gegend posaunt: »Hütet Euch, Bösewichter, wo immer Ihr auch seid!« Sally lacht. Sie tanzen weiter.

mer feiert. Schwenk nach links zu Bea und Little Joe, die die Treppe herunterkommen. Schwenk zurück mit ihnen, als sie zu den anderen gehen.

183   Schwenk nach links auf die feiernde Gruppe. Es fängt an zu schneien. Schwenk nach rechts mit der Gruppe, als sie durch die Tür geht. Dann, nachdem der Rächer seine Warnung ausgesprochen und die Tür zugemacht hat, Schwenk nach links auf den leeren Dachgarten.

ANHANG: NACHSPANN

A Jack Rollins and Charles H. Joffe Production

RADIO DAYS

Associate Producers	Ezra Swerdlow, Gail Sicilia
Musical Supervision	Dick Hyman
Casting	Juliet Taylor
Costume Designer	Jeffrey Kurland
Editor	Susan E. Morse, A. C. E.
Production Designer	Santo Loquasto
Director of Photography	Carlo Di Palma, A. I. C.
Executive Producers	Jack Rollins, Charles H. Joffe
Produced by	Robert Greenhut
Written and Directed by	Woody Allen
Production Manager	Thomas Reilly
First Assistant Director	Ezra Swerdlow
Second Assistant Director	Ken Ornstein
Production Coordinator	Helen Robin
Script Supervisor	Kay Chapin
Assistant to Mr. Allen	Jane Read Martin
Production Associate	Joseph Hartwick
Assistant Production Manager	Timothy M. Bourne
Art Director	Speed Hopkins
Assistant Art Directors	W. Steven Graham, Dan Davis, Tom Warren, Michael Smith, Randall Drake, Steve Saklad
Art Department Research	Glenn Lloyd

Set Decorators	Carol Joffe, Les Bloom
Set Dresser	Dave Weinman
Property Master	James Mazzola
Master Scenic Artist	James Sorice
Standby Scenic Artist	Cliff Schorr
Construction Coordinator	Ron Petagna
Chief Construction Grip	Arne Olsen
Camera Operator	Dick Mingalone
Assistant Cameraperson	Michael Green
Second Assistant Camera-person	Jay Levy
Camera Trainee	Liz Dubelman
Still Photographer	Brian Hamill
Key Grip	Bob Ward
Dolly Grip	Ronald Burke
Gaffer	Ray Quinlan
Best Boy	Jim Manzione
Production Sound Mixer	James Sabat
Boom Operator	Louis Sabat
Sound Recordist	Frank Graziadei
Rerecording Mixer	Lee Dichter, Sound One Corp.
Musicians Coordinator	Joe Malin
Music Recording Engineer	Roy B. Yokelson
Assistant Engineer	Diane Andolsek
Music Recording Super-visors	Walt Levinsky, Sam Parkins
Make-up Design	Fern Buchner
Hair Design	Romaine Greene
Assistant Costume Designer	Judiana Makovsky
Men's Wardrobe Super-visor	Bill Christians
Women's Wardrobe Supervisor	Patricia Eiben
Costume Assistants	Alvin Perry, Lauren Gibson, Deborah Lancaster, J. Fasman

Supervising Sound Editor	Bob Hein
Sound Editor	Michael Moyse
Assistant Film Editors	Martin Levenstein, Jon Neuburger
Assistant Sound Editors	Frank Kern, Barbara Minor
Apprentice Sound Editor	Amy Briamonte
Projectionist	Carl Turnquest, Jr.
Assistant Production Coordinator	Amy Herman
Production Auditor	Peter Lombardi
DGA Trainee	Judy Ferguson
Casting Associate	Ellen Lewis
Additional Casting	Todd M. Thaler
Transportation Captain	Harold »Whitey« McEvoy
Studio Manager	Steve Rose
Vocal Coach for Ms. Farrow and Ms. Keaton	Janet Frank
Location Scouts	Richard Baratta, Nicholas Bernstein, James Davis, Barbara Heller, Tom Paolucci, Gilbert S. Williams
Production Staff	Claudette Didul, Judie Fixler, Barbara Green, Doug Ornstein, Richard Patrick, Tracy Robin, Drew Rosenberg, Larry Rudolph, Angela Salgado, Scott Schaffer, Jay Scherick, Jordan Thaler
Color by	DuArt Film Laboratories, Inc.
Prints by	DeLuxe®
Optical Effects	R/Greenberg Associates
Titles	The Optical House, N.Y.
Negative Matching	J. G. Films, Inc.

LENSES AND PANAFLEX ® CAMERAS BY PANAVISION ®

Cast
(in order of appearance)

Mike Starr, Paul Herman	*Burglars*
Don Pardo	*Guess That Tune Host*
Martin Rosenblatt	*Mr. Needleman*
Helen Miller	*Mrs. Needleman*
Danielle Ferland	*Child Star*
Julie Kavner	*Mother*
Julie Kurnitz	*Irene*
David Warrilow	*Roger*
Wallace Shawn	*Masked Avenger*
Michael Murray	*Avenger Crook*
William Flanagan	*Avenger Announcer*
Seth Green	*Joe*
Michael Tucker	*Father*
Josh Mostel	*Abe*
Renee Lippin	*Ceil*
William Magerman	*Grandpa*
Leah Carrey	*Grandma*
Joy Newman	*Ruthie*
Hy Anzell	*Mr. Waldbaum*
Judith Malina	*Mrs. Waldbaum*
Dianne Wiest	*Bea*
Fletcher Farrow Previn	*Andrew*
Oliver Block	*Nick*
Maurice Toueg	*Dave*
Sal Tuminello	*Burt*
Rebecca Nickels	*Evelyn Goorwitz*
Mindy Morgenstern	*Show and Tell Teacher*
Divad Mosberg	*Arnold*
Ross Morgenstern	*Ross*
Kenneth Mars	*Rabbi Baumel*
Andrew Clark	*Sidney Manulis*
Mia Farrow	*Sally White*
Lee Erwin	*Roller Rink Organist*

598

Roger Hammer	*Richard*
Terry Lee Swarts,	
Margaret Thomson	*Nightclub Customers*
Tito Puente	*Latin Bandleader*
Denise Dummont	*Latin Singer*
Dimitri Vassilopoulos	*Porfirio*
Larry David	*Communist Neighbor*
Rebecca Schaeffer	*Communist's Daughter*
Belle Berger	*Mrs. Silverman*
Guy Le Bow	*Bill Kern*
Brian Mannain	*Kirby Kyle*
Stan Burns	*Ventriloquist*
Todd Field	*Crooner*
Peter Lombard	*Abercrombie Host*
Martin Sherman	*Mr. Abercrombie*
Crystal Field,	
Maurice Shrog	*Abercrombie Couple*
Marc Colner	*Whiz Kid*
Robert Bennett	*Teacher with Carrot*
Joel Eidelsberg	*Mr. Zipsky*
Danny Aiello	*Rocco*
Peter Castellotti	*Mr. Davis*
Gina DeAngelis	*Rocco's Mother*
Shelley Delaney	*Chekhov Actress*
Dwight Weist	*Pearl Harbor Announcer*
Ken Levinsky,	
Ray Marchica	*USO Musicians*
Jeff Daniels	*Biff Baxter*
J. R. Horne	*Biff Announcer*
Kuno Spunholz	*German*
Henry Yuk	*Japanese*
Sydney A. Blake	*Miss Gordon*
Kitty Carlisle Hart	*Radio Singer*
Robert Joy	*Fred*
Henry Cowen	*Principal*
Philip Shultz	*Whistler*
Mercedes Ruehl,	

Bruce Jarchow	*Admen*
Greg Gerard	*Songwriter*
David Cale	*Director*
Ira Wheeler	*Sponsor*
Hannah Rabinowitz	*Sponsor's Wife*
Edward S. Kotkin	*Diction Teacher*
Ruby Payne, Jaqui Safra	*Diction Students*
Paul Berman	Gay White Way *Announcer*
Richard Portnow	*Sy*
Tony Roberts	Silver Dollar *Emcee*
Barbara Gallo, Jane Jarvis,	
Liz Vochecowizc	*Dance Palace Musicians*
Ivan Kronenfeld	*On-the-Spot Newsman*
Frank O'Brien	*Fireman*
Yolanda Childress	*Polly's Mother*
Artie Butler	*New Year's Singer*
Diane Keaton	*New Year's Singer*
Gregg Almquist, Jackson	*Radio Voices*
Beck, Wendell Craig, W.	
H. Macy, Ken Roberts,	
Norman Rose, Robert	
Tate, Kenneth Walsh	

»The Flight of the Bumblebee«
by N. A. Rimsky-Korsakov
Performed by Harry James
Courtesy of CBS Records

»Dancing in the Dark«
by Arthur Schwartz and
Howard Dietz

»Chinatown, My Chinatown«
by William Jerome and Jean
Schwartz

»Let's All Sing Like the Birdies Sing«
by Roger Hargreaves, Stanley J. Damerell, and Tolchard Evans

»I Double Dare You«
by Jimmy Eaton and Terry
Shand
Performed by Larry Clinton
Courtesy of RCA Records

»You're Getting to Be a Habit with Me«

by Harry Warren and Al Dubin

»September Song«
by Kurt Weill and Maxwell Anderson

»Body and Soul«
by John W. Green, Edward Heyman, Robert Sour, and Frank Eyton
Performed by Benny Goodman
Courtesy of RCA Records

»In the Mood«
by Joe Garland
Performed by Glenn Miller
Courtesy of RCA Records

Radio Show Themes
by Dick Hyman

»Carioca«
by Vincent Youmans, Gus Kahn, and Edward Eliscu

»Tico, Tico«
by Zequinha Abreu, Aloysio Oliveira, and Erwin Drake

»La Cumparsita«
by Matos Rodriguez
Performed by the Castilians
Courtesy of MCA Records

»Frenesi«
by A. Dominguez
Performed by Artie Shaw
Courtesy of RCA Records

»All or Nothing At All«
by Jack Lawrence and Arthur Altman

»The Donkey Serenade«
by Herbert Stothart, Rudolf Friml, Bob Wright, and Chet Forrest
Performed by Allan Jones
Courtesy of RCA Records

»South American Way«
by Al Dubin and Jimmy McHugh
Performed by Carmen Miranda
Courtesy of MCA Records

»Mairzy Doats«
by Milton Drake, Al Hoffman, and Jerry Livingston
Performed by The Merry Macs
Courtesy of MCA Records

»If You Are But a Dream«
by Moe Jaffe, Jack Fulton, and Nat Bonx
Performed by Frank Sinatra
Courtesy of CBS Records

»Begin the Beguine«
by Cole Porter

»Opus One«
by Sy Oliver
Performed by Tommy Dorsey
Courtesy of RCA Records

»You and I«
by Meredith Willson
Performed by Tommy Dorsey
Courtesy of RCA Records

»Paper Doll«
by Johnny S. Black
Performed by the Mills Brothers
Courtesy of MCA Records

»Pistol Packin' Mama«
by Al Dexter
Performed by Bing Crosby and The Andrews Sisters
Courtesy of MCA Records

»If I Didn't Care«
by Jack Lawrence
Performed by The Ink Spots
Courtesy of MCA Records

»Schloff mein Kind«
Performed by Emil Decameron
Courtesy of Vanguard Recording Society, Inc.

»I Don't Want to Walk Without You«
by Jule Styne and Frank Loesser

»Remember Pearl Harbor«
by Sammy Kaye and Don Reid
Performed by Sammy Kaye
Courtesy of RCA Records

»Babalu«
by Margarita Lecuona and S. K. Russell
Performed by Xavier Cugat
Courtesy of PolyGram Records

»They're Either Too Young or Too Old«
by Arthur Schwartz and Frank Loesser

»That Old Feeling«
by Lew Brown and Sammy Fain
Performed by Guy Lombardo
Courtesy of RCA Records

»Re-Lax Jingle«
by Dick Hyman

»Lullaby of Broadway«
by Al Dubin and Harry Warren

Performed by Richard Himber
Courtesy of RCA Records

»American Patrol«
by F. W. Meacham
Performed by Glenn Miller
Courtesy of RCA Records

»Take the ›A‹ Train«
by Billy Strayhorn
Performed by Duke Ellington
Courtesy of RCA Records

»(There'll Be Blue Birds Over) The White Cliffs of Dover«
by Walter Kent and Nat Burton
Performed by Glenn Miller
Courtesy of RCA Records

»Goodbye«
by Gordon Jenkins
Performed by Benny Goodman
Courtesy of RCA Records

»I'm Gettin' Sentimental over You«
by Ned Washington and George Bassman
Performed by Tommy Dorsey
Courtesy of RCA Records

»You'll Never Know«
by Harry Warren and Mack Gordon

»One, Two, Three, Kick«
by Xavier Cugat and Al Stillman
Performed by Xavier Cugat
Courtesy of RCA Records

»Just One of Those Things«
by Cole Porter

»You'd Be So Nice to Come Home to«
by Cole Porter

»Night and Day«
by Cole Porter

The Producers Wish to Thank the Following for Their Assistance:

The Mayor's Office of Film, Theatre, and Broadcasting

Albert G. Ruben Insurance Co., Inc.
On Location Education, Inc.
St. Regis-Sheraton Hotel
Pepsi-Cola Company
Donald Saddler
Antique Wireless Association, Inc.
Lee Lighting America Ltd.
General Camera Corp.
Sessums and Slagle
Paul Huntley, Ltd.

Filmed at Kaufman Astoria Studios in New York

EPILOG

18. Dezember 1986 in den Astoria Studios in Queens. Während die Pressevorführungen von *Radio Days* begonnen haben, hat Woody die Dreharbeiten für seinen nächsten Film beinahe schon abgeschlossen. Er hat im Oktober angefangen und dürfte in der ersten Januarwoche fertig sein. Für Ende Januar ist eine Woche für Nachaufnahmen eingeplant – in derselben Woche wird *Radio Days* in New York anlaufen.

In der Mitte der Studiobühne ist ein riesiges Haus aufgebaut. Mia Farrow, Dianne Wiest und Sam Shepard arbeiten an einer Szene.

Da einige Schauspieler auch noch andere Engagements haben, dreht Woody den Film in einem Stück und schneidet ihn sofort zusammen, obwohl er das nicht gern macht. Auch aus diesem Grund macht er die Nachaufnahmen sofort.

Soeben wird eine Szene mit Mia Farrow und Sam Shepard nachgedreht. Die Szene ist etwas schwierig. Sam hat Schwierigkeiten mit dem Dialog und auch mit dem Bewegungsablauf. Er möchte Teile des Textes streichen und schlägt vor, den Bewegungsablauf zu verändern. Woody hört ihm zu, beobachtet genau und stimmt in den meisten Fällen zu. Genau diese Offenheit begeistert mich jetzt, ein Jahr später, immer noch: seine Bescheidenheit, seine Bereitschaft, etwas zu verändern, sich einer neuen Situation oder den Bedürfnissen eines Schauspielers anzupassen. Vielleicht ist diese Mischung aus Vertrauen in sein Talent und seinem permanenten Suchen das, was Woody zu einem wirklichen Künstler macht.

Der Tag läuft in derselben Atmosphäre ab wie bei den vorherigen Dreharbeiten: kameradschaftlich, ruhig und intensiv. Dieselben Gesichter, auch die Bühnenarbeiter, die Beleuchter, die Fahrer sind dieselben. Es ist, als ob *Radio Days* einfach fortgesetzt würde.

Trotzdem, die Reise ist jetzt für mich zu Ende. Sie war eine großartige Erfahrung für mich, voller Überraschungen und Entdeckungen. Ich habe versucht, sie in diesem Buch zu vermitteln. Vielleicht die größte Überraschung kam aber für mich letzten Juni, als ich den endgültigen Trailer von *Radio Days* sah. Als ich mir den Film anschaute, jetzt aber nicht mehr mit Beas Problemen lebte, mit Abes Fisch, Rogers Bedürfnissen und Sallys Schwächen, spürte ich etwas, was ich die ganze Zeit, in der ich das Drehbuch gelesen habe und Zeuge der Dreharbeiten war, nicht empfunden hatte: Ich war tief bewegt.

Wenn *Hannah and Her Sisters* (Woody Allen Fall Project 1984)* für den Wettbewerb um den Oscar nominiert wird, wird *Radio Days* (W.A.F.P. '85) anlaufen, und die Dreharbeiten zu W.A.F.P. '86 werden abgeschlossen sein. Aber wie immer ist Woody schon weit voraus: Alle wissen bereits Bescheid, daß die Dreharbeiten für den nächsten Film im August beginnen (W.A.S.P. '87)**, wenn es draußen nicht so kalt ist.

* Woody Allen Herbst-Projekt/W.A.F.P.
** Woody Allen Sommer-Project

Roman

Taschenbücher

Knaur ® Roman

William Styron

SOPHIE'S ENTSCHEIDUNG

Weltbestselle

Das Buch zum Film

Band 1103
608 Seiten
ISBN 3-426-01103-4

Die polnische Katholikin Sophie, Stingo, der junge liebes-
hungrige Schriftsteller aus den Südstaaten, und Nathan,
der faszinierende jüdische Intellektuelle, werden im heißen, sonnendurchfluteten New Yorker Sommer des Jahres
1947 dicke Freunde. Doch in die heiteren, unbeschwerten
Tage drängen sich düstere Schatten: Die verletzliche
Sophie trägt am sonnengebräunten Arm die KZ-Nummer
von Auschwitz eintätowiert, und der begabte Naturwissen-
schaftler Nathan wird von krankhaften Eifersuchts- und
Grausamkeitsanfällen heimgesucht. Sophie hat Auschwitz überlebt – aber dahinter verbirgt sich ein schreckli-
ches Geheimnis, ein Geheimnis, in das sie Stingo nach und
nach einweiht, das ihre Beziehung zu dem seelisch kranken Nathan aber überschattet und zu einem Wechselbad
aus besessener Lust und peinigenden Beschuldigungen
werden läßt.